电力电子技术

主　编　丁　硕
副主编　张爱华　郭继宁　石　磊　常晓恒
　　　　魏洪峰　张　亮　赵　宁　潘英男

电子工业出版社
Publishing House of Electronics Industry
北京·BEIJING

内 容 简 介

本书是辽宁省一流本科课程（线下一流课程）、2024年辽宁省首批省级普通高等教育课程思政示范课程"电力电子技术"、渤海大学2023年度校级规划教材（A类）的配套建设教材。

本书内容分为八章。绪论介绍了电力电子技术与其他学科之间的关系、发展史和电力电子技术的应用，让读者对电力电子技术形成感性直观的认识；第1章内容包括常用电力电子器件的工作原理、特性、参数、选型、驱动电路及保护方法；第2章至第6章，内容包括整流电路、无源逆变电路、直流-直流变换电路、交流-交流变换电路在内的常用电力电子变流电路的工作原理、参数计算方法和应用范围，还介绍了软开关技术，在这部分内容中结合应用实例较为详细地介绍了相控技术和PWM控制技术在上述各种电路中的应用；第7章从应用的角度出发列举了大量电力电子技术的应用案例。

本书适用的读者对象是普通本科、应用型本科、高职高专自动化和电气类相关专业的学生，也可作为研究生和科研设计人员的参考用书，同时也可供从事电力电子技术工作的工程技术人员参考。

未经许可，不得以任何方式复制或抄袭本书之部分或全部内容。
版权所有，侵权必究。

图书在版编目（CIP）数据
电力电子技术 / 丁硕主编. -- 北京 : 电子工业出版社, 2024. 10. -- ISBN 978-7-121-48924-2
Ⅰ. TM76
中国国家版本馆CIP数据核字第2024WJ9024号

责任编辑：刘怡静
印　　刷：天津千鹤文化传播有限公司
装　　订：天津千鹤文化传播有限公司
出版发行：电子工业出版社
　　　　　北京市海淀区万寿路173信箱　邮编 100036
开　　本：787×1 092　1/16　印张：21　字数：604.8千字
版　　次：2024年10月第1版
印　　次：2024年10月第1次印刷
定　　价：65.00元

凡所购买电子工业出版社图书有缺损问题，请向购买书店调换。若书店售缺，请与本社发行部联系，联系及邮购电话：(010) 88254888，88258888。
质量投诉请发邮件至zlts@phei.com.cn，盗版侵权举报请发邮件至dbqq@phei.com.cn。
本书咨询联系方式：liuyj@phei.com.cn。

前　言

当前，我国能源行业进行的供给侧结构性改革和能源转型变革，以及电网电能质量的保障和可再生能源的发电都离不开电力电子技术的支持。党的二十大报告明确提出，"加快节能降碳先进技术研发和推广应用，倡导绿色消费，推动形成绿色低碳的生产方式和生活方式"。这意味着越来越多的电能在进行能量转换之前需要进行多次电力电子变换，以实现用电设备的高效运行和电能最大化节约。电力电子技术是关于功率变换的技术，是在电气工程、电子科学与技术、控制理论三大学科基础上发展起来的新兴交叉学科。电力电子技术课程讲述了电力电子器件、电力电子电路的基本理论、概念和分析方法，其作为自动化、电气工程及其自动化或相关本科专业的一门重要专业基础课，将为后续专业课程的学习和今后的电力电子技术理论研究及工程实践打下良好的基础。

本书是2022年辽宁省一流本科课程（线下一流课程）、2024年辽宁省首批省级普通高等教育课程思政示范课程"电力电子技术"、渤海大学2023年度校级规划教材（A类）的配套建设教材。编者根据多年从事电力电子技术教学与科研工作的经验，在学习研究国内外优秀教材及其他相关文献的基础上，结合本校工程教育专业认证、国家级一流本科建设专业（自动化专业）建设实际，坚持政治标准和学术标准并重，思想性和科学性有机结合，完成了这本电力电子技术教材的编写工作。在保证本学科知识内容体系完整的前提下，精选内容、突出应用，教材编写中引入大量工程案例，紧跟电力电子技术发展前沿，使教材内容更具有实用性，反映学以致用，遵循工程应用型人才的培养要求。

本书内容分为八章。绪论介绍了电力电子技术与其他学科之间的关系、发展史和电力电子技术的应用，让读者对电力电子形成感性直观的认识；第1章内容包括常用电力电子器件的工作原理、特性、参数、选型、驱动电路及保护方法；第2章至第6章，内容包括整流电路、无源逆变电路、直流-直流变换电路、交流-交流变换电路在内的常用电力电子变流电路的工作原理、参数计算方法和应用范围，还介绍了软开关技术，在这部分内容中结合应用实例较为详细地介绍了相控技术和PWM控制技术在上述各种电路中的应用；第7章从应用的角度出发列举了大量电力电子技术的应用案例，对电力电子技术在一般工业生产、电力系统、交通运输、新能源发电、信息技术、电子电气产品中的应用进行介绍，有助于学生了解所学理论知识在工程实践中的应用情况。在讲清原理、注重应用的同时，深入挖掘课程思政元素，但限于篇幅，仅在各章末融入了思政案例，部分体现了课程团队多年来的"三全育人"成果。

电力电子技术是一门实践性很强的专业课程，需要大量的波形分析和计算，为了贯彻落实党的二十大报告中关于"加快建设国家战略人才力量，努力培养造就更多大师、战略科学家、一流科技领军人才和创新团队、青年科技人才、卓越工程师、大国工匠、高技能人才"的有关要求，本书在编写过程中注重应用型本科教学中实践技能的培养，融入了基于Simulink的图形化仿真技术。基本的教学内容配有仿真实验的实例，并提供了与理论分析波形相对应的仿真实验波形和实物实验波形，加强学生的感性认识和提高学生仿真应用能力。仿真实验指导循序渐进，便于初学者掌握与自学。

本教材按54～64学时编写，仿真实验可在课后或实践教学环节完成。

本书编写过程中得到2024年辽宁省首批省级普通高等教育课程思政示范项目、辽宁省"兴辽英才计划"教学名师项目（项目编号：XLYC1906015）、2021年辽宁省普通高等教育本科教学改革研究优质教学资源建设与共享项目（项目名称：跨校修读平台下的"电子技术"类课程资源建设与共享方式）、2023年度渤海大学校级规划教材（A类）、2022年教育部产学合作协同育人项目（项目名称："工程认证+新工科"背景下电力电子技术实时仿真实验教学案例开发、项目编号：220603494132747）和2023年度渤海大学创新创业教学改革研究项目（A类）（项目名称：工程教育认证背景下自动化专业产学合作协同育人能力映射与响应机制探索与实践、项目编号：0523jg084）资助。

  本书虽经反复校对与修改，但限于撰写团队水平，难免会有不足之处，敬请读者批评指正，以便再版时改正。

丁硕

2024.5

目 录

绪论 …………………………………………………………………………………… 1
  0.1 电力电子技术的定义 ……………………………………………………… 1
  0.2 电力电子技术与其他学科的关系 ………………………………………… 2
    0.2.1 电力电子技术的学科地位 ………………………………………… 2
    0.2.2 电力电子技术和控制理论 ………………………………………… 3
  0.3 电力电子技术的发展史 …………………………………………………… 4
    0.3.1 产生阶段 …………………………………………………………… 4
    0.3.2 发展阶段 …………………………………………………………… 5
    0.3.3 复合型器件的研发 ………………………………………………… 5
  0.4 电力电子技术的应用 ……………………………………………………… 6
  0.5 本书主要内容及特点 ……………………………………………………… 15
第1章 电力电子器件 ………………………………………………………………… 17
  1.1 电力电子器件概述 ………………………………………………………… 17
    1.1.1 电力电子器件的概念和特征 ……………………………………… 17
    1.1.2 应用电力电子器件的系统组成 …………………………………… 18
    1.1.3 电力电子器件的分类 ……………………………………………… 19
  1.2 电力二极管 ………………………………………………………………… 20
    1.2.1 PN结工作原理 …………………………………………………… 20
    1.2.2 电力二极管的基本特性 …………………………………………… 24
    1.2.3 电力二极管的主要参数 …………………………………………… 25
    1.2.4 电力二极管的选型 ………………………………………………… 26
    1.2.5 电力二极管的主要类型 …………………………………………… 26
  1.3 晶闸管及派生器件 ………………………………………………………… 28
    1.3.1 晶闸管的结构、电气符号 ………………………………………… 28
    1.3.2 晶闸管的工作原理 ………………………………………………… 29
    1.3.3 晶闸管的基本特性 ………………………………………………… 30
    1.3.4 晶闸管的主要参数 ………………………………………………… 32
    1.3.5 普通晶闸管的型号和选择原则 …………………………………… 37
    1.3.6 晶闸管的其他派生器件 …………………………………………… 38
  1.4 门极可关断晶闸管 ………………………………………………………… 40
    1.4.1 GTO的结构和工作原理 …………………………………………… 40
    1.4.2 GTO的基本特性 …………………………………………………… 41
    1.4.3 GTO的主要参数 …………………………………………………… 42
  1.5 电力晶体管 ………………………………………………………………… 43
    1.5.1 GTR的结构、电气符号和工作原理 ……………………………… 43
    1.5.2 GTR的基本特性 …………………………………………………… 44
    1.5.3 GTR的主要参数 …………………………………………………… 45
    1.5.4 GTR的二次击穿现象与安全工作区 ……………………………… 45

  1.5.5 GTR 的类型 ……………………………………………………………………… 46
1.6 电力场效应晶体管 …………………………………………………………………………… 47
  1.6.1 电力 MOSFET 的结构、电气符号和工作原理 ………………………………… 47
  1.6.2 电力 MOSFET 的基本特性 ……………………………………………………… 49
  1.6.3 电力 MOSFET 的主要参数 ……………………………………………………… 51
1.7 绝缘栅双极晶体管 …………………………………………………………………………… 52
  1.7.1 IGBT 的结构、电气符号和工作原理 …………………………………………… 53
  1.7.2 IGBT 的基本特性 ………………………………………………………………… 54
  1.7.3 IGBT 的主要参数 ………………………………………………………………… 55
  1.7.4 IGBT 的擎住效应和安全工作区 ………………………………………………… 56
1.8 其他新型电力电子器件 ……………………………………………………………………… 57
  1.8.1 MOS 控制晶闸管 ………………………………………………………………… 57
  1.8.2 集成门极换流晶闸管 …………………………………………………………… 57
  1.8.3 功率模块与功率集成电路 ……………………………………………………… 57
  1.8.4 静电感应晶体管 ………………………………………………………………… 58
  1.8.5 静电感应晶闸管 ………………………………………………………………… 58
  1.8.6 基于宽禁带半导体材料的电力电子器件 ……………………………………… 59
1.9 电力电子器件的驱动电路 …………………………………………………………………… 59
  1.9.1 电力电子器件的驱动电路概述 ………………………………………………… 59
  1.9.2 晶闸管的门极驱动（触发）电路 ……………………………………………… 60
  1.9.3 电流驱动型的全控型电力电子器件的驱动电路 ……………………………… 62
  1.9.4 电压驱动型的全控型电力电子器件的驱动电路 ……………………………… 65
1.10 电力电子器件的缓冲电路 ………………………………………………………………… 68
  1.10.1 缓冲电路的作用 ………………………………………………………………… 68
  1.10.2 缓冲电路的类型 ………………………………………………………………… 69
  1.10.3 缓冲电路元件的选择 …………………………………………………………… 71
1.11 电力电子器件的保护 ……………………………………………………………………… 71
  1.11.1 电力电子装置中的过电压及过电流保护 …………………………………… 71
  1.11.2 晶闸管的过电压及过流保护 ………………………………………………… 73
  1.11.3 全控型器件的过电压及过电流保护 ………………………………………… 77
1.12 电力电子器件的串联与并联技术 ………………………………………………………… 79
  1.12.1 晶闸管的串/并联 ……………………………………………………………… 79
  1.12.2 电力 MOSFET 的串/并联 …………………………………………………… 82
  1.12.3 IGBT 的串/并联 ………………………………………………………………… 82
本章小结 ……………………………………………………………………………………………… 84
习题及思考题 ………………………………………………………………………………………… 85
第 2 章 整流电路 ………………………………………………………………………………… 87
2.1 相控整流电路概述 …………………………………………………………………………… 87
  2.1.1 整流电路的分类 ………………………………………………………………… 87
  2.1.2 相控整流电路的结构 …………………………………………………………… 87
  2.1.3 整流电路的基本要求 …………………………………………………………… 88

- 2.2 单相相控整流电路 ·88
  - 2.2.1 单相半波可控整流电路 ·88
  - 2.2.2 单相全波可控整流电路 ·95
  - 2.2.3 单相桥式全控整流电路 ·101
  - 2.2.4 单相桥式半控整流电路 ·108
- 2.3 三相相控整流电路 ·113
  - 2.3.1 三相半波可控整流电路 ·113
  - 2.3.2 三相桥式全控整流电路 ·118
- 2.4 变压器漏感对整流电路的影响 ·125
- 2.5 整流电路的谐波和功率因数 ·129
  - 2.5.1 谐波和无功功率分析基础 ·129
  - 2.5.2 交流侧谐波和功率因数分析 ·131
  - 2.5.3 直流侧输出电压和电流的谐波分析 ·133
- 2.6 其他形式的大功率相控整流电路 ·134
  - 2.6.1 带平衡电抗器的双反星形可控整流电路 ·134
  - 2.6.2 多重化整流电路 ·138
- 2.7 有源逆变电路 ·144
  - 2.7.1 逆变的概念 ·144
  - 2.7.2 单相有源逆变电路工作原理 ·145
  - 2.7.3 三相有源逆变电路工作原理 ·148
  - 2.7.4 逆变失败与最小逆变角的限制 ·151
- 2.8 晶闸管相控电路的驱动控制 ·152
  - 2.8.1 同步信号为锯齿波的触发电路 ·152
  - 2.8.2 集成触发器 ·156
  - 2.8.3 触发电路的定相 ·158
- 本章小结 ·159
- 习题及思考题 ·160

第3章 无源逆变电路 ·163

- 3.1 换流方式 ·164
  - 3.1.1 逆变电路的基本工作原理 ·164
  - 3.1.2 换流方式分类 ·164
- 3.2 电压型逆变电路 ·166
  - 3.2.1 单相电压型逆变电路 ·166
  - 3.2.2 三相电压型逆变电路 ·170
- 3.3 电流型逆变电路 ·177
  - 3.3.1 单相电流型逆变电路 ·178
  - 3.3.2 三相电流型逆变电路 ·179
- 3.4 多重逆变电路和多电平逆变电路 ·185
  - 3.4.1 多重逆变电路 ·185
  - 3.4.2 多电平逆变电路 ·188
- 3.5 逆变电路的PWM控制技术 ·193
  - 3.5.1 PWM控制的基本原理 ·193

3.5.2　单极性 PWM 控制方式 ·· 194
　　　3.5.3　双极性 PWM 控制方式 ·· 195
　　　3.5.4　三相桥式逆变电路的 PWM 控制 ··· 195
　　　3.5.5　SPWM 逆变电路的同步调制和异步调制 ··· 196
　　　3.5.6　SPWM 的实现方法 ·· 197
　　　3.5.7　PWM 逆变电路的谐波分析 ·· 199
　　　3.5.8　提高直流电压利用率和减少开关次数 ··· 199
　　　3.5.9　空间矢量 SVPWM 控制 ·· 200
　3.6　PWM 跟踪控制技术 ··· 200
　　　3.6.1　滞环比较方式 ·· 201
　　　3.6.2　三角波比较方式 ··· 201
　3.7　电压空间相量 SVPWM 的工作原理 ·· 202
　本章小结 ·· 206
　习题及思考题 ··· 207

第 4 章　直流-直流变换电路 ·· 209
　4.1　非隔离的直流-直流变换电路（基本斩波电路） ·· 209
　　　4.1.1　直流斩波电路分析基础知识 ·· 209
　　　4.1.2　降压斩波电路（Buck 变换器） ··· 210
　　　4.1.3　升压斩波电路（Boost 变换器） ·· 218
　　　4.1.4　升降压斩波电路和 Cuk 斩波电路 ··· 222
　　　4.1.5　Sepic 斩波电路和 Zeta 斩波电路 ··· 226
　4.2　复合斩波电路和多相多重斩波电路 ··· 229
　　　4.2.1　电流可逆二象限直流斩波电路 ··· 229
　　　4.2.2　电压可逆二象限直流斩波电路 ··· 231
　　　4.2.3　桥式可逆（电压电流可逆四象限）直流斩波电路 ··· 231
　　　4.2.4　多相多重斩波电路 ·· 234
　4.3　隔离型直流变换电路 ·· 235
　　　4.3.1　正激电路 ··· 235
　　　4.3.2　反激电路 ··· 237
　　　4.3.3　半桥变换电路 ·· 241
　　　4.3.4　全桥变换电路 ·· 242
　　　4.3.5　推挽电路 ··· 244
　　　4.3.6　不同隔离型电路的比较 ·· 246
　本章小结 ·· 246
　习题及思考题 ··· 247

第 5 章　交流-交流变换电路 ·· 249
　5.1　交流调压电路 ·· 249
　　　5.1.1　相控式单相交流调压电路 ··· 250
　　　5.1.2　斩控式单相交流调压电路 ··· 257
　　　5.1.3　三相交流调压电路 ·· 259
　5.2　其他交流电力控制电路 ··· 263
　　　5.2.1　交流调功电路 ·· 263

         5.2.2 交流电力电子开关 ………………………………………………………… 264
         5.2.3 晶闸管交流开关应用举例 …………………………………………………… 265
   5.3 交交变频电路 ……………………………………………………………………… 267
         5.3.1 单相交交变频电路 …………………………………………………………… 267
         5.3.2 三相交交变频电路 …………………………………………………………… 272
         5.3.3 交交变频电路总结 …………………………………………………………… 275
   5.4 矩阵变换器 ………………………………………………………………………… 275
   本章小结 …………………………………………………………………………………… 278
   习题及思考题 ……………………………………………………………………………… 278

第6章 软开关技术基础 …………………………………………………………………… 280
   6.1 软开关的基本概念 ………………………………………………………………… 280
         6.1.1 硬开关与软开关 ……………………………………………………………… 280
         6.1.2 零电压开关和零电流开关 …………………………………………………… 281
         6.1.3 软开关电路的分类 …………………………………………………………… 282
   6.2 典型的软开关电路 ………………………………………………………………… 285
         6.2.1 零电压开关准谐振电路 ……………………………………………………… 285
         6.2.2 移相全桥型零电压开关 PWM 电路 ………………………………………… 286
         6.2.3 零电压转换 PWM 电路 ……………………………………………………… 288
         6.2.4 谐振直流环 …………………………………………………………………… 291
   本章小结 …………………………………………………………………………………… 292
   习题及思考题 ……………………………………………………………………………… 292

第7章 电力电子技术的应用 ……………………………………………………………… 293
   7.1 电力电子技术在一般工业生产中的应用 ………………………………………… 293
         7.1.1 直流调速系统 ………………………………………………………………… 293
         7.1.2 交流调速系统 ………………………………………………………………… 298
         7.1.3 中频感应加热电源 …………………………………………………………… 303
   7.2 电力电子技术在电力系统中的应用 ……………………………………………… 305
         7.2.1 高压直流输电 ………………………………………………………………… 305
         7.2.2 静止无功补偿 ………………………………………………………………… 307
   7.3 电力电子技术在交通运输中的应用 ……………………………………………… 310
         7.3.1 电力机车牵引 ………………………………………………………………… 310
         7.3.2 电动汽车驱动与充电 ………………………………………………………… 311
   7.4 电力电子技术在新能源发电中的应用 …………………………………………… 313
         7.4.1 光伏发电 ……………………………………………………………………… 313
         7.4.2 风力发电 ……………………………………………………………………… 315
   7.5 电力电子技术在信息技术领域的应用 …………………………………………… 317
         7.5.1 电能无线传输 ………………………………………………………………… 317
         7.5.2 数据中心供电系统 …………………………………………………………… 319
         7.5.3 不间断供电电源 ……………………………………………………………… 321
   7.6 电力电子技术在电子电气产品中的应用 ………………………………………… 322
         7.6.1 LED 照明 ……………………………………………………………………… 322
         7.6.2 电源适配器 …………………………………………………………………… 322

  7.6.3 焊机电源 ··· 323
 习题及思考题 ··· 324
习题及参考答案 ··· 325
符号说明 ··· 325
参考文献 ··· 326

绪　　论

0.1　电力电子技术的定义

　　电力电子技术（Power Electronics Technology）就是应用于电力领域的电子技术。电子技术包括信息电子技术和电力电子技术两大分支。通常所说的模拟电子技术和数字电子技术都属于信息电子技术。电力电子技术就是使用电力电子器件对电能进行变换和控制的技术，具有大功率、高电压、大电流的特点。目前所用的电力电子器件均由半导体制成，故也称电力半导体器件，其可以变换的电力功率可以大到数百兆瓦甚至吉瓦，也可以小到数瓦甚至是毫瓦级。信息电子技术和电力电子技术的本质不同，信息电子技术主要用于信息处理，而电力电子技术主要用于电力变换。从信息电子器件和电力电子器件的工作状态上看，信息电子器件既可工作于放大状态，也可工作于开关状态；电力电子器件为避免功率损耗过大，总是工作在开关状态，这是电力电子器件的一个重要特征。

　　生产生活中通常使用的电源有交流和直流两种：从公用电网直接得到的是固定频率的某一标准等级的单相或三相交流电源；而从蓄电池和干电池得到的是直流电源。但是生产生活中用电设备的类型和功能却是千差万别的，它们对电能的电压和频率的要求也各不相同，如普通的白炽灯照明需要 220V/50Hz 的单相交流电；机械工业中的感应加热设备必须由中频或高频交流电源供电；化学工业中的电解、电镀由低电压直流电源供电；要求调速的直流电动机由可变的直流电源供电；变频调速的交流电动机由频率和电压幅值均可调的交流电源供电；电动汽车充电由几百伏的直流电源供电；而便携式计算机或手机充电器由几十伏或几伏的直流电源供电等。总的来说，电能输出有以下两种形式：直流和交流。直流包括幅值恒定的稳压输出和幅值可调的稳压输出两种；交流包括频率固定、幅值可调的交流输出，或频率及幅值均可调的交流输出等。由于从电源得到的电能往往不能直接满足负载（或用电设备）的要求，因此需要进行电能变换。电能变换是指在电源和负载之间进行电压（电流）的大小、频率、波形、相位及相数的变换。

　　对电能进行变换的电路称为电力电子变换器。电力电子变换器可分为四种类型，如表 0-1 所示，分别为：交流-直流（AC-DC）、直流-交流（DC-AC）、直流-直流（DC-DC）和交流-交流（AC-AC）。交流-直流称为整流；直流-交流称为逆变；直流-直流指一种电压（或电流）的直流变为另一种电压（或电流）的直流，可用直流斩波电路实现；交流-交流可以是电压或电力的变换，称作交流电力控制，也可以是频率或相数的变换。实际上直流-直流并非电力种类的变换，而是电压（或电流）的变换，即一种直流电压（或电流）变为另一种直流电压（或电流）；交流-交流除电压或电流的变换外，还多了另一些可能，即频率或相数的变换。这四种变换器可作为单向或双向变换器，单向变换器的电能只能从一个方向向另一个方向流动，而双向变换器中的电能可双向流动。进行上述电力变换的技术称为变流技术。

表 0-1　电力电子变换器的分类

输　　出	输　　入	
	直流（DC）	交流（AC）
直流（DC）	直流斩波	整流
交流（AC）	逆变	交流电力控制、变频、变相

通常把电力电子技术分为电力电子器件制造技术和变流技术两个分支。变流技术也称为电力电子器件的应用技术，它包括用电力电子器件构成各种电力变换电路和对这些电路进行控制的技术，以及由这些电路构成电力电子装置和电力电子系统的技术。"变流"不仅指交直流之间的变换，还包括上述直流变直流和交流变交流的变换。

如果没有晶闸管、电力晶体管、IGBT 等电力电子器件，也就没有电力电子技术，而电力电子技术主要用于电力变换。因此可以认为，电力电子器件制造技术是电力电子技术的基础，而变流技术则是电力电子技术的核心。电力电子器件制造技术的理论基础是半导体物理，而变流技术的理论基础是电路理论。

随着全球经济的发展，人类目前面临三大危机：能源危机、资源危机和环境危机，可再生能源（太阳能、风能、潮汐能、地热能）、新能源（燃料电池等）及高效率和高品质的用电可以有效解决这三大危机。而关键技术手段是电力电子技术，如太阳能光伏发电、风力发电、变频调速、高效率高功率因数的开关电源变换器的核心技术就是电力电子技术。因此各国对电力电子技术的发展十分重视，已经把发展电力电子技术提升到相当高的战略高度。

0.2 电力电子技术与其他学科的关系

0.2.1 电力电子技术的学科地位

电力电子学（Power Electronics）这一名称是在 20 世纪 60 年代出现的（比晶闸管出现晚）。1974 年，美国学者 W. Newell 用图 0-1 的倒三角形对电力电子学进行了描述，认为电力电子学是由电力学、电子学和控制理论三个学科交叉形成的。这一观点被全世界普遍接受。"电力电子学"和"电力电子技术"分别是学术和工程技术角度的称呼，其实际内容并没有很大的不同。

电力电子技术和电子学的关系是显而易见的，如图 0-1 所示。信息电子学可分为电子器件和电子电路两大分支，这分别与电力电子器件和电力电子电路相对应。电力电子器件的制造技术和用于信息变换的电子器件制造技术的理论基础（都是基于半导体理论）是一样的，其大多数工艺也是相同的。特别是现代电力电子器件的制造大多使用集成电路制造工艺，采用微电子制造技术，许多设备都和微电子器件制造设备通用，这说明电力电子器件的制造技术和用于信息变换的电子器件制造技术二者同根同源。电力电子电路和电子电路的许多分析方法也是一致的，只是二者应用目的不同。前者用于电力变换和控制，后者用于信息处理。广义而言，电子电路中的功率放大和功率输出部分也可算为电力电子电路。此外，电力电子电路被广泛用于包括电视机、计算机在内的各种电子装置中，其电源部分都是电力电子电路。

电力电子技术被广泛应用于电气工程中，"电力学"这个术语在我国已不太使用，一般用"电工科学"和"电气工程"替代。通常，把电力电子技术归属于电气工程学科。在我国的学科分类中，电气工程是一个一级学科，它包含了五个二级学科，即电力系统及其自动化、电机与电器、高电压与绝缘技术、电力电子与电力传动、电工理论与新技术。其中电力电子与电力传动是由电力电子技术和电力传动自动化两个二级学科合并而成的。图 0-2 用两个三角形对电气工程进行了描述。

从图 0-2 的大三角形来看，和电气工程关系密切的其他学科主要是信息科学和能源科学。这里所说的信息科学是电子信息工程（也包括通信，但可以不包括计算机科学和工程）。电气工程研究的主要是电能，而信息科学则是研究（如何利用电磁进行）信息处理。因此，二者既有所不同，又同根同源，而且电气工程的发展越来越依赖于电子信息技术的进步。从应用领域看，电气工程又和能源科学密切相关。电能是能源的一种，而且是使用、输送和控制最为方便的能源，目前没有一种能源可能取代电能。在划分专业或行业时，因为电气工程和能源科学有如此密切的关系，常常把电力和动力放在一起。

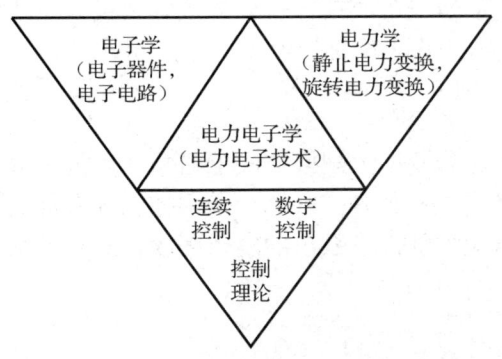

图 0-1　电力电子学的倒三角形表示

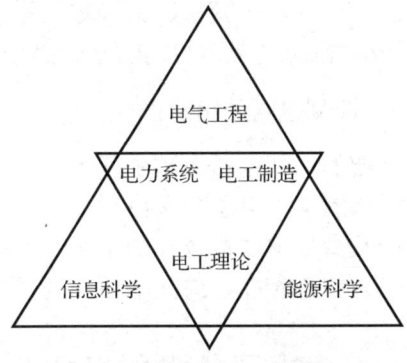

图 0-2　电气工程的双三角形描述

在图 0-2 的小三角形所描述的电气工程内部结构中，电工理论是电气工程的基础，主要包括电路理论和电磁场理论。电工制造既包括发电机、电动机、变压器等电机设备的制造，也包括开关、用电设备等电器设备的制造，还包括电力电子设备的制造、各种电气控制装置的制造以及电工材料、电气绝缘等内容。电力系统的运行主要包括电力网的运行和控制、电气自动化以及各种电气装备和系统的运行等方面。

在电气工程的五个二级学科中，电力电子技术处于十分特殊的地位。电力电子技术和其他几个二级学科的关系都十分密切，其他几个二级学科的发展都有赖于电力电子技术的发展。

0.2.2　电力电子技术和控制理论

控制理论被广泛用于电力电子技术，它使电力电子装置和系统的性能不断满足人民日益增长的各种需求。电力电子技术可以看成弱电控制强电的技术，是弱电和强电之间的接口，而控制理论则是实现这种接口的一条强有力的纽带。控制理论是自动化技术的理论基础，二者密不可分，而电力电子装置则是自动化技术的基础元件和重要支撑技术。

1. 电力电子电路的控制方式

（1）相控方式

相控方式指器件导通的相位受控于控制信号幅值的变化，通过改变器件的导通相位角来改变输出电压的大小。

（2）频控方式

频控方式指开关器件的工作频率受控于控制信号的频率，改变控制信号的频率，输出电压随之改变，这种控制方式多用于直流-直流变换电路。

（3）斩波方式

斩波方式指利用控制电压的幅值（即调制电压的幅值）改变一个开关周期中器件导通的占空比，器件以远高于输入、输出电压工作频率的开关频率运行，如脉宽调制（Pulse Width Modulation，PWM）控制。在自关断器件投入使用前，这种控制方式仅适用于直流电压控制器。现在采用自关断器件，这种控制方式可实现各种形式的电能变换和控制，并获得比移相控制、频率控制更好的性能。

2. 电力电子电路的控制理论

控制理论的运用取决于被控对象和控制效果的要求。为了使电力电子变换装置获得较高的稳态精度和动态性能,必须采用相应的控制规律或控制策略。对线性负载常采用 PI 或 PID 控制规律;对交流电机这样的非线性控制对象,一般是采用基于坐标变换解耦的矢量控制算法;对于复杂的非线性、时变、多变量、不确定性系统,在参量变化的情况下要获得较好的控制效果,变结构控制、模糊控制、神经网络控制等智能控制理论在电力电子技术中都已经获得了应用。

3. 控制电路的组成形式

早期的控制电路由数字或模拟的分立元件构成,随着专用大规模集成电路和计算机技术的发展,复杂的电力电子变换控制系统已采用 DSP、现场可编程器件 FPGA、专用控制等大规模集成芯片以及微处理器构成控制电路。这些新型控制电路大大降低了系统的复杂程度,提高了系统的控制能力和可靠性,增强了系统的灵活性。

0.3 电力电子技术的发展史

电力电子器件对于电力电子技术的发展起着决定性的作用,电力电子技术的发展历史是以电力电子器件的发展历史为纲的。图 0-3 给出了电力电子技术的发展史时间轴。

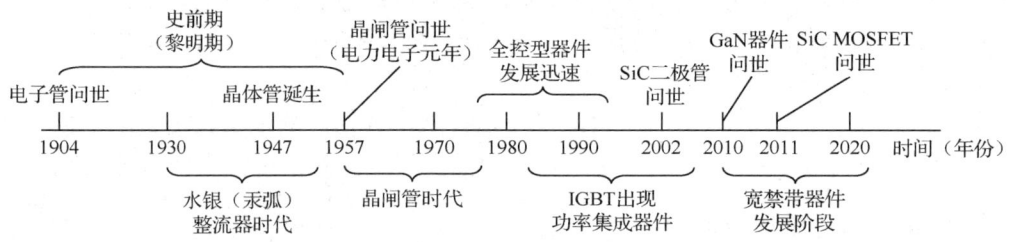

图 0-3 电力电子技术的发展史时间轴

电力电子技术的发展可以分为以下几个阶段。

0.3.1 产生阶段

二战结束后,电力电子技术开始在社会工业领域应用。1947 年普通晶体管的发明引发了电子工业革命。半导体器件首先应用于小功率领域,如通信、信息处理的计算机。1957 年美国通用电气公司研制成功第一个工业用的普通晶闸管,大大扩展了半导体器件功率控制的范围。

1904 年出现了电子管,它能在真空中对电子流进行控制,电子管在通信和无线电领域得到了应用,开启了电子技术在电能变换中的先河。1930 年左右,水银整流器出现,它把水银封于管内,利用对其蒸气的电弧对大电流进行控制,其性能和晶闸管已经非常相似。在 20 世纪 30 年代至 50 年代,水银整流器发展迅速,广泛用于电化学工业、电气铁道直流变电所、轧钢用直流电动机的传动,甚至用于直流输电。这一时期,各种整流电路、逆变电路、周波变流电路的理论已经发展成熟并广为应用,在晶闸管出现以后的相当长一段时期内,人们使用的电路形式仍然是这些形式。在这一时期,把交流变为直流的方法除水银整流器外,还有发展更早的电动机直流发电机组,即变流机组。和旋转变流机组相对应,静止变流器的称呼从水银整流器开始而沿用至今。

1947 年,美国著名的贝尔实验室发明了晶体管,引发了电子技术的一场革命。最先用于电力领域的半导体器件是硅二极管。1957 年,美国通用电气公司研制出第一个晶闸管,标志着电力电子技术的诞生。实际上,在晶闸管出现之前,实现电能变换的电子技术已经存在,因此晶闸管出现之前的时期可称为电力电子技术的史前期或黎明期。晶闸管出现后,由于其优越的电气性能和控制性能,它很快就取代了水银整流器和旋转变流机组,并且应用范围迅速扩大。电化学工业、铁道电气机车、钢铁工业（轧钢用电气传动、感应加热等）、电力工业（直流输电、无功补偿等）的迅速发展也给晶闸管的发展提供了用武之地。电力电子技术的概念和基础就是由晶闸管及晶闸管变流技术的发展确立的。晶闸管和可控硅整流装置的问世，使电能的变换和控制步入了电力电子器件构成的变流器时代，这一阶段以晶闸管的出现为标志，代表了电力系统传动技术的一次巨大跨越，电力电子技术得到了全新的发展和应用。

0.3.2 发展阶段

从20世纪50年代开始，电力电子技术的发展逐渐突破了传统，开始注重全新的技术研发和制造。第一代电力电子器件以晶闸管为主要代表，该时期的产品具有体积小、重量轻、耗能低、效率高、响应快等优势，用它组成的变流装置具有可靠性高、寿命长、容易维护等优点，完全颠覆了过去传统的整流器。在电路系统中，电力电子技术逐渐开始应用，改变了原有的电路性能，有效降低了能耗，提高了电源的使用效率。晶闸管属于半控型器件，通过对门极的控制能够使其导通而不能使其关断。对晶闸管电路的控制方式主要是相位控制方式，简称相控方式。晶闸管的关断通常依靠电网电压等外部条件来实现，这就使得晶闸管的应用受到了很大的局限。随着技术的进步，第二代的新器件在20世纪70年代后期被研发出来，相继出现了电力双极型晶体管（BJT）、可关断晶闸管（GTO）、电力场效应晶体管（MOSFET）等为代表的全控型器件，通过对门极（基极、栅极）的控制既可使其开通又可使其关断。这些器件的开关速度普遍高于晶闸管，主要采用PWM技术，极大提高了控制性能，可用于开关频率较高的电路。全控型器件的优越特性，将电力电子技术推进到一个新的发展阶段。

0.3.3 复合型器件的研发

在20世纪80年代后期，复合型器件被研发出来，以绝缘栅双极型晶体管（IGBT）为代表。IGBT属于全控型器件，它是MOSFET和BJT的复合器件。IGBT集场效应晶体管与晶闸管的优点于一身，被认为是性能最好，最有发展前途的一种新器件。IGBT集成了MOSFET的电压型驱动方式，具有驱动功率小、开关速度快的优点，同时集成了BJT的通态压降低、载流能力大、可承受电压高的优点，性能十分优越。类似地，MOS控制晶闸管（MCT）和集成门极换流晶闸管（IGCT）都是MOSFET和GTO的复合器件，它们也综合了MOSFET和GTO两种器件的优点，已经获得大量应用。可以说，70年代评价电力电子器件品质因素的主要标准是大容量，80年代器件发展的主要目标是高频化，90年代后电力电子器件发展的主要目标是高性能化，即大容量、高频率、易驱动、低损耗。器件品质因素的主要特点是大容量、驱动用的功率小、开关速度比较快、通态压降低、载流能力大、能提高工作的效率。

为使电力电子装置体积减小，结构紧凑，可以把两个或多个同类或不同类的功率器件，按照一定的电力电子变换器拓扑结构连接并封装在一起，构成功率模块（Power Module），常见的功率模块主要有单相桥、三相桥等，功率模块不仅缩小了装置的体积，降低了成本，而且提高了可靠性，大大方便了用户。将一个或若干个电力电子器件与其驱动、检测、控制和保护等电路集成在一起，则构成功率集成电路（Power Integrated Circuit，PIC）。PIC包括高压集成电路（High Voltage Integrated Circuit，HVIC）、智能功率集成电路（Smart Power Integrated Circuit，SPIC）和智能功率模块（Intelligent Power Module，IPM）等。目前电力电子集成电路的功率都还较小，电压比较低，面临着电压隔离、热隔离、电磁干扰等难题，但是它是电子技术发展的一个重要方向。

随着电力电子技术的发展，除以PIC为代表的单片集成技术外，混合集成技术也成了集成技术发展的焦点，封装技术作为其核心尤其瞩目。硅基功率器件的性能已接近其极限，近10多年来，以氮化镓（GaN）和碳化硅（SiC）为主的宽禁带功率器件发展迅猛。宽禁带功率器件具有以下特点：禁带宽度宽，约为硅材料的 3 倍，具有更好的抗辐射特性和耐高温特性；击穿场强高，约为硅材料的 10 倍，故可以承受更高的击穿电压；电子饱和漂移速度快，约为硅材料的 3 倍，因此开关速度更快，能以更高的开关频率工作；热导率高，其中 GaN 的热导率约为硅材料的 1.5 倍，而 SiC 的热导率约为硅材料的 3.27 倍，因而散热性能更好，有利于减小散热器的体积和重量；熔点高，GaN 的熔点约为硅材料的 1.2 倍，SiC 的熔点约为硅材料的 1.91 倍，故具有更强的耐高温能力。

为了减小电力电子变换器的体积和重量，实现更高的变换效率，必须减小功率器件的开关损耗，由此软开关技术应运而生，零电压开关（ZVS）和零电流开关（ZCS）是软开关技术最基本的形式。对于单管直流变换器来说，其软开关技术主要分为准谐振变换器和多谐振变换器，它们采用的是变频控制。为了有利于优化设计输入输出滤波器和变压器，相继出现了开关频率恒定的零开关 PWM 变换器、零转换 PWM 变换器等。对于桥式直流变换器来说，其软开关技术主要采用谐振型变换器，也是采用变频控制。对于全桥变换器来说，它还可以采用移相控制，在实现软开关的同时开关频率是恒定的。另外，还有无源无损软开关技术，通过采用电感、电容和二极管构成无损缓冲网络，实现功率器件的软开关。理论上来说，采用软开关技术可使开关损耗降为零，可以提高效率和电力电子装置的功率密度。

综上，电力电子技术的发展历程表明它不仅是一种应用广泛的技术领域，也是一种技术革新的过程。从最早的硅整流器到现在的复合型器件和控制系统，电力电子技术不断突破和改进，为各个领域提供了更加高效和可靠的能源转换和控制解决方案。

0.4 电力电子技术的应用

电力电子技术的应用非常广泛，涵盖了发电、输电、配电、节能等各个环节，尤其是在一般工业、电力系统、交通系统、新能源系统、信息技术产业、新能源发电、家用电器等方面都得到了广泛应用。近年来，日益凸显的能源需求增长与能源紧缺、能源利用与环境保护之间的矛盾，使得世界各国对可再生能源和新能源的开发采用更加重视。

党的二十大报告指出，"中国式现代化是人与自然和谐共生的现代化。人与自然是生命共同体，无止境地向自然索取甚至破坏自然必然会遭到大自然的报复。我们坚持可持续发展，坚持节约优先、保护优先、自然恢复为主的方针，像保护眼睛一样保护自然和生态环境，坚定不移走生产发展、生活富裕、生态良好的文明发展道路，实现中华民族永续发展"。这也为电力电子技术的发展提供了新的机遇和空间，电力电子技术已逐渐在可再生能源（太阳能、风能等）发电、柔性交/直流输电、电动汽车、节能环保等方面发挥极其重要的作用。下面分几个主要的应用领域简要叙述。

1. 一般工业

电力电子技术在一般工业中最广泛的应用是交直流电力传动系统。直流电动机有良好的调速性能，为其供电的可控整流电源或直流斩波电源都是电力电子装置。近年来，由于电力电子变频技术的迅速发展，交流电动机的调速性能可与直流电动机媲美，逐渐被大量应用并占据了主导地位。大至数千千瓦的各种轧钢机，小到几百瓦的数控机床的伺服电动机，以及矿山牵引等场合都广泛采用电力电子交流调速技术。一些对调速性能要求不高的大型鼓风机等场合近年来也采用了变频装置，以达到节能的目的。还有一些并不特别要求调速的电动机，为了避免起动时的电流冲击而采用了软起动装置，这种软起动装置也是电力电子装置。由于电动机的应用十分广泛，其消耗的电力甚至达到了发电厂所发电力的 60% 以上，以至于有人认为，电力传动是电力电子技术的主战场。

电化学工业大量使用直流电源，电解铝、电解食盐水等都需要大量的整流电源，电镀装置也需要整流电源。图 0-4 为一种工业用可控硅电解整流器。电解整流器的工作原理基于电压和电流的基本规律。当输入电压施加到整流器的输入端时，经过变压器变压后的交流电通过整流器桥进行整流，产生直流电。然后，直流电经过滤波器去除脉动成分，得到稳定的直流输出。控制电路根据实际需求监测输出电流并控制整流器的工作状态，以实现稳定的输出。当输出电流超过设定值时，控制电路会采取相应的措施，如调整整流器的工作状态，使输出电流保持在设定范围内。电力电子技术还大量用于冶金工业中的高频或中频感应加热电源等场合。

图 0-4 一种工业用可控硅电解整流器

2. 电力系统

电力电子技术在电力系统中有着非常广泛的应用，也推动了电力系统的发展。据估计，在发达国家用户最终使用的电能中，有 60%以上的电能至少经过一次以上电力电子变流装置的处理。电力系统在通向现代化的进程中，电力电子技术是关键技术之一。

（1）高压直流输电及柔性交流输电

高压直流输电在长距离、大容量输电时有很大优势，其送电端的整流阀和受电端的逆变阀都采用晶闸管变流装置，而轻型直流输电则主要采用全控型的 IGBT 器件。近些年发展起来的柔性交流输电系统（Flexible Alternative Current Transmission Systems，FACTS）也是依靠电力电子装置才得以实现的。典型的双端柔性直流输电系统框图如图 0-5 所示。FACTS 技术为增强输电系统提供了新的手段，通过大功率、高性能的电力电子器件制成可控的有功或无功电源以及电网的一次设备等，以实现对输电系统的电压、阻抗、相位角、功率、潮流等的灵活控制，将原来基本不可控的电网变为可以全面控制的电网，从而大大提高电力系统的灵活性和安全稳定性，使得现有输电线路的输送能力大大提高。

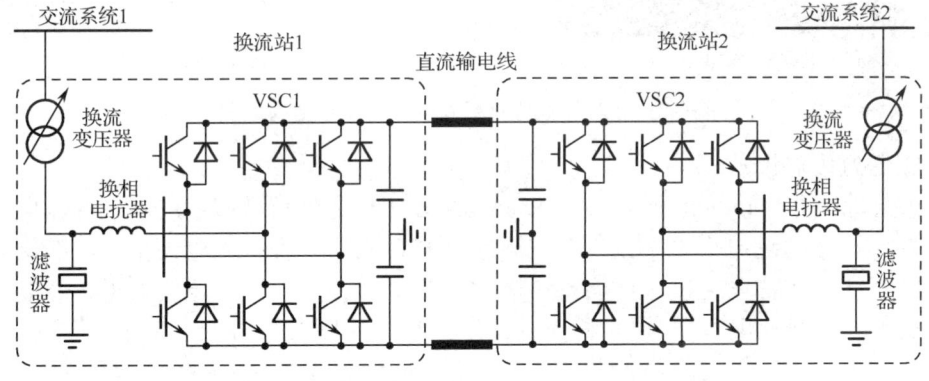

图 0-5 典型的双端柔性直流输电系统框图

（2）无功补偿和谐波抑制

无功补偿和谐波抑制对电力系统有着重要的意义。晶闸管控制电抗器（TCR）和晶闸管投切电容器（TSC）（图 0-6）都是重要的无功补偿装置。近年来出现的采用全控型器件的静止无功发生器（SVG）（图 0-7）、有源电力滤波器（APF）等新型电力电子装置具有更为优越的无功功率补偿和谐波抑制的性能。在配电网系统，电力电子装置还可用于防止电网瞬时停电、瞬时电压跌落、闪变等，以进行电能质量控制，改善供电质量。图 0-8 为一种并联型电力有源滤波器实物及结构框图，它具有可动态消除电网的任意次谐波且具有体积小、重量轻的特点。其原理是在线检测出电网的动态谐波大小，通过逆变器产生与电网的动态谐波大小相等、方向相反的谐波注入电网，抵消电网中的谐波，有源滤波器本质上是一个逆变器。

图 0-6　晶闸管投切电容器

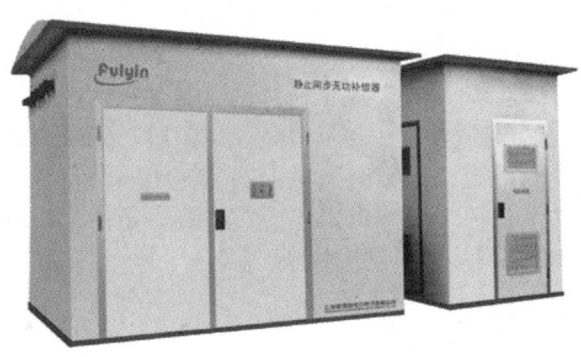

图 0-7　静止无功发生器

（a）电力有源滤波器实物图

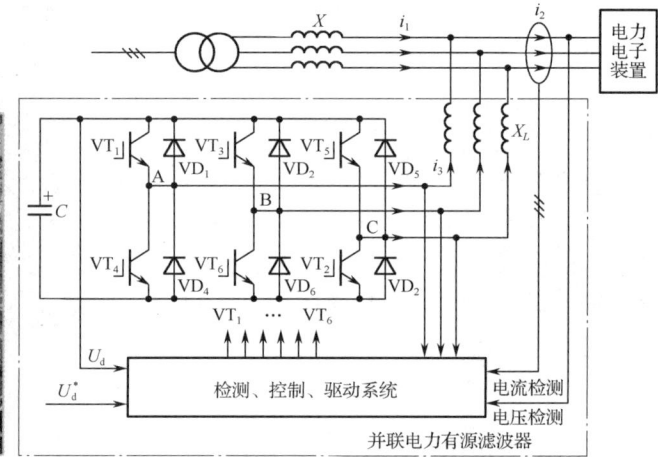

（b）结构框图

图 0-8　并联型电力有源滤波器实物及结构框图

（3）感应电力传输技术

感应电力传输技术（Inductive Power Transfer，IPT）是极具潜在发展前景的输电方式，其原理如图 0-9 所示，是通过电力电子技术及电磁感应耦合原理实现无线电力传输，即供电线路和用电电器设备之间通过非物理连接进行能量传送。日常用的智能手机、无线耳机、智能手表等小功率设备都已实现"无线充电"，在很大程度上方便了我们的日常生活。

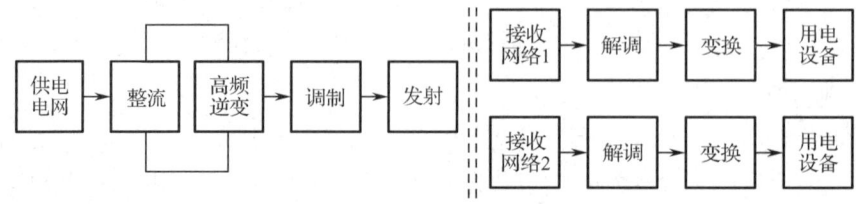

图 0-9　感应电力传输构成原理框图

目前电动汽车静态无线充电（即停即充）较为常见，近年来，我国在车辆行驶过程中自动为电池充电技术方面也取得了重大突破。图 0-10 为电动汽车无线充电系统及结构框图。该技术利用磁耦合原理，将电能从充电设备传输到接收设备，实现无线充电。相比于传统的有线充电方式，无线充电更加方便、高效，且具有更高的灵活性。

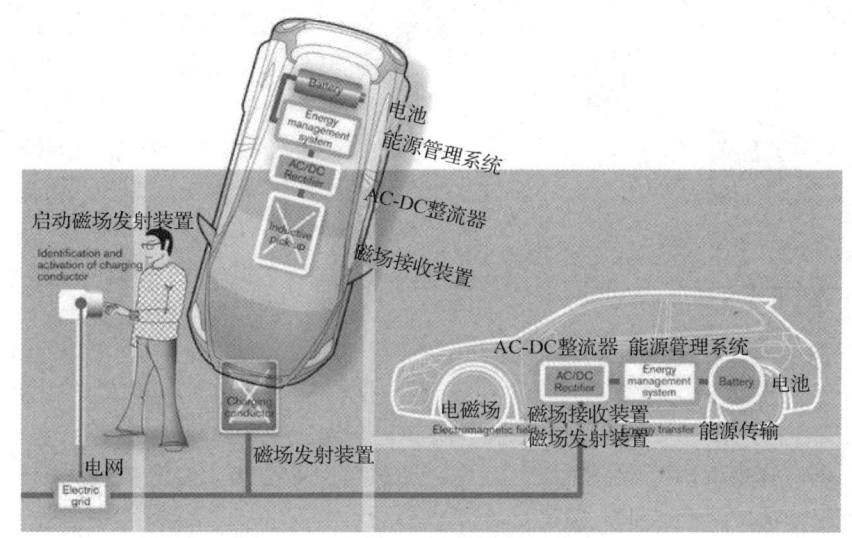

（a）电动汽车无线充电系统

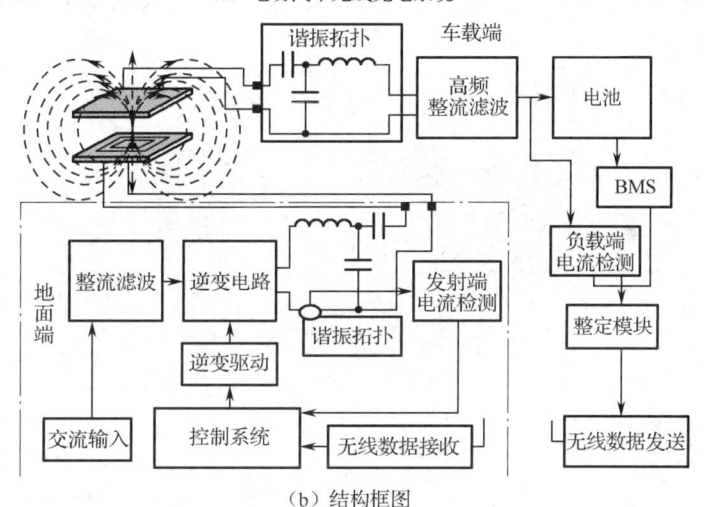

（b）结构框图

图 0-10　电动汽车无线充电系统及结构框图

（4）电力系统变电站用直流电力操作电源

在电力系统变电站控制系统中，断路器操作及中央信号系统供电电源通常采用直流电源，提供该直流电源的电力电子装置称为电力操作电源，其输出 220V 或 110V 的直流电压。在变电所给操作系统提供可靠的交直流操作电源，给蓄电池充电的充电器等都是电力电子装置。

3．交通系统

（1）轨道交通

近年来，高铁、地铁、轻轨等轨道交通发展迅猛，电气化铁道中广泛采用电力电子技术，某型号动车的牵引系统如图 0-11 所示，其机车牵引系统和车辆辅助变流器均采用电力电子装置，电气机车中的直流机车采用整流装置，交流机车采用变频装置。同样，对于磁悬浮列车来说，车辆的悬浮、导向和推进均需要应用电力电子技术。可以说，电力电子技术是轨道交通的关键技术之一。

（2）电动汽车

电动汽车具有节能、环保及智能化的优点，其基本结构及组成包括储能系统、逆变器和电动机传动系统，电动汽车的电动机依靠电力电子装置进行电力变换和驱动控制，其蓄电池的充电也离不开电力电子装置。另外，电动汽车电池的充电也离不开电力电子装置，主要体现在充电桩充电模块及无线感应充电等技术。

以车载充电机为例。车载充电机是固定安装在新能源汽车上的控制和调整动力电池充电的电能变换装置。车载充电机具有为新能源汽车动力电池安全、自动充满电的功能，其依据电池管理系统提供的数据，动态调节充电电流或电压参数，执行相应的动作，完成充电过程。车载充电机在车辆上的安装位置如图 0-12（a）所示。车载充电机作为一个电力电子系统，主要由电源部分和充电机控制主板两大部分组成。其中，电源部分将 220V 交流电转化为直流电；充电机控制主板主要对电源部分进行控制、监测、计算、修正、保护以及与外界网络通信等，是车载充电机的中枢。车载充电机输入采用有源功率因数校正电路，某型号车载充电机电气原理如图 0-12（b）所示。

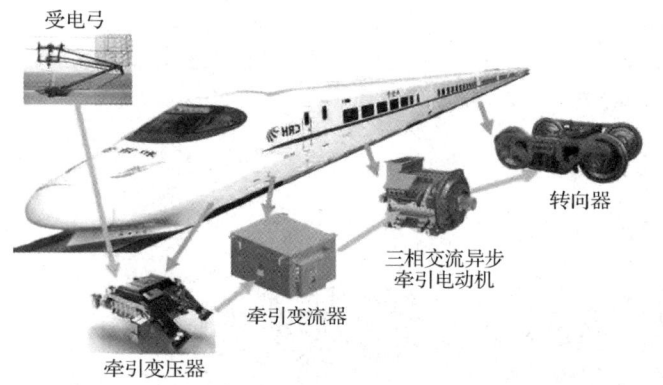

图 0-11 某型号动车的牵引系统

（a）车载充电机在车辆上的安装位置

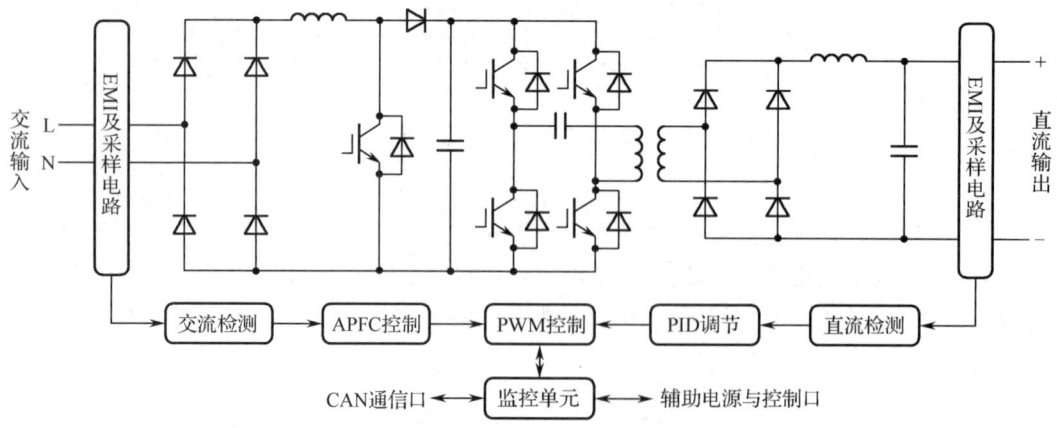

（b）某型号车载充电机电气原理

图 0-12 某型号车载充电机在车辆上的安装位置及其电气原理

在新能源汽车的电力电子系统中，直流电源电压不可能满足性能各异、种类繁多的元器件对直流电源的电压等级、稳定性等参数的要求，因此，必须采用各种 DC-DC 功率变换装置来满足电力电子系统对直流电源的各种需求。常见的这种装置称为 DC-DC 变换器。DC-DC 变换器（又称直流变压器）位于发动机舱内，某型号新能源汽车中 DC-DC 变换器的安装位置及其结构如图 0-13 所示。作为新能源汽车动力系统中的重要组成部分，它的其中一个功能是为动力转向系统、空调以及其他辅助设备提供所需的电力；另一个功能是在复合电源系统中，与超级电容串联，起到调节电源输出、稳定母线电压的作用。

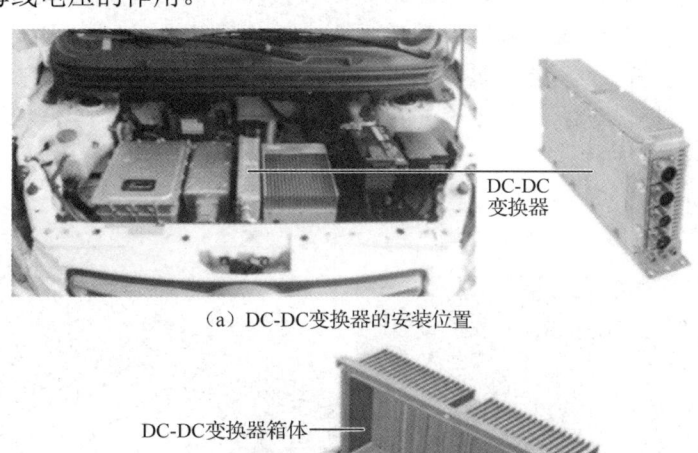

（a）DC-DC 变换器的安装位置

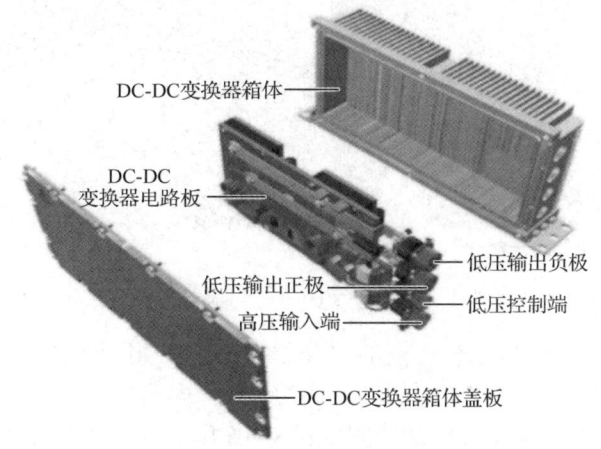

（b）DC-DC 变换器的结构

图 0-13　某型号新能源汽车中 DC-DC 变换器的安装位置及其结构

（3）电梯运行系统

电梯是一种复杂的机电一体化装置，也是一种常见的运载工具。传统电梯传动方式采用继电器、接触器顺序控制交直流电动机，有舒适性差、耗能及智能化程度低的缺点。基于电力电子技术的变频调速电梯采用电力电子变换器、交流电动机及微机控制系统等，优点是变频调速系统用于控制电梯的运行速度，可以实现电梯的平稳启动、运行和停止，提高乘坐舒适度和安全性；变频调速系统用于电梯的节能控制，可以根据乘客需求和电梯运行状态智能调节电梯的运行速度，降低能耗；在多台电梯并存的场合，变频调速系统可以实现群控管理，根据乘客需求和电梯运行状态智能调度和控制多台电梯的运行，提高电梯的使用效率。以前的电梯大多采用直流调速系统，而近年来交流变频调速已成为主流。一种电梯系统中的变频调速装置如图 0-14 所示。

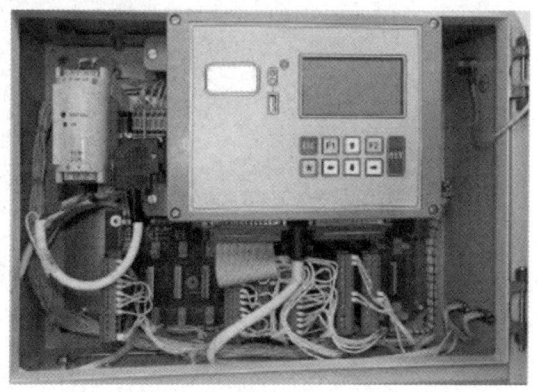

图 0-14　电梯系统中的变频调速装置

（4）航空航天和航海

飞机、船舶需要很多不同要求的电源和驱动，因此航空航天和航海都离不开电力电子技术。现代飞机正在逐步向多电飞机和全电飞机发展，其二次能源中的液压能、气压能和机械能将逐渐被电能替代，二次能源最终将全部统一为电能。飞机电源系统从主电源（发电）、配电、二次电源到各种电动机的控制都需要采用电力电子技术。未来，飞机的推进也将由发动机推进转变为电动机驱动涵道式风扇、螺旋桨或其他装置产生动力，直接将电能转化为机械能，这同样需要采用电动力电子技术。与现代飞机的发展类似，船舶也正向综合电力电子系统发展，将传统船舶相互独立的机械推进系统和电力电子系统以电能形式合二为一，通过电力网络为船舶推进、通信导航、特种作业和日用设备等提供电能，实现了全船能源的综合利用。图 0-15 给出了某型号航空母舰中的电磁弹射装置及系统组成。

(a) 航母甲板上的电磁弹射装置　　　　　(b) 电磁弹射系统组成

图 0-15　某型号航空母舰中的电磁弹射装置及系统组成

在航空航天领域中，整流罩是运载火箭的重要组成部分，用于保护卫星或其他有效载荷免受气动力、气动加热及声振等有害环境的影响。"长征五号 B"火箭拥有目前中国最长最大的整流罩，"长征五号 B"火箭加长版整流罩及其设计方案如图 0-16 所示，整流罩长度达到 20.5 米、直径达 5.2 米，容积达 360 立方米。如此宽敞的空间，也是为了发射空间站舱段而量身打造的。

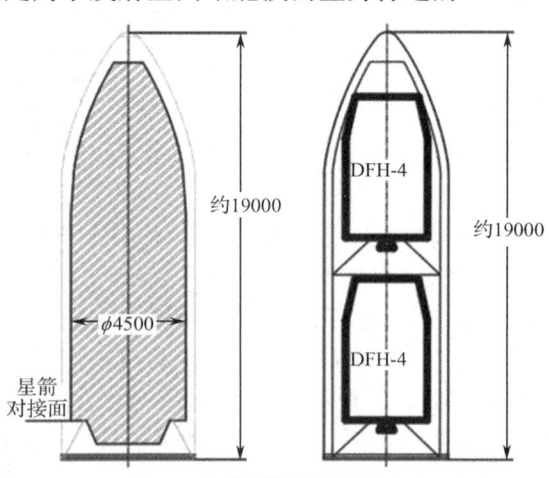

(a) 加长版整流罩　　　　　　　　　(b) 加长版整流罩设计方案

图 0-16　"长征五号 B"火箭加长版整流罩及其设计方案

4. 信息技术产业

近 30 多年来，信息技术产业发展迅速。特别是在 20 世纪 90 年代，程控交换机的发展极大促进了电力电子技术的发展，通信设备中的程控交换机所用的直流电源也由传统的晶闸管整流电源改为采用全控型器件的高频开关电源。基于全控型器件的高频开关电源具有电气性能好、体积小、重量轻和效率高的优点，很快就取代了笨重、效率低的晶闸管相控整流电源。与此同时，高频开关电源也取代了效率低的线性电源。在银行、通信、国防等领域，不间断电源（Uninterruptable Power Supply，UPS）也用于对电源稳定性要求较高的设备。UPS 整流器将交流电变成直流电，而直流输出中一部分能量给蓄电池充电，另一部分能量经过逆变器变成交流供给负载。这样电网正常时，可以通过逆变器给负载提供更加纯净不受电网波动等影响的交流电，而当电网发生故障时，仍然可以通过蓄电池经过逆变器后给负载供电。在逆变器发生故障时，用旁路开关再切换回到电网或其他备用电源供电。一种用于通信领域的 UPS 实物外观图及其结构框图如图 0-17 所示。随着互联网的快速发展，数据中心对电能的需求日益提高，其电源系统容量已达到几十兆瓦甚至上百兆瓦。为了节省电能，提高效率，数据中心电源系统的架构一直在变革，但电源系统中的所有电能变换环节均使用电力电子装置。

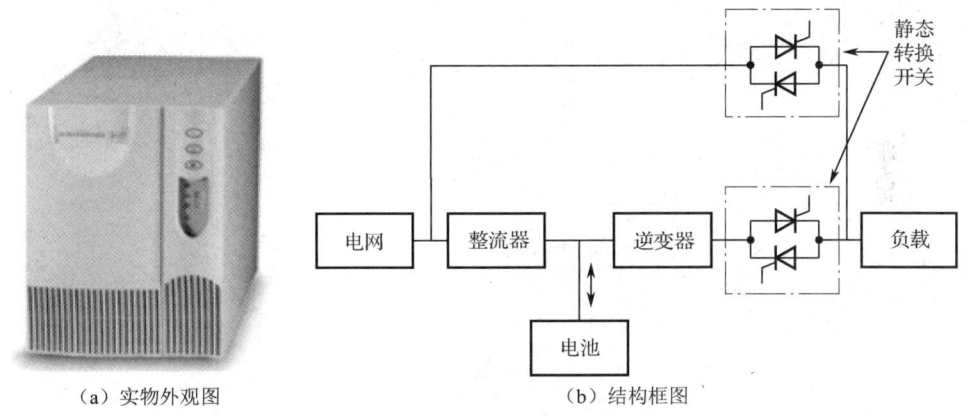

图 0-17　一种用于通信领域的 UPS 实物外观图及其结构框图

生活中常用的手机、计算机、笔记本电脑和平板电脑，其充电器或电源的功率在几十瓦到上百瓦，也都是电力电子装置。笔记本电脑适配器将交流 220V 转换成直流 20V，并提供隔离；在电脑内部通过不隔离变换将 20V 转换成 3.3V、5V、12V 等不同等级电压。笔记本电脑适配器的原理示意图如图 0-18 所示。

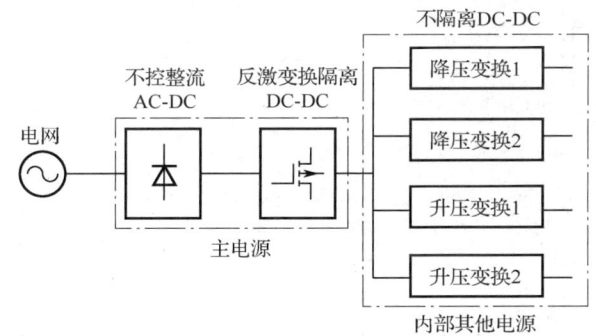

图 0-18　笔记本电脑适配器的原理示意图

5．新能源发电

传统的发电方式是火力发电、水力发电以及后来兴起的核能发电。能源危机后，各种新能源、可再生能源及新型发电方式越来越受到重视。基于太阳能和风能等可再生能源的分布式发电系统，是缓解能源危机和环境污染的重要途径。分布式光伏发电示意图如图 0-19 所示,风力发电原理示意图如图 0-20 所示。太阳能发电和风力发电受环境制约,发出的电力质量较差,都具有间歇性、随机性和波动性的特点,发电环节主要使用静止励磁控制以及变频调速等,静止励磁控制可以提高电路系统的稳定性,晶闸管整流是其主要应用方式。为了保证馈入电网的电能平稳,避免对电网造成冲击,需要引入蓄电池和超级电容等储能单元。当可再生能源发电和储能单元接入电网时,都需要电力电子变换器对电能进行变换,主要应用柔性交流输电系统,它可以将电力电子技术与控制技术有效融合,实现电能的平稳输出,降低损耗,提高传输过程中的稳定性。在配电环节,电力电子技术可以用于实现对电压、电流的控制,使配电过程更加稳定。因此,电力电子技术是新能源发电的基础,对于实现新能源发电系统的高效、高质量、高稳定性和更经济的运行具有重要意义。为了合理利用水力发电资源,近年来抽水储能发电站受到重视。其中的大型电动机的起动和调速都需要电力电子技术。超导储能是未来的一种储能方式,它需要强大的直流电源供电,这也离不开电力电子技术。

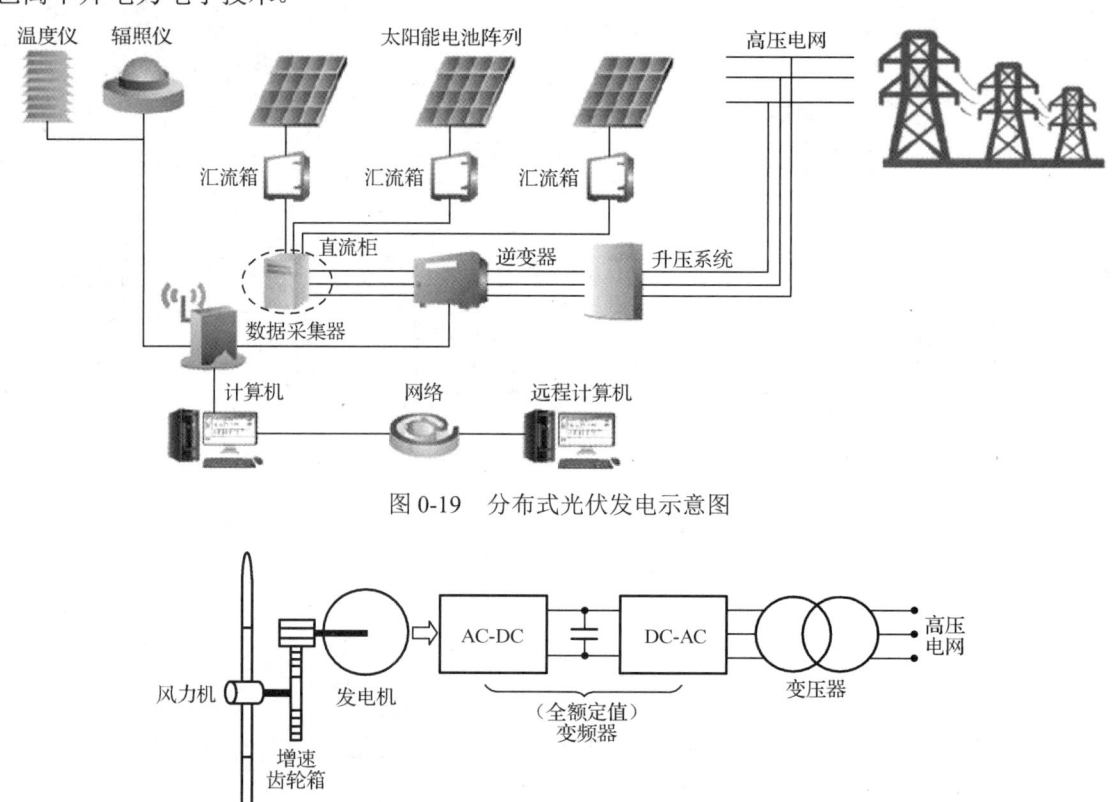

图 0-19 分布式光伏发电示意图

图 0-20 风力发电原理示意图

6. 家用电器

电力电子技术在家用电器中也有着广泛应用,主要体现在照明、变频空调、平板电视机、音响设备、洗衣机、电冰箱、微波炉等家用电器及手机充电器等,通过这些电源,将输入交流电变换成电器内部芯片等器件工作需要的直流电压。照明在家用电器中占有十分突出的地位。无论是荧光灯还是发光二极管(Light Emitting Diode,LED)照明,都离不开电力电子照明电源。特别是 LED 照明,是第四代光源,具有体积小、发光效率高、寿命长、绿色环保、安全性好等优点,与白炽灯相比,可节能 80%~90%,现已得到广泛应用。变频空调是家用电器中应用电力电子技术的典型例子。变频空调原理示意图如图 0-21 所示。

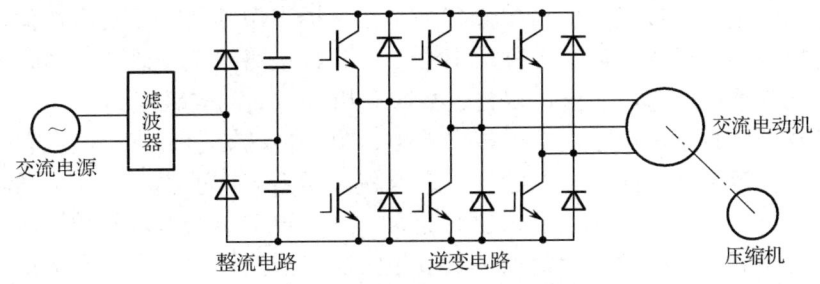

图 0-21 变频空调原理示意图

总之，电力电子技术的应用范围十分广泛，从人类对宇宙和大自然的探索，到国民经济的各个领域，再到我们的衣食住行，到处都能感受到电力电子技术的存在和巨大魅力。这也激发了一代又一代的学者和工程技术人员学习、研究电力电子技术并使其飞速发展。电力电子装置提供给负载的是各种不同的直流电源、恒频交流电源以及变频交流电源，因此也可以说，电力电子技术研究的是电源技术。电力电子技术对节省电能有重要意义，特别在大型风机、水泵采用变频调速方面以及使用量十分庞大的照明电源方面，电力电子技术的节能效果十分显著，因此它也被称为节能技术。

0.5 本书主要内容及特点

本教材内容除绪论外，可分为四大部分。

第一部分是电力电子器件，即第 1 章。第 1 章是全书的基础，主要介绍各种电力电子器件的基本结构、工作原理、主要参数、应用特性。该章内容是以器件的应用为目的而展开的，基本上不涉及器件的制造工艺。在各种器件中，以晶闸管、IGBT、电力 MOSFET 这三种目前应用最为广泛的器件为重点。本章最后讲述了电力电子器件应用的共性问题，包括各种器件的驱动、控制、保护以及串并联使用等问题。

第二部分是基本的电力电子变换电路、控制技术及其应用（第 2～5 章）。这部分内容是全书的主体，其内容涉及电能变换基本类型，主要包括交流-直流变换（整流）技术、直流-交流变换（逆变）技术、直流-直流变换技术和交流-交流变换技术四大类型。PWM 控制技术中没有新的电路拓扑出现，但由于采用了 PWM 技术这一新的控制方法，使电力电子电路的性能有了很大改善，一些以前难以实现的控制策略借助这一技术得以实现。PWM 控制方法对电力电子技术的发展产生了深刻的影响，所以第 2～5 章在介绍主功率电路拓扑原理的基础上，将 PWM、SPWM 及闭环负反馈等电力电子装置控制技术融入其中，使读者对每一类电力电子变换电路都有一个整体的理解。

第三部分是软开关技术（第 6 章）。软开关技术是电力电子装置提高变换效率、高频化和小型轻量化的基础。这部分内容主要介绍软开关技术的定义及软开关技术对电力电子装置的意义，在此基础上分析目前实用化的零电压开通和零电流关断软开关技术原理。软开关技术也适用于各种电力电子电路，软开关电路一般并不改变原来的基本电路，而是在其基础上附加了一些电路，从而实现软开关。

第四部分主要为第 7 章，介绍电力电子技术的应用。电力电子技术既是一门技术基础课程，也是实用性和工程性很强的一门技术。因此，专门有一章介绍应用是很有必要的，希望读者可以对电力电子技术的应用予以足够的重视。这一章的内容也体现了本教材注重工程应用的特点。

学习本课程时，要注意物理概念与基本分析方法的学习，尽可能做到器件、电路、应用三者相结合；要特别注意电路的波形分析与相位分析，在分析工作原理时要紧紧抓住电力电子器件在电路中导通与关断的变化过程，从波形分析中进一步理解电路的工作情况；同时要注意培养读图与分析的能力，以及器件计算、测量、调整、故障分析等方面的实践能力。

本课程将涉及高等数学、电路、电子技术基础、电机拖动等学科的知识，学习本课程时需要复习相关课程并综合运用所学知识。通过学习本课程，学生应该了解电力电子学科最新进展，具有分析和解决电力电子学科的复杂工程问题的能力，具有一定的工程素养和创新精神；知晓电力电子学科应该具有的职业道德和工程伦理，具备相关电气节能技术、电气安全意识和治理电力电子公害的技术；了解电力电子技术在我国国民经济发展中的重要作用，树立为我国电气工程的发展而刻苦钻研和奋斗的伟大理想。

第1章　电力电子器件

在电力电子装置中，通过电力电子器件的开通和关断实现对电能的变换或控制，电力电子器件也称功率半导体器件，其作用主要分为功率转换、功率放大、功率开关、线路保护和整流等，它是电力电子技术的基础。本章将从应用的角度，重点介绍功率二极管、晶闸管、典型全控型器件等常用高频功率半导体器件的基本特性、额定参数、器件的选取原则，以及功率集成电路和智能功率模块，电力电子器件的串并联、电力电子器件的保护，电力电子器件的驱动电路。为分析和设计电力电子变换器并正确选用功率半导体器件打下基础。

本章的主要内容及要求包括以下几点。

（1）掌握电力电子器件的概念和特征、电力电子器件的工作方式及损耗的分类；了解电力电子装置的基本构成；按照器件的可控性能、驱动方式以及参与载流子类型等方面掌握电力电子器件的分类。

（2）掌握电力二极管的结构及工作原理，了解二极管的反向恢复特性、主要参数、分类及应用场合；掌握基于有效值相等原则的电力二极管额定电流的设计方法。

（3）掌握普通晶闸管的结构，采用双晶体管模型分析晶闸管导通及关断条件；掌握晶闸管的主要参数、分类及应用场合；掌握普通晶闸管的测试方法，根据要求选择管子型号。

（4）掌握门极可关断晶闸管（GTO）的关断原理，与晶闸管结构的差异；掌握电力场效应晶体管（MOSFET）、绝缘栅双极晶体管（IGBT）的结构、工作原理及主要特性和参数；掌握上述全控型电力电子器件优缺点及应用场合的对比。

（5）了解功率集成电路、智能功率模块的基本概念，了解电力电子器件的发展趋势。

（6）了解电力电子器件的串并联、电力电子器件的保护与驱动电路。

1.1　电力电子器件概述

1.1.1　电力电子器件的概念和特征

在电气设备或电力系统中，直接承担电能变换或控制任务的电路被称为**主电路**。**电力电子器件**指在电能变换与控制的电路中，实现电能的变换或控制的电子器件。目前半导体电力电子器件是电能变换和控制领域的主力。电力电子器件在电路中一般以开关形式进行工作，电力电子器件应具备工作损耗小、承受电流和电压能力大、开关速度快等特点。广义上电力电子器件可分为电真空器件和半导体器件两类。但是，自20世纪50年代以来，真空管仅在频率很高（如微波）的大功率高频电源中还在使用，而电力半导体器件已取代**汞弧整流器**、**闸流管**等电真空器件，成为电能变换和控制领域的绝对主力。因此，电力电子器件目前也往往专指电力半导体器件。电力半导体器件采用的主要材料仍然是硅。

电力电子器件直接用于处理电能的主电路，因而同处理信息的电子器件相比，它一般具有如下特征。

（1）电力电子器件所能处理电功率的大小，也就是其承受电压和电流的能力，是其最重要的参数。其处理电功率的能力小至毫瓦级，大至兆瓦级，一般都远大于处理信息的电子器件。

（2）如果电力电子器件要处理的电功率较大，为了减小本身的损耗，提高效率，电力电子件一般工作在开关状态。导通时（通态）阻抗很小，接近于短路，管压降接近于零，而电流由外电路决定；关断时（断态）阻抗很大，接近于断路，电流几乎为零，而晶体管两端电压由外电路决定；就像普通晶体管的饱和与关断状态一样。因而，电力电子器件的动态特性（也就是开关特性）和参数，是电力电子器件特性很重要的方面，有些时候甚至是最重要方面。而在模拟电子电路中，电子器件一般工作在线性放大状态，数字电子电路中的电子器件虽然一般也工作在开关状态，但其目的是利用开关状态表示不同的信息。正因为如此，常常将一个电力电子器件或者外特性像一个开关的几个电力电子器件的组合称为**电力电子开关**，或者**电力半导体开关**，做电路分析时往往用理想开关来代替。广义上讲，电力电子开关有时候也指由电力电子器件组成的在电力系统中起开关作用的电气装置，这在第 5 章中将有适当介绍。

（3）在实际应用中，电力电子器件往往需要由信息电子电路控制。由于电力电子器件处理的电功率较大，普通的信息电子电路信号一般不能直接控制电力电子器件的导通或关断，需要一定的中间电路对这些信号进行适当放大，这就是所谓的电力电子器件的驱动电路。

（4）尽管电力电子器件工作在开关状态，其自身的功率损耗通常还是远大于信息电子器件。因而为了保证电力电子器件不至于因损耗散发的热量导致器件温度过高而损坏，电力电子器件不仅在封装上比较讲究散热设计，在其工作时一般还需要安装散热器。这是因为电力电子器件在导通或者关断（开、关）状态下，并不是理想的短路或者断路。导通时器件上有一定的通态压降，关断时器件上有微小的断态漏电流流过。尽管其数值都很小，但分别与数值较大的通态电流和断态电压相作用，就形成了电力电子器件的**通态损耗**和**断态损耗**。此外还有在电力电子器件由断态转为通态（导通过程）或者由通态转为断态（关断过程）的转换过程中产生的损耗，分别称为导通损耗和关断损耗，总称**开关损耗**。对某些器件来讲，驱动电路向其注入的功率是器件发热的原因之一。通常来讲，除一些特殊的器件，电力电子器件的断态漏电流都极其微小，因而通态损耗是电力电子器件功率损耗的主要成因。当器件的开关频率较高时，开关损耗会随之增大而可能成为器件功率损耗的主要因素。

1.1.2 应用电力电子器件的系统组成

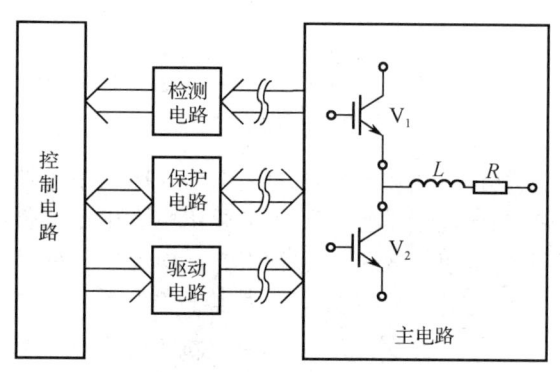

图 1-1 电力电子器件在实际应用中的系统组成

如图 1-1 所示，电力电子系统一般由控制电路、检测电路、保护电路、驱动电路和以电力电子器件为核心的主电路组成。

控制电路由信息电子电路组成，按系统的工作要求形成控制信号，通过驱动电路去控制主电路中电力电子器件的导通或关断，来完成整个系统的功能。有的电力电子系统需要检测主电路或者应用现场的信号，再根据这些信号按照系统的工作要求形成控制信号，这就需要有检测电路。广义上往往将检测电路和驱动电路这些主电路之外的电路归为控制电路，从而粗略地说电力电子系统是由主电路和控制电路组成的。

主电路中的电压和电流一般较大，而控制电路的元器件只能承受较小的电压和电流，因此在主电路和控制电路连接的路径上，如驱动电路与主电路的连接处，或者驱动电路与控制信号的连接处，以及主电路与检测电路的连接处，一般需要进行电气隔离，而通过其他手段（如光、磁等）来传递信号。

主电路中往往有电压和电流的过冲，而电力电子器件一般比主电路中普通的元器件昂贵，承受过电压和过电流的能力却要差一些,因此,在主电路和控制电路中附加一些保护电路,以保证电力电子器件和整个电力电子系统正常可靠运行,往往是非常必要的。

电力电子器件一般有三个端子(或称极),其中两个是连接在主电路中的流通主电路电流的端子,第三端被称为控制端(或控制极)。电力电子器件的通断是通过在其控制端和一个主电路端子之间施加一定的信号控制的,这个主电路端子是驱动电路和主电路的公共端,一般是主电路电流流出器件的那个端子。

1.1.3 电力电子器件的分类

1. 按照电力电子器件能够被控制电路信号所控制的程度分类

可以将电力电子器件分为半控型、全控型和不可控型三类。

(1) 通过控制信号可以控制其导通而不能控制其关断的电力电子器件被称为**半控型器件**,这类器件主要是指**晶闸管**及其大部分派生器件,器件的关断完全是由其在主电路中承受的电压和电流决定的。

(2) 通过控制信号既可以控制其导通,又可以控制其关断的电力电子器件被称为**全控型器件**。由于与半控型器件相比,全控型器件可以由控制信号控制其关断,因此又称为**自关断器件**。这类器件品种很多,目前最常用的是绝缘栅双极晶体管(Insulated Gate Bipolar Transistor,IGBT)、电力场效应晶体管(Power MOSFET,P-MOSFET)和门极可关断晶闸管(Gate-Turn-Off Thyristor,GTO)。

(3) 不能用控制信号控制其通断的电力电子器件就不需要驱动电路,这主要是指**电力二极管**(Power Diode),又被称为不可控器件。这种器件只有两个端子,其基本特性与信息电子电路中的二极管一样,器件的导通和关断完全是由其在主电路中承受的电压和电流决定的。

2. 按照驱动电路加在器件控制端和公共端之间信号的性质分类

可以将电力电子器件(电力二极管除外)分为电流驱动型和电压驱动型两类。

(1) 通过从控制端注入或者抽出电流来实现导通或者关断控制的电力电子器件被称为**电流驱动型电力电子器件**,或者**电流控制型电力电子器件**。

(2) 仅通过在控制端和公共端之间施加一定的电压信号就可实现导通或者关断控制的电力电子器件则被称为**电压驱动型电力电子器件**,或者**电压控制型电力电子器件**。电压驱动型电力电子器件实际上是通过加在控制端上的电压在器件的两个主电路端子之间产生可控的电场,以此改变流过器件的电流大小和通断状态,所以电压驱动型器件又被称为**场控器件**,或者**场效应器件**。

3. 按照驱动电路加在电力电子器件控制端和公共端之间有效信号的波形分类

可将电力电子器件(电力二极管除外)分为脉冲触发型和电平控制型两类。

(1) 通过在控制端施加一个电压或电流脉冲信号来实现器件的开通或者关断的控制,一旦已进入导通或关断状态且在主电路条件不变的情况下,器件就能够维持其导通或关断状态,而不必通过继续施加控制端信号来维持其状态,这类电力电子器件被称为脉冲触发型电力电子器件。

(2) 必须通过持续在控制端和公共端之间施加一定电平的电压或电流信号来使器件开通并维持在导通状态,或者关断并维持在关断状态,这类电力电子器件被称为电平控制型电力电子器件。

4. 按照内部载流子参与导电的情况分类

同处理信息的电子器件类似,电力电子器件还可以按照器件内部电子和空穴两种载流子参与导电的情况分为单极型器件、双极型器件和复合型器件三类。

（1）由一种载流子参与导电的电力电子器件称为单极型器件（也称为多子器件）；

（2）由电子和空穴两种载流子参与导电的电力电子器件称为双极型器件（也称为少子器件）；

（3）由单极型器件和双极型器件集成混合而成的电力电子器件则称为复合型器件，也称混合型器件。

1.2 电力二极管

电力二极管也称为**功率二极管**（Power Diode，PD）、半导体整流器（Semiconductor Rectifier，SR）。电力二极管属于不可控器件，由电源主回路控制其通断状态。由于电力二极管的结构和工作原理简单，工作可靠，在将交流电变为直流电且不需要调压的场合仍广泛使用，如交直交变频的整流、大功率直流电源等，特别是快速恢复二极管和肖特基二极管，在中、高频整流和逆变以及低压高频整流场合广泛应用。电力二极管是功率最大的电力电子器件。如图 1-2 所示，从外形上看，电力二极管主要有螺栓型和平板型两种封装。

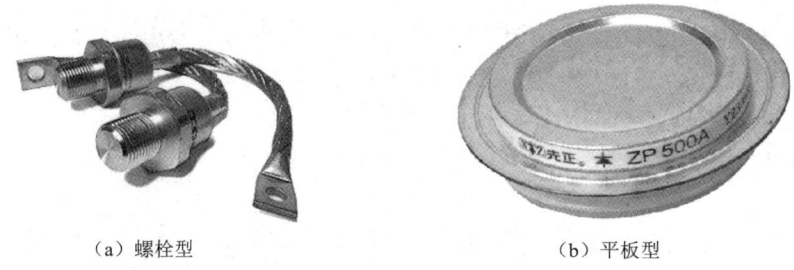

（a）螺栓型　　　　　　　　　　（b）平板型

图 1-2　常见电力二极管的实物图

普通电力二极管是以 PN 结为基础的，是由一个面积较大的 PN 结和两端引线封装组成的。在 PN 结的 P 型端引出的电极称为**阳极 A**，在 N 型端引出的电极称为**阴极 K**。电力二极管的外形、结构和电气符号如图 1-3 所示。电力二极管结构和原理简单，工作可靠，自 20 世纪 50 年代初期就获得应用。快恢复二极管和肖特基二极管，分别在中、高频整流和逆变，以及低压高频整流的场合，具有不可替代的地位。

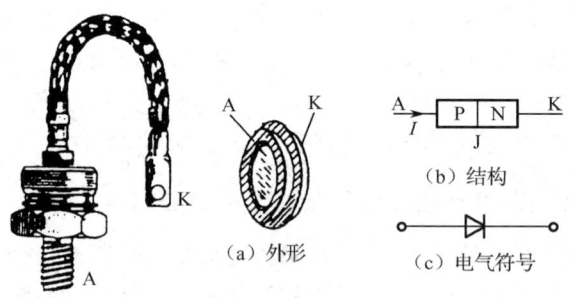

图 1-3　电力二极管的外形、结构和电气符号

1.2.1 PN 结工作原理

电力二极管基本结构和工作原理与信息电子电路中的二极管一样，以半导体 PN 结为基础。

1. PN 结的形成

完全纯净、结构完整的半导体晶体称为**本征半导体**。常温下本征半导体可以激发出少量的自由电子（带负电），并同时出现相应数量的空穴（带正电），这两种不同极性的带电粒子统称为载流子。空穴的出现是半导体区别于导体的一个显著特点。本征半导体内载流子数量极少，导电能力很差。温度对半导体内载流子浓度影响很大，温度升高，载流子浓度随之增大，从而半导体的导电能力随温度的升高而显著增强，这是半导体的一个重要特性。在本征半导体内掺入微量的杂质，半导体的导电能力就会发生显著变化，这种半导体称为杂质半导体。杂质半导体分为电子型（N型）半导体和空穴型（P型）半导体两类。N型半导体中的杂质为五价元素如磷，它使半导体增加许多自由电子，导致自由电子数远大于空穴数，此类半导体中自由电子为多数载流子（简称多子），空穴为少数载流子（简称少子）。P型半导体中的杂质为三价元素如硼，它使半导体增加了许多空穴，导致空穴数远大于自由电子数，此类半导体中空穴为多数载流子，自由电子为少数载流子。

将N型半导体与P型半导体结合起来，在其接触界面处两侧，由于电子及空穴的浓度差别，载流子在无规则的热运动中将由高浓度区向低浓度区扩散，电子从N区向P区扩散，空穴从P区向N区扩散。电子离开N区后，留下不能移动的正离子，形成了带正电荷的区域；空穴离开P区后，留下不能移动的负离子，形成了带负电荷的区域。这样，在接触界面两侧由不能移动的正负离子形成空间电荷区，形成了由N区指向P区的电场，称为内电场。内电场阻止载流子扩散，但可以帮助载流子进行漂移，即电子沿着内电场相反方向由P区漂移回N区，空穴沿内电场相同方向由N区漂移回P区，漂移运动与扩散运动方向相反。当两者达到动态平衡时，就形成了一个稳定的空间电荷区，这个空间电荷区称为PN结，如图1-4所示。在空间电荷区内，多数载流子已扩散并被复合，因此空间电荷区又称为**耗尽层**；空间电荷区的内电场对载流子的扩散运动起阻挡作用，故空间电荷区也称为**阻挡层**。内电场的存在说明N区电位高于P区电位，这个电位差是电子势能变化引起的，称为接触电位差。电子要从N区到P区必须越过这个被称为势垒的能量高坡，因此又把空间电荷区称为**势垒区**。

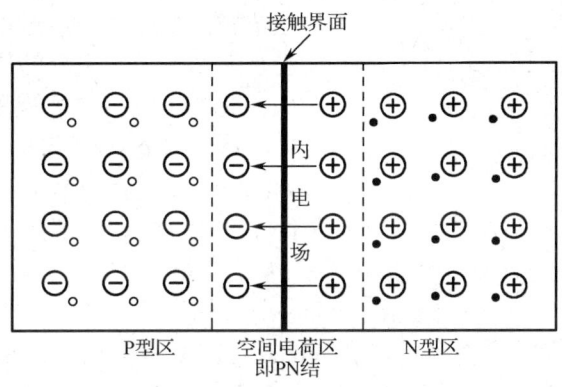

图 1-4 PN 结示意图

2. PN结的单向导电性

PN结的重要特征是单向导电性。当PN结加上正向外电压，即外电压正端接P区，负端接N区时，外加电场与PN结内电场方向相反，PN结变窄，表现为一个很小的电阻，可以流过较大的正向电流，称为正向导通。当PN结加上反向外电压，即外电压的正端接N区，负端接P区时，外加电场与PN结内电场方向一致，使PN结变宽，表现为一个很大的电阻，这时反向饱和电流只有微安量级，可以认为没有电流流过，称为反向关断。这就是PN结的单向导电性，如图1-5所示。

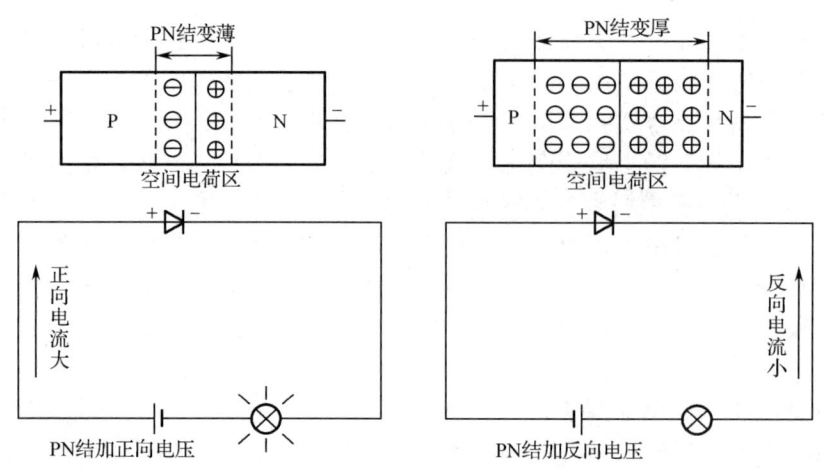

图 1-5 PN 结的单向导电性

3. 电力二极管的电导调制效应

为了使电力二极管能够承受高电压和大电流，电力二极管的半导体物理结构和工作原理具有如下不同于信息电子电路二极管之处。

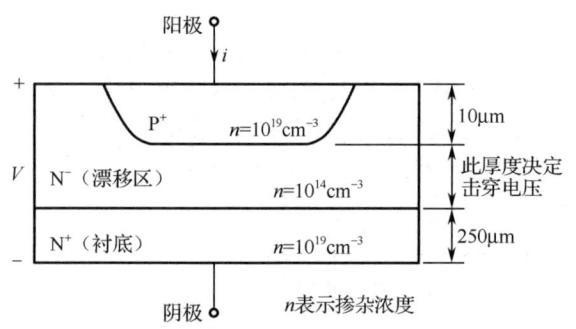

图 1-6 电力二极管内部结构断面示意图

首先，电力二极管内部结构断面如图 1-6 所示，电力二极管大多是垂直导电结构，即电流在硅片内流动的总体方向是与硅片表面垂直的。而信息电子电路中的二极管一般是横向导电结构，即电流在硅片内流动的总体方向是与硅片表面平行的。垂直导电结构使得硅片中通过电流的有效面积增大，可以显著提高电力二极管的通流能力。

其次，电力二极管在 P 区和 N 区之间多了一层低掺杂 N 区（在半导体物理中用 N⁻ 表示），也称为漂移区。低掺杂 N 区由于掺杂浓度低而接近于无掺杂的纯半导体材料即本征半导体（Intrinstic），电力二极管的结构也被称为 P-i-N 结构。低掺杂 N 区可以承受很高的电压而不致被击穿，因此低掺杂 N 区越厚，电力二极管能够承受的反向电压就越高。

当然，低掺杂 N 区由于掺杂浓度低而具有的高电阻率对于电力二极管的正向导通是不利的。这个矛盾可以通过电导调制效应解决。当 PN 结上流过的正向电流较小时，二极管的电阻主要是作为基片的低掺杂 N 区的欧姆电阻，其阻值较高且为常量，因而管压降随正向电流的上升而增加。当 PN 结上流过的正向电流较大时，由 P 区注入并积累在低掺杂 N 区的少子空穴浓度将很大，为了维持半导体的电中性条件，其多子浓度也相应大幅度增加，使得其电阻率明显下降，也就是电导率大大增加，这就是**电导调制效应**。电导调制效应使得电力二极管在正向电流较大时管压降仍然很低，维持在 1V 左右，所以正向偏置的电力二极管表现为低阻态。

4. PN 结的反向击穿

PN 结具有一定的反向耐压能力，如果反向电压增加过大，达到反向击穿电压时，反向电流将会急剧增大，这种状态称为反向击穿。反向击穿有时会造成 PN 结损坏。PN 结反向击穿有三种类型：雪崩击穿、齐纳击穿和热击穿。

（1）雪崩击穿

当加于 PN 结的反向电压增加时，空间电荷区的电场强度增大，通过空间电荷区的电子和空穴的漂移运动被加速，其动能增大。这些高能量、高速度的载流子不断与晶体原子碰撞，可使共价键中的原子激发形成自由电子空穴对，这种现象称为碰撞电离。新产生的载流子在强电场的作用下也被加速，并重新获得能量，产生新的碰撞电离，导致载流子迅速成倍增加，故称为雪崩倍增效应，又称为雪崩击穿。一旦发生雪崩倍增现象，载流子浓度将急剧增加，使反向电流急剧增大，从而导致 PN 结反向击穿。

（2）齐纳击穿

齐纳击穿又称隧道击穿，它与雪崩击穿的性质完全不同，它是在比较低的反向电压下发生的击穿。在高掺杂浓度的 PN 结中，P 区与 N 区之间的空间电荷区反向电场较强，再加上反偏电压使电场强度增加，进一步增强了 P 区中的一些电子穿过空间电荷区（称为隧道效应）进入 N 区变为自由电子的能力，并形成反向电流，即发生齐纳击穿。齐纳击穿主要决定于空间电荷区内的最大电场。齐纳击穿多发生在掺杂浓度高的特殊器件中。

（3）热击穿

上述两种击穿过程都是可逆的。只要在外电路中采取适当措施，把反向电流限制在一定范围内，保证功耗不超过 PN 结容许的耗散功率，那么当反向电压降低后 PN 结仍可恢复原来的状态。如果超过了容许的耗散功率，就会因热量散发不出去而导致 PN 结温度上升，直至过热而烧毁，这种现象称为热击穿。热击穿必须尽可能避免。

5．PN 结的电容效应

PN 结中的电荷量随外加电压而变化，呈现电容效应，称为结电容 C_J。结电容影响 PN 结的工作频率，特别是在高速开关状态时，其单向导电性变差，甚至不能工作。PN 结电容是由性质不同的势垒电容和扩散电容共同组成的。

（1）势垒电容 C_B

PN 结交界处形成的空间电荷区即势垒区，如同平行板电容器的极板，可以进行充放电。PN 结两端电压变化，将引起 PN 结空间电荷区的改变，表现为电容效应，用势垒电容 C_B 来描述。当 PN 结处于正向偏置状态且电压升高时，N 区和 P 区中的多数载流子进入空间电荷区，使空间电荷区变窄，称为**载流子的存储效应**。存储电荷量随正偏电压的增加而增加，相当于充电。当外加正向电压降低时，会有一部分载流子离开 PN 结，相当于放电。势垒电容不是一个固定不变的值，其大小随外加电压改变。势垒电容只在外加电压变化时才起作用，外加电压频率越高，势垒电容的作用越显著。势垒电容 C_B 的大小与 PN 结截面积成正比，与阻挡层厚度成反比。

（2）扩散电容 C_D

PN 结的正向电流是由 P 区中的空穴和 N 区中的电子相互扩散形成的。当 PN 结外加正向电压时，大量电子由 N 区进入 P 区，空穴由 P 区进入 N 区。但电子进入 P 区后并不立即与空穴复合而消失，而是在靠近耗尽层的一定距离内（通常称为扩散长度）与空穴复合的同时继续扩散，空穴进入 N 区后亦然。可见在扩散长度内存储了一定数量的电荷，正向电流越大，存储电荷越多。它们随正向电压的变化亦具有电容的性质，称为扩散电容 C_D。

综上所述，PN 结电容的两种成分在不同外加电压条件下所占的比重不同。在正向偏置状态下，当正向电压较低时，因扩散运动较弱，扩散电容较小，势垒电容占主要成分；正向电压较高时，扩散运动加剧，扩散电容成为 PN 结电容的主要成分。在反向偏置状态下，扩散运动被抑制，因而表现出较小的扩散电容，因此结电容以势垒电容为主。

1.2.2 电力二极管的基本特性

1. 静态特性

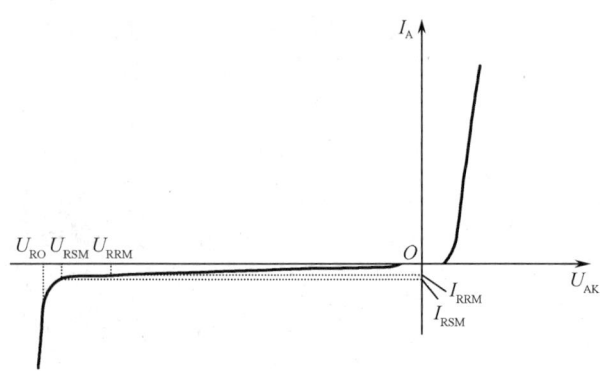

图 1-7 电力二极管的伏安特性

静态特性主要指二极管伏安特性。电力二极管的伏安特性如图 1-7 所示,电力二极管具有单向导电能力,二极管正向导电时必须克服一定的**门槛电压** U_{th}（又称**死区电压**）。电力二极管的门槛电压一般为 0.2~0.5V。外加电压大于门槛电压后,内电场被大大削弱,电流才会迅速上升。

当外加反向电压时,外电场还不足以克服 PN 结内电场,只有少子引起的微小且数值恒定的反向漏电流,电力二极管的反向电流 I_S 是很小的,但是当外加反向电压超过电力二极管反向击穿电压 U_{RO} 后二极管被电击穿,反向电流迅速增加,若无特殊的限流保护措施,电力二极管被电击穿后将造成 PN 结的永久损坏。为防止电力二极管出现电击穿,施加于电力二极管的最高反向工作电压不允许大于电力二极管的额定电压。

2. 动态特性

因为 PN 结电容的存在,电力二极管在零偏置（外加电压为零）、正向偏置和反向偏置这三种状态之间转换的时候,必然经历一个过渡过程。在这些过渡过程中,PN 结的一些区域需要一定时间来调整其带电状态,因而其电压-电流特性不能用前面的伏安特性来描述,而是随时间变化的,这就是电力二极管的动态特性,并且往往专指反映通态和断态之间转换过程的开关特性。这个概念虽然由电力二极管引出,但可以推广至其他各种电力电子器件。电力二极管的动态过程波形如图 1-8 所示。

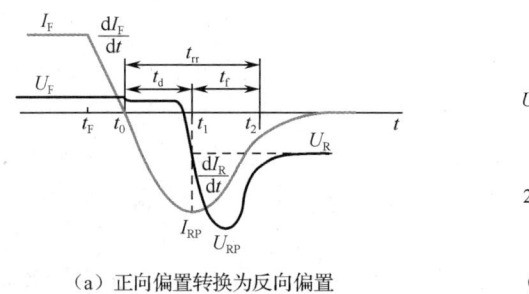 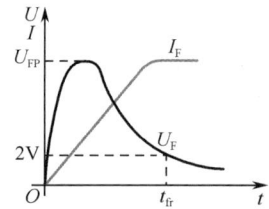

（a）正向偏置转换为反向偏置　　　　（b）零偏置转换为正向偏置

图 1-8 电力二极管的动态过程波形

图 1-8（a）给出了电力二极管由正向偏置转换为反向偏置时的动态过程的波形。当原处于正向导通状态的电力二极管的外加电压突然从正向变为反向时,该电力二极管并不能立即关断,而是需经过一段短暂的时间才能重新获得反向阻断能力,进入关断状态。在关断之前有较大的反向电流出现,并伴随有明显的反向电压过冲。这是因为正向导通时在 PN 结两侧储存的大量少子需要被清除掉以达到反向偏置稳态的缘故。

设 t_F 时刻外加电压突然由正向变为反向,正向电流在此反向电压作用下开始下降,下降速率由反向电压大小和电路中的电感决定,而管压降由于电导调制效应基本变化不大,直至正向电流

降为零的时刻 t_0，此时电力二极管由于在 PN 结两侧（特别是多掺杂 N 区）储存有大量少子的缘故而并没有恢复反向阻断能力，这些少子在外加反向电压的作用下被抽取出电力二极管，因而流过较大的反向电流。当空间电荷区附近的储存少子即将被抽尽时，管压降变为负极性，于是开始抽取离空间电荷区较远的浓度较低的少子。因而在管压降极性改变后不久的 t_1 时刻，反向电流从其最大（I_{RP}）开始下降，空间电荷区开始迅速展宽，电力二极管开始重新恢复对反向电压的关断能力。在 t_1 时刻以后，由于反向电流迅速下降，在外电路电感的作用下会在电力二极管两端产生比外加反向电压大得多的反向电压过冲 U_{RP}。在电流变化率接近于零的 t_1 时刻（有的标准定为电流降至 25% I_{RP} 的时刻），电力二极管两端承受的反向电压才降至外加电压的大小，电力二极管完全恢复对反向电压的关断能力。时间 $t_d=t_1-t_0$ 被称为**延迟时间**（Delay Time），$t_f=t_2-t_1$ 被称为**下降时间**（Fall Time），而时间 $t_{rr}=t_d+t_f$ 则被称为电力二极管的**反向恢复时间**（Reverse Recovery Time）。其下降时间与延迟时间的比值 t_f/t_d 被称为恢复特性的软度，或者**恢复系数**（Recovery Coefficient），用 S_r 表示。S_r 越大则恢复特性越软，实际上就是反向电流下降时间相对较长，因而在同样的外电路条件下造成的反向电压过冲 U_{RP} 较小。

图 1-8（b）给出了电力二极管由零偏置转换为正向偏置时的动态过程的波形。可以看出，在这一动态过程中，电力二极管的正向压降也会先出现一个过冲 U_{FP}，经过一段时间才趋于接近稳态压降的某个值（如 2V）。这一动态过程时间 t_{fr} 被称为**正向恢复时间**（Forward Recovery Time）。出现电压过冲的原因如下。

（1）电导调制效应起作用所需的大量少子需要一定的时间来储存，在达到稳态导通之前管压降较大。

（2）正向电流的上升会因器件自身的电感产生较大压降。电流上升率越大，U_{FP} 越高。当电力二极管由反向偏置转换为正向偏置时，除上述时间外，势垒电容电荷的调整也需要更多时间来完成。

1.2.3 电力二极管的主要参数

1. 正向平均电流（Forward Average Current，$I_{F(AV)}$）（额定电流）

在指定的管壳温度（简称壳温，用 T_C 表示）和散热条件下，其允许流过的最大工频正弦半波电流的平均值为电力二极管的**额定电流**。正向平均电流是按照电流的发热效应来定义的，因此使用时应按有效值相等的原则来选取额定电流，并应留有一定的裕量。

当电力二极管用在工作频率较高的场合时，开关损耗造成的发热往往不能忽略，当采用反向漏电流较大的电力二极管时，其断态损耗造成的发热效应也不小。

2. 正向压降（Forward Voltage，U_F）（管压降）

指电力二极管在指定温度下，流过某一指定的稳态正向电流时对应的正向压降。有时参数表中也给出在指定温度下流过某一瞬态正向电流时器件的最大瞬时正向压降。对于硅基电力二极管，该压降具有负温度特性，即温度越高，U_F 越小。

3. 反向重复峰值电压（Repetitive Peak Reverse Voltage，U_{RRM}）（额定电压）

在额定结温条件下，器件反向伏安特性曲线（见图 1-7）的转折处对应的反向电压称为反向不重复峰值电压（Non-Repetitive Peak Reverse Voltage，U_{RSM}），U_{RSM} 的 80% 称为反向重复峰值电压 U_{RRM}，它是电力二极管工作时所能重复施加的反向最高峰值电压，即**额定电压**，它通常是反向雪崩击穿电压 U_B 的 2/3。使用时，往往按照电路中电力二极管可能承受的反向最高峰值电压的两倍来选定。

4. 最高工作结温（Maximum Operating JunctionTemperature，T_{JM}）

结温指管芯 PN 结的平均温度，用 T_J 表示，最高工作结温指在 PN 结不致损坏的前提下所能承受的最高平均温度，T_{JM} 通常在 125～175℃。

5. 反向恢复时间（Reverse Recovery Time，t_{rr}）

反向恢复时间 $t_{rr}=t_d+t_f$，即关断过程中，电流从 0 到恢复反向阻断能力为止的时间。它指从正向电流过零到反向电流下降到其峰值 10%的时间间隔，与反向电流上升率、结温和关断前最大正向电流有关。

6. 浪涌电流（Surge Current，I_{FSM}）

指电力二极管所能承受最大的连续一个或几个工频周期的过电流。

1.2.4　电力二极管的选型

1．电力二极管的型号

国产普通电力二极管的型号及其含义如图 1-9 所示。

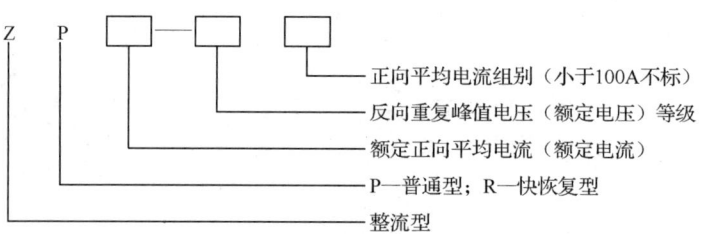

图 1-9　普通电力二极管的型号及其含义

2．电力二极管的选取原则

（1）正向平均电流 $I_{F(AV)}$（额定电流）的选取原则

在规定的室温和冷却条件下，要求所选电力二极管的额定电流 $I_{F(AV)}$ 对应的有效值 I_F 大于电力二极管在电路中实际可能通过的最大电流有效值 I_{DM}，即 $I_F>I_{DM}$。

具体的选择方法如下。

① 根据电路结构确定 I_{DM}，从而求得 I_F；

② 根据式（1-1）求得 $I_{F(AV)}$；

$$I_{F(AV)} = (1.5 \sim 2)\frac{I_{DM}}{1.57} \tag{1-1}$$

③ 取相应标准系列值。

（2）额定电压 U_{RRM} 的选取原则

① 实际应用中，选择电力二极管的反向重复峰值电压 U_{RRM}（额定电压）的原则应为电力二极管在所工作的电路中可能承受的最大反向电压 U_{DM} 的 2～3 倍，即 $U_{RRM}=(2\sim3)U_{DM}$。

② 然后取相应标准系列值。

1.2.5　电力二极管的主要类型

电力二极管在电力电子电路中有着广泛的应用。电力二极管可以在 AC-DC 变换电路中作为整流元件，也可以在包含电感元件等需要释放电能的电路中作为续流元件，还可以在各种变流电路中作为电压隔离、钳位或保护元件。按照正向压降、反向耐压、反向漏电流等性能，特别是反向恢复特性的不同可以将电力二极管分为不同类型。在实际应用时，应根据不同场合的使用要求，选择相应的电力二极管。下面介绍几种常用的电力二极管，不同类型的电力二极管性能上的不同是半导体物理结构和工艺上的差别造成的。

1．普通二极管（General Purpose Diode）

又称整流二极管，多用于开关频率不高（1kHz 以下）的整流电路，包括电力牵引、蓄电池充电、电镀、焊接和 UPS 等。其反向恢复时间较长，一般在 $5\mu s$ 以上，这在开关频率不高时并不重要，正向电流定额和反向电压定额可以达到很高，分别可达数千安和数千伏以上。

2．快恢复二极管（Fast Recovery Diode）

快恢复二极管通常指反向恢复时间小于 $5\mu s$ 的二极管，也简称快速二极管，用于高频整流、直流变换和逆变。其电流由 1A 到数百安，电压由数十伏到数千伏。工艺上多采用了掺金措施，有的采用 PN 结型结构，有的采用改进的 P-i-N 结构。采用外延型 P-i-N 结构的快恢复外延二极管（Fast Recovery Epitaxial Diodes，FRED），其反向恢复时间更短（可低于 50ns），正向压降也很低（0.9V 左右），但其反向耐压多在 400V 以下，从性能上可分为快速恢复和超快速恢复两个等级。前者反向恢复时间为数百纳秒或更长，后者则在 100ns 以下，甚至达到 20~30ns。

3．肖特基势垒二极管（Schottky Barrier Diode）

以金属和半导体接触形成的势垒为基础的二极管称为**肖特基势垒二极管**，简称为肖特基二极管。20 世纪 80 年代以来，肖特基二极管由于工艺的发展得以在电力电子电路中广泛应用。与以 PN 结为基础的电力二极管相比，肖特基二极管的优点在于：反向恢复时间很短（10~40ns）；正向恢复过程中也不会有明显的电压过冲；在反向耐压较低的情况下其正向压降也很小，明显低于快恢复二极管；其开关损耗和正向导通损耗都比快速二极管还要小，效率高。肖特基二极管的缺点在于：当反向耐压提高时其正向压降也会高得不能满足要求，因此多用于 200V 以下；反向漏电流较大且对温度敏感，因此反向稳态损耗不能忽略，而且必须更严格地限制其工作温度。目前，肖特基二极管的电流和电压范围为 1~300A 和 45~1000V，主要应用于高频、低压方面，如高频仪表和开关电源。

根据半导体材料的不同，肖特基二极管可分为硅肖特基二极管和 SiC 肖特基二极管。

（1）硅肖特基二极管以 N 型硅材料为衬底，反向恢复时间小于 30ns。导通压降一般小于 1V，且随着额定电压的增大而增大。其额定电压值较低，一般小于 150V，因此适用于 200V 以下的低压大电流场合。

（2）SiC 肖特基二极管以 N 型 SiC 材料为衬底，相比于硅快恢复二极管，SiC 肖特基二极管具有更加理想的反向恢复特性。在关断过程中，几乎没有反向恢复电流。反向恢复时间一般小于 20ns，甚至小于 10ns。因此，SiC 肖特基二极管尤其适用于高频场合。

同硅肖特基二极管相比，SiC 肖特基二极管由于击穿电场高而具有更高的额定电压值。目前，商用 SiC 肖特基二极管的额定电压值介于 600~1700V。SiC 肖特基二极管正向导通压降为正温度系数。随着温度的上升，其导通压降逐渐增大，这与硅功率二极管正好相反，因此 SiC 肖特基二极管适合并联使用。此外，SiC 肖特基二极管最高工作结温也高于硅二极管，其最高工作结温超过 175℃，而硅二极管的最高工作温度一般为 150℃。

1.3 晶闸管及派生器件

晶闸管即**晶体闸流管**，也称为**可控硅整流器**（Silicon Controlled Rectifier，SCR）。1957 年美国通用电气公司开发出第一只晶闸管产品，1958 年商业化开辟了电力电子技术迅速发展和广泛应用的崭新时代。由于其开通时刻可以控制，而且各方面性能明显胜过以前的**汞弧整流器**，因而立即受到普遍欢迎，从此开辟了电力电子技术迅速发展和广泛应用的崭新时代，其标志就是以晶闸管为代表的电力半导体器件的广泛应用，有人称之为继晶体管发明和应用之后的又一次电子技术革命。自 20 世纪 80 年代以来，晶闸管的地位开始被性能更好的全控型器件取代，但是由于其所能承受的电压和电流容量仍然是电力电子器件中最高的，而且工作可靠，因此在大容量的场合仍具有重要地位。

晶闸管往往专指晶闸管的一种基本类型——**普通晶闸管**。由于普通晶闸管电流容量大、电压耐量高以及导通的可控性（目前生产水平已达 4500A/8000V），其被广泛应用于相控整流、逆变、交流调压、直流变换等领域，成为特大功率低频（200Hz 以下）装置中的主要器件。晶闸管还包括许多类型的派生器件。

1.3.1 晶闸管的结构、电气符号

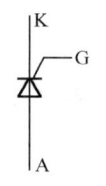

图 1-10 晶闸管的电气符号

晶闸管有塑封型、螺栓型、平板型和模块式几种封装形式，常用的是螺栓型、平板型两种。晶闸管是一种大功率的三端半导体元器件，向外引出阳极 A、阴极 K 和门极（也称为控制端）G 三个连接端。晶闸管的电气符号如图 1-10 所示。

图 1-11 为常见晶闸管的实物外形图。塑封型晶闸管如图 1-11（a）所示，由于受散热条件限制，塑封型晶闸管的功率通常都比较小，额定电流通常在 20A 以下。

（a）塑封型晶闸管

（b）螺栓型晶闸管

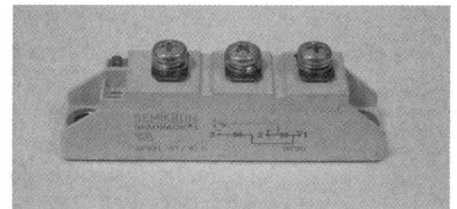
（c）晶闸管模块

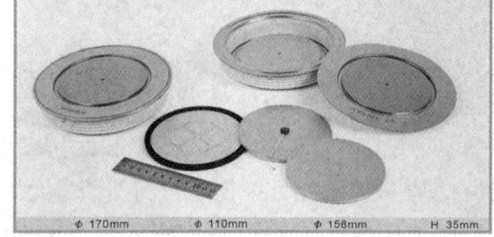

（d）平板型晶闸管

图 1-11 常见晶闸管的实物外形图

螺栓型晶闸管如图 1-11（b）所示。对于螺栓型封装，通常螺栓是其阳极，能与散热器紧密连接且安装方便，额定电流通常在 200A 以下。其优点是：由于阳极带有螺纹，所以元器件很容易

与散热器连接，元器件维修、更换非常方便。其缺点是：散热效果一般，元器件的功率不是很大。

晶闸管模块如图 1-11（c）所示。晶闸管模块根据不同的用途，将多个晶闸管或二极管整合在一起，构成一个模块，集成在同一硅片上，这样大大提高了元器件的集成度。目前 300A 以下的晶闸管大都以模块形式出现。晶闸管模块与同容量分立元器件相比具有体积小、重量轻、结构紧凑、接线方便、整体价格低、可靠性高等优点，是实际中最为常见的结构形式。

平板型晶闸管如图 1-11（d）所示。平板型晶闸管被两个彼此绝缘的散热器紧紧夹在中间，元器件整体被散热器包裹，散热介质可以是风冷或水冷，额定电流通常在 200A 以上。其优点是：散热效果非常好，元器件的功率大。其缺点是：散热器拆装非常麻烦，元器件维修、更换不方便。

1.3.2 晶闸管的工作原理

1. 晶闸管的内部结构和工作原理

晶闸管是一种大功率半导体变流器件，晶闸管的双晶体管模型及其工作原理如图 1-12 所示，晶闸管的内部结构如图 1-12（a）所示。晶闸管内部是 PNPN 四层半导体结构，分别命名为 P_1、N_1、P_2、N_2 四个区。P_1 区引出阳极 A，N_2 区引出阴极 K，P_2 区引出门极 G。四个区形成 J_1（P_1N_1）、J_2（N_1P_2）、J_3（P_2N_2）三个 PN 结。如果正向电压（阳极高于阴极）加到器件上，则 J_2 处于反向偏置状态，器件 A、K 两端之间处于关断状态，只能流过很小的漏电流；如果反向电压加到器件上，则 J_1 和 J_3 反偏，该器件也处于关断状态，仅有极小的反向漏电流通过。

晶闸管导通的工作原理可以用双晶体管模型解释，如图 1-12（b）所示。如在器件上取一倾斜的截面，则晶闸管可以看作由两个晶体管 V_1（$P_1N_1P_2$）和 V_2（$N_1P_2N_2$）组合而成。当晶闸管阳极承受正向电压，门极也加正向电压时，晶体管 V_2 处于正向偏置，E_G 产生的门极电流 I_G 就是 V_2 的基极电流 I_{B2}；V_2 的集电极电流 $I_{C2}=\beta_2 I_G$，而 I_{C2} 又是晶体管 V_1 的基极电流 I_{B1}，V_1 的集电极电流 $I_{C1}=\beta_1 I_{C2}=\beta_1\beta_2 I_G$（$\beta_1$ 和 β_2 分别是 V_1 和 V_2 的电流放大系数）。电流 I_{C1} 又流入 V_2 的基极，再一次被放大。这样循环下去，形成了强烈的正反馈，使两个晶体管很快达到饱和导通，这就是晶闸管的导通过程。其正反馈过程如下：$I_G\uparrow \to I_{B2}\uparrow \to I_{C2}(I_{B1})\uparrow \to I_{C1}\uparrow \to I_{B2}\uparrow$。导通后，晶闸管上的压降很小，电源电压几乎全部加在负载上，晶闸管中流过的电流即为负载电流。

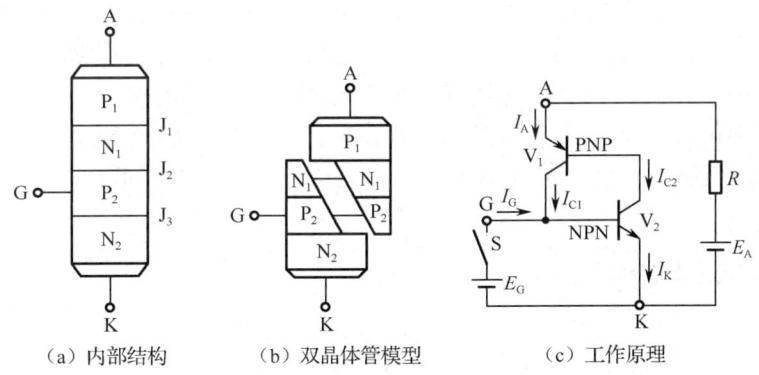

图 1-12 晶闸管的双晶体管模型及其工作原理

（a）内部结构　（b）双晶体管模型　（c）工作原理

在晶闸管导通之后，它的导通状态完全依靠晶闸管本身的正反馈作用来维持，此时 $I_{B2}=I_{C1}+I_G$，而 $I_{C1}\gg I_G$，即使门极电流消失（$I_G=0$），I_{B2} 仍足够大，晶闸管仍将处于导通状态。因此，门极的作用仅是触发晶闸管使其导通，导通之后，门极就失去了控制作用。若要使晶闸管关断，必须去掉阳极所加的正向电压，或者给阳极施加反压，或者设法使流过晶闸管的电流降低到接近于零的某一数值以下，晶闸管才能关断。所以，对晶闸管的驱动过程更多的是称为**触发**，产生注入门极

的触发电流 I_G 的电路称为**门极触发电路**。也正是由于通过其门极只能控制其开通，不能控制其关断，晶闸管才被称为**半控型器件**。

按照晶体管工作原理，可列出如下方程。

$$I_{c1}=\alpha_1 I_A + I_{CBO1} \tag{1-2}$$

$$I_{c2}=\alpha_2 I_K + I_{CBO2} \tag{1-3}$$

$$I_K=I_A+I_G \tag{1-4}$$

$$I_A=I_{C1}+I_{C2} \tag{1-5}$$

式中 α_1 和 α_2 分别是晶体管 V_1 和 V_2 的共基极电流增益；I_{CBO1} 和 I_{CBO2} 分别是 V_1 和 V_2 的共基极漏电流。

由式（1-2）和式（1-5）可得

$$I_A = \frac{\alpha_2 I_G + I_{CBO1} + I_{CBO2}}{1-(\alpha_1+\alpha_2)} \tag{1-6}$$

晶体管的特性是在低发射极电流下 α 是很小的，而发射极电流建立起来之后，α 迅速增大。在晶体管阻断状态下，$I_G=0$，而 $\alpha_1+\alpha_2$ 是很小的。由式（1-6）可以看出，此时流过晶闸管的漏电流只是稍大于两个晶体管漏电流之和。如果注入触发电流使各个晶体管的发射极电流增大以致 $\alpha_1+\alpha_2$ 趋近于 1，流过晶闸管的电流 I_A（阳极电流）将趋近于无穷大，从而实现器件饱和导通。由于外电路负载的限制，I_A 实际上会维持有限值。

2．晶闸管导通与关断的条件

通过上述分析可知，晶闸管导通必须同时具备两个条件。

（1）晶闸管阳-阴极（A-K）加正向电压。

（2）晶闸管门极-阴极（G-K）加合适的正向电压。

晶闸管关断条件如下。

晶闸管一旦导通，门极即失去控制作用。为使晶闸管关断，必须使其阳极电流减小到一定数值以下（即流过晶闸管的阳极电流小于维持电流）。具体可采用增大负载、减小阳极电压到零或反向的方法来实现。

注意：晶闸管在以下几种情况下也可能被触发导通。(1) 阳极电压升高至相当高的数值造成雪崩效应；(2) 阳极电压上升率 du/dt 过高；(3) 结温较高；(4) 光直接照射硅片，即光触发。在上述几种触发方式中，只有光触发方式能保证控制电路与主电路之间的良好绝缘，所以可以应用于高压设备中，其他触发方式都因不易控制而难以应用于实践。门极触发（包括光触发）是最精确、迅速而可靠的控制手段。光触发的晶闸管称为光控晶闸管，将在 1.3.6 节晶闸管的其他派生器件中简单介绍。

1.3.3 晶闸管的基本特性

1．静态特性

晶闸管的静态特性即伏安特性如图 1-13 所示，指晶闸管阳-阴极间电压 U_A 和阳极电流 I_A 之间的关系特性。晶闸管的伏安特性包括正向特性（第一象限）和反向特性（第三象限）两部分。

（1）正向特性

晶闸管的正向特性又有关断状态和导通状态之分。门极电流 $I_G=0$ 时，器件两端施加正向电压，正向关断状态只有很小的正向漏电流流过，正向电压超过临界极限即正向转折电压（Break-over Voltage，U_{BO}），则漏电流急剧增大，晶闸管开通。这种在 $I_G=0$ 时依靠增大阳极电压而强迫晶闸管导通的方式称为"硬开通",多次"硬开通"会使晶闸管损坏,因此通常不允许这样做。随着 I_G 的增大,晶闸管的正向转折电压 U_{BO} 迅速下降(图 1-13 中 $I_{g5}>I_{g4}>I_{g3}>I_{g2}>I_{g1}$),当 I_G 足够大时,晶闸管的正向转折电压 U_{BO} 很小,可以看成与一般电力二极管一样,只要加上正向阳极电压,晶闸管就正常导通了。晶闸管正向导通的伏安特性与二极管的正向特性相似,即当流过较大的阳极电流时,晶闸管本身的压降很小,在 1V 左右。晶闸管正向导通后,要使晶闸管恢复关断,只有逐步减小阳极电流 I_A,使 I_A 下降到小于维持电流 I_H(维持晶闸管导通的最小电流),晶闸管又由正向导通状态变为正向关断状态。

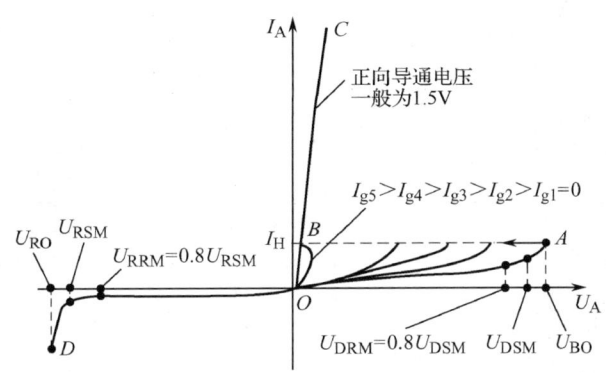

图 1-13 晶闸管的伏安特性曲线

(2)反向特性

晶闸管的反向特性指晶闸管的反向阳极电压(阳极相对阴极为负电位)与阳极漏电流的伏安特性。晶闸管的反向特性与电力二极管的反向特性相似。当晶闸管承受反向阳极电压时,晶闸管总是处于关断状态。当反向电压增加到一定数值时,反向漏电流增加较快。再继续增大反向阳极电压,会导致晶闸管反向击穿,造成晶闸管的损坏。

晶闸管的门极触发电流从门极流入晶闸管,从阴极流出,阴极是晶闸管主电路与控制电路的公共端。门极触发电流也往往是通过触发电路在门极和阴极之间施加触发电压而产生的。为保证可靠、安全的触发,触发电路所提供的触发电压、电流和功率应限制在可靠触发区。

需要注意的是,关断状态简称断态,导通状态简称通态。一般来讲,晶闸管参数中提到的断态和通态一定是正向的,因此,"正向"两字可以省去。

2. 动态特性

晶闸管导通和关断的动态过程的物理机理是很复杂的,这里只能对其过程进行简单介绍。图 1-14 给出了晶闸管导通和关断过程的波形。其导通过程描述的是使门极在坐标原点时刻开始受到理想阶跃电流触发的情况;而关断过程描述的是对已导通的晶闸管,外电路所加电压在某一时刻突然由正向变为反向(如图中点画线波形)的情况。

(1)导通过程

由于晶闸管内部的正反馈过程需要时间,再加上外电路电感的限制,晶闸管受到触发时,其阳极电流的增长不可能是瞬时的。从门极电流阶跃时刻开始,到阳极电流上升到稳态值的 10%的这段时间称为**延迟时间** t_d,与此同时晶闸管的正向压降也在减小。阳极电流从稳态值的 10%上升到稳态值的 90%所需的时间称为**上升时间** t_r,**开通时间** t_{gt} 即为两者之和,即

$$t_{gt}=t_d+t_r \tag{1-7}$$

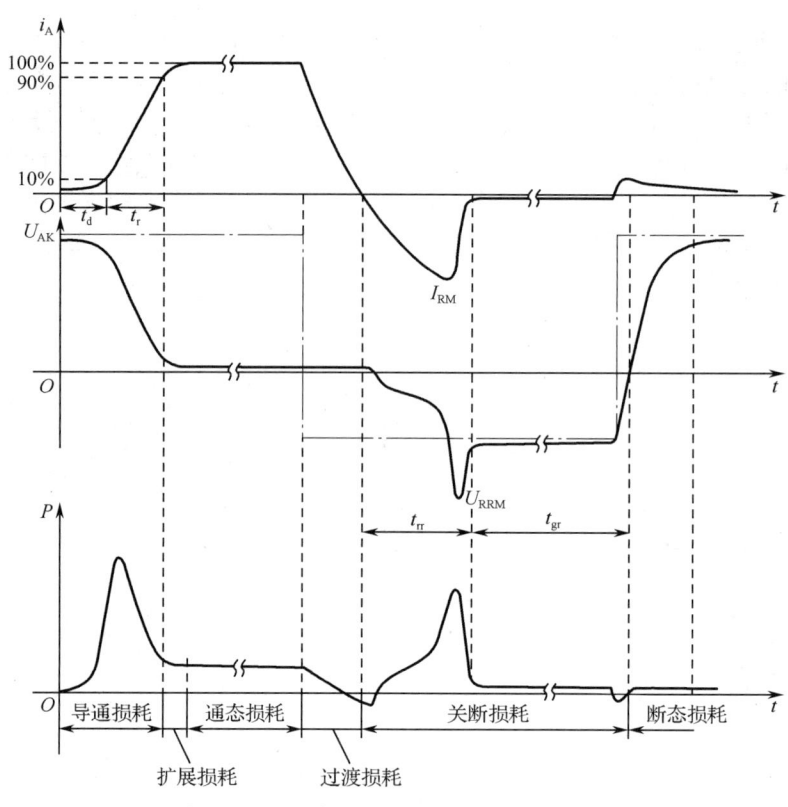

图 1-14 晶闸管的动态过程及相应的损耗

普通晶闸管的延迟时间为 0.5～1.5μs，上升时间为 0.5～3μs。其延迟时间随门极电流的增大而减小。上升时间除反映晶闸管本身特性外，还受到外电路电感的严重影响。延迟时间和上升时间还与阳极电压的大小有关。提高阳极电压可以增大晶体管 V_2 的电流增益 α_2，从而使正反馈过程加速，延迟时间和上升时间都可显著缩短。

（2）关断过程

由于外电路电感的存在，原处于导通状态的晶闸管在外加电压突然由正向变为反向时，其阳极电流在衰减时必然也是有过渡过程的。阳极电流将逐步衰减到零，然后同电力二极管的关断动态过程类似，在反方向会流过反向恢复电流，经过最大值 I_{RM} 后，再反方向衰减。同样，在恢复电流快速衰减时，由于外电路电感的作用，在晶闸管两端会引起反向的尖峰电压 U_{RRM}。最终反向恢复电流衰减至接近于零，晶闸管恢复其对反向电压的阻断能力。从正向电流降为零，到反向恢复电流衰减至接近于零的时间，是晶闸管的**反向关断恢复时间** t_{rr}。反向恢复过程结束后，由于载流子复合过程比较慢，晶闸管要恢复其对正向电压的关断能力还需一段时间，这叫**正向关断恢复时间** t_{gr}。在正向关断恢复时间内，如果重新对晶闸管施加正向电压，晶闸管会重新正向导通，而不是受门极电流控制而导通。所以实际应用中，应对晶闸管施加足够长时间的反向电压，使晶闸管充分恢复其对正向电压的关断能力，电路才能可靠工作。晶闸管的电路换向**关断时间** t_q 定义为 t_{rr} 与 t_{gr} 之和，即

$$t_q = t_{rr} + t_{gr} \tag{1-8}$$

普通晶闸管的关断时间约几百微秒。

1.3.4 晶闸管的主要参数

晶闸管的各项额定参数在晶闸管生产后，由厂家经过严格测试而确定，使用者只需要能够正

确地选择晶闸管就可以了。如表 1-1 列出了晶闸管的一些主要参数。

表 1-1 晶闸管的一些主要参数

型号	通态平均电流（A）	通态峰值电压（V）	断态正、反向重复峰值电流（mA）	断态正、反向重复峰值电压（V）	门极触发电流（mA）	门极触发电压（mV）	断态电压临界上升率（V/μs）	推荐用散热器	安装力（kN）	冷却方式
KP5	5	≤2.2	≤8	100～2000	<60	<3		SZ14		自然冷却
KP10	10	≤2.2	≤10	100～2000	<100	<3	250～800	SZ15		自然冷却
KP20	20	≤2.2	≤10	100～2000	<150	<3		SZ16		自然冷却
KP30	30	≤2.4	≤20	100～2400	<200	<3	50～1000	SZ16		强迫风冷、水冷
KP50	50	≤2.4	≤20	100～2400	<250	<3		SZ17		强迫风冷、水冷
KP100	100	≤2.6	≤40	100～3000	<250	<3.5		SZ17		强迫风冷、水冷
KP200	200	≤2.6	≤0	100～3000	<350	<3.5		L18	11	强迫风冷、水冷
KP300	300	≤2.6	≤50	100～3000	<350	<3.5		L18B	15	强迫风冷、水冷
KP500	500	≤2.6	≤60	100～3000	<350	<4	100～1000	SF15	19	强迫风冷、水冷
KP800	800	≤2.6	≤80	100～3000	<350	<4		SF16	24	强迫风冷、水冷
KP1000	1000	≤2.6		100～3000				SS13		
KP1500	1000	≤2.6	≤80	100～3000	<350	<4		SF16	30	强迫风冷、水冷
KP2000								SS13		
	1500	≤2.6	≤80	100～3000	<350	<4		SS14	43	强迫风冷、水冷
	2000	≤2.6	≤80	100～3000	<350	<4		SS14	50	强迫风冷、水冷

1．电压定额

（1）断态不重复峰值电压（Non-repetitive Peak off-state Voltage，U_{DSM}）

指门极开路时，允许施加于晶闸管阳极的最大正向电压值，是一个不能重复，且每次持续时间不大于 10ms 的断态最大脉冲电压。U_{DSM} 值应小于转折电压 U_{bo}。

（2）断态重复峰值电压（Repetitive Peak off-state Voltage，U_{DRM}）

指在门极断路而结温为额定值时，允许重复加在器件上的正向峰值电压。每秒 50 次，每次持续时间不大于 10ms。国家标准规定：额定电压 3000V 以下时，规定 U_{DRM} 为 U_{DSM} 的 80%。

（3）反向不重复峰值电压（Reverse Non-repetitve Peak Voltage，U_{RSM}）

指门极开路、晶闸管承受反向电压时，对应于反向伏安特性曲线急剧转折处的反向峰值电压值。它是一个不能重复施加且持续时间不大于 10ms 的反向脉冲电压，U_{RSM} 应小于反向击穿电压 U_{RO}。

（4）反向重复峰值电压（Repetitive Peak Reverse Voltage，U_{RRM}）

指在门极断路而结温为额定值时，允许重复加在器件上的反向峰值电压。每秒 50 次，每次持续时间不大于 10ms。电压取反向不重复峰值电压 U_{RSM} 的 80%。

（5）门极触发电压（Gate Triggering Voltage，U_{GT}）

门极触发电压 U_{GT} 是一个最小值的概念，是晶闸管能够被触发导通门极所需要的触发电压的最小值。为保证晶闸管能够被可靠地触发导通，门极实际外加的触发电压必须大于这个最小值。由于触发信号通常是脉冲的形式，只要不超过晶闸管的允许值，脉冲电压的幅值可以数倍于门极触发电压 U_{GT}。

（6）额定电压（Rated Voltage，U_{VTn}）

通常取晶闸管的 U_{DRM} 和 U_{RRM} 中较小的标值作为该器件的**额定电压** U_{VTn}。例如，一个晶闸管实测 U_{DRM}=834V，U_{RRM}=759V，将两者较小的 759V 按表 1-2 取整得 700V，则该晶闸管的额定电压为 700V。

选用时，额定电压要留有一定裕量，一般取额定电压为正常工作时晶闸管所承受**最大正向或反向电压的峰值电压** U_{VTM} 的 2～3 倍，即 $U_{VTn} \geq (2 \sim 3)U_{VTM}$。

表 1-2　晶闸管通态平均电压组别

组别	正、反向重复峰值电压（V）	组别	正、反向重复峰值电压（V）	组别	正、反向重复峰值电压（V）
1	100	8	800	20	2000
2	200	9	900	22	2200
3	300	10	1000	24	2400
4	400	12	1200	26	2600
5	500	14	1400	28	2800
6	600	16	1600	30	3000
7	700	18	1800		

（7）通态平均电压（On-state Average Voltage，$U_{T(AV)}$）

在规定环境温度、标准散热条件下，元件以额定电流工作时，阳极和阴极间电压降的平均值，称**通态平均电压**（一般称**管压降**），其数值按表 1-3 所示。从减小损耗和元件发热来看，应选择 $U_{T(AV)}$ 较小的管子。实际当晶闸管流过较大的恒定直流电流时，通态平均电压比出厂时定义的值要大，约为 1.5V。

表 1-3　晶闸管通态平均电压组别

组别	通态平均电压（V）	组别	通态平均电压（V）	组别	通态平均电压（V）
A	$U_T \leq 0.4$	D	$0.6 < U_T \leq 0.7$	G	$0.9 < U_T \leq 1.0$
B	$0.4 < U_T \leq 0.5$	E	$0.7 < U_T \leq 0.8$	H	$1.0 < U_T \leq 1.1$
C	$0.5 < U_T \leq 0.6$	F	$0.8 < U_T \leq 0.9$	I	$1.1 < U_T \leq 1.2$

2. 电流定额

（1）通态平均电流（额定电流）（On-state Average Current，$I_{T(AV)}$）

晶闸管的额定电流又称为通态平均电流，它是指在规定的条件下晶闸管允许通过的最大工频正弦半波电流的平均值。晶闸管额定电流的标定采用的是平均电流，而不是有效值电流。规定的条件是指：环境温度为 40℃，规定的冷却条件，采用电阻负载，晶闸管的导通角不小于 170°，结温不超过额定值。

但是，决定晶闸管结温的是晶闸管损耗的发热效应，表征热效应的电流是以有效值表示的。根据晶闸管额定电流 $I_{T(AV)}$ 的定义，设流过晶闸管的正弦半波电流的最大值为 I_m。依据电流平均值、有效值的定义（导通角不小于 170°），得到正弦半波电流平均值 $I_{T(AV)}$、电流有效值 I_T 和电流最大值 I_m 三者的关系为

$$I_{T(AV)} = \frac{1}{2\pi} \int_0^\pi I_m \sin \omega t \, d(\omega t) = \frac{I_m}{\pi} \tag{1-9}$$

$$I_T = \sqrt{\frac{1}{2\pi} \int_0^\pi (I_m \sin \omega t)^2 \, d(\omega t)} = \frac{I_m}{2} \tag{1-10}$$

定义各种电流有效值与电流平均值之比为电流的**波形系数** K_f。因此，在正弦半波情况下晶闸管的电流波形系数为

$$K_f = \frac{I_T}{I_{T(AV)}} = \frac{\pi}{2} = 1.57 \tag{1-11}$$

所以 $I_{Tn}=1.57I_{T(AV)}$，即在正弦半波时，额定电流为 100A 的晶闸管，其允许通过的电流有效值为 157A。当波形系数不同时，标注额定电流为 100A 的晶闸管，其实际允许的平均值电流是不同的，如表 1-4 所示。

表 1-4 常见波形的 K_f 值与额定电流为 100A 的晶闸管允许流过的电流平均值

波形	实际波形的平均值 $I_{VT(AV)}$ 和有效值 I_{VTn}	波形系数 K_f	实际允许通过的电流平均值 I_d
(半波后半部分正弦)	$I_{VT(AV)} = \frac{1}{2\pi}\int_{\frac{\pi}{2}}^{\pi} I_m \sin\omega t\, d(\omega t) = \frac{I_m}{2\pi}$ $I_{VTn} = \sqrt{\frac{1}{2\pi}\int_{\frac{\pi}{2}}^{\pi}(I_m \sin\omega t)^2 d(\omega t)} = \frac{I_m}{2\sqrt{2}}$	2.22	$I_d = \frac{100A \times 1.57}{2.22} = 70.7A$
(全波整流)	$I_{VT(AV)} = \frac{1}{\pi}\int_{0}^{\pi} I_m \sin\omega t\, d(\omega t) = \frac{2I_m}{\pi}$ $I_{VTn} = \sqrt{\frac{1}{\pi}\int_{0}^{\pi}(I_m \sin\omega t)^2 d(\omega t)} = \frac{I_m}{\sqrt{2}}$	1.11	$I_d = \frac{100A \times 1.57}{1.11} = 141.4A$
(矩形波 2/3π)	$I_{VT(AV)} = \frac{1}{2\pi}\int_{0}^{\frac{2\pi}{3}} I_m\, d(\omega t) = \frac{I_m}{3}$ $I_{VTn} = \sqrt{\frac{1}{2\pi}\int_{0}^{\frac{2\pi}{3}}(I_m)^2 d(\omega t)} = \frac{I_m}{\sqrt{3}}$	1.73	$I_d = \frac{100A \times 1.57}{1.73} = 90.7A$
(正弦半波)	$I_{VT(AV)} = \frac{1}{2\pi}\int_{0}^{\pi} I_m \sin\omega t\, d(\omega t) = \frac{I_m}{\pi}$ $I_{VTn} = \sqrt{\frac{1}{2\pi}\int_{0}^{\pi}(I_m \sin\omega t)^2 d(\omega t)} = \frac{I_m}{2}$	1.57	$I_d = \frac{100A \times 1.57}{1.57} = 100A$

【例 1-1】 如图 1-15 所示，两个不同的电流波形（阴影斜线部分）分别流经晶闸管，若各波形的最大值 $I_m=100A$，试计算各波形下晶闸管的电流平均值 $I_{T1(AV)}$、$I_{T2(AV)}$，电流有效值 I_{T1}、I_{T2}，并计算波形系数 K_{f1}、K_{f2}。

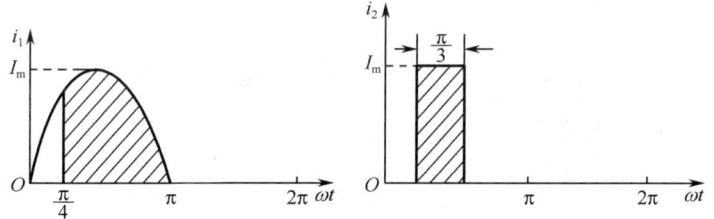

图 1-15 流过晶闸管的电流波形

解： 如图 1-15 所示的平均值和有效值可计算如下。

$$I_{T1(AV)} = \frac{1}{2\pi}\int_{\pi/4}^{\pi} I_m \sin\omega t\, d(\omega t) = 0.272 I_m = 27.2A$$

$$I_{T2(AV)} = \frac{1}{2\pi}\int_{0}^{\pi/3} I_m\, d(\omega t) = \frac{1}{6}I_m = 16.7A$$

$$K_{f1} = \frac{I_{T1}}{I_{T1(AV)}} = 1.75$$

$$I_{T1} = \sqrt{\frac{1}{2\pi}\int_{\frac{\pi}{4}}^{\pi}(I_m \sin\omega t)^2 \mathrm{d}(\omega t)} = 0.477 \times I_m = 47.4\mathrm{A}$$

$$I_{T2} = \sqrt{\frac{1}{2\pi}\int_{0}^{\frac{\pi}{3}}(I_m \sin\omega t)^2 \mathrm{d}(\omega t)} = \frac{1}{\sqrt{6}} \times I_m = 40.8\mathrm{A}$$

$$K_{f2} = \frac{I_{T2}}{I_{T2(AV)}} = 2.44$$

（2）维持电流（Holding Current，I_H）（针对关断过程）

在室温下门极断开时，晶闸管元件刚好能保持导通的最小阳极电流称为维持电流 I_H。晶闸管维持电流 I_H 一般为几十到几百毫安，晶闸管的维持电流与元件容量、结温等因素有关，额定电流大的晶闸管维持电流也大；同一晶闸管结温越高，则 I_H 越小，相反，同一管子结温越低，则 I_H 越大；维持电流大的晶闸管容易关断。同一型号的晶闸管其维持电流也各不相同。

（3）擎住电流（Latching Current，I_L）（针对开通过程）

给晶闸管门极加上触发电压，当晶闸管元件从关断状态刚转为导通状态就断开触发电压，此时要保持元件持续导通所需要的最小阳极电流称为擎住电流 I_L。对同一晶闸管来说，通常 I_L 为 I_H 的 2～4 倍。

（4）浪涌电流（Surge Current，I_{TSM}）

指由于电路异常情况引起的并使结温超过额定结温的不重复性最大正向过载电流。I_{TSM} 分 L、H 级。

（5）门极触发电流（Gate Triggering Current，I_{GT}）

在室温且阳极电压为 6V 直流电压时，使晶闸管从阻断到完全开通所必需的最小门极直流电流称为门极触发电流。与此对应的门极电压，称为门极触发电压 U_{GT}。

3．动态参数

（1）开通时间 t_{gt}

从门极触发电压前沿的 10% 到元件阳极电压下降至 10% 所需的时间为开通时间 t_{gt}，普通晶闸管的 t_{gt} 约为 6μs，开通时间与触发脉冲的陡度大小、结温以及主回路中的电感量等有关。为了缩短开通时间，常采用实际触发电流比规定触发电流大 3～5 倍、前沿陡的窄脉冲来触发，称为**强触发**。另外，如果触发脉冲不够宽，晶闸管就不可能触发导通。一般来说，要求触发脉冲的宽度稍大于 t_{gt}，以保证晶闸管可靠触发。

（2）关断时间 t_q

晶闸管导通时，内部存在大量的载流子。晶闸管的关断过程是：当阳极电流刚好下降到零时，晶闸管内部各 PN 结附近仍然有大量的载流子未消失，此时若马上重新加上正向电压，晶闸管会不经触发而立即导通，只有再经过一定的时间，待元件内部的载流子通过复合而基本消失之后，晶闸管才能完全恢复正向阻断能力。晶闸管从正向阳极电流下降为零到它恢复正向阻断能力所需要的这段时间称为**关断时间** t_q。

晶闸管的关断时间与元件结温、关断前阳极电流的大小以及所加反向电压的大小有关。普通晶闸管的 t_q 为几十到几百微秒。

（3）断态电压临界上升率 $\mathrm{d}u/\mathrm{d}t$

晶闸管的结面积 J_2 在关断状态下相当于一个电容，若突然加一正向阳极电压，便会有一个充电电流流过结面 J_2，被称为位移电流，该充电电流流经靠近阴极的 PN 结 J_3 时，产生相当于触发电流的作用，如果这个电流过大，将会使元件误触发导通，因此对晶闸管还必须规定允许的最大断态电压上升率。在规定条件下，晶闸管直接从断态转换到通态的最大阳极电压上升率称为断态

电压临界上升率 du/dt。

（4）通态电流临界上升率 di/dt

门极流入触发电流后，晶闸管开始只在靠近门极附近的小区域内导通，随着时间的推移，导通区域才逐渐扩大到 PN 结的全部区域。如果阳极电流上升得太快，就会导致门极附近的 PN 结因电流密度过大而烧毁，使晶闸管损坏。因此，对晶闸管必须规定允许的最大通态电流上升率，称为通态电流临界上升率 di/dt。

1.3.5 普通晶闸管的型号和选择原则

1. 普通晶闸管的型号

国产普通晶闸管的型号及其含义如图1-16所示。

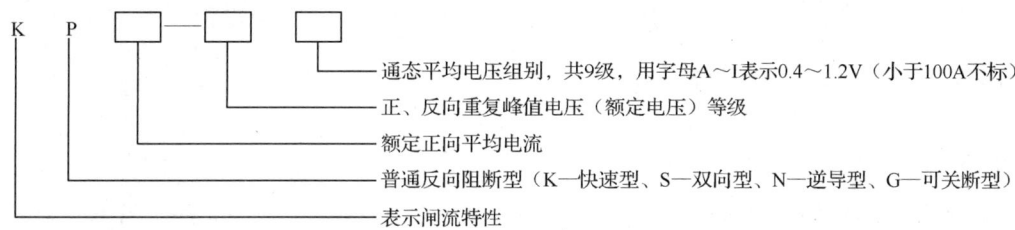

图 1-16 国产普通晶闸管的型号及其含义

例如，KP100-12G 表示额定电流为 100A、额定电压为 1200V、管压降为 1V 的普通晶闸管；如 KP5-7E 表示额定电流为 5A、额定电压为 700V 的普通晶闸管；KP100-8D 表示额定电流为 100A，额定电压为 800V，管压降为 0.7V 的普通晶闸管。

2. 普通晶闸管的选择原则

（1）选择额定电流 $I_{T(AV)}$ 的原则

不同的电流波形有不同的平均值与有效值，波形系数 K_f 也不同。选用晶闸管时，在规定的室温和冷却条件下，首先确定晶闸管在电路中实际通过的最大电流有效值 I_{TM}，然后要求所选晶闸管的额定电流对应的有效值电流 I_{Tn} 大于或等于最大电流有效值 I_{TM}，即 $I_{TM} \leq I_{Tn}$；再根据晶闸管的额定电流（通态平均电流）与对应的有效值电流关系求出额定电流（通态平均电流）；考虑器件的过载能力，实际选择时应有 1.5~2 倍的安全裕量。即

$$1.57 I_{T(AV)} \geq (1.5 \sim 2) I_{TM} \tag{1-12}$$

所以 $I_{T(AV)} \geq (1.5 \sim 2) \dfrac{I_{TM}}{1.57}$

（2）选择额定电压 U_{VTn} 的原则

选择普通晶闸管额定电压的原则应为晶闸管在所工作的电路中可能承受的最大正向或反向电压瞬时值 U_{TM} 的 2~3 倍，即 $U_{VTn}=(2\sim3)U_{VTM}$。

【例 1-2】一个晶闸管接在 220V 交流回路中，通过器件的电流有效值为 100A，试选用晶闸管。

解： 晶闸管额定电压为

$$U_{VTn} = (2\sim3)U_{TM} = (2\sim3)\sqrt{2} \times 220\text{V} = 622 \sim 933\text{V}；$$

故按晶闸管参数系列取 800V，即 8 级。

晶闸管的额定电流为

$$I_{T(AV)} = (1.5 \sim 2)\dfrac{I_{TM}}{1.57} = (1.5 \sim 2) \times \dfrac{100}{1.57}\text{A} = 95 \sim 127\text{A}；$$

故按晶闸管参数系列取 100A，所以选取晶闸管型号 KP100-8E。

3. 晶闸管的管耗和散热

晶闸管的管耗计算方法为：管耗=流过器件的电流×器件两端的电压。管耗将产生热量，使管芯温度升高。如果温度超过允许值，将损坏器件，所以必须对器件进行散热和冷却。冷却方式主要有自然冷却（散热片）、风冷（风扇）和水冷。

晶闸管在实际使用过程中需要满足工程上的基本要求，介绍于下。

由于晶闸管是功率型器件，工作时会产生大量的热量，因此额定电流为 5A 以上的晶闸管必须安装散热器，并且必须要保证规定的冷却条件。使用中若冷却系统发生故障，应立即停止使用，或者将负载减小到原额定值的 1/3 做短时间应急使用。

受散热条件限制，塑封式晶闸管的功率通常都比较小，额定电流通常在 20A 以下；螺栓式晶闸管额定电流通常在 200A 以下；平板式晶闸管额定电流通常在 200A 以上。

1.3.6 晶闸管的其他派生器件

1. 快速晶闸管

快速晶闸管（Fast Switching Thyristor，FST）是指关断速度比较快的晶闸管，一般关断时间在 50μs 以内。快速型晶闸管包括常规的快速型晶闸管和高频晶闸管两种，管芯结构和制造工艺进行了改进，开关时间以及 du/dt 和 di/dt 等量都有明显改善。主要应用于较高频率（400Hz 和 10kHz 以上）的斩波与逆变电路中。快速型晶闸管的开关时间、动态特性较普通晶闸管都有明显改善。从关断时间来看，普通晶闸管一般为数百微秒，快速型晶闸管为数十微秒，而高频晶闸管为 10μs 左右。高频晶闸管的不足是其电压、电流额定值较低，应注意的是晶闸管的关断时间与通态压降成反比，所以快速型晶闸管的通态压降较普通晶闸管大。

2. 双向晶闸管

（1）基本结构和伏安特性

双向晶闸管（Triode AC Switching Thyristor 或 Bidirectional triode thyristor，TRIAC）是把两个反向并联的晶闸管集成在同一硅片上，用一个门极控制触发的组合型元器件。这种结构使它在两个方向都具有和单只晶闸管同样的对称的开关特性，且伏安特性相当于两只反向并联的分立晶闸管，不同的是它由一个门极进行双方向控制，因此可以认为是一种控制交流功率（如电灯调光及加热器控制）的理想元器件。双向晶闸管与一对反并联晶闸管相比是经济的，且控制电路简单，在交流调压电路、固态继电器（Solid State Relay，SSR）、交流电机调速和软启动等领域应用较多。

双向晶闸管的外形与普通晶闸管类似，有塑封式、螺栓式、平板式，但其内部是一个五层结构（NPNPN）的三端元器件，有两个主电极 T_1 和 T_2，一个门极 G，正反两方向均可触发导通。双向晶闸管的内部结构、等效电路及电气符号如图 1-17 所示。双向晶闸管可认为是一对反并联连接的普通晶闸管的集成，有两个主电极 T_1 和 T_2，一个门极 G 正反两方向均可触发导通，所以双向晶闸管在第一和第三象限有对称的伏安特性，如图 1-18 所示。

（2）主要参数

双向晶闸管通常用在交流电路中，正反向电流都可以流过，因此不用平均值而用有效值来表示其额定电流值。双向晶闸管的主要参数中只有额定电流与普通晶闸管有所不同，其他参数定义相似。双向晶闸管额定电流值定义为：在标准散热条件下，当器件的单向导通角大于 170°时，允许流过器件的最大正弦交流电流的有效值，用 $I_{T(RMS)}$ 表示。

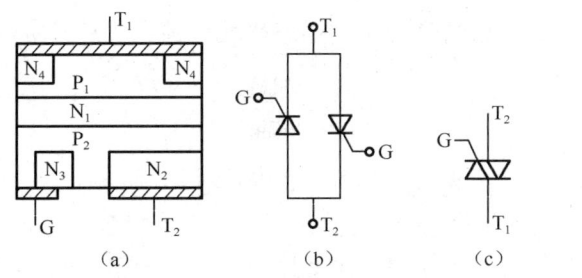
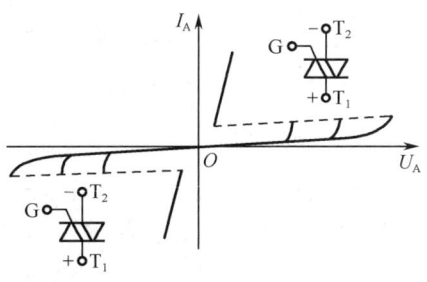

图 1-17 双向晶闸管的内部结构、等效电路及电气符号　　图 1-18 双向晶闸管的伏安特性

双向晶闸管额定电流与普通晶闸管额定电流之间的换算关系式为

$$I_{T(AV)} = \frac{\sqrt{2}}{\pi} I_{T(RMS)} = 0.45 I_{T(RMS)} \tag{1-13}$$

以此推算，一个 100A 的双向晶闸管与两个反向并联的 45A 的普通晶闸管电流容量相等。双向晶闸管每个半波都有各自的通态压降。由于结构及工艺的原因，其正、反两个通态压降值可能有较大的差别，使用时应尽量选用偏差小的，即具有比较对称的正、反向通态压降的元器件。

（3）双向晶闸管的型号及选择原则

① 双向晶闸管的型号

双向晶闸管的型号及其含义如图 1-19 所示。国产双向晶闸管的型号有部颁新标准 KS 系列和部颁旧标准 3CTS 系列。如型号 KS50-10-21 表示额定电流 50A，额定电压 10 级（1000V），断态临界电压上升率 du/dt 为 2 级（不小于 200V/μs），换向临界电流下降率为 1 级（不小于 1%$I_{T(RMS)}$）的双向晶闸管。3CTS1 表示额定电压为 400V、额定电流为 1A 的双向晶闸管。

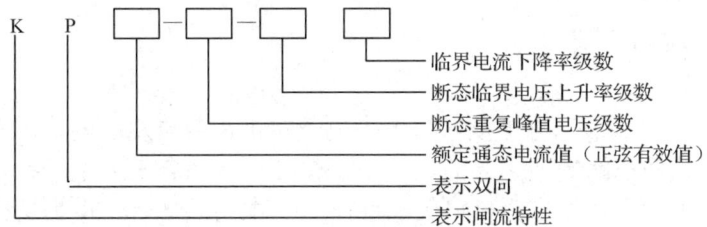

图 1-19 双向晶闸管的型号及其含义

② 双向晶闸管的选取

为了保证交流开关可靠运行，必须根据开关的工作条件，合理选择双向晶闸管的额定通态电流、断态重复峰值电压（铭牌额定电压）以及换向电压上升率。

额定通态电流 $I_{T(RMS)}$ 的选择：双向晶闸管交流开关较多用于电动机的频繁起动和制动。对可逆运转的交流电动机，要考虑起动或反接电流峰值来选取器件的额定通态电流 $I_{T(RMS)}$；对于绕线转子电动机，最大电流为电动机额定电流的 3～6 倍；对笼型电动机则取 7～10 倍。例如，对于 30kW 的绕线转子电动机和 11kW 的笼型电动机，要选用 200A 的双向晶闸管。

额定电压 U_{DRM} 的选择：电压裕量通常取 2 倍。380V 线路用的交流开关，一般应选 1000～1200V 的双向晶闸管。

3. 逆导晶闸管

逆导晶闸管（Reverse Conducting Thyristor，RCT）是将晶闸管反并联一个二极管制作在同一管芯上的功率集成器件，这种器件不具有承受反向电压的能力，其正向导通具有可控性，反向导通不具有可控性。逆导晶闸管的电气符号和伏安特性如图 1-20 所示。与普通晶闸管相比，逆导晶闸管具有正向压降小、关断时间短、高温特性好、额定结温高等优点，可用于不需要阻断反向电压的电路中。逆导型晶闸管有两个额定电流：一个是晶闸管的正向通态平均电流；另一个是反并联二极管的正向平均电流。

4．光控晶闸管

光控晶闸管（Light Triggered Thyristor，LTT）又称光触发晶闸管，是利用一定波长的光照信号触发导通的晶闸管。光控晶闸管的电气符号及伏安特性如图1-21所示，与普通晶闸管类似，只不过伏安特性的转折电压是随光照强度的增大而降低。小功率光控晶闸管只有阳极和阴极两个端子，大功率光控晶闸管则还带有光缆，光缆上装有作为触发源的发光二极管或半导体激光器。光触发保证了主电路与控制电路之间的绝缘，且可避免电磁干扰的影响。光控晶闸管具有比普通晶闸管高得多的 du/dt 和 di/dt 承受能力，因此目前在高压大功率的场合，如高压直流输电和高压核聚变装置中，占据重要的地位。

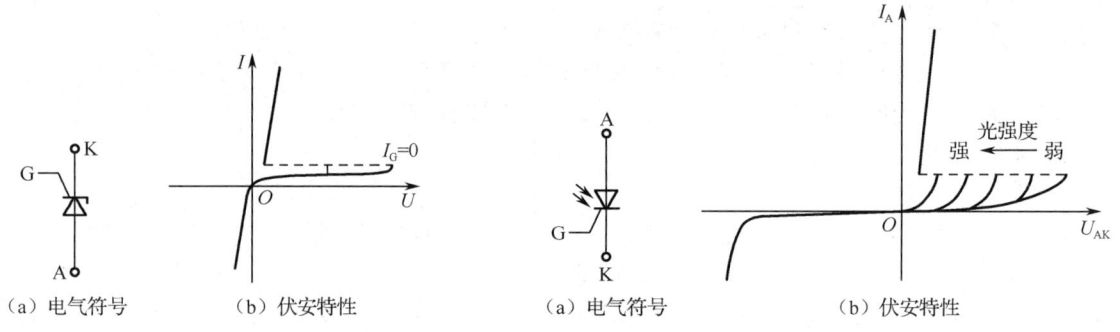

（a）电气符号　　（b）伏安特性　　　　　　　　（a）电气符号　　（b）伏安特性

图 1-20　逆导晶闸管的电气符号和伏安特性　　　图 1-21　光控晶闸管的电气符号和伏安特性

1.4 门极可关断晶闸管

20 世纪 80 年代以来，信息电子技术与电力电子技术在各自发展的基础上相结合，出现了高频化、全控型、采用集成电路制造工艺的电力电子器件，从而将电力电子技术又带入了一个崭新时代。全控型器件典型代表主要有门极可关断晶闸管、电力晶体管、电力场效应晶体管、绝缘栅双极晶体管。

门极可关断晶闸管（Gate-Turn-Off Thyristor，GTO）在晶闸管问世不久后出现，是晶闸管的一种派生器件。GTO 可以通过在门极施加负的脉冲电流使其关断，具有耐压高（工作电压可高达 6000V）、电流大（电流可达 6000A）以及造价便宜等特点，在它的内部有电子和空穴两种载流子参与导电，所以它属于全控双极型器件。

1.4.1 GTO 的结构和工作原理

1. GTO 的结构

GTO 和普通晶闸管一样，是 PNPN 四层半导体结构，外部也是引出阳极（A）、阴极（K）和门极（G）三个电极。但和普通晶闸管不同的是，GTO 是一种多元的功率集成器件。虽然外部同样引出三个极，但内部则包含数十个甚至数百个共阳极的小 GTO，这些 GTO 的阴极和门极则在器件内部并联在一起。这种特殊结构是为了便于实现门极控制关断而设计的。GTO 的结构示意图、等效电路、电气符号如图1-22所示。

2. GTO 的工作原理

与普通晶闸管一样，GTO 的工作原理可以用图 1-22（b）所示的双晶体管模型来分析。由 $P_1N_1P_2$

和 $N_1P_2N_2$ 构成的两个晶体管 V_1、V_2 分别具有共基极电流增益 α_1、α_2。由普通晶闸管的分析可以看出，$\alpha_1+\alpha_2=1$ 是器件临界导通的条件。当 $\alpha_1+\alpha_2>1$ 时，两个等效晶体管过饱和而使器件导通；当 $\alpha_1+\alpha_2<1$ 时，不能维持饱和导通而关断。GTO 与普通晶闸管的不同之处如下。

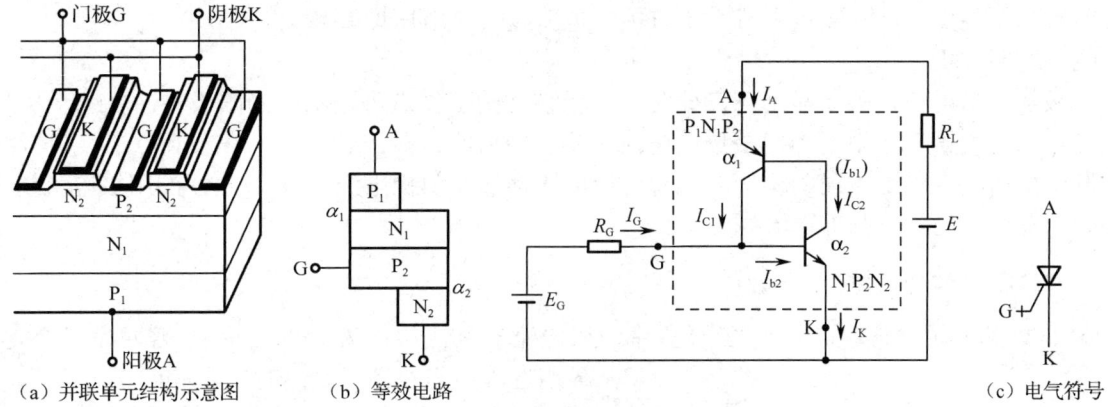

图 1-22　GTO 的结构示意图、等效电路、电气符号

（1）在设计器件时使得 α 较大，这样晶体管 V_2 控制灵敏，使得 GTO 易于关断。

（2）使得导通时的 $\alpha_1+\alpha_2$ 更接近于 1。普通晶闸管设计为 $\alpha_1+\alpha_2\geqslant 1.15$，而 GTO 设计为 $\alpha_1+\alpha_2\approx 1.05$，这样使 GTO 导通时饱和程度不深，更接近于临界饱和，从而为门极控制关断提供了有利条件。当然，负面的影响是，导通时管压降增大了。

（3）多元集成结构使每个 GTO 元阴极面积很小，门极和阴极间的距离大为缩短，使得 P_2 基区所谓的横向电阻很小，从而使从门极抽出较大的电流成为可能。

所以，GTO 的导通过程与普通晶闸管是一样的，有同样的正反馈过程，只不过导通时饱和程度较浅。而关断时，给门极加负脉冲，即从门极抽出电流，则晶体管 V_2 的基极电流 I_{b2} 减小，使 I_K 和 I_{C2} 减小，I_{C2} 的减小又使 I_A 和 I_{C1} 减小，又进一步减小 V_2 的基极电流，如此也形成强烈的正反馈。当两个晶体管发射极电流 I_A 和 I_K 的减小使 $\alpha_1+\alpha_2<1$ 时，器件退出饱和而关断。

GTO 的多元集成结构除对关断有利外，也使得其比普通晶闸管开通过程更快，承受 di/dt 的能力更强。

1.4.2　GTO 的基本特性

1. GTO 的静态特性

GTO 的阳极伏安特性与普通晶闸管相似，但是门极伏安特性则有很大区别。GTO 的门极伏安特性如图 1-23 所示。

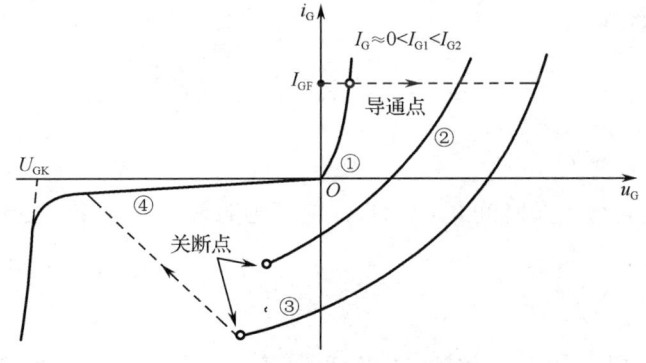

图 1-23　GTO 的门极伏安特性

（1）导通过程

逐渐增加门极正向电压，门极电流随之增加，如曲线①段所示；当门极电流增大到开通门极电流 I_{GF} 时，因阳极电流的出现，门极电压突增，特性由曲线①段跳到曲线②段，晶闸管导通。导通时门极电压跳变大小与阳极电流大小有关，电流越大，电压增幅越大。

（2）关断过程

门极加反向电压，关断晶闸管，此时，门极特性的工作点可按不同的阳极特性曲线，从第一象限经第四到达第三象限。当门极反向电流达到一定值时，晶闸管关断。在关断点上，门极特性再次发生由曲线③段到④段的跃变。此时门极电压增加，门极电流下降。GTO 的阳极电流越大，关断时所需门极的触发脉冲电流越大。

2．GTO 的动态特性

图 1-24 给出了 GTO 导通和关断过程中门极电流 i_G 和阳极电流 i_A 的波形。与普通晶闸管类似，导通过程中需要经过延迟时间 t_d 和上升时间 t_r。关断过程有所不同，需要经历抽取饱和导通时储存的大量载流子的时间——**存储时间**（Storage Time）t_s，从而使等效晶体管退出饱和状态；然后则是等效晶体管从饱和区退至放大区，阳极电流逐渐减小时间——**下降时间**（Fall Time）t_f；最后还有残存载流子复合所需时间——**尾部时间**（Tail Time）t_t。

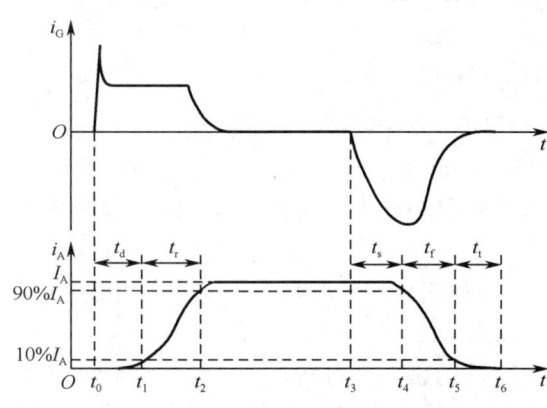

图 1-24 GTO 的开通和关断过程电流波形

通常 t_f 比 t_s 小得多，而 t_t 比 t_s 大。门极负脉冲电流幅值越大，前沿越陡，抽走储存载流子的速度越快，t_s 就越短。使门极负脉冲的后沿缓慢衰减，t_t 阶段仍能保持适当的负电压，则可以缩短尾部时间。

1.4.3 GTO 的主要参数

GTO 的许多参数都和普通晶闸管相应的参数意义相同。这里只简单介绍一些意义不同的参数。

1．最大可关断阳极电流 I_{ATO}

指用门极电流可以重复关断的阳极峰值电流，也称可关断阳极峰值电流。

2．电流关断增益 β_{off}

电流关断增益计算方法如式（1-14）所示。它指最大可关断阳极电流 I_{ATO} 与门极负脉冲电流最大值 I_{GM} 之比。β_{off} 一般很小，数值为 3～5，这是它的主要缺点。1000A 的 GTO 关断时门极负脉冲电流峰值要达到 200A。

$$\beta_{off}=\frac{I_{ATO}}{I_{GM}} \tag{1-14}$$

3．开通时间 t_{on}

开通时间指延迟时间与上升时间之和。GTO 的延迟时间一般为 1～2μs，上升时间则随通态阳极电流值的增大而增大。

4．关断时间 t_{off}

关断时间一般指储存时间和下降时间之和，而不包括尾部时间。GTO 的储存时间随阳极电流的增大而增大,下降时间一般小于 2μs。

另外需要指出的是,不少 GTO 都制造成逆导型,类似于逆导晶闸管。当需要承受反向电压时,应和电力二极管串联使用。

1.5 电力晶体管

电力晶体管(Giant Transistor,GTR,直译为**巨型晶体管**),由于 GTR 中存在电子和空穴两种载流子,所以又称为**双极结型晶体管**(Bipolar Junction Transistor,BJT),在电力电子技术的范围内,GTR 与 BJT 这两个名称等效。GTR 与晶闸管不同,具有线性放大特性,但在电力电子应用中却工作在开关状态,从而减小功耗。GTR 可通过基极控制其导通、关断,属于电流控制型自关断器件。GTR 可通过基极电流信号方便地对集电极-发射极的通断进行控制,并具有饱和压降低、开关性能好、电流较大、耐压高、大功率以及高反向电压等优点,在耗散功率 1W 以上的到数百千瓦的电力电子设备中使用广泛。

1.5.1 GTR 的结构、电气符号和工作原理

GTR 与小功率双极结型晶体管基本原理是一样的,这里不再详述。GTR 最主要的特性是耐压高、电流大、开关特性好,而不像小功率的用于信息处理的 BJT 那样注重单管电流放大系数、线性度、频率响应以及噪声和温漂等性能参数。因此,GTR 通常采用至少由两个晶体管按达林顿接法组成的单元结构,同 GTO 一样采用集成电路工艺将许多这种单元并联而成。单管的 GTR 结构与小功率双极结型晶体管是类似的。GTR 是由三层半导体(分别引出集电极、基极和发射极)形成的两个 PN 结(集电结和发射结)构成,多采用 NPN 结构。图 1-25(a)和(b)分别给出了 NPN 型 GTR 的内部结构断面示意图和电气符号。注意:半导体类型字母的右上角标"+"表示高掺杂浓度,标"-"表示低掺杂浓度。

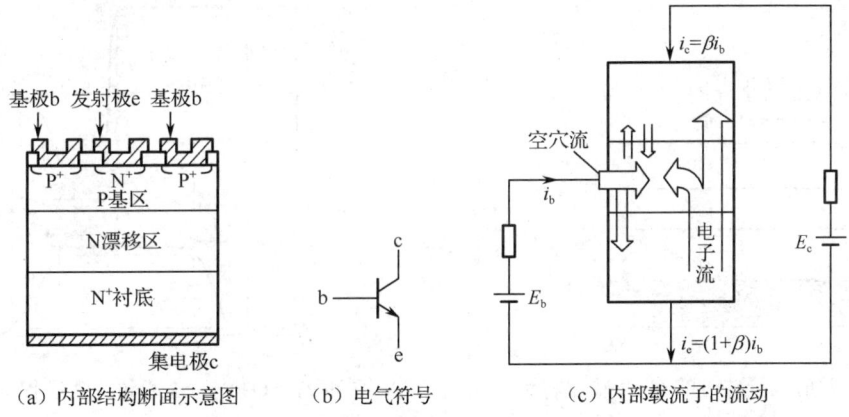

(a) 内部结构断面示意图　(b) 电气符号　(c) 内部载流子的流动

图 1-25　GTR 的内部结构断面、电气符号和内部载流子的流动

可以看出,与信息电子电路中的普通 BJT 相比,GTR 多了一个 N⁻漂移区(低掺杂浓度 N 区),这与电力二极管中低掺杂 N 区的作用一样,是用来承受高电压的。而且,GTR 导通时也是靠从 P 区向 N⁻漂移区注入大量的少子形成的电导调制效应来减小通态电压和损耗的。

GTR 通常采用至少由两个晶体管按达林顿接法组成的单元结构,采用集成电路工艺将许多这种单元并联而成,一般采用共发射极接法,集电极电流 i_c 与基极电流 i_b 之比为

$$\beta = \frac{i_c}{i_b} \tag{1-15}$$

式（1-15）中，β 称为 GTR 的电流放大系数，它反映了基极电流对集电极电流的控制能力。当考虑到集电极和发射极间的漏电流 I_{ceo} 时，i_c 和 i_b 的关系为

$$i_c = \beta i_b + I_{ceo} \tag{1-16}$$

GTR 的产品说明书中通常给出的是直流电流增益 h_{FE}，它是在直流工作的情况下，集电极电流与基极电流之比。一般可认为 $\beta \approx h_{FE}$。单管 GTR 的 β 值比处理信息用的小功率晶体管小得多，通常为 10 左右，采用达林顿接法可以有效增大电流增益。

1.5.2 GTR 的基本特性

1. 静态特性

图 1-26 给出了共发射极接法时的 GTR 输出特性，包括关断区、放大区和饱和区。

（1）关断区：特点是 GTR 的发射结和集电结均承受高反偏电压，仅有极少的漏电流存在，相当于开关断开（阻断）。

（2）放大区：特点是 $I_c = \beta I_b$，发射结正偏、集电结反偏，此时 GTR 功耗很大。

（3）饱和区：特点是发射结和集电结均正偏。GTR 饱和导通，导通压降很小但通过电流很大。相当于开关闭合（导通），但关断时间长。

在电力电子电路中 GTR 工作在开关状态，即工作在关断区或饱和区，在开关过程中，即在关断区和饱和区之间过渡时，要经过放大区。

2. 动态特性

GTR 是用基极电流来控制集电极电流的，图 1-27 给出了 GTR 导通和关断过程中基极电流和集电极电流波形。

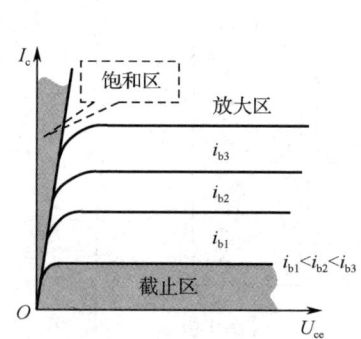

图 1-26 共发射极接法时的 GTR 输出特性

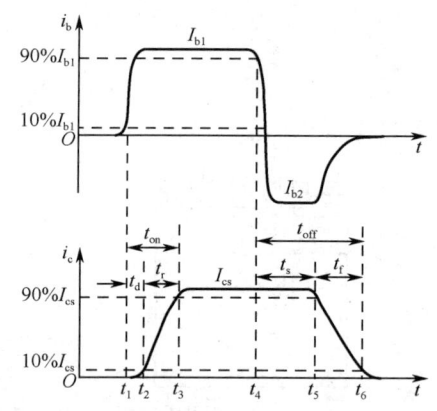

图 1-27 GTR 的导通和关断过程电流波形

（1）导通过程

与 GTO 类似，GTR 导通时需要经过延迟时间 t_d 和上升时间 t_r，二者之和为开通时间 t_{on}。t_d 主要是由发射结势垒电容和集电结势垒电容充电产生的。增大 i_b 的幅值并增大 di_b/dt，可缩短延迟时间，同时可缩短上升时间，从而加快开通过程。

（2）关断过程

储存时间 t_s 和下降时间 t_f 之和为关断时间 t_{off}。t_s 用来除去饱和导通时储存在基区的载流子，是关断时间的主要部分。减小导通时的饱和深度以减少的储存的载流子，或者增大基极抽取负电流 I_{b2} 的幅值和负偏压，可缩短储存时间，从而加快关断速度。当然，减小导通时的饱和深度会使

集电极和发射极间的饱和导通压降 U_{ces} 增加,从而增大通态损耗,这是矛盾的。GTR 的开关时间在几微秒以内,比晶闸管和 GTO 都短很多。

1.5.3 GTR 的主要参数

除了前面述及电流放大倍数 β、直流电流增益 h_{FE}、集射极间漏电流 I_{ceo}、集射极间饱和压降 U_{ces}、开通时间 t_{on} 和关断时间 t_{off},还有以下参数。

1. 最高工作电压 U_{ceM}

最高工作电压 U_{ceM} 主要指集电极的击穿电压值。GTR 上所加的电压超过规定值时,就会发生击穿。击穿电压不仅和晶体管本身的特性有关,还与外电路的接法有关。当发射极开路时,集电极和基极的反向击穿电压为 BU_{cbo};当基极开路时,集电极和发射极间的击穿电压为 BU_{ceo};当发射极与基极间用电阻连接或短路连接时,集电极和发射极间的击穿电压为 BU_{cer} 和 BU_{ces};当发射结反向偏置时,集电极和发射极间的击穿电压为 BU_{cex}。这些击穿电压之间的关系为 $BU_{cbo} > BU_{cex} > BU_{ces} > BU_{cer} > BU_{ceo}$。实际使用时,为确保安全,最高工作电压要比 BU_{ceo} 低得多。

2. 饱和压降 U_{ces}

饱和压降指 GTR 处于深饱和时集电极与发射极间的电压。U_{ces} 在大功率应用中是一项重要指标,因为它关系到器件导通的功率损耗。一般来讲,单个 GTR 的饱和压降一般不超过 1~1.5V。

3. 集电极最大允许电流 I_{cM}

一般将直流电流放大系数 h_{FE} 下降到额定值的 1/2~1/3 时,集电极电流 I_c 的值定义为 I_{cM}。因此,通常 I_c 的值只能用到 I_{cM} 的一半左右,实际使用时要留有较大的裕量,绝不能让 I_c 值达到 I_{cM},否则 GTR 的性能将变差。

4. 集电极最大耗散功率 P_{cM}

P_{cM} 即 GTR 在最高集电结温度时所对应的耗散功率,它等于集电极工作电压与集电极工作电流的乘积。这部分能量转化为热能使管温升高,在使用中要特别注意 GTR 的散热。散热条件不好会促使 GTR 的平均寿命下降。实践表明,工作温度每增加 20℃,平均寿命差不多下降一个数量级,有时会因温度过高使 GTR 迅速损坏。

5. 最高结温 T_{JM}

GTR 的最高结温与半导体材料的性质、器件制造工艺、封装质量有关。一般情况下,塑封硅管的 T_{JM} 为 125~150℃;金封硅管的 T_{JM} 为 150~170℃;高可靠平面管的 T_{JM} 为 175~200℃。

1.5.4 GTR 的二次击穿现象与安全工作区

1. 一次击穿

当 GTR 的集电极电压升高至前面所述的击穿电压时,集电极电流迅速增大,这种首先出现的击穿是雪崩击穿,被称为**一次击穿**。出现一次击穿后,只要 I_c 不超过与最大允许耗散功率相对应的限度,GTR 一般不会损坏,工作特性也不会有什么变化。以直流极限参数 I_{cM}、P_{cM}、U_{ceM} 构成的工作区为一次击穿工作区。

2. 二次击穿

发生一次击穿时，如果有外接电阻限制电流 I_c 的增大，一般就不会引起 GTR 的特性变差。如果继续增大 U_{ce}，又不限制 I_c 的增长，则当 I_c 上升到某个临界点时会突然急剧上升，同时伴随着 U_{ce} 突然下降（负阻效应），这时进入低压大电流段，直到 GTR 被烧坏，这种现象称为**二次击穿**。

电压 U_{SB} 和电流 I_{SB} 称为二次击穿的临界电压和临界电流，其乘积称为二次击穿的临界功率 P_{SB}，即 $P_{SB}=U_{SB}I_{SB}$。当 GTR 的基极正偏时，二次击穿的临界功率 P_{SB} 往往还小于 P_{cM}，但仍然能使 GTR 损坏。二次击穿的时间在微秒甚至纳秒数量级内，在这样短的时间内如果不采取有效保护措施，就会使 GTR 内出现明显的电流集中和过热点，轻者使器件耐压降低，特性变差；重者使集电结和发射结熔通，造成 GTR 永久性损坏。由于 GTR 的材料、工艺等因素的分散性，二次击穿难以计算和预测。

GTR 发生二次击穿损坏是它在使用中最大的弱点。要发生二次击穿，必须同时具备三个条件，即高电压、大电流及持续时间。因此，集电极电压、电流、负载性质、驱动脉冲宽度与驱动电路配置等都对二次击穿造成一定的影响。一般来说，工作在正常开关状态的 GTR 是不会发生二次击穿的。

3. 安全工作区

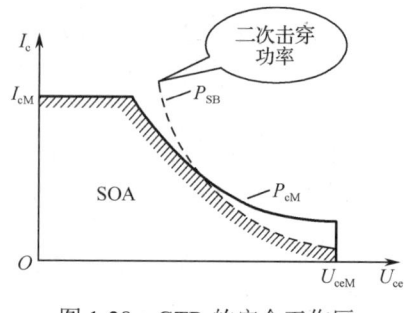

图 1-28 GTR 的安全工作区

安全工作区（Safe Operating Area，SOA）由最高电压 U_{ceM}、集电极最大电流 I_{cM}、最大耗散功率 P_{cM}、二次击穿临界线限定。安全工作区是指在输出特性曲线图上 GTR 能够安全运行的电流、电压的极限范围，图 1-28 中阴影部分即为 SOA。

二次击穿临界电压 U_{SB} 与二次击穿临界电流 I_{SB} 组成的二次击穿临界功率 P_{SB} 曲线如图 1-28 中虚线所示，它是一个不等功率曲线。以 3DD8E 晶体管测试数据为例，其 $P_{cM}=100W$，$BU_{ceo} \geq 200V$，但由于受到二次击穿的限制，当 $U_{ce}=100V$ 时，P_{SB} 为 60W；当 $U_{ce}=200V$ 时，P_{SB} 仅为 28W。因此，为了防止二次击穿，要选用功率足够大的 GTR，实际使用的最高电压通常要比晶体管的极限电压低得多。

1.5.5 GTR 的类型

1. 单管 GTR

NPN 三重扩散台面型结构是单管 GTR 的典型结构，这种结构可靠性高，能改善器件的二次击穿特性，易于提高耐压能力，并易于散出内部热量。

2. 达林顿 GTR

达林顿 GTR 是由 2 个或多个晶体管复合而成的，可以是 NPN 型，也可以是 PNP 型，其性质取决于驱动管，它与普通复合三极管相似。达林顿的 GTR 电流放大倍数很大，可以达到几十倍至几千倍。虽然达林顿结构大大提高了电流放大倍数，但其饱和管压降却增加了，增大了导通损耗，同时降低了晶体管的工作速度。

3. GTR 模块

目前作为大功率的开关应用还是 GTR 模块，它是将 GTR 管芯及为了改善性能的 1 个元件组装成 1 个单元，然后根据不同的用途将几个单元电路构成模块，集成在同一硅片上，这样可以大大增强集成度、工作的可靠性和性价比，同时也可以实现小型轻量化。目前生产的 GTR 模块，可将多达 6 个相互绝缘的单元电路制作在同一个模块内，便于组成三相桥式电路。

1.6 电力场效应晶体管

类似小功率场效应晶体管（Field-Effect Transistor，FET），电力场效应晶体管也分为结型和绝缘栅型。但通常电力场效应晶体管主要指绝缘栅型中的 MOS 型（Metal-Oxide-Semiconductor FET，简称**电力 MOSFET**，或 Power MOSFET）。结型电力场效应晶体管一般称为静电感应晶体管（Static Induction Transistor，SIT）。电力 MOSFET 是由多数载流子参与导电的电子器件，没有少数载流子存储现象，属于单极性电压控制器件。电力 MOSFET 用栅极电压来控制漏极电流，驱动电路简单，需要的驱动功率小、开关速度快、工作频率高，工作频率可达 1MHz，是所有全控型器件中工作频率最高的电力电子器件。与 GTR 相比，它不存在二次击穿现象，热稳定性好、安全工作区较大，但其沟道电阻较大，电流容量较小、耐压较低、通态压降较大，导通损耗较大。这些又限制了电力场效应晶体管的使用领域，因此多用于功率不超过 10kW 的电力电子变流装置。

1.6.1 电力 MOSFET 的结构、电气符号和工作原理

电力 MOSFET 按导电沟道可分为 P 沟道和 N 沟道；按照栅极电压为零时存在导电沟道与否可分为耗尽型和增强型。**耗尽型**是指当栅极电压为零时漏源极之间就存在导电沟道；**增强型**是指对于 N（P）沟道器件，栅极电压大于（小于）零时才存在导电沟道。电力 MOSFET 内部单元结构的截面图和电气符号如图 1-29 所示。电力 MOSFET 主要是 N 沟道增强型。

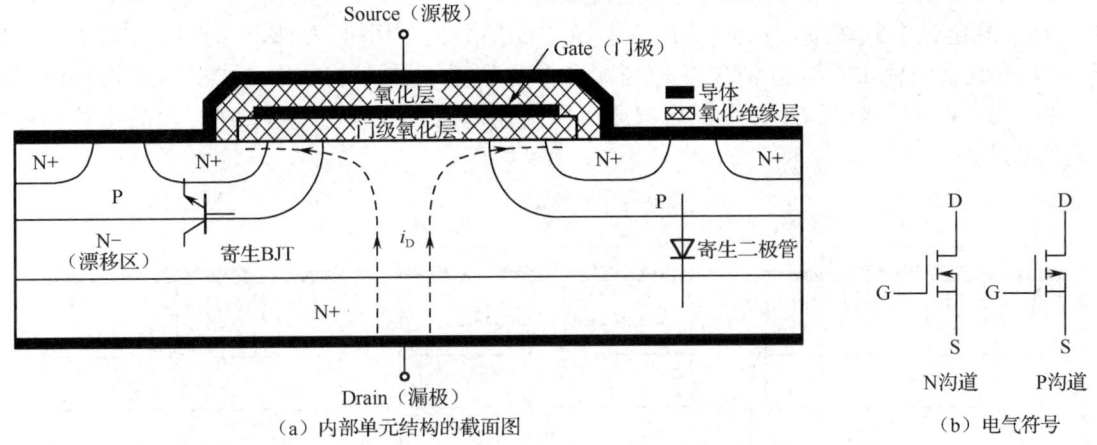

图 1-29 电力 MOSFET 内部单元结构的截面图和电气符号

1. 电力 MOSFET 的结构、电气符号

电力 MOSFET 也是多元集成结构，一个器件由许多个小 MOSFET 元组成，图 1-29（a）给出的 N 沟道增强型 VDMOSFET 单元结构。对于每个单元的形状和排列方法，不同生产厂家采用了不同的设计，甚至因此对其产品取了不同的名称。具体的单元形状有六边形、正方形等，也有矩形单元按"品"字形排列的。例如，国际整流器公司的 HEXFET 采用了六边形单元，西门子公司的 SIPMOSFET 采用了正方形单元，摩托罗拉公司的 TMOS 采用了矩形单元按"品"字形排列。

电力 MOSFET 和小功率 MOS 管的相同之处是：（1）导通时只有一种极性的载流子（多子）参与导电，是单极型晶体管，导电机理与小功率 MOS 管相同；（2）3 个外引电极相同，分别为栅极 G、源极 S 和漏极 D。但它们在结构上有较大的区别：（1）小功率 MOS 管是一次扩散形成的器件，其栅极 G、源极 S 和漏极 D 在芯片的同一侧，小功率 MOS 管是横向导电器件；（2）电力 MOSFET 大都采用**垂直导电结构**，G、S 和 D 极不在芯片的同一侧，如图 1-29（a）所示，又称为 **VMOSFET**，垂直导电结构的电力 MOSFET 不仅保持原来平面结构的优点，且具有导电沟道短、高电阻漏极漂移区和垂直导电的特点，可以大幅度提升器件耐压能力、载流能力和开关速度。按垂直导电结构的差异，又分为利用 V 型槽实现垂直导电的 VVMOSFET 和具有垂直导电双扩散 MOS 结构的 VDMOSFET，这里主要以 VDMOS 器件为例进行讨论。

2. 电力 MOSFET 的工作原理

为了分析问题方便，图 1-30 给出了 N 沟道增强型电力 MOSFET 的简化结构示意图。工作原理如下。

（1）当栅源极电压 U_{GS}=0 时，P 基区与 N 漂移区之间形成的 PN 结 J_1 反偏，栅极下的 P 型区表面呈现空穴堆积状态，不可能出现反型层，无法沟通漏源极。此时，即使在漏源极之间施加电压，电力 MOS 管也不会导通，漏源极之间无电流流过，如图 1-30（a）所示。

（2）当栅源极电压 U_{GS}>0 且不够充分时，由于栅极是绝缘的，并不会有栅极电流流过。但栅极的正电压却会将其下面 P 区中的空穴推开，而将 P 区中的少子（电子）吸引到栅极下面的 P 区表面。栅极下面的 P 型区表面呈现耗尽状态，还是无法沟通漏源极，此时电力 MOS 管仍保持关断状态，如图 1-30（b）所示。

（3）当栅源极电压 U_{GS} 达到或超过一定值时，当 U_{GS} 大于某一电压值 U_T 时，栅极下 P 区表面的电子浓度将超过空穴浓度，从而使 P 型半导体反型成为 N 型半导体，即形成反型层，该反型层形成 N 沟道从而使 PN 结 J_1 消失，把源区和漏区联系起来，使电力 MOS 管进入导通状态，如图 1-30（c）所示。电压 U_T 称为**开启电压（或阈值电压）**，U_{GS} 超过 U_T 越多，导电能力越强，漏极电流 I_D 越大。

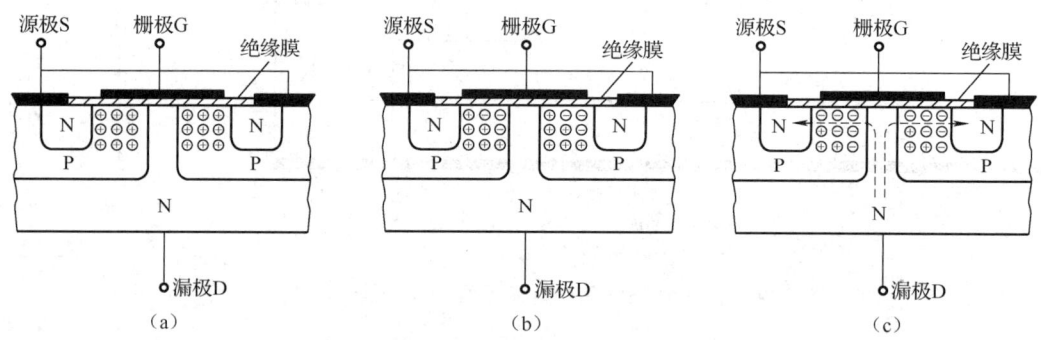

图 1-30　N 沟道增强型电力 MOSFET 的简化结构示意图

同其他电力半导体器件与对应的信息电子器件的关系一样，与信息电子电路中的 MOSFET 相比，电力 MOSFET 多了一个 N 漂移区（低掺杂 N 区），这是用来承受高电压的。不过，电力 MOSFET 是多子导电器件，栅极和 P 区之间是绝缘的，无法像电力二极管和 GTR 那样在导通时靠从 P 区向 N 漂移区注入大量的少子形成的电导调制效应来减小通态电压和损耗。因此电力 MOSFET 虽然可以通过增加 N 漂移区的厚度来提高承受电压的能力，但是由此带来的通态电阻增大和损耗增加也是非常明显的。所以目前一般电力 MOSFET 产品设计的耐压能力都在 1000V 以下。

1.6.2 电力 MOSFET 的基本特性

1. 转移特性

漏极电流 I_D 和栅源间电压 U_{GS} 的关系称为 MOSFET 的**转移特性**,如图 1-31(a)所示。由图可见,当漏极电流 I_D 较大时,漏极电流 I_D 与栅源电压 U_{GS} 的关系近似线性,其曲线的斜率定义为 MOSFET 的跨导 g_m,实际中高跨导的晶体管具有更好的频率响应。

$$g_m = \frac{dI_D}{dU_{GS}}$$

2. 输出特性

电力 MOSFET 的输出特性即漏极的伏安特性。漏源电压 U_{DS} 与漏极电流 I_D 之间的关系曲线称为 MOSFET 输出特性,如图 1-31(b)所示。它分为三个区域,分别为关断区(对应于 GTR 的关断区)、饱和区(对应于 GTR 的放大区)、非饱和区(对应于 GTR 的饱和区)。电力 MOSFET 工作时,将在关断区和非饱和区之间转换。

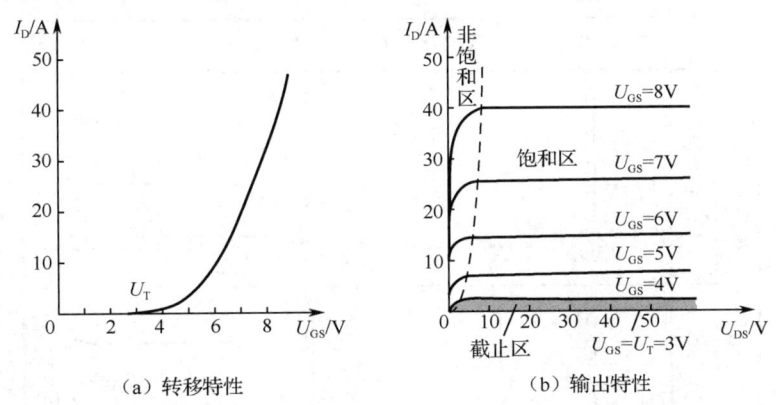

图 1-31 电力 MOSFET 的静态特性

(1)关断区

当 $U_{GS} < U_T$(开启电压 U_T 的典型值为 2~4V)时,电力 MOSFET 处于关断区(断态)。电力 MOSFET 开启电压 U_T 为 2~4V,但为保证通态时漏源之间沟道电阻、管压降尽可能小,驱动时通常设计 U_T>10V。电力 MOSFET 通态电阻(沟道电阻)具有正温度系数特性,器件并联使用自动均流。

(2)非饱和区

当 U_{GS} 一定时,I_D 几乎随 U_{DS} 线性增长,对应于沟道未夹断时的情况。

(3)饱和区

U_{GS} 对 I_D 的控制力增强,I_D 随 U_{GS} 的增大而增大,而 U_{DS} 对 I_D 影响甚微,对应于沟道夹断时的情况,常用于线性放大。

(4)雪崩击穿区

漏极 PN 结上反偏电压 U_{DS} 过高而发生雪崩击穿,I_D 突然增大。器件使用时应避免出现这种情况,否则会使器件损坏。

电力 MOSFET 工作在开关状态,即在关断区和非饱和区之间来回转换,电力 MOSFET 导通时必须工作在非饱和区,否则其通态压降太大,功耗也大。电力 MOSFET 的通态电阻具有正温度系数,对器件并联时的均流有利。雪崩击穿区反向特性曲线未画,由于器件存在反并联的寄生二极管，故电力MOSFET无反向阻断能力，加反向电压时器件导通，可看作逆导器件。

图1-32也给出了N沟道增强型、P沟道增强型、N沟道耗尽型、P沟道耗尽型的静态特性对比。可以看出，N沟道和P沟道的转移特性曲线是在第一和二象限对称的。另外，耗尽型在0V附近的一个微小区间（如正负2V之间）存在导电沟道。

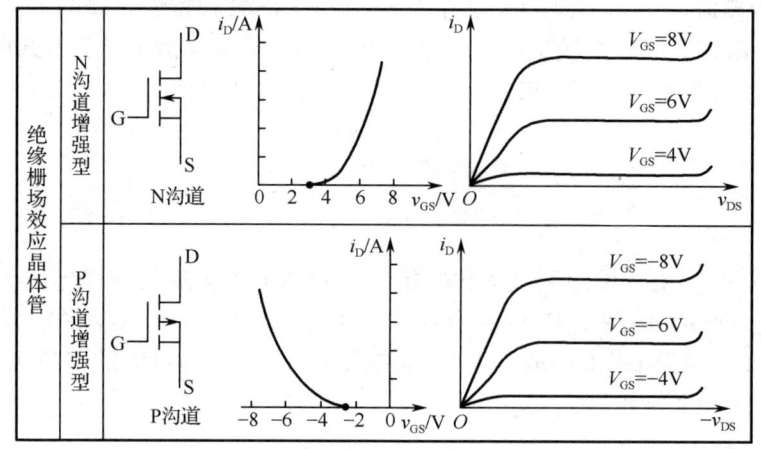

(a) 增强型电力MOSFET特性

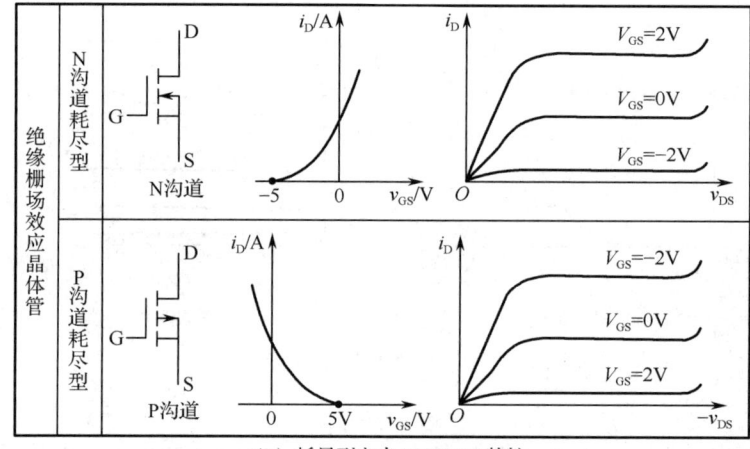

(b) 耗尽型电力MOSFET特性

图1-32 四种类型电力MOSFET的静态特性

2. 动态特性

电力MOSFET是一种单极型器件，靠多数载流子导电，因此开关速度快、时间短，一般在纳秒数量级。电力MOSFET的开关速度和栅极输入电容C_{in}充放电以及载流子通过漂移区所产生的穿越时间延迟有很大关系，不存在少子储存效应，关断过程非常迅速。开关时间在10～100ns之间，工作频率可达100kHz以上，是主要电力电子器件中最高的。电力MOSFET是**场控器件**，绝缘栅极输入阻抗很高（可达40MΩ以上），静态时几乎不需输入电流。但在开关过程中需对输入电容充放电，仍需一定的驱动功率。开关频率越高，所需要的驱动功率越大。电力MOSFET开关特性的测试电路如图1-33（a）所示，其开关过程波形如图1-33（b）所示。

（1）导通过程

电力MOSFET的开关时间很短，影响开关速度的主要因素是器件的极间电容。图1-33（a）中，u_p为脉冲信号源，u_{GS}为栅极电压，R_S为信号源内阻，R_G为栅极电阻，R_L为负载电阻，R_F用于检测漏极电流，i_D为漏极电流。

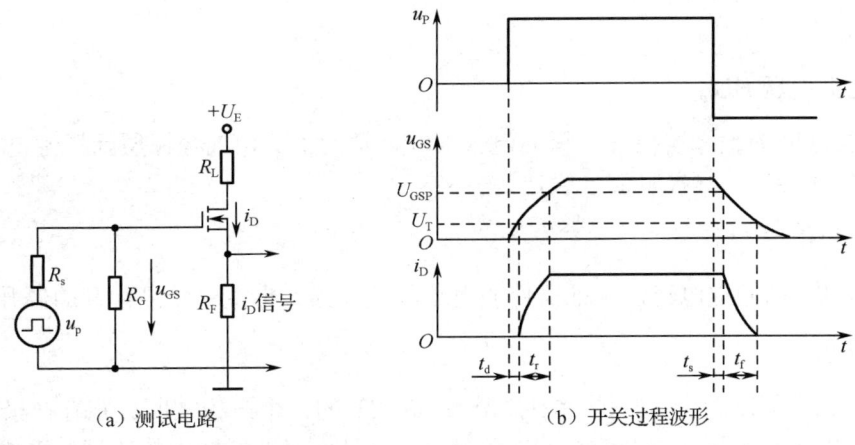

(a)测试电路　　　　　　(b)开关过程波形

图 1-33　电力 MOSFET 的开关过程

如图 1-33（b）所示，当 u_P 信号到来时，栅极输入电容 C_{in} 有一个充电过程，使栅极电压 u_{GS} 只能按指数规律上升。当 $u_{GS}=U_T$ 时，开始形成导电沟道，出现漏极电流 i_D，这段时间称为导通延迟时间 t_d。以后 u_{GS} 继续按指数规律增长，i_D 也随之增长，MOS 管内沟道夹断长度逐渐缩短。当 MOS 管脱离预夹断状态后，i_D 不再随沟道宽度增加而增大，到达其稳定值。漏极电流从零上升到稳定值所需的时间称为上升时间 t_r，故电力 MOSFET 的开通时间为 $t_{on}=t_d+t_r$。

（2）关断过程

如图 1-33（b）所示，当 u_P 信号下降为零后，器件开始进入关断过程，输入电容 C_{in} 上存储的电荷开始放电，栅极电压 u_{GS} 按指数规律下降，导电沟道随之变窄，直到沟道缩小到预夹断状态（此时栅极电压下降到 u_{GSP}），i_D 电流才开始减小，这段时间称为关断延迟时间 t_s。以后 C_{in} 会继续放电，u_{GS} 继续下降，沟道夹断区增长，i_D 亦继续下降，直到 $u_{GS}<U_T$，沟道消失，$i_D=0$。漏极电流从稳定值下降到零所需的时间称为下降时间 t_f，故电力 MOSFET 的关断时间为 $t_{off}=t_s+t_f$。$i_D=0$ 后，C_{in} 继续放电，直至 $u_{GS}=0$ 为止，完成一次开关周期。

综上所述，MOSFET 的开关速度和 C_{in} 充放电有很大关系，使用者无法降低 C_{in}，但可降低驱动电路内阻 R_s 减小时间常数，加快开关速度。

1.6.3　电力 MOSFET 的主要参数

电力 MOSFET 的参数主要有以下几个。

1. 通态电阻 R_{on}

在确定的栅压 U_{GS} 下，电力 MOSFET 由可调电阻区进入饱和区时漏极至源极间的直流电阻称为通态电阻 R_{on}。R_{on} 是影响最大输出功率的重要参数。在相同条件下，耐压等级越高的器件其 R_{on} 值越大，另外 R_{on} 随 I_D 的增加而增加，R_{on} 与栅源电压 U_{GS} 有很大关系，R_{on} 随 U_{GS} 的升高而减小。

2. 阈值（开启）电压 U_T

沟道体区形成导电沟道所需的最低栅极电压称为电力 MOSFET 的阈值电压。开启电压一般为 2～4V。一般情况下将漏极短接条件下，$I_D=1mA$ 时的栅极电压定义为 U_T。实际应用时，$U_{GS}=(1.5～2.5)U_T$，以利于获得较小的沟道压降。U_T 还与结温 T_j 有关，T_j 升高，U_T 将下降（大约 T_j 每增加 45℃，U_T 下降 10%，其温度系数为 $-6.7mV/℃$）。

3. 漏源击穿电压 BU_{DS}

这是标称电力 MOSFET 的**电压定额**，该数值是为避免器件漏源之间的电压进入雪崩击穿区而设的极限参数。

4. 栅源击穿电压 BU_{GS}

栅极与源极之间的绝缘层很薄，承受电压很低，是为了防止绝缘栅层因栅源电压过高时发生介质击穿而设定的参数，其极限值一般定为±20V。

5. 最大漏极电流 I_{DM}

电力 MOSFET 的**额定电流**，表征器件的电流容量，其大小主要受晶体管的温升限制。

6. 极间电容

从图 1-34（a）可以看出，N 沟道增强型 MOSFET 的三个电极之间分别存在极间电容 C_{GS}、C_{GD} 和 C_{DS}，其中 C_{GS} 为栅源电容；C_{GD} 是栅漏电容，是由器件结构中的绝缘层形成的；C_{DS} 是漏源电容，是由 PN 结形成的。

一般厂家会提供漏源极短路时的输入电容 C_{iss}、共源极输出电容 C_{oss} 和反向转移电容 C_{rss}。从图 1-34（b）的等效电路可以看出，它们之间的关系是

$$C_{iss} = C_{GS} + C_{GD} \tag{1-17}$$

$$C_{rss} = C_{GD} \tag{1-18}$$

$$C_{oss} = C_{DS} + C_{GD} \tag{1-19}$$

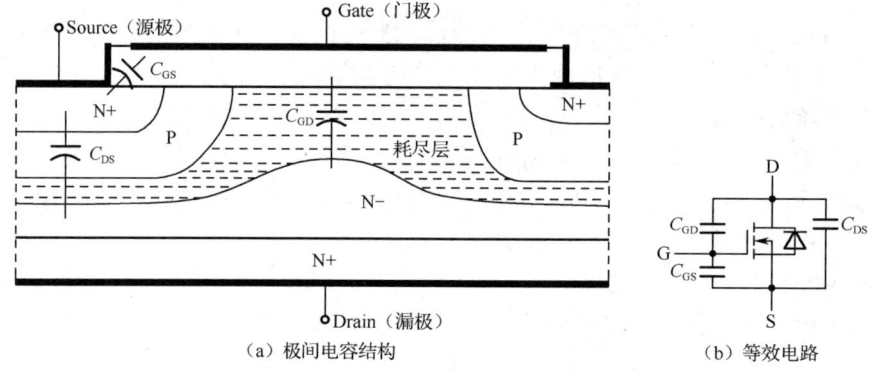

（a）极间电容结构　　　　　　　（b）等效电路

图 1-34　N 沟道增强型 MOSFET 的极间电容及等效电路

前面提到的输入电容 C_{in} 可近似用 C_{iss} 代替，这些电容都是非线性的。这些结电容的参数对电力 MOSFET 的特性有很大的影响，它们会直接影响到电力 MOSFET 的开关速度及开关过程漏源极间电压的变化速率。

7. 最高工作频率 f_m

最高工作频率 f_m 定义如式（1-20）所示，式中 C_{in} 为器件的输入电容，g_m 为跨导。

$$f_m = \frac{g_m}{2\pi C_{in}} \tag{1-20}$$

漏源间的耐压、漏极最大允许电流和最大耗散功率决定了电力 MOSFET 的安全工作区。一般来说，电力 MOSFET 不存在二次击穿问题，这是它的一大优点，实际使用中仍应注意留适当的裕量。

1.7　绝缘栅双极晶体管

GTR 和 GTO 是双极型电流驱动器件，由于具有电导调制效应，其通流能力很强，但开关速

度较慢，所需驱动功率大，驱动电路复杂。而电力 MOSFET 是单极型电压驱动器件，开关速度快，输入阻抗高，热稳定性好，所需驱动功率小而且驱动电路简单。将这两类器件相互取长补短适当结合而成的复合器件，通常称为 Bi-MOS 器件。**绝缘栅双极晶体管**（Insulated Gate Bipolar Transistor，IGBT 或 IGT）综合了 GTR 和 MOSFET 的优点，因而具有良好的特性。因此，自从其 1986 年开始投入市场，就迅速扩展了其应用领域，目前已取代原来 GTR 和 GTO 的市场，成为中、大功率电力电子设备的主流器件，并在继续努力提高电压和电流容量。目前 IGBT 产品已系列化，最大电流容量达 1800A，最高电压等级达 4500V，工作频率达 50kHz。在电机控制、中频电源、各种开关电源以及其他高速低损耗的中小功率领域，IGBT 取代了 GTR 和一部分 MOSFET 的市场。目前国内外 IGBT 的型号很多，根据其不同功率大小又有不同的外形封装，图 1-35 所示是几种常用的 IGBT 的外形结构。

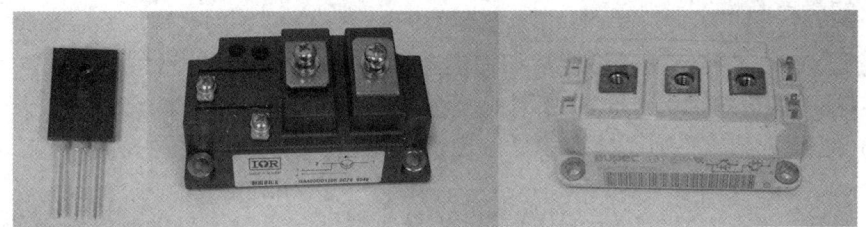

图 1-35　几种常用的 IGBT 的外形结构

1.7.1　IGBT 的结构、电气符号和工作原理

1. IGBT 的结构

IGBT 也是三端器件，具有栅极 G、集电极 C 和发射极 E。图 1-36（a）给出了一种由 N 沟道 VDMOSFET 与双极型晶体管组合而成的 IGBT 的基本结构。与图 1-29（a）对照可以看出，IGBT 比 VDMOSFET 多一层 P^+ 注入区，因而形成了一个大面积的 P^+N 结 J_1。这样使得 IGBT 导通时由 P^+ 注入区向 N 漂移区发射少子，从而实现对漂移区电导率进行调制，使得 IGBT 具有很强的通流能力，解决了在电力 MOSFET 中无法解决的 N 漂移区追求高耐压与追求低通态电阻之间的矛盾。其简化等效电路如图 1-36（b）所示，由图可以看出，可以将 IGBT 看成是以 N 沟道 MOSFET 为输入级、PNP 型晶体管为输出级的单向达林顿晶体管。它是以 GTR 为主导器件，MOSFET 为驱动器件的复合器件。图中 R_N 为晶体管基区内的调制电阻。

PNP 晶体管与 N 沟道 MOSFET 组合而成的 IGBT 称为 N 沟道 IGBT，记为 N-IGBT，其电气图形符号如图 1-36（c）所示。对应的还有 P 沟道 IGBT，记为 P-IGBT。N-IGBT 和 P-IGBT 统称为 IGBT，由于实际应用中以 N 沟道 IGBT 为多。因此下面仍以其为例进行介绍。

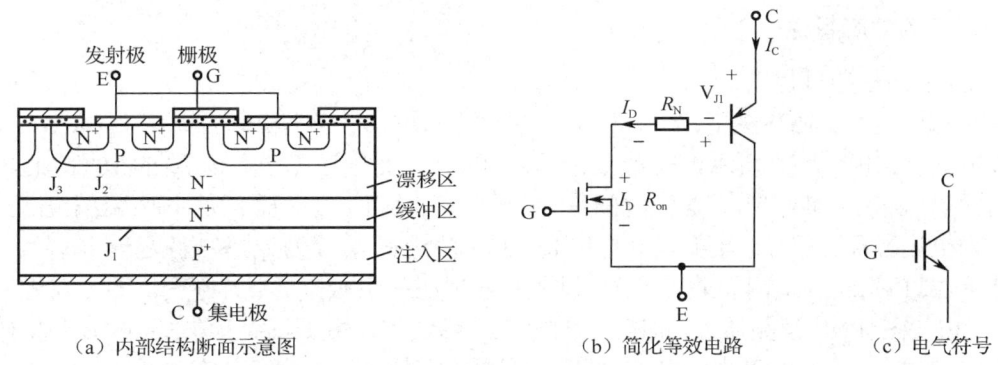

图 1-36　IGBT 的结构、简化等效电路和电气符号

2. IGBT 的原理

IGBT 是一种**场控器件**，它的驱动原理与电力 MOSFET 基本相同，但 IGBT 的开关速度比 MOSFET 要慢。其导通和关断是由栅极和发射极间的电压 U_{GE} 决定的，当 U_{GE} 为正且大于开启电压 $U_{GE(th)}$ 时，MOSFET 内形成沟道，并为晶体管提供基极电流进而使 IGBT 导通。由于前面提到的电导调制效应，使得电阻 R_N 减小，这样高耐压的 IGBT 也具有很小的通态压降。当栅极与发射极间施加反向电压或不加信号时，MOSFET 内的沟道消失，晶体管的基极电流被切断，使得 IGBT 关断。

1.7.2 IGBT 的基本特性

1. IGBT 的静态特性

IGBT 的静态特性主要包括转移特性和输出特性。IGBT 的**转移特性**如图 1-37（a）所示。描述的是集电极电流 I_C 与栅射电压 U_{GE} 之间的关系，与电力 MOSFET 的转移特性相似。开启电压 $U_{GE(th)}$ 是 IGBT 能实现电导调制而导通的最低栅射电压。$U_{GE(th)}$ 随温度升高而略有下降，温度每升高 1℃，其值下降 5mV 左右。在+25℃时，$U_{GE(th)}$ 的值一般为 2~6V。

图 1-37（b）所示为 IGBT 的输出特性，也称**伏安特性**，它描述以栅射电压为参考变量时，集电极电流 I_C 与集射极间电压 U_{CE} 之间的关系。此特性与 GTR 的输出特性相似，不同的是参考变量，IGBT 为栅射电压 U_{GE}，而 CTR 为基极电流 I_B。IGBT 的输出特性也分为三个区域：正向阻断区、有源区和饱和区。这分别与 GTR 的关断区、放大区和饱和区相对应。此外，当 $u_{CE}<0$ 时，IGBT 为反向阻断工作状态。在电力电子电路中，IGBT 工作在开关状态，因而是在正向阻断区和饱和区之间来回转换。

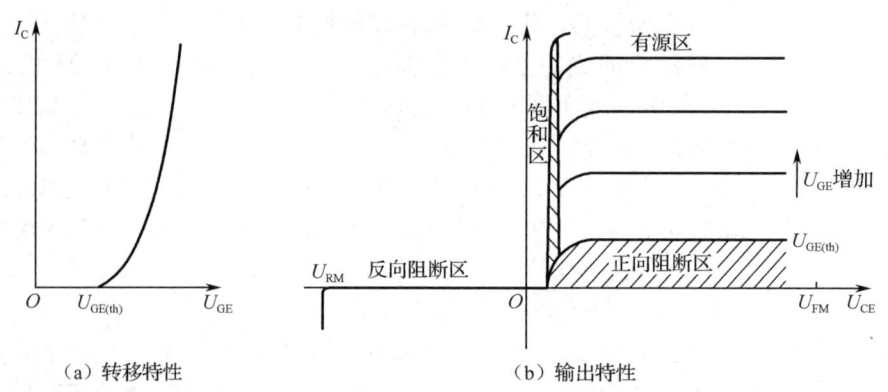

(a) 转移特性　　(b) 输出特性

图 1-37　IGBT 的转移特性和输出特性

2. IGBT 的动态特性

（1）IGBT 的导通过程

IGBT 导通过程与 MOSFET 相似，因为导通过程中 IGBT 在大部分时间作为 MOSFET 运行。IGBT 的动态特性如图 1-38 所示，从驱动电压 u_{GE} 的前沿上升至其幅值 U_{GEM} 的 10%，到集电极电流 i_C 上升至其幅值 I_{CM} 的 10%，这段时间称为开通延迟时间 $t_{d(on)}$。而 i_C 从 10%I_{CM} 上升至 90%I_{CM} 所需时间为电流上升时间 t_{ri}。集射极间电压 u_{CE} 的下降过程 t_{fv} 分为 t_{fv1} 和 t_{fv2} 两段：t_{fv1} 为 IGBT 中 MOSFET 单独工作的电压下降过程，在该过程中栅射极间电压 u_{GE} 维持不变，即处在米勒平台；t_{fv2} 为 MOSFET 和 PNP 型晶体管同时工作的电压下降过程。由于 u_{CE} 下降时，IGBT 中 MOSFET 的栅漏电容增加，而且 IGBT 中的 PNP 型晶体管由放大状态转入饱和状态也需要一个过程，因此

t_{fv2} 段电压下降过程变缓。只有在 t_{fv2} 段结束时，IGBT 才完全进入饱和状态。同样，开通时间 t_{on} 可以定义为开通延迟时间与电流上升时间及电压下降时间之和，即 $t_{on}=t_{d(on)}+t_r+t_{fv}$。

（2）IGBT 的关断过程

IGBT 关断与 MOSFET 的关断过程也相似。从驱动电压 u_{GE} 的脉冲后沿下降到其幅值的 90% 起，到集射极间电压 u_{CE} 上升至幅值 U_{CEM} 的 10%，这段时间称为关断延迟时间 $t_{d(off)}$。随后是集射极间电压 u_{CE} 上升时间 t_{rv}，在这段时间内栅射极间电压 u_{GE} 维持不变。集电极电流从 90%I_{CM} 下降至 10%I_{CM} 的这段时间称为电流下降时间 t_{fi}。电流下降时间又可分为 t_{fi1} 和 t_{fi2} 两段。t_{fi1} 对应 IGBT 内部的 MOSFET 的关断过程，这段时间集电极电流 i_c 下降较快；t_{fi2} 对应 IGBT 内部的 PNP 型晶体管的关断过程，这段时间内 MOSFET 已经关断，IGBT 又无反向电压，所以 N 型基区内的少子复合缓慢，造成 i_c 下降较慢。t_{fi2} 对应的集电极电流被形象地称为拖尾电流。正是由于 IGBT 关断时的电流拖尾现象，增大了关断损耗并减慢了其

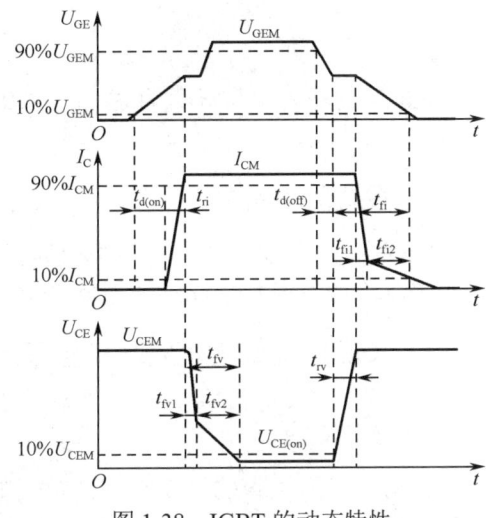

图 1-38 IGBT 的动态特性

关断速度，从而限制了其开关频率，实际应用中 IGBT 的开关频率通常取 100kHz 以下。关断时间 t_{off} 可以定义为关断延迟时间、电压上升时间与电流下降时间之和，即 $t_{off}=t_{d(off)}+t_{rv}+t_{fi}$。

可以看出，IGBT 中双极型 PNP 晶体管的存在，虽然带来了电导调制效应的好处，但也引入了少子储存现象，因而 IGBT 的开关速度要低于电力 MOSFET。此外，IGBT 的击穿电压、通态压降和关断时间也是需要折中的参数。高压器件的 N 基区必须有足够宽度和较高电阻率，这会引起通态压降增大和关断时间延长。

1.7.3 IGBT 的主要参数

1. 集射极额定电压 U_{CES}

栅射极短路时，集射极之间的最大耐压值，是根据器件内部的 PNP 晶体管所能承受的雪崩击穿电压规定的。

2. 栅射极额定电压 U_{GES}

栅射极的电压控制信号额定值，通常为限制故障情况下的电流和确保长期使用的可靠性，应将栅射电压的取值限定在栅射额定电压值很小的范围内，才能使 IGBT 导通而不致损坏。

3. 栅射极开启电压 $U_{GE(th)}$

使 IGBT 导通所需的最小栅射极电压。通常，IGBT 的开启电压 $U_{GE(th)}$ 要高于电力 MOSFET 的开启电压，在 3~5.5V 之间。

4. 集电极额定电流 I_c

在额定的测试温度（壳温为 25℃）条件下，IGBT 所允许的集电极最大直流电流。

5. 集电极饱和电压 U_{CEO}

IGBT 在饱和导通时，通过额定电流的集射极电压，代表了 IGBT 的通态损耗大小。通常 IGBT 的集电极饱和电压 U_{CEO} 在 1.5~3V 之间。

6. 最大集电极功耗 P_{CM}

正常工作温度下允许的最大耗散功耗。

7. 输入阻抗

IGBT 的输入阻抗高，可达 $10^9 \sim 10^{11}\Omega$ 数量级，呈纯电容性，驱动功率小，这些与 VDMOS 相似。

8. 最高允许结温 T_{jM}

IGBT 的最高允许结温 T_{jM} 为 150℃。VDMOS 的通态压降随结温升高而显著增加，而 IGBT 的通态压降在室温和最高结温之间变化很小，具有良好的温度特性。

1.7.4 IGBT 的擎住效应和安全工作区

1. 擎住效应

具有寄生晶闸管的 IGBT 等效电路如图 1-39 所示。从图中可以看出，IGBT 内还含有一个寄生的 NPN 型晶体管，它与作为主开关器件的 PNP 型晶体管一起组成一个寄生晶闸管。在 NPN 晶体管基极与发射极之间存在体区短路电阻 R_s，P 型体区的横向空穴电流会在该电阻上产生压降，相当于对 J_3 结施加正偏电压，在额定的集电极电流范围内，这个正偏电压很小，不足以使 J_3 结导通，NPN 型晶体管不起作用。如果集电极电流大到一定程度，这个正偏电压将上升到使 NPN 型晶体管导通，进而使 NPN 型和 PNP 型晶体管同时处于饱和状态，一旦 J_3 开通，栅极就会失去对集电极电流的控制作用，电流失控。这就是所谓的**擎住效应**，也称为**自锁效应**。IGBT 一旦发生擎住效应，就会出现器件失控，集电极电流很大的情况，从而造成过高的功耗，导致器件损坏。引发擎住效应的原因，可能是集电极电流过大（静态擎住效应），也可能是最大允许电压上升率 du_{CE}/dt 过大（动态擎住效应），温度升高也会加重发生擎住效应的危险。因此，集电极电流不能超过临界值 I_{CM}，或增大栅极电阻，以减缓 IGBT 的关断速度。

2. 安全工作区

根据最大集电极电流、最大集射极间电压和最大集电极功耗可以确定 IGBT 在导通工作状态的参数极限范围，即正向偏置安全工作区（Forward Biased Safe Operating Area，FBSOA），如图 1-40（a）所示。根据最大集电极电流、最大集射极间电压和最大允许电压上升率 du_{CE}/dt，可以确定 IGBT 在阻断工作状态下的参数极限范围，即反向偏置安全工作区（Reverse Biased Safe Operating Area，RBSOA），如图 1-40（b）所示。IGBT 的导通时间越长，发热越严重，安全工作区越小。在使用中一般通过选择适当的 U_{CE} 和栅极驱动电阻控制，避免 IGBT 因过高而产生擎住效应。

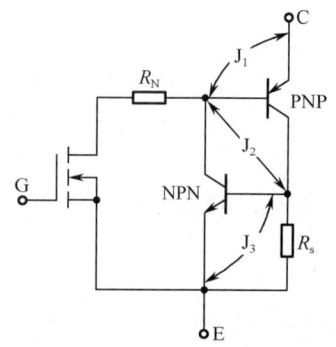

图 1-39 具有寄生晶闸管的 IGBT 等效电路

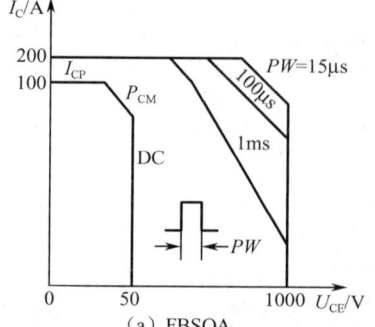

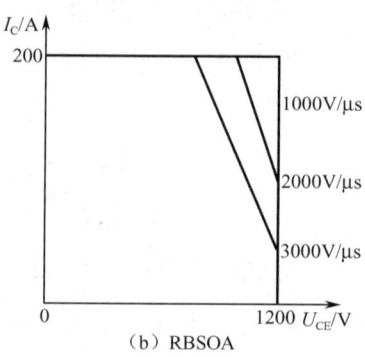

图 1-40 IGBT 安全工作区

1.8 其他新型电力电子器件

1.8.1 MOS 控制晶闸管

MOS 控制晶闸管（MOS Controlled Thyristor，MCT），也叫 MOS 控制的 GTO，其集成度远高于 GTO，以晶闸管和 MOSFET 组合而成的复合器件为集成单元构成的新型大功率集成开关器件。MCT 将 MOSFET 的高输入阻抗，低驱动功率和开关速度快的特性，以及晶闸管的高电压、大电流特性结合在一起，同时又克服了晶闸管开关速度慢、不能自关断和 MOSFET 通态电压高的缺点。MCT 也是一种电压型控制器件，且开关频率与 IGBT 差不多，是近年来国内外重点开发的器件之一。随着 MCT 制造工艺和结构的进一步完善，它将在诸多应用领域内取代 GTR 和晶闸管。

MCT 在晶闸管结构基础上又制作了两只 MOSFET，其中用于控制 MCT 导通的那只 MOSFET 称为开通场效应晶体管（ON-FET），用于控制阻断的那只 MOSFET 称为关断场效应晶体管（OFF-FET）。MCT 具有高电压、大电流、高载流密度、低通态压降、工作温度高（200℃以上）的特点。其通态压降只有 GTR 的 1/3 左右，硅片的单位面积连续电流密度在各种器件中是最高的。另外，MCT 可承受极高的 di/dt 和 du/dt，使得其保护电路可以简化。MCT 的开关速度超过 GTR，开关损耗也小。

MCT 曾一度被认为是一种最有发展前途的电力电子器件。因此，20 世纪 80 年代以来一度成为研究的热点。但经过十多年的努力，其关键技术问题没有大的突破，电压和电流容量都远未达到预期的数值，未能投入实际应用。而其竞争对手——IGBT 却进展飞速，所以，目前从事 MCT 研究的人不是很多。

1.8.2 集成门极换流晶闸管

集成门极换流晶闸管（Integrated Gate Commutated Thyristor，IGCT）是 1997 年由 ABB 公司提出的一种用于中压变频器的巨型电力电子成套装置中的新型电力半导体开关器件，也有人称为发射极关断晶闸管（Emitter Turn-off Thyristor，ETO）。它是把 MOSFET 从器件内部拿到外部的 MCT。IGCT 是以 GTO 为基础，将 GTO 芯片与反并联二极管和门极驱动电路集成在一起，再与门极驱动器在外围以低电感方式连接。IGCT 结合了晶体管和晶闸管两种器件的优点，具备晶体管的稳定的关断能力和晶闸管的低通态损耗的特性。IGCT 具有电流大、阻断电压高、开关频率高、可靠性高、结构紧凑、低导通损耗等特点，而且制造成本低、成品率高，有很好的应用前景。

1.8.3 功率模块与功率集成电路

功率集成电路（Power Integrated Circuit，PIC）是电力电子技术与微电子技术相结合的产物。PIC 将以前的电力电子器件及其配套的各种分立电路或装置（如触发电路、控制电路和各种保护电路）集成在一个芯片上，PIC 中至少应该包含一个电力电子器件和一个独立功能的单片集成电路。目前 PIC 可分为三类。

1. 高压集成电路

高压集成电路（High Voltage IC，HVIC）是高耐压电力电子器件与控制电路的单片集成，用来控制功率输出。HVIC 电路的核心部件是高压 MOSFET，而栅射极则用于控制 MOSFET 的导通和关断。当栅射极施加正向电压时，MOSFET 导通，漏极和源极之间形成通路，电流可以流动。最新的 HVIC 技术使得大多数必需的反馈和保护器件可以制作在一个基片上，从而实现了成本低廉、结构紧凑的可变速驱动。

HVIC 电路在电机驱动、电源管理、汽车电子等领域有着广泛的应用前景。在电机驱动方面，HVIC 电路可以实现高效率、高精度的电机控制，提高电机的性能和可靠性；在电源管理方面，HVIC 电路可以实现高效率、高精度的电源控制，提高电源的效率和稳定性；在汽车电子方面，HVIC 电路可以实现高效率、高可靠性的汽车电子控制，提高汽车的性能和安全性。

2．智能功率集成电路和智能功率模块

智能功率集成电路（Smart Power IC，SPIC）和智能功率模块（Intelligent Power Module，IPM）都将电力电子器件与控制电路、保护电路以及传感器等电路集成在同一个集成电路中，或做成模块。IPM 除具有处理功率的能力外，还具有控制功能、接口功能和保护功能。其中，控制功能的作用是自动检测某些外部参数并调整功率器件的运行状态，以补偿外部参量的偏离；接口功能的作用是接受并传输控制信号；保护功能的作用是，当出现过载、短路、过压、欠压和过热等非正常状态时，能测取相关的信号并能自动调整保护，使功率器件能工作在安全区范围内。由于高度集成化，结构紧凑，减少了分布参数及保护延时带来的问题，故 IPM 特别适应于电力电子技术高频化发展的需要。

3．功率专用集成电路

顾名思义，功率专用集成电路（Special IC，SIC）是为某种特殊用途而设计制造的功率 IC。SIC 种类繁多，有智能功率开关、无刷直流电机专用 PIC、步进电机控制集成电路、单片桥式驱动器、无串通电路的桥路驱动器、单片三相逆变器等，限于篇幅，这里就不一一赘述了。

1.8.4 静电感应晶体管

静电感应晶体管（Static Induction Transistor，SIT）是一种新型高频大功率电力电子器件。SIT 也是一种集成器件，每个 SIT 由几百个或几千个单元胞并联而成。SIT 器件在结构设计上能方便地实现多胞合成。SIT 有栅极 G、漏极 D 和源极 S 三条引线。SIT 分为 N 沟道和 P 沟道两种，由于 SIT 中门极电压和漏极电压都能通过电场控制漏极电流，类似于静电感应现象，因此把 SIT 命名为静电感应晶体管。SIT 具有工作频率高、输出功率大、线性度好、无二次击穿现象、热稳定性好、抗辐射能力强、输入阻抗高等一系列优点，在雷达通信设备、超声波功率放大、开关电源、脉冲功率放大和高频感应加热等方面获得了广泛应用，并已发展成为一个相当大的家族，其主要品种有功率 SIT、超高频 SIT、双极模式静电感应晶体管（Bipolar Static Induction Transistor，BSIT）和静电感应晶闸管（SITH）等。

SIT 的缺点是：栅射极不加信号时导通，加负偏压时关断，称为正常导通型器件，使用不太方便；通态电阻较大，通态损耗也大，因而还未在大多数电力电子设备中得到普及。

1.8.5 静电感应晶闸管

静电感应晶闸管（Static Induction Thyristor，SITH）也可称为场控晶闸管（Field Controlled Thyristor，FCT）或双极静电感应晶闸管（Bipolar Static Induction Thyristor，BSITH），产生于 1972 年。SITH 是一种大功率场控开关器件，是在 SIT 的漏极层上附加一层与漏极层导电类型不同的发射极层得到的，利用电场效应来控制器件的导电能力的双极型场控晶闸管，且具有电导调制效应。与晶闸管和 GTO 相比，SITH 的通态电阻小，通态电压低，开关速度快，开关损耗小，正向电压阻断增益高，开通和关断的电流增益大，di/dt 及 du/dt 的耐压高。近几年 SITH 发展很快，目前 SITH 的产品容量已达到 100A/2500V、2200A/450V、400A/4500V。由于 SITH 的工作频率可达

100kHz 以上，所以在高频感应加热电源中，SITH 可取代传统的真空三极管。

SITH 一般也是正常导通型，但也有正常关断型。此外，制造工艺比 GTO 复杂得多，成本高，电流关断增益较小，因而其应用范围还有待拓展。

1.8.6 基于宽禁带半导体材料的电力电子器件

到目前为止，硅材料一直是电力电子器件所采用的主要半导体材料。其主要原因是人们早已掌握了低成本、大批量制造大尺寸、低缺陷、高纯度的单晶硅材料的技术以及随后对其进行半导体加工的各种工艺技术，人类对硅器件研究和开发投入也是巨大的。但是，硅器件的各方面性能已随其结构设计和制造工艺的完善而接近其由材料特性决定的理论极限（尽管随着器件技术的不断创新，这个极限一再被突破），很多人认为依靠硅器件继续完善和提高电力电子装置与系统性能的潜力已十分有限。因此，将越来越多的注意力投向基于宽禁带半导体材料的电力电子器件开发。

我们知道，固体中电子的能量具有不连续的量值，电子都分布在一些相互之间不连续的能带上。价电子所在能带与自由电子所在能带之间的间隙称为禁带或带隙。所以禁带的宽度实际上反映了被束缚的价电子要成为自由电子所必须额外获得的能量。硅的禁带宽度为 1.12eV，而宽禁带半导体材料是指禁带宽度在 3.0eV 及以上的半导体材料，典型的是碳化硅、氮化镓、金刚石等材料。

通过对半导体物理知识的学习我们可以知道，宽禁带半导体材料由于具有比硅宽得多的禁带宽度，一般都具有比硅高得多的临界雪崩击穿电场强度和载流子饱和漂移速度、较高的热导率和相差不大的载流子迁移率，因此，基于宽禁带半导体材料（如碳化硅）的电力电子器件将具有比硅器件高得多的耐受高电压的能力、低得多的通态电阻、更好的导热性能和热稳定性以及更强的耐受高温和射线辐射的能力，许多方面的性能都是成数量级的提高。但是，宽禁带半导体器件的发展一直受制于材料的提炼和制造以及随后半导体制造工艺的困难。

直到 20 世纪 90 年代，碳化硅材料的提炼和制造技术以及随后的半导体制造工艺才有所突破，到 21 世纪初推出了基于碳化硅的肖特基二极管，性能全面优于硅肖特基二极管，因而迅速在有关的电力电子装置中应用，其总体效益远远超过这些器件与硅器件之间的价格差异造成的成本增加。氮化镓的半导体制造工艺自 20 世纪 90 年代以来也有所突破，因而也可以在其他材料衬底的基础上实施加工工艺制造相应的器件。由于氮化镓器件具有比碳化硅器件更好的高频特性而较受关注。金刚石在这些宽禁带半导体材料中性能是最好的，很多人称之为最理想的或最具前景的电力半导体材料。但是金刚石材料提炼和制造以及随后的半导体制造工艺也是最困难的，目前还没有有效的办法。距离基于金刚石材料的电力电子器件产品的出现还有很长的路要走。

1.9 电力电子器件的驱动电路

1.9.1 电力电子器件的驱动电路概述

电力电子器件的驱动电路是电力电子主电路与控制电路之间的接口，是电力电子装置的重要环节，对整个装置的性能有很大的影响。采用性能良好的驱动电路，可使电力电子器件工作在较理想的开关状态，缩短开关时间，减小开关损耗，对装置的运行效率、可靠性和安全性都有重要的意义。另外，对电力电子器件或整个装置的一些保护措施也往往就近设在驱动电路中，或者通过驱动电路来实现，这使得驱动电路的设计更为重要。

驱动电路的基本任务，就是将信息电子电路传来的信号按照其控制目标的要求，转换为加在电力电子器件控制端和公共端之间，可以使其开通或关断的信号。对半控型器件只需提供导通控制信号，对全控型器件则既要提供导通控制信号，又要提供关断控制信号，以保证器件按要求可靠导通或关断。驱动电路应该提供足够的功率使电力电子器件快速的导通或关断，并保持低开关损耗。驱动电路分为是单电源驱动和双电源驱动，直接驱动和隔离驱动。驱动电路性能不好，轻则使开关管不能正常工作，重则导致开关管损坏，是决定电流上升率和动态饱和压降大小的重要因素之一。增加驱动电流使电流上升率增大，使开关管饱和压降降低，减小导通损耗。过大的驱动电流使开关管饱和过深，退出饱和时间越长，对关断过程和减小关断损耗越不利。驱动电路是否具有快速保护功能，是决定开关管不损坏的关键因素之一。

驱动电路还要提供控制电路与主电路之间的电气隔离环节。一般采用光隔离或磁隔离。光隔离一般采用光耦合器。光耦合器由发光二极管和光敏晶体管组成，封装在一个外壳内。其类型有普通、高速和高传输比三种。磁隔离的元件通常是脉冲变压器。当脉冲较宽时，为避免铁心饱和，常采用高频调制和解调的方法。

按照驱动电路加在电力电子器件控制端和公共端之间信号的性质，可以将电力电子器件分为电流驱动型和电压驱动型两类。晶闸管虽然属于电流驱动型器件，但是它是半控型器件，因此下面将单独讨论其驱动电路。晶闸管的驱动电路常称为触发电路。对典型的全控型器件GTO、GTR、电力MOSFET和IGBT，则将按电流驱动型和电压驱动型分别讨论。

应该说明的是，驱动电路的具体形式可以是分立元件构成的驱动电路，但对一般的电力电子器件使用者来讲最好是采用由专业厂家或生产电力电子器件的厂家提供的专用驱动电路，其形式可能是集成驱动电路芯片，它可能是将多个芯片和器件集成在内的带有单排直插引脚的混合集成电路，对大功率器件来讲还可能是将所有驱动电路都封装在一起的驱动模块。为达到参数优化配合，一般应首先选择所用电力电子器件的生产厂家专门为其器件开发的专用驱动电路。当然，即使是采用成品的专用驱动电路，了解和掌握各种驱动电路的基本结构和工作原理也是很有必要的。

1.9.2 晶闸管的门极驱动（触发）电路

在晶闸管的阳极加上正向电压后，还必须在门极与阴极之间加上触发控制电压，晶闸管才能从关断变为导通。它决定了晶闸管的导通时刻，是晶闸管变流装置中不可缺少的重要组成部分。

1. 晶闸管对门极驱动电路的基本要求

晶闸管触发主要有移相触发、过零触发和脉冲列调制触发等。对触发脉冲的要求如下。

（1）为减小门极损耗，广泛采用脉冲触发信号。

（2）触发脉冲应有足够的功率，并留有一定的裕量。驱动电压和驱动电流应大于晶闸管的门极触发电压和门极触发电流。

（3）触发脉冲应有一定的宽度，脉冲的前沿应尽可能陡，使器件在触发导通后，阳极电流能迅速上升超过擎住电流而维持导通。脉冲的宽度一般应保证晶闸管阳极电流在脉冲消失前能达到擎住电流，使晶闸管导通。驱动脉冲前沿陡度大于 $10V/\mu s$ 或 $800mA/\mu s$。对于电感负载，由于电感会抵制电流上升，因而触发脉冲的宽度应更大一些或采用双窄脉冲；有些则需要强触发脉冲。

（4）触发脉冲必须与晶闸管的阳极电压同步，脉冲移相范围必须满足电路要求。

2. 常用的触发脉冲信号

常用的触发脉冲波形如图 1-41 所示。

图 1-41 中给出的脉冲的特点如下。

（1）正弦波触发脉冲：由于前沿不陡，触发准确性差，仅用在触发要求不高的场合。

（2）尖脉冲：生成较容易，电路简单，也用于触发要求不高的场合。

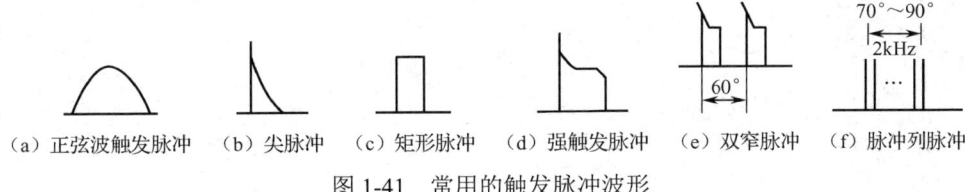

图 1-41 常用的触发脉冲波形

(3) 矩形脉冲：较常用。

(4) 强触发脉冲：前沿陡，宽度可变，有强触发功能，适用于大功率场合。

(5) 双窄脉冲：有强触发功能，变压器耦合效率高，用于控制精度较高、带有感性负载的装置。

(6) 脉冲列脉冲：具有双窄脉冲的优点，应用广泛。

理想的晶闸管触发脉冲电流波形如图 1-42 所示。图 1-43 给出了常见的晶闸管触发电路。它由 V_1、V_2 构成的脉冲放大环节以及脉冲变压器 TM 和附属电路构成的脉冲输出环节两部分组成。当 V_1、V_2 导通时，通过脉冲变压器向晶闸管的门极和阴极之间输出触发脉冲。VD_1 和 R_3 是为了使 V_1、V_2 由导通变为关断时脉冲变压器 TM 释放其储存的能量而设的。为了获得触发脉冲波形中的强脉冲部分，还需适当附加其他电路环节。

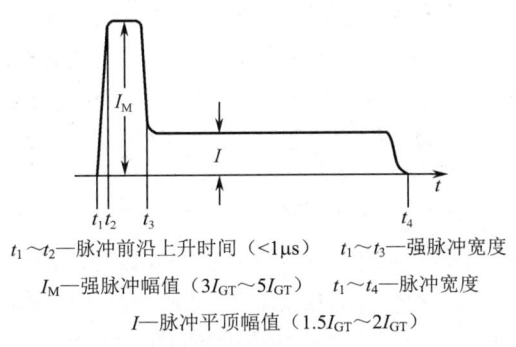

$t_1 \sim t_2$—脉冲前沿上升时间（<1μs）　$t_1 \sim t_3$—强脉冲宽度
I_M—强脉冲幅值（$3I_{GT} \sim 5I_{GT}$）　$t_1 \sim t_4$—脉冲宽度
I—脉冲平顶幅值（$1.5I_{GT} \sim 2I_{GT}$）

图 1-42 理想的晶闸管触发脉冲电流波形

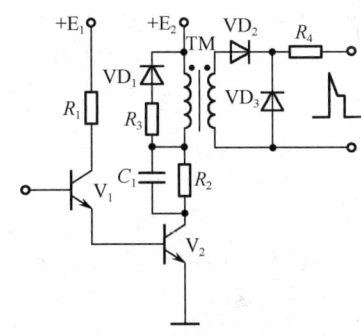

图 1-43 常见的晶闸管触发电路

3. 脉冲触发电路与晶闸管的连接方式

(1) 直接连接

主电路和触发电路采用导线直接连接，如图 1-44（a）所示。由于主电路电压较高，采用直接连接易造成操作不安全，主电路又往往干扰触发电路，所以这种连接常用在一些简单设备中。

(2) 光耦合器连接

光耦合器是一种将电信号转换为光信号，又将光信号转换为电信号的半导体器件。它将发光和受光的元器件密封在同一管壳里，以光为媒介传递信号。光耦合器的发光源通常选砷化镓发光二极管，而受光部分采用硅光敏二极管及光敏晶体管。光耦合器具有可实现输入和输出间电隔离、绝缘性能好、抗干扰能力强的优点，在用微机组成的触发电路中经常采用，如图 1-44（b）所示。

(3) 脉冲变压器耦合连接

脉冲变压器能够很好地把一次侧的脉冲信号传输到二次绕组，二次绕组与晶闸管连接，主电路与控制电路有良好的电气绝缘。图 1-44（c）是采用脉冲变压器隔离的电路形式，VD_1、VD_2 用来消除负半周波，为晶闸管提供正向触发脉冲，起抗干扰作用，发光二极管用来指示脉冲是否正常。

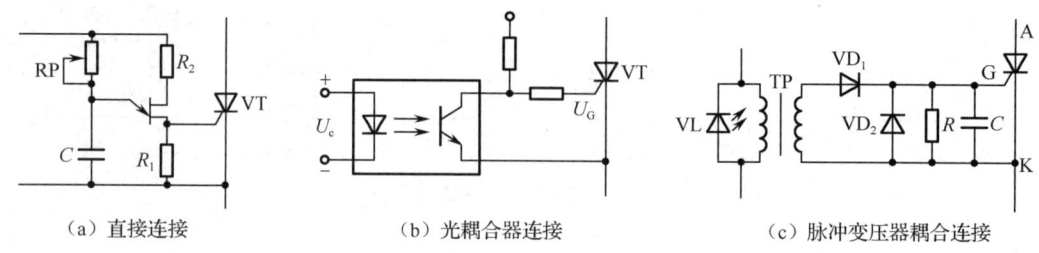

(a) 直接连接　　　　　(b) 光耦合器连接　　　　(c) 脉冲变压器耦合连接

图 1-44　触发电路与晶闸管的连接方式

1.9.3　电流驱动型的全控型电力电子器件的驱动电路

1. GTO 的门极驱动

GTO 和 GTR 均是电流驱动型器件，GTO 驱动电路包括三部分：门极开通电路、门极关断电路、门极反偏电路。GTO 的结构和特点决定了若门极控制不当会使 GTO 单元在非极限状态下损坏，所以 GTO 器件对驱动电路的要求是较严格的。门极触发方式按时间分为单脉冲触发、连续脉冲触发、直流触发 3 种。

(1) GTO 门极开通电路

① 门极正向驱动电流的前沿必须达到足够的幅值和陡度，后沿平缓。触发信号幅度一般为 GTO 晶闸管单元 I_G 的 6~10 倍，前沿的变化率大于 5A/μs，并与 GTO 晶闸管的导通时间接近，以减少到导通期的管压降，减少导通损耗；下降过程应该较缓慢，防止结电容效应引起的误关断。

② 开通触发门极正向驱动电流需要保证阳极电流在触发期超过擎住电流，然后降至 1.2 倍左右。

(2) GTO 门极关断电路

导通的 GTO 用门极反向电流来关断，反向门极电流波形对 GTO 的安全运行有很大影响。要求关断控制电流波形为前沿较陡、宽度足够、幅度较高、后沿平缓。一般关断脉冲电流的上升率 dI_{GF}/dt 取 10~50A/μs，这样可缩短关断时间，减少关断损耗，但 dI_{GF}/dt 过大时会使关断增益下降，通常关断增益为 3~5，可见关断脉冲电流要达到阳极电流的 1/5~1/3 才能将 GTO 关断。当关断增益保持不变时，增加关断控制电流幅值可提高 GTO 的阳极关断能力。关断脉冲的宽度一般为 120μs 左右。

(3) 门极反偏电路

由于结构原因，GTO 与普通晶闸管相比承受 du/dt 的能力较差，如阳极电压上升率较高时可能会引起误触发。为此可设置反偏电路，在 GTO 正向阻断期间于门极上施加负偏压，从而提高承受电压上升率 du/dt 的能力。推荐的 GTO 门极电压电流波形如图 1-45 所示。

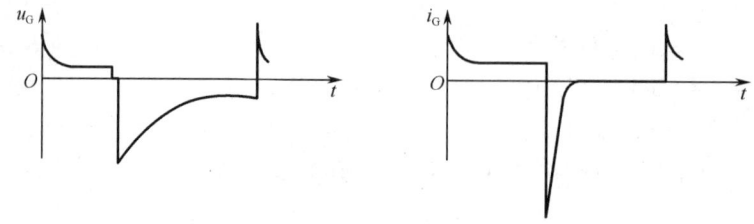

图 1-45　推荐的 GTO 门极电压电流波形

(4) GTO 门极驱动电路举例

GTO 晶闸管的驱动电路种类繁多，从是否通过脉冲变压器输出来看，可分为间接驱动和直接驱动，在实际应用中，往往将两者结合在一起使用，以达到更好的效果。

间接驱动指驱动电路通过脉冲变压器和 GTO 晶闸管单元连接，利用脉冲变压器对主电路和控制电路进行隔离，且 GTO 晶闸管门极驱动属于电流大且电压低的工作方式，利用脉冲变压器匝数比的配合可以使得驱动电路脉冲功率器件的电流大幅度减小；但由于输出变压器的漏感使输出电流脉冲前沿陡度受到限制，变压器绕组的寄生电感和电容容易使门极脉冲前后出现振荡，脉冲的变化率也受到很大限制，对 GTO 晶闸管的关断和导通不利。

直接驱动是用门极驱动电路直接和 GTO 晶闸管的门极连接，避免了间接驱动带来的寄生电感和电容的影响，可以得到较好的脉冲变化率；但脉冲功率放大器的电流应较大，其负载是低阻抗的 GTO 晶闸管的 PN 结，造成放大器功耗大、效率较低。采用直接驱动时，控制电路和门极驱动、门极驱动之间的电路连接都要采取电气隔离措施，通常采用光电耦合器或变压器方式进行隔离。

典型的直接耦合式 GTO 驱动电路如图 1-46 所示，该电路可避免电路内部的相互干扰和寄生振荡，可得到较陡的脉冲前沿；缺点是功耗大，效率较低。该电路的电源由高频电源经二极管整流后提供，VD_1 和 C_1 提供+5V 电压，VD_2、VD_3、C_2、C_3 构成倍压整流电路提供+15V 电压，VD_4 和 C_4 提供-15V 电压。V_1 导通时，输出正强脉冲；V_2 导通时，输出正脉冲平顶部分；V_2 关断而 V_3 导通时输出负脉冲；V_3 关断后 R_3 和 R_4 提供门极负偏压。

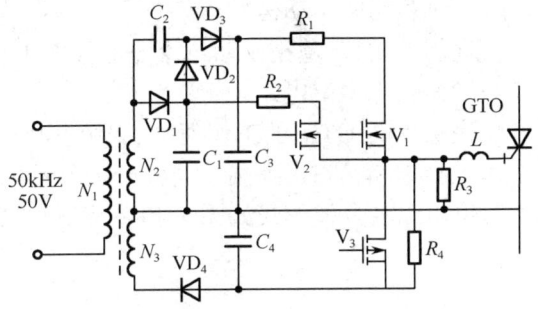

图 1-46 典型的直接耦合式 GTO 驱动电路

图 1-47 是使用晶体管关断 GTO 晶闸管的电路原理图，当输入脉冲为高电平时，光电耦合器导通，晶体管 V_1 关断，V_2 和 V_3 导通，电源 E_1 经 R_7、V_3 及 R_8 触发 GTO 晶闸管导通；当输入信号跳转为 0 时，光电耦合器关断，V_1 导通，V_2 和 V_3 关断，关断电路中的 V_4 导通，V_5 关断，晶闸管 VT 经 R_{13} 和 R_{14} 获得触发信号并导通，电源 E_2 经 VT、GTO 晶闸管、R_8、R_{15} 形成门极负电流，实现 GTO 晶闸管的关断。电路中出现的电阻、电容并联后串联在回路中（如 R_3 和 C_1 的这种连接方式）时，这个电容常被称为**加速电容**。它利用了电容两端电压不能突变的特性，在负载电压变化时加速电阻两端电压的变化率，提高电路对信号边沿变化的响应能力。没有加速电容会使得调整速度或加速度下降。

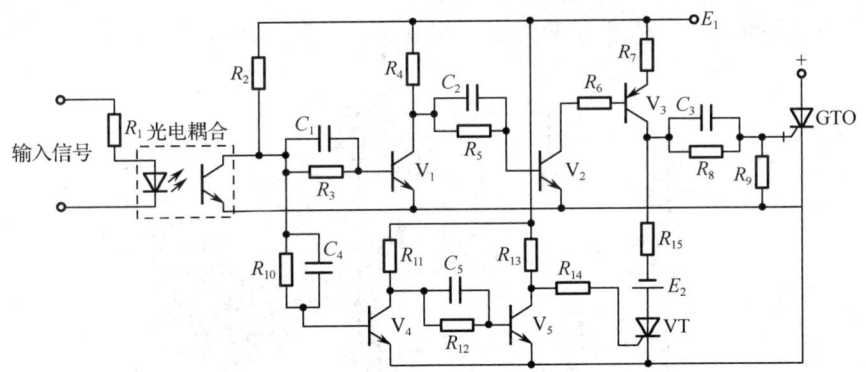

图 1-47 使用晶体管关断 GTO 晶闸管的电路原理图

2. GTR 的基极驱动

（1）GTR 对基极驱动电路的要求

GTR 基极驱动电路的作用是将控制电路输出的控制信号电流放大到足以保证功率晶体管能可靠导通或关断。而 GTR 的基极驱动方式直接影响它的工作状况，故应根据主电路的需要正确选择、设计基极驱动电路。基极驱动电路一般应满足以下基本要求。

① 导通需要使用具有一定幅值的信号，前沿要陡（小于 1μs），并有一定的过饱和电流，这样将缩短导通时间，减小导通损耗；

② 输入脉冲持续时间大于 GTR 开关时间；

③ 导通后驱动电流需要减小到使器件处于临饱和的状态，以便于关断、减小存储时间、降低导通饱和压降；

④ 关断时需要提供较大的反向基极电流和较大的电流变化率，缩短关断时间和损耗；

⑤ 实现主电路与控制电路间的电隔离；

⑥ 应有较强的抗干扰能力，并有一定的故障保护功能，在主电路发生过热、过压、过流等故障时，迅速切断驱动信号。

理想的 GTR 基极驱动电流波形如图 1-48 所示。

（2）贝克钳位电路

为了提高 GTR 的工作速度，驱动电路都以抗饱和的贝克钳位电路作为基本电路。它使 GTR 工作在准饱和状态，提高了器件开关过程的快速性能，因此成为一种被广泛采用的基本电路。贝克钳位电路的具体形式如图 1-49 所示，GTR 可放置在图 1-49 中的 B 点后。

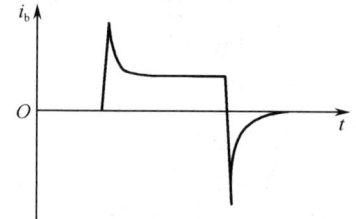

图 1-48　理想的 GTR 基极驱动电流波形

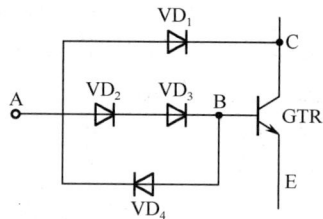

图 1-49　贝克钳位电路

（3）GTR 驱动电路举例

GTR 基极驱动电路如图 1-50 所示。当控制信号输入端 A 为高电平时，V_1 导通，光电耦合器的发光二极管导通并使光电二极管导通，从而使 V_2 导通，将 V_3 基极电压拉低并使其关断，V_4 和 V_5 导通，V_6 关断。电流经 R_4、V_5、R_5、VD_3，驱动电力晶体管 V_7，使其导通；当 A 点由高电平变为低电平时，V_1 关断，光电耦合器的光电二极管关断，V_2 关断，V_3 导通，V_4 和 V_5 关断，V_6 导通。

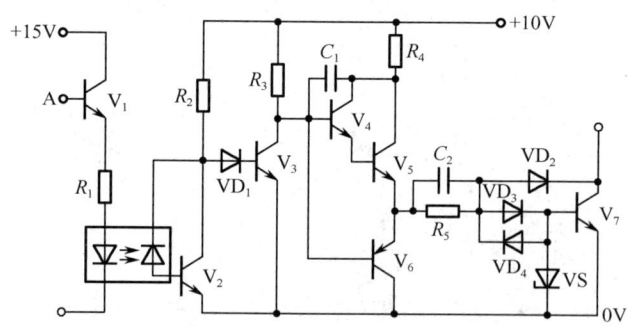

图 1-50　GTR 的基极驱动电路

C_2 为加速开通过程的电容。导通时，R_5 被 C_2 短路，可实现驱动电流的过冲，并增加前沿的陡度，加快导通过程，C_2 同时被充电，其电压方向为左正右负。关断瞬间 C_2 上所充电荷主要通过 V_6、V_7 的 E 和 B、VD_4 放电，为 V_7 提供一个基极方向电流，加速其关断过程。

二极管 VD_2 和电位补偿二极管 VD_3 构成一种抗饱和电路，称为贝克钳位电路，负载较轻时，V_7 若发生过饱和使得集电极电位低于基极电位时，VD_2 会自动导通，使多余的驱动电流流入集电极，维持 $U_{BC}≈0$，减小饱和深度；过载或直流增益减小时，V_7 的集电极电压升高，VD_2 关断，确保 V_7 不会退出饱和状态。

1.9.4 电压驱动型的全控型电力电子器件的驱动电路

1. 电力 MOSFET 的栅极驱动

（1）电力 MOSFET 驱动电路的共性问题

① 驱动电路应简单、可靠，但 MOSFET 的栅极驱动也需要考虑保护、隔离等问题；

② 驱动电路的负载为容性。电力 MOSFET 的极间电容较大，驱动 MOSFET 的栅极相当于驱动容抗网络；如果与驱动电路配合不当，将会影响开关速度，制约应用领域；

③ 栅极驱动电路的形式各种各样，按驱动电路与栅极的连接方式，可分为直接驱动与隔离驱动。

（2）电力 MOSFET 对栅极驱动电路的要求

① 能向栅极提供足够的栅压，以保证其可靠开通和关断，所以触发脉冲要具有足够快的上升和下降速度，即上升、下降率要高，脉冲前、后沿要求陡峭；

② 减小驱动电路的输出电阻，以提高栅极充、放电速度，从而提高 MOSFET 的开关速度；

③ 为了使 MOSFET 可靠导通，触发脉冲电压应高于开启电压。为了防止误导通，MOSFET 关断时，尽量提供负的栅源电压。

④ MOSFET 开关时所需的驱动电流为栅极电容的充、放电电流。

⑤ 驱动电路应具备良好的电气隔离性能，从而实现主电路与控制电路之间的隔离，具有较强的抗干扰能力，避免功率电路对控制信号造成干扰。

⑥ 驱动电路应能提供适当的保护功能，使得功率管可靠工作，如低压锁存保护、过电流保护、过热保护及驱动电压钳位保护等。

⑦ 驱动电源必须并联旁路电容。用于滤除噪声，并给负载提供瞬时电流，加快 MOSFET 的开关速度。

（3）电力 MOSFET 驱动电路举例

电力 MOSFET 和 IGBT 是电压驱动型器件。电力 MOSFET 的栅源极之间和 IGBT 的栅射极之间都有数千皮法左右的极间电容，快速建立驱动电压，要求驱动电路具有较小的输出电阻。使电力 MOSFET 开通的栅源极间驱动电压一般取 10～15V，使 IGBT 开通的栅射极间驱动电压一般取 15～20V。关断时施加一定幅值的负驱动电压（一般取-5～-15V）有利于减小关断时间和关断损耗。在栅极串入一只低值电阻（数十欧左右）可以减小寄生振荡，该电阻阻值应随被驱动器件电流额定值的增大而减小。

① 集成驱动电路。IR2130/2132 是电力 MOSFET 和 IGBT 专用集成驱动电路，可以驱动电压不高于 600V 电路中的器件，内含过电流、过电压和欠电压等保护，输出可以直接驱动 6 个电力 MOSFET 或 IGBT。它采用单电源 10～20V 供电，广泛应用于三相电力 MOSFET 和 IGBT 的逆变器控制中。若需要驱动更大电压可使用 IR2237/2137，它可以驱动 600～1200V 线路的电力 MOSFET 或 IGBT。

② 分立驱动电路。电力 MOSFET 的一种驱动电路如图 1-51 所示，电路包括电气隔离和晶体管放大电路两部分。当输入信号 u_i 为 0 时，光电耦合器关断，运算放大器 A 输出低电平，晶体管 V_3 导通，驱动电路输出约-20V 驱动电压，使电力场效应晶体管关断。当输入信号 u_i 为正时，光电耦合器导通，运算放大器 A 输出高电平，晶体管 V_2 导通，驱动电路输出约 20V 电压，使电力场效应晶体管开通。

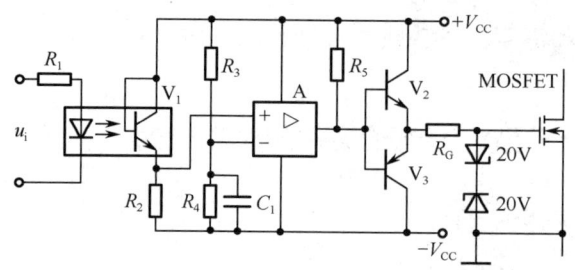

图 1-51 电力 MOSFET 的一种驱动电路

2. IGBT 的栅极驱动

（1）IGBT 栅极驱动电路的要求

IGBT 应用的关键问题之一是驱动电路的合理设计。由于 IGBT 的开关特性和安全工作区随栅极驱动电路的变化而变化，因而驱动电路性能的好坏严重制约着 IGBT 的寿命。IGBT 通常采用栅极电压驱动，并对驱动电路有许多特殊的要求。概括如下。

① 栅极驱动电压脉冲的上升率和下降率要充分大。在 IGBT 开通时，陡峭的上升沿将缩短开通时间，减小开通损耗。在 IGBT 关断时，栅极驱动电路要提供一个下降沿很陡的关断电压，并给栅极 G 与发射极 E 之间施加一适当的反向负偏电压，以使 IGBT 快速关断，缩短关断时间，减小关断损耗。

② 在 IGBT 导通后，栅极驱动电路提供给 IGBT 的驱动电压和电流要具有足够的幅度。该幅度应能维持 IGBT 的功率输出级总是处于饱和状态，当 IGBT 瞬时过载时，栅极驱动电路提供的驱动功率要足以保证 IGBT 不退出饱和区而损坏。

③ 栅极驱动电路提供给 IGBT 的正向驱动电压 $+U_{GE}$ 增加时，IGBT 输出级晶体管的导通压降和开通损耗值将下降。而在实际应用中，IGBT 的栅极驱动电路提供给 IGBT 的正向驱动电压 $+U_{GE}$ 要取合适的值，特别是在具有短路工作过程的设备中使用 IGBT 时，其正向驱动电压 $+U_{GE}$ 更应选择其所需要的最小值。在开关应用的 IGBT 的栅极电压以 12～15V 为最佳。

④ IGBT 在关断过程中，在栅射极施加的反偏压有利于 IGBT 的快速关断，但负偏压 $-U_{GE}$ 受 IGBT 栅射极之间反向最大耐压的限制，一般为 -2～-10V。

⑤ IGBT 的栅极驱动电路应尽可能地简单、实用，最好自身带有对被驱动 IGBT 的完整保护能力，并且有很强的抗干扰性能，且输出阻抗应尽可能地低。

⑥ 由于 IGBT 在电力电子设备中多用于高压场合，所以驱动电路应与整个控制电路在电位上严格隔离。当在同一个电力电子设备中使用多个不等电位的 IGBT 时，为了解决电位隔离的问题，应使用光隔离器。

⑦ 栅极驱动电路与 IGBT 之间的配线，由于栅极信号的高频变化很容易互相干扰，为防止造成同一个系统多个 IGBT 中某个误导通，要求栅极配线走向应与主电流线尽可能远，且不要将多个 IGBT 的栅极驱动线捆扎在一起，同时栅极驱动电路到 IGBT 模块栅射极的引线尽可能短，引线应采用绞线或同轴电缆屏蔽线，并从栅极直接接到被驱动 IGBT 栅射极，最好采取焊接的方法。

⑧ 当使用 IGBT 作为高速开关时，应特别注意其输入电容的放电与充电时间带来的影响。

⑨ 栅极串联电阻阻值对于驱动脉冲的波形有较大的影响，电阻值过小会造成驱动脉冲振荡引起 IGBT 的误导通；过大会造成驱动波形的前、后沿发生延迟和变缓，开关时间增长，也使每个脉冲的开通能耗增加。IGBT 的输入电容 C_{GE} 随着其额定电流容量的增大而增大。IGBT 的栅极串联电阻通常采用推荐的值，如工作频率较低，也可采用前一档电阻值较大的值。

（2）IGBT 的驱动电路

因为 IGBT 的输入特性和 MOSFET 几乎相同，所以用于 MOSFET 的驱动电路同样可用于 IGBT。

① 脉冲变压器直接驱动 IGBT 的驱动电路

图 1-52（a）为采用脉冲变压器驱动 IGBT 的电路原理图。图中来自控制电路脉冲形成单元产生的脉冲信号，经晶体管 V 功率放大后，加到脉冲变压器，由脉冲变压器隔离耦合，经稳压管 VS_1、VS_2 限幅后驱动 IGBT，驱动电压和栅极电流波形如图 1-52（b）所示。

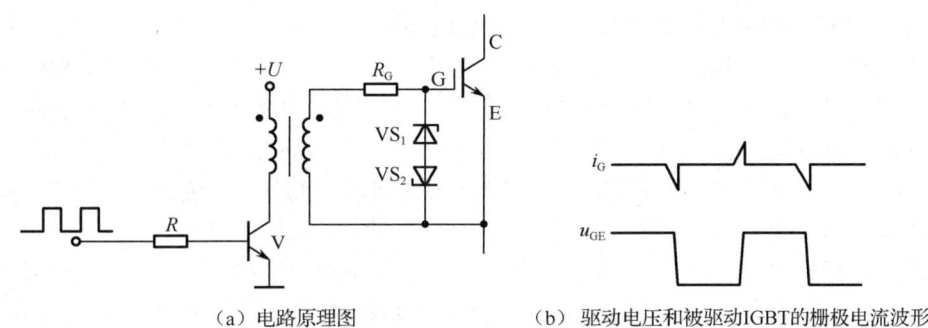

（a）电路原理图　　　　（b）驱动电压和被驱动IGBT的栅极电流波形

图 1-52　采用脉冲变压器驱动 IGBT

② 专用混合集成驱动器

常用的专用混合集成驱动器有三菱公司的 M579 系列（如 M57962L 和 M57959L）和富士公司的 EXB 系列（如 EXB840、EXB841、EXB850 和 EXB851）。三菱公司 M57962AL 是驱动 IGBT 的集成电路，主要特点有：其内有 2500V 隔离电压光电耦合器，具有短路保护功能。高速输入输出隔离，输入输出电平与 TTL 电平兼容，可以驱动 600A/600V 或 400A/1200V 的 IGBT 模块。引脚 13 和引脚 14 为控制信号输入端，引脚 5 为驱动信号输出端，引脚 8 为故障信号输出。

大多数 IGBT 生产厂家为了解决 IGBT 的可靠性问题，都生产与其相配套的混合集成驱动电路。东芝公司的 M57962L 型 IGBT 专用驱动模块是 N 沟道大功率 IGBT 的驱动电路，能驱动 600V/400A 和 1200V/400A 的 IGBT，M57962L 型 IGBT 驱动器的原理框图和接线图如图 1-53 所示。它有以下几个特点。

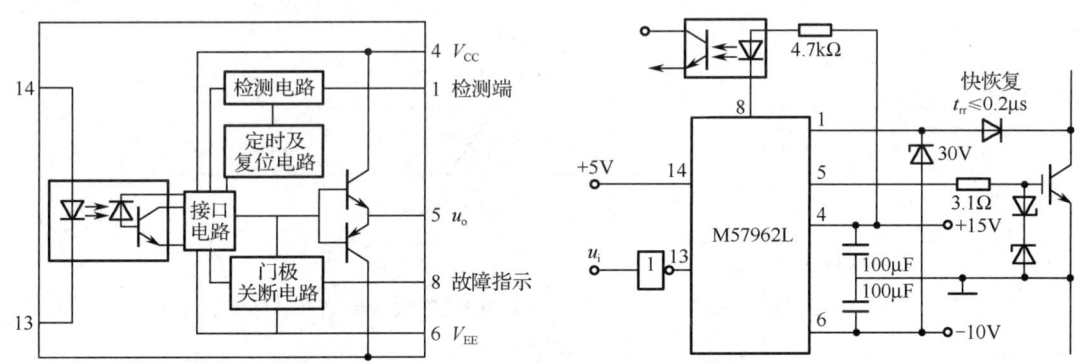

图 1-53　M57962L 型 IGBT 驱动器的原理框图和接线图

（a）采用光耦合器实现电气隔离，光耦合器是快速型的，适合 20kHz 左右的高频开关运行，光耦合器的输入端已串联限流电阻，可将 5V 的电压直接加到输入侧。

（b）采用双电源驱动技术，使输出负栅压比较高。电源电压一般取+15V/-10V。

（c）信号传输延迟时间短，低电平-高电平的传输延迟时间及高电平-低电平的传输延迟时间都在 1.5μs 以下。

（d）具有过电流保护功能。M57962L 通过检测 IGBT 的饱和压降来判断 IGBT 是否过电流，一旦过电流，M57962L 将对 IGBT 实施软关断，并输出过电流故障信号。

1.10 电力电子器件的缓冲电路

1.10.1 缓冲电路的作用

缓冲电路又称为**吸收电路**，其作用是抑制电力电子器件的内因过电压 du/dt 及过电流 di/dt，以减少器件的开关的损耗。这是因为电力电子器件的 PN 结在工作时，都有多数载流子存储。这些载流子的存储电荷为 Q_S，在 PN 结进行换向时，具有电感的电路中可能产生很大的过电压 $U_S=Ldi/dt$，当此过电压施加在器件的 PN 结上时，如果不加以吸收，这个过电压就可能击穿 PN 结而损坏器件。附加各种缓冲电路，目的不仅是降低浪涌电压、du/dt 和 di/dt，还能减少器件的开关损耗、避免器件损坏和抑制电磁干扰，提高电路的可靠性。

缓冲电路分关断缓冲电路和导通缓冲电路。关断缓冲电路（也称为 du/dt 抑制电路）可以吸收器件的关断过电压和换相过电压，抑制 du/dt，减小关断损耗。导通缓冲电路（也称为 di/dt 抑制电路）可以抑制器件导通时的电流过冲和 di/dt，减小器件的开通损耗。将关断缓冲电路和导通缓冲电路结合在一起，称为复合缓冲电路。如无特别说明，通常讲缓冲电路专指关断缓冲电路，而将导通缓冲电路叫作 di/dt 抑制电路。图 1-54 所示的缓冲电路被称为充放电型 RCD 缓冲电路，适用于中等容量的场合。图 1-54（a）给出的是缓冲电路和 di/dt 抑制电路的电路图，图 1-54（b）是开关过程集电极电压 u_{CE} 和集电极电流 i 的波形，其中虚线表示无 di/dt 抑制电路和缓冲电路时的波形。

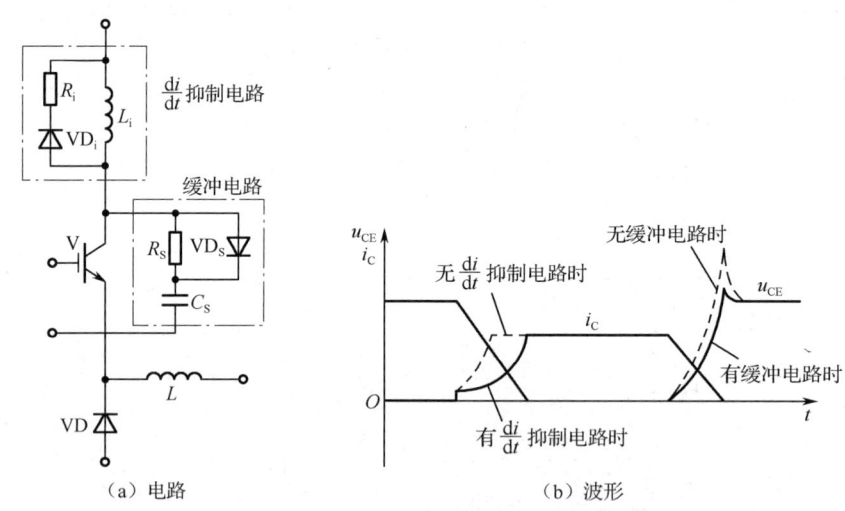

图 1-54　di/dt 抑制电路和充放电型 RCD 缓冲电路及波形

在无缓冲电路的情况下，绝缘栅双极晶体管 V 开通时电流迅速上升，di/dt 很大，关断时 du/dt 很大，并出现很高的过电压。在有缓冲电路的情况下，V 开通时缓冲电容 C_S，先通过 R_S 向 V 放电，使电流 i_C 先上一个台阶，以后因为有 di/dt 抑制电路的 L_i，i_C 的上升速度被慢。R_i、VD_i 是 V 关断时为 L_i 中的磁场能量提供放电回路而设置的。在 V 关断时，负载电流通过 VD_S 向 C_S 分流，减轻了 V 的负担，抑制了 du/dt 和过电压。因为关断时电路中（含布线）电感的能量要释放，所以还会出现一定的过电压。

图 1-55 给出了关断时的负载线。关断前的工作点在 A 点。无缓冲电路时，u_{CE} 迅速上升，在负载 L 上的感应电压使续流二极管 VD 开始导通，负载线从 A 移动到 B，之后 i_C 才下降到漏电流的大小，负载线随之移动到 C。有缓冲电路时，由于 C_S 的分流使 i_C 在 u_{CE} 开始上升的同时就下降，因此负载线经过 D 到达 C。可以看出，负载线在到达 B 时很可能超出安全区，使 V 受到损坏，而负载线 ADC 是很安全的。而且，ADC 经过的都是小电流、小电压区域，器件的关断损耗也比无缓冲电路时大大降低。

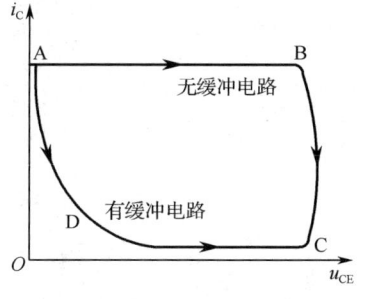

图 1-55 关断时的负载线

1.10.2 缓冲电路的类型

缓冲电路能够减小开关管的开关损耗是因为把开关损耗由器件本身转移至缓冲电路内。根据这些被转移能量的处理和消耗过程，可以将缓冲电路分为两类：一类是耗能式缓冲电路，即转移至缓冲器的开关损耗能量消耗在电阻上，这种电路简单，但效率低；另一类是馈能式缓冲电路，或称为无损吸收电路，即将转移至缓冲器的开关损耗能量以适当的方式再提供给负载或回馈给供电电源，这种电路效率高但电路复杂。

1. 耗能式缓冲电路

（1）RC 关断缓冲电路

晶闸管在实际应用中一般只承受换相过电压，没有关断过电压问题，关断时也没有较大的 du/dt，因此一般采用 RC 吸收电路即可。RC 关断缓冲电路如图 1-56 所示，图 1-56（a）为电力晶闸管 RC 缓冲电路，在晶闸管的阳极和阴极并联 RC 缓冲电路，其中 R_S 能减小晶闸管导通时 C_S 的放电电流。RC 缓冲电路主要用于小容量器件。图 1-56（b）为 IGBT 的 RC 关断缓冲电路。

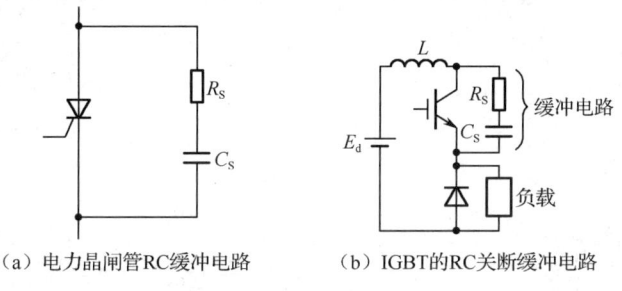

(a) 电力晶闸管RC缓冲电路　　(b) IGBT的RC关断缓冲电路

图 1-56　RC 关断缓冲电路

（2）RCD 关断缓冲电路

GTR 的 RCD 关断缓冲电路如图 1-57（a）所示，C_S 吸收电路中产生的过电压。开关管导通，C_S 有很大的放电电流流过开关管，在 C_S 上串联一个 R_S 限制放电电流。在 R_S 的两端又并联了 VD_S，这样在吸收过电压时不经过 R_S，以加快对过电压的吸收，而 C_S 只能通过 R_S 放电，这样就可以衰减放电电流以保护开关管。

IGBT 的放电阻止型 RCD 关断缓冲电路如图 1-57（b）所示，该吸收电路适合大功率电路，特点是过电压抑制效果好，不会引起集电极电流上升，并且附加损耗小，吸收回路寄生电感小，适合于高频开关。电路中的电容 C_S 的放电电压为电源电压，每次关断前，C_S 仅将上次关断电压的过冲部分能量回馈到电源，减小了吸收电路的功耗，又因为电容电压在 IGBT 关断时从电源电压开始上升，它的过电压吸收能力不如充放电型吸收电路，从吸收过电压的能力看，放电阻止型吸收效果稍差，但能量损耗较小。

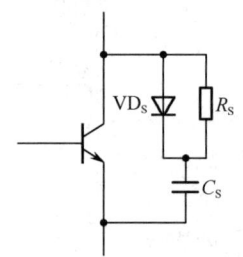
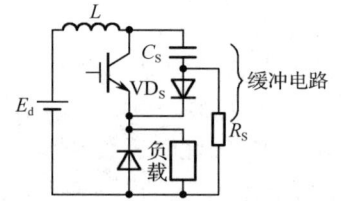

(a) GTR的RCD关断缓冲电路　　(b) IGBT的放电阻止型RCD关断缓冲电路

图 1-57　RCD 关断缓冲电路

（3）母线吸收式关断缓冲电路

RCD 组成的关断缓冲电路虽然具有较明显的抑制 du/dt 的作用，但限流电阻 R_S 的功耗很大，既造成散热困难，又影响了系统的效率。GTR 母线吸收式缓冲电路如图 1-58 所示，两个开关管互补通断，数个开关管共用一个母线吸收式缓冲电路的方案既具有抑制 du/dt 的作用，又可大大降低电阻 R_S 的功耗。

（4）导通缓冲电路

图 1-59 为 GTR 导通缓冲电路。开关管导通时稳态电流值越大，导通时间越短，则 di/dt 越大。为了限制 di/dt 的大小，常采用串联电感的方法，导通缓冲电路由电感 L_S 和二极管 VD_S 组成，与开关管串联，在开关管导通过程中，电感 L_S 限制电流的上升率 di/dt；当开关管关断时，储存在电感 L_S 中的能量通过二极管 VD_S 的续流作用而消耗在 VD_S 和电感本身的电阻上。

（5）复合缓冲电路

图 1-60 为 GTR 复合缓冲电路，当开关管导通时，L_S 限制电流上升率 di/dt，而缓冲电容中的能量经 C_S、R_S 和 L_S 回路放电，也减少了开关管承受的电流上升率 di/dt。当开关管关断时，由于 C_S、V_{DS} 限制了开关管两端的电压上升率 du/dt 及关断损耗，明显改变了集电极电压和电流同时出现最大值的情况。

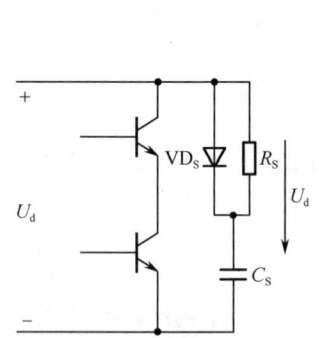
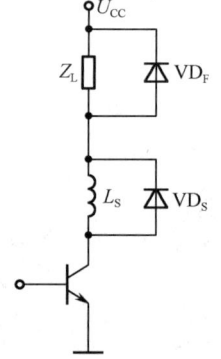
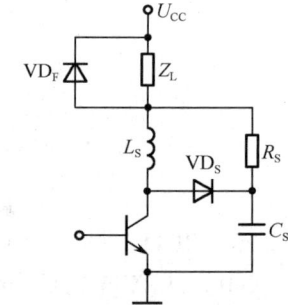

图 1-58　GTR 母线吸收式缓冲电路　　图 1-59　GTR 导通缓冲电路　　图 1-60　GTR 复合缓冲电路

2. 馈能式缓冲电路

将储能元件中的储能通过适当的方式回馈给负载或电源，可以提高装置的效率。在馈能过程中，由于采用的元件不同，馈能式缓冲电路又可分为无源和有源两种方式。

GTR 无源馈能式关断缓冲电路如图 1-61 所示，图中 C_0 称为转移电容，VD_C 称为回馈二极管。在 GTR 关断时，C_S 充电至电源电压 U_{CC}，在 GTR 下一次导通时，电容 C_S 上的电压通过 L_S、VD_0、C_0、GTR 构成的通路转移至电容 C_0 上，L_S 限制了放电电流，负载电流从 VD_F 转移至 GTR，实现 C_S 上的电能转移至 C_0 上。当 GTR 再次关断时，C_S 再次充电，而 C_0 通过 VD_C 向负载放电，能量得到回馈。由于能量的回馈是由无源器件 C_0 和 VDc 来实现的,所以这种电路叫做无源馈能式关断缓冲电路。

GTR 馈能式复合缓冲电路如图 1-62 所示,GTR 关断时,缓冲电容器 C_S 充电至电源电压 U_{CC}。GTR 开通时,电感 L_S 抑制 GTR 开通时的电流变化率;当 C_0 电容值远大于 C_S 电容值时,电容 C_0 上的电压很低,电容 C_S 上的部分能量向电容 C_0 转移。当 GTR 再次关断时,电容 C_S 再次得到充电,使 GTR 在电压上升过程中电流减小。电容 C_0 两侧的电位升高,能量得到回馈。当电感 L_S 能量较大、C_0 右电位高于 U_{CC} 时,电感 L_S 通过 VD_S 和 VD_0 将储存的能量通过 VDc 馈送给负载。

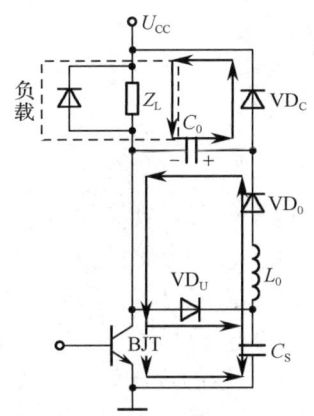 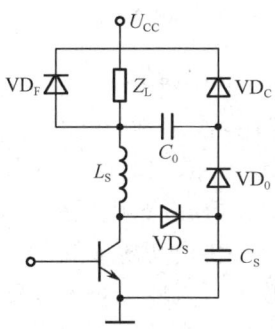

图 1-61　GTR 无源馈能式关断缓冲电路　　　　图 1-62　GTR 馈能式复合缓冲电路

1.10.3　缓冲电路元件的选择

缓冲电容 C_S 和吸收电阻 R_S 的取值可用实验方法确定,或参考有关的工程手册。

(1) 增加 C_S,可以有效抑制过电压,但采用过大的 C_S,会增加整体损耗。

(2) 缓冲电路元器件的参数选择不当,或连线过长造成分布电感过大,也可能产生严重的过电压。因此尽量减小连接线的分布电感,这就意味着要尽可能缩短 VD_S、C_S 和开关管的连线长度。在中小容量场合,若线路电感较小,可只在直流侧总体设置一个 du/dt 抑制电路,对 IGBT 甚至可以仅并联一个吸收电容。

(3) 吸收二极管 VD_S 必须选用快恢复二极管,其额定电流应不小于主电路器件额定电流的 1/10。要求 VD_S 能快速导通、反向恢复时间 t_{rr} 短、反向恢复电荷 Q_r 尽量小,缓冲电路中的 C_S 和 R_S 应当是无感元件,以尽可能减小吸收电路的杂散分布电感。例如 R_S 不应选用线绕式的,而应是涂膜工艺制作的无感电阻,C_S 应选用低串联电阻、电感小且频率特性好的电容。

1.11　电力电子器件的保护

1.11.1　电力电子装置中的过电压及过电流保护

1. 过电压产生的原因及分类

过电压产生的原因主要是供给的电功率或系统的储能发生了激烈的变化,使得系统能量来不及转换,或者系统中原来积聚的电磁能量不能及时消散。电力电子装置中可能发生的**过电压**分为**外因过电压**和**内因过电压**两类。

外因过电压主要来自雷击和系统中的操作过程等外部原因,包括以下几点:

（1）操作过电压：由分闸、合闸等开关操作引起的过电压，电网侧的操作过电压会由供电变压器电磁感应耦合，或由变压器绕组之间存在的分布电容静电感应耦合。

（2）雷击过电压：由雷击引起的过电压。

内因过电压主要来自电力电子装置内部器件的开关过程，包括以下几点。

（1）换相过电压：由于晶闸管或者与全控型器件反并联的续流二极管在换相结束后不能立刻恢复阻断能力，因而有较大的反向电流流过，使残存的载流子恢复。而当其恢复了阻断能力时，反向电流急剧减小，这样的电流突变会因线路电感而在晶闸管阴阳极之间或与续流二极管反并联的全控型器件两端产生过电压。

（2）关断过电压：关断过电压全控型器件在较高频率下工作，当器件关断时，因正向电流的迅速降低而由线路电感在器件两端感应出的过电压。

2．过电压保护

图 1-63 是各种过电压保护措施及其配置位置，各电力电子装置可视具体情况只采用其中的几种。其中 RC_3 和 BCD 为抑制内因过电压的措施，其功能属于缓冲电路的范畴。抑制外因过电压的措施中，RC 过电压抑制电路是最为常见的。其典型连接方式如图 1-64 所示。RC 过电压抑制电路可接于供电变压器的两侧（通常供电网一侧称为网侧，电力电子电路一侧称为阀侧），或电力电子电路的直流侧。对大容量电力电子装置，可采用图 1-65 所示的反向阻断式 RC 电路。保护电路有关的参数计算可参考相关的工程手册。采用雪崩二极管、金属氧化物压敏电阻、硒堆和转折二极管（Break Over Diode，BOD）等非线性无器件来抑制或吸收过电压也是较为常用的措施。

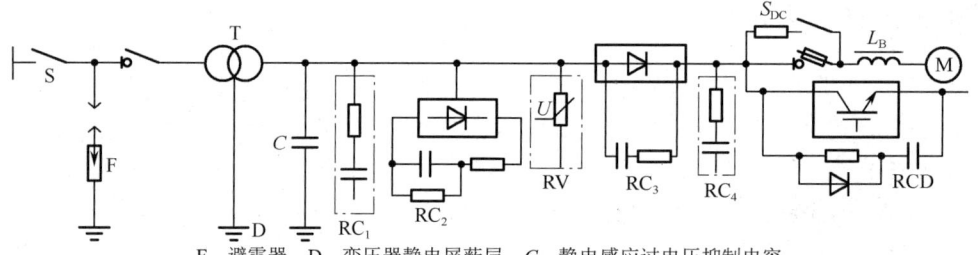

F—避雷器　D—变压器静电屏蔽层　C—静电感应过电压抑制电容
RC_1—阀侧浪涌过电压抑制用 RC 电路　RC_2—阀侧浪涌过电压抑制用反向阻断式 RC 电路
RV—压敏电阻过电压抑制器　RC_3—阀器件换相过电压抑制用 RC 电路
RC_4—直流侧 RC 抑制电路　RCD—阀器件关断过电压抑制用 RCD 电路

图 1-63　过电压保护措施及配置位置

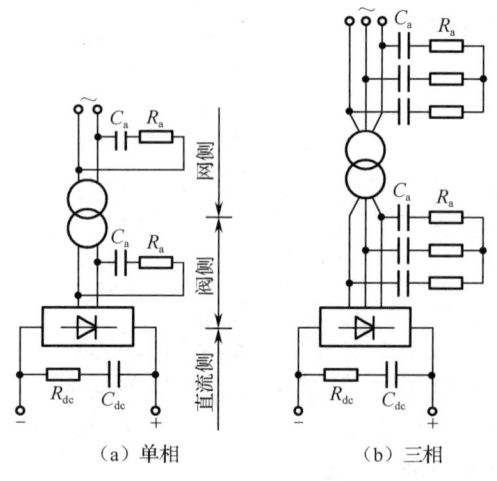

（a）单相　　　　（b）三相

图 1-64　RC 过电压抑制电路连接方式

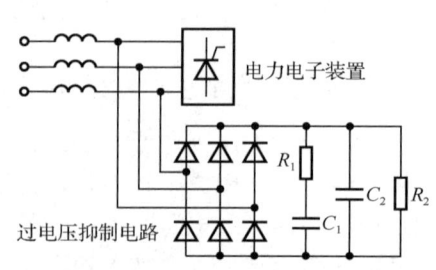

图 1-65　反向阻断式 RC 电路

3. 过电流保护

电力电子电路运行不正常或者发生故障时，可能会发生过电流。过电流分过载和短路两种情况。图1-66给出了各种过电流保护措施及其配置位置，其中快速熔断器、直流快速断路器和过电流继电器是较为常用的措施。一般电力电子装置均同时采用几种过电流保护措施以提高保护的可靠性和合理性。在选择各种保护措施时应注意相互协调。通常，作为第一保护措施，快速熔断器仅作为短路时的部分区段的保护，直流快速断路器整定在电力电子电路动作之后实现保护，过电流继电器整定在过载时动作。

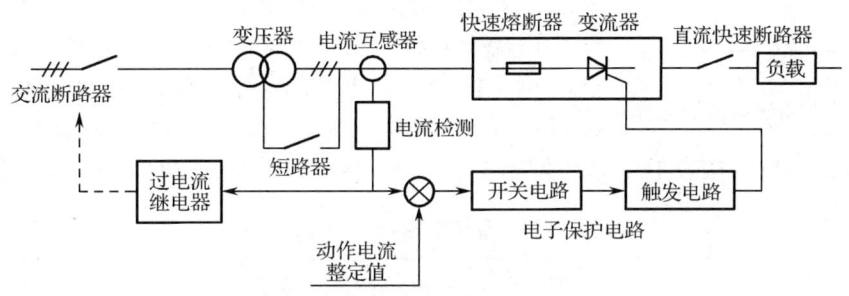

图1-66 过电流保护措施及配置位置

采用快速熔断器（简称快熔）是电力电子装置中最有效、应用最广的一种过电流保护措施。在选择快熔时应考虑以下几点。

（1）电压等级应根据熔断后快熔实际承受的电压来确定。

（2）电流容量应按其在主电路中的接入方式和主电路连接形式确定。快熔一般与电力半导体器件串联连接，在小容量装置中也可串接于阀侧交流母线和直流母线中。

（3）快熔的I^2t值应小于被保护器件的允许I^2t值。

（4）为保证熔体在正常过载情况下不熔化，应考虑其时间-电流特性。

快熔对器件的保护方式可分为全保护和短路保护两种。全保护是指不论过载还是短路均由快熔进行保护，此方式只适用于小功率装置或器件使用裕度较大的场合。短路保护方式是快熔只在短路电流较大的区域内起保护作用，此方式需与其他过电流保护措施相配合。快熔电流容量的具体选择方法可参考有关的工程手册。

对一些重要的且易发生短路的晶闸管设备，或者工作频率较高、很难用快速熔断器保护的全控型器件，需要采用电子电路进行过电流保护。除对电动机启动的冲击电流等变化较慢的过电流可以利用控制系统本身调节器对电流的限制作用外，需设置专门的过电流保护子电路，检测到过电流之后直接调节触发或驱动电路，或者关断被保护器件。此外，常在全控型器件的驱动电路中设置过电流保护环节，这对器件过电流的响应是最快的。

1.11.2 晶闸管的过电压及过流保护

晶闸管的过载能力差，不论承受的是正向电压还是反向电压，很短时间的过电压就可能导致其损坏。凡是超过晶闸管正常工作时承受的最大峰值电压都是过电压。虽然选择晶闸管时留有安全裕量，但仍应针对晶闸管的工作条件采取适当保护措施，确保整流装置正常运行。

1. 晶闸管的关断过电压及其保护

晶闸管电流从一个晶闸管换流到另一个晶闸管后，刚刚导通的晶闸管因承受正向阳极电压，电流逐渐增大。原来导通的晶闸管要关断，流过的电流相应减小，当减小到零时，因其内部还残存着载流子，晶闸管还未恢复阻断能力，在反向电压的作用下，将产生较大的反向电流，使载流子迅速消失，即反向电流迅速减小到接近零时，原导通的晶闸管关断，这时 di/dt 很大，即使电感很小，在变压器漏抗上也将产生很大的感应电动势，其值可达到工作电压峰值的 5~6 倍，通过已导通的晶闸管加在已恢复阻断的晶闸管的两端，可能会使晶闸管反向击穿。这种由于晶闸管换相关断时产生的过电压叫关断过电压。

关断过电压保护最常用的方法是，在晶闸管两端并接 RC 吸收电路，如图 1-67 所示。利用电容的充电作用，可降低晶闸管反向电流减小的速度，使过电压数值下降。电阻可以减弱或消除晶闸管阻断时产生的过电压，R、L、C 与交流电源刚好组成串联振荡电路，限制晶闸管开通时的电流上升率。因晶闸管承受正向电压时，电容 C 被充电。当晶闸管被触发导通时，电容 C 要通过晶闸管放电，如果没有 R 限制，这个放电电流会很大，以致造成晶闸管损坏。

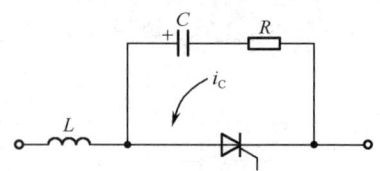

图 1-67 用 RC 吸收抑制关断过电压

RC 吸收电路参数可按表 1-5 经验数据选取。电容的耐压一般选晶闸管额定电压的 1.1~1.5 倍。

表 1-5 晶闸管 RC 吸收电路经验数据

晶闸管额定电流 $I_{T(AV)}$（A）	1000	500	200	100	50	20	10
电容（μF）	2	1	0.5	0.25	0.2	0.15	0.1
电阻（Ω）	2	5	10	20	40	80	100

2．晶闸管交流侧过电压及其保护

交流侧过电压分交流侧操作过电压和交流侧浪涌过电压。

（1）交流侧操作过电压

由于接通和断开交流侧电源，使电感积聚的能量骤然释放引起的过电压称为操作过电压。通常发生在下面几种情况：

① 整流变压器一次、二次绕组之间存在分布电容，当在一次侧电压为峰值时合闸，将会使二次侧产生瞬间过电压。可在变压器二次侧并联适当的电容器或在变压器星形的三个出线端和地之间加一电容器，也可采用变压器加屏蔽层，这在设计、制造变压器时就应考虑。

② 与整流装置相连的其他负载切断时，由于电流突然断开，会在变压器漏感中产生感应电动势，造成过电压；当变压器空载，电源电压过零时，一次拉闸造成二次绕组中感应出很高的瞬时过电压。这两种情况产生的过电压都是瞬时的尖峰电压，常用阻容吸收电路或整流式阻容加以保护。

阻容吸收电路的几种接线方式如图 1-68 所示。在变压器二次侧并联电阻和电容，可以把铁芯释放的磁场能量储存起来。由于电容两端的电压不能突变，所以可以有效抑制过电压。串联电阻的目的是在能量转化过程中消耗一部分能量，并且抑制回路的振荡。对于大容量的变流装置，可采取如图 1-68（d）所示整流式 RC 吸收电路。虽然多了一个三相整流桥，但只用一个电容，可以减小体积。

（2）交流侧浪涌过电压

由于雷击或从电网侵入的高电压干扰而造成晶闸管过电压，称为浪涌过电压。浪涌过电压虽然具有偶然性，但它可能比操作过电压高得多，能量也特别大。因此无法用阻容吸收电路来抑制，只能采用压敏电阻（其工作原理类似于稳压管的稳压原理）或硒堆元器件来保护。

硒堆由成组串联的硒整流片构成，其接线方式如图 1-69 所示。在正常工作电压下，硒堆总有一组处于反向工作状态，漏电流很小，当浪涌电压来到时，硒堆被反向击穿，漏电流猛增以吸收浪涌能量，从而限制了过电压的数值。硒片击穿时，表面会烧出灼点，但浪涌电压过去之后，整个硒片自动恢复，所以可反复使用，继续起保护作用。

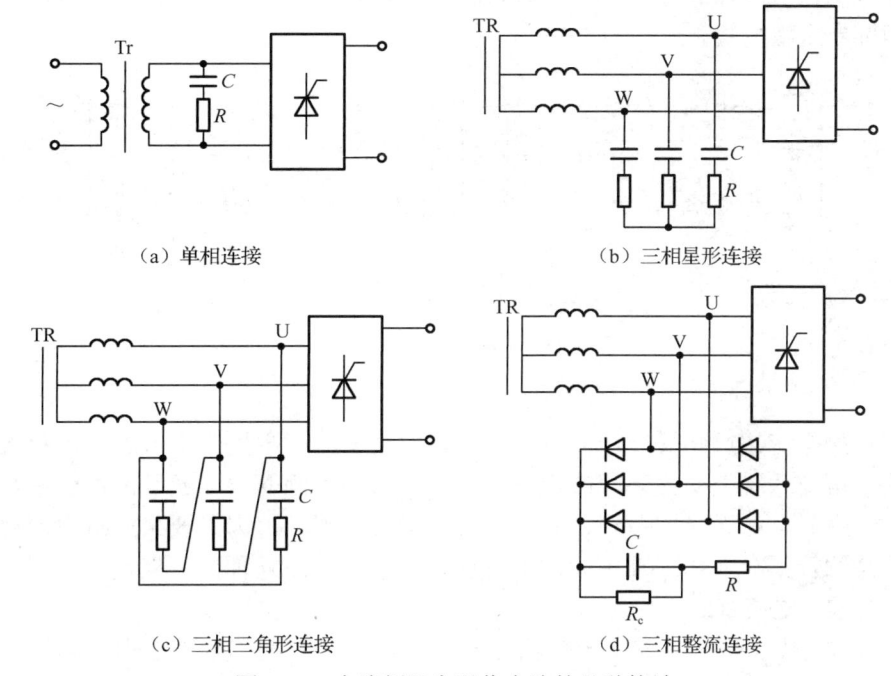

图 1-68 交流侧阻容吸收电路的几种接法

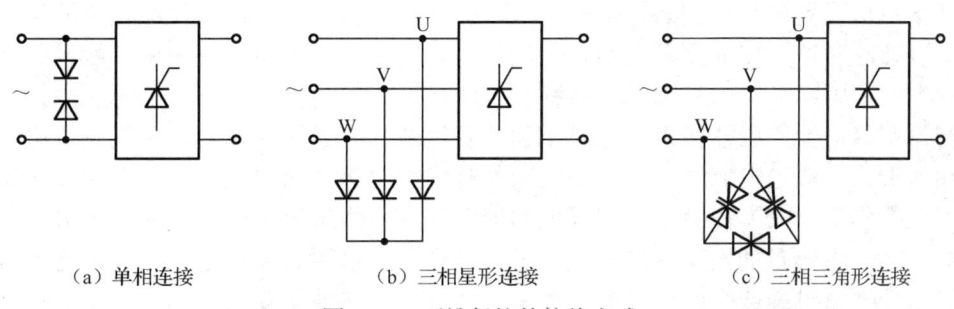

图 1-69 硒堆保护的接线方式

采用硒堆保护的优点是它能吸收较大的浪涌能量；缺点是体积大、反向伏安特性不陡、长期放置不用会发生"储存老化"，即正向电阻增大，反向电阻降低，因而失效。由此可见，硒堆不是理想的保护元器件。

近年来出现了一种新型的非线性过电压保护元器件，即金属氧化物压敏电阻。金属氧化物压敏电阻是由氧化锌、氧化铋等烧结制成的非线性电阻元器件，具有正、反向相同的很陡的伏安特性，如图 1-70 所示。正常工作时，漏电流仅达微安级，故损耗小；当浪涌电压来到时，反应快，可通过数千安培的放电电流。因此抑制过电压的能力强，加上它具有体积小、价格便宜等优点，是一种较理想的保护元器件，可以用它取代硒堆，其保护接线方式如图 1-71 所示。

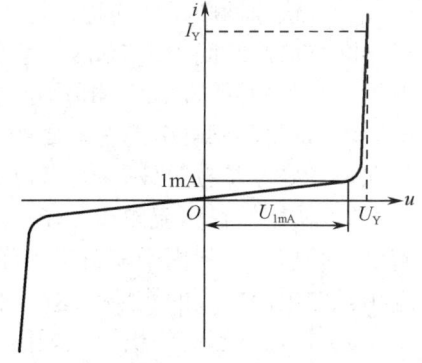

图 1-70 压敏电阻的伏安特性

3. 晶闸管直流侧过电压及其保护

直流侧也可能发生过电压。当整流器上的快速熔断器突然熔断或晶闸管烧断时，因大电感释放能量而产生过电压，并通过负载加在关断的晶闸管上，有可能使晶闸管硬开通而损坏。直流侧保护采用与交流侧保护同样的方法。对于容量较小装置，可采用阻容保护抑制过电压；如果容量较大，选择硒堆或压敏电阻。

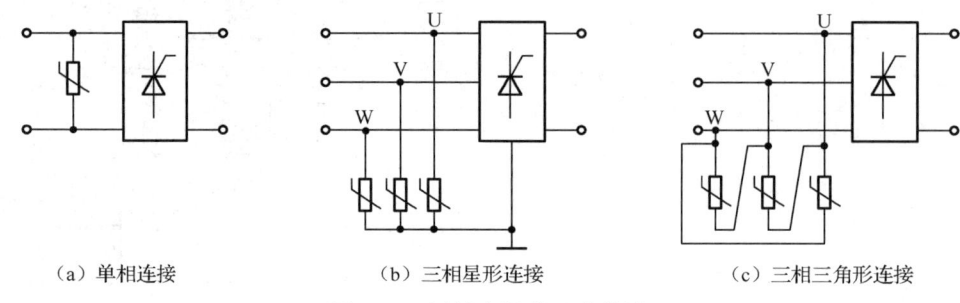

(a) 单相连接　　　　(b) 三相星形连接　　　　(c) 三相三角形连接

图 1-71　压敏电阻的几种接法

流过晶闸管的电流超过其最大峰值电流时，都叫过电流。产生过电流的原因有直流侧短路、生产机械过载、可逆系统中产生环流或逆变失败、电路中晶闸管误导通及晶闸管击穿短路等。电路中有过电流产生时，如无保护措施，晶闸管会因过热而损坏。因此要采取过电流保护，把过电流消除掉，使晶闸管不会损坏。常用的过电流保护方法有下面几种，可根据需要选择其中的一种或几种对晶闸管装置进行保护。

（1）在交流进线中串联电抗器（无整流变压器时）或采用漏抗较大的变压器是限制短路电流、保护晶闸管的有效措施。但它在负载上有电压降。

（2）在交流侧设置电流检测装置，利用过电流信号去控制触发器，使触发脉冲快速后移（即控制角增大）或瞬时停止使晶闸管关断，从而抑制过电流。但在可逆系统中，触发脉冲瞬时停止会造成逆变失败，因此多采用脉冲快速后移的方法。

（3）交流侧经电流互感器接入过流继电器或直流侧接入过流继电器，可以在过电流时动作，自动断开输入端。一般过电流继电器开关的动作时间约 0.2s，对电流大、上升快、作用时间短的短路电流无保护作用，只有在短路电流不大的情况下，才能起到保护晶闸管的作用。

（4）对于大、中容量的设备及经常发生逆变的情况，可用直流快速开关作为直流侧过载或短路保护，当出现严重过载或短路电流时，要求快速开关比快速熔断器先动作，尽量避免快速熔断器熔断。快速开关机构动作时间只有 2ms，全部分断电弧的时间也只有 20~30ms，是目前较好的直流侧过流保护装置。

（5）快速熔断器（简称快熔）是最简单有效的过电流保护元器件。在产生短路过电流时，快速熔断器熔断时间小于 20ms，能保证在晶闸管损坏之前切断短路故障。用快速熔断器进行过电流保护，有三种接法，以三相桥为例介绍如下。

① 桥臂晶闸管串快熔。如图 1-72（a）所示，流过快速熔断器和晶闸管的电流相同，对晶闸管保护最好，是应用最广的一种接法。

② 快熔接在交流侧输入端。如图 1-72（b）所示，这种接法对元器件短路和直流侧短路均能起到保护作用，但由于在正常工作时流过快熔的电流有效值大于流过晶闸管的电流有效值，故应选用额定电流较大的快熔，这样对晶闸管的保护就差了。

③ 接在直流侧的快熔。如图 1-72（c）所示，仅对负载短路和过载起保护作用。

在一般的系统中，常采用过流信号控制触发脉冲以抑制过电流，再配合采用快熔保护。由于快熔价格较高，更换也不方便，通常把它作为过流保护的最后一道屏障。正常情况下，总是先让其他过电流保护措施动作，尽量避免直接烧断快熔。

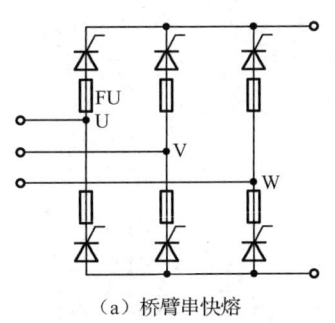 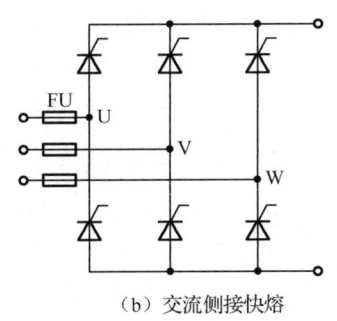 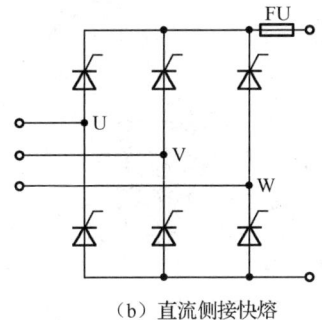

(a) 桥臂串快熔　　　　　　　(b) 交流侧接快熔　　　　　　　(b) 直流侧接快熔

图 1-72　快速熔断器保护的接法

4．电压与电流上升率的限制

（1）电压上升率的限制

在关断状态下，晶闸管的 J_2 结面存在着一个电容。当加在晶闸管上的正向电压上升率较大时，便会有较大的充电电流流过 J_3 结面，起到触发电流的作用，使晶闸管误导通。晶闸管误导通常会引起很大的浪涌电流，使快速熔断器熔断或使晶闸管损坏。因此，对晶闸管的正向电压上升率（du/dt）应有一定的限制。

晶闸管侧的 RC 保护电路可以起到抑制电压上升率的作用。在每个桥臂串联桥臂电抗器（通常取 20～30μH），也是防止电压上升率过大造成晶闸管误导通的常用办法，如图 1-73 所示。此外，对于小容量晶闸管，在其门极 G 和阴极 K 之间接一电容，使产生的充电电流不流过晶闸管的 J_3 结，而通过电容流到阴极，也能防止因电压上升率过大而使晶闸管误导通。

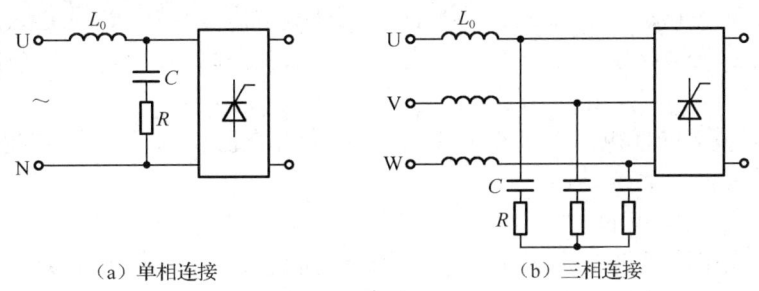

(a) 单相连接　　　　　　　　　　(b) 三相连接

图 1-73　进线串联 L_0 抑制电压上升率

（2）电流上升率的限制

晶闸管在导通瞬间，电流集中在门极附近，随着时间的推移，导通区才逐渐扩大，直到全部结面导通为止。在此过程中，电流上升率（di/dt）太大，则可能引起门极附近过热，造成晶闸管损坏。因此电流上升率应限制在通态电流临界上升率以内。

限制电流上升率与限制电压上升率方法相同，如下。

串联进线电感；采用整流式阻容保护；增大阻容保护中的电阻值可以减小电流上升率，但会降低阻容保护对晶闸管过电压保护的效果。除此以外，还可以在每个晶闸管支路中串联一个很小的电感，来抑制晶闸管导通时的正向电流上升率。

1.11.3　全控型器件的过电压及过电流保护

1．GTO 晶闸管的保护

缓冲电路在 GTO 晶闸管、GTR 和 MOSFET 的保护中都起到减小导通和关断损耗、抑制静态

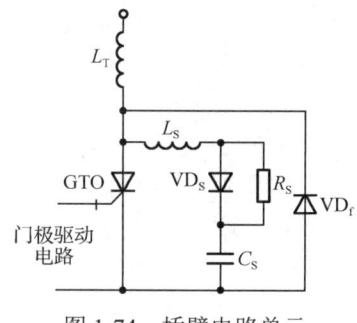

图 1-74 桥臂电路单元

电压上升率的作用，使电路的运行稳定、高效。一种桥臂电路单元如图 1-74 所示，图中 VD_s、R_s、C_s 为缓冲元器件，VD_f 为续流二极管，L_s 为电路等效电感，L_T 为阳极电路引线电感。

2．GTO 晶闸管的保护

与 GTO 晶闸管的缓冲电路相同，由于电路中有电感的存在，在半导体器件关断时，往往会产生很高的过电压，反向偏置二次击穿，缓冲电路将起到重要的保护作用，并可减小关断损耗。常见的缓冲电路主要有小容量 GTR 的 RC 缓冲电路、充放电型 RCD 缓冲电路和阻止放电型 RCD 缓冲电路 3 种形式，GTR 的缓冲电路如图 1-75 所示。

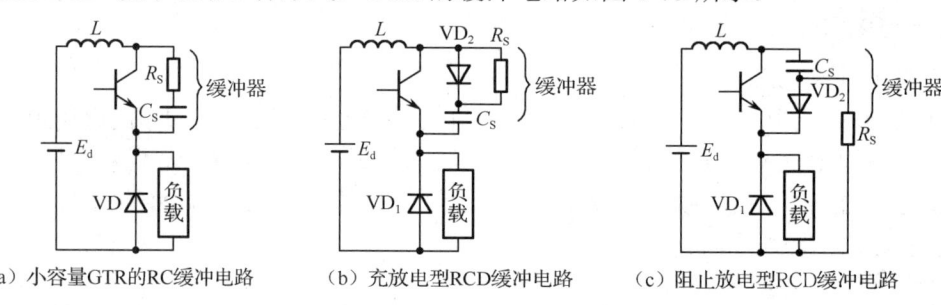

（a）小容量GTR的RC缓冲电路　　（b）充放电型RCD缓冲电路　　（c）阻止放电型RCD缓冲电路

图 1-75　GTR 的缓冲电路

3．电力 MOSFET 的保护

场效应晶体管在使用时应注意分类，不能随意互换。电力 MOSFET 的绝缘层易被击穿是它的致命弱点，栅源电压一般不得超过 ±20V。因此，在应用时必须采用相应的保护措施。

（1）防静电击穿

电力 MOSFET 最大的优点是有极高的输入阻抗，因此在静电较强的场合易被静电击穿。为此，应注意以下几点。

① 出厂时通常装在黑色的导电泡沫塑料袋中，切勿自行随便用塑料袋装。也可用细铜线把各个引脚连接在一起或用锡纸包装放在具有屏蔽性能的容器中，取用时工作人员要通过腕带良好接地，取出器件时不能在塑料板上滑动，应用金属盘来盛放待用器件。

② 在焊接电路时，焊接前应把电路板的电源线与地线短接，并使工作台和烙铁良好接地，且烙铁必须断电后进行焊接。

③ 测试器件时，仪器和工作台都必须良好接地。

（2）防偶然性振荡损坏

在栅极输入电路中串入电阻，防止当输入电路某些参数不合适时可能引起的振荡，避免造成器件损坏。

（3）防栅极过电压

在允许条件下，栅极最好接入保护二极管。在检修电路时应注意查证原有的保护二极管是否损坏。

（4）防漏极过电流

由于过载或短路都会引起过大的电流冲击，超过 I_{DM} 的极限值，此时必须采用快速保护电路使用器件迅速断开主回路。

4．IGBT 的保护

由于 IGBT 是由双极晶体管和绝缘栅场效应晶体管组成的，所以对它的保护结合了电力 MOSFET 和 BJT 两者的特点。

（1）静电保护

IGBT 的输入级为电力 MOSFET，所以需采用电力 MOSFET 防静电保护方法对其进行保护。

（2）过电流保护

过电流保护的主要方法是直接或间接监测集电极电流，在过电流状态下切断 IGBT 的输入，以达到保护目的。使用的监测方法有利用电阻或电流互感器检测过电流进行保护、利用 IGBT 的 U_{CE} 检测过电流进行保护、检测负载电流进行保护等。过电流保护电路如图 1-76 所示。图 1-76 中，当流过 IGBT 的电流 I_D 超过一定值时，电阻 R_4 上的电压会触发晶闸管 VT 使之导通，从而把输入信号短路，IGBT 失去栅极电压而关断。由于电路中 R_4 造成无用的功率损耗，实际应用中常使用霍尔传感器代替 R_4，实现反馈功能。

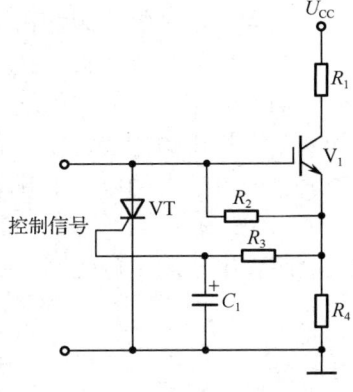

图 1-76　过电流保护电路

（3）短路保护

IGBT 能承受短暂的短路电流，该时间与 IGBT 的导通饱和压降有关，随着饱和导通压降的增加而延长。在 IGBT 的应用中，当发生负载短路时，电源电压将直接加到 IGBT 的 C、E 之间，集电极电流将急剧增加。当短路电流超过极限值将导致 IGBT 被烧毁，通常采取的保护措施有软关断降低栅极电压和过电流降低栅极电压两种。

1.12　电力电子器件的串联与并联技术

1.12.1　晶闸管的串/并联

在高电压或大电流的晶闸管电路中，如果要求的电压、电流额定值超过一个晶闸管所能承受的额定值时，就需要把晶闸管串联或并联使用，但即使是同型号的晶闸管，它们之间在静、动态特性上总会存在一定的差异，当将它们串、并联在一起使用时，就可能会因为这些差异导致某些管子损坏。因此要有相应的均压、均流措施来调整晶闸管串、并联之间的差异。

1．晶闸管的串联

晶闸管的串联是为了提高耐压，当要求晶闸管应有的电压值大于单个晶闸管的额定电压时，可以用两个以上同型号的晶闸管相串联。然而，晶闸管的特性不可能一致，这样会使晶闸管电压分配不均，严重时会损坏晶闸管。除导通状态外，正、反向关断状态及导通过程与关断过程，都应保持各晶闸管的电压均衡。因此，串联的晶闸管除要选用特性比较一致的晶闸管外，还要采取均压措施。

（1）静态均压（正反向关断状态下的均压）

晶闸管在正、反向关断状态下，外加一定电压，也有漏电流通过，同一型号的晶闸管漏电流小的在串联时承受的电压大，导致各管承受的电压不均。因此有效的办法是在串联的晶闸管上并联阻值相等的电阻，称为均压电阻 R_j。通常按照式（1-21）计算。

$$R_{j}=(0.1\sim 0.25)\frac{U_{VTn}}{\pi I_{dr}} \tag{1-21}$$

式中，U_{VTn} 为晶闸管的额定电压；πI_{dr} 为断态重复平均电流；近似为漏电流的峰值 I_{DRM}（或 I_{RRM}）。均压电阻 R_j 远小于晶闸管的漏电阻，所以电压分配主要取决于 R_j。

（2）动态均压（导通过程与关断过程的均压）

均压电阻 R_j 只能使平稳的直流或变化缓慢的电压均匀分配在串联的各晶闸管上，晶闸管在导通与关断过程中，瞬时电压的分配决定于各晶闸管的结电容、导通与关断时间，以及外部触发脉冲等因素。串联的晶闸管在导通时，后导通的晶闸管将承受全部正向电压，易造成硬开通；关断时，先关断的晶闸管将承受全部反向电压，易造成反向击穿而损坏。串联器件在开与关过程中的电压均匀分布称为动态均压。

动态均压的方法是在串联的晶闸管上并联电容值相等的电容 C，但为了限制晶闸管开通时电容放电产生过大的电流上升率，并防止因并联电容使电路产生振荡，通常在并联电容的支路中串入电阻 R，成为 RC 支路，如图 1-77 所示。实际工程使用中，晶闸管的两端都并联 RC 吸收电路，在晶闸管串联均压时就不必另接 RC 电路了。

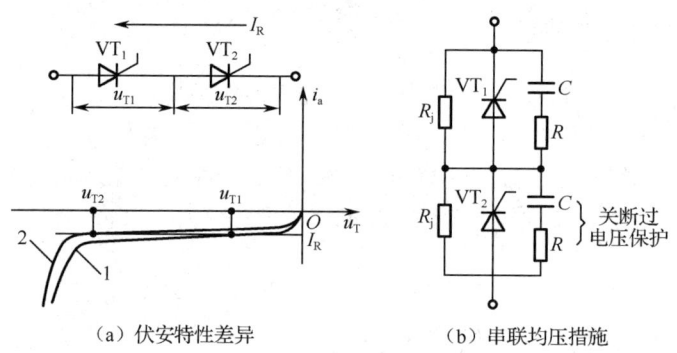

图 1-77 晶闸管的串联

虽然采取了均压措施，但仍然不可能完全均压，因此在选择每个晶闸管的额定电压时，应按式（1-22）计算。

$$U_{VTn}=\frac{(2\sim 3)U_{TM}}{(0.8\sim 0.9)n}=(2.2\sim 3.8)\frac{U_{TM}}{n} \tag{1-22}$$

式中，n 为串联元器件的个数；U_{TM} 为晶闸管承受的最大电压；0.8～0.9 为考虑不均压因素的计算系数。

考虑结电容、触发特性、开关时间，应在晶闸管两端并联阻容 RC（R 防止 di/dt 过大）。RC 的选取，一般情况下可以根据经验选取，如表 1-6 所示。

表 1-6 动态均压的阻容的经验数据

$I_{T(AV)}$/A	10	20	30	100	200
C/μF	0.1	0.15	0.2	0.25	0.5
R/Ω	100	80	40	20	10

除上述措施外，还可考虑采用下列措施以保护晶闸管。

（1）尽量采用特性一致的产品。

（2）采用前沿陡、幅值大的强触发脉冲。

（3）额定电压（串联时）或额定电流（并联时）降低 10%～20% 使用。

2. 晶闸管的并联

晶闸管并联的目的是承担更大的电流。当要求晶闸管应有的电流值大于单个晶闸管的额定电流时，就需要将同型号的晶闸管并联使用。由于晶闸管的正向导通的伏安特性不可能完全一致，在相同管压降时，导通的晶闸管电流分配不均，如图1-78（a）所示。正向压降小的晶闸管承受较大的电流，使通过电流小的晶闸管不能充分得到利用，而流过电流大的晶闸管可能烧坏。在晶闸管并联使用时，正、反向关断状态和关断过程中电流分配不均不致影响工作，只在导通状态和导通过程中才会引起不良后果，因此，并联使用的晶闸管除了选用特性尽量一致的管子，还要采取均流措施。

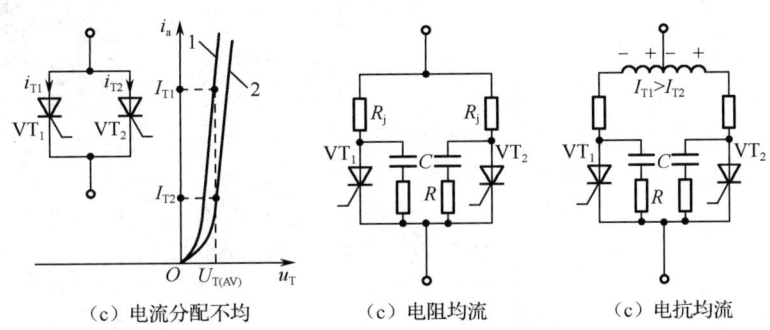

图1-78 并联时电流分配和均流措施

（1）电阻均流

如图1-78（b）所示，在并联的各晶闸管中串联电阻是最简便的均流方法。串联电阻 R 可以按照式（1-23）计算。

$$R = \frac{(0.5 \sim 2)U_{\text{VT}n}}{I_{\text{T}a}} \tag{1-23}$$

由于电阻功耗较大，并且对动态均流不起作用，所以这种方法只适用于小电流晶闸管。对于大电流器件的并联，均流可依靠各并联支路的快熔电阻、电抗器电阻和连接导线电阻的总和来达到。

（2）电抗均流

如图1-78（c）所示，用一个均流电抗器（铁芯上带有两个相同的线圈）同名端相反接在并联的晶闸管电路中，均流的原理是，利用电抗器中感应电动势的作用达到均流。即当两器件中电流均匀一致时铁芯内励磁安匝相互抵消，电抗不起作用，若电流不相等合成励磁安匝产生电感，在两管与电抗回路中产生环流，使小电流增大、大电流减小，从而达到均流目的。电抗均流可以起到动态均流的作用。

晶闸管并联后，尽管采取了均流措施，电流也不可能完全平均分配，因而选择晶闸管额定电流时，可按式（1-24）计算：

$$I_{\text{T(AV)}} = \frac{(1.5 \sim 2)I_{\text{TM}}}{(0.8 \sim 0.9)1.57n} = (1.7 \sim 2.5)\frac{I_{\text{TM}}}{1.57n} \tag{1-24}$$

式中，n 为并联元器件的个数。

3. 晶闸管串、并联使用时的注意事项

晶闸管在实际使用当中，若要将晶闸管串联或并联使用应注意以下几点。

（1）筛选晶闸管，尽量选用特性一致的晶闸管，晶闸管的开通时间也要尽量一致。

（2）采用强触发脉冲，前沿要陡，幅值要大。

（3）串联时要采取均压措施，并联时要采取均流措施。需要同时采用串联和并联晶闸管的时

候，通常采用先串后并的方法。

（4）降低电压（串联时）或电流（并联时）额定值的10%使用。

在大电流高电压变流装置中，还广泛采用如图1-79所示的变压器二次绕组分组分别对独立的整流装置供电，然后成组串联（适用于高电压）或成组并联（适用于大电流），使整流效果更好。

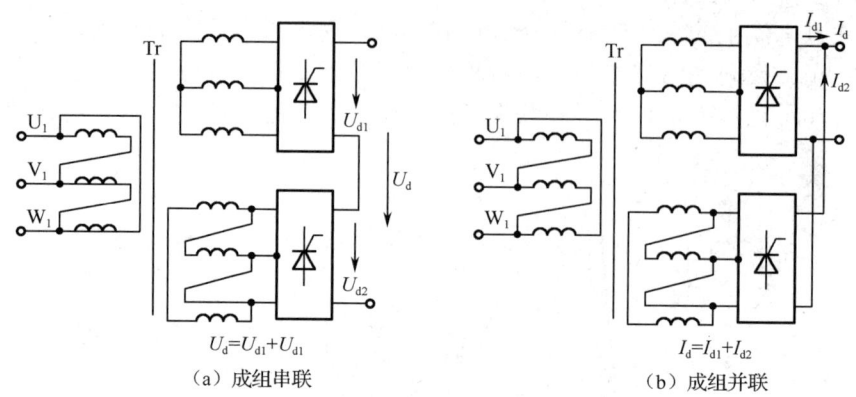

图1-79 变流装置的成组串联和并联

1.12.2 电力MOSFET的串/并联

1. 电力MOSFET的串联连接

一般来说，因为电力MOSFET经常工作在高频开关电路中，常用的电阻与电容串并联在解决动态均压时，由于分布参数的影响，难以做到十分满意，所以除非必要，通常不将它们串联工作。

2. 电力MOSFET的并联连接

由于电力MOSFET的导通电阻是单极载流子承载的，具有正的电阻温度系数。当电流意外增大时，附加发热使导通电阻自行增大，对电流的正增量有抑制作用，所以电力MOSFET对电流有一定的自限流能力，比较适合于并联使用而不必采用并联均流措施。

1.12.3 IGBT的串/并联

1. IGBT的串联连接

与晶闸管类似，IGBT串联时同样存在静态和动态不均压问题。

（1）开关管的选型

不同类型和不同厂家的开关管，不能进行串联连接。电流回路和控制回路的布局应保证最小寄生电感和严格对称。

（2）冷却条件

开关管密集的安装在一个共同散热器上。对于有多个散热片的大型系统，应尽可能避免热串联，尤其是对空气冷却系统。10℃的温差对相同的开关管会带来1.5~2.5倍的漏电流的差距，较热的开关管上的分压会减少，会部分的缓解温差。

（3）通过RCD缓冲电路改善动态均压

为了改善IGBT串联动态均压可以采用RCD缓冲电路。在开关管的通断期间，缓冲电路能减少且均衡电压上升率。

（4）通过开关时间校正措施改善动态均压

通过调整延迟时间对 IGBT 开关时间进行校正，从而改善 IGBT 动态均压。通过门极驱动电流的调整改善串联 IGBT 动态均压如图 1-80 所示。这种方法不需要任何额外的缓冲电路，但是它要求精准的控制开关时刻。

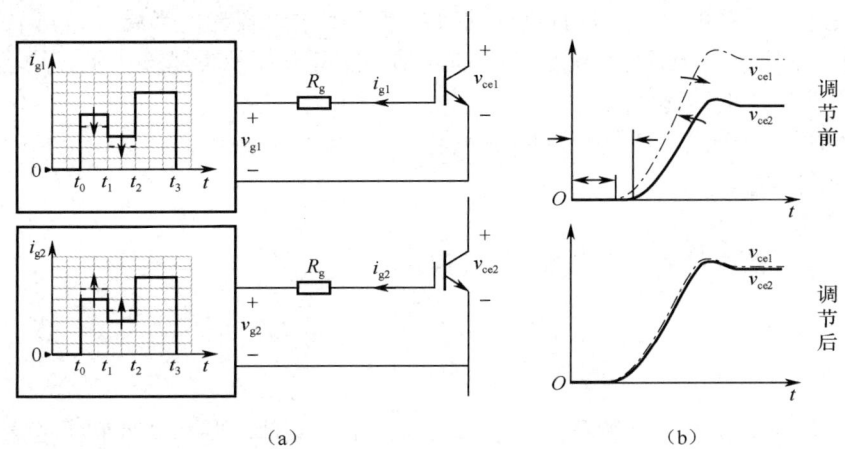

图 1-80 通过门极驱动电流的调整改善串联 IGBT 动态均压

（5）通过控制 du/dt、di/dt 改善动态均压

控制系统设置一个参考值，在 IGBT 导通和关断时刻，将 IGBT 的电压上升率同参考值进行比较，并把差额传给驱动电路。如果在硬开关变换器中，du/dt 的值比实际的电压变化率小，就会在 IGBT 中产生额外的损耗，因此，准确并可重复的实现并传输 du/dt 的实际值是问题的关键，需要提高驱动电路的设计精度。

（6）有源电压钳位

通过测量 IGBT 集射电压，并通过一个齐纳二极管反馈给栅极实现电压钳位。如果 IGBT 的集射电压值超过所给定的最大电压值，提高栅极电压，使集电极电流增加。这种方法没有时间延迟，限制的电压值不受变换器工作点的影响。另外，它几乎可以与所有标准驱动器配合，并且在关断时，反并联二极管会自动保持对电压的限制钳位，即使在驱动电路电源电压发生故障时，它也能提供有效保护。

2. IGBT 的并联连接

IGBT 的通态压降一般在 1/2～1/3 额定电流以下的区段具有负温度系数。在以上的区段则具有正温度系数。因此 IGBT 在并联使用时也具有一定的电流的自动均衡能力，与功率 MOSFET 类似，易于并联使用。

（1）开关管的选型

采用相同型号相同厂家的 IGBT，选取具有相同通态电压的 IGBT 对均流更有益。近年来许多厂家都宣称他们最新 IGBT 产品的特性一致性非常好，并联使用时只要是同型号和批号的产品都不必再进行一致性挑选。

（2）驱动电路

共同的驱动末级必须使用同等长度、扭曲在一起的导线和同等长度的印刷电路板连线，保证栅极电阻的阻抗误差较小（1%）。除了驱动末级的栅极电阻 R_{Gon} 和 R_{Goff}，不同的开关管还有阻尼电阻 R_{Gonx} 和 R_{Goffx}，它们可以抑制栅射极回路中寄生元素导致的振荡。最重要的是它们减少了半导体转移特性中不同斜率带来的影响。对并联的开关管应该采用相同的驱动电路。

（3）电路布局

并联电路内所有主电路和控制电路的设计都应尽量减少寄生电感和严格按照对称回路接线来进行。

（4）冷却条件

在任何情况下，并联的 IGBT 具有良好的散热耦合是很重要的。当温度相差 10℃时，对相同的 IGBT 会带来正向通态电压差 20 毫伏的差别，越热的开关管承受越多电流，这会加剧温差。

（5）直流母线电压的对称

直流电压并联电容器组应该紧密连接在一起。并联系统必须保证在结构上相同，并使用相同类型和容量值的电容器。

（6）安全裕量

在实际使用中，建议对开关管降额 10%使用。

本章小结

（1）本章将各种主要电力电子器件的基本结构、工作原理、基本特性和主要参数等问题进行全面介绍。对主要电力电子器件的分类与特征总结如表 1-7 所示。

表 1-7　电力电子器件的分类与特征

分类依据	种类	典型器件	特征
开关器件是否可控	不可控器件	二极管	单向导电性
	半控器件	普通晶闸管 SCR	晶闸管的阳极与阴极之间加上正向电压，门极与阴极之间也加上正向电压时，晶闸管导通。晶闸管一旦导通，门极即失去控制作用，故晶闸管为半控型器件
	全控器件	GTO、BJT、功率 MOSFET、IGBT	通过控制信号既可以控制其导通，又可以控制其关断
根据门极（栅极）驱动信号	电流控制器件	SCR、GTO、BJT	驱动功率大，驱动电路复杂，工作频率低
	电压控制器件	MOSEET、IGBT	驱动功率小，驱动电路简单可靠，工作频率高
根据载流子参与导电情况	单极型器件	MOSFET、SIT	开关时间短、输入阻抗高、通态压降高
	双极型器件	GTR、GTO、SITH	通态压降低、电流容量大
	复合型器件	IGBT、MCT、IGCT	电流密度高、导通压降低、输入阻抗高、响应速度快

（2）本章讨论了电力电子器件的驱动、缓冲、保护和串并联使用等问题，具体要点如下。

对电力电子器件驱动电路的基本要求。

驱动电路中实现电力电子主电路和控制电路电气隔离的基本方法和原理。

对晶闸管触发电路的基本要求以及典型触发电路的基本原理。

对电力 MOSFET 和 IGBT 驱动电路的基本要求及典型驱动电路基本原理。

氮化镓场效应晶体管和碳化硅场效应晶体管等典型宽禁带器件驱动电路与硅基全控型器件驱动电路的不同之处以及其典型驱动技术的基本原理。

电力电子器件过电压的产生原因和过电压保护的主要方法及原理。

电力电子器件过电流保护的主要方法及原理。

电力电子器件缓冲电路的概念、分类、典型电路及基本原理。

电力电子器件串联和并联使用的目的、基本要求以及具体注意事项。

习题及思考题

1.1 与信息电子二极管相比，电力二极管为什么可以承受高电压、大电流？

1.2 电力二极管有哪些类型？各类型电力二极管的反向恢复时间大约为多少？

1.3 晶闸管的导通条件是什么？导通后流过晶闸管的电流和负载上的电压由什么决定？

1.4 晶闸管的关断条件是什么？如何实现？晶闸管处于关断状态时其两端的电压大小由什么决定？

1.5 某晶闸管型号规格为KP200-8D，试问型号规格代表什么意义？

1.6 晶闸管正常驱动均采用窄脉冲触发，为什么不使用直流信号驱动？

1.7 为什么要限制晶闸管的 du/dt？怎样限制？

1.8 温度升高时，晶闸管的触发电流、正反向漏电流、维持电流以及正向转折电压和反向击穿电压如何变化？

1.9 除正常触发外，还有几种情况可以使晶闸管开通？

1.10 晶闸管维持电流和擎住电流有什么意义？

1.11 在测量晶闸管时，为什么万用表要选×1Ω挡或×10Ω挡，而不能直接用×10kΩ挡？

1.12 在实际中，怎样快速判定晶闸管的好坏呢？

1.13 试说明晶闸管有哪些派生器件？

1.14 型号为KP100-3，维持电流 I_H=4mA 的晶闸管，使用在题1.14图所示电路中是否合理，为什么？（暂不考虑电压、电流裕量）

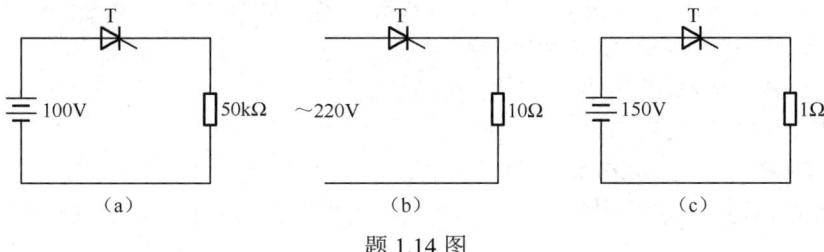

题 1.14 图

1.15 题 1.15 图中阴影部分为晶闸管处于通态区间的电流波形，各波形的电流最大值均为 I_m，试计算：

（1）各电流波形的电流有效值 I_1、I_2、I_3，电流平均值 I_{d1}、I_{d2}、I_{d3} 和它们的波形系数 K_{f1}、K_{f2}、K_{f3}；

（2）如果不考虑安全裕量，100A 的晶闸管对应这些波形电流最大值 I_m 分别为多少？

（3）此时能送出的平均电流 I_d 分别为多少？

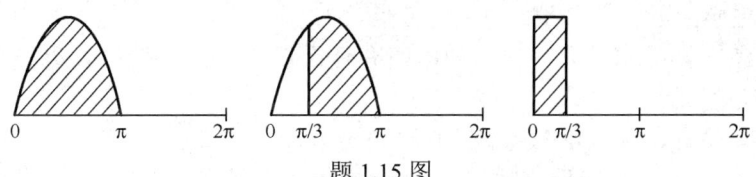

题 1.15 图

1.16 题 1.16 图中，若采用单个脉冲触发，为保证晶闸管可靠导通，其触发脉冲宽度至少要多宽？晶闸管的擎住电流为 50mA。

1.17 如题 1.17 图所示，试画出负载 R_d 上的电压波形（不考虑晶闸管的导通压降）。

1.18 在题 1.18 图中，若要使用单次脉冲触发晶闸管 T 导通，门极触发信号（触发电压为脉冲）的宽度最小应为多少微秒（设晶闸管的擎住电流 I_L=15mA）？

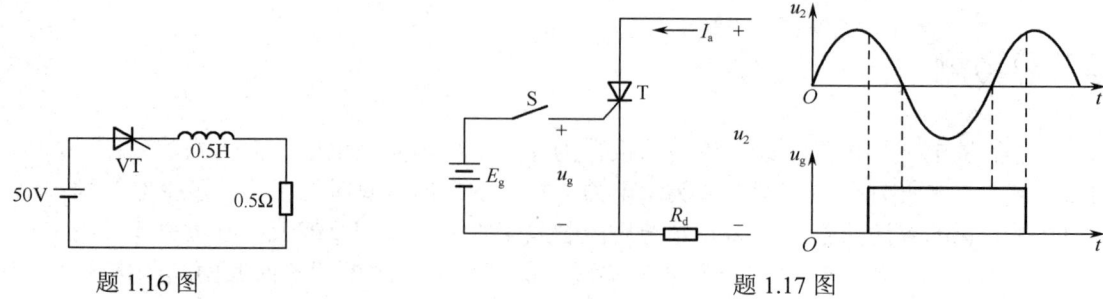

题 1.16 图   题 1.17 图

1.19 单相正弦交流电源，晶闸管和负载电阻串联如题 1.19 图所示，交流电源电压有效值为 220V。

（1）考虑安全裕量，应如何选取晶闸管的额定电压？

（2）若当电流的波形系数为 $K_f=2.22$ 时，通过晶闸管的有效电流为 100A，考虑晶闸管的安全裕量，应如何选择晶闸管的额定电流？

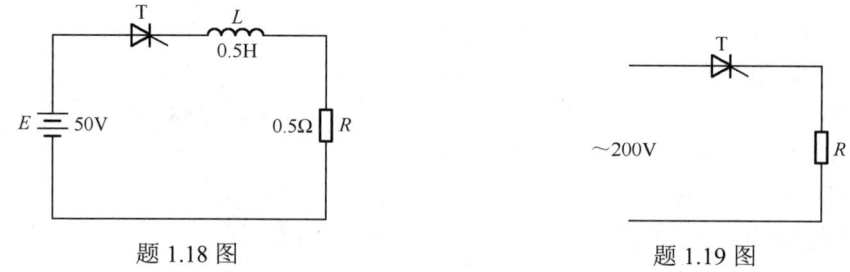

题 1.18 图   题 1.19 图

1.20 什么是 GTR 的一次击穿？什么是 GTR 的二次击穿？

1.21 怎样确定 GTR 的安全工作区 SOA？

1.22 GTR 对基极驱动电路的要求是什么？

1.23 在大功率 GTR 组成的开关电路中为什么要加缓冲电路？

1.24 与 GTR 相比电力 MOS 管有何优缺点？

1.25 GTO 和普通晶闸管同为 PNPN 结构，为什么 GTO 能够通过门极控制关断，而普通晶闸管不能？

1.26 比较电力 MOSFET 与 IGBT 内部结构，说明电力 MOSFET 在开关特性上的优点。

1.27 试简述功率场效应管在应用中的注意事项。

1.28 与 GTR、VDMOS 相比，IGBT 管有何特点？

1.29 什么是 IGBT 的擎住效应？使用中如何避免？

1.30 试说明 IGBT、GTR、GTO 和电力 MOSFET 各自的优缺点。

1.31 试述静电感应晶闸管 SITH 的结构特点。

1.32 为保证晶闸管可靠导通，其驱动电路有什么要求？晶闸管触发电路有哪些环节组成？请阐述各主要环节的功能。

1.33 试说明有关电力 MOSFET 驱动电路的特点。

1.34 GTO 和 GTR 同为电流控制器件，两者的驱动信号有什么区别？

1.35 说明电力电子器件过电压、过电流产生的原因及其保护方法。

1.36 电力电子器件缓冲电路的概念及其作用是什么？分析导通、关断缓冲电路中各元件的作用。

1.37 晶闸管、电力 MOSFET、IGBT 器件的串并联使用时需要考虑哪些问题？

拓展资源

第2章 整流电路

整流电路是电力电子电路中出现最早的一种电路。交流电能转换为直流电能的过程称为整流，完成整流过程的电力电子变换电路称为整流电路。它的作用是将交流电能变为直流电能供给直流用电设备，还可以加逆变电路供给交流用电设备。整流电路的应用很广泛，交流电由于使用方便，成为主要的电能来源，而生活中使用的各类电气电子设备、装置和仪器都不能直接使用交流电源（如笔记本电源、手机充电器等），以及直流电动机需要直流供电，电镀电源、电解电源、通信电源以及各类电子元件需要各种规格的直流电源等。为满足这些电气、电子设备对电源的要求，需要整流电路将输入的交流电变换为直流电。

本章的主要内容及要求包括以下几点。

（1）掌握单相可控整流电路的工作原理、波形分析及计算，续流二极管的作用及有关波形分析；三相半波整流电路的波形分析及计算；三相全控桥的工作原理、波形分析及计算。整流变压器原、副边绕组电流有效值及容量计算；变压器漏抗对整流电路的影响；整流电路的有源逆变工作原理及实施逆变的条件，逆变颠覆及防止措施。

（2）理解以带平衡电抗器的双反星形电路为代表的大功率整流电路工作原理。理解PWM整流电路工作原理。了解电路中谐波的产生、组成及抑制方法。整流电路的谐波和功率因数。触发脉冲与主回路电压的同步，移相工作原理。了解集成触发器的工作原理及应用。

2.1 相控整流电路概述

2.1.1 整流电路的分类

按整流电路中使用的电力电子器件分类，可分为全控整流、半控整流和不可控整流。按控制方式分类，可分为相控整流和PWM整流。由半控型器件晶闸管组成的整流电路为相控整流电路，它是半导体变流电路中历史最长、技术最成熟的整流电路。由全控型器件组成的整流电路为PWM整流电路，是近些年发展起来的电路，由于PWM整流电路性能优良，在工程领域得到了推广应用。按整流输出波形分类，可分为半波整流和全波整流；按电路结构分类，可分为桥式电路和零式电路。按交流电源输入相数分类，可分为单相、三相和多相电路。

2.1.2 相控整流电路的结构

适当控制晶闸管触发导通瞬间的相位角，就能够控制直流负载电压的平均值，故称为相控。相控整流电路的结构框图如图2-1所示，相控整流电路由交流电源、整流电路、负载及触发控制电路构成。

整流电路包括电力电子变换电路、滤波器和保护电路等。电力电子变换电路从交流电源（工频电网或整流变压器）吸收电能，并将输入的交流电压转换成脉动的直流电压。滤波器向负载提供电压稳定（电容滤波）或电流稳定（电感滤波）的直流电能。保护电路的作用是在异常情况下保护主电路及其功率器件。负载是各种工业生产设备，可等效为电阻负载、电感负载、电容性负载或反电动势负载等。触发控制电路包括功率器件的触发（驱动）电路和控制电路等。

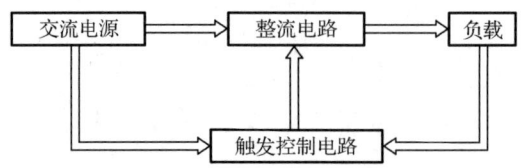

图 2-1 相控整流电路的结构框图

2.1.3 整流电路的基本要求

整流电路应满足下述基本要求：输出电压的可调范围大，直流电压脉动小；功率器件导电时间尽可能长，承受的正反向电压较低；变压器利用率高，尽量防止直流磁化；交流电源功率因数高，谐波电流小。

分析时，假设整流电路工作在以下理想情况下：功率器件正向导通时阻抗为零（压降为零）；关断时阻抗无穷大（或电流为零）；整流变压器绕组无漏抗，无内阻；交流电网的容量足够大，电源是恒频恒压对称。

2.2 单相相控整流电路

2.2.1 单相半波可控整流电路

1. 带电阻负载的工作情况

电灯、电阻加热炉、电解和电镀等设备都属于电阻负载。电阻负载的特点是电压与电流成正比，波形同相位，电流可以突变；电阻负载消耗电能，不能存储或释放能量。

（1）电路组成

图 2-2（a）是单相半波可控整流电路（带电阻负载）原理图。晶闸管为可控开关器件，变压器 T 起变换电压和隔离的作用。在分析电路工作原理前，首先假设以下几点。

① 开关器件是理想的，即开关器件（晶闸管）导通时，通态压降为零，关断时电阻为无穷大。

② 变压器是理想的，即变压器漏抗为零，绕组的电阻为零，励磁电流为零。

③ 在分析整流电路工作时，认为晶闸管（开关器件）为理想器件，即晶闸管导通时其管压降等于零，晶闸管关断时其漏电流等于零，除非特意研究晶闸管的开通、关断过程，一般认为晶闸管的开通与关断过程瞬时完成。

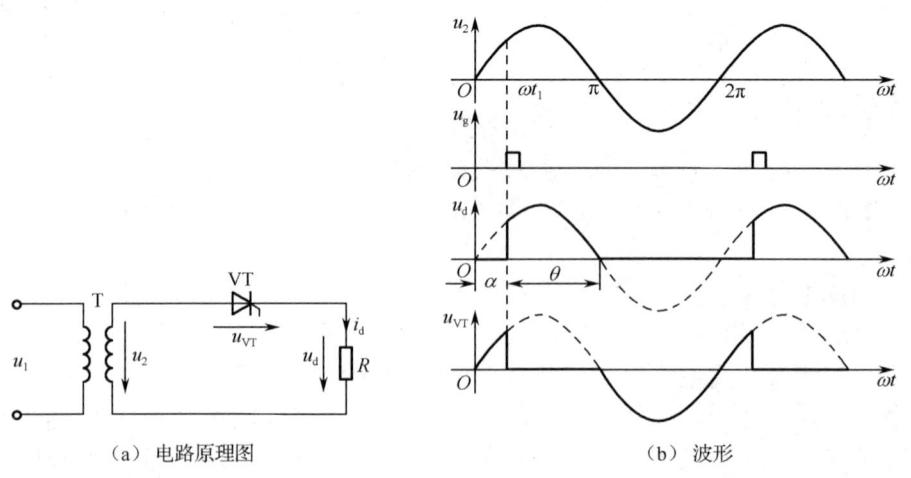

（a）电路原理图　　　　　　　　（b）波形

图 2-2 单相半波可控整流电路（带电阻负载）原理图及波形

（2）工作原理

变压器 T 的一次侧和二次侧电压瞬时值分别用 u_1 和 u_2 表示，有效值分别用 U_1 和 U_2 表示，其中 U_2 的大小根据需要的直流输出电压瞬时值 u_d 的平均值 U_d 确定。电阻负载的特点是电压与电流成正比，两者波形相同。

① 在电源电压正半波（$0\sim\pi$ 区间），晶闸管承受正向电压，晶闸管触发脉冲 u_g 在 $\omega t=\alpha$ 处触发晶闸管，晶闸管开始导通，形成负载电流 i_d，负载上有电压和电流输出。

② 在 $\omega t=\pi$ 时刻，$u_2=0$，电源电压自然过零，晶闸管电流小于维持电流而关断，负载电流为零。

③ 在电源电压负半波（$\pi\sim2\pi$ 区间），晶闸管承受反向电压而处于关断状态，负载上没有输出电压，负载电流为零。

④ 直到电源电压 u_2 的下一周期的正半波，脉冲 u_g 在 $\omega t=2\pi+\alpha$ 处又触发晶闸管，晶闸管再次被触发导通，输出电压和电流又加在负载上，如此不断重复。

图 2-2（b）给出了直流输出电压 u_d 和晶闸管两端电压 u_{VT} 的理论分析波形，其中负载电流 i_d 和 u_d 的波形相位相同。通过改变触发脉冲控制角 α 的大小改变触发时刻，u_d 和 i_d 波形随之改变，直流输出电压 u_d 为极性不变，但瞬时值变化的脉动直流，其波形只在 u_2 正半周内出现，故称"半波"整流。加之电路中采用了可控器件晶闸管，且输入为单相交流，故该电路称为单相半波可控整流电路。整流电压 u_d 波形在一个电源周期中只脉动 1 次，故该电路为单脉波整流电路。图 2-3 为不同 α 时单相半波可控整流电路（带电阻负载）的实测波形，可与理论波形对照比较。

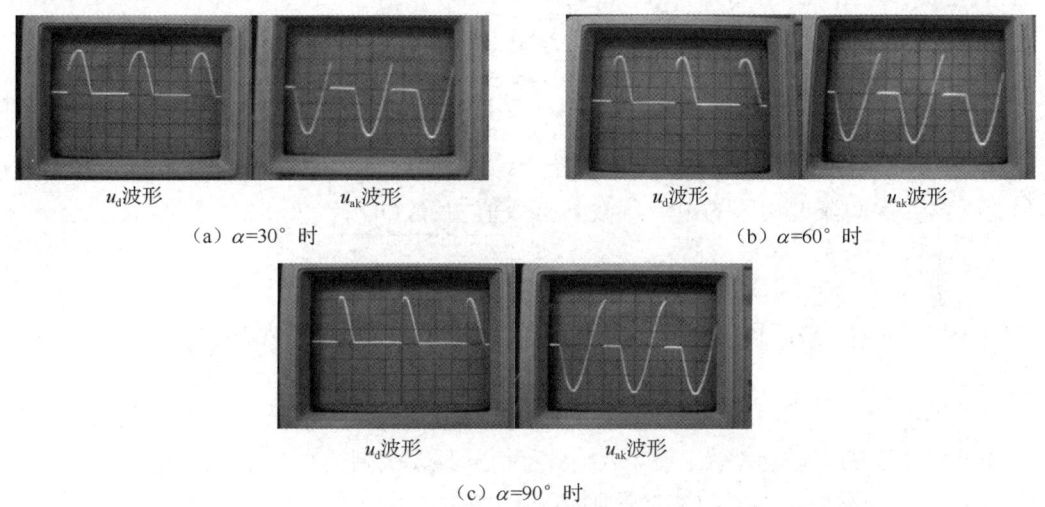

(a) $\alpha=30°$ 时　　　　　　　(b) $\alpha=60°$ 时

(c) $\alpha=90°$ 时

图 2-3　不同 α 值时单相半波可控整流电路（带电阻负载）的实测波形

下面介绍几个名词术语和概念。

① 触发延迟角 α。触发延迟角 α 也称为触发角或控制角 α，指晶闸管从承受正向阳极电压开始到导通时为止之间的电角度。

② 导通角 θ。导通角 θ 指晶闸管在一周期内处于通态的电角度。单相半波可控整流电路电阻负载情况下控制角 α 与导通角 θ 的关系是 $\alpha+\theta=180°$。

③ 移相。改变控制角 α 的大小，称为移相。

④ 移相范围。使输出整流电压平均值从最大值降到最小值（零或负最大值）时，控制角 α 的变化范围。移相范围与电路结构和负载性质有关。

⑤ 移相控制。通过改变控制角 α 调节输出电压的控制方式，称为移相控制。

⑥ 同步。触发脉冲与电源电压之间频率和相位协调配合关系称为同步。

⑦ 换流。在电路中，电流从一个支路向另一个支路转移的过程称为换流，也称换相。

⑧ 自然换相点。当电路中可控元件全部由不可控元件代替时，各元件的导电转换点成为自然换相点。

（3）定量分析

① 直流输出电压平均值 U_d。U_d 的物理含义是输出电压的面积除以周期，即按式（2-1）计算。

$$U_d = \frac{1}{2\pi}\int_\alpha^\pi \sqrt{2}U_2\sin\omega t\, d(\omega t) = \frac{\sqrt{2}U_2}{2\pi}(1+\cos\alpha) = 0.45U_2\frac{1+\cos\alpha}{2} \quad (2\text{-}1)$$

当 $\alpha=0°$ 时，U_d 最大，用 U_{d0} 表示，$U_d=U_{d0}=0.45U_2$；当 $\alpha=\pi$ 时，$U_d=0$。随着 α 增大，U_d 减小，该电路中 VT 的 α 移相范围为 $0°\sim180°$。通过控制触发脉冲 α 的相位来控制直流输出电压大小的方式称为相位控制方式，简称相控方式。

② 输出电流平均值 I_d。I_d 的物理含义是直流输出电压平均值除以负载电阻。即

$$I_d = \frac{U_d}{R} = 0.45\frac{U_2}{R}\cdot\frac{1+\cos\alpha}{2} \quad (2\text{-}2)$$

③ 负载电压有效值 U。U 的物理含义是直流输出电压的方均根值（有效值的定义），即

$$U = \sqrt{\frac{1}{2\pi}\int_\alpha^\pi(\sqrt{2}U_2\sin\omega t)^2 d(\omega t)} = U_2\sqrt{\frac{1}{4\pi}\sin 2\alpha + \frac{\pi-\alpha}{2\pi}} \quad (2\text{-}3)$$

④ 负载电流有效值 I。I 的物理含义是负载电压有效值除以负载电阻，即

$$I = \frac{U}{R} = \frac{U_2}{R}\sqrt{\frac{1}{4\pi}\sin 2\alpha + \frac{\pi-\alpha}{2\pi}} \quad (2\text{-}4)$$

⑤ 晶闸管电流的平均值 I_{dVT}。从电路图分析可知，它与输出电流平均值 I_d 相等。即

$$I_{dVT} = I_d = \frac{U_d}{R} = 0.45\frac{U_2}{R}\frac{1+\cos\alpha}{2} \quad (2\text{-}5)$$

⑥ 晶闸管电流有效值 I_{VT} 和变压器二次侧相电流有效值 I_2。单相半波可控整流器中，负载、晶闸管和变压器二次侧流过相同的电流，故其有效值相等，即

$$I_{VT} = I_2 = I = \frac{U_2}{R}\sqrt{\frac{1}{4\pi}\sin 2\alpha + \frac{\pi-\alpha}{2\pi}} \quad (2\text{-}6)$$

⑦ 功率因数 $\cos\varphi$。整流器功率因数是变压器二次侧有功功率与视在功率的比值，即：

$$\cos\varphi = \frac{P}{S} = \frac{UI_2}{U_2I_2} = \sqrt{\frac{1}{4\pi}\sin 2\alpha + \frac{\pi-\alpha}{2\pi}} \quad (2\text{-}7)$$

式中 P 为变压器二次侧有功功率，$P=UI=I^2$；S 为变压器二次侧视在功率，$S=U_2I_2$。

由式（2-7）可以看出，功率因数是控制角 α 的函数，且 α 越大，相控整流输出电压越低，功率因数越小。当 $\alpha=0$ 时，$\cos\varphi=0.707$ 为最大值。这是因为电路的输出电流中不仅存在谐波，而且基波电流与基波电压（即电源输入正弦电压）也不同相，即使电阻负载，功率因数也不会等于1。

⑧ 晶闸管承受的最大正反向电压 U_{VTM}。晶闸管承受的最大正反向电压 U_{VTM} 是相电压峰值。

$$U_{VTM} = \sqrt{2}U_2 \quad (2\text{-}8)$$

【例 2-1】 如图 2-6 所示的单相半波可控整流电路，采用电阻负载，电源电压 U_2 为 220V，要求直流输出平均电压为 50V，直流输出平均电流为 20A，试计算：(1) 晶闸管的控制角。(2) 输出电流有效值。(3) 电路功率因数。(4) 晶闸管的额定电压和额定电流。

解：(1) 由式（2-1）计算输出平均电压 50V 时的晶闸管控制角 α，得

$$\cos\alpha = \frac{2U_d}{0.45U_2} - 1 = \frac{2\times 50}{0.45\times 220} - 1 = 0$$

则 $\alpha=90°$。

（2）负载电阻

$$R = \frac{U_d}{I_d} = \frac{50}{20} = 2.5\Omega$$

当 $\alpha=90°$ 时，输出电流有效值

$$I = \frac{U}{R} = \frac{U_2}{R}\sqrt{\frac{1}{4\pi}\sin 2\alpha + \frac{\pi-\alpha}{2\pi}} = 44.4\text{ A}$$

（3）电路功率因数

$$\cos\varphi = \frac{P}{S} = \frac{UI_2}{U_2 I_2} = 0.5$$

（4）晶闸管的电流有效值 I_{VT} 和输出电流有效值 I 相等，则

$$I_{T(AV)} = (1.5 \sim 2)\frac{I_{VT}}{1.57}$$

取 2 倍安全裕量，晶闸管的额定电流为 $I_{T(AV)}$=56.6A；考虑 2～3 倍安全裕量，晶闸管的额定电压为 U_{VTn}=(2～3)U_{VTM}=(2～3)×311=(622～933)V，式中

$$U_{VTM} = \sqrt{2}U_2 = \sqrt{2} \times 220\text{V} = 311\text{V}$$

2．带电感负载的工作情况

实际生产中，常见的负载既有电阻也有电感，当负载中感抗 ωL 与电阻 R 相比不可忽略时即为电感负载。若 $\omega L \gg R$，则负载主要呈现为电感，称为电感负载，如电机的励磁绕组、经大电感滤波的负载等都属于电感负载。

电感负载有以下特点。

① 流过的电流不能发生突变。电感对电流变化有阻碍作用。流过电感器件的电流变化时，其两端产生感应电动势 $L\frac{\mathrm{d}i}{\mathrm{d}t}$，它的极性是阻止电流变化的，即当电流增加时，它的极性阻止电流增加，当电流减小时，它的极性反过来阻止电流减小。这使得流过电感的电流不能发生突变，这是电感负载的特点，也是理解整流电路带电感负载工作情况的关键之一。

② 电感本身不消耗能量。

（1）电路组成

带电感负载的单相半波可控整流电路如图 2-4（a）所示。属于电感负载的有电机的励磁线圈和串联了电抗器的负载等，电感负载的等效电路可以用一个电感和电阻的串联电路表示。图 2-4（a）中其他元器件的作用与之前的电阻负载相同。

（2）工作原理

① 当 $\omega t=0 \sim \alpha$ 时，晶闸管承受正向阳极电压，但没有触发脉冲，晶闸管处于正向关断状态，输出电压、电流都等于零。$i_d=0$；$u_d=0$；$u_{VT}=u_2$。

② 当 $\omega t=\omega t_1$ 时，门极加上触发脉冲，晶闸管被触发导通，电源电压 u_2 加到负载上，输出电压 $u_d=u_2$。由于电感的存在，在 u_d 的作用下，负载电流 i_d 只能从零按指数规律逐渐上升。

③ 当 $\omega t=\omega t_1 \sim \omega t_2$ 时，输出电流 i_d 从零增至最大值。在 i_d 的增长过程中，电感产生的感应电动势试图限制电流增大，电源提供的能量一部分供给负载电阻，另一部分转变为电感的储能。

④ 当 $\omega t=\omega t_2 \sim \omega t_3$ 时，负载电流从最大值开始下降，电感电压 $u_L=L\mathrm{d}i/\mathrm{d}t$ 改变方向，电感释放能量，企图阻止电流下降。

⑤ 当 $\omega t=\pi$ 时，交流电压 u_2 过零，但由于电感电压的存在，晶闸管阳、阴极间的电压仍大于零，晶闸管继续导通，此时电感储存的磁能一部分释放变成电阻的热能，同时另一部分磁能变成

电能送回电网，电感的储能全部释放完后，晶闸管在 u_2 反向电压作用下关断。

直到下一个周期的正半周，即在 $\omega t=2\pi+\alpha$ 时，晶闸管再次被触发导通，如此循环下去。其输出电压、电流及晶闸管两端电压的理论分析波形如图 2-4（b）所示。

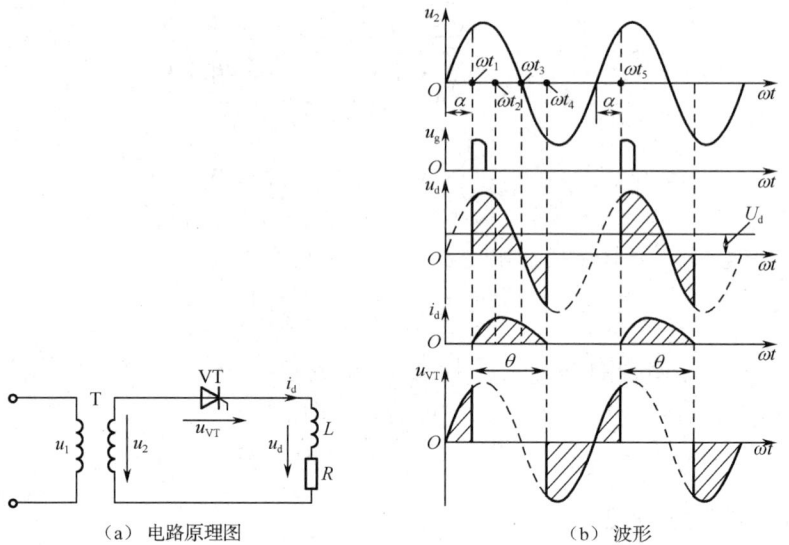

图 2-4 单相半波可控整流电路（带电感负载）原理图及波形

（3）电力电子电路的基本分析方法

由以上分析可以总结出电力电子电路的一个基本特点，进而引出电力电子电路分析的一条基本思路。电力电子电路中存在非线性的电力电子器件，决定了电力电子电路是非线性电路。如果忽略导通过程和关断过程，电力电子器件通常只工作于通态或断态，非通即断。若将器件理想化，看作理想开关，即通态时认为开关闭合，其阻抗为零；断态时认为开关断开，其阻抗为无穷大，则电力电子电路就成为分段线性电路。在器件通断状态的每一种组合情况下，电路均为由电阻（R）、电感（L）、电容（C）及电压源（E）组成的线性电路，即器件的每种状态组合对应一种线性电路拓扑，器件通断状态变化时，电路拓扑发生改变。这是电力电子电路的一个基本特点。

在分析电力电子电路时，可通过把器件理想化，将电路简化为分段线性电路，分段进行分析计算。以前述单相半波电路为例，当 VT 处于断态时，相当于电路在 VT 处断开，$i_d=0$。当 VT 处于通态时，相当于 VT 短路。单相半波可控整流电路的分段线性等效电路如图 2-5 所示。

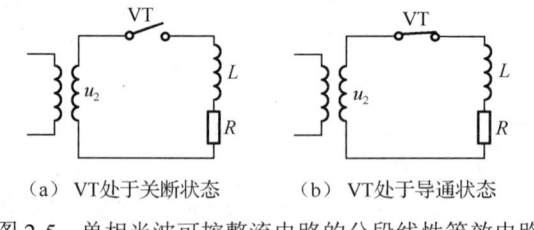

图 2-5 单相半波可控整流电路的分段线性等效电路

VT 处于通态时，式（2-9）成立，即

$$L\frac{di_d}{dt}+Ri_d=\sqrt{2}U_2\sin\omega t \tag{2-9}$$

在 VT 导通时刻，有 $\omega t=\alpha$，$i_d=0$，这是式（2-9）的初始条件。求解式（2-9）并将初始条件代入可得

$$i_d=-\frac{\sqrt{2}U_2}{Z}\sin(\alpha-\varphi)e^{-\frac{R}{\omega L}(\omega t-\alpha)}+\frac{\sqrt{2}U_2}{Z}\sin(\omega t-\varphi) \tag{2-10}$$

式（2-10）中 $Z=\sqrt{R^2+(\omega L)^2}$，$\varphi=\arctan\dfrac{\omega L}{R}$。由此式（2-10）可得出图 2-4（b）所示的 i_d 波形。

当 $\omega t=\theta+\alpha$ 时，$i_d=0$，代入式（2-10）并整理得

$$\sin(\alpha-\varphi)e^{-\dfrac{\theta}{\tan\varphi}}=\sin(\theta+\alpha-\varphi) \tag{2-11}$$

α、φ 均已知时，可由式（2-11）求出 θ。式（2-11）为超越方程，可采用迭代法借助计算机进行求解。取不同的 φ 角时，$\theta=f(\alpha)$ 的曲线图如图 2-6 所示。

（4）电路特点

对于上面电感负载而言，负载阻抗角 $\varphi=\arctan(\omega L/R)$。若 φ 为定值，α 越大，θ 越小。若 α 为定值，φ 越大，θ 越大，且平均值 U_d 越接近零。

此电路中，电感的存在使晶闸管导通时间增加，导通角度加大，不再是 $\pi-\alpha$。同时，由于晶闸管在 u_2 的负半周一段时间内还处于导通状态，所以整流电压 u_d 波形中出现负值，使输出直流电压平均值减小。

3. 带电感负载的工作情况（带续流二极管）

不同触发延迟角 α 的电压、电流波形如图 2-7 所示。如果 α 大，则电流正半周期内提供给电感的储能少，维持晶闸管的导通能力差，导通角 θ 小。如果负载阻抗角 φ 大，说明负载电感 L 大，储能多，维持晶闸管导通能力强，导通角则大。当 $\omega L\gg R$ 时，负载阻抗角 $\varphi\approx\pi/2$，u_d 波形中正、负面积接近相等，则输出电压平均值 $U_d\approx 0$，造成直流平均电流很小，负载上得不到所需的功率。

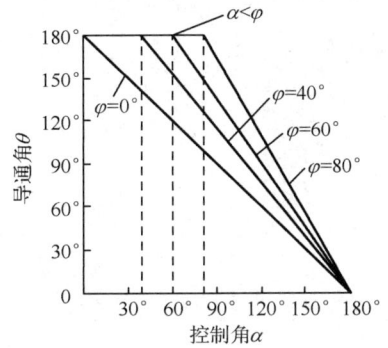
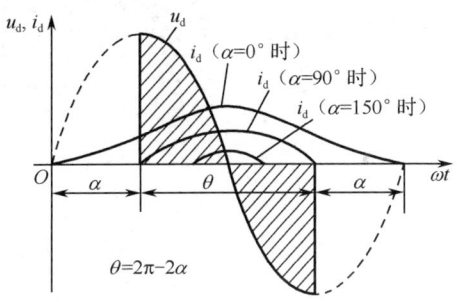

图 2-6　取不同的 φ 角时，$\theta=f(\alpha)$ 的曲线图　　图 2-7　不同触发延迟角 α 的电压、电流波形（$\omega L\gg R$）

为了解决电感负载输出电压出现负波形使输出电压平均值减小的问题，必须在整流电路的负载两端并联一个二极管，称为续流二极管，用 VD_R 表示，把输出电压的负向波形去掉。

（1）工作情况

带电感负载有续流二极管的单相半波整流电路的原理图如图 2-8（a）所示。u_2 正半周时，与没有续流二极管时的情况是一样的。即电源电压正半波 $u_2>0$，晶闸管电压 $u_{AK}>0$。$\omega t=\alpha$ 时，触发晶闸管导通，负载上有输出电压和电流，续流二极管 VD_R 承受反向电压而处于断态。

当 u_2 过零变负时，V_{DR} 导通，u_d 为零，此时负的 u_2 通过 VD_R 向 VT 施加反压使其关断，L 储存的能量保证了电流 i_d 在 $L\to R\to VD_R$ 回路中流通，此过程通常称为续流。若 L 足够大，i_d 会连续，且 i_d 波形接近一条水平线，如图 2-8（b）所示。

不同控制角 α 的单相半波整流电路（带电感负载，接续流二极管）的实验波形如图 2-9 所示。从实验波形看，加续流二极管后，阻感负载的负载电压 u_d、晶闸管两端电压 u_{AK} 的波形与电阻负载完全一致，没有负方向波形。只是负载电流受到电感的阻碍作用，波形上升和下降都变慢。以上不同负载下的仿真结果与理论和实验分析结果完全相符。

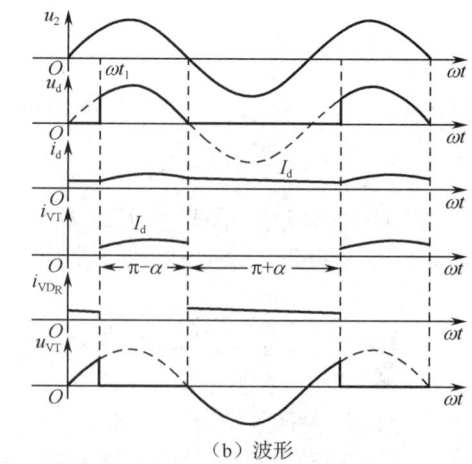

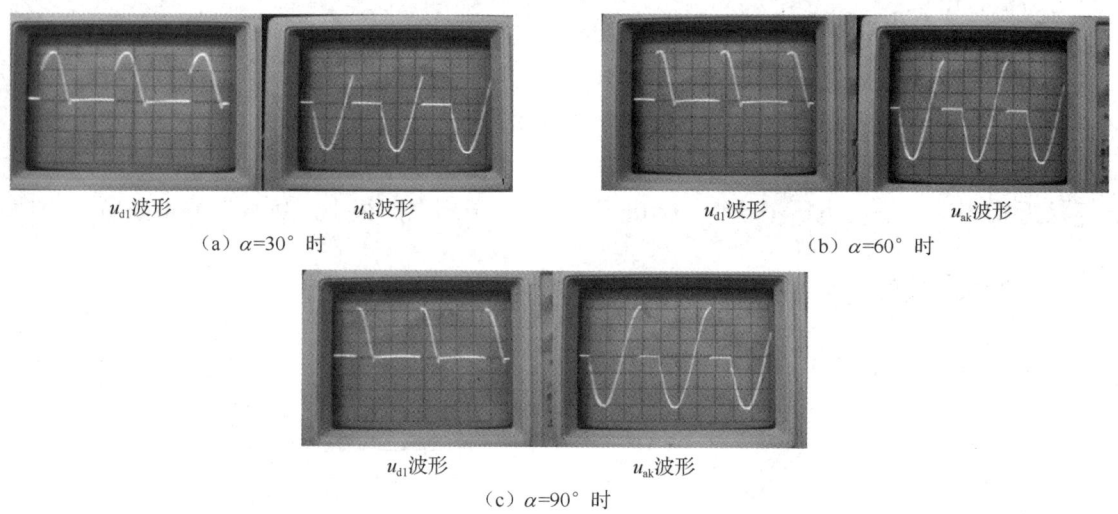

图 2-8 单相半波整流电路（带电感负载，接续流二极管）原理图及波形

(a) $\alpha=30°$ 时

(b) $\alpha=60°$ 时

(c) $\alpha=90°$ 时

图 2-9 不同 α 值的单相半波整流电路（带电感负载，接续流二极管）的实验波形

（2）定量分析

① 输出直流电压平均值为

$$U_d = \frac{1}{2\pi}\int_\alpha^\pi \sqrt{2}U_2\sin\omega t\, d(\omega t) = \frac{\sqrt{2}U_2}{2\pi}(1+\cos\alpha) = 0.45U_2\frac{1+\cos\alpha}{2}$$

当 $\alpha=0°$ 时，输出最大 $U_d=U_{d0}=0.45U_2$；当 $\alpha=\pi$ 时，$U_d=0$；输出在 $0.45U_2\sim0$ 之间连续可调；控制角 α 移相范围为 $0\sim\pi$。

② 输出电流平均值 I_d 为

$$I_d = \frac{U_d}{R} = 0.45\frac{U_2}{R}\cdot\frac{1+\cos\alpha}{2}$$

③ 流过晶闸管的电流平均值 I_{dVT} 为

$$I_{dVT} = \frac{\pi-\alpha}{2\pi}I_d \tag{2-12}$$

④ 流过晶闸管的电流有效值 I_{VT} 为

$$I_{VT} = \sqrt{\frac{1}{2\pi}\int_\alpha^\pi I_d^2\, d(\omega t)} = \sqrt{\frac{\pi-\alpha}{2\pi}}I_d \tag{2-13}$$

⑤ 续流二极管的电流平均值 I_{dDR} 为

$$I_{dDR} = \frac{\pi + \alpha}{2\pi} I_d \qquad (2\text{-}14)$$

⑥ 续流二极管的电流有效值 I_{DR} 为

$$I_{DR} = \sqrt{\frac{1}{2\pi} \int_{\pi}^{2\pi+\alpha} I_d^2 \mathrm{d}(\omega t)} = \sqrt{\frac{\pi + \alpha}{2\pi}} I_d \qquad (2\text{-}15)$$

其移相范围为 0°～180°，其承受的最大正反向电压均为 u_2 的峰值即 $\sqrt{2}U_2$。续流二极管承受的电压为 $-u_d$，其最大反向电压为 $\sqrt{2}U_2$，亦为 u_2 的峰值。

（3）电路特点

电感负载加续流二极管后，输出电压波形与电阻负载波形相同，续流二极管起到了提高输出电压的作用。在电感无穷大时，负载电流为一条直线，流过晶闸管和续流二极管的电流波形是矩形波。对于电感负载加续流二极管的单相半波相控整流器移相范围与单相半波相控整流器电阻负载相同，为 0～180°，且有 $\alpha + \theta = 180°$。

单相半波相控整流器的优点是电路简单，调整方便，容易实现。但整流电压脉动大，每周期脉动一次。变压器二次侧流过单方向的电流，存在直流磁化、利用率低的问题，为使变压器不饱和，必须增大铁心截面，这样就导致设备容量增大。实际上很少应用此种电路，分析该电路的主要目的是建立起整流电路的基本概念。

2.2.2 单相全波可控整流电路

1. 带电阻负载的工作情况

（1）电路组成

图 2-10 为单相全波可控整流电阻负载电路原理图，单相全波可控整流电路又称单相双半波可控整流电路，电路要求整流变压器的二次侧必须带中心抽头。图中，晶闸管 VT_1 和 VT_2 的阳极分别接在变压器的 a、b 两个输出端，两个晶闸管的阴极接在一起，经过负载与变压器的中心抽头相连。

（2）工作原理

当电源电压 u_2 处于正半周时，图 2-10 所示电路中的 a 端为高电位，b 端为低电位，晶闸管 VT_1 承受正向电源电压，晶闸管 VT_2 承受反向电源电压关断。在 ωt_1 时刻，即 $\alpha = 45°$ 时加入触发脉冲，使 VT_1 导通，忽略晶闸管的管压降。电源电压 u_2 全部加在电阻负载两端，整流输出的电压波形 u_d 与电源电压 u_2 正半周的波形相同。此时，输出电压 u_d 与晶闸管 VT_1 两端电压 u_{VT1} 的理论波形如图 2-11 所示。VT_1 导通时的输出电流回路如图 2-12 所示。

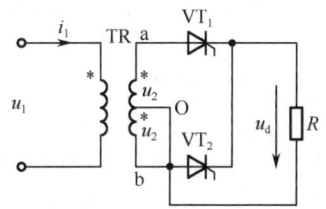

图 2-10 单相全波可控整流电阻负载电路原理图

当电源电压 u_2 过零变负时（ωt_2 时刻），晶闸管 VT_1 承受反向电压关断。当电源电压 u_2 处于负半周时，电路中的 b 端为高电位，a 端为低电位，晶闸管 VT_1 承受反向电源电压关断，而晶闸管 VT_2 承受正向电源电压。在相同的触发延迟角 ωt_3 时刻，即 $\alpha = 45°$ 时触发晶闸管 VT_2 导通，忽略晶闸管的管压降，在电阻负载两端获得与 u_2 正半周相同的整流输出电压波形。此时，晶闸管 VT_2 导通时的电流回路如图 2-13 所示。当电源电压 u_2 过零重新变正时（ωt_4 时刻），VT_2 承受反向电压关断。

电源电压 u_2 过零重新变正后，在 $\alpha = 45°$ 时，晶闸管 VT_1 再次被触发导通，如此循环工作下去。从图 2-11 中可以看出，在一个周期内整个波形被分为了 4 个部分：在 $0 \sim \omega t_1$ 期间，电源电压 u_2 处于正半周，触发脉冲尚未加入，晶闸管 VT_1 和 VT_2 均处于关断状态，晶闸管 VT_1 承担全部电源电压 u_2；在 $\omega t_1 \sim \omega t_2$ 期间，晶闸管 VT_1 导通，忽略管压降，晶闸管两端的电压 $u_{VT1} \approx 0$；在 $\omega t_2 \sim \omega t_3$ 期间，电源

电压 u_2 处于负半周，触发脉冲尚未加入，晶闸管 VT_1 和 VT_2 均处于关断状态，晶闸管 VT_1 承担全部电源电压 u_2；在 $\omega t_3 \sim \omega t_4$ 期间，当晶闸管 VT_2 被触发导通后，VT_1 将承受两倍的电源电压，即 $2u_2$。

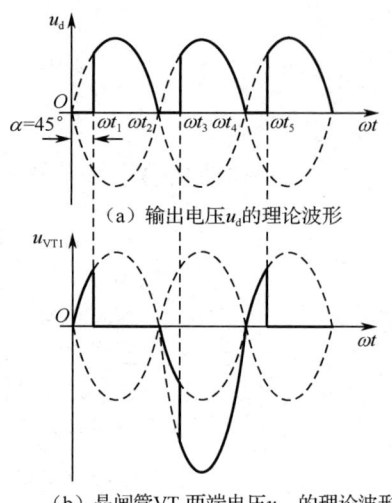

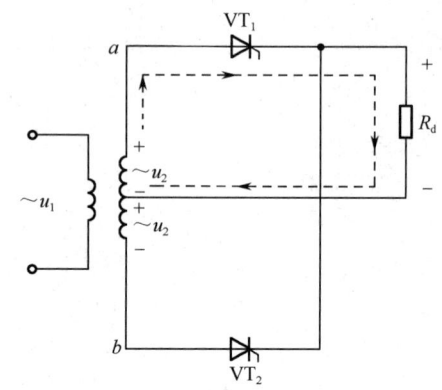

图 2-11　$\alpha=45°$时输出电压 u_d 与晶闸管 VT_1 两端电压 u_{VT1} 的理论波形

图 2-12　VT_1 导通时的输出电流回路

图 2-14 所示为电阻负载 $\alpha=90°$ 时输出电压 u_d 与晶闸管 VT_1 两端电压 u_{VT1} 的理论波形。

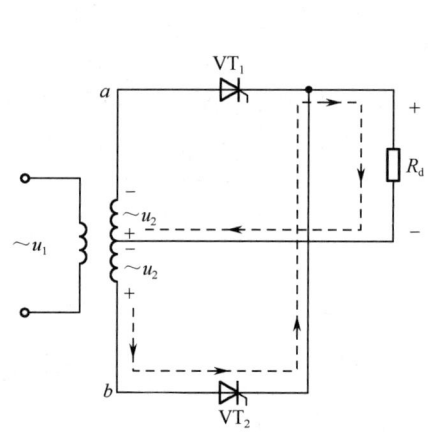

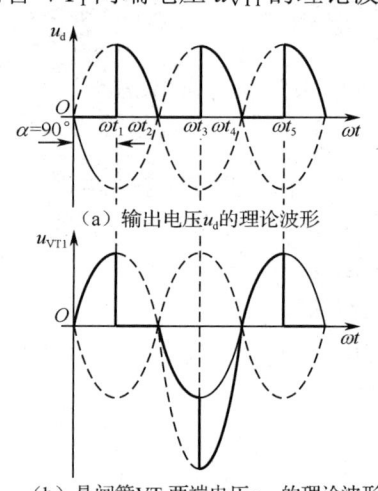

图 2-13　晶闸管 VT_2 导通时的电流回路

图 2-14　$\alpha=90°$时输出电压 u_d 与晶闸管 VT_1 两端电压 u_{VT1} 的理论波形

由以上的分析可以得出以下几点。

① 在单相全波可控整流电路中，电阻负载条件下，晶闸管 VT_1 和 VT_2 在相位上互差 180°交替导通，导通角 $\theta=180°-\alpha$。

② 当晶闸管导通时，管压降约等于零，其波形为一条横线；当另一个晶闸管导通时，晶闸管将承受两倍的电源电压；当两个晶闸管都处于关断状态时，晶闸管承受电源电压。

③ 通过改变触发延迟角，可以改变输出电压的大小，单相全波可控整流电路电阻负载电路的移相范围为 0°～180°。

（3）定量计算

单相全波可控整流电路电阻负载电路参数的计算如下。

① 输出电压平均值的计算公式为

$$U_d = 0.9 U_2 \frac{1+\cos\alpha}{2} \quad (2\text{-}16)$$

② 负载电流平均值的计算公式为

$$I_d = \frac{U_d}{R} = 0.9 \frac{U_2}{R} \cdot \frac{1+\cos\alpha}{2} \quad (2\text{-}17)$$

③ 流过晶闸管的电流的平均值为

$$I_{dVT} = \frac{1}{2} I_d \quad (2\text{-}18)$$

④ 流过晶闸管的电流的有效值为

$$I_{VT} = \frac{\sqrt{2}}{2} I_d \quad (2\text{-}19)$$

⑤ 晶闸管可能承受的最大电压为

当晶闸管 VT$_1$ 和 VT$_2$ 均关断时

$$U_{VTM} = \sqrt{2} U_2$$

当 VT$_1$、VT$_2$ 其中一个晶闸管导通时

$$U_{VTM} = 2\sqrt{2} U_2$$

2．带电感负载的工作情况

（1）工作原理

单相全波可控整流大电感负载电路原理图如图 2-15 所示。图 2-16 所示为 $\alpha=45°$ 时输出电压 u_d 与晶闸管 VT$_1$ 两端电压 u_{VT1} 的理论波形。当电源电压 u_2 处于正半周时，图 2-17 所示的电路中的 a 端为高电位，b 端为低电位，在 ωt_1 时刻，即 $\alpha=45°$ 时加入触发脉冲使 VT$_1$ 导通，忽略晶闸管的管压降，电源电压 u_2 全部加在电感负载两端，整流输出的电压波形 u_d 与电源电压 u_2 正半周的波形相同。此时，电路中负载电流的方向，晶闸管 VT$_1$ 导通时的电流回路如图 2-17 所示。

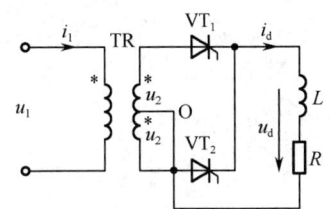

图 2-15 单相全波可控整流大电感负载电路原理图

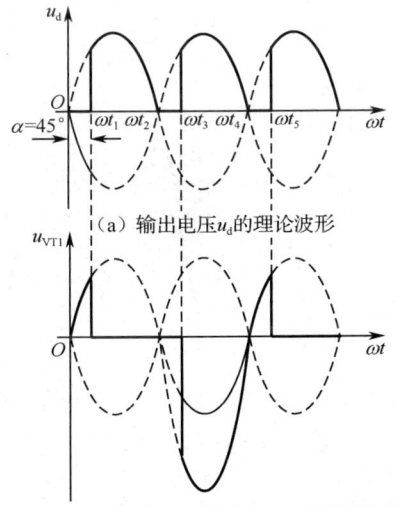

图 2-16 $\alpha=45°$ 时输出电压 u_d 与晶闸管 VT$_1$ 两端电压 u_{VT1} 的理论波形

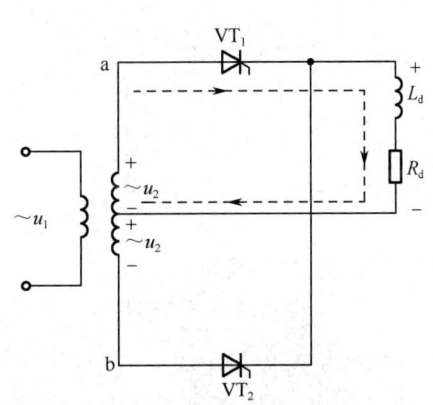

图 2-17 晶闸管 VT$_1$ 导通时的电流回路

当电源电压 u_2 过零变负时（ωt_2 时刻），在 L 两端产生感应电动势 e_L，极性为上"-"下"+"，且大于电源电压 u_2。在 e_L 的作用下，负载电流方向不变，且大于晶闸管 VT_1 的维持电流，晶闸管 VT_1 继续导通，整流输出的电压波形 u_d 与电源电压 u_2 负半周的波形相同，将电感 L 中的能量反送回电源。电源电压 u_2 过零变负，晶闸管 VT_1 持续导通时的电流回路如图 2-18 所示。

在电源电压 u_2 处于负半周时，电路中的 b 端为高电位，a 端为低电位，晶闸管 VT_2 承受正向电源电压。在相同的触发延迟角 ωt_3 时刻，即 $\alpha=45°$ 时触发晶闸管 VT_2，使其导通，VT_1 因承受反压而关断，负载电流从 VT_1 换流到 VT_2，忽略晶闸管的管压降，在电阻负载两端获得与 u_2 正半周相同的整流输出电压波形。此时，晶闸管 VT_2 导通时的电流回路如图 2-19 所示。

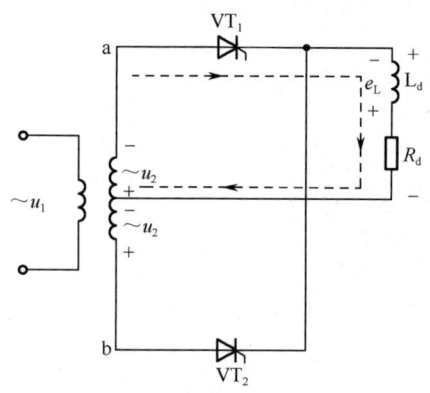

图 2-18　晶闸管 VT_1 持续导通时的电流回路　　图 2-19　晶闸管 VT_2 导通时的电流回路

当电源电压 u_2 过零重新变正时（ωt_4 时刻），在 L_d 两端感应电动势 e_L 的作用下，晶闸管 VT_2 维持导通状态，将电感 L_d 中的能量反送回电源，直到晶闸管 VT_1 再次被触发导通。电源电压 u_2 过零变正，晶闸管 VT_2 持续导通时的电流回路如图 2-20 所示。

图 2-21 所示为 $\alpha=90°$ 时输出电压 u_d 与晶闸管 VT_1 两端电压的理论波形。

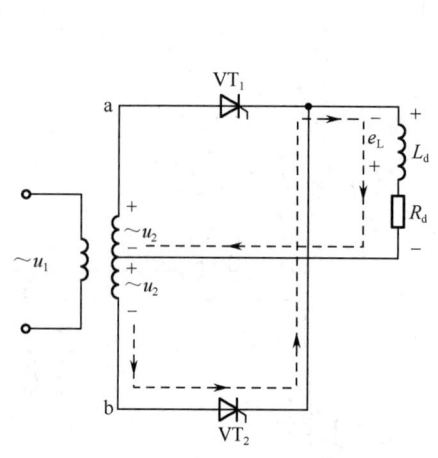

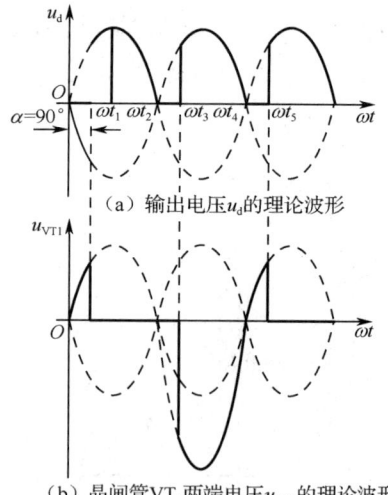

图 2-20　晶闸管 VT_2 持续　　　图 2-21　$\alpha=90°$ 时输出电压 u_d 与晶闸管 VT_1
　　导通时的电流回路　　　　　　　　两端电压 u_{VT1} 的理论波形

由以上的分析可以得出以下几点。

① 在单相全波可控整流电路中，大电感负载时，晶闸管 VT_1 和 VT_2 在相位上互差 180°交替导通，导通角 $\theta=180°$。当晶闸管 VT_1 关断、VT_2 导通时，VT_1 承受两倍的电源电压，即 $2u_2$。

② 通过改变触发延迟角可以改变输出电压的大小,单相全波可控整流电路电感负载电路中,当触发延迟角 α 在 0°～90°范围内变化时,负载电压 u_d 出现负半周,在 α=90°时,负载电压 u_d 波形的正负面积近似相等,其平均值 $U_d \approx 0$,故移相范围为 0°～90°。

（2）定量计算

单相全波可控整流电路电感负载电路参数的计算如下。

① 输出电压平均值

$$U_d = 0.9 U_2 \cos\alpha \tag{2-20}$$

② 负载电流平均值

$$I_d = \frac{U_d}{R} = 0.9 \frac{U_2}{R} \cos\alpha \tag{2-21}$$

③ 流过晶闸管的电流

$$I_{dVT} = \frac{1}{2} I_d \tag{2-22}$$

④ 流过晶闸管的电流的有效值

$$I_{VT} = \frac{\sqrt{2}}{2} I_d \tag{2-23}$$

⑤ 晶闸管可能承受的最大电压

$$U_{VTM} = 2\sqrt{2} U_2 \tag{2-24}$$

3. 带续流二极管的单相全波可控整流电路

单相全波可控整流大电感负载电路在 0°～90°的范围内时,负载电压 U_d 的波形会出现负半周,从而使电路输出电压平均值 U_d 下降,可以在负载两端接续流二极管解决这个问题,单相全波可控整流电路（带大电感负载,接续流二极管）原理图如图 2-22 所示,以 α=90°为例简单分析其工作原理。

（1）工作原理

在电源电压正半周,晶闸管 VT₁ 在 α=90°时刻被触发导通,整流输出的电压 u_d 的波形与电源电压 u_2 正半周的波形相同。忽略管压降,晶闸管 VT₁ 两端电压 $u_{VT1} \approx 0$。此时,负载电流的方向如图 2-23 中虚线所示。当电源电压 u_2 过零变负时,续流二极管 VD 承受正向电压而导通,晶闸管 VT₁ 承受反向电压而关断,$u_d = 0$,波形与横轴重合,此时负载电流 i_d 不再流回电源,而是经过续流二极管 VD 进行续流,释放电感中储存的能量,此时晶闸管 VT₁ 承受全部的电源电压。

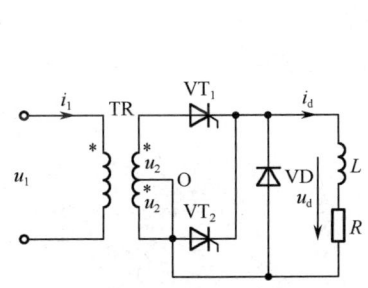

图 2-22 单相全波可控整流电路
（带大电感负载,接续流二极管）原理图

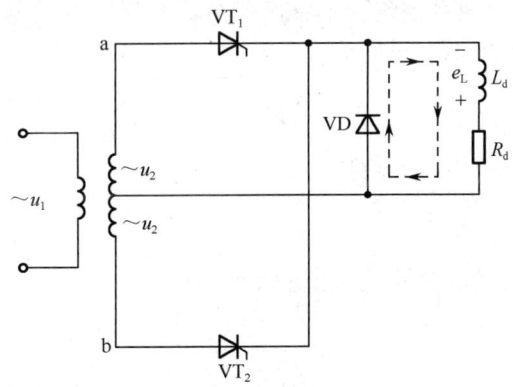

图 2-23 续流二极管导通进行续流情况

在电源电压 u_2 负半周相同的时刻，晶闸管 VT_2 被触发导通，续流二极管 VD 承受反向电压关断，在负载两端获得电源电压 u_2 正半周相同的整流输出电压波形，晶闸管 VT_1 承受两倍的电源电压，此时负载电流的方向如图 2-24 所示。当电源电压 u_2 过零重新变正时，续流二极管 VD 再次导通进行续流，直至晶闸管 VT_1 再次被触发导通，如此电路完成一个周期的工作。接续流二极管后，$\alpha=90°$ 时输出电压 u_d 与晶闸管 VT_1 两端电压 u_{VT1} 的理论波形如图 2-25 所示。

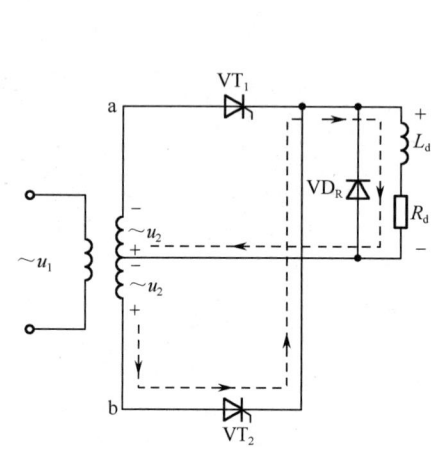

图 2-24　晶闸管 VT_2 导通时的负载电流方向

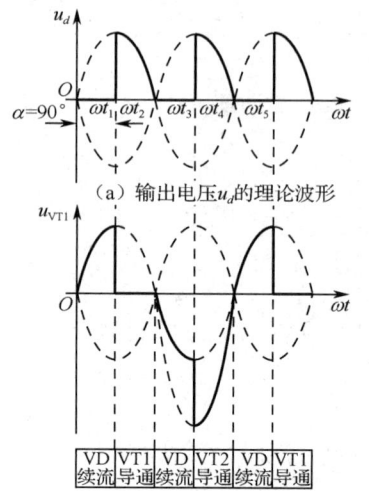

图 2-25　$\alpha=90°$ 单相全波可控整流电路带大电感负载并接续流二极管的理论波形

由以上的分析可以得出以下几点。

① 在单相全波可控整流电感性带续流二极管负载电路中，晶闸管 VT_1 和 VT_2 在相位上互差 180°交替导通，导通角 $\theta=180°-\alpha$。

② 晶闸管导通时，该管的管压降约等于零，其波形为一条横线；当另一个晶闸管导通时，处于关断状态的晶闸管将承受两倍的电源电压；当续流二极管导通后，两个晶闸管都处于关断状态，两个晶闸管都承受电源电压。

③ 通过改变触发延迟角可以改变输出电压的大小，续流二极管的续流作用，使单相全波可控整流电感性带续流二极管负载电路的输出电压波形没有负半周，其移相范围为 0°～180°。

（2）定量计算

单相全波可控整流电感性带续流二极管负载电路参数的计算如下。

① 输出电压平均值

$$U_d = 0.9 U_2 \frac{1+\cos\alpha}{2} \tag{2-25}$$

② 负载电流平均值

$$I_d = \frac{U_d}{R} = 0.9 \frac{U_2}{R} \frac{1+\cos\alpha}{2} \tag{2-26}$$

③ 流过晶闸管的电流的平均值

$$I_{dVT} = \frac{\pi-\alpha}{2\pi} I_d \tag{2-27}$$

④ 流过晶闸管的电流的有效值为

$$I_{VT} = \sqrt{\frac{\pi-\alpha}{2\pi}} I_d \tag{2-28}$$

⑤ 流过续流二极管 VD_R 的电流的平均值为

$$I_{dDR} = \frac{\alpha}{\pi} I_d \qquad (2-29)$$

⑥ 流过续流二极管 VD_R 的电流的有效值为

$$I_{DR} = \sqrt{\frac{\alpha}{\pi}} I_d \qquad (2-30)$$

⑦ 晶闸管可能承受的最大电压

$U_{TM} = \sqrt{2} U_2$，晶闸管 VT_1 和 VT_2 均关断

或 $U_{TM} = \sqrt{2} U_2$，VT_1 和 VT_2 其中一个晶闸管导通。

⑧ 续流二极管可能承受的最大电压为

$$U_{VTM} = 2\sqrt{2} U_2$$

可以看出，单相全波可控整流电路中要求变压器带有中心抽头，在一个周期内，每个二次绕组只有一半的时间在工作，利用率较低，对晶闸管的耐压要求高，故只能用于小容量的可控整流场合。

2.2.3 单相桥式全控整流电路

1. 带电阻负载工作情况

（1）电路组成

图 2-26 为单相桥式全控整流电路（带电阻负载）原理图及波形。电路共用了 4 个晶闸管，VT_1 和 VT_3 的阴极接在一起称为共阴极接法，VT_2 和 VT_4 的阳极接在一起称为共阳极接法，每一个晶闸管是一个桥臂，桥式整流电路的工作特点是整流元件必须成对导通以构成回路。

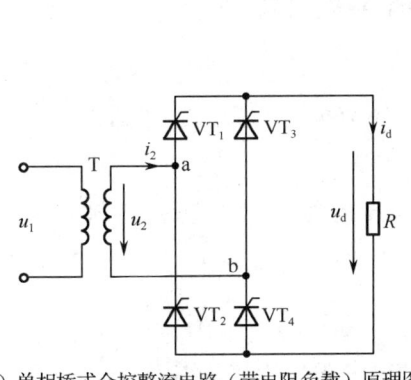
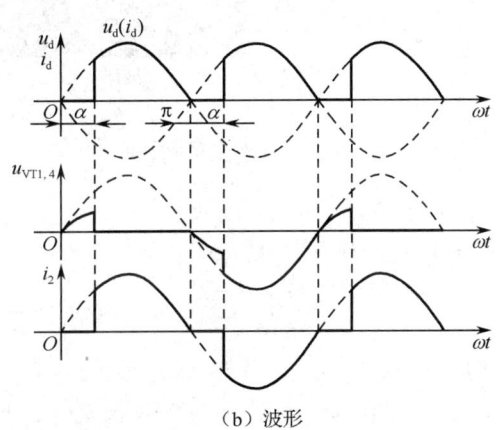

（a）单相桥式全控整流电路（带电阻负载）原理图　　　　（b）波形

图 2-26　单相桥式全控整流电路（带电阻负载）原理图及波形

（2）工作情况

① 在 u_2 正半波（即 a 点电位高于 b 点电位）的（0-α）区间，晶闸管 VT_1、VT_4 承受正向电压，但无触发脉冲，晶闸管 VT_2、VT_3 承受反向电压，因此在 0～α 区间，4 个晶闸管都不导通，即 $i_d=0$；$u_d=0$。VT_1、VT_4 串联共同承受电压 u_2。假设 4 个晶闸管的漏电阻相等，则 $u_{VT_{1,4}} = u_{VT_{2,3}} = \pm \sqrt{2} U_2 / 2$。

② 在 u_2 正半波的（α～π）区间，在 $\omega t=\alpha$ 时刻，触发晶闸管 VT_1、VT_4 使其导通。则负载电流沿 a→VT_1→R→VT_4→b→T 的二次绕组→a 流通，此时负载上有电压（$u_d = u_2$）和电流输出，两

者波形相位相同,且 $u_{VT1,4}=0$。此时电源电压反向施加到晶闸管 VT_2、VT_3 上,使其承受反向电压而处于关断状态,则 $u_{VT2,3}=u_2$。晶闸管 VT_1、VT_4 一直导通到 $\omega t=\pi$ 为止,此时因电源电压过零,晶闸管阳极电流下降为零而关断。

③ 在 u_2 负半波的 $[\pi\sim(\pi+\alpha)]$ 区间,晶闸管 VT_2、VT_3 承受正向电压,因无触发脉冲而处于关断状态,晶闸管 VT_1、VT_4 承受反向电压也不导通。此时,$u_{VT2,3}=u_{VT1,4}=u_2/2$。

④ 在 u_2 负半波的 $[(\pi+\alpha)\sim2\pi]$ 区间,在 $\omega t=\pi+\alpha$ 时刻,触发晶闸管 VT_2、VT_3 使其导通,负载电流沿 b→VT_3→R→VT_2→a→T 的二次绕组→b 流通,电源电压沿正半周期的方向施加到负载电阻上,负载上有输出电压($u_d=-u_2$)和电流,且波形相位相同。此时电源电压反向施加到晶闸管 VT_1、VT_4 上,使其承受反向电压而处于关断状态。晶闸管 VT_2、VT_3 一直导通到 $\omega t=2\pi$ 为止,此时电源电压再次过零,晶闸管阳极电流也下降为零而关断。

晶闸管 VT_1、VT_4 和 VT_2、VT_3 在对应时刻不断地周期性交替导通、关断,图 2-26(b)给出了直流负载电压 u_d、负载电流 i_d、晶闸管两端电压 u_{VT}、变压器二次电流 i_2 的理论分析波形。图 2-27 为不同控制角时单相桥式全控整流电路电阻负载的实测波形,可与理论波形对照比较。

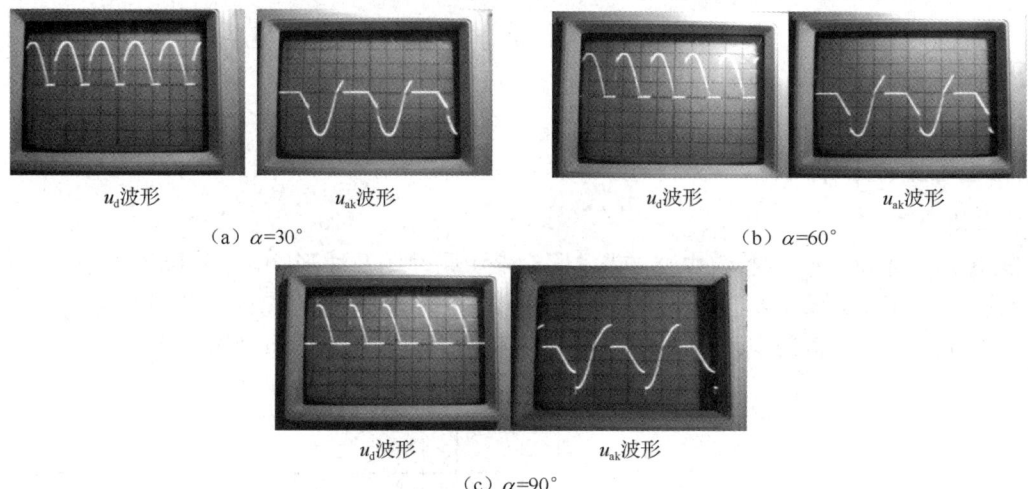

图 2-27 不同控制角时单相桥式全控整流电路电阻负载的实验波形

(3)定量分析

① 整流输出电压平均值 U_d 的物理含义是:输出电压的面积除以周期 π。即

$$U_d=\frac{1}{\pi}\int_\alpha^\pi \sqrt{2}U_2\sin\omega t\mathrm{d}(\omega t)=\frac{2\sqrt{2}U_2}{\pi}\frac{1+\cos\alpha}{2}=0.9U_2\frac{1+\cos\alpha}{2} \qquad (2\text{-}31)$$

$\alpha=0$ 时,$U_d=U_{d0}=0.9U_2$。$\alpha=180°$ 时,$U_d=0$。可见,α 角的移相范围为 $0°\sim180°$。

② 整流输出电流平均值 I_d 的物理含义是:直流输出电压平均值除以负载电阻。即

$$I_d=\frac{U_d}{R}=\frac{2\sqrt{2}U_2}{\pi R}\frac{1+\cos\alpha}{2}=0.9\frac{U_2}{R}\frac{1+\cos\alpha}{2} \qquad (2\text{-}32)$$

③ 输出电压有效值 U 的物理含义是:输出电压的方均根值(有效值的定义)。即

$$U=\sqrt{\frac{1}{\pi}\int_\alpha^\pi(\sqrt{2}U_2\sin\omega t)^2\mathrm{d}(\omega t)}=U_2\sqrt{\frac{\sin 2\alpha}{2\pi}+\frac{\pi-\alpha}{\pi}} \qquad (2\text{-}33)$$

④ 输出电流有效值 I 的物理含义是:负载输出电压有效值除以负载电阻。从电路可见,变压器二次侧电流有效值 I_2 与输出直流电流有效值 I 相等。

$$I = I_2 = \frac{U}{R} = \sqrt{\frac{1}{\pi}\int_\alpha^\pi \left(\frac{\sqrt{2}U_2}{R}\sin\omega t\right)^2 \mathrm{d}(\omega t)} = \frac{U_2}{\sqrt{2}R}\sqrt{\frac{1}{2\pi}\sin 2\alpha + \frac{\pi-\alpha}{\pi}}$$

⑤ 晶闸管的平均电流 I_{dVT}：从电路可见，4 个晶闸管成对交替工作，每对晶闸管串联，流过相同电流，为负载电流平均值 I_d 的一半，即

$$I_{\mathrm{dVT}} = \frac{1}{2}I_\mathrm{d} = 0.45\frac{U_2}{R}\frac{1+\cos\alpha}{2} \tag{2-34}$$

⑥ 流过每个晶闸管的电流有效值为

$$I_{\mathrm{VT}} = \sqrt{\frac{1}{2\pi}\int_\alpha^\pi\left(\frac{\sqrt{2}U_2}{R}\sin\omega t\right)^2\mathrm{d}(\omega t)} = \frac{U_2}{\sqrt{2}R}\sqrt{\frac{\sin 2\alpha}{2\pi}+\frac{\pi-\alpha}{\pi}} = \frac{I}{\sqrt{2}} \tag{2-35}$$

⑦ 在一个周期内每个晶闸管只导通一次，流过晶闸管的电流波形系数为

$$K_\mathrm{f} = \frac{I_{\mathrm{VT}}}{I_{\mathrm{dVT}}} = \frac{\dfrac{U_2}{\sqrt{2}R}\sqrt{\dfrac{\sin 2\alpha}{2\pi}+\dfrac{\pi-\alpha}{\pi}}}{\dfrac{\sqrt{2}U_2}{\pi R}\dfrac{1+\cos\alpha}{2}} = \frac{\sqrt{\pi\sin 2\alpha + 2\pi(\pi-\alpha)}}{\sqrt{2}(1+\cos\alpha)} \tag{2-36}$$

⑧ 负载电流的波形系数为

$$K_{\mathrm{fR}} = \frac{I}{I_\mathrm{d}} = \frac{\sqrt{\pi\sin 2\alpha + 2\pi(\pi-\alpha)}}{2(1+\cos\alpha)} \tag{2-37}$$

⑨ 功率因数 λ 为

$$\lambda = \frac{P}{S} = \frac{U_\mathrm{d}I_\mathrm{d}}{U_2 I_2} = \frac{U_\mathrm{d}}{U_2} = \frac{U}{U_2} = \sqrt{\frac{\sin 2\alpha}{2\pi}+\frac{\pi-\alpha}{\pi}} \tag{2-38}$$

⑩ 晶闸管承受的最大反向电压是 $\sqrt{2}U_2$，承受的最大正向电压是 $\dfrac{\sqrt{2}}{2}U_2$。不考虑变压器的损耗时，要求变压器的容量为 $S=U_2 I_2$。

（4）电路特点

通过上述数量关系的分析，电阻负载时，对单相桥式全控整流电路与单相半波整流电路可进行如下比较。

① α 的移相范围相等，均为 0～180°；
② 输出电压平均值 U_d 是半波整流电路的 2 倍；
③ 在相同的负载功率下，流过晶闸管的平均电流减小一半；
④ 功率因数提高了 $\sqrt{2}$ 倍。

尽管整流电路的输入电压 u_2 是交变的，但负载上正、负两个半波内均有相同方向的电流流过，输出电压一个周期内脉动两次，由于桥式整流电路在正、负半周均能工作，变压器二次绕组在正、负半周内均有大小相等、方向相反的电流流过，消除了变压器的直流磁化，提高了变压器的有效利用率。

【例 2-2】 单相桥式全控整流电路，电阻负载，要求：电路输出的直流平均电压从 30～150V 连续可调，负载平均电流 I_d 均能达到 15A，考虑最小控制角 $\alpha_\mathrm{min}=30°$。试计算晶闸管控制角的变化范围，并选择晶闸管。

解：由题意，$\alpha_\mathrm{min}=30°$ 时，对应 U_d 的最大值为 150V，由式（2-34）计算出变压器次级电压有效值

$$U_2 = \frac{U_\mathrm{d}}{0.45(1+\cos\alpha)} = \frac{150}{0.45(1+\cos 30°)} = 179\mathrm{V}$$

α 值越大,U_d 越小,在 $U_d=30\text{V}$ 时,求出最大控制角,将 α 值代入式(2-35)可得

$$\cos\alpha = \frac{U_d}{0.45U_2} - 1 = \frac{30}{0.45 \times 179} - 1 = -0.6276$$

$\alpha=129°$ 时,晶闸管导通角的变化范围为 $30°\sim129°$。

根据式(2-32)$I_d=U_d/R$,$U_d=30\text{V}$ 时,电路仍能输出 15A 电流,负载电阻 $R=2\Omega$,当 $U_d=150\text{V}$ 时,负载电流为 75A,则控制角 $\alpha_{\min}=30°$ 则据式(2-35),晶闸管的电流有效值为

$$I_{\text{VT}} = \frac{1}{\sqrt{2}} \frac{U_2}{R} \sqrt{\frac{\sin 2\alpha}{2\pi} + \frac{\pi-\alpha}{\pi}} = \frac{1}{\sqrt{2}} \times \frac{179}{2} \sqrt{\frac{\sin 2(\pi/6)}{2\pi} + \frac{\pi-\pi/6}{\pi}} = 62.4\text{A}$$

考虑晶闸管有效值与通态平均电流的 1.57 倍关系以及考虑电流安全裕量为 $1.5\sim2$ 倍,则

$$I_{\text{VT(AV)}} = (1.5\sim2)I_{\text{VT}}/1.57 = (1.5\sim2)\times62.4/1.57 = 59.6\sim79.5\text{A}$$

考虑晶闸管电压安全裕量 $2\sim3$ 倍,则晶闸管额定电压为

$$U_{\text{VTn}} = (2\sim3)\sqrt{2}U_2 = (2\sim3)\sqrt{2}\times179 = 506\sim759\text{V}$$

根据上述数值可选取型号 KP80-8 晶闸管。

2. 带电感负载的工作情况

(1)电路组成

单相桥式全控整流电路(带电感负载)的电路原理图及波形如图 2-28 所示。

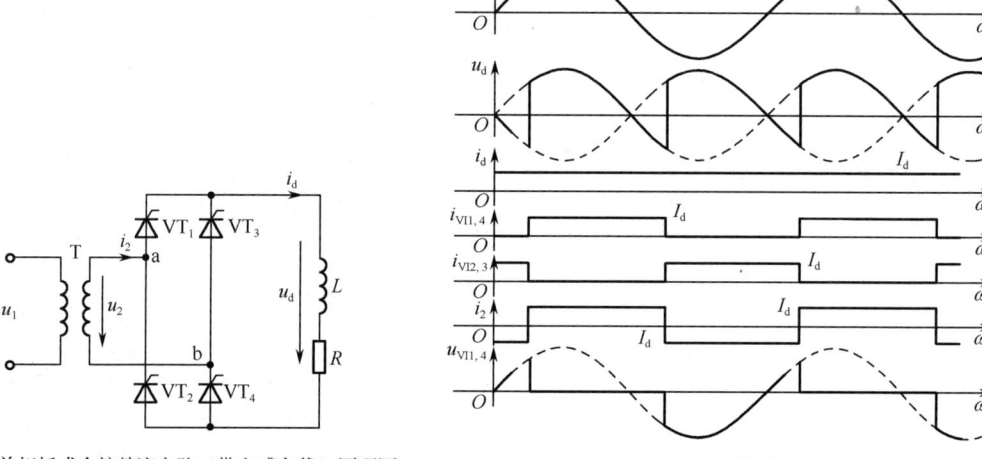

(a)单相桥式全控整流电路(带电感负载)原理图　　　(b)波形

图 2-28　单相桥式全控整流电路(带电感负载)原理图及波形

(2)工作情况

① 在电压 u_2 正半波的($0\sim\alpha$)区间,晶闸管 VT_1、VT_4 承受正向电压,但因为无触发脉冲,VT_1、VT_4 仍处于关断状态。假设电路已经工作在稳定状态,则在 $0\sim\alpha$ 区间由于电感的作用,晶闸管 VT_2、VT_3 维持导通。

② 在 u_2 正半波的($\alpha\sim\pi$)区间,在 $\omega t=\alpha$ 时刻,触发晶闸管 VT_1、VT_4 使其导通,负载电流沿 a→VT_1→L→R→VT_4→b→T 的二次绕组→a 流通,此时负载上有输出电压 $u_d=u_2$。若负载电感很大,i_d 不能突变且波形近似为一条水平。电压 u_2 反向施加到晶闸管 VT_2、VT_3 上,使其承受反向电压而处于关断状态。

③ 在电压 u_2 负半波的[$\pi\sim(\pi+\alpha)$]区间,当 $\omega t=\pi$ 时,电源电压自然过零,由于电感的作用,晶闸管 VT_1 和 VT_4 中仍流过电流 i_d,所以 VT_1 和 VT_4 并不关断,即感应电动势使晶闸管 VT_1、

VT₄继续导通。在电源电压负半波,尽管晶闸管 VT₂、VT₃ 承受正向电压,但是因为无触发脉冲,所以 VT₂、VT₃ 仍处于关断状态。

④ 在 u_2 负半波的 $[(\pi+\alpha)\sim 2\pi]$ 区间,在 $\omega t=\pi+\alpha$ 时刻,触发晶闸管 VT₂、VT₃ 使其导通,负载电流沿 b→VT₃→L→R→VT₂→a→T 的二次绕组→b 流通,电源电压沿正半周期的方向施加到负载上,负载上的输出电压 $u_d=-u_2$ 和电流。此时电源电压反向施加到晶闸管 VT₁ 和 VT₄ 上,使其承受反向电压而关断。晶闸管 VT₂、VT₃ 一直要导通到下一周期 $\omega t=2\pi+\alpha$ 处再次触发晶闸管 VT₁、VT₄ 为止。$\omega t=\pi+\alpha$ 时刻,触发 VT₂ 和 VT₃,VT₂ 和 VT₃ 导通,u_2 通过 VT₂ 和 VT₃ 分别向 VT₁ 和 VT₄ 施加反压使 VT₁ 和 VT₄ 关断,流过 VT₁ 和 VT₄ 的电流迅速转移到 VT₂ 和 VT₃ 上,此过程称为换相,亦称换流。图 2-29 为不同控制角时单相桥式全控整流电路(带电感负载)的实测波形,可与理论波形对照比较。

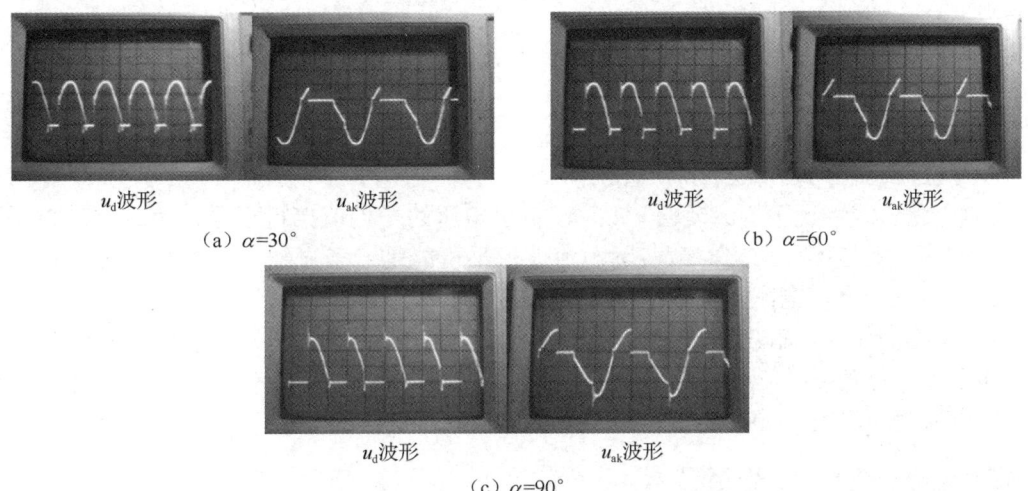

图 2-29 不同控制角时单相桥式全控整流电路(带电感负载)的实测波形

(3)定量分析

① 整流输出电压平均值 U_d 的物理含义是:输出电压的面积除以周期 π。

$$U_d = \frac{1}{\pi}\int_{\alpha}^{\pi+\alpha}\sqrt{2}U_2\sin\omega t\,d(\omega t) = \frac{2\sqrt{2}}{\pi}U_2\cos\alpha = 0.9U_2\cos\alpha \tag{2-39}$$

当 $\alpha=0$ 时,电压平均值最大,$U_{d0}=0.9U_2$。$\alpha=90°$ 时,输出电压波形正、负面积相同,平均值为零,$U_d=0$。晶闸管移相范围为 $0°\sim 90°$。

② 整流输出电压有效值为

$$U = \sqrt{\frac{1}{\pi}\int_{\alpha}^{\pi+\alpha}(\sqrt{2}U_2\sin\omega t)^2\,d(\omega t)} = U_2 \tag{2-40}$$

③ 输出电流平均值 I_d 的物理含义是:直流输出电压平均值除以负载电阻。即

$$I_d = \frac{U_d}{R} = \frac{0.9U_2\cos\alpha}{R} \tag{2-41}$$

若满足 $\omega L \gg R$ 条件时,输出电流波形是一条水平线。

④ 在一个周期内每组晶闸管各导通 180°,两组轮流导通,变压器次级中的电流是正负对称的方波,电流的平均值 I_d 和有效值 I 相等,其波形系数为 1。

⑤ 晶闸管的平均电流 I_{dVT}:由于晶闸管轮流交替导通,流过每个晶闸管的平均电流是负载平均电流的一半。即

$$I_{dVT} = \frac{1}{2} I_d \tag{2-42}$$

⑥ 晶闸管的电流有效值 I_{VT}：晶闸管导通角 θ 与 α 无关，均为 180°，由于每个晶闸管轮流交替导通 180°，则

$$I_{VT} = \sqrt{\frac{1}{2\pi}\int_{\alpha}^{\pi+\alpha} I_d^2 d(\omega t)} = \sqrt{\frac{\pi}{2\pi}} I_d = \frac{1}{\sqrt{2}} I_d \tag{2-43}$$

$$I_{VT(AV)} = (1.5 \sim 2)\frac{I_{VT}}{1.57}$$

⑦ 变压器二次电流 i_2 的波形是对称的正、负矩形波，其有效值 I_2 为

$$I_2 = \sqrt{\frac{1}{2\pi}\int_{\alpha}^{2\pi+\alpha} I_d^2 d(\omega t)} = \sqrt{\frac{1}{2\pi}\left[\int_{\alpha}^{\pi+\alpha} I_d^2 d(\omega t) + \int_{\pi+\alpha}^{2\pi+\alpha} (-I_d)^2 d(\omega t)\right]} = I_d = \sqrt{2} I_{VT} \tag{2-44}$$

⑧ 晶闸管承受的最大正、反向电压均为 $\sqrt{2}U_2$。

（4）电路特点

① 单相桥式全控整流电路输出电流脉动小，功率因数高，变压器次级中电流为两个等大反向的半波，没有直流磁化问题，变压器的利用率高。

② 在大电感负载情况下，α 接近 $\pi/2$ 时，输出电压的平均值接近于零，负载上的电压太小。且理想的大电感负载是不存在的，故实际电流波形不可能是一条直线，而且在 $\alpha=\pi$ 之前，电流就出现断续。电感量越小，电流开始断续的 α 值就越小。

③ 由于电感的作用，输出电压出现负半周波形；当电感无限大时，控制角 α 在 0～90°之间变化时，晶闸管导通角 $\theta=\pi$，导通角 θ 与控制角 α 无关。输出电流近似平直，流过晶闸管和变压器二次侧的电流为矩形波，如图 2-28（b）所示。

3. 带反电势负载时的工作情况

（1）电阻性反电动势负载的工作情况

当负载为被充电的蓄电池、直流电动机的电枢（忽略其中的电感）等情况时，对于相控整流电路来说，负载可以看成一个直流电压源，对于整流电路，它们就是反电动势负载。单相桥式全控整流电路（带反电动势负载）的电路原理图及波形如图 2-30 所示。

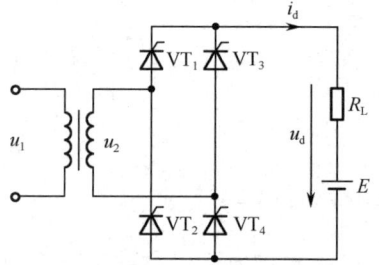
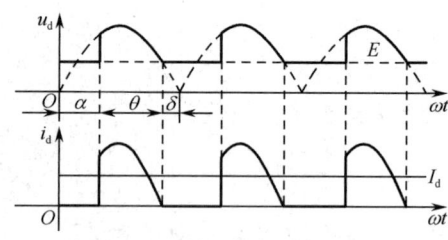

（a）单相桥式全控整流电路（带电阻性反电动势负载）原理图　　　（b）波形

图 2-30　单相桥式全控整流电路（带反电动势负载）原理图及波形

$|u_2|>E$ 时，才有晶闸管承受正电压，有导通的可能。晶闸管导通之后，$u_d=u_2$，$i_d=\dfrac{u_d-E}{R}$，直至 $|u_2|=E$，i_d 即降至 0 使得晶闸管关断，此后 $u_d=E$。与电阻负载时相比，晶闸管提前了电角度 δ 停止导电，δ 称为停止导电角。

$$\delta = \arcsin\frac{E}{\sqrt{2}U_2} \tag{2-45}$$

当 $\alpha<\delta$ 时，当触发脉冲到来时，晶闸管因承受负电压不可能导通。因此为了使晶闸管可靠导通，触发脉冲要有足够的宽度，保证当 $\omega t=\delta$ 时刻，晶闸管开始承受正电压，触发脉冲仍然存在。这样，这样就要求触发角 $\alpha\geq\delta$，相当于触发角被推迟为 δ。在 α 角相同时，单相桥式全控整流电路接电阻性反电动势负载的输出电压比接纯电阻负载时的输出电压大。接反电动势负载时，负载电流有断续情况，如果是直流电动机，机械特性变软，为了使电流连续，负载回路加平波电抗器。

（2）电感性反电动势负载的情况

图 2-30（a）中，若负载为直流电动机时，此时负载性质为电感性反电动势负载（电枢电阻、电枢电感、感应电动势分别对应为电阻、电感和反电动势）。当电枢电感不足够大时，输出电流波形断续，使晶闸管-电动机系统的机械特性变软。在晶闸管导通期间，输出整流电压 $u_d=E+i_dR_d$，在晶闸管关断期间，即导通角 $\theta<\pi$，电流波形出现断续。负载端电压保持原有电动势，故整流平均值电压较电感负载时更大。为此通常在负载回路串接平波电抗器以减小电流脉动，延长晶闸管导通时间。对于直流电动机负载来说，由于电流断续，随着 I_d 的增大，转速 n（反电动势 E）降落较大，相当于整流电源的内阻增大，较大的峰值电流在电动机换向时易产生火花；对于交流电源来说，因电流有效值大，要求电源的容量大，使功率因数变低。因此，在反电动势负载回路中一般要串联一个平波电抗器，这样减小了电流的脉动并延长了晶闸管导通的时间，输出电压中交流分量降落在电抗器上，输出电流波形连续平直。如果电感足够大，电流就能连续，在这种条件下其工作情况与电感负载相同。单相桥式全控整流电路（反电动势负载串平波电抗器）的波形如图 2-31 所示。

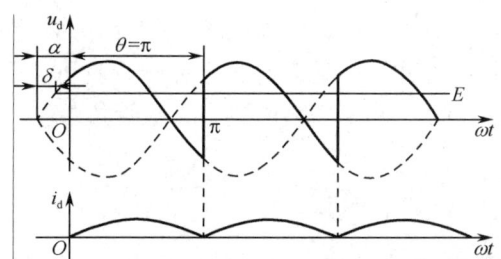

图 2-31 单相桥式全控整流电路（反电动势负载串平波电抗器）的波形

电流连续时负载电流平均值计算如式（2-46）所示。

$$I_d = \frac{U_d - E}{R_d} \tag{2-46}$$

对比单相桥式全控整流电路与单相全波可控整流电路，两者的区别如下。

① 单相全波可控整流电路与单相桥式全控整流电路从直流输出端或从交流输入端看均是基本一致的。

② 单相桥式全控整流电路的变压器二次侧流过正、反两个方向的电流，不存在直流磁化的问题。

③ 单相全波可控整流电路只用 2 个晶闸管，比单相桥式相控整流器少 2 个，相应地，门极驱动电路也少 2 个；但是晶闸管承受的最大电压是单相桥式全控整流电路的 2 倍。

④ 单相全波可控整流电路的导电回路只含 1 个晶闸管，比单相桥式全控整流电路少 1 个，因而管压降也少 1 个。相比之下，单相全波可控整流电路有利于在低输出电压的场合应用。

【例 2-3】 一个单相桥式全控整流电路，已知：$U_2=100V$，负载中 $R=2\Omega$，L 值极大，反电势 $E=60V$。当 $\alpha=30°$ 时，

① 画出 u_d、i_d 和 i_2 的波形；

② 求整流输出平均电压 U_d、电流 I_d，变压器二次侧电流有效值 I_2；

③ 考虑安全裕量，确定晶闸管的额定电压和额定电流。

解：① u_d、i_d 和 i_2 的波形如图 2-32 所示。

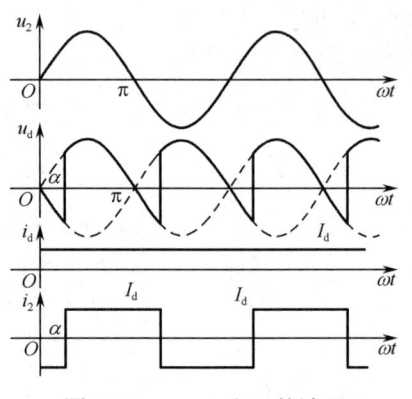

图 2-32 u_d、i_d 和 i_2 的波形

② 整流输出平均电压 U_d、电流 I_d，变压器二次侧电流有效值 I_2 分别为

$$U_d = 0.9 U_2 \cos\alpha = 0.9 \times 100 \times \cos 30° = 77.97\text{A}$$
$$I_d = (U_d - E)/R = (77.97 - 60)/2 = 9\text{A}$$
$$I_2 = I_d = 9\text{A}$$

③ 晶闸管承受的最大反向电压为

$$\sqrt{2}U_2 = 100\sqrt{2} = 141.4\text{V}$$

流过每个晶闸管的电流的有效值为

$$I_{VT} = I_d/\sqrt{2} = 6.36\text{A}$$

故晶闸管的额定电压为

$$U_{VTn} = (2 \sim 3) \times 141.4 = (283 \sim 424)\text{V}$$

晶闸管的额定电流为

$$I_{T(AV)} = (1.5 \sim 2) \times 6.36/1.57 = (6 \sim 8)\text{ A}$$

晶闸管额定电压和电流的具体数值可按晶闸管产品系列参数选取。

2.2.4 单相桥式半控整流电路

单相桥式全控整流电路中，每个工作区间有两个晶闸管导通，每个导电回路由两个晶闸管同时控制。实际上，对单个导电回路进行控制只需一个晶闸管就可以了。为此，可在每个导电回路中，可以一个仍用晶闸管进行控制，另一个则用电力二极管代替，从而简化了整个电路。

1．带电阻负载工作情况

（1）电路组成

图 2-33 为单相桥式半控整流电路（带电阻负载）原理图。把图 2-26（a）中的晶闸管 VT_2、VT_4 换成二极管 VD_2、VD_4，图中，晶闸管 VT_1、VT_3 的阴极接在一起称为共阴极接法，二极管 VD_2 和 VD_4 的阳极接在一起称为共阳极接法，即构成单相桥式半控整流电路。

（2）工作情况

图 2-34 为 $\alpha = 30°$ 时输出电压 u_d 与晶闸管 VT_1 两端电压的理论波形。当电源电压 u_2 处于正半周时，a 端处于高电位而 b 端处于低电位，此时晶闸管 VT_1 和 VD_4 同时承受正向电源电压，VT_3 和 VD_2 同时承受负向电源电压，在 $\alpha = 30°$ 时（ωt_1 时刻）加入触发脉冲使 VT_1 导通，此时二极管 VD_4 也因承受正向电压而导通，电源电压 u_2 全部加在负载电阻两端，整流输出的电压 u_d 的波形与电源电压 u_2 正半周的波形相同。在电源电压 u_2 过零时（ωt_2 时刻），晶闸管 VT_1 和二极管 VD_4 承受反向电压关断；当电源电压 u_2 处于负半周时，b 端处于高电位而 a 端处于低电位，VT_1 和 VD_4 同时承受负向电源电压，此时晶闸管 VT_3 和 VD_2 同时承受正向电源电压，在相同的触发延迟角 $\alpha = 30°$（ωt_3 时刻）触发晶闸管 VT_3 使其导通，此时二极管 VD_2 也因承受正向电压而导通。负载电压是与前半个周期形状相同的电压波形，直到 u_2 过零时（ωt_4 时刻），VT_3 关断。电源电压 u_2 过零重新变正时（ωt_4 时刻），VT_3 和 VD_2 承受反向电压关断。

（3）电路特点

由以上的测试和分析可以得出以下结论。

① 两个晶闸管 VT_1 和 VT_3 的阴极接在一起，触发脉冲同时送给两管的门极，能被触发导通的只能是承受正向电压的一只晶闸管。

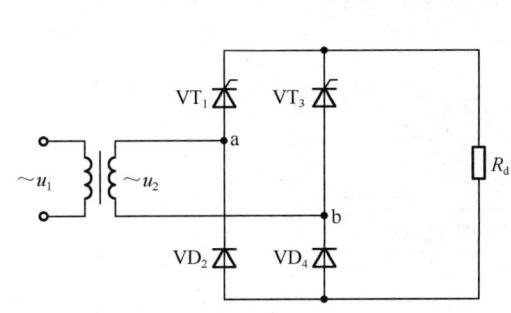

图 2-33 单相桥式半控整流电路
（带电阻负载）原理图

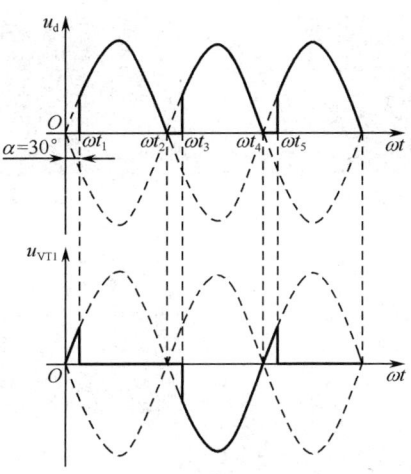

图 2-34 $\alpha=30°$ 时输出电压 u_d 与
晶闸管 VT_1 两端电压的理论波形

② 两个二极管 VD_2 和 VD_4 的阳极接在一起，它们能否导通仅取决于电源电压的正负，也就是说，阴极电位低的二极管导通。

③ 移相范围为 $0°\sim180°$。

④ 单相桥式半控整流电路带电阻负载的电路参数计算。在电阻负载下，单相桥式半控整流电路和单相桥式全控整流电路的 u_d、i_d、i_2 等波形完全相同，因此一些计算公式也相同。

2．带电感负载的工作情况

（1）电路组成

单相桥式半控整流电路（带电感负载，无续流二极管）原理图及波形如图 2-35 所示，可以看出，该电路带电感负载时与电阻负载时输出的 u_d 波形是一样的。该电路即使直流输出端不接有续流二极管，但在桥路内部的续流作用下，负载端与接续流二极管时的情况还是一样的。若负载电感为无穷大，则电路中电流平直。图 2-36 为不同 α 条件下单相桥式半控整流电路（带电感负载，无续流二极管，电感为有限值）的实测波形，可与理论波形对照比较。

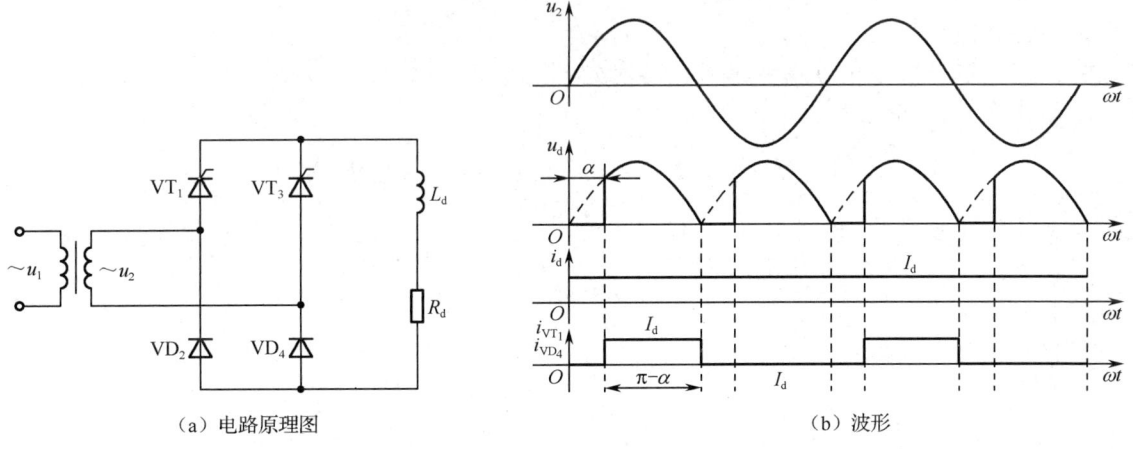

图 2-35 单相桥式半控整流电路（带电感负载，无续流二极管）原理图及波形

（2）工作原理

① 当 u_2 为正半周时，在 $\omega t=\alpha$ 时刻触发晶闸管 VT_1 使其导通，电流从电源电压 u_2 正端 $\rightarrow VT_1 \rightarrow L \rightarrow R \rightarrow VD_4 \rightarrow u_2$ 负端向负载供电。

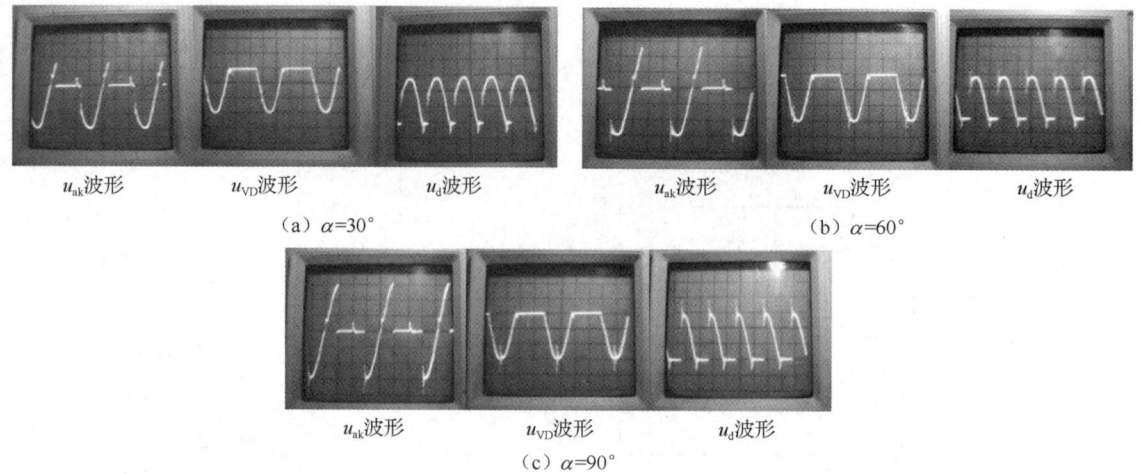

图 2-36 不同 α 条件下单相桥式半控整流电路（带电感负载，无续流二极管，电感为有限值）的实测波形

② u_2 过零变负时，因电感 L 的作用使电流连续，VT_1 继续导通。但因 a 点电位低于 b 点电位，使得电流从 VD_4 转移至 VD_2，VD_4 关断，电流不再流经变压器二次绕组，而是经 VT_1 和 VD_2 续流。此阶段，忽略器件的通态压降，则 $u_d=0$，不会出现 u_d 为负的情况。

③ 在 u_2 负半周 $\omega t=\pi+\alpha$ 时刻触发 VT_3 使其导通，则 VT_1 承受反压而关断，u_2 经 $VT_3 \to L \to R \to VD_2 \to u_2$ 负端向负载供电。

④ u_2 过零变正时，VD_4 导通，VD_2 关断。VT_3 和 VD_4 续流，u_d 又为零。此后重复以上过程。

（3）电路特点

① 晶闸管在触发时刻被迫换流，在电源电压过零时自然换流。所以单相桥式半控整流电路由于自然续流的作用，整流输出电压 u_d 的波形没有负半波的部分，与单相桥式全控整流电路带电阻负载相同，U_d、I_d 的计算公式与电阻负载相同。流过晶闸管和二极管的电流都是宽度为 180°的方波且与控制角无关，变压器的二次电流为正、负对称的交变方波。

② 尽管单相桥式半控整流电路具有自续流能力，但在实际运行时，若突然把控制角 α 增大到 180°或突然切断触发电路时，会发生导通的晶闸管一直导通而两个二极管轮流导通的失控现象。故实用中常需要加续流二极管，以避免可能发生的失控现象。

（4）定量分析

由图 2-35（b）所示的波形分析可以得出如下结论。

① 输出电压平均值为

$$U_d = \frac{1}{\pi}\int_\alpha^\pi \sqrt{2}U_2 \sin \omega t \,d(\omega t) = \frac{\sqrt{2}}{\pi}U_2(1+\cos\alpha) = 0.9U_2 \frac{1+\cos\alpha}{2} \tag{2-47}$$

② 输出电压有效值为

$$U = \sqrt{\frac{1}{\pi}\int_\alpha^\pi (\sqrt{2}U_2 \sin \omega t)^2 \,d(\omega t)} = U_2\sqrt{\frac{\sin 2\alpha}{2\pi}+\frac{\pi-\alpha}{\pi}} \tag{2-48}$$

③ 负载电流平均值为

$$I_d = 0.9 \frac{U_d}{R}\frac{1+\cos\alpha}{2} \tag{2-49}$$

④ 在控制角为 α 时，每个晶闸管一周期内的导通角 $\theta_T=\pi-\alpha$，流过晶闸管的电流平均值和有效值分别为

$$I_{dVT} = \frac{\theta_T}{2\pi}I_d = \frac{\pi-\alpha}{2\pi}I_d \tag{2-50}$$

$$I_{VT} = \sqrt{\frac{\theta_T}{2\pi}} I_d = \sqrt{\frac{\pi - \alpha}{2\pi}} I_d \qquad (2\text{-}51)$$

⑤ 晶闸管可能承受的最大电压为

$$U_{VTM} = \sqrt{2} U_2$$

3．单相桥式半控整流电路（带续流二极管）

（1）失控现象

如前所述，单相桥式半控整流电路在带大电感负载，无续流二极管的情况下，尽管电路能正常工作，但工作的可靠性不高，在实际使用时容易出现失控现象。

单相桥式半控整流电路（带大电感负载，无续流二极管）失控时输出电压 u_d 的波形如图 2-37 所示。在 ωt_3 时刻，电源电压 u_2 处于正半周，触发电路正常送出触发脉冲 u_{g1} 使晶闸管 VT_1 被触发导通，此时 VT_1 和 VD_4 导通，电路处于整流状态，负载电流 i_d 的流向 VT_1 和 VD_4 导通。当电源电压 u_2 过零进入负半周时，负载电流 i_d 由 VD_4 换流到 VD_2，VT_1 和 VD_2 导通，电路进入自然续流状态。在 ωt_4 时刻，电源电压 u_2 处于负半周，触发电路本应送出触发脉冲 u_{g3} 使晶闸管 VT_3 被触发导通，同时使 VT_1 承受反向电压关断，但是由于某种原因造成触发脉冲 u_{g3} 突然丢失，则 VT_3 无法导通，只要电感 L_d 中储存的能量足够大，续流过程将继续进行，直至电源电压 u_2 的负半周结束。当电源电压 u_2 再次过零进入正半周时，VT_1 承受正向电压继续导通，负载电流 i_d 由 VD_2 换流到 VD_4，电路再次进入整流状态，如此循环下去。也就是说，在单相桥式半控整流电路带大电感负载且无续流二极管的情况下，电路中若出现触发延迟角 α 突然增大到 180°或脉冲突然丢失的情况，将会发生已导通的晶闸管持续导通无法关断、两个整流二极管轮流导通的不正常现象，这使 u_d 成为正弦半波，相当于单相半波不可控整流电路时的波形，即半周期 u_d 为正弦，另外半周期 u_d 为零，其平均值保持恒定，这种现象被称为失控现象。在生产实际中，电路一旦出现失控，已经导通的晶闸管因过热而损坏，这是不允许的。

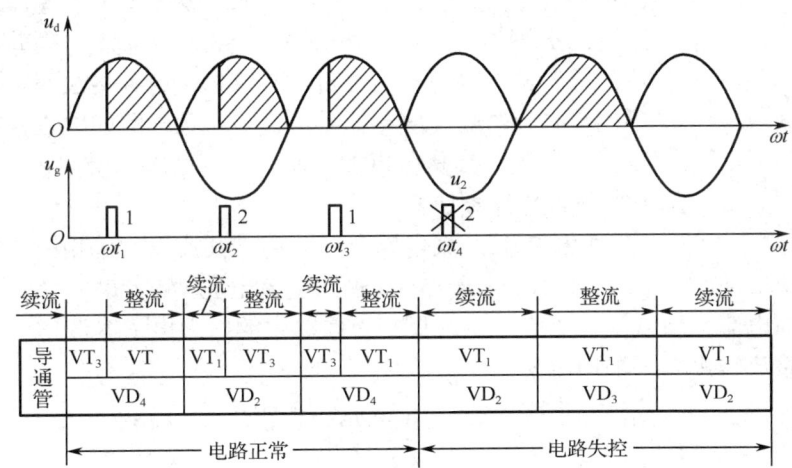

图 2-37 单相桥式半控整流电路（带大电感负载，无续流二极管）失控时输出电压 u_d 的波形

（2）防止失控的措施

为了防止失控现象的产生，可以在负载两端并联一个二极管 VD_R（称为续流二极管），单相桥式半控整流电路（带大电感负载，接续流二极管）原理图及波形如图 2-38 所示。续流二极管 VD_R 的作用是取代晶闸管和桥臂中整流二极管的续流作用。在 u_2 的正半周，VT_1、VD_1 导通，VD_R 承受反向电压关断，从 u_2 过零变为负时，在电感的感应电势作用下，使 VD_R 承受正偏压而导通，负载电流 i_d 经感性负载及续流二极管 VD_R 构成通路，电感释放能量，此时桥路直流输出端只有 1V 左右

的压降，迫使晶闸管与二极管串联电路中的电流减小到维持电流以下，使晶闸管关断，从而防止了失控现象发生。接续流二极管后，输出整流电压 U_d 的波形与不接续流二极管时相同，但流过晶闸管和整流管的波形则因二者导通角不同而有所不同。有续流二极管 VD_R 时，续流过程由 VD_R 完成，避免了失控的现象。续流期间导电回路中只有一个管压降，少了一个管压降，有利于降低损耗。

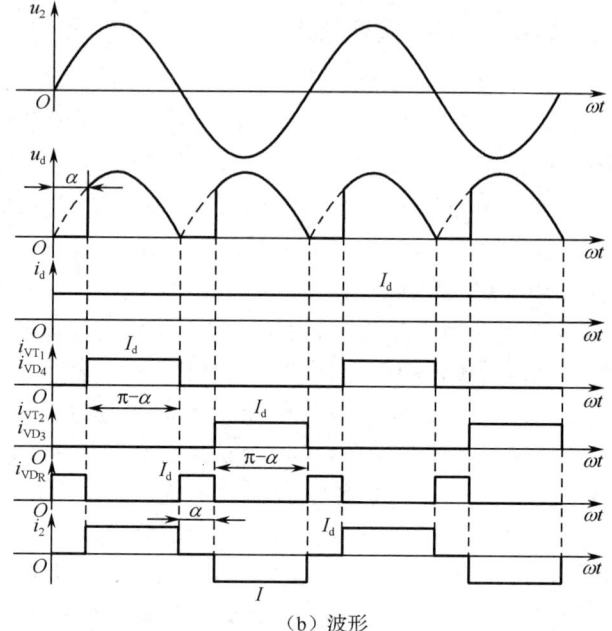

（a）电路原理图　　　　　　　　　　（b）波形

图 2-38　单相桥式半控整流电路（带大电感负载，接续流二极管）原理图及波形

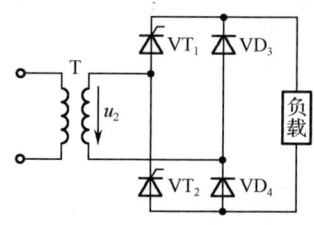

图 2-39　单相桥式半控整流电路的另一种接法

单相桥式半控整流电路的另一种接法如图 2-39 所示，相当于把图 2-28（a）中的 VT_3 和 VT_4 换成二极管 VD_3 和 VD_4，这样可以省去续流二极管 V_{DR}，续流由 VD_3 和 VD_4 来实现。因此，即使不外接续流二极管，电路也不会出现失控现象。这种接法两个晶闸管阴极电位不同，二者的触发电路需要隔离。这种电路的二极管既要参与整流又要参与续流，其负担增加。此时，两个晶闸管阴极电位不同，VT_1 和 VT_2 触发电路要隔离。

【例 2-4】　某电感负载采用带续流管的单相桥式半控整流电路供电，如图 2-39 所示。已知电感线圈的内阻 $R_d=5\Omega$，输入交流电压 $U_2=220V$，控制角 $\alpha=60°$。试求晶闸管与续流管的电流平均值及有效值，并选择整流电路中的电力电子器件。

解： 首先求整流输出电压平均值为

$$U_d = 0.9U_2 \frac{1+\cos\alpha}{2} = 0.9 \times 220 \times \frac{1+\cos 60°}{2} = 149V$$

求负载电流平均值为

$$I_d = \frac{U_d}{R_d} = \frac{149}{5} = 30A$$

流过晶闸管与整流二极管的电流平均值与有效值为

$$I_{dVT} = \frac{\pi-\alpha}{2\pi}I_d = \frac{180°-60°}{360°} \times 30 = 10A$$

$$I_{VT} = \sqrt{\frac{\pi-\alpha}{2\pi}}I_d = \sqrt{\frac{180°-60°}{360°}} \times 30 = 17.3A$$

流过续流二极管的电流平均值与有效值为

$$I_{dDR} = \frac{\alpha}{\pi} I_d = \frac{60°}{180°} \times 30 = 10\text{A}$$

$$I_{DR} = \sqrt{\frac{\alpha}{\pi}} I_d = \sqrt{\frac{60°}{180°}} \times 30 = 17.3\text{A}$$

确定晶闸管定额为

$$U_{VTn} = (2 \sim 3) U_{VTM} = (2 \sim 3) \times 311 = (622 \sim 933)\text{V}$$

$$I_{T(AV)} = (1.5 \sim 2)\frac{I_{VT}}{1.57} = (1.5 \sim 2)\frac{17.3}{1.57} = 16.5 \sim 22\text{A}$$

取 U_{VTn}=700V，$I_{T(AV)}$=20A，选晶闸管型号为 KP20-7。同样，选整流管及续流管型号为 ZP20-7。

2.3 三相相控整流电路

2.3.1 三相半波可控整流电路

三相半波可控整流电路的接法有两种：共阴极接法和共阳极接法。

1. 带电阻负载工作情况

（1）电路组成

三相半波可控整流电路（带电阻负载）的电路及 $\alpha=0°$ 时的波形如图 2-40 所示。电路如图 2-40（a）所示，为了得到零线，整流变压器 T 的二次绕组接成星形；为了给 3 次及其倍数次谐波电流提供通路，减少其对电网的影响，变压器一次绕组接成三角形；图中 3 个晶闸管的阴极连在一起，称为共阴极接法，这种接法触发电路有公共端，连线方便。3 个晶闸管的触发脉冲互差 120°，在三相整流电路中，通常规定 $\omega t=30°$ 为控制角 α 的起点，称为自然换相点。三相半波共阴极整流电路的自然换相点是三相电源相电压正半周波形的交点，在各相相电压的 30°处，即 ωt_1、ωt_2、ωt_3 点。自然换相点之间互差 120°。

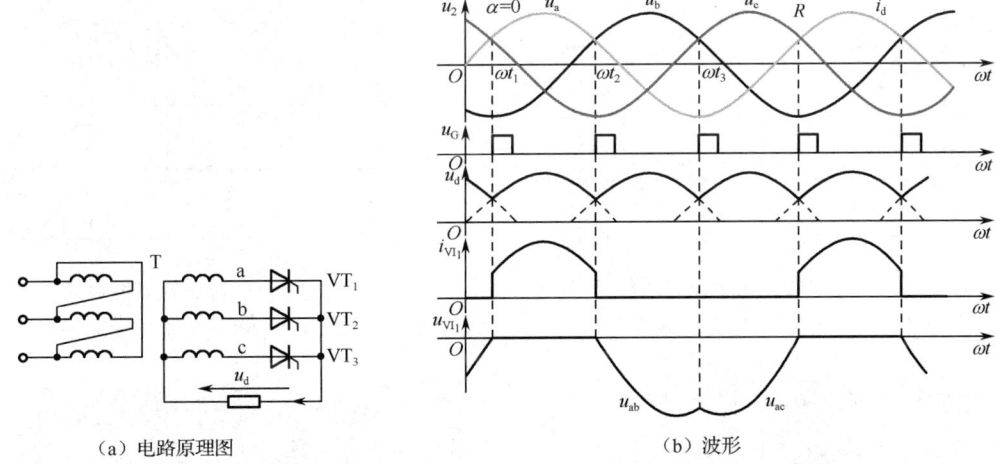

（a）电路原理图　　　　　　（b）波形

图 2-40　三相半波可控整流电路（带电阻负载）的电路及 $\alpha=0°$ 时的波形

（2）工作原理

假设将图 2-40（a）中的晶闸管换成二极管，3 个二极管对应的相电压中哪一个的值最大，则该相所连接的二极管导通，并使另两相的二极管承受反压关断，输出整流电压即为该相的相电压。在相电压的交点 ωt_1、ωt_2、ωt_3 处，均出现了二极管换相，这些交点即为自然换相点，将其作为 α

的起点，即 α=0。下面以电阻负载 α=0°为例进行分析，在图 2-43 中有以下几点。

① 在 $\omega t_1 \sim \omega t_2$ 区间，a 相电压最高，VT_1 承受正向电压。在 ωt_1 时刻触发 VT_1 使其导通，导通角 θ=120°，输出电压 $u_d=u_a$。其他两个晶闸管承受反向电压而不能导通。VT_1 通过的电流 i_{VT1} 与变压器二次侧 a 相电流波形相同，大小相等，可在负载电阻 R 两端测得。

② 在 $\omega t_2 \sim \omega t_3$ 区间，b 相电压最高，VT_2 承受正向电压。在 ωt_2 时刻触发 VT_2，则 VT_2 导通，$u_d=u_b$。VT_1 两端电压 $u_{VT1}=u_a-u_b=u_{ab}<0$，晶闸管 VT_1 承受反向电压关断。

③ 在 $\omega t_3 \sim \omega t_4$ 区间，有 c 相电压最高，VT_3 承受正向电压。在 ωt_3 时刻触发 VT_3，则 VT_3 导通，$u_d=u_c$。VT2 两端电压 $u_{VT2}=u_b-u_c=u_{bc}<0$，晶闸管 VT2 承受反向电压关断。在 VT3 导通期间，VT1 两端电压 $u_{VT1}=u_a-u_c=u_{ac}<0$。这样在一个周期内，VT_1 只导通 120°，在其余 240°的时间承受反向电压而处于关断状态。

（3）电路波形

α=30 和 α=60°时三相半波可控整流电路（带电阻负载）的波形分别如图 2-41 和图 2-42 所示。从图 2-41 的波形可以看出，α=30°是输出电压、电流连续和断续的临界点。当 α<30°时，输出电压、电流连续，后一相的晶闸管导通使前一相的晶闸管关断；当 α>30°时，输出电压、电流断续，前一相的晶闸管由于交流电压过零变负而关断后，后一相的晶闸管未到触发时刻，此时 3 个晶闸管都不导通，输出电压 $u_d=0$，直到后一相的晶闸管被触发导通，各晶闸管导通角小于 120°，输出电压为该相电压。三相半波可控整流电路带电阻负载，α=60°时的波形如图 2-42 所示。显然，α=150°时输出电压为零，所以三相半波可控整流电路电阻负载的移相范围是 0°～150°。

3 个晶闸管轮流导通 120°，u_d 波形为 3 个相电压在正半周期的包络线。变压器二次绕组电流有直流分量。晶闸管电压由一段管压降和两段线电压组成，随着 α 增大，晶闸管承受的电压中正的部分逐渐增多。不同 α 时三相半波可控整流电路（带电阻负载）的实测波形如图 2-43 所示。

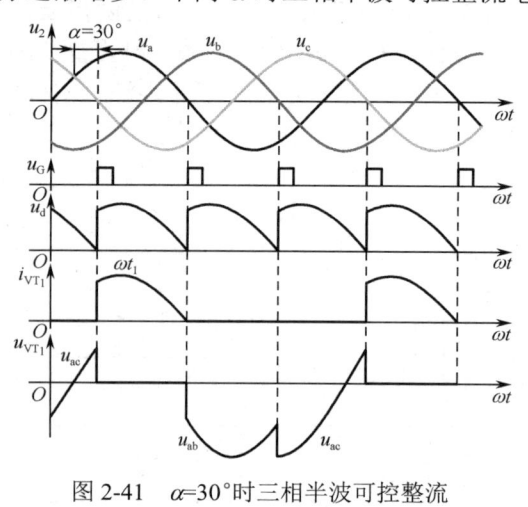

图 2-41 α=30°时三相半波可控整流电路（带电阻负载）的波形

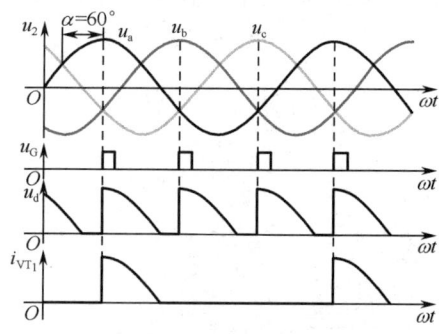

图 2-42 α=60°时三相半波可控整流电路（带电阻负载）的波形

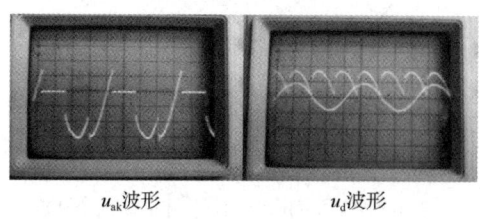

（a）α=30°

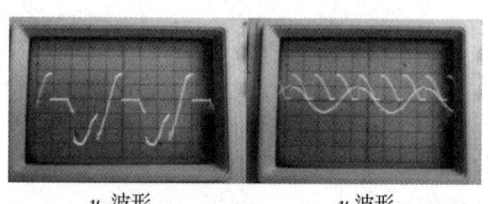

（b）α=60°

图 2-43 不同 α 值时三相半波可控整流电路（带电阻负载）的实测波形

（4）定量分析

① 整流输出电压平均值 U_d。

U_d 的物理含义是：输出电压的面积除以周期 $2\pi/3$。$\alpha=30°$ 是 u_d 波形连续和断续的分界点，即 $\alpha\leqslant30°$，输出电压 u_d 波形连续；$\alpha>30°$，u_d 波形断续，因此，计算输出电压平均值 U_d 时应分两种情况进行。

1）$\alpha\leqslant30°$ 时，负载电流连续，一个周期中有 3 个相同的波形，或每 120°有一个波形。因此计算 U_d 的表达式为

$$U_d = \frac{1}{\frac{2\pi}{3}}\int_{\frac{\pi}{6}+\alpha}^{\frac{5\pi}{6}+\alpha} \sqrt{2}U_2\sin\omega t\,d(\omega t) = \frac{3\sqrt{6}}{2\pi}U_2\cos\alpha = 1.17U_2\cos\alpha \qquad (2\text{-}52)$$

2）当 $\alpha=0$ 时，U_d 最大，为 $U_d=U_{d0}=1.17U_2$。

3）$\alpha>30°$ 时，负载电流断续，波形在 π 处结束，所以 U_d 表达式的积分上限为 π，晶闸管导通角减小，此时有

$$U_d = \frac{1}{\frac{2\pi}{3}}\int_{\frac{\pi}{6}+\alpha}^{\pi} \sqrt{2}U_2\sin\omega t\,d(\omega t) = \frac{3\sqrt{2}}{2\pi}U_2\left[1+\cos\left(\frac{\pi}{6}+\alpha\right)\right] = 0.675\left[1+\cos\left(\frac{\pi}{6}+\alpha\right)\right] \qquad (2\text{-}53)$$

② 负载电流平均值。

$$I_d = \frac{U_d}{R} \qquad (2\text{-}54)$$

③ 晶闸管平均电流 I_{dVT}。由于每个周期 360°中晶闸管轮流导通 120°，流过每个晶闸管的平均电流是负载平均电流的 1/3。即

$$I_{dVT} = \frac{1}{3}I_d \qquad (0°\leqslant\alpha\leqslant150°) \qquad (2\text{-}55)$$

④ 晶闸管电流有效值 I_{VT}。

1）$\alpha\leqslant30°$ 时，电流波形连续，每个晶闸管在 2π 周期中导通 $2\pi/3$ 区间，所以

$$I_{VT} = \sqrt{\frac{1}{2\pi}\int_{\frac{\pi}{6}+\alpha}^{\frac{5\pi}{6}+\alpha}\left(\frac{\sqrt{2}U_2\sin\omega t}{R}\right)^2 d(\omega t)} = \frac{U_2}{R}\sqrt{\frac{1}{2\pi}\left(\frac{2\pi}{3}+\frac{\sqrt{3}}{2}\cos 2\alpha\right)} \qquad (2\text{-}56)$$

2）$\alpha>30°$ 时，电流波形在 π 处断续，所以 I_{VT} 表达式的积分上限为 π，每个周期中有一个波形，则

$$I_{VT} = \sqrt{\frac{1}{2\pi}\int_{\frac{\pi}{6}+\alpha}^{\pi}\left(\frac{\sqrt{2}U_2\sin\omega t}{R}\right)^2 d(\omega t)} = \frac{U_2}{R}\sqrt{\frac{1}{2\pi}\left(\frac{5\pi}{6}-\alpha+\frac{\sqrt{3}}{4}\cos 2\alpha+\frac{1}{4}\sin 2\alpha\right)} \qquad (2\text{-}57)$$

⑤ 晶闸管承受的最大正、反向电压 U_{VTM}。

从上述波形图可以看出，晶闸管阳极与阴极间的最大电压等于变压器二次相电压的峰值，即晶闸管阳极与零线间的最大电压 $U_{FM}=\sqrt{2}U_2$；晶闸管承受的最大反向电压为变压器二次线电压峰值，即 $U_{RM}=\sqrt{2}\times\sqrt{3}U_2=\sqrt{6}U_2=2.45U_2$。因此，在选择晶闸管的额定电压时，应考虑到承受最大反向电压的峰值情况。

（5）电路特点

① 任一时刻，只有承受最高电压的晶闸管才能被触发导通，输出电压 u_d 的波形是三相电源相电压正半波完整的包络线，输出电流 i_d 与输出电压 u_d 的波形相同、相位相同（$i_d=u_d/R$）。

② 当 $\alpha=0°$ 时，输出整流电压最大；增大 α 时，波形的面积减小，即整流电压减小；当 $\alpha=150°$ 时，整流电压为零。所以，电阻负载控制角 α 的移相范围为 0°～150°。

③ 当 $\alpha \leq 30°$ 时，负载电流连续，每个晶闸管在一个周期中持续导通 120°；当 $\alpha > 30°$ 时，负载电流断续，晶闸管的导通角为 $\theta = 150° - \alpha$。

④ 流过晶闸管的电流等于变压器的二次电流。

⑤ 晶闸管承受的最大电压是变压器二次线电压的峰值 $\sqrt{6}U_2$。

⑥ 输出整流电压 u_d 的脉动频率为 3 倍的电源频率，脉波数 m=3。

2．带电感负载工作情况

（1）电路组成

图 2-44 为 $\alpha=60°$ 时三相半波可控整流电路（带电感负载）的电路及波形。从图 2-44（a）所示的电路图可以看到，三相半波可控整流大带电感负载电路采用 3 个晶闸管构成，VT$_1$、VT$_3$、VT$_5$ 采用共阴极接法，若电感 L 足够大，且满足 $\omega L \gg R$，则各相晶闸管触发延迟角 α 的起始点（即 $\alpha=0°$）在自然换相点。

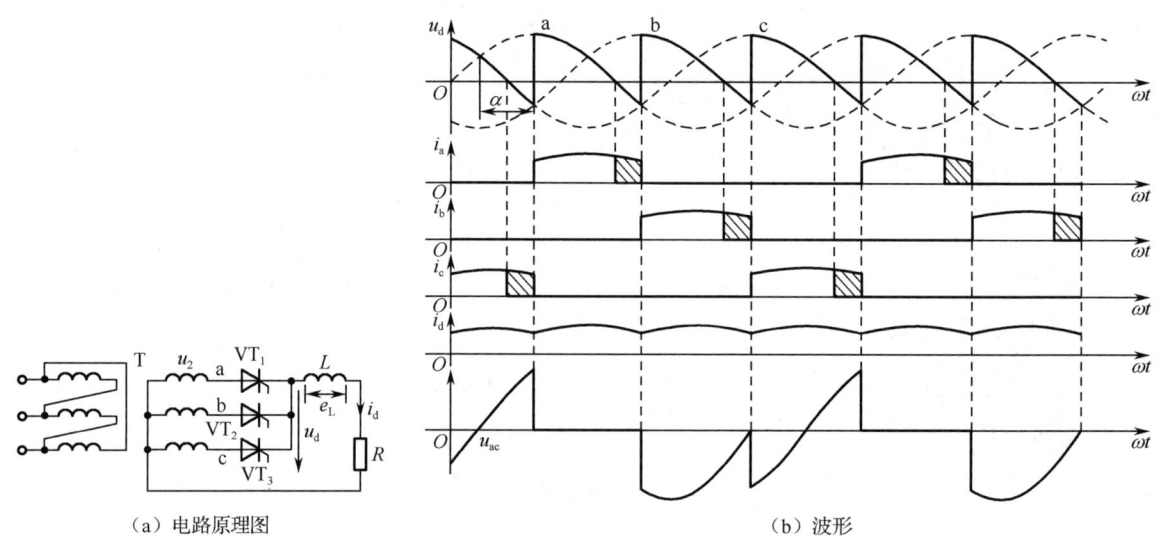

（a）电路原理图　　　　　　　　　　　（b）波形

图 2-44　$\alpha=60°$ 时三相半波可控整流电路（带电感负载）的电路及波形

（2）工作原理

当 $\alpha \leq 30°$ 时，相邻两相的换流是在原导通相的交流电压过零变负之前，其工作情况与电阻负载相同，输出电压 u_d 波形、u_{VT} 波形也相同。由于负载电感的储能作用，输出电流 i_d 是近似平直的直流波形，晶闸管中分别流过幅度 I_d、宽度 120°的矩形波电流，导通角 $\theta=120°$。

当 $\alpha > 30°$ 时，如 $\alpha=60°$ 时［如图 2-44（b）所示］，VT$_1$ 已经导通，在 a 相交流电压过零变负后，由于未到 VT$_2$ 的触发时刻，VT$_2$ 未导通，VT$_1$ 在负载电感产生的感应电动势作用下继续导通，输出电压 $u_d<0$，直到 VT$_2$ 被触发导通，VT$_1$ 承受反向电压而关断，输出电压 $u_d=u_b$，然后重复 a 相的过程。

不同 α 时三相半波可控整流电路（带电感负载）的实测波形如图 2-45 所示。

（3）定量分析

① 整流输出电压平均值：其物理含义是输出电压的面积除以周期 $2\pi/3$。由于 u_d 波形是连续的，所以输出电压平均值 U_d 的计算方法与式（2-52）相同。因此，大电感负载（电流连续）时，三相半波整流电路的移相范围是 0°～90°。

② 输出电流平均值 I_d 的物理含义是：直流输出电压平均值除以负载电阻。I_d 的计算方法与式（2-54）相同。

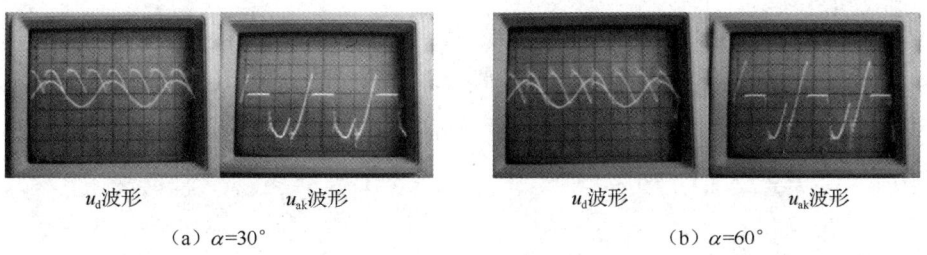

(a) α=30°   (b) α=60°

图 2-45 不同 α 值时三相半波可控整流电路（带电感负载）的实测波形

③ 晶闸管电流平均值 I_{dVT}：由于每个周期 2π 中晶闸管轮流导通 $2\pi/3$，流过每个晶闸管的平均电流是负载平均电流的 $\frac{1}{3}$。即

$$I_{dVT} = \frac{1}{3} I_d \tag{2-58}$$

④ 晶闸管电流有效值 I_{VT}：根据流过晶闸管电流有效值的定义计算。电流波形连续时，每个晶闸管在 2π 周期中导通 $2\pi/3$ 区间，变压器二次电流即晶闸管电流的有效值为

$$I_{VT} = I_2 = \sqrt{\frac{1}{2\pi}\int_{\frac{\pi}{6}+\alpha}^{\frac{5\pi}{6}+\alpha} I_d^2 d(\omega t)} = \sqrt{\frac{2\pi/3}{2\pi}} I_d = \frac{1}{\sqrt{3}} I_d = 0.577 I_d \tag{2-59}$$

晶闸管的额定电流为

$$I_{T(AV)} = \frac{I_{VT}}{1.57} = 0.368 I_d \tag{2-60}$$

⑤ 晶闸管最大正反向电压峰值均为变压器二次线电压峰值，即

$$U_{FM} = U_{RM} = 2.45 U_2 \tag{2-61}$$

3. 三相半波共阳极可控整流电路

把三只晶闸管的阳极连在一起作为公共端就构成了共阳极接法的三相半波相控整流器，由于阴极不同电位，要求三相的触发电路必须彼此绝缘。由于晶闸管只有在阳极电位高于阴极电位时才能导通，因此在共阳极接法中，工作在整流状态的晶闸管只有在电源相电压负半周才能被触发导通，换相总是换到阴极电位更负的那一相。其工作情况、波形和数量关系与共阴极接法时相仿，仅输出极性相反。三相半波可控整流电路共阳极接法电路及波形如图 2-46 所示。

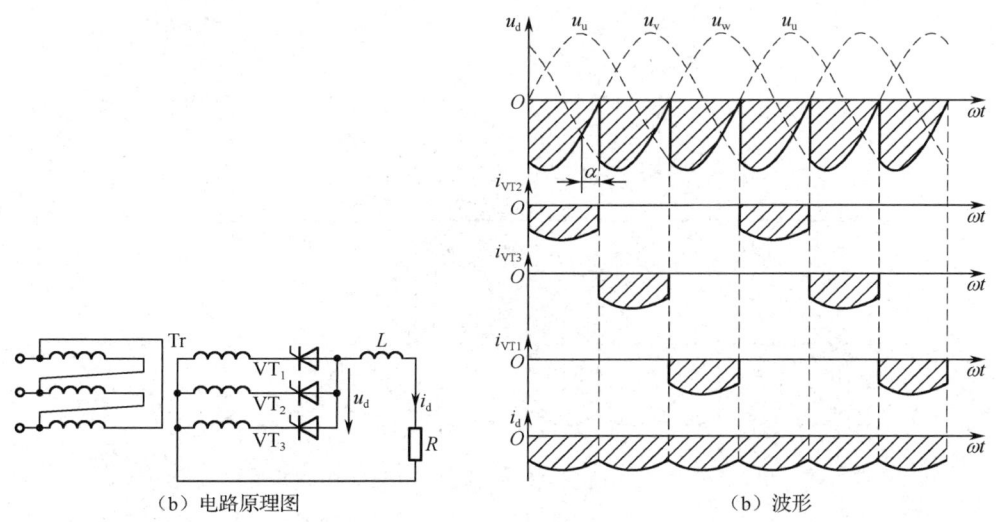

(b) 电路原理图   (b) 波形

图 2-46 三相半波可控整流电路共阳极接法电路及波形

从以上分析可知,三相半波可控整流电路的优点是电路结构简单,仅由 3 只晶闸管构成;主要缺点在于变压器二次侧绕组利用率低,变压器二次侧电流单方向,含有直流分量,易使变压器直流磁化,因此其应用较少。

2.3.2 三相桥式全控整流电路

1. 带电阻负载工作情况

(1) 电路组成

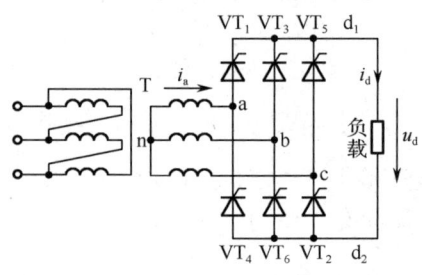

图 2-47 三相桥式全控整流电路（带电阻负载）原理图

三相桥式全控整流电路（带电阻负载）原理图如图 2-47 所示。三相桥式全控整流电路可以看作共阴极接法的三相半波（VT_1、VT_3、VT_5）和共阳极接法的三相半波（VT_4、VT_6、VT_2）的串联组合,由于共阴极组在正半周导电,流经变压器的是正向电流;而共阳极组在负半周导电,流经变压器的是反向电流。因此变压器绕组中没有直流磁通,且每相绕组正、负半周都有电流流过,提高了变压器的利用率。共阴极组的输出电压是输入电压的正半周,共阳极组的输出电压是输入电压的负半周,总的输出电压是正、负两个输出电压的串联。

(2) 工作原理

图 2-47 中,阴极连接在一起的 3 个晶闸管（VT_1，VT_3，VT_5）称为共阴极组;阳极连接在一起的 3 个晶闸管（VT_4，VT_6，VT_2）称为共阳极组。共阴极组中与 a，b，c 三相电源相接的 3 个晶闸管分别为 VT_1，VT_3，VT_5。共阳极组中与 a，b，c 三相电源相接的 3 个晶闸管分别为 VT_4，VT_6，VT_2。由后面分析可知,按此编号,晶闸管的导通顺序为 $VT_1 \rightarrow VT_2 \rightarrow VT_3 \rightarrow VT_4 \rightarrow VT_5 \rightarrow VT_6$。$a=0°$ 时三相桥式全控整流电路（带电阻负载）的波形如图 2-48 所示,可以将一个周期相电压分为 6 个区间。

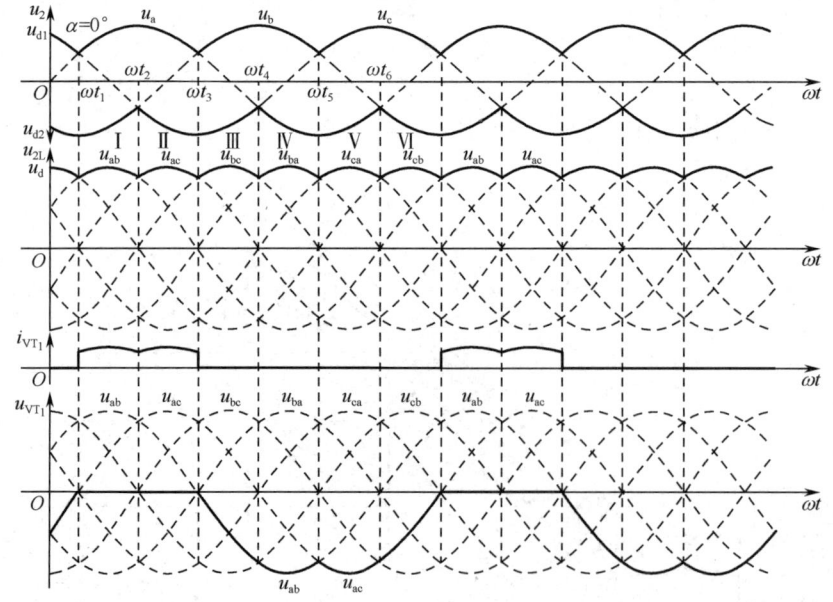

图 2-48 $a=0°$ 时三相桥式全控整流电路（带电阻负载）的波形

① 在 $\omega t_1 \sim \omega t_2$ 区间:a 相电压最高,VT_1 被触发导通,b 相电压最低,VT_6 被触发导通,加在负载上的输出电压 $u_d=u_a-u_b=u_{ab}$。

② 在 $\omega t_2 \sim \omega t_3$ 区间：a 相电压最高，VT_1 被触发导通，c 相电压最低，VT_2 被触发导通，加在负载上的输出电压 $u_d=u_a-u_c=u_{ac}$。

③ 在 $\omega t_3 \sim \omega t_4$ 区间：b 相电压最高，VT_3 被触发导通，c 相电压最低，VT_2 被触发导通，加在负载上的输出电压 $u_d=u_b-u_c=u_{bc}$。

④ 在 $\omega t_4 \sim \omega t_5$ 区间：b 相电压最高，VT_3 被触发导通，a 相电压最低，VT_4 被触发导通，加在负载上的输出电压 $u_d=u_b-u_a=u_{ba}$。

⑤ 在 $\omega t_5 \sim \omega t_6$ 区间：c 相电压最高，VT_5 被触发导通，a 相电压最低，VT_4 被触发导通，加在负载上的输出电压 $u_d=u_c-u_a=u_{ca}$。

⑥ 在 $\omega t_6 \sim \omega t_7$（图中没画出）区间：c 相电压最高，$VT_5$ 被触发导通，b 相电压最低，VT_6 被触发导通，加在负载上的输出电压 $u_d=u_c-u_b=u_{cb}$。

$\alpha=0°$ 时三相桥式全控整流电路（带电阻负载）晶闸管工作情况，如表 2-1 所示。

表 2-1　$\alpha=0°$ 时三相桥式全控整流电路（带电阻负载）晶闸管工作情况

时　段	I	II	III	IV	V	VI
共阴极组中导通的晶闸管	VT_1	VT_1	VT_3	VT_3	VT_5	VT_5
共阳极组中导通的晶闸管	VT_6	VT_2	VT_2	VT_4	VT_4	VT_6
整流输出电压 u_d	$u_a-u_b=u_{ab}$	$u_a-u_c=u_{ac}$	$u_b-u_c=u_{bc}$	$u_b-u_a=u_{ba}$	$u_c-u_a=u_{ca}$	$u_c-u_b=u_{cb}$

从图 2-48 可以看出，各线电压正半波的交点就是三相桥式全控整流电路 6 个晶闸管（$VT_1 \sim VT_6$）的自然换相点。为了分析方便，将以线电压为主进行介绍。注意：三相桥式全控整流电路在任何时刻都必须有两个晶闸管同时导通，而且其中一个在共阴极组，另一个在共阳极组。为了保证电路能启动工作或在电流断续后再次导通工作，必须对两组中应导通的两个晶闸管同时加触发脉冲，通常采用的触发方式有双窄脉冲触发和单宽脉冲触发两种。

1）双窄脉冲触发

图 2-49（a）为双窄脉冲。触发电路送出的是窄的矩形脉冲（宽度一般为 18°～20°）。在送出某一相晶闸管脉冲的同时，向前一相晶闸管补发一个触发脉冲，称为补脉冲（或辅脉冲）。例如，在送出 u_{g3} 触发 VT_3 的同时，触发电路也向 VT_2 送出 u'_{g2} 辅脉冲，故 VT_3 与 VT_2 同时被触发导通，输出电压 $u_d=u_{bc}$。

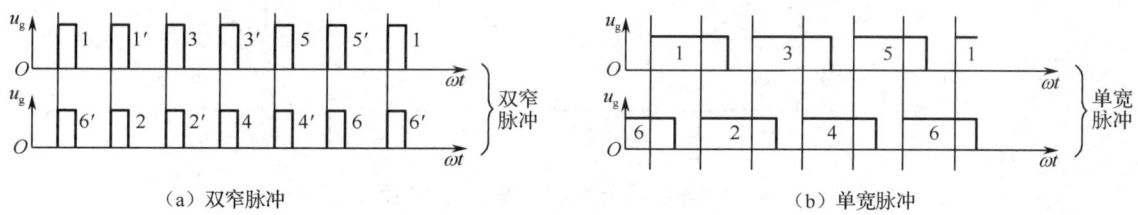

(a) 双窄脉冲　　　　　　　　　　　(b) 单宽脉冲

图 2-49　双窄脉冲和单宽脉冲

2）单宽脉冲触发

图 2-49（b）为单宽脉冲，每一个触发脉冲的宽度大于 60°而小于 120°（一般取 80°～100°为宜），这样在相隔 60°要触发换相时，当后一个触发脉冲出现时，前一个触发脉冲还未消失，这样就保证在任一换向时刻都有相邻的两个晶闸管有触发脉冲。例如，在送出 u_{g3} 触发 VT_3 的同时，由于 u_{g2} 还未消失，VT_3 与 VT_2 同时被触发导通，整流电路的输出电压 $u_d=u_{bc}$。显然，双窄脉冲的作用和宽脉冲的作用是一样的，但是双窄脉冲触发可减少触发电路的功率和脉冲变压器铁芯的体积，因此实际中常用双窄脉冲触发。

（3）波形分析

$a=60°$、$a=60°$ 和 $a=90°$ 时三相桥式全控整流电路（带电阻负载）的波形分别如图2-50、图2-51和图2-52所示。分析可得，三相桥式全控整流电路各自然换相点既是相电压的交点，同时也是线电压的交点。当 $\alpha=0°$ 时，u_d 为线电压在正半周的包络线，波形见图2-48。当 $\alpha>0°$ 时，晶闸管从自然换相点后移 α 角度开始换流，工作过程与 $\alpha=0°$ 基本相同。当 $\alpha=30°$ 时，晶闸管起始导通时刻推迟了 $30°$，组成 u_d 的每一段线电压因此推迟 $30°$，u_d 平均值降低，波形见图2-50。当 $\alpha \le 60°$ 时，u_d 波形均连续，对于电阻负载，i_d 波形与 u_d 波形的形状是一样的，也是连续的；当 $\alpha=60°$ 时，u_d 波形中每段线电压的波形继续向后移，u_d 平均值继续降低。u_d 出现了为零的点，波形见图2-51。当 $\alpha>60°$ 时，因为 i_d 与 u_d 一致，一旦 u_d 降为至零，i_d 也降至零，晶闸管关断，输出整流电压 u_d 波形不能出现负值，波形如图2-52所示。需要指出的是，当 $\alpha=60°$ 时，整流电路输出电压 u_d 的波形处于连续和断续的临界状态，各相晶闸管依然导通 $120°$，一旦 $\alpha>60°$，电压 u_d 和 i_d 波形将会间断，各相晶闸管的导通角将小于 $120°$。

不同 a 时三相桥式全控整流电路（带电阻负载）的实测波形图2-53所示。

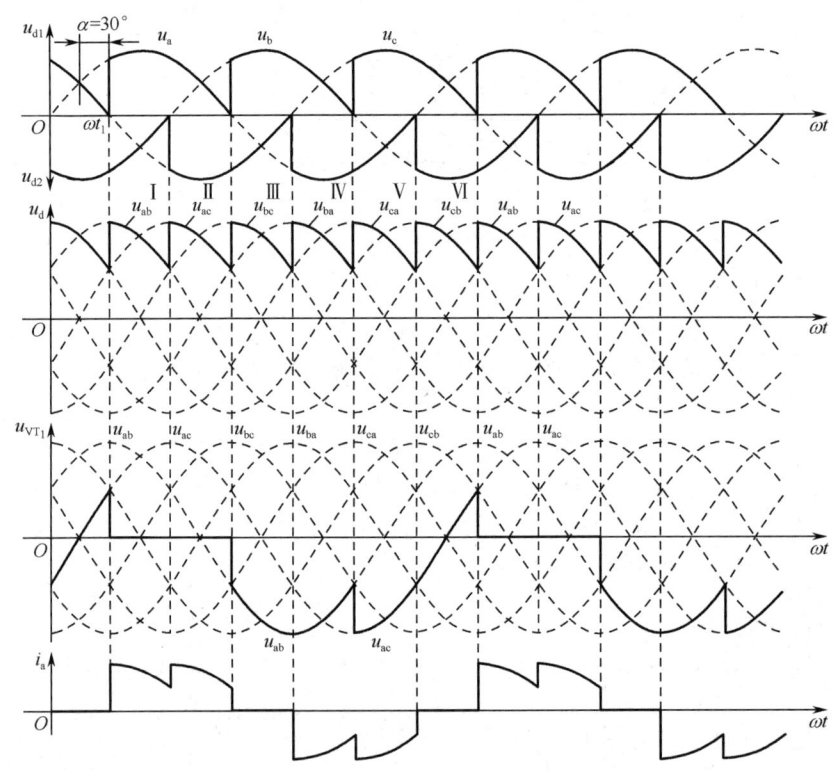

图2-50 $a=30°$ 时三相桥式全控整流电路（带电阻负载）的波形

（4）定量分析

① 输出电压平均值 U_d

U_d 的物理含义是：输出电压的面积除以周期 $\pi/3$，同时 α 的起点离开所对应的正弦波线电压零点为 $\pi/3$。因为 $\alpha=60°$ 是 u_d 波形连续和断续的分界点。$\alpha \le 60°$ 时，输出电压 u_d 波形连续，$\alpha>60°$ 时，u_d 波形断续，因此，计算输出电压平均值 U_d 时应分两种情况进行。

（a）$\alpha \le 60°$ 时，一个 2π 周期中有 6 个相同的波形，或每 $60°$ 有一个波形。因此计算 U_d 的表达式

$$U_d = \frac{1}{\pi/3} \int_{\frac{\pi}{3}+\alpha}^{\frac{2\pi}{3}+\alpha} \sqrt{6}U_2 \sin\omega t \, d(\omega t) = \frac{3\sqrt{6}}{\pi} U_2 \cos\alpha = 2.34 U_2 \cos\alpha \qquad (2-62)$$

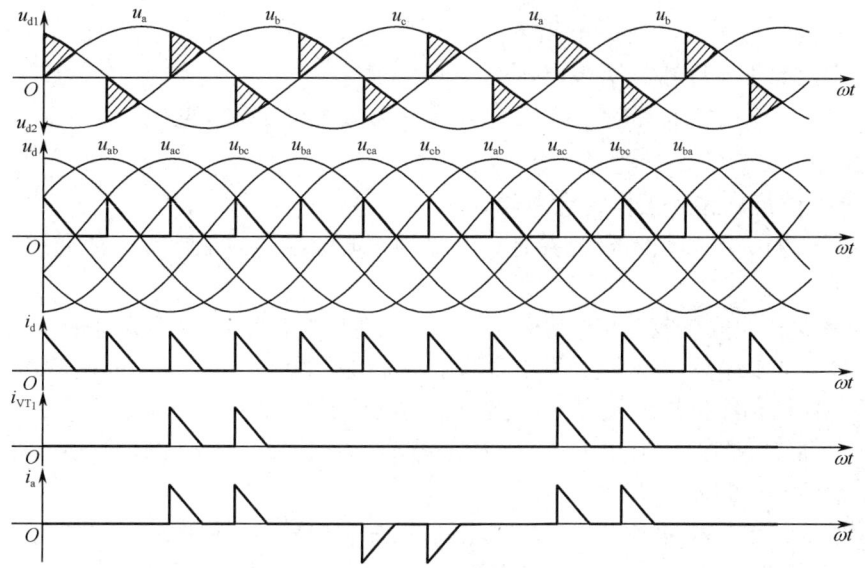

图 2-51　α=60°时三相桥式全控整流电路（带电阻负载）的波形

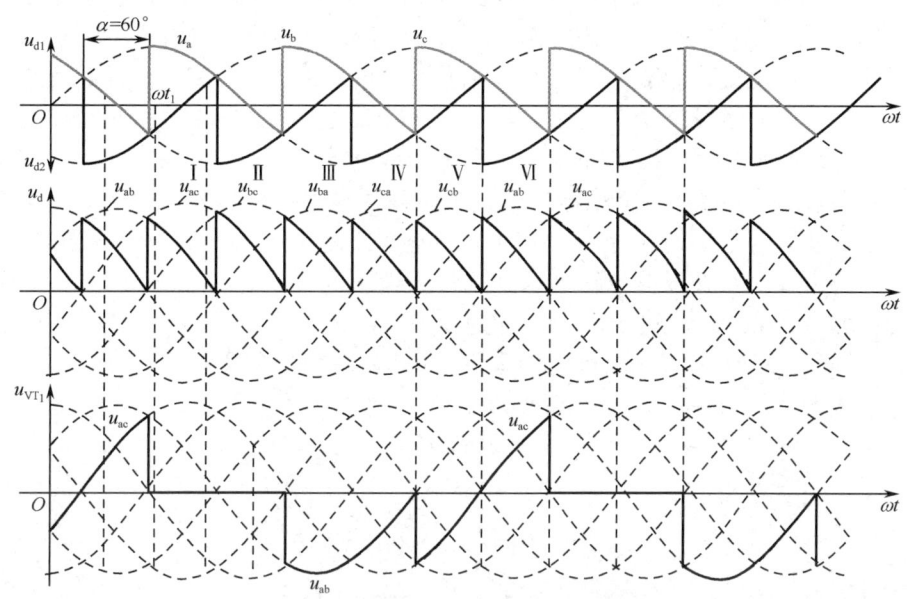

图 2-52　α=90°时三相桥式全控整流电路（带电阻负载）的波形

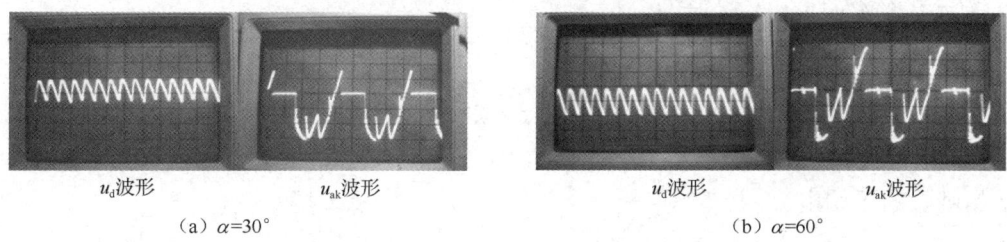

（a）α=30°　　　　　　　　　　　　　　（b）α=60°

图 2-53　不同 α 时三相桥式全控整流电路（带电阻负载）的实测波形

（b）α>60°时，波形在 π 处结束，U_d 表达式的积分上限为 π，所以

$$U_d = \frac{1}{\pi/3} \int_{\frac{\pi}{3}+\alpha}^{\pi} \sqrt{3} \times \sqrt{2} U_2 \sin \omega t \, d(\omega t) = 2.34 U_2 [1 + \cos(\pi/3 + \alpha)] \tag{2-63}$$

当 α=0°时，$U_d=U_{d0}=2.34U_2$；当 α=120°时，$U_d=0$。移相范围为 0°～120°。

② 晶闸管承受的最大正、反向电压 U_{VTM}

U_{VTM} 在数值上等于变压器二次线电压的峰值，即

$$U_{VTM} = U_{FM} = U_{RM} = \sqrt{3} \times \sqrt{2} U_2 = \sqrt{6} U_2 = 2.45 U_2$$

（5）电路特点

三相桥式全控整流电路的工作特点总结如下。

① 任何时候共阴极组和共阳极组各有一个晶闸管同时导通才能形成电流通路。每个晶闸管的导通角为 120°。

② 晶闸管触发脉冲按 VT_1、VT_2、VT_3、VT_4、VT_5、VT_6 的顺序，相位依次差 60°共阴极组晶闸管 VT_1、VT_3、VT_5 按相序依次触发导通，相位相差 120°，共阳极组晶闸管 VT_2、VT_4、VT_6 相位相差 120°，也按相序依次触发导通，同一相的晶闸管相位相差 180°。

③ 输出电压 u_d 由 6 段线电压组成，每周期脉动 6 次，每次脉动的波形都一样，所以三相桥式全控整流电路也称为 6 脉波整流电路。

④ 晶闸管承受的电压波形与三相半波时相同，它只与晶闸管导通情况有关，其波形由 3 段组成：一段为零（忽略导通时的压降），两段为线电压。晶闸管承受最大正、反向电压的关系也相同。

⑤ 变压器二次绕组流过正、负两个方向的电流，消除了变压器的直流磁化，提高了利用率。

⑥ 对触发脉冲宽度的要求：整流桥正常工作时，需保证同时导通的两个晶闸管均有脉冲，常用的方法有两种，一种是宽脉冲触发，它要求触发脉冲的宽度大于 60°（一般为 80°～100°）；另一种是双窄脉冲触发，即触发一个晶闸管时，向前一个序号的晶闸管补发一个脉冲。宽脉冲触发要求触发功率大，易使脉冲变压器饱和，所以多采用双脉冲触发。

【例 2-5】 已知三相全控桥式整流电路带电阻负载，输入相电压为 220V，负载电阻为 10Ω，求晶闸管最小触发延迟角分别为 α=60°、α=90°时，输出平均电压和平均电流各为多少？流过每个晶闸管的平均电流是多少？管子在电路中承受的最大电压是多少？

解：触发延迟角 α=60°时，输出平均电压为

$$U_d = 2.34 U_2 \cos\alpha = 2.34 \times 220 \times \cos 60° \approx 257.4\text{V}$$

输出平均电流为

$$I_d = \frac{U_d}{R_d} = \frac{257.4}{10} = 25.74\text{A}$$

$$I_{dVT} = \frac{1}{3} I_d = \frac{1}{3} \times 25.74 = 8.58\text{A}$$

$$U_{VTM} = \sqrt{6} U_2 = \sqrt{6} \times 220 \approx 539\text{V}$$

触发延迟角 α=90°时，平均电压为

$$U_d = 2.34 U_2 [1 + \cos(\pi/3 + \alpha)] = 2.34 \times 220 \times [1 + \cos(60° + 90°)] \approx 68.9\text{V}$$

输出平均电流为

$$I_d = \frac{U_d}{R_d} = \frac{68.9}{10} = 6.89\text{A}$$

每个晶闸管的平均电流为

$$I_{dVT} = \frac{1}{3} I_d = \frac{1}{3} \times 6.89\text{A} = 2.3\text{A}$$

2．带电感负载时的工作情况

（1）电路组成

三相桥式全控整流电路（带大电感负载）原理图如图 2-54 所示，电感 L 足够大，且满足 $\omega L \gg R$。

电路在工作过程中需要满足任何时刻在共阴极组和共阳极组中各有一个晶闸管导通，才能使整流电流流通，负载端才会有输出电压，各线电压在正半波的交点就是三相桥式全控整流电路 6 只晶闸管的自然换相点。

（2）工作原理及波形分析

① 当 $\alpha \leqslant 60°$ 时，三相桥式全控整流电路 u_d 波形连续，工作情况与带电阻负载时相似，各晶闸管的通断情况、输出整流电压 u_d 波形、晶闸管承受的电压波形都一样。区别在于，由于负载电感的存在，同样的输出整流电压 u_d 加到

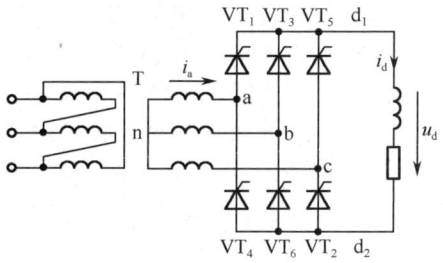

图 2-54 三相桥式全控整流电路（带大电感负载）原理图

负载上，得到的负载电流 i_d 波形不同。电感的作用使负载电流波形变得平直，当电感足够大时，负载电流的波形可近似为一条水平线，i_d、i_{VT}、i_a 的波形在导通段都可近似为一条水平线。$\alpha=0°$ 时三相桥式全控整流电路（带电感负载）的波形如图 2-55 所示。$\alpha=30°$ 时三相桥式全控整流电路（带电感负载）的波形如图 2-56 所示。

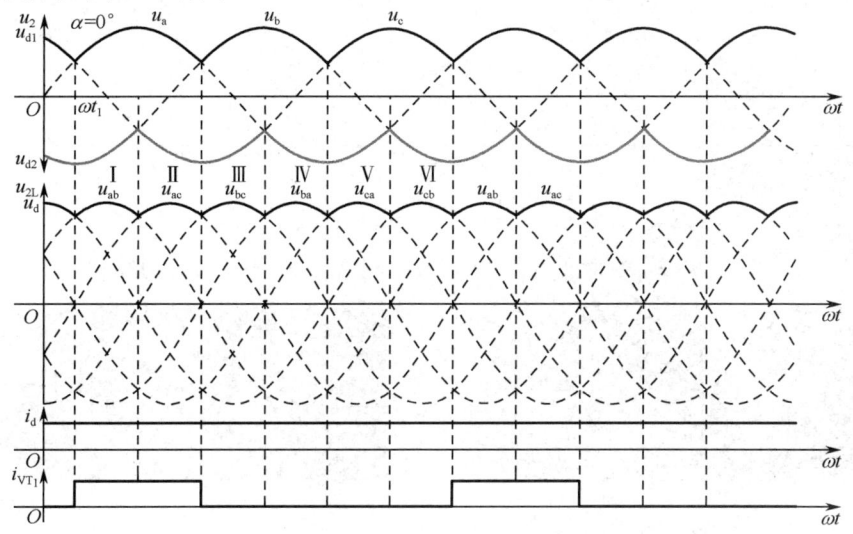

图 2-55　$\alpha=0°$ 时三相桥式全控整流电路（带电感负载）的波形

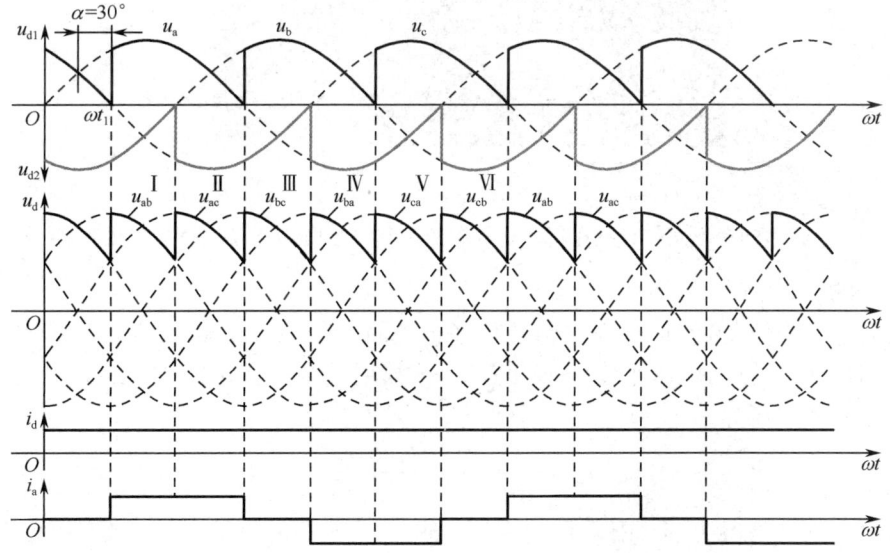

图 2-56　$\alpha=30°$ 时三相桥式全控整流电路（带电感负载）的波形

② $\alpha>60°$时,电感负载时的工作情况与电阻负载时不同,电阻负载时u_d波形不会出现负的部分,波形断续,而电感负载时,由于负载电感感应电动势的作用,u_d波形会出现负的部分。图2-57为$\alpha=90°$时三相桥式全控整流电路(带电感负载)的波形,可以看出,此时u_d波形上下对称,平均值为零,因此带电感负载时三相桥式全控整流电路的α角移相范围为$0°\sim90°$。不同α时三相桥式全控整流电路(带电感负载)的实测波形如图2-58所示。

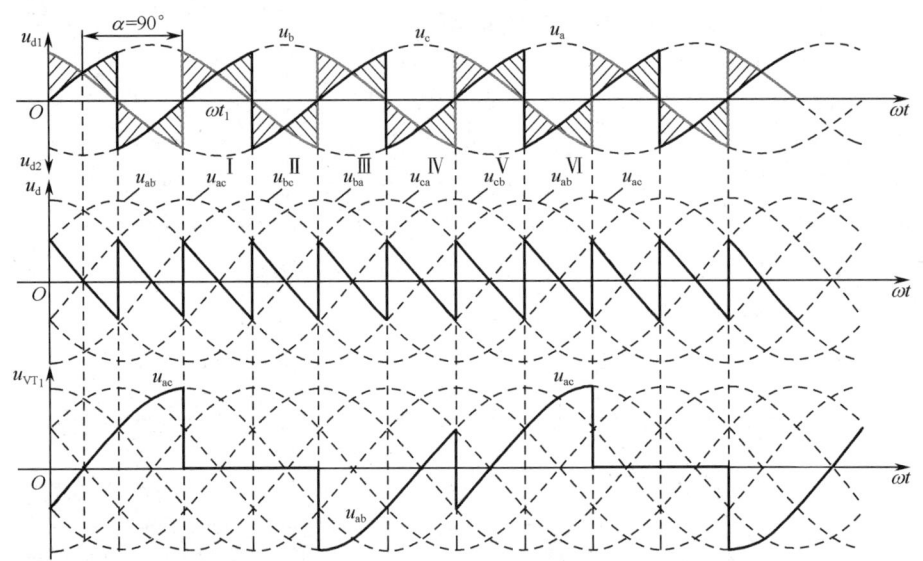

图2-57　$\alpha=90°$时三相桥式全控整流电路(带电感负载)的波形

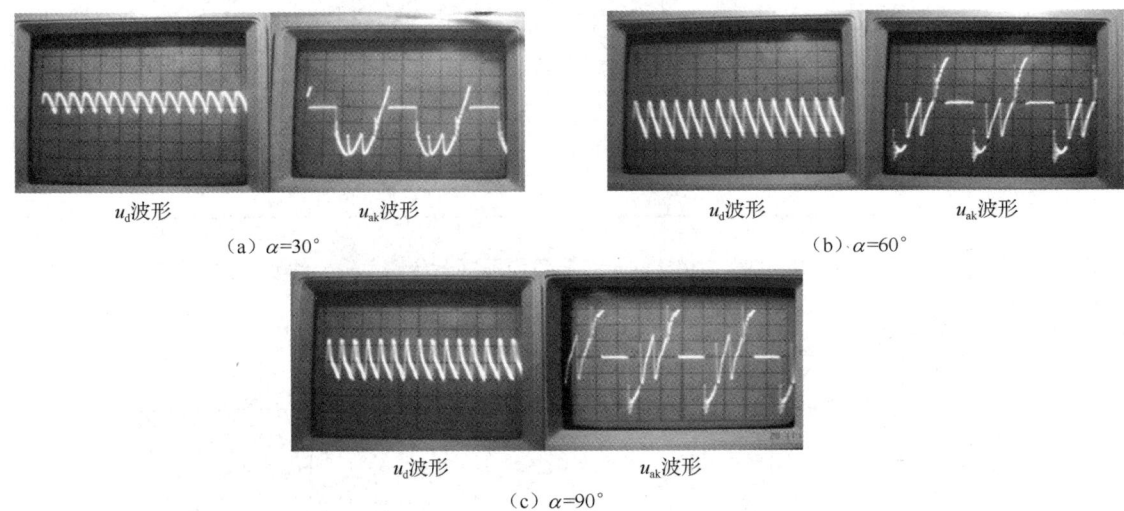

图2-58　不同α时三相桥式全控整流电路(带电感负载)的实测波形

(3) 定量分析

① 输出电压平均值U_d的计算与电阻负载(带电阻负载$\alpha\leq60°$时)相同,对于电感负载,u_d波形总是连续的,所以输出电压平均值U_d的表达式只用一个,即按照式(2-61)进行计算。

② 输出电流平均值I_d

$$I_d=\frac{U_d}{R}=\frac{2.34U_2\cos\alpha}{R} \tag{2-64}$$

③ 晶闸管电流平均值I_{dVT}:由于每个周期360°中,6个晶闸管分成3对轮流导通120°,流过每个晶闸管的平均电流是负载平均电流I_d的1/3。即

$$I_{\text{dVT}} = \frac{1}{3}I_\text{d} \tag{2-65}$$

④ 晶闸管电流有效值 I_{VT}：每个晶闸管在 2π 周期中导通 $2\pi/3$ 区间，所以

$$I_{\text{VT}} = \sqrt{\frac{1}{2\pi}\int_{\frac{\pi}{6}+\alpha}^{\frac{5\pi}{6}+\alpha} I_\text{d}^2 \mathrm{d}(\omega t)} = \sqrt{\frac{2\pi/3}{2\pi}}I_\text{d} = \frac{1}{\sqrt{3}}I_\text{d} = 0.577 I_\text{d} \tag{2-66}$$

⑤ 晶闸管额定电流

$$I_{\text{VT(AV)}} = \frac{I_{\text{VT}}}{1.57}(1.5\sim 2) = (0.552\sim 0.736)I_\text{d} \tag{2-67}$$

⑥ 变压器二次电流有效值 I_2：变压器二次侧电流每相在 2π 周期中为区间长度是 $2\pi/3$ 的正、负方波，所以

$$I_2 = \sqrt{\frac{2}{2\pi}\int_{\frac{\pi}{6}+\alpha}^{\frac{5\pi}{6}+\alpha} I_\text{d}^2 \mathrm{d}(\omega t)} = \sqrt{\frac{1}{2\pi}\left(I_\text{d}^2 \times \frac{2}{3}\pi + (-I_\text{d})^2 \times \frac{2}{3}\pi\right)} = \sqrt{\frac{2}{3}}I_\text{d} = 0.816 I_\text{d} \tag{2-68}$$

⑦ 晶闸管可能承受的最大电压 U_{VTM}

$$U_{\text{VTM}} = \sqrt{6}U_2 = 2.45 U_2 \tag{2-69}$$

⑧ 三相桥式全控整流电路接反电动势电感负载时，若负载电感足够大，足以使负载电流连续，电路的工作情况与电感负载时相似，电路中各处电压、电流波形均相同，仅在计算 I_d 时有所不同，接反电动势电感负载时

$$I_\text{d} = \frac{U_\text{d} - E}{R} \tag{2-70}$$

式中 R 和 E 分别为负载中的电阻值和反电动势的值。

（4）电路特点

三相桥式全控整流电路带电感负载的工作特点如下。

① 三相桥式全控整流电路带电感负载在不接续流二极管的情况下，当 $\omega L \gg R$，$\alpha \leq 90°$，u_d、i_d 波形连续时，在一个周期内各相晶闸管轮流导通 $120°$。

② 移相范围为 $\alpha = 0° \sim 90°$。

③ 输出电压 u_d 在 $0° \leq \alpha \leq 90°$ 范围内波形连续，当 $\alpha > 60°$ 时，u_d 波形出现负半周面积。

④ 触发延迟角在 $\alpha = 0° \sim 90°$ 范围内变化时，晶闸管阳极承受的电压 u_{VT} 的波形分为 3 段：闸管导通时，$u_{\text{VT}} \approx 0$（忽略管压降），其他任一相导通时，都使晶闸管承受相应的线电压。

【例 2-6】 三相桥式全控整流电路，$U_2=220$V，$\alpha=\pi/3$，反电动势负载，$E=100$V，$R=20\Omega$，L 值极大。根据上述情况，计算直流输出电压 U_d、电流 I_d、变压器二次电流有效值 I_2。

解：带反电动势负载时，直流输出电压平均值为

$$U_\text{d} = 2.34 U_2 \cos\alpha = 2.34 \times 220 \times \cos 60° = 257.4\text{V}$$

直流输出电流平均值为

$$I_\text{d} = \frac{U_\text{d} - E}{R} = \frac{257.4 - 100}{20} = 7.87\text{A}$$

变压器二次电流有效值为

$$I_2 = \sqrt{\frac{2}{3}}I_\text{d} = \sqrt{\frac{2}{3}} \times 7.87 = 6.43\text{A}$$

2.4 变压器漏感对整流电路的影响

在前面分析整流电路时，均未考虑包括变压器漏感在内的交流侧电感的影响，认为换相是瞬

间完成的。但实际上变压器绕组总有漏感，该漏感可用一个集中的电感 L_B 表示，并将其折算到变压器二次侧。由于电感对电流的变化起阻碍作用，电感电流不能突变，因此换相过程不能瞬间完成，而是会持续一段时间。考虑变压器漏感时的三相半波可控整流电路及波形如图 2-59 所示。

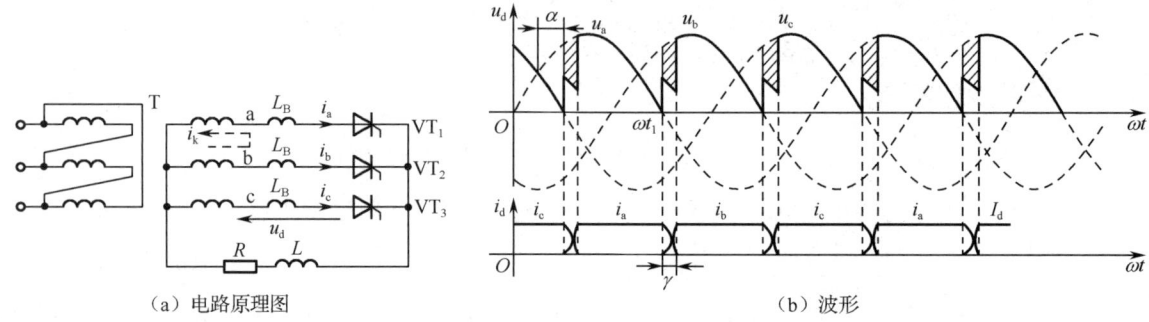

图 2-59　考虑变压器漏感时的三相半波可控整流电路及波形

1. 换相过程原理分析

下面以三相半波可控整流电路为例来分析，然后将其结论推广，假设负载中电感很大，负载电流为水平线。分析从 VT_1 换相至 VT_2 的过程。

在 ωt_1 时刻之前 VT_1 导通，ωt_1 时刻触发 VT_2，因 a、b 两相均有漏感，故 i_a、i_b 均不能突变，于是 VT_1 和 VT_2 同时导通，相当于将 a、b 两相短路，两相间电压差为 u_b-u_a，它在两相组成的回路中产生环流 i_k 如图 2-59（a）所示。

设回路中环流为 i_k，$i_k=i_b$ 是逐渐增大的，而 $i_a=I_d-i_k$ 是逐渐减小的。当 i_k 增大到等于 I_d 时，$i_a=0$，VT_1 关断，换流过程结束。换相过程持续的时间用电角度 γ 表示，称为换相重叠角。

2. 定量分析

（1）换相期间整流输出电压

换相过程中，整流输出电压瞬时值为

$$u_d = u_a + L_B \frac{di_k}{dt} = u_b - L_B \frac{di_k}{dt} = \frac{u_a + u_b}{2} \tag{2-71}$$

（2）换相压降

由图 2-59（b）的波形可以看出，与不考虑变压器漏感时相比，整流电压波形少了一块（图中的阴影部分），导致 u_d 平均值降低，降低的多少用 Δu_d 表示，称为换相压降，以 m 相计算，换相压降的计算如下。

$$\Delta U_d = \frac{1}{2\pi/m}\int_\alpha^{\alpha+\gamma}(u_v - u_d)d(\omega t) = \frac{1}{2\pi/m}\int_\alpha^{\alpha+\gamma} L_B \frac{di_k}{dt}d(\omega t) = \frac{m}{2\pi}\int_0^{I_d}\omega L_B di_k = \frac{m}{2\pi}X_B I_d \tag{2-72}$$

式（2-72）中，X_B 是漏感为 L_B 的变压器每相折算到二次侧的漏电抗，$X_B=\omega L_B$；m 是一个周期内的换相次数。

对于式（2-72）进行补充说明。

① 对于单相双半波整流电路 $m=2$；三相半波整流电路 $m=3$；三相桥式整流电路 $m=6$。

② 对于单相桥式全控整流电路，式（2-72）不成立，因为单相全控整流电路虽然每周期换相2 次（$m=2$），但换相过程中 i_k 从 $-I_d$ 增加到 I_d，所以对于单相桥式全控整流电路换相压降应按照式（2-73）计算。

$$\Delta U_d = \frac{2X_B}{\pi}I_d \tag{2-73}$$

（3）换相重叠角 γ

以自然换相点 $\alpha=0°$ 作为坐标的原点，以 m 相计算，u_a 和 u_b 的表达式分别为

$$u_a = \sqrt{2}U_2 \cos\left(\omega t + \frac{\pi}{m}\right)$$

$$u_b = \sqrt{2}U_2 \cos\left(\omega t - \frac{\pi}{m}\right)$$

则有

$$u_b - u_a = 2\sqrt{2}U_2 \sin\frac{\pi}{m}\sin\omega t$$

$$L_B \frac{di_k}{dt} = \frac{1}{2}(u_b - u_a) = \sqrt{2}U_2 \sin\frac{\pi}{m}\sin\omega t \tag{2-74}$$

由上式得

$$di_k = \frac{1}{\omega L_B}\sqrt{2}U_2 \sin\frac{\pi}{m}\sin\omega t\, d(\omega t) \tag{2-75}$$

对上式两边积分可得

$$\int_0^{I_d} di_k = \frac{1}{\omega L_B}\sqrt{2}U_2 \sin\frac{\pi}{m}\int_\alpha^{\alpha+\gamma}\sin\omega t\, d(\omega t) \tag{2-76}$$

积分整理后得

$$\cos\alpha - \cos(\alpha+\gamma) = \frac{X_B I_d}{\sqrt{2}U_2 \sin\frac{\pi}{m}} \tag{2-77}$$

γ 随其他参数变化的规律如下。

① I_d 越大，则 γ 越大；

② X_B 越大，则 γ 越大；

③ 当 X_B、I_d 一定，$\alpha \leq 90°$ 时，α 越小，γ 越大。

对于换相重叠角 γ 的计算式（2-77）需要进行补充说明。

① 对于单相桥式全控整流电路，因为换相过程中，i_k 是从 $-I_d$ 增加到 I_d，式（2-77）中 I_d 代以 $2I_d$，m 取 2。所以对于单相桥式全控整流电路有

$$\cos\alpha - \cos(\alpha+\gamma) = \frac{2I_d X_B}{\sqrt{2}U_2} \tag{2-78}$$

② 对于三相桥式全控整流电路，虽然有 $m=6$，但式（2-77）仅适用于六相半波整流电路，这里需要把三相桥式电路等效为相电压为 $\sqrt{3}U_2$ 的六相半波整流电路，将这些数值代入式（2-77），有

$$\cos\alpha - \cos(\alpha+\gamma) = \frac{2I_d X_B}{\sqrt{6}U_2} \tag{2-79}$$

表 2-2 列出了几种整流电路换相压降和换相重叠角的计算公式，表中所列 m 脉波整流电路的公式为通用公式，可适用于各种整流电路，对于表中未列出的电路可用该公式导出。

表 2-2　几种整流电路换相压降和换相重叠角的计算

参数	电路形式				
	单相全波	单相全控桥式	三相半波	三相全控桥式	m 脉波整流电路
ΔU_d	$\dfrac{X_1}{\pi}I_d$	$\dfrac{2X_1}{\pi}I_d$	$\dfrac{3X_1}{2\pi}I_d$	$\dfrac{3X_1}{\pi}I_d$	$\dfrac{mX_1}{2\pi}I_d$ [①]

续表

参数	电路形式				
	单相全波	单相全控桥式	三相半波	三相全控桥式	m脉波整流电路
$\cos\alpha-\cos(\alpha+\gamma)$	$\dfrac{I_dX_1}{\sqrt{2}U_2}$	$\dfrac{2I_dX_1}{\sqrt{2}U_2}$①	$\dfrac{2X_1I_d}{\sqrt{6}U_2}$	$\dfrac{2X_1I_d}{\sqrt{6}U_2}$	$\dfrac{I_dX_1}{\sqrt{2}U_2\sin\dfrac{\pi}{m}}$②

注：① 单相全控桥式电路的换相过程中，环流i_k是从$-I_d$变为I_d，本表所列通用公式不适用。
② 三相桥式电路等效为相电压有效值等于$\sqrt{3}U_2$的6脉波整流电路，故其$m=6$，相电压有效值按$\sqrt{3}U_2$代入。

由此可见，变压器漏感的存在会引起电网波形畸变，出现电压缺口，使du/dt加大，成为干扰源，影响其他负载；另外，变压器漏感的存在会使功率因数降低，整流电路的工作状态增多（既有2元件导通又有3元件导通），输出电压脉动增大。当然，变压器的漏感L_B也不是一无是处，它的存在可以限制短路电流，限制电流变化率di/dt。

3. 变压器漏感对整流电路影响的一些结论

（1）出现换相重叠角γ，整流输出电压平均值U_d降低。
（2）整流电路的工作状态增多。
（3）晶闸管的di/dt减小，有利于晶闸管安全开通，有时人为串入进线电抗器以抑制晶闸管的di/dt。
（4）换相时晶闸管电压出现缺口，产生正的du/dt，可能使晶闸管误导通，为此必须加吸收电路。
（5）换相使电网电压出现缺口，成为干扰源。

【例2-7】 三相桥式不可控整流电路，电感负载，$R=5\Omega$，$L=\infty$，$U_2=220V$，$X_B=0.3\Omega$，求U_d、I_d、I_{VD}、I_2和γ的值并画出u_d、i_{VD}和i_2的波形。

解： 三相桥式不可控整流电路相当于三相桥式可控整流电路$\alpha=0°$时的情况。

$$U_d=2.34U_2\cos\alpha-\Delta U_d$$
$$\Delta U_d=3X_BI_d/\pi$$
$$I_d=U_d/R$$

解方程组得

$$U_d=2.34U_2\cos\alpha/(1+3X_B/\pi R)=486.9V$$
$$I_d=97.38A$$

又因为

$$\cos\alpha-\cos(\alpha+\gamma)=\frac{2I_dX_B}{\sqrt{6}U_2}$$

得出

$$\cos\gamma=0.892$$

换流重叠角$\gamma=26.93°$
二极管电流和变压器二次测电流的有效值分别为

$$I_{VD}=I_d/3=97.38/3=33.46A$$
$$I_{2a}=\sqrt{\frac{2}{3}}I_d=79.51A$$

u_d、i_{VD1}和i_{2a}的波形如图2-60所示。

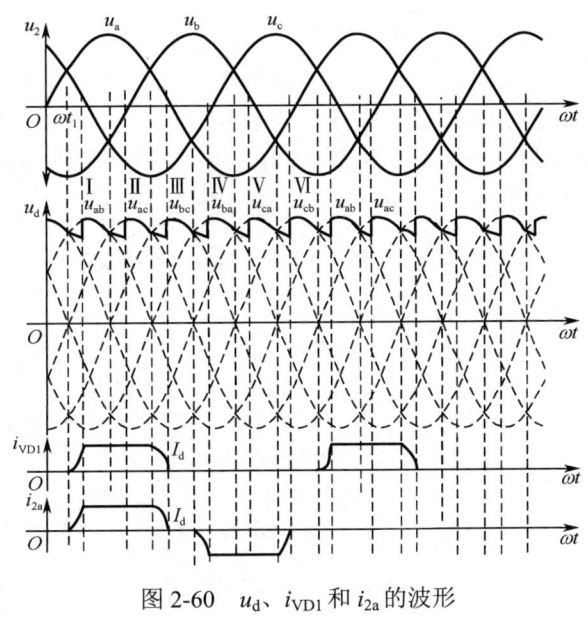

图 2-60 u_d、i_{VD1} 和 i_{2a} 的波形

2.5 整流电路的谐波和功率因数

随着电力电子技术的飞速发展，各种电力电子装置在电力系统、工业、交通、家庭等众多领域中的应用日益广泛，电力电子装置的广泛应用使其成为电网最大的谐波源，由此带来的谐波和无功功率问题日益严重，引起了广泛关注。

谐波的存在会给电网及其用电设备带来如下一系列危害。

① 谐波损耗将降低发电、输电和用电设备的效率；大量的 3 次谐波流过中线会使线路过热甚至发生火灾。

② 谐波影响电网上其他电气设备的正常工作，如造成电动机机械振动、噪声和过热，使变压器局部过热，电缆、电容器设备过热、使绝缘老化、寿命降低；引起电网局部的谐振，使谐波放大，加剧危害。

③ 谐波会引起电网局部的串联和并联谐振，从而使谐波放大，使谐波造成的危害大大增加，对通信系统造成干扰，甚至引起严重事故。

④ 谐波会导致继电保护和自动装置误动作，并使电气测量仪表计量不准确。

⑤ 谐波对邻近的通信系统产生干扰，轻者产生噪声、降低通信质量，重者导致信息丢失，使通信系统无法正常工作。

在各种电力电子装置中，整流装置所占的比例最大。目前，常用的整流电路大多采用晶闸管相控整流，其中以单相桥式和三相桥式整流电路最多，对其产生的谐波机理进行分析和探讨是十分必要的。

2.5.1 谐波和无功功率分析基础

1. 谐波

在供用电系统中，通常希望交流电压和交流电流呈正弦波形。正弦电压可表示为

$$u(t) = \sqrt{2}U \sin(\omega t + \varphi_u) \quad (2\text{-}80)$$

式中，式中 U 为电压有效值；φ_u 为初相角；ω 为角频率，$\omega=2\pi f=2\pi/T$；f 为频率；T 为周期。

当正弦电压施加在线性无源元件电阻、电感和电容上时,其电流和电压分别为比例、积分和微分关系,仍为同频率的正弦波。但当正弦电压施加在非线性电路上时,电流就变为非正弦波,非正弦电流在电网阻抗上产生压降,会使电压波形也变为非正弦波。当然,非正弦电压施加在线性电路上时,电流也是非正弦波。对于周期为 $T=2\pi/\omega$ 的非正弦电压 $u(\omega t)$,一般满足狄里赫利条件,可分解为如下傅里叶级数形式。

$$u(\omega t) = a_0 + \sum_{n=1}^{\infty}(a_n \cos n\omega t + b_n \sin n\omega t) \quad (2\text{-}81)$$

式中

$$a_0 = \frac{1}{2\pi}\int_0^{2\pi} u(\omega t)\mathrm{d}(\omega t)$$

$$a_n = \frac{1}{\pi}\int_0^{2\pi} u(\omega t)\cos n\omega t\mathrm{d}(\omega t)$$

$$b_n = \frac{1}{\pi}\int_0^{2\pi} u(\omega t)\sin n\omega t\mathrm{d}(\omega t)$$

$$n=1,2,3,\cdots\cdots$$

或

$$u(\omega t) = a_0 + \sum_{n=1}^{\infty} c_n \sin(n\omega t + \varphi_n) \quad (2\text{-}82)$$

式中,c_n、φ_n 和 a_n、b_n 的关系为

$$c_n = \sqrt{a_n^2 + b_n^2} \qquad \phi_n = \arctan(a_n/b_n)$$
$$a_n = c_n \sin\varphi_n \qquad b_n = c_n \cos\varphi_n$$

式(2-81)或式(2-82)的傅里叶级数中,频率与工频相同的分量称为基波,频率为基波频率整数倍(大于 1)的分量称为谐波,谐波次数为谐波频率和基波频率的整数比。以上公式及定义均以非正弦电压为例,对于非正弦电流的情况也完全适用。

n 次谐波电流含有率以 HRI_n 表示为

$$\mathrm{HRI}_n = \frac{I_n}{I_1} \times 100(\%) \quad (2\text{-}83)$$

式中,I_n 为第 n 次谐波电流有效值;I_1 为基波电流有效值。

电流谐波总畸变率 THD_i 分别定义为

$$\mathrm{THD}_i = \frac{I_\mathrm{h}}{I_1} \times 100(\%) \quad (2\text{-}84)$$

式中,I_h 为总谐波电流有效值。

2. 功率因数

在正弦交流电路中,电路的有功功率就是其平均功率,即

$$P = \frac{1}{2\pi}\int_0^{2\pi} u \cdot i \mathrm{d}(\omega t) = UI\cos\varphi \quad (2\text{-}85)$$

式中 U、I 分别为电压和电流的有效值,φ 为电流滞后于电压的相位差。

视在功率为

$$S = UI \quad (2\text{-}86)$$

无功功率为

$$Q = UI\sin\varphi \quad (2\text{-}87)$$

功率因数为

$$\lambda = \frac{P}{S} \tag{2-88}$$

无功功率 Q 与有功功率 P、视在功率 S 之间的关系为

$$S^2 = P^2 + Q^2 \tag{2-89}$$

在正弦电路中，功率因数是由电压和电流的相位差 φ 决定的，其值为

$$\lambda = \cos\varphi \tag{2-90}$$

在非正弦电路中，有功功率、视在功率、功率因数的定义均和正弦电路相同，功率因数仍由式（2-88）定义。公用电网中，通常电压的波形畸变很小，而电流波形的畸变可能很大。因此，不考虑电压畸变，研究电压波形为正弦波、电流波形为非正弦波的情况有很大的实际意义。

设正弦波电压有效值为 U，含有谐波的非正弦畸变电流有效值为 I，基波电流有效值及其与电压的相位差分别为 I_1 和 φ_1。这时有功功率为

$$P = UI_1\cos\varphi_1 \tag{2-91}$$

式中 I_1 为基波电流有效值，φ_1 为基波电流与电压的相位差。

功率因数为

$$\lambda = \frac{P}{S} = \frac{UI_1\cos\varphi_1}{UI} = \frac{I_1}{I}\cos\varphi_1 = \nu\cos\varphi_1 \tag{2-92}$$

式中，$\nu = I_1/I$，即基波电流有效值和总电流有效值之比，称为电流畸变系数；而 $\cos\varphi_1$ 称为位移因数或基波功率因数。可见，功率因数是由电流波形畸变和基波功率因数这两个因素共同决定的。

3．无功功率

含有谐波的非正弦电路的无功功率情况较为复杂，定义很多，但目前尚无被广泛接受的科学而权威的定义。一种简单定义如式（2-93）所示，这样定义的无功功率 Q 反映了能量的流动和交换，但该定义对无功功率的描述很粗糙。

$$Q = \sqrt{S^2 - P^2} \tag{2-93}$$

也可定义 Q_f 为由基波电流所产生的无功功率，忽略电压中的谐波时有

$$Q_f = UI_1\sin\varphi_1 \tag{2-94}$$

则 D 为谐波电流所产生的无功功率为

$$D = \sqrt{S^2 - P^2 - Q_f^2} = U\sqrt{\sum_{n=2}^{\infty} I_n^2} \tag{2-95}$$

2.5.2 交流侧谐波和功率因数分析

相控整流电路流过整流变压器二次侧的是周期性变化的非正弦波电流，它包含谐波分量，这些谐波电流在电源回路中引起阻抗压降，使得电源电压中也含有高次谐波。下面分析几种典型整流电路带大电感负载的交流侧谐波。

1．单相桥式全控整流电路

忽略换相过程和电流脉动，当单相桥式整流电路所带电感负载的电感 L 足够大时，变压器二次电流波形近似为理想方波。将电流波形分解为傅里叶级数形式，可得

$$\begin{aligned} i_2 &= \frac{4}{\pi}I_d\left(\sin\omega t + \frac{1}{3}\sin 3\omega t + \frac{1}{5}\sin 5\omega t + \cdots\right) \\ &= \frac{4}{\pi}I_d\sum_{n=1,3,5,\cdots}\frac{1}{n}\sin n\omega t = \sum_{n=1,3,5,\cdots}\sqrt{2}I_n\sin n\omega t \end{aligned} \tag{2-96}$$

其中基波和各次谐波有效值为

$$I_n = \frac{2\sqrt{2}I_d}{n\pi} \quad n=1,3,5,\cdots \tag{2-97}$$

电流中仅含奇次谐波，各次谐波有效值与谐波次数成反比，且与基波有效值的比值为谐波次数的倒数。由式（2-97）可知基波电流的有效值为

$$I_1 = \frac{2\sqrt{2}I_d}{\pi} \tag{2-98}$$

又由式（2-43）可知变压器二次电流 i_2 的有效值 $I=I_d$，可得到基波因数为

$$\nu = \frac{I_1}{I} = \frac{2\sqrt{2}}{\pi} \approx 0.9 \tag{2-99}$$

为了避免与二次谐波电流混淆，此处用 I 表示变压器二次电流 i_2 的有效值，后同。而电流的基波与电压的相位差为控制角 α，故位移因数为

$$\lambda_1 = \cos\phi_1 = \cos\alpha \tag{2-100}$$

最终的功率因数为

$$\lambda = \nu\lambda_1 = \frac{I_1}{I}\cos\phi_1 = \frac{2\sqrt{2}}{\pi}\cos\alpha \approx 0.9\cos\alpha \tag{2-101}$$

2. 三相桥式全控整流电路

忽略换相过程和电流脉动，电感负载的三相桥式全控整流电路的电流波形为正、负半周各 120°的方波，三相电流波形相同，且依次相差 120°，其有效值与直流平均电流的关系为

$$I = \sqrt{\frac{2}{3}}I_d = 0.816I_d \tag{2-102}$$

以 a 相电流来举例，可将电流波形分解成傅里叶级数形式，得

$$\begin{aligned}i_a &= \frac{2\sqrt{3}}{\pi}I_d\left[\sin\omega t - \frac{1}{5}\sin 5\omega t - \frac{1}{7}\sin 7\omega t + \frac{1}{11}\sin 11\omega t + \frac{1}{13}\sin 13\omega t - \cdots\right] \\ &= \frac{2\sqrt{3}}{\pi}I_d\sin\omega t + \frac{2\sqrt{3}}{\pi}I_d\sum_{\substack{n=6k\pm 1\\k=1,2,3\cdots}}(-1)^k\frac{1}{n}\sin n\omega t = \sqrt{2}I_1\sin\omega t + \sum_{\substack{n=6k\pm 1\\k=1,2,3\cdots}}(-1)^k\sqrt{2}I_n\sin n\omega t\end{aligned} \tag{2-103}$$

由此可得以下结论：电流中仅含 $6k\pm 1$（k 为正整数）次谐波，各次谐波有效值与谐波次数成反比，且与基波有效值的比值为谐波次数的倒数。

由式（2-103）可得电流基波和各次谐波有效值分别为

$$\begin{cases}I_1 = \dfrac{\sqrt{6}}{\pi}I_d \\ I_n = \dfrac{\sqrt{6}}{n\pi}I_d, \quad n=6k\pm 1, \quad k=1,2,3,\cdots\end{cases} \tag{2-104}$$

由式（2-102）和式（2-104）可得出基波因数为

$$\nu = \frac{I_1}{I} = \frac{3}{\pi} \approx 0.955 \tag{2-105}$$

基波电流与基波电压的相位差为 α，故位移因数为 $\cos\varphi_1 = \cos\alpha$，功率因数为

$$\lambda = \nu\lambda_1 = \frac{I_1}{I}\cos\phi_1 = \frac{3}{\pi}\cos\alpha \approx 0.995\cos\alpha \tag{2-106}$$

2.5.3 直流侧输出电压和电流的谐波分析

整流电路的输出电压是周期性的非正弦函数,其中主要成分为直流,同时包含各种频率的谐波,这些谐波对于负载的工作是不利的。下面以 m 相半波相控整流电路 $\alpha=0°$ 时的整流输出电压为例进行谐波分析。对于 $\alpha>0°$ 的 m 相整流电压谐波分析,由于其表达式很复杂,不进行讨论。

$\alpha=0°$ 时 m 脉波整流电路的整流电压如图 2-61 所示(以 $m=3$ 为例)。将纵坐标选在整流电压的峰值处,则在 $-\pi/m \sim \pi/m$ 区间,整流电压的表达式为

$$u_{d0} = \sqrt{2}U_2 \cos\omega t \tag{2-107}$$

对该整流输出电压进行傅里叶级数分解,得到

$$u_{d0} = U_{d0} + \sum_{n=mk}^{\infty} b_n \cos n\omega t = U_{d0}\left[1 - \sum_{n=mk}^{\infty}\frac{2\cos k\pi}{n^2-1}\cos n\omega t\right] \tag{2-108}$$

式中,$k=1,2,3\cdots$。且

$$U_{d0} = \sqrt{2}U_2\frac{m}{\pi}\sin\frac{\pi}{m} \tag{2-109}$$

$$b_n = -\frac{2\cos k\pi}{n^2-1}U_{d0} \tag{2-110}$$

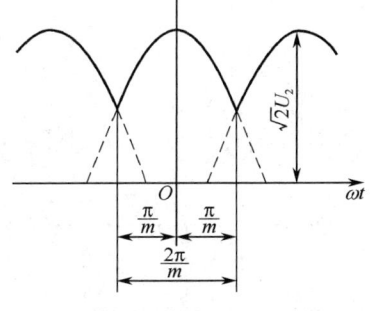

图 2-61 $\alpha=0°$ 时 m 脉波整流电路的整流电压波形

如果将 $m=2、3、6$ 分别代入式(2-108),可得到单相桥式全控整流电路(或单相双半波整流电路)、三相半波整流电路、三相桥式全控整流电路 $\alpha=0°$ 时整流输出电压的傅里叶级数表达式,分别如式(2-112)~式(2-114)所示,其中单相半波整流电路较特殊。

(1)单相半波整流电路

$$U_{d0} = \sqrt{2}U_2\frac{1}{\pi}\sin\frac{\pi}{2}\left(1+\frac{\pi}{2}\cos\omega t+\frac{2\cos 2\omega t}{1\times 3}-\frac{2\cos 4\omega t}{3\times 5}+\frac{2\cos 6\omega t}{5\times 7}-\cdots\right) \tag{2-111}$$

(2)单相桥式全控整流电路

$$U_{d0} = \sqrt{2}U_2\frac{2}{\pi}\sin\frac{\pi}{2}\left(1+\frac{2\cos 2\omega t}{1\times 3}-\frac{2\cos 4\omega t}{3\times 5}+\frac{2\cos 6\omega t}{5\times 7}-\cdots\right) \tag{2-112}$$

(3)三相半波整流电路

$$U_{d0} = \sqrt{2}U_2\frac{3}{\pi}\sin\frac{\pi}{3}\left(1+\frac{2\cos 3\omega t}{2\times 4}-\frac{2\cos 6\omega t}{5\times 7}+\frac{2\cos 9\omega t}{8\times 10}-\cdots\right) \tag{2-113}$$

(4)三相桥式全控整流电路

$$U_{d0} = \sqrt{2}U_{2L}\frac{6}{\pi}\sin\frac{\pi}{6}\left(1+\frac{2\cos 6\omega t}{5\times 7}-\frac{2\cos 12\omega t}{11\times 13}+\frac{2\cos 18\omega t}{17\times 19}-\cdots\right) \tag{2-114}$$

式中 U_{2L} 为线电压。

为了描述整流电压 u_{d0} 中所含谐波的总体情况,定义电压纹波因数 γ_u 为 u_{d0} 中谐波分量有效值 U_R 与整流电压平均值 U_{d0} 之比,即

$$\gamma_u = \frac{U_R}{U_{d0}} \tag{2-115}$$

其中

$$U_R = \sqrt{\sum_{n=mk}^{\infty}U_n^2} = \sqrt{U^2-U_{d0}^2} \tag{2-116}$$

式中,整流电压有效值 U 为

$$U = \sqrt{\frac{m}{2\pi}\int_{-\frac{\pi}{m}}^{\frac{\pi}{m}}(\sqrt{2}U_2\cos\omega t)^2 d(\omega t)} = U_2\sqrt{1+\frac{\sin\frac{2\pi}{m}}{\frac{2\pi}{m}}} \quad (2\text{-}117)$$

将式（2-116）、式（2-117）和式（2-109）代入式（2-115），得

$$\gamma_u = \frac{U_R}{U_{d0}} = \frac{\left[\frac{1}{2}+\frac{m}{4\pi}\sin\frac{2\pi}{m}-\frac{m^2}{\pi^2}\sin^2\frac{\pi}{m}\right]^{\frac{1}{2}}}{\frac{m}{\pi}\sin\frac{\pi}{m}} \quad (2\text{-}118)$$

表 2-3 给出了不同脉波数 m 时的电压纹波因数值。

表 2-3　不同脉波数 m 时的电压纹波因数值

m	2	3	6	12	∞
$\gamma_u/\%$	48.2	18.27	4.18	0.994	0

负载电流的傅里叶级数可由整流电压的傅里叶级数求得

$$i_d = I_d + \sum_{n=mk}^{\infty} d_n \cos(n\omega t - \phi_n) \quad (2\text{-}119)$$

当负载 R、L 和反电动势 E 串联时，式（2-119）中

$$I_d = \frac{U_{d0}-E}{R} \quad (2\text{-}120)$$

n 次谐波电流的幅值 d_n 为

$$d_n = \frac{b_n}{z_n} = \frac{b_n}{\sqrt{R^2+(n\omega L)^2}} \quad (2\text{-}121)$$

n 次谐波电流的滞后角为

$$\varphi_n = \arctan\frac{n\omega L}{R} \quad (2\text{-}122)$$

由式（2-108）和式（2-119）可得出，$\alpha=0°$ 时的整流电压、电流中的谐波有如下规律。

① m 脉波整流电压 u_{d0} 的谐波次数为 mk（$k=1,2,3,\cdots$）次，即 m 的倍数次；整流电流的谐波由整流电压的谐波决定，也为 mk 次。

② 当 m 一定时，随谐波次数增大，谐波幅值迅速减小，表明最低次（m 次）谐波是最主要的，其他次数的谐波相对较少；当负载中有电感时，负载电流谐波幅值 d_n 的减小更为迅速。

③ m 增加时，最低次谐波次数增大，且幅值迅速减小，电压纹波因数迅速下降。

2.6　其他形式的大功率相控整流电路

前面讨论了典型的三相半波整流电路，将共阴极的三相半波整流电路和共阳极的三相半波整流电路串联，得到了三相桥式整流电路。如果将两组三相半波整流电路并联，或两组三相桥式整流电路并联，或两组三相桥式整流电路串联，就会得到由这些典型电路组合而成的大功率整流电路。这些整流电路不但容量会增大，而且整流波形的脉波数会增加，谐波会得到减小。

2.6.1　带平衡电抗器的双反星形可控整流电路

有些设备需要低电压、大电流可控直流电源，这些电源一般电压只有几十伏，而电流高达几

千至几万安。如果采用三相半波可控整流电路,则每相需要十几个晶闸管并联才能满足这么大的电流,使均流、保护等一系列问题复杂化。由前面分析可知,三相桥式电路是两个三相半波电路的串联,适宜在高电压、小电流的情况下工作;对于低压大电流负载,能否用两组三相半波整流电路并联工作,利用整流变压器二次侧的适当连接,达到消除三相半波整流电路变压器直流磁化缺点的目的呢?这就是本节要叙述的带平衡电抗器的双反星形可控整流电路。

1. 电路组成

双反星形三相变压器和带平衡电抗器的双反星形可控整流电路如图 2-62 所示。图 2-62(a)电路中整流变压器一次侧绕组接成三角形,两个二次侧绕组 u-v-w 和 u′-v′-w′ 接成星形,但接到晶闸管的两绕组同名端相反,画出的电压矢量图是两个相反的星形,故称双反星形。在两个中点 N_1-N_2 之间接有平衡电抗器 $L_B=L_{B1}+L_{B2}$。所谓平衡电抗器就是一个带有中心抽头的铁心线圈,抽头两侧的绕组匝数相等,二边电感量 $L_{B1}=L_{B2}$,在任一边线圈中有交变电流流过时,在 L_{B1} 与 L_{B2} 中均会有大小相同、方向一致的感应电动势产生。

可见双反星形整流电路是由两个三相半波整流电路并联而成,每组供给总负载电流的一半。它与由两个三相半波电路串联而成的三相桥式电路相比,输出电流可增大一倍。变压器二次侧两绕组的极性相反是为了消除变压器中的直流磁势。

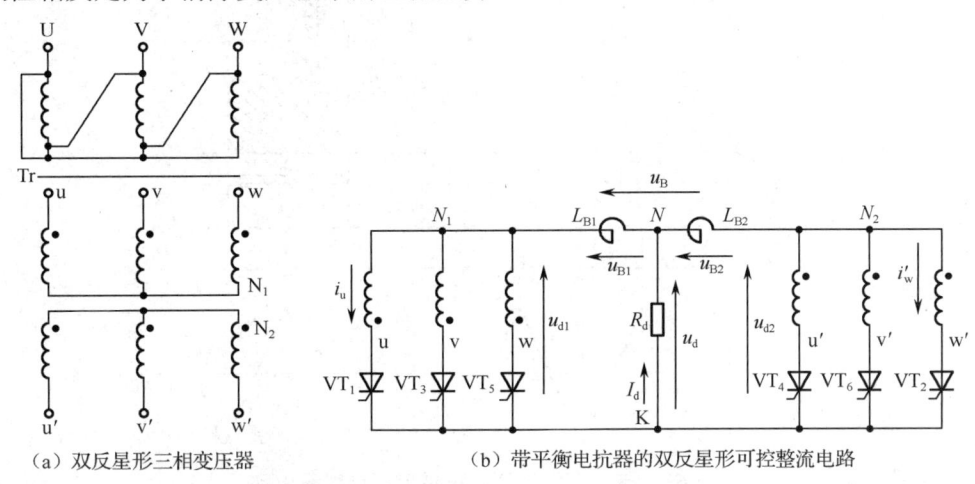

(a)双反星形三相变压器　　　　(b)带平衡电抗器的双反星形可控整流电路

图 2-62　双反星形三相变压器和带平衡电抗器的双反星形可控整流电路

2. 电路工作原理和平衡电抗器的作用

(1)不接平衡电抗器

为了说明平衡电抗器的作用,先将图 2-62(b)中的 L_B 短接,这就构成了通常的六相半波整流电路,变压器二次电压波形如图 2-63(a)所示:细实线为 u-v-w 组的三相波形,细虚线为 u′-v′-w′ 组波形。由于六个晶闸管为共阴接法,因此在任何瞬间,只有相电压瞬时值最大的一相元件导通,以 $\alpha=0°$ 时刻为例进行分析。

在 ωt_1 时刻,u 相电压最大,VT_1 管导通,以 N 点作电位参考点,则共阴极点 K 电位亦最高[如图 2-62(b)]所示,迫使其他五个晶闸管承受反压而不能导通。变压器二次侧以 u→w′→v→u′→w→v′ 的顺序依次达到电压最大值,所以晶闸管以 $VT_1→VT_2→VT_3→VT_4→VT_5→VT_6$ 顺序依次导通 60°,输出直流电压 u_d 波形为六个正向相电压波头的包络线,波形与三相桥式整流时相同,只是六相半波整流时是相电压,而三相桥式整流是线电压。由于任一瞬时只有一个管子导通,所以每个整流元件与变压器二次绕组就要流过全部负载电流,导通角为 60°,仅为 1/6 周期,u 相电流波形如图 2-63（b）所示。流过晶闸管或变压器二次绕组的电流导电时间短，峰值高，晶闸管电流的波形系数大，这就要求整流元件的额定电流与变压器导线截面要大，变压器利用率下降，不能体现供应大电流的优点，所以六相半波整流在大电流场合使用较少。

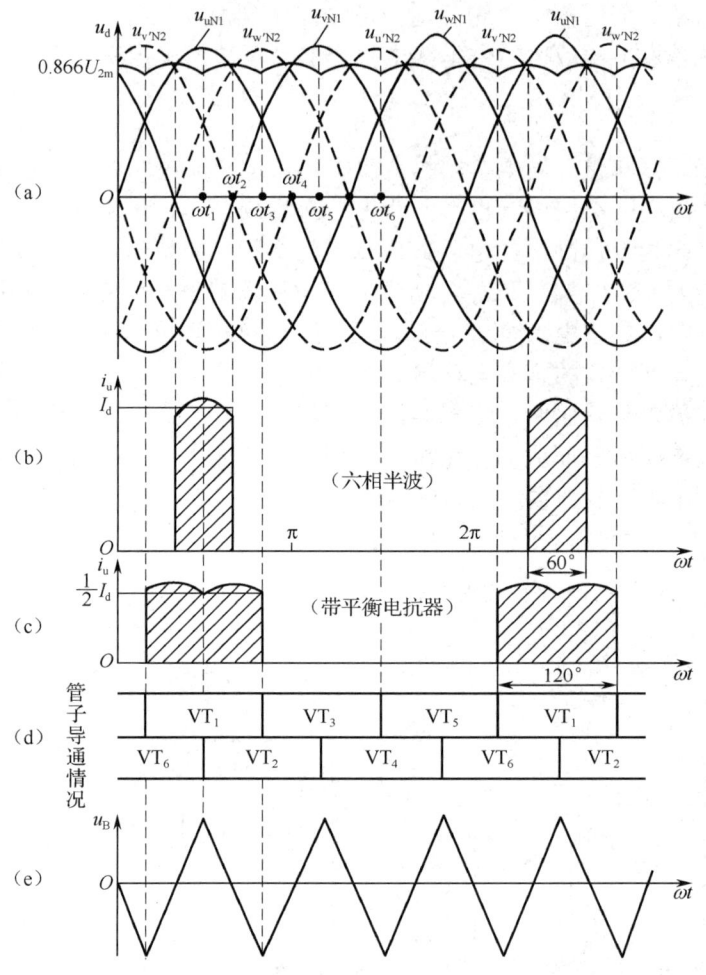

图 2-63　带平衡电抗器双反星形可控整流电路

现接入平衡电抗器，仍以 $\alpha=0$ 时可控整流情况进行分析。

① $\omega t_1 \sim \omega t_2$ 期间合上变压器一次侧电源，此时 u_{uN1} 相电压最高，晶闸管 VT_1 导通，从图 2-62（b）可见，VT_1 导通后 K 点与 u 点同电位，其他晶闸管承受反压而不导通。由于存在平衡电抗器，VT_1 导通后使电流 i_u 逐渐增大，在平衡电抗器 L_{B1} 与 L_{B2} 中感应出电动势 e_B，阻碍电流增大，极性为右正左负（电压 u_B 极性与 e_B 相反）。以 N 点为电位参考点，u_{B1} 削弱了左侧整流组管子的阳极电压。在 $\omega t_1 \sim \omega t_2$ 期间 u_{B1} 削弱 VT_1 管的阳极电压；u_{B2} 增强右侧整流组管子的阳极电压。在 $\omega t_1 \sim \omega t_2$ 期间，除 u_{uN1} 最高外，右侧 $u_{w'N2}$ 相最高，在 u_{B2} 作用下，只要 u_B 的大小使 $u_{w'N2}+u_B > u_{uN1}$，则晶闸管 VT_2 亦受正压导通。因此，L_B 的存在使 VT_1 和 VT_2 管同时导通。当两管同时导通时，$u_u=u_{w'}$，由于在此期间 $u_{uN1}>u_{w'N2}$，所以 VT_2 导通后，VT_1 不会关断。随着变压器二次相电压的变化，u_B 也相应变化，始终保持 $u_u=u_{w'}$，两电位相等，维持 VT_2 和 VT_1 管同时导通。电抗器 L_B 起二相导通的平衡作用，所以称平衡电抗器。

② $\omega t_2 \sim \omega t_3$ 期间，$u_{uN1}<u_{w'N2}$，由于 L_B 的作用，VT_1 也不会关断。因为 i_u 开始减小时，L_B 上产生的 e_B 极性与上述相反，N_1 点为正，N_2 点为负，使 VT_2 和 VT_1 仍能维持共同导通。ωt_3 之后，由于 $u_{vN1}>u_{uN1}$，电流从 VT_1 换到 VT_3，与 $\omega t_1 \sim \omega t_2$ 情况相同。

③ $\omega t_3 \sim \omega t_4$ 期间，VT$_2$ 到 VT$_3$ 同时导通。v 相的晶闸管 VT$_3$，从 ωt_3 时刻开始导通，由于电抗器 L_B 的平衡作用，一直要维持到 ωt_6 时刻因 VT$_5$ 导通而关断，导通 120°。两组晶闸管同时导通的情况如图 2-63（d）所示。

由此可见，由于接入平衡电抗器 L_B，使两组三相半波整流电路能同时工作，即在任一瞬间，两组各有一个元件同时导通，共同承担负载电流，同时每个元件导通角由 60°扩大为 120°，每隔 60°有一个元件换流，此时 i_u 波形如图 2-63（c）所示。所以平衡电抗器的作用使流过整流元件与变压器二次电流的波形系数降低，在输出同样直流电流 I_d 时，可使晶闸管的额定电流减小并提高变压器的利用率，在大电流输出时，晶闸管可少并联或不并联。

从图 2-62（b）左边整流组看，$u_d = u_{d1} - \frac{1}{2}u_B$，从右边整流组看，$u_d = u_{d1} + \frac{1}{2}u_B$，因此得

$$u_d = \frac{1}{2}(u_{d1} + u_{d2}) \tag{2-123}$$

$$u_B = u_{d1} - u_{d2} \tag{2-124}$$

由式（2-123）可见，带平衡电抗器双反星形整流电路的直流输出电压 u_d 波形是左右两组三相半波整流输出波形相邻二相的平均值，如图 2-63（a）中粗实线所示。可以看成一个新的六相半波，其峰值为原六相半波峰值乘以 $\cos(\pi/6) = \sqrt{3}/2 = 0.866$。此波形的电压平均值 U_d 可通过积分来计算，因为一个周期有六块相同的面积，只取其中一块积分求平均值即可，计算式为

$$U_d = 1.17U_2 \cos\alpha \tag{2-125}$$

由式（2-124）可见，平衡电抗器 L_B 上的电压波形 u_B 为两组三相半波输出电压波形之差，其波形近似如图 2-63（e）所示的三角波，频率为 150Hz。

由于两组三相半波整流电路并联运行，两者输出电压的瞬时值不相等，会产生环流（即不经过负载的两相之间的电流），因此必须由平衡电抗器 L_B 限制。通常要求将环流值限制在额定负载电流的 2%左右，使并联运行的两组电流尽量分配均匀。当负载电流很小，其值与环流幅值相等时，工作电流与环流相反的管子由于流过电流小于维持电流而关断，失去并联导电性能，电路转为六相半波整流状态，输出直流电压 U_d 从原来的 $1.17U_2$ 突升为 $1.35U_2$。

3．基本数量关系

由上面分析可知，带平衡电抗器的双反星形可控整流电路 $\alpha=0°$的位置是三相半波整流时原来的自然换流点，α 从该点起算。带电阻负载时 $\alpha=30°$、$\alpha=60°$、$\alpha=90°$的 u_d 波形如图 2-64（a）、2-64（b）、2-64（c）所示。

（1）当 $\alpha \leq 60°$时，波形连续，输出电压平均值为

$$U_d = 1.17U_2 \cos\alpha, \quad 0 \leq \alpha \leq 60° \tag{2-126}$$

（2）当 $\alpha \geq 60°$时，波形断续，输出电压平均值为

$$U_d = 1.17U_2[1 + \cos(\alpha + 60°)], \quad 60° \leq \alpha \leq 120° \tag{2-127}$$

为了确保电流断续后，两组三相半波整流电路还能同时工作，与三相桥式整流电路一样，也要求采用双窄脉冲或宽脉冲触发，窄脉冲脉宽应大于 30°。带电阻负载时，触发脉冲的最大移相范围为 120°（单组时为 150°）。

带电感负载且 $\alpha \leq 60°$时，u_d 波形没有负电压，与带电阻负载相同；当 $60° < \alpha < 90°$时，u_d 波形出现负电压。当 $\alpha=90°$时，$U_d \approx 0$，波形如图 2-64（c）所示。

（3）带电感负载时，输出电压平均值为

$$U_d = 1.17U_2 \cos\alpha \quad 0 < \alpha < 90° \tag{2-128}$$

晶闸管可能承受的最大正反向电压与三相半波整流时相同，也为 $\sqrt{6}U_2$。

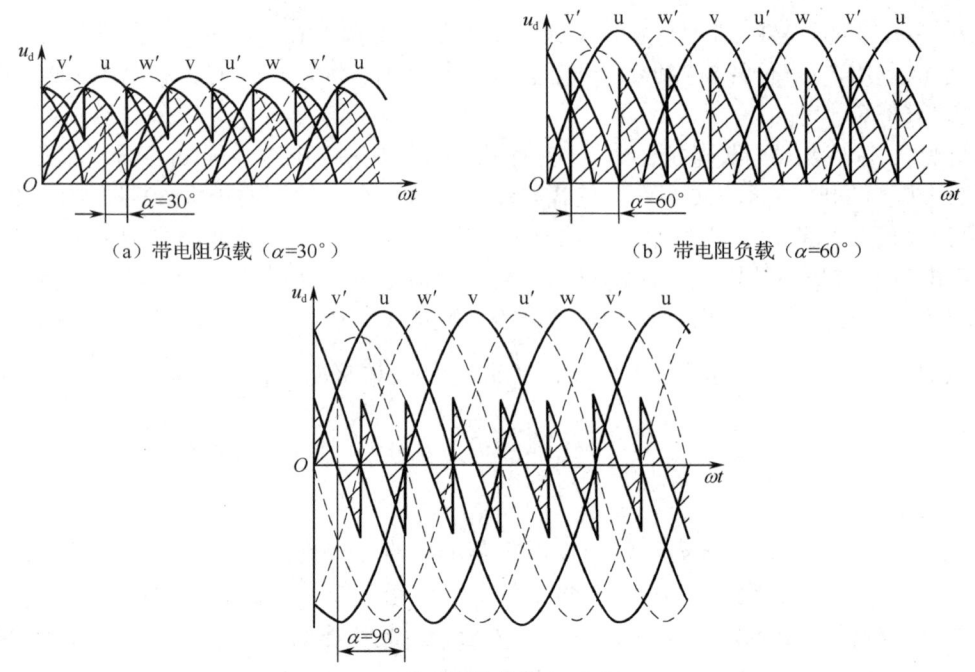

(a)带电阻负载（α=30°）

(b)带电阻负载（α=60°）

(c)带电感负载（α=90°）

图 2-64 带平衡电抗器的双反星形可控整流电压波形

从图 2-63、图 2-64 可以看出，双反星形电路的输出电压波形与三相半波相比较，脉动程度减小了，脉动频率加大了一倍，达到 $f=300Hz$。在电感负载情况下，$\alpha=90°$ 时输出电压波形正负面积相等，平均电压为零，因而感性负载的移相范围是 90°。如果是电阻负载，则不出现负压，仅保留波形的正半部分。同样可以看出，$\alpha=120°$ 时，输出电压为零。因而电阻负载的移相范围为 120°（单组为 150°）。双反星形电路是两组三相半波电路的并联，所以整流电压平均值 U_d 就等于一组三相半波整流电路的整流电压平均值，在不同控制角 α 时，$U_d=1.17U_2\cos\alpha$。

4．带平衡电抗器的双反星形整流电路特点

电路结构的特点如下。

（1）二次侧为两组匝数相同极性相反的绕组，分别接成两组三相半波电路。二次侧两绕组的极性相反，直流安匝互相抵消，所以可消除铁芯的直流磁化；虽然两组相电流的瞬时值不同，但是平均电流相等。

（2）平衡电抗器保证两组三相半波整流电路能同时导电。

（3）当 U_2 相等时，双反星形整流电路的 U_d 是三相桥式整流电路的 1/2，而 I_d 是单相桥式电路的 2 倍。

（4）双反星形整流电路中如不接平衡电抗器，则成为六相半波整流电路。六相半波整流电路中，只能有一个晶闸管导电，其余五管均阻断，每管最大导通角为 60°，平均电流为 $I_d/6$；当 $\alpha=0°$ 时，U_d 为 $1.35U_2$，比三相半波整流电路的 $1.17U_2$ 略大些；因晶闸管导电时间短，变压器利用率低，极少采用。

（5）三相桥式整流电路为两组三相半波整流电路串联，而双反星形整流电路为两组三相半波整流电路并联，且后者需用平衡电抗器。

2.6.2 多重化整流电路

随着整流装置功率进一步加大，它所产生的谐波、无功功率等对电网的干扰也随之加大，为减轻干扰,可采用多重化整流电路,所谓多重化整流电路就是将几个整流电路进行多重连接以减少交流侧输入电流谐波,通过对晶闸管多重整流电路采用顺序控制的方法可提高功率因数。

移相多重连接分并联多重连接和串联多重连接。采用多重连接不仅可以减少交流输入电流的谐波,同时也可减小直流输出电压中的谐波幅值并提高纹波频率,因而可减小平波电抗器。使用平衡电抗器来平衡两组整流器的电流。对于交流输入电流来说,采用并联多重连接和串联多重连接的效果是相同的。为了简化分析,下面均不考虑变压器漏抗引起的重叠角。

1. 带平衡电抗器的 12 脉波大功率相控整流电路(并联多重连接)

在一个周期内,整流装置输出电压的脉波数越多,则它的谐波阶次越高,谐波幅度越小,整流特性越好。为此可以考虑选用带平衡电抗器的双三相桥式 12 脉波相控整流电路。

双反星形相控整流电路是由两个三相半波整流电路并联组成的,当负载更大且要求电压脉动更小时,可采用两个三相桥式相控整流电路并联,构成带平衡电抗器的 12 脉波相控整流电路。

(1)电路结构

图 2-65 给出了并联多重连接的 12 脉波整流电路,该电路中使用了平衡电抗器 L_B 来平衡各组整流器的电流,其原理与双反星形相控整流电路中采用平衡电抗器是一样的。并联多重连接的 12 脉波整流电路由两组三相桥式全控整流电路经平衡电抗器并联组成。三相桥式全控整流电路的输出电压为 6 脉波整流电压,为了得到 12 脉波整流电压,需要两组三相交流电源,且两组电源间的相位差为 $\pi/6$。为此,整流变压器采用三相三绕组变压器,一次侧绕组采用△接法,二次侧第 I 绕组 u_1、v_1、w_1 采用 Y 接法;第 II 绕组 u_2、v_2、w_2 采用△接法。如果同名端如图 2-65 所示,则变压器 I 组为△/Y_{11} 接法,II 组为△/△$_{12}$ 接法,因而二次侧线电压 u_{u1v1} 比 u_{u2v2} 超前 $\pi/6$。变压器二次侧三角形接法的绕组匝数取星形接法绕组匝数的 $\sqrt{3}$ 倍,使得二次侧星形连接的绕组线电压与三角形连接绕组的线电压相等。

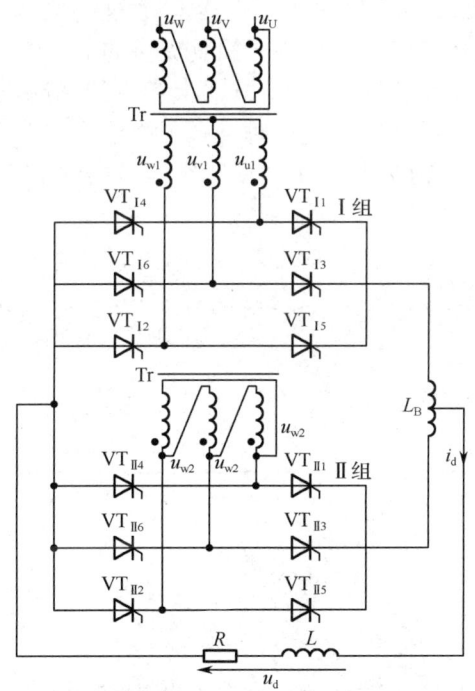

图 2-65 并联多重连接的 12 脉波整流电路

(2)工作原理

从变压器的连接可以看出,一次侧相电压 u_u 与二次侧相电压 u_{u1}、u_{u2} 同相;u_v 与二次侧相电

压 u_{v1}、u_{v2} 同相；u_w 与二次侧相电压 u_{w1}、u_{w2} 同相；二次侧第二绕组的线电压等于相电压。所以，$u_{u2v2}=u_{v2w2}=u_{w2u2}=u_{u2}=u_{v2}=u_{w2}$。且线电压 u_{u1v1} 与三角形绕组的线电压 u_{u2v2} 相位相差 $30°$，u_{v1w1} 与 u_{v2w2} 相位相差 $\pi/6$，u_{w1u1} 与 u_{w2u2} 相位相差 $\pi/6$。其电压矢量图如 2-66 所示。

从三相桥式相控整流电路分析可知，第一组整流桥输出电压 u_{d1} 的大小由线电压 u_{u1v1}、u_{v1w1}、u_{w1u1} 决定；同理，第二组整流桥输出电压 u_{d2} 的大小由线电压 u_{u2v2}、u_{v2w2}、u_{w2u2} 决定。因为三角形接法绕组的线电压等于它的相电压，因此它的整流电压 u_{d1}、u_{d2} 的波形与六相整流电路是相同的，且相位相差 $30°$。

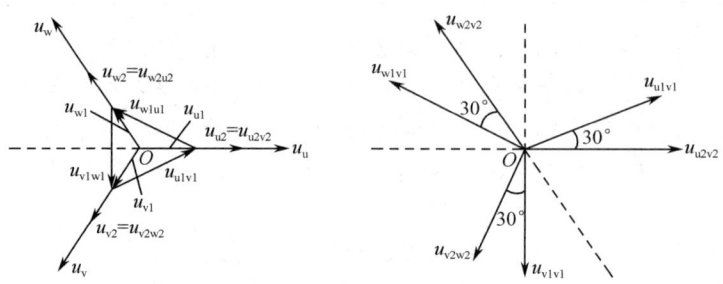

图 2-66　电压矢量图

① 无平衡电抗器

不接入平衡电抗器 L_B 时，同双反星形相控整流电路一样，两组桥不能同时向负载供电，而只能交替向负载供电，不过交替导通的间隔是 $\pi/6$。此时只有一组三相桥式整流电路在工作。

② 有平衡电抗器

接入平衡电抗器 L_B 后，当一组三相整流桥的瞬时线电压高于二组三相整流桥的瞬时线电压，并同时伴有整流电流输出时，会在平衡电抗器的两端产生感应电动势，其一半减小一组三相整流桥的电动势，另一半则增加二组三相整流桥的电动势，通过电抗器的平衡作用，同时维持两组三相整流桥都工作在三相桥式相控整流状态。当一组三相整流桥的瞬时线电压等于二组整流桥的瞬时线电压时，两组整流桥并联运行，此时在平衡电抗器上产生的感应电动势为零。之后当二组整流桥的瞬时线电压大于一组整流桥的瞬时线电压时，则平衡电抗器上产生的感应电动势极性相反，继续维持两整流桥正常导通。图 2-67 为 $\alpha=0°$ 时带平衡电抗器的 12 脉波相控整流电路的输出电压波形。

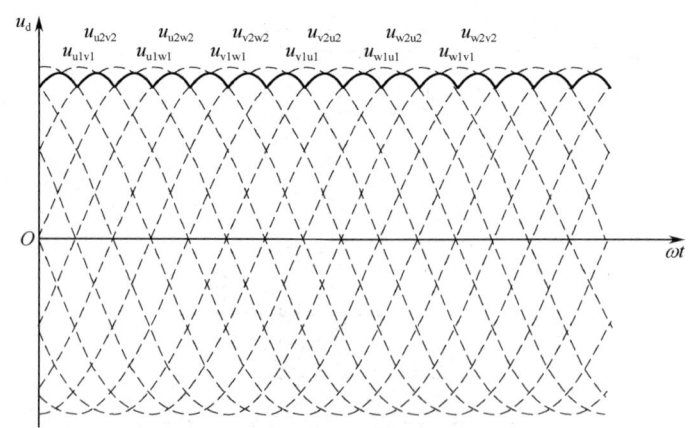

图 2-67　$\alpha=0°$ 时带平衡电抗器的 12 脉波相控整流电路的输出电压波形

（3）数量关系

$\alpha=0°$ 时，第一组三相桥式全控整流电路输出电压为

$$u_{d1}(t)=\frac{3\sqrt{2}}{\pi}U_{2L}\left(1+\frac{2}{5\times7}\cos6\omega t-\frac{2}{11\times13}\cos12\omega t+\frac{2}{17\times19}\cos18\omega t-\frac{2}{23\times25}\cos24\omega t+\cdots\right) \quad (2\text{-}129)$$

其中 U_{2L} 为线电压有效值。

因为 u_{d1} 与 u_{d2} 相差 30°，所以

$$\begin{aligned}u_{d2}(t)&=\frac{3\sqrt{2}}{\pi}U_{2L}\left[1+\frac{2}{5\times7}\cos6(\omega t-30°)-\frac{2}{11\times13}\cos12(\omega t-30°)+\right.\\&\left.\frac{2}{17\times19}\cos18(\omega t-30°)-\frac{2}{23\times25}\cos24(\omega t-30°)+\cdots\right]\\&=\frac{3\sqrt{2}}{\pi}U_{2L}\left[1-\frac{2}{5\times7}\cos6\omega t-\frac{2}{11\times13}\cos12\omega t-\frac{2}{17\times19}\cos18\omega t-\frac{2}{23\times25}\cos24\omega t-\cdots\right]\end{aligned} \quad (2\text{-}130)$$

没有平衡电抗器时，其电位差

$$u_p(t)=u_{d1}(t)-u_{d2}(t)=\frac{3\sqrt{2}}{\pi}U_{2L}\left(\frac{4}{5\times7}\cos6\omega t+\frac{4}{17\times19}\cos18\omega t+\cdots\right) \quad (2\text{-}131)$$

两组三相整流桥经过平衡电抗器后的输出电压瞬时值为

$$u_d(t)=\frac{1}{2}[u_{d1}(t)+u_{d2}(t)]=\frac{3\sqrt{2}}{\pi}U_{2L}\left(1-\frac{2}{11\times13}\cos12\omega t-\frac{2}{23\times25}\cos24\omega t-\cdots\right) \quad (2\text{-}132)$$

直流输出电压平均值为

$$U_d=\frac{3\sqrt{2}}{\pi}U_{2L}=\frac{3\sqrt{6}}{\pi}U_P=1.35U_{2L}=2.34U_P \quad (2\text{-}133)$$

结论：两个三相桥式整流电路输出的 u_{d1} 和 u_{d2} 经过平衡电抗器 L_B 后输出电压 u_d，直流输出电压平均值 U_d 仍然等于一组三相桥式整流电路输出电压平均值，但每组整流桥仅承担负载电流的一半。根据负载电流的波形，可推导出交流侧电源 U 相电流表达式为

$$i_U(t)=\frac{4\sqrt{3}}{\pi}I_d\left(\sin\omega t+\frac{1}{11}\sin11\omega t+\frac{1}{13}\sin13\omega t+\frac{1}{23}\sin23\omega t+\frac{1}{25}\sin25\omega t\cdots\right) \quad (2\text{-}134)$$

电流的谐波为 $12K\pm1$（$K=1,2,3\cdots$）次，而它的最低谐波次为 11 次。

2．两个三相桥式整流电路串联连接的 12 脉波整流电路*

之前分析了带平衡电抗器的 12 脉波相控整流电路，该电路是两个三相桥式全控整流电路的并联。本节分析两个三相桥式全控整流电路的串联连接。

（1）电路组成

图 2-68 所示为移相 $\pi/6$ 构成的串联连接 12 脉波电路原理图，两图是变压器连接的不同画法，没有本质上的区别。图中变压器 T_r 与带平衡电抗器的 12 脉波相控整流电路中变压器的接法相同，其电压矢量图也与图 2-66 一样。因此该电路也是 12 脉波相控整流电路。

（2）工作原理

从图中可以看出：变压器一次侧接成星形或三角形，二次侧绕组分别接成星形和三角形，这样可使得两相之间的相位相互错开 30°，二次侧绕组为三角形接法的相电压是二次侧绕组为星形接法的 $\sqrt{3}$ 倍，这样两组的交流电源有相等的线电压。变压器一次侧绕组与二次侧绕组匝数比是 $1:1:\sqrt{3}$。从整流器的连接可知，两组整流桥输出的 u_{d1} 和 u_{d2} 是相加的关系。

（3）数量关系

由于两组整流电路所对应的线电压相位差为 $\pi/6$，故此电路的整流输出电压瞬时值为

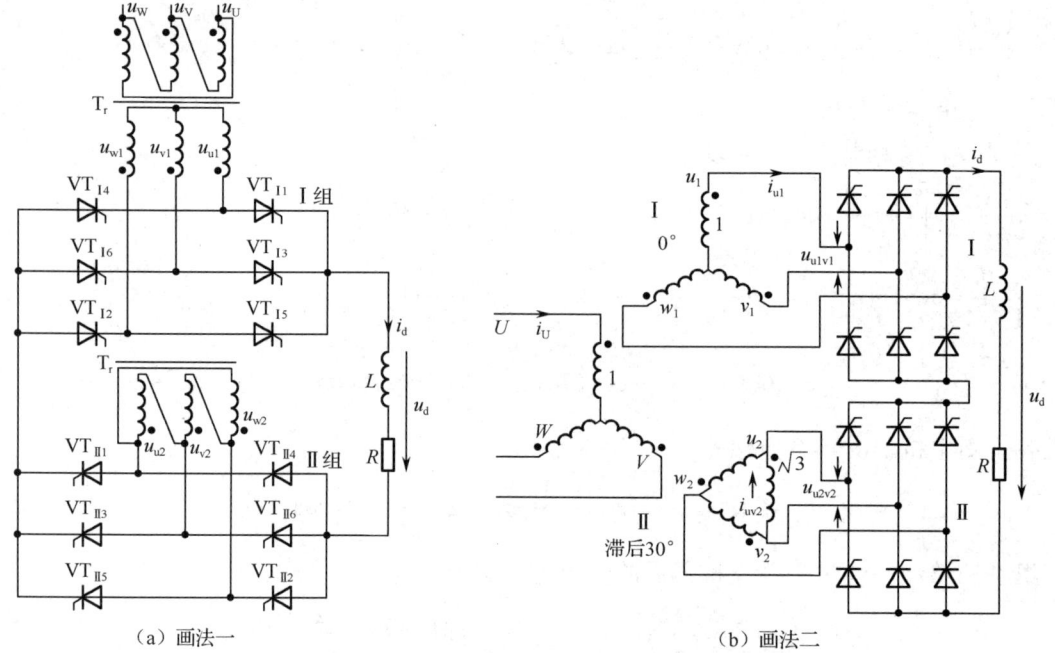

图 2-68 移相 π/6 构成的串联连接 12 脉波电路原理图

$$u_d(t) = u_{d1}(t) + u_{d2}(t) = \sqrt{6}U_2 \sin\omega t + \sqrt{6}U_2 \sin\left(\omega t + \frac{\pi}{6}\right)$$
$$= 2\sqrt{6}U_2 \cos\frac{\pi}{12}\sin\left(\omega t + \frac{\pi}{12}\right) \quad (2-135)$$

整流输出电压平均值为

$$U_d(t) = \frac{1}{2\pi/12}\int_{\frac{\pi}{3}+\alpha}^{\frac{\pi}{2}+\alpha} 2\sqrt{6}U_2 \cos\frac{\pi}{12}\sin\left(\omega t + \frac{\pi}{12}\right)d(\omega t) = 2\times 2.34 U_2 \cos\alpha \quad (2-136)$$

两组整流桥电路极性相加,输出电压是一组整流电路的 2 倍,输出电流没有扩大。该线路适宜于负载要求高电压、高供电质量的场合。

图 2-69 为移相 π/6 构成的串联连接电路变压器一次侧电流 $i_U(t)$ 波形图,对其进行傅里叶分析,可得其基波幅值 I_{m1} 和 n 次谐波幅值 I_{mn} 如下。

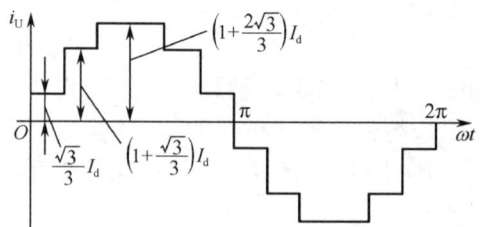

图 2-69 十二相整流电路变压器一次侧输入电流波形

交流侧 U 相电流 $i_U(t)$ 为

$$i_U(t) = \frac{4\sqrt{3}}{\pi}I_d\left(\sin\omega t + \frac{1}{11}\sin 11\omega t + \frac{1}{13}\sin 13\omega t + \frac{1}{23}\sin 23\omega t + \frac{1}{25}\sin 25\omega t \cdots\right) \quad (2-137)$$

对输入的电流 i_A 波形进行傅里叶分析,得出它的基波幅值 I_{m1} 和 n 次谐波的幅值 I_{mn} 为

$$I_{m1} = \frac{4\sqrt{3}}{\pi}I_d \quad (2-138)$$

$$I_{mn} = \frac{1}{n} \cdot \frac{4\sqrt{3}}{\pi} I_d \quad (n=12k+1, \ k=1, \ 2, \ 3\cdots) \tag{2-139}$$

从以上两式可以看出，输入电流谐波次数为 $n=12k+1$，其幅值与次数成反比。另外，可以计算其功率因数。

基波位移因数为

$$\cos\varphi_1 = \cos\alpha \tag{2-140}$$

功率因数为

$$\lambda = \frac{I_1}{I}\cos\varphi_1 = 0.988\cos\alpha \tag{2-141}$$

通过上述分析可以看到，采用串联多重连接的方法并不能提高位移因数，但可使输入电流谐波大幅度减小，从而也可以在一定程度上提高功率因数。

为了提高整流输出电压，还可采用更多重串联连接，获得更多相的相控整流电路。例如，利用变压器二次侧的曲折接法，使线电压互相错开 $\pi/9$，可将 3 组三相桥式电路构成串联 3 重连接电路，即 18 脉波整流电路。

3．多重连接电路的顺序控制

前面介绍的多重连接电路中，各整流桥交流二次输入电压错开一定相位，但工作时各桥的控制角 α 是相同的，这样可以使输入电流谐波含量大为降低。这里介绍的顺序控制则是另一种思路。这种控制方法只对多重连接的各整流桥中一个桥的 α 角进行控制，其余各桥的工作状态则根据需要输出的整流电压而定，或者不工作而使该桥输出直流电压为零，或者 $\alpha=0°$ 而使该桥输出电压最大。根据所需总直流输出电压从低到高的变化，按顺序依次对各桥进行控制，因而被称为顺序控制。采用这种方法虽然并不能降低输入电流中的谐波，但是各组桥中只有一组在进行相位控制，其余各组或不工作，或位移因数为 1，因此总的功率因数得以提高。我国电气机车的整流器大多为这种方式。

图 2-70 给出了用于电气机车的三重晶闸管整流桥顺序控制的一个例子，通过这个例子来说明多重连接电路顺序控制的原理。图 2-70（a）为电路图，由于电气化铁道向电气机车供电是单相的，故图中各桥均为单相桥，图 2-70（b）、（c）分别为整流输出电压和交流输入电流的波形。当需要输出的直流电压低于 1/3 最高电压时，只对第 I 组桥的 α 角进行控制，连续触发 VT_{23}、VT_{24}、VT_{33}、VT_{34} 使其导通，这样第二、三组桥的直流输出电压就为零。当需要输出的直流电压达到 1/3 最高电压时，第一组桥的 α 角为 0°。需要输出电压为 1/3-2/3 最高电压时，第一组桥的 α 角固定为 0°，第三组桥的 VT_{33} 和 VT_{34} 维持导通，使其输出电压为零，仅对第二组桥的 α 角进行控制。需要输出电压为 2/3 最高电压以上时，第一、二组桥的 α 角固定为 0°，仅对第三组桥的 α 角进行控制。

在对上述电路中一个单元桥的 α 角进行控制时，为使直流输出电压波形不含负的部分，可采取如下控制方法。

以第一组桥为例，当电压相位为 α 时，触发 VT_{11}、VT_{14} 使其导通并流过直流电流使流 I_d，在电压相位为 π 时，触发 VT_{13}，则 VT_{11} 关断，I_d 使流通过 VT_{13}、VT_{14} 续流，桥的输出电压为零而不出现负的部分。电压相位为 $\pi+\alpha$ 时，触发 VT_{12}，则 VT_{14} 关断，由 VT_{12}、VT_{13} 导通而输出直流电压。电压相位为 2π 时，触发 VT_{11}，则 VT_{13} 关断，由 VT_{11} 和 VT_{12} 续流，桥的输出电压为零，直至电压相位为 $2\pi+\alpha$ 时，下一周期开始，重复上述过程。

图 2-70（b）、（c）的波形是直流输出电压大于 2/3 最高电压时的总直流输出电压 U_d 和总交流输入电流 i 的波形。这时第一、二两组桥的 α 角均固定在 0°，第三组桥控制角为 α。从电流 i 的波形可以看出，虽然波形并未改善，仍与单相桥式全控整流电路时一样含有奇次谐波，但其基波分

量比电压的滞后少，因而位移因数高，从而提高了总的功率因数。

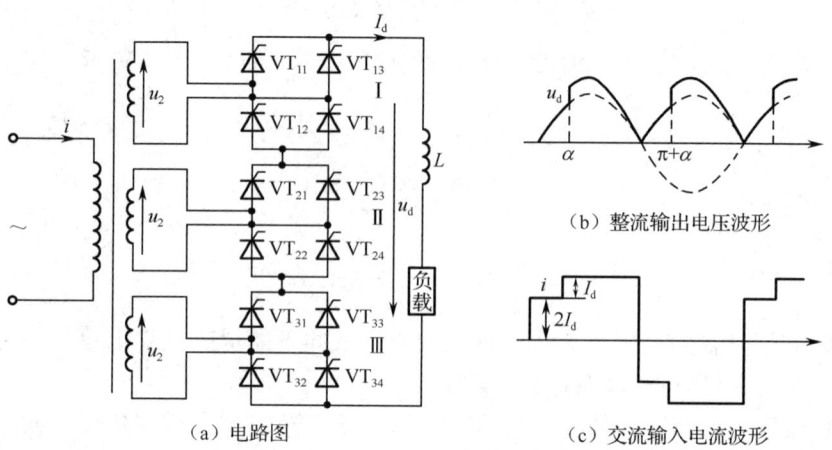

图 2-70　单相串联三重连接电路及顺序控制时的波形

2.7　有源逆变电路

2.7.1　逆变的概念

在生产实践中，存在着与整流过程相反的要求，即要求把直流电转变成交流电，这种对应于整流的逆向过程，定义为逆变。例如，电力机车下坡行驶时，使直流电动机作为发电机制动运行，机车的位能转变为电能，反送到交流电网中去。把直流电逆变成交流电的电路称为逆变电路。当交流侧和电网连接时，这种逆变电路称为有源逆变电路。有源逆变电路常用于直流可逆调速系统、交流绕线转子异步电动机串级调速以及高压直流输电等方面。对于可控整流电路而言，只要满足一定的条件，就可以工作于有源逆变状态。此时，电路形式并未发生变化，只是电路工作条件转变，因此将有源逆变作为整流电路的一种工作状态进行分析。为了叙述方便，下面将这种既工作在整流状态又工作在逆变状态的整流电路称为变流电路。

如果变流电路的交流侧不与电网连接，而是直接接到负载，即把直流电逆变为某一频率或可调频率的交流电供给负载，则称为无源逆变，将在第 3 章介绍。

以下先从直流发电机-电动机系统入手，研究其间电能流转的关系，再转入变流器中分析交流和直流电之间电能的流转，以掌握实现有源逆变的条件。图 2-71 所示直流发电机-电动机系统中，G 为电动机，M 为发电机，励磁回路未画出。控制发电机电动势的大小和极性，可实现电动机四象限的运转状态。

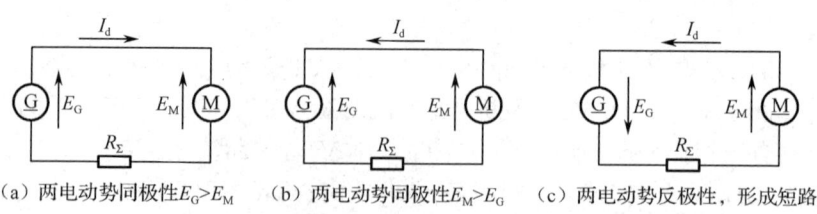

图 2-71　直流发电机-电动机之间电能的流转

图 2-71（a）中，M 作电动运转，$E_G > E_M$，电流 I_d 从 G 流向 M，电能由 G 流向 M，转变为 M 轴上输出的机械能。I_d 值为

$$I_d = \frac{U_d - E_M}{R_\Sigma} \qquad (2\text{-}142)$$

式中，R_Σ 为主回路的电阻。由于 I_d 和 E_G 同方向，与 E_M 反方向，故 G 输出电功率 $E_G I_d$，M 吸收电功率 $E_M I_d$，电能由 G 流向 M，转变为 M 轴上输出的机械能，R_Σ 上是热耗。

图 2-71（b）回馈制动状态中，M 作发电运转，$E_M > E_G$，电流反向，从 M 流向 G，I_d 值为

$$I_d = \frac{E_M - U_d}{R_\Sigma} \qquad (2\text{-}143)$$

此时 I_d 和 E_M 同方向，与 E_G 反方向，故 M 输出电功率，G 吸收电功率 $E_M I_d$，R_Σ 上是热耗。M 轴上输入的机械能转变为电能反送给 G。

图 2-71（c）两电动势顺向串联，向电阻 R_Σ 供电，G 和 M 均输出功率，由于 R_Σ 一般都很小，实际上会形成短路，在工作中必须严防这类事故发生。

两个电动势同极性相接时，电流总是从电动势高的位置流向电动势低的位置，由于回路电阻很小，即使很小的电动势差值也能产生大的电流，使两个电动势之间交换很大的功率，这对分析有源逆变电路是十分有用的。

2.7.2 单相有源逆变电路工作原理

1. 单相双半波有源逆变电路

（1）电路结构

单相全波电路的整流和逆变如图 2-72 所示，它是一个单相双半波可控整流电路，该电路实际上是由两个单相半波可控整流电路经过适当连接而成的。为保持逆变电流的连续，电路串接了大电感 L。以单相双半波电路代替图 2-71 中的发电机，下面讨论该电路是如何从整流状态转变为有源逆变状态的。

（2）工作原理

① 整流状态（$0° \leq \alpha < 90°$）

当 α 等于零时，输出电压瞬时值 u_d 在整个周期内全部为正；当 $0° \leq \alpha < 90°$ 时，u_d 在整个周期内有正有负，但其正面积总是大于负面积，故平均值 U_d 为正值，其极性为上正下负，如图 2-72（a）所示。并且此时 $U_d > E_M$，才能输出 I_d，其值为 $I_d = (U_d - E_M)/R_\Sigma$，电流 I_d 从 U_d 的正端流出，从 E_M 的正端流进。因此电动机 M 吸收电能，作电动运行，电路把从电网吸收的交流电能转变成直流电能输送给电动机，电路工作在整流状态，电动机 M 工作在电动状态。这是在整流电路中大家熟悉的内容。

② 逆变状态（$90° < \alpha \leq 180°$）

所谓逆变，就是要求电路把负载（电动机）吸收的直流电能转变成交流电能反馈回电网。由于晶闸管的单向导电性，负载电流 I_d 不能改变方向，为此只有将 E_M 反向，即电动机作发电运行，输出电能才能回馈电网；为避免 U_d 与 E_M 顺接，此时要求将 U_d 的极性也反过来，且 $|E_M| > |U_d|$，如图 2-72（c）所示。从 $U_d = 0.9 U_2 \cos\alpha$ 可知，要使 U_d 反向，α 应该大于 $90°$。

当 α 在 $90° < \alpha \leq 180°$ 范围内变动时，输出电压瞬时值 u_d 在整个周期内有正有负，但其负面积总是大于正面积，故平均值 U_d 为负值，其极性是上负下正，如图 2-72（b）所示。此时 E_M 略大于 U_d，电流 I_d 的流向是从 E_M 的正端流出，从 U_d 的正端流入，才能输出 I_d，其值为 $I_d = (|E_M| - |U_d|)/R_\Sigma$，电动机输出电能，逆变电路吸收从电动机返送来的直流电能，并将其转变成交流电能反馈回电网，这就是单相双半波电路的有源逆变工作状态。

从上述分析中，要使整流电路工作在逆变状态，必须满足两个条件。

变流器的输出 U_d 能够改变极性（内部条件）。由于晶闸管的单向导电性，电流 I_d 不能改变方向，为实现有源逆变，必须改变 U_d 的极性。为此，变流器的控制角 α 应该大于90°。因此，所有的半控和接有续流二极管的整流电路都不能实现有源逆变。

外部条件。务必要有一个极性与晶闸管导通方向一致的直流电势源，电源 E 也要能改变极性，其数值应稍大于变流器直流侧输出直流平均电压，即 $|E_M|>|U_d|$。

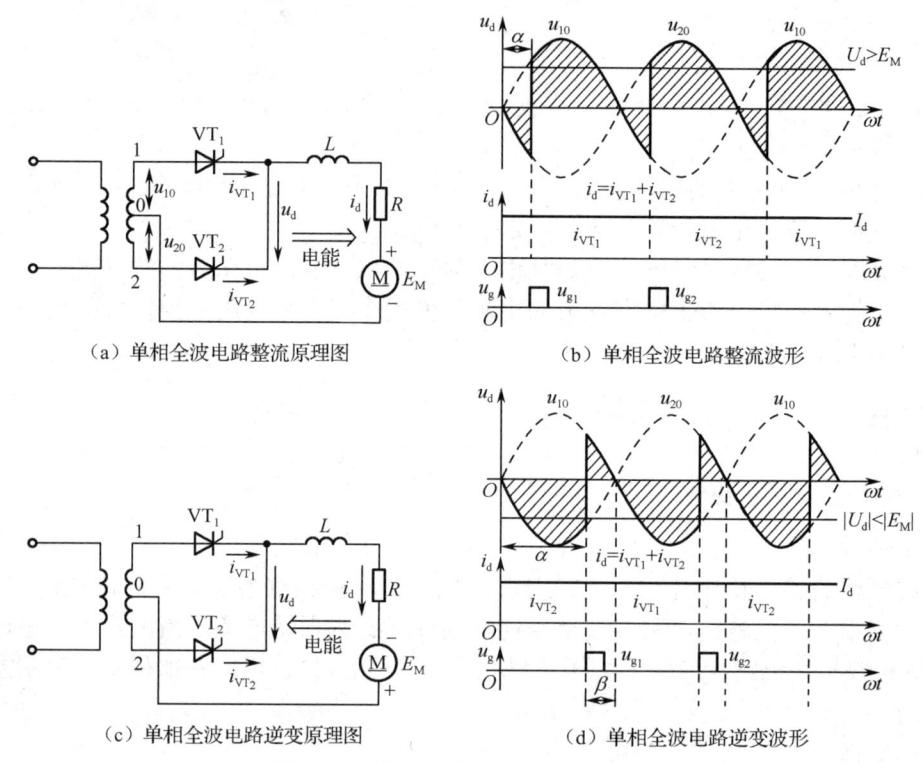

图 2-72　单相全波电路的整流和逆变

2．单相桥式有源逆变电路

以单相桥式全控电路代替图 2-71 中的发电机，下面讨论该电路是如何从整流状态转变为有源逆变状态的。

（1）整流工作状态

当 $0<\alpha<\pi/2$ 时，整流电压 $U_d>E_M$ 反电势，单相桥式全控电路工作于整流状态，整流电路输出电压 U_d 上正下负；电动机作电动运行，反电动势 E_M 上正下负，电动机则为吸收电能用以提升重物，方向如图 2-73（a）所示，图 2-73（b）为整流电路输出电压 U_d 波形。当 $\alpha=\pi/2$ 时，$U_d=0$，抱闸制动，这是特定情况。

（2）有源逆变工作状态

下放重物，电动机由于机械惯性，转速尚未发生变化，电动势 E 的方向不变；同时将单相桥式全控整流电路的控制角调整为 $\alpha>90°$，桥路输出电压 $U_d=0.9U_2\cos\alpha$ 为负值，且使 $|E_M|>|U_d|$，则电动机运行在发电制动状态，向电源反馈能量，方向如图 2-73（c）所示，图 2-73（d）为整流电路输出电压 U_d 波形。不同 α 时单相桥式全控有源逆变电路的实测波形（电感加反电动势负载）如图 2-74 所示。

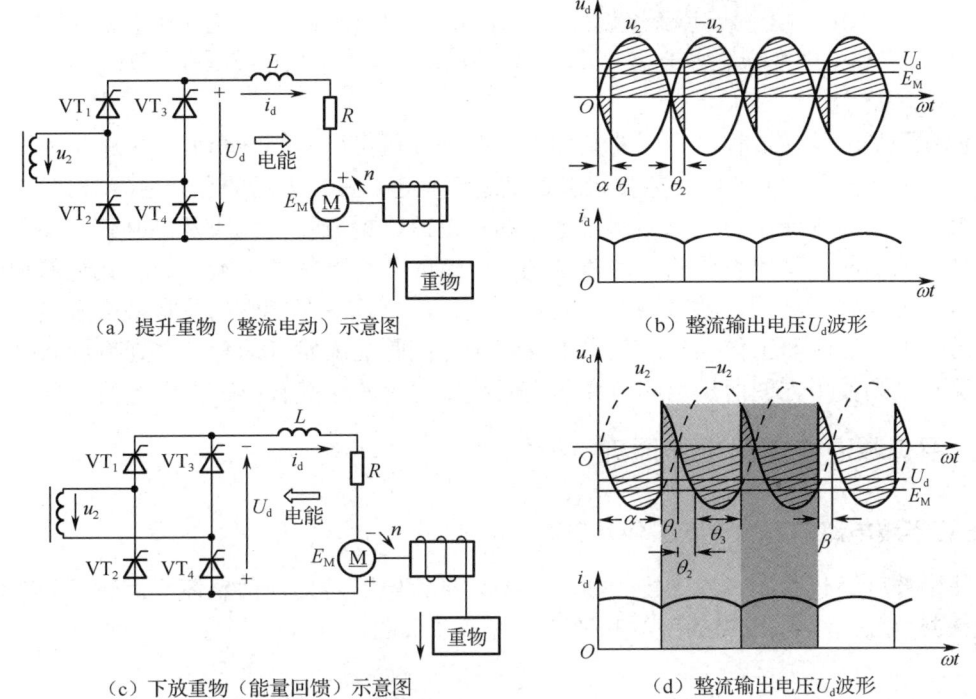

图 2-73 单相桥式全控电路的整流和逆变

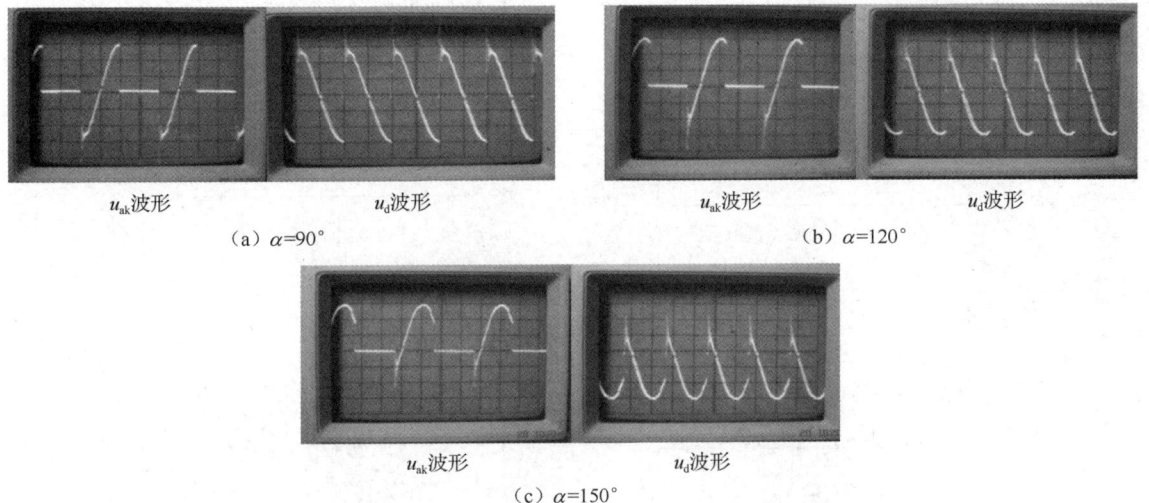

图 2-74 不同 α 时单相桥式全控有源逆变电路的实测波形（电感加反电动势负载）

（3）定量计算

单相全控桥式电路工作于逆变状态时输出电压为

$$U_\mathrm{d} = 0.9U_2\cos\alpha \tag{2-144}$$

由于此时的控制角 α 是大于 90°的，计算上不方便，在此引入逆变角 β，令 α+β=π，逆变角 β 和控制角 α 的计量方向相反，其大小自 β=0 的起始点向左方计量，即 α=π 时，β=0。由此可以得到：

$$U_\mathrm{d} = 0.9U_2\cos\alpha = 0.9U_2\cos(\pi-\beta) = -0.9U_2\cos\beta \tag{2-145}$$

回路的逆变电流为

$$I_\mathrm{d} = \frac{|E_\mathrm{M}|-|U_\mathrm{d}|}{R} = \frac{U_\mathrm{d}-E_\mathrm{M}}{R} \tag{2-146}$$

由以上分析可知：对于同一套变流装置，当 $\alpha<90°$（即 $\beta>90°$）时工作于整流状态；当 $\alpha>90°$（即 $\beta<90°$）时工作于逆变状态；当 $\alpha=\beta=90°$ 时，输出电压的平均值 $U_d=0$，电流 I_d 为零，负载与电源之间无能量交换。

有源逆变是整流的逆过程，不同的条件下，两种过程可以用同一套变流电路实现，能量的传递方向相反。变流电路不管工作在整流状态还是逆变状态，触发电路的移相触发方式和触发顺序、晶闸管的换流方式和导通角、不同晶闸管之间的相位差、构成输出电压及晶闸管两端电压的波头数及每个波头的名称、输出电压的平均值及构成电路的各个器件的电流计算公式等都相同，只是触发延迟角的工作区间不同，随着触发延迟角的变化，电路各个参数的具体数值及波形的形状随之变化。习惯上，变流器工作在整流状态用 α 表示晶闸管的触发延迟角，在逆变状态时用 β 表示逆变角，这只是为使用方便而规定的，并非说明整流与有源逆变有什么性质上的区别。

2.7.3 三相有源逆变电路工作原理

1. 三相半波电路的有源逆变工作状态

以三相半波电路代替图 2-71 中发电机，下面讨论该电路是如何从整流状态转变为有源逆变状态的。图 2-75 为三相半波电路的整流和逆变原理及波形图。

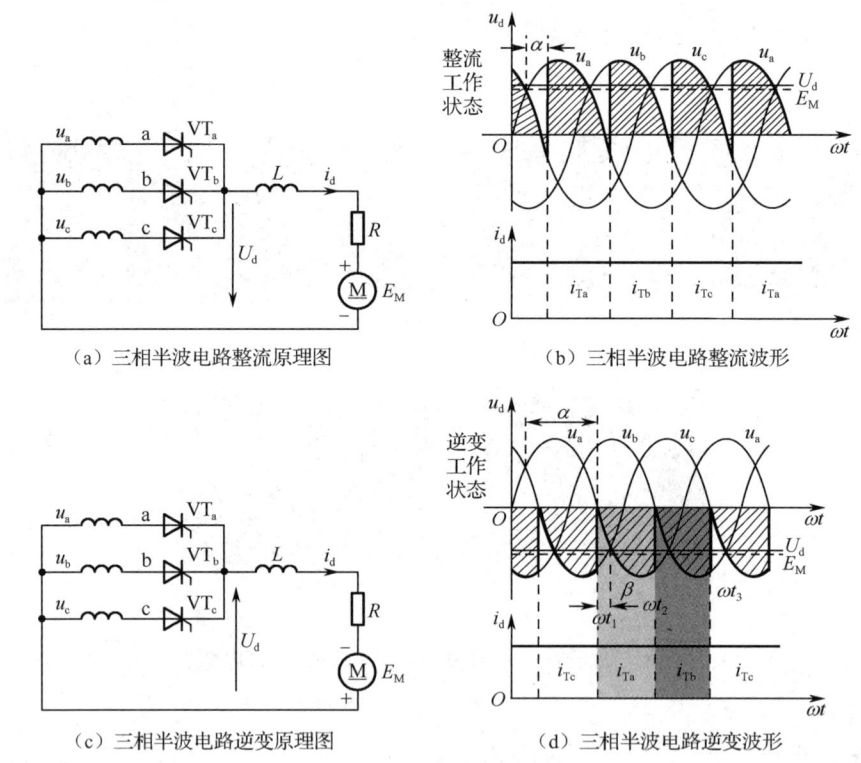

图 2-75 三相半波电路的整流和逆变原理及波形

（1）整流工作状态

$0<\alpha<\pi/2$，$\alpha=45°$ 时，输出电压波形如图中阴影。U_d 和 E_M 均为正值，且 $U_d>E_M$，则电动机吸收电能。负载回路中接有足够大平波电感，电流连续。

（2）逆变工作状态

$\pi/2<\alpha<\pi$，此时电动机端电势下正上负。$\alpha=150°$ 时依次触发晶闸管，在 ωt_1 时刻。触发 a 相 VT_1，此时 $u_a=0$，E_M 为负值，VT_1 导通后，因 E_M 的存在，且 $u_a>E_M$，VT_1 仍然导通，电感电流上

升。随后虽然 $u_a<E_M$，由于平波电感释放电能，VT_1 承受正向电压继续导通。因电感 L 足够大，主回路电流连续。VT_1 导电 120°后，在 ωt_2 时刻触发 b 相晶闸管 VT_2。$u_b>u_a$，VT_2 被触发导通，VT_1 承受反压关断，完成 VT_1、VT_2 之间的换流。

图 2-76 为 $\beta=30°$ 时电路输出电压 u_d 和晶闸管 VT_1 两端承受的电压 u_{VT1} 的波形，请读者参照前面的分析方法自行分析。

由以上分析得出以下结论。

① 三相半波有源逆变电路输出电压平均值 U_d 为负值，总体能量中除了一部分转变为热能消耗在电阻上，其余的由电动机反送回电网。

② 由于电抗器 L_d 的电感量足够大，回路电流 I_d 连续平直。

③ 工作于逆变状态时，晶闸管在一个周期内导通角为 120°，两端承受的电压波形总是正面积大于负面积；只有在 $\beta=90°$ 时，正负面积相等。

④ 三相半波有源逆变电路输出电压为

$$U_d = U_{d0}\cos\alpha = -U_{d0}\cos\beta = -1.17U_2\cos\beta \tag{2-147}$$

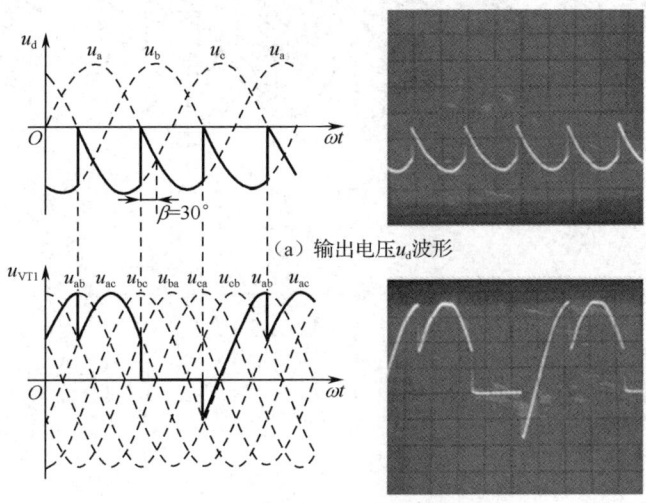

(a) 输出电压 u_d 波形

(b) 晶闸管 VT_1 两端承受的电压 u_{VT1} 的波形

图 2-76 $\beta=30°$ 时电路输出电压 u_d 和晶闸管 VT_1 两端承受的电压 u_{VT1} 的波形

2. 三相桥整流电路的有源逆变工作状态

三相有源逆变比单相有源逆变要复杂些，但我们知道整流电路带反电动势、电感负载时，整流输出电压与控制角之间存在余弦函数关系，即

$$U_d = U_{d0}\cos\alpha \tag{2-148}$$

逆变和整流的区别仅仅是控制角 α 的不同。$0<\alpha<\pi/2$ 时，电路工作在整流状态；$\pi/2<\alpha<\pi$ 时，电路工作在逆变状态。为实现逆变，需一个反向的 E_M，而 U_d 在上式中因大于 $\pi/2$ 已自动变为负值，完全满足逆变的条件。因而可沿用整流的办法来处理逆变时有关波形与参数计算等各项问题。

三相桥式逆变电路一个周期中的输出电压由 6 个形状相同的波头组成，其形状随 β 的不同而不同。晶闸管阻断期间主要承受正向电压，而且最大值为线电压的峰值。三相桥式整流电路工作于有源逆变状态时的电压波形如图 2-77 所示。图 2-78 为不同 α 时三相桥式有源逆变电路的实测波形（电感加反电动势负载）。

三相桥式电路的输出电压为

$$U_d = -2.34U_2\cos\beta = -1.35U_{2L}\cos\beta \tag{2-149}$$

输出直流电流的平均值为

$$I_d = \frac{U_d - E_M}{R_\Sigma} \qquad (2\text{-}150)$$

流过晶闸管的电流有效值为

$$I_{VT} = \frac{I_d}{\sqrt{3}} = \sqrt{\frac{1}{2\pi}\left(I_d^2 \times \frac{2\pi}{3}\right)} = 0.577 I_d \qquad (2\text{-}151)$$

从交流电源送到直流侧负载的有功功率为

$$P_d = R_\Sigma I_d^2 + E_M I_d \qquad (2\text{-}152)$$

当逆变工作时，E_M 为负值，故 P_d 一般为负值，表示功率由直流电源输送到交流电源。

变压器二次侧线电流的有效值为

$$I_2 = \sqrt{2} I_{VT} = \sqrt{\frac{2}{3}} I_d = 0.816 I_d \qquad (2\text{-}153)$$

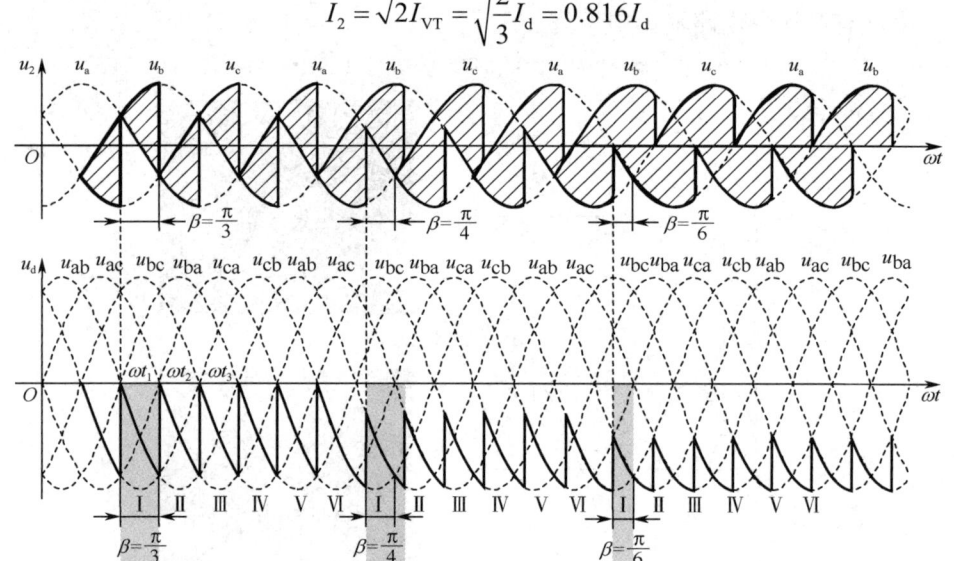

图 2-77 三相桥式整流电路工作于有源逆变状态时的电压波形

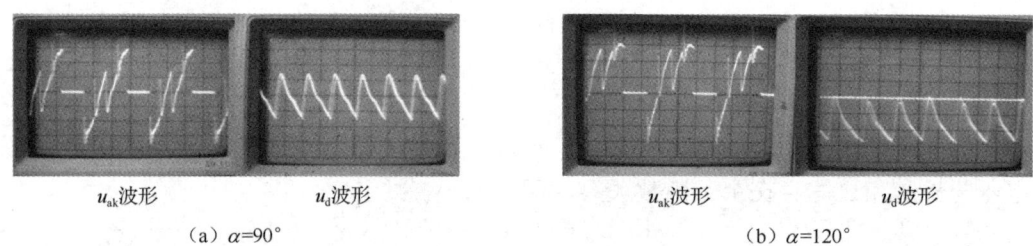

（a）$\alpha = 90°$　　　　　　　　　　　（b）$\alpha = 120°$

图 2-78 不同 α 值时三相桥式有源逆变电路的仿真和实验波形（电感加反电动势负载）

【例 2-8】 三相全控桥变流器，有反电动势电感负载，电阻 $R=1\Omega$，电感 $L=\infty$，交流侧电压 $U_2 = 220\text{V}$，忽略漏感，当反电动势 $E_M = -400\text{V}$，逆变角 $\beta = 60°$ 时，求直流侧平均电压 U_d，电流 I_d 的值，此时送回电网的有功功率是多少？

解： 由题意可列出如下 2 个等式：

$$U_d = -2.34 U_2 \cos\beta = -2.34 \times 220 \times \cos 60° = -257.4\text{V}$$

$$I_d = (U_d - E_M)/R = (-2.34 U_2 \cos\beta - E_M)/R = (-2.34 \times 220 \times \cos 60° + 400)/1 = 142.6\text{A}$$

有功功率为 $\quad P_d = E_M I_d + I_d^2 R = -400 \times 142.6 + 142.6^2 \times 1 = -36.7(\text{kW})$

有功功率为负值表示送回给电网。

2.7.4 逆变失败与最小逆变角的限制

1. 逆变失败

可控整流电路运行在逆变状态时，一旦发生换相失败，电路又重新工作在整流状态，外接的直流电源就会通过晶闸管电路形成短路，使变流器的输出平均电压 U_d 和直流电动势 E_M 变成顺向串联，由于变流电路的内阻很小，将出现很大的短路电流流过晶闸管和负载，这种情况称为逆变失败，或称为逆变颠覆。

造成逆变失败的原因很多，主要有以下几种情况。

（1）触发电路工作不可靠，不能适时、准确地给各晶闸管分配脉冲，如脉冲丢失、脉冲延时等，致使晶闸管不能正常换相。

（2）晶闸管发生故障。在应该关断的期间，器件失去关断能力，或在应该导通的时间器件不能正常导通，造成逆变失败。

（3）交流电源异常。在逆变工作时，电源发生断相或突然消失，由于直流电动势的存在，晶闸管仍可导通，此时可控整流电路的直流侧由于失去了同直流电动势极性相反的直流电压，直流电动势将经过晶闸管电路而短路。

（4）换相的裕量角不足，引起换相失败。实际中应考虑变压器漏抗引起的换相重叠角对逆变电路换相的影响。以三相半波电路为例，如图 2-79 所示，如果 $\beta<\gamma$（见图 2-79 右下角的波形，VT_3 向 VT_1 换相），换相尚未结束，电路的工作状态到达自然换相点 P 点后，参加换相的 c 相电压 u_c 已经高于 a 相电压 u_a，应该导通的晶闸管 VT_1 反而关断，而应关断的晶闸管 VT_3 继续导通。这样会使得 u_d 波形中正的部分大于负的部分，从而使得 u_d 和 E_M 顺向串联，最终导致逆变失败。当 $\beta>\gamma$ 时（见图 2-79 左下角的波形，VT_3 与 VT_1 换相），经过换相过程后 a 相电压 u_a 仍然高于 c 相电压 u_c，在换相结束时，晶闸管 VT_3 仍然承受反压而关断。

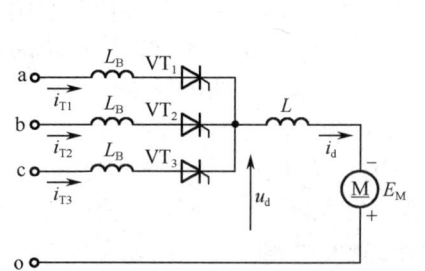
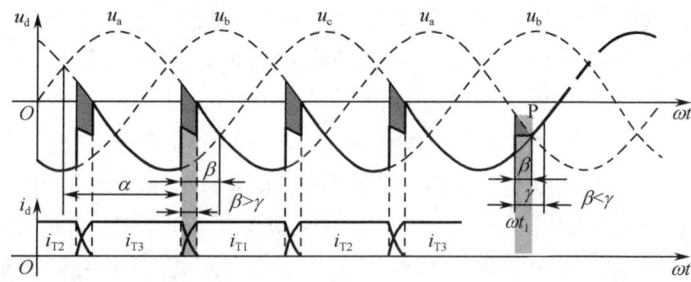

图 2-79 交流侧电抗对逆变换相过程的影响

为了防止换相失败，要求逆变电路有可靠的触发电路，选用可靠的晶闸管器件，设置快速的电流保护环节，同时还应对逆变角 β 进行严格限制。

2. 最小逆变角 β_{min} 的确定方法

为防止逆变颠覆，必须限制最小逆变角。确定最小逆变角 β_{min} 的大小要考虑以下因素。

（1）换相重叠角 γ。此值随电路形式、工作电流大小的不同而不同。可按照下式计算，即

$$\cos\alpha - \cos(\alpha+\gamma) = \frac{I_d X_B}{\sqrt{2} U_2 \sin\frac{\pi}{m}} \tag{2-154}$$

式中，m 为一个周期内的波头数（换相次数），对于三相半波电路，$m=3$；对于三相桥式全控电路，$m=6$。

根据逆变工作时 $\alpha=\pi-\beta$，并设 $\beta=\gamma$，上式可改写成

$$\cos\gamma = 1 - \frac{I_d X_B}{\sqrt{2}U_2 \sin\frac{\pi}{m}} \qquad (2\text{-}155)$$

式中，γ 为 15°～20°电角度。

（2）晶闸管关断时间 t_q 所对应的电角度 δ。折算后的电角度为 4°～5°。

（3）安全裕量角 θ'。考虑到脉冲调整时不对称、电网波动、畸变与温度等影响，还必须留一个安全裕量角，一般 θ' 取 10°左右。

综上所述，最小逆变角为

$$\beta_{\min} = \delta + \gamma + \theta' \qquad (2\text{-}156)$$

这样，$\beta_{\min}$ 一般取 30°～35°。

设计逆变电路时，必须保证 $\beta \geq \beta_{\min}$，因此常在触发电路中附加保护环节，保证触发脉冲不进入小于 $\beta_{\min}$ 的区域内。

2.8 晶闸管相控电路的驱动控制

本章讲述的晶闸管可控整流电路是通过改变触发角的大小，即控制触发脉冲起始相位来调节输出电压大小的，故称为相控整流电路。此外，采用晶闸管相控方式时的交流电力变换电路和交交变频电路，也称为相控电路。为保证相控电路的正常工作，应按触发角的大小，在正确的时刻向电路中的晶闸管施加有效的触发脉冲，这就是本节要讲述的相控电路的驱动控制，由于相控电路一般使用晶闸管器件，相位控制也称为触发控制，相应的控制电路习惯称为触发电路。

需要指出的是，本节介绍的触发电路均以集成电路的形式出现，可以看作是相位控制的硬件实现。相位控制当然也可以在计算机控制系统中由软件实现。此外，本节不涉及晶闸管对触发脉冲的具体要求和脉冲的功率放大，这些已经在第 1 章讲述电力电子器件的驱动电路时详细介绍。在第 1 章讲述电力电子器件的驱动电路时，也涉及触发电路，但是那里专指晶闸管的驱动电路，主要介绍晶闸管触发脉冲应满足的要求和脉冲的功率放大等内容。而本节所述的触发电路则是广义的，包含了相控电路的所有控制电路部分，着重讲述如何实现对触发脉冲的相位控制。

本节虽然以整流电路为例，但其原理和具体的触发电路也适用于其他各种晶闸管相控电路（如第 6 章所介绍的某些电路）。在由模拟电子电路构成的整流装置触发电路中，以同步信号为锯齿波的触发电路应用最多。一般的小功率变流器较多采用单结晶体管触发电路；大、中功率的变流器对触发电路的精度要求较高，对输出的触发功率要求较大，故广泛应用晶体管触发电路和集成触发电路，其中以同步信号为锯齿波的触发电路应用最多。

2.8.1 同步信号为锯齿波的触发电路

对于同步信号为锯齿波的触发电路，由于采用锯齿波同步电压，所以不受电网电压波动的影响，电路的抗干扰能力强，在触发 200A 以下的晶闸管变流电路中得到了广泛应用。图 2-80 是同步信号为锯齿波的触发电路。此电路输出可为双窄脉冲，也可为单窄脉冲，适用于有两个晶闸管同时导通的电路，例如三相全控桥。锯齿波触发电路主要由脉冲形成与放大、锯齿波形成和脉冲移相、同步环节、双窄脉冲形成和强触发等环节组成。其中，脉冲放大环节已在第 1 章讲述，本章重点讲述脉冲形成、脉冲移相、同步、强触发等环节。

同步信号为锯齿波的触发电路可以分解为以下五个部分。

1. 脉冲形成与放大环节

脉冲形成环节由晶体管 V_4、V_5 组成，V_7、V_8 起脉冲放大作用。控制电压 u_{co} 加在 V_4 基极上，电路的触发脉冲由脉冲变压器 TP 二次侧输出，其一次绕组接在 V_8 集电极电路中。

当控制电压 $u_{co}=0$ 时，V_4 关断。$+E_1$ 电源通过 R_{11} 供给 V_5 一个足够大的基极电流，使 V_5 饱和导通，所以 V5 的集电极电压 U_{C5} 接近于 $-E_1$。V_7、V_8 处于关断状态，无脉冲输出。另外，电源的 $+E_1$ (+15V)经 R_9、V_5 发射结到 $-E_1$ (-15V)，对电容 C_3 充电，充满后电容两端电压接近 $2E_1$ (30V)，极性如图 2-80 所示。

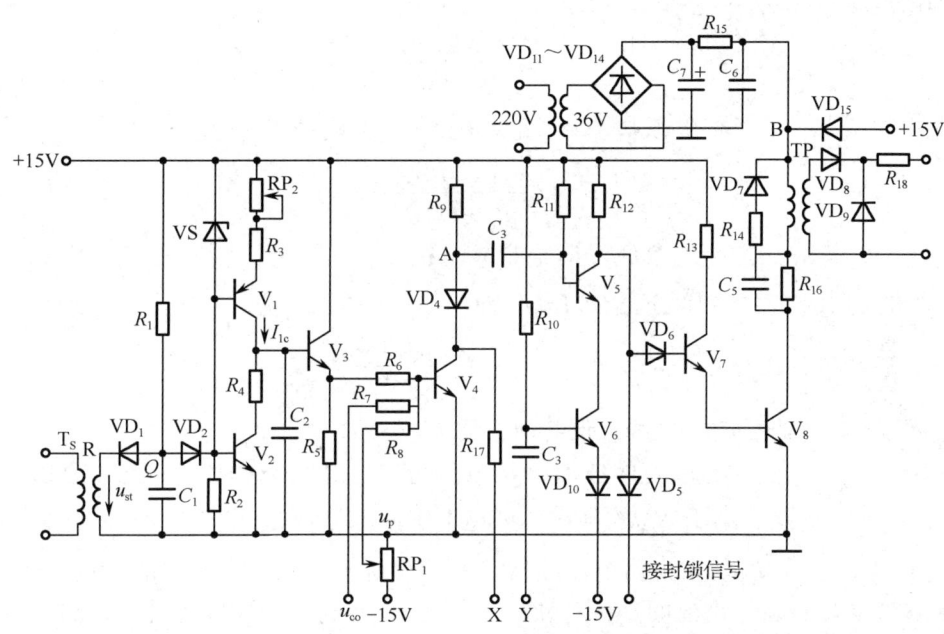

图 2-80 同步信号为锯齿波的触发电路

当控制电压 $u_{co}=0.7V$ 时，V_4 导通，A 点电位由 $+E_1$ (+15V)迅速降低至 1.0V 左右，电容 C_3 两端电压不能突变，所以 V_5 基极电位迅速降至约 $-2E_1$ (-30V)，由于 V_5 发射结反偏置，V_5 立即关断。它的集电极电压由 $-E_1$ (-15V)迅速上升到 +3.1V（VD_6、V_7、V_8 三个 PN 结正向压降之和），于是 V_7、V_8 导通，输出触发脉冲。同时，电容 C_3 经电源 $+E_1$、R_{11}、VD_4、V_4 放电和反向充电，使 V_5 基极电位逐渐上升，直到 $u_{b5} > -E_1$ (-15V)，V_5 又重新导通。这时 u_{e5} 立即降到 $-E_1$，使 V_7、V_8 关断，输出脉冲终止。可见，脉冲前沿由 V_4 导通时刻确定，V_5（或 V_6）关断持续时间即为脉冲宽度。所以脉冲宽度与反向充电回路时间常数 $R_{11}C_3$ 有关。

上述过程可以简单描述为：

V_4 关断，V_5 饱和→C_3 充电（30V）→V_7、V_8 关断→没有脉冲输出；V_4 导通→C_3 电压不能突变→V_5 的 b 极为（-30V）→V_5 关断→V_7、V_8 导通→C_3 放电及反向充电→V_5 的 b 极电压上升→V_5 导通→$V_7 V_8$ 关断。

2. 锯齿波的形成和脉冲移相环节

锯齿波电压形成的方案较多，如采用自举式电路、恒流源电路等。图 2-80 所示为恒流源电路方案，由 V_1、V_2、V_3 和 C_2 等元件组成，其中 V_1、VS、RP_2 和 R_3 为一恒流源电路。

当 V_2 关断时，恒流源电流 I_{1C} 对电容 C_2 充电，所以 C_2 两端电压 u_C 为

$$u_C = \frac{1}{C}\int I_{1C}dt = \frac{1}{C}I_{1C}dt \tag{2-156}$$

u_C 按线性增长，即 V_3 的基极电位 u_{b3} 按线性增长。调节电位器 RP_2，即改变 C_2 的恒定充电电流 I_{1C}，可见 RP_2 是用来调节锯齿波斜率的。

当 V_2 导通时，由于 R_4 阻值很小，C_2 迅速放电，使 u_{b3} 电位迅速降到零附近。当 V_2 周期性导通和关断时，u_{b3} 便形成一锯齿波，同样 u_{e3} 也是一个锯齿波电压，如图 2-81 所示。射极跟随器 V_3 的作用是减小控制回路的电流对锯齿波电压 u_{b3} 的影响。

V_4 管的基极电位由锯齿波电压、直流控制电压 u_{co}、直流偏移电压 u_p 三个电压作用的叠加值所确定，它们分别通过电阻 R_6、R_7 和 R_8 与基极相接。

设 u_h 为锯齿波电压 u_{e3} 单独作用在 V_4 基极 b4 时的电压，其值为

$$u_h = u_{e3} \frac{R_7 // R_8}{R_7 + (R_7 // R_8)}$$

可见 u_h 仍为锯齿波，但斜率比 u_{e3} 低。同理偏移电压 u_p 单独作用时 b4 的电压 u'_p 为

$$u'_p = u_p \frac{R_6 // R_7}{R_8 + (R_6 // R_7)}$$

可见 u'_p 仍为一条与 u_p 平行的直线，但绝对值比 u_p 小。

直流控制电压 u_{co} 单独作用时 b4 的电压 u'_{co} 为

$$u'_{co} = u_{co} \frac{R_6 // R_8}{R_7 + (R_6 // R_8)}$$

可见 u'_{co} 仍为与 u_{co} 平行的一直线，但绝对值比 u_{co} 小。

如果 $u_{co}=0$，u_p 为负值时，b4 点的波形由 $u_h+u'_p$ 确定，如图 2-81 所示。当 u_{co} 为正值时，b4 点的波形由 $u_h+u'_p+u'_{co}$ 确定。由于 V_4 的存在，上述电压波形与实际波形有出入，当 b4 点电压等于 0.7V 时，V_4 导通。之后 u_{b4} 一直被钳位在 0.7V，所以实际波形如图 2-81（a）所示。图中 M 点是 V_4 由关断到导通的转折点。由前面分析可知，V_4 经过 M 点时使电路输出脉冲。因此当 u_p 为某固定值时，改变 u_{co} 便可改变 M 点的时间坐标，即改变了脉冲产生的时刻，脉冲被移相。可见，加 u_p 的目的是确定控制电压 $u_{co}=0$ 时脉冲的初始相位。当接感性负载电流连续时，三相全控桥的脉冲初始相位应定在 $\alpha=90°$；如果是可逆系统，需要在整流和逆变状态下工作，这时要求脉冲的移相范围理论上为 180°（由于考虑 α_{min} 和 β_{mtin}，实际一般为 120°），由于锯齿波波形两端的非线性，要求锯齿波的宽度大于 180°（如 240°）。此时，令 $u_{co}=0$，调节 u_p 的大小使产生脉冲的 M 点移至锯齿波 240° 的中央（120° 处），对应于 $\alpha=90°$ 的位置。这时，如 u_{co} 为正值，M 点就向前移，控制角 $\alpha<90°$，晶闸管电路处于整流工作状态；如 u_{co} 为负值，M 点就向后移，控制角 $\alpha>90°$，晶闸管电路处于逆变状态。

上述过程可以简单描述为：

V_2 关断→C_2 充电→按线性增加（斜坡）V_2 导通→C_2 迅速放电→V_3 的基极形成锯齿波。

移相过程：V_4 的基极电位电 $u_h+u'_p+u'_{co}$ 叠加→u'_p 可移相→u'_{co}（控制初始触发角）。

3. 同步环节

在锯齿波同步的触发电路中，触发电路与主电路的同步指要求锯齿波的频率与主电路电源的频率相同且相位关系确定。从图 2-80 可知，锯齿波是由开关 V_2 管来控制的。V_2 由导通变关断期间产生锯齿波，V_2 关断状态持续的时间就是锯齿波的宽度，V_2 开关的频率就是锯齿波的频率。要使触发脉冲与主电路电源同步，使 V_2 的开关频率与主电路电源频率同步就可达到。图 2-80 中的同步环节，是由同步变压器 TS 和作同步开关用的晶体管 V_2 组成的。同步变压器和整流变压器接在同一电源上，用同步变压器的二次电压控制 V_2 的通断作用，这就保证了触发脉冲与主电路电源同步。

同步变压器二次电压 u_{TS} 经二极管 VD_1 间接加在 V_2 的基极上。当二次电压波形在负半周的下降段时，VD_1 导通，电容 C_1 被迅速充电。因 O 点接地为零电位，R 点为负电位，Q 点电位与 R_1 点相近，故在这一阶段 V_2 基极为反向偏置，V_2 关断。在负半周的上升段，$+E_1$ 电源通过 R_1 给电容 C 反向充电，u_Q 为电容反向充电波形，其上升速度比 u_{TS} 波形慢，故 VD_1 关断。当 Q 点电位达 1.4V 时，V_2 导通，Q 点电位被钳位在 1.4V。直到 TS 二次电压的下一个负半周到来时，VD_1 重新导通，C_1 迅速放电后又被充电，V_2 关断。如此周而复始。在一个正弦波周期内，V_2 包括关断与导通两个状态，对应锯齿波波形恰好是一个周期，与主电路电源频率和相位完全同步，达到同步的目的。可以看出，Q 点电位从同步电压负半周上升段开始时刻到达 1.4V 的时间越长，V_2 关断时间就越长，锯齿波就越宽，可知锯齿波的宽度是由充电时间常数 R_1C_1 决定的。

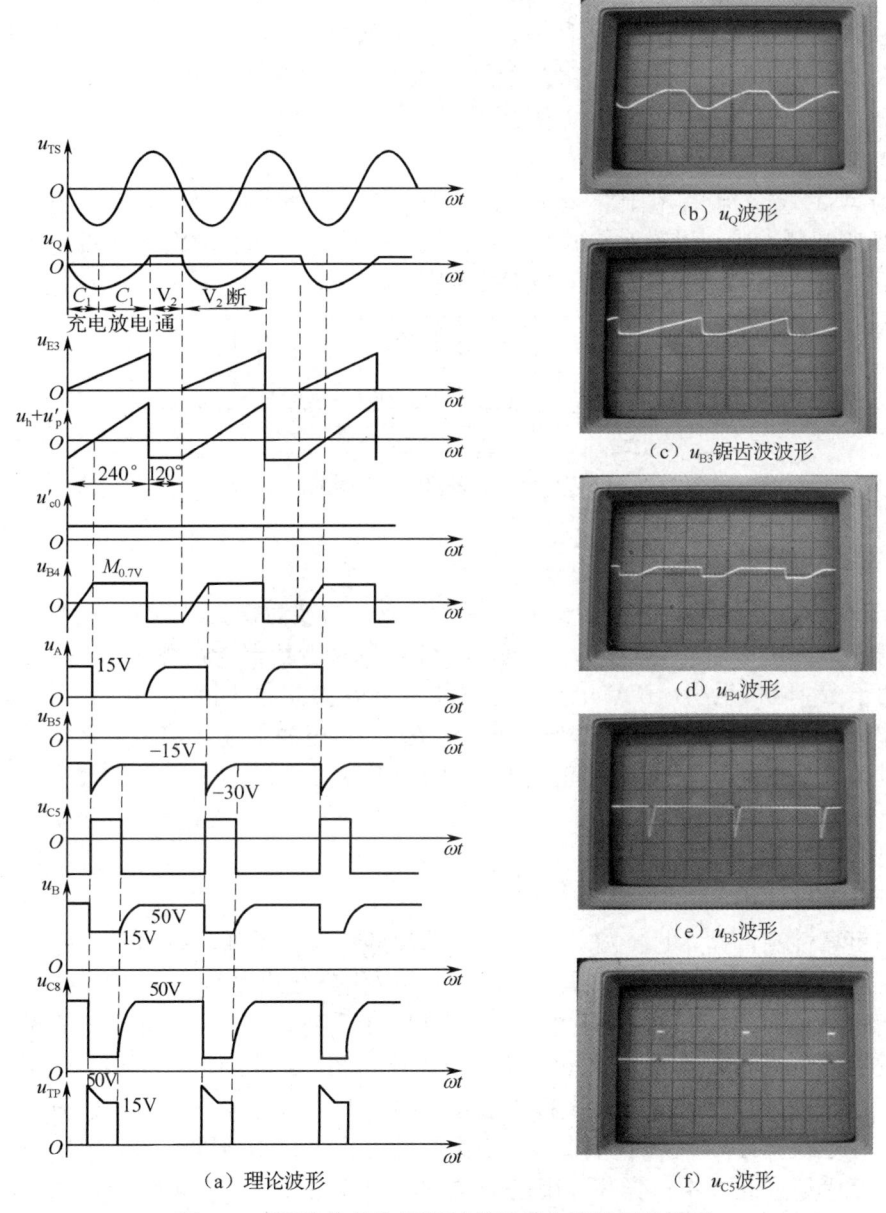

图 2-81 同步信号为锯齿波的触发电路的工作波形

上述过程可以简单描述为：

TS 同步变压器二次负半周→VD_1 导通→O 点为零电位→R 为负电位→Q 点负电位→V_2 关断→

Q 点电位上升（R 点电位上升比 Q 点快）→VD_1 关断→Q 点电位大于 1.4V 时→V_2 导通。

注：V_2 关断时间即是锯齿波的宽度。

4. 双窄脉充形成环节

本方案是采用性价比优越、每个触发单元的一个周期内输出两个间隔 60°的脉冲的电路，称内双脉冲电路。

图 2-80 中 V_5、V_6 两个晶体管构成一个"或"门。当 V_5、V_6 都导通时，u_{C5} 约为-15V，使 V_7、V_8 都关断，没有脉冲输出。但只要 V_5、V_6 中有一个关断，都会使 u_{C5} 变为正电压，使 V_7、V_8 导通，就有脉冲输出。所以只要用适当的信号控制 V_5 或 V_6 的关断（前后间隔 60°），就可以产生符合要求的双脉冲。其中，第一个脉冲由本相触发单元的 u_{co} 对应的控制角 α 使 V_4 由关断变为导通造成 V_5 瞬时关断，于是 V_8 输出脉冲，隔 60°的第二个脉冲是由滞后 60°相位的后一相触发单元在产生第一个脉冲时刻将其信号引至本相触发单元 V_6 的基极，使 V_6 瞬时关断，于是本相触发单元的 V_8 管又导通，第二次输出一个脉冲，因而得到间隔 60°的双脉冲。其中 VD_4 和 R_{17} 的作用，主要是防止双脉冲信号互相干扰。

在三相桥式全控整流电路中，要求晶闸管的触发导通顺序为 VT_1→VT_2→VT_3→VT_4→VT_5→VT_6，彼此间隔 60°，相邻器件成双触发导通。因此双脉冲环节的接线可按图 2-82 进行，6 个触发器的连接顺序是 1Y2X、2Y3X、3Y4X、4Y5X、5Y6X、6Y1X。

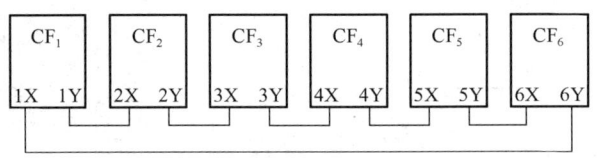

图 2-82 触发器的连接顺序

5. 强触发环节

如图 2-83 所示，强触发环节中的交流电压经整流、滤波后得到 50V 直流电压，50V 电源经 R_{15} 对 C_6 充电，B 点电位为 50V。当 V_8 导通时，C_6 经脉冲变压器一次侧 R_{16}、V_8 迅速放电，形成脉冲尖峰，由于 R_{16} 阻值很小，B 点电位迅速下降。当 B 点电位下降到 14.3V 时，VD_{15} 导通，B 点电位被 15V 电源钳位在 14.3V，形成脉冲平台。R_{14}、C_5 组成加速电路，用来提高触发脉冲前沿陡度。强触发可以缩短晶闸管开通时间，提高电流上升率承受能力，有利于改善串、并联元件的均压和均流，提高触发可靠性。

2.8.2 集成触发器

集成电路可靠性高，技术性能好，体积小，功耗低，调试方便。随着集成电路制作水平的提高，晶闸管触发电路的集成化已逐渐普及，现已逐步取代分立式电路。目前国内常用的有 KJ 系列和 KC 系列，两者生产厂家不同，但很相似。下面以 KJ 系列为例，简单介绍三相桥式全控整流电路的集成触发器的组成。图 2-83 为 KJ004 集成电路原理图，其中点画线框内为集成电路部分。从图中可以看出，它与分立元件的锯齿波移相触发电路相似。可分为同步、锯齿波形成、移相、脉冲形成、脉冲分选及脉冲放大几个环节。其工作原理可参照锯齿波同步的触发电路进行分析，或查阅有关的产品手册，此处不再详述。用三个 KJ004 集成块和一个 KJ041 集成块，即可形成六路双脉冲，再由六个晶体管进行脉冲放大，即构成完整的三相桥式全控整流电路的集成触发电路，如图 2-84 所示。KJ041 内部实际是由 12 个二极管构成的 6 个或门，也有厂家生产了将图 2-84 全部电路集成的集成块。

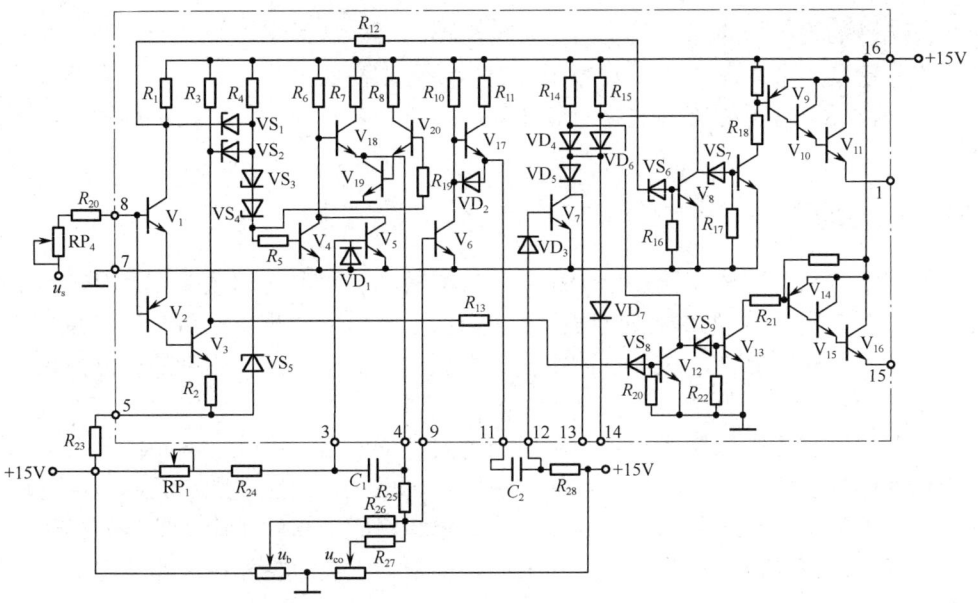

图 2-83 KJ004 集成电路原理图

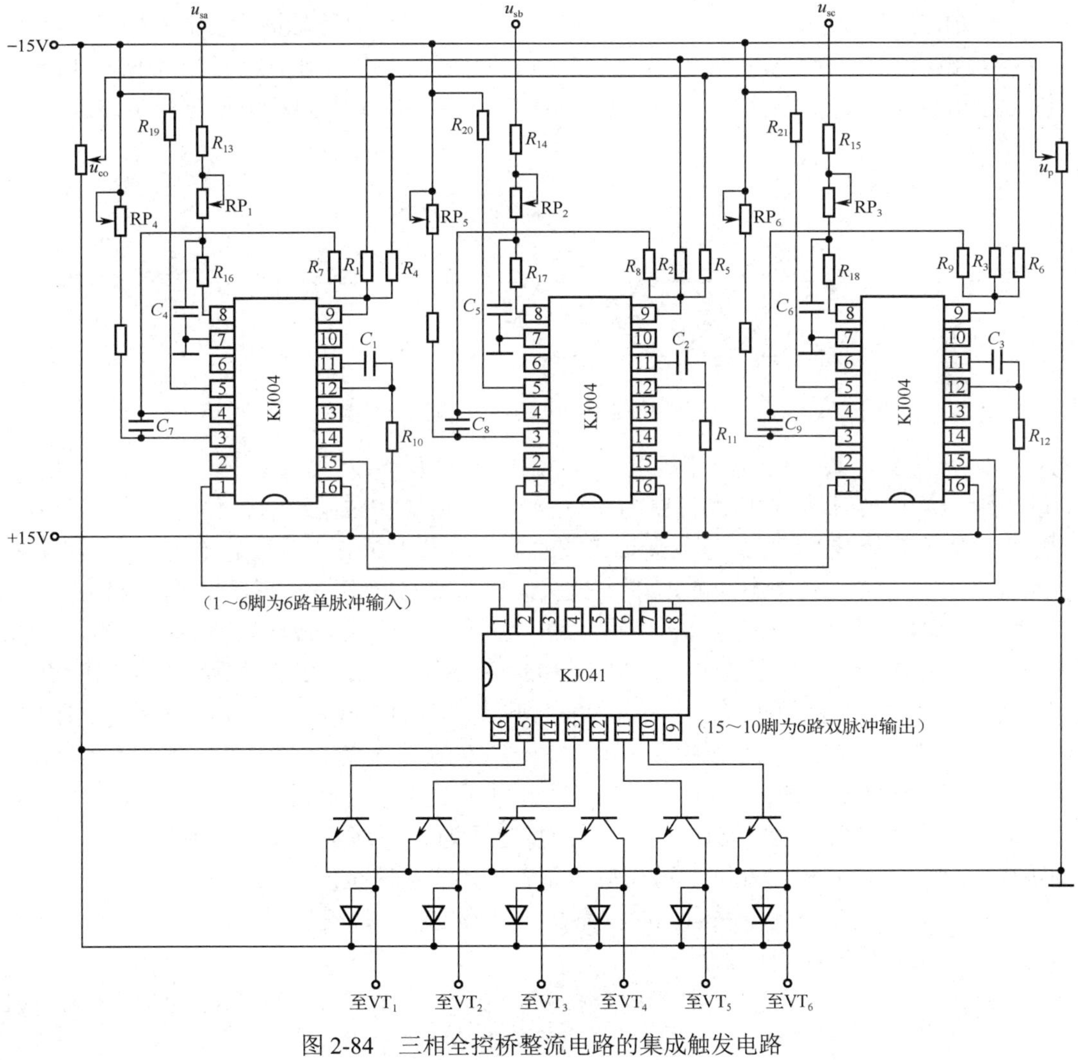

图 2-84 三相全控桥整流电路的集成触发电路

以上触发电路均为模拟电路，其优点是结构简单、可靠，但缺点是易受电网电压影响，触发脉冲的不对称度较高，可达3°～4°，精度低。对精度要求高的大容量变流装置中越来越多地采用了数字触发电路，可获得很好的触发脉冲对称度，如基于8位单片机的数字触发器，其精度可达0.7°～1.5°。

2.8.3 触发电路的定相

向晶闸管整流电路供电的交流侧电源通常来自电网，电网电压的频率不是固定不变的，而是会在允许范围内有一定的波动。触发电路除了应当保证工作频率与主电路交流电源的频率一致，还应保证每个晶闸管触发脉冲与施加于晶闸管的交流电压保持固定、正确的相位关系，这就是触发电路的定相。

为保证触发电路和主电路频率一致，利用一个同步变压器，将其一次侧接入为主电路供电的电网，由其二次侧提供同步电压信号，这样，由同步电压决定的触发脉冲频率与主电路晶闸管电压频率始终是一致的。接下来的问题是触发电路的定相，即选择同步电压信号的相位，以保证触发脉冲相位正确。触发电路的定相由多方面的因素确定，主要包括相控电路的主电路结构、触发电路结构等。

下面以主电路为三相桥式全控整流电路、采用锯齿波同步的触发电路的情况为例，讲述触发电路的定相。在三相晶闸管整流装置中，选择触发电路的同步信号是很重要的问题。必须根据被触发晶闸管阳极电压的相位，正确供给各触发电路特定相位的同步电压，才能使触发电路分别在各晶闸管需要触发脉冲的时刻输出脉冲。图2-85为三相全控桥中同步电压与主电路电压关系示意图。

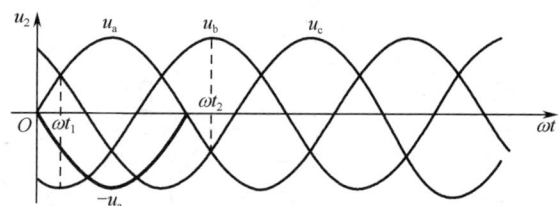

图2-85　三相全控桥中同步电压与主电路电压关系示意图

对于晶闸管VT_1，其阳极与交流侧电压u_u相接，可简单表示为VT_1所接主电路电压为$+u_a$，VT_1的触发脉冲从0°至180°对应的范围为$\omega t_1 \sim \omega t_2$。采用锯齿波同步的触发电路时，同步信号负半周的起点对应于锯齿波的起点，通常使锯齿波的上升段为240°，上升段起始的30°和终了的30°线性度不好，舍去不用，使用中间的180°。锯齿波的中点与同步信号的300°位置对应。

三相桥整流器大量用于直流电动机调速系统，且通常要求可实现再生制动，使$U_d=0$的触发角α为90°。当$\alpha<90°$时为整流工作，$\alpha>90°$时为逆变工作。将$\alpha=90°$确定为锯齿波的中点，锯齿波向前、向后各有90°的移相范围。于是$\alpha=90°$与同步电压的300°对应，也就是$\alpha=0°$与同步电压的210°对应。由2.3.2节关于三相桥的介绍可知，$\alpha=0°$对应于u_a的30°的位置，则同步信号的180°与u_a的0°对应，说明VT_1的同步电压应滞后于u_a电压180°。对于其他5个晶闸管，也存在同样的关系，即同步电压滞后于主电路电压180°，同步电压为$-u_a$。对于共阳极组的VT_4、VT_6和VT_2，它们的阴极分别与u_a、u_b和u_c相连，可简单表示它们的主电路电压分别为$-u_a$、$-u_b$和$-u_c$。

以上分析了同步电压与主电路电压的关系，一旦确定了整流变压器和同步变压器的接法，即可选定每一个晶闸管的同步电压信号。

图2-86给出了变压器接法的一种情况及相应的矢量图，其中主电路整流变压器为D，y11连接，同步变压器为D，y5-11连接。这时同步电压的选取结果见表2-4。

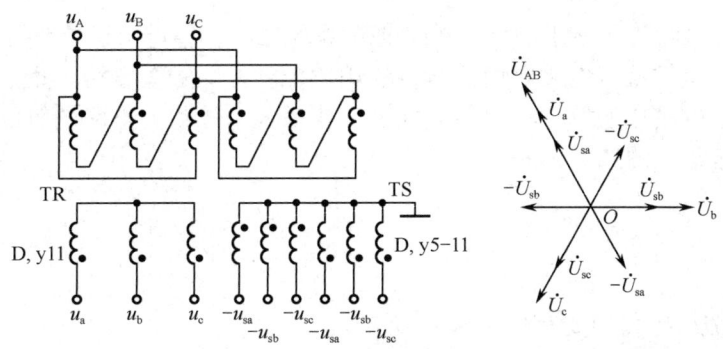

图 2-86 同步变压器和整流变压器的接法及矢量图

为防止电网电压波形畸变对触发电路产生干扰,可对同步电压进行 RC 滤波,当 RC 滤波器滞后角为 60°时,同步电压选取结果见表 2-5。

表 2-4 三相全控桥各晶闸管的同步电压（采用图 2-52 变压器接法时）

晶闸管	VT_1	VT_2	VT_3	VT_4	VT_5	VT_6
主电路电压	$+u_a$	$-u_c$	$+u_b$	$-u_a$	$+u_c$	$-u_b$
同步电压	$-u_{sa}$	$+u_{sc}$	$-u_{sb}$	$+u_{sa}$	$-u_{sc}$	$+u_{sb}$

表 2-5 三相桥各晶闸管的同步电压（有 RC 滤波滞后 60°）

晶闸管	VT_1	VT_2	VT_3	VT_4	VT_5	VT_6
主电路电压	$+u_a$	$-u_c$	$+u_b$	$-u_a$	$+u_c$	$-u_b$
同步电压	$+u_{sb}$	$-u_{sa}$	$+u_{sc}$	$-u_{sb}$	$+u_{sa}$	$-u_{sc}$

本章小结

整流电路是电力电子电路中出现和应用最早的形式之一,本章讲述了相控整流电路及其相关的一些问题,这些内容在本书中十分重要,也是学习后面各章的重要基础。

本章的主要内容及要求包括以下几点。

（1）可控整流电路,重点掌握电力电子电路作为分段线性电路进行分析的基本思想、单相桥式全控整流电路的原理与计算、三相桥式全控整流电路的原理分析与计算、各种负载对整流电路工作情况的影响。

（2）电容滤波的不可控整流电路的工作情况,重点了解其工作特点。

（3）与整流电路相关的一些问题,包括以下几点。

① 变压器漏抗对整流电路的影响,重点建立换相压降、重叠角等概念,并掌握相关的计算,熟悉漏抗对整流电路工作情况的影响。

② 整流电路的谐波和功率因数分析,重点掌握谐波的概念、各种整流电路产生谐波情况的定性分析、功率因数分析的特点、各种整流电路的功率因数分析。

（4）大功率可控整流电路的接线形式及特点,熟悉双反星形可控整流电路的工作情况,建立整流电路多重化的概念。

（5）可控整流电路的有源逆变工作状态,重点掌握产生有源逆变的条件,三相可控整流电路有源逆变工作状态的分析计算,逆变失败及最小逆变角的限制等。

（6）晶闸管直流电动机系统的工作情况,重点掌握工作于各种状态时系统的特性,包括变流器的特性和电机的机械特性等，了解可逆电力拖动系统的工作情况，建立环流的概念。

（7）用于晶闸管可控整流电路等相控电路的相位控制，即触发电路。重点熟悉锯齿波移相的触发电路的原理，了解集成触发芯片及其组成的三相桥式全控整流电路的触发电路，建立同步的概念，掌握同步电压信号的选取方法。

习题及思考题

2.1 什么是整流？它与逆变有何区别？

2.2 某电阻负载要求 0～24V 直流电压，最大负载电流 I_d = 30A，如采用 220V 交流直接供电和由变压器降压到 60V 供电的单相半波相控整流电路，是否两种方案都能满足要求？试比较两种供电方案的晶闸管的导通角、额定电压、额定电流、电源侧功率因数。

2.3 电感负载，电感极大，电阻 R_d = 5Ω，电路采用有续流二极管的单相半控桥电路，输入电压 U_2 = 220V，当控制角 α = 60°时，求流过晶闸管的平均电流值 I_{dT} 有效值 I_T，流过续流二极管的电流平均值 I_{dD} 有效值 I_D。

2.4 单相桥式全控整流电路，U_2 = 100V，负载中 R = 2Ω，L 值极大。当 α = 30°时，要求：
① 画出 u_d、i_d 和 i_2 的波形；
② 求整流输出平均电压 U_d、电流 I_d，变压器二次电流有效值 I_2；
③ 考虑安全裕量，确定晶闸管的额定电压和额定电流。

2.5 单相桥式全控整流电路，U_2 = 100V，负载 R = 2Ω，L 值极大，反电势 E = 60V，当 α = 30°时，要求：
① 画出 u_d、i_d 和 i_2 的波形；
② 求整流输出平均电压 U_d、平均电流 I_d，变压器二次电流有效值 I_2；
③ 不考虑安全裕量，确定晶闸管的额定电压和额定电流。

2.6 某电阻负载，R_d = 50Ω，要求 U_d 在 0～600V 可调，用单相半波和单相全控桥两种整流电路来供给，分别计算：（1）晶闸管额定电压、电流值（不考虑安全裕量）；（2）负载电阻上消耗的最大功率。

2.7 具有续流二极管的单相半波可控整流电路对大电感负载供电，如题 2.7 图所示，其中电阻 R = 7.5Ω，电源电压为 220V。计算控制角为 30°时，负载平均电压和平均电流值，晶闸管和续流二极管的平均电流值和有效值。

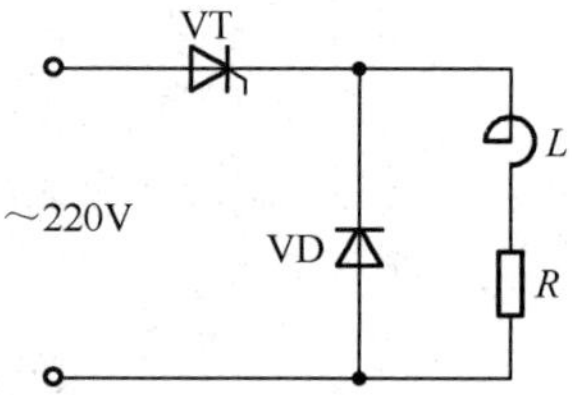

题 2.7 图

2.8 某单相全控桥式整流电路给电阻负载和大电感负载供电，在流过负载电流平均值相同的情况下，哪一种负载的晶闸管额定电流应选择大一些？

2.9 某电阻负载的单相半控桥式整流电路，若其中一只晶闸管的阳、阴极之间被烧断，试画出整流二极管、晶闸管两端和负载电阻两端的电压波形。

2.10 相控整流电路带电阻负载时，负载电阻上的 U_d 与 I_d 的乘积是否等于负载有功功率，为什么？带大电感负载时，负载电阻 R_d 上的 U_d 与 I_d 的乘积是否等于负载有功功率，为什么？

2.11 某电阻负载要求 0～24V 直流电压，最大负载电流 I_d = 30A，如采用由 220V 交流直接供电和由变压器降压到 60V 供电的单相半波相控整流电路，是否两种方案都能满足要求？试比较两种供电方案的晶闸管的导通角、额定电压、额定电流、电路的功率因数及对电源容量的要求。

2.12 某电阻负载，R_d = 50Ω，要求 U_d 在 0～600V 可调，试用单相半波和单相全控桥两种整流电路来供给，分别计算：

（1）晶闸管额定电压、电流值；

（2）连接负载的导线截面积（导线允许电流密度 j=6A/mm^2）；

（3）负载电阻上消耗的最大功率。

2.13 整流变压器二次侧中间抽头的双半波相控整流电路如题 2.13 图所示。

（1）说明整流变压器有无直流磁化问题。

（2）分别画出电阻负载和大电感负载在 α=60°时的输出电压 U_d、电流 i_d 的波形，比较与单相全控桥式整流电路是否相同。若已知 U_2=220V，分别计算其输出直流电压值 U_d。

（3）画出电阻负载 α=60°时晶闸管两端的电压 u_T 波形，说明该电路晶闸管承受的最大反向电压为多少。

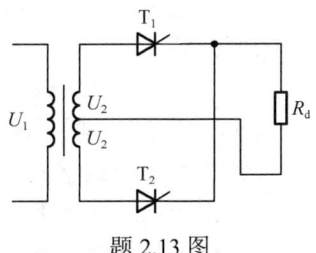

题 2.13 图

2.14 在题 2.14 图所示电路中，当 α=60°时，画出下列故障情况下的 u_d 波形。

（1）熔断器 1FU 熔断。

（2）熔断器 2FU 熔断。

（3）熔断器 2FU、3FU 同时熔断。

2.15 在三相半波整流电路中，如果 a 相的触发脉冲消失，试绘出在电阻负载和电感负载下整流电压 u_d 的波形。

2.16 三相半波可控整流电路带大电感负载，R_d=10Ω，相电压有效值 U_2=220V。求 α=45°时负载直流电压 U_d、流过晶闸管的平均电流 I_{dT} 和有效电流 I_T，画出 u_d、i_{T2} 和 u_{T3} 的波形。

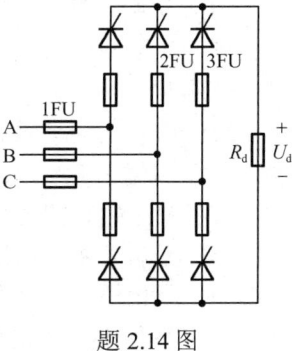

题 2.14 图

2.17 三相半波可控整流电路为反电势和电感负载供电。已知 U_2=100V，R_{Ld}=1Ω，L 值极大，L_B=1mH。求当 a=30°、E=50V，U_d、I_d 和换相重叠角 γ 值，并画出 u_d、i_T 的波形。

2.18 三相桥式全控整流电路为反电势、大电感负载供电。U_2=220V，E=200V，R_{Ld}=1Ω，a=60°。

（1）不计漏感，求输出整流电压和电流 U_d、I_d 的值；

（2）当 L_B=1mH 时，计算 U_d、I_d、γ 的值，并分别画出 u_d、i_T 的波形。

2.19 单结晶体管触发电路中，作为 U_{bb} 的削波稳压管 D_w 两端如并接滤波电容，电路能否正常工作？如稳压管损坏断开，电路又会出现什么情况？

2.20 三相半波整流电路的共阴极接法与共阳极接法，a、b 两相的自然换相点是同一点吗？如果不是，它们在相位上差多少度？

2.21 带电阻负载三相半波相控整流电路，如触发脉冲左移到自然换流点之前 15°处，分析电路工作情况，画出触发脉冲宽度分别为 10°和 20°时负载两端的电压 u_d 的波形。

2.22 三相半波相控整流电路带大电感负载，R_d=10Ω，相电压有效值 U_2=220V。求 α=45°时负载直流电压 U_d、流过晶闸管的平均电流 I_{dT} 和有效电流 I_T，画出 u_d、i_{T2}、u_{T3} 的波形。

2.23 三相半波相控整流电路带电动机负载并串入足够大的电抗器，相电压有效值 U_2=220V，电动机负载电流为 40A，负载回路总电阻为 0.2Ω，求当 α=60°时流过晶闸管的电流平均值与有效值、电动机的反电势。

2.24 在三相桥式全控电阻负载整流电路中，如果有一个晶闸管不能导通，此时的整流电压 u_d 波形如何？如果有一个晶闸管被击穿而短路，其他晶闸管受什么影响？

2.25 三相全控桥式整流电路带大电感负载，负载电阻 R_d=4Ω，要求 U_d 在 0～220V 之间变化。试求：

（1）不考虑控制角裕量时，整流变压器二次线电压；

（2）计算晶闸管电压、电流值，如电压、电流取 2 倍裕量，选择晶闸管型号。

2.26 三相全控桥式整流电路带大电感负载，负载电阻 $R_d=4\Omega$，要求 U_d 在 0～220V 之间变化。试求：

（1）不考虑控制角裕量时，整流变压器二次线电压；

（2）计算晶闸管电压、电流值，如电压、电流取 2 倍裕量，选择晶闸管型号。

2.27 变压器漏感对整流电路有何影响？

2.28 三相全控桥电路带串联 L_d 的电动机负载，已知变压器二次电压为 100V，变压器每相绕组折合到二次侧的漏感 L_1 为 100μH，负载电流为 150A，求：

（1）由于漏抗引起的换相压降；

（2）该压降所对应整流装置的等效内阻及 $\alpha=0°$ 时的换相重叠角。

2.29 什么是有源逆变？有源逆变的条件是什么？有源逆变有何作用？

2.30 有源逆变最小逆变角受哪些因素限制？为什么？

2.31 带平衡电抗器的双反星形整流电路与三相桥式全控整流电路、六相半波可控整流电路相比有何异同？

2.32 请列表展示单相桥式全控整流电路、三相桥式全控整流电路在负载为电阻负载、电感负载时晶闸管触发角的移相范围。

2.33 整流电路的多重化其目的是什么？

2.34 无功功率和谐波对公用电网分别有哪些危害？

2.35 单相桥式全控整流电路中，其整流输出直流电压中含有哪些次谐波？其中幅值最大的是哪一次？变压器二次侧电流中含有哪些次谐波？其中主要的是哪几次？

2.36 三相桥式全控整流电路中，其整流输出直流电压中含有哪些次谐波？其中幅值最大的是哪一次？变压器二次侧电流中含有哪些次谐波？其中主要的是哪几次？

2.37 三相 PWM 整流与三相 PWM 逆变有何区别？

拓展资源

第3章 无源逆变电路

与整流相对应，将直流电变成交流电的过程称为逆变。交流侧接入电网为有源逆变，交流侧接负载为无源逆变，本章主要讲述无源逆变。在逆变过程中，不断发生电流从一个支路向另一个支路转移的情况，称为换流。按照不同的分类方式，逆变电路具有不同的类型，如图3-1所示。

主要内容：换流方式，电压型逆变电路，电流型逆变电路，多重逆变电路和多电平逆变电路。

重点：换流方式，电压型逆变电路。

难点：电压型逆变电路，电流型逆变电路。

基本要求：掌握换流方式，掌握电压型逆变电路，理解电流型逆变电路，了解多重逆变电路和多电平逆变电路。

逆变电路在电力电子电路中占有十分重要的位置，蓄电池、干电池、太阳能电池等直流电源向交流负载供电时，需要逆变电路。交流电机调速用变频器、不间断电源、感应加热电源等电力电子装置的核心部分都是逆变电路。交直交变频电路由交-直变换（整流）和直-交（逆变）变换两部分组成。

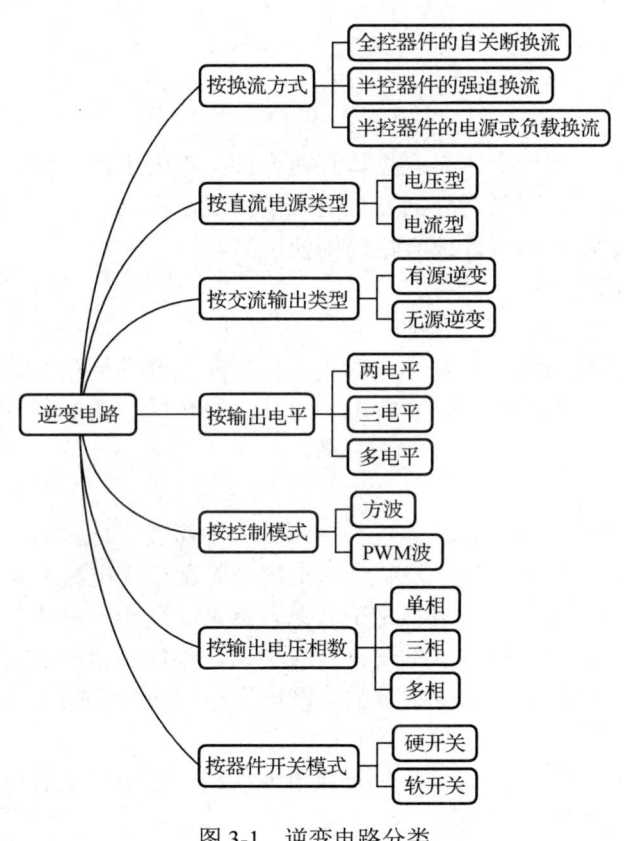

图 3-1 逆变电路分类

3.1 换流方式

3.1.1 逆变电路的基本工作原理

以图 3-2（a）的单相桥式逆变电路为例说明最基本的工作原理。图中 $S_1 \sim S_4$ 是桥式电路的 4 个臂，由电力电子器件及辅助电路组成。电压波形如图 3-2（b）所示。

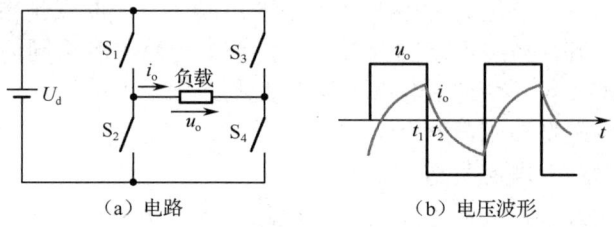

（a）电路　　　　　（b）电压波形

图 3-2　逆变电路图及电压波形

当 S_1、S_4 闭合，S_3、S_4 断开时，U_0 为正。当 S_1、S_4 断开，S_3、S_2 闭合时，U_0 为负。这样就把直流电变成了交流电。当改变开关切换频率时，输出交流电的频率也改变。当负载性质（阻性、阻感性）不同时，电压波形和电流波有区别，即电阻负载时，负载电流 i_o 和 u_o 的波形相同，相位也相同。阻感负载时，i_o 相位滞后于 u_o，波形也不同。

通常，研究逆变电路换相方式主要是研究如何使器件关断。

3.1.2 换流方式分类

从断态向通态转移时，无论支路是全控型还是半控型电力电子器件组成，只要给门极适当的驱动信号，就可以使其导通。而从通态向断态转移的情况就不同。全控型可由门极控制关断，半控型的晶闸管来说，必须用外部条件或其他措施使关断。

一般来说，换流方式可分以下几种。

（1）器件换流

利用全控型器件的自关断能力进行换流称为器件换流。器件换相方式利用全控型器件的自关断能力进行换相。采用 IGBT、电力 MOSFET、GTO、GTR 等自关断器件的电路中所采用的换相方式即为器件换流。

（2）电网换流

由电网提供换流电压称为电网换流。这种换流方式不需要器件具有门极可关断能力，也不需要为换流附加任何元件，但是不适用于没有交流电网的无源逆变电路。对于第 2 章讲述的相控整流电路，无论其工作在整流状态还是有源逆变状态，都是借助于电网电压实现换流的，都属于电网换流。交流调压电路和采用相控方式的交交变频电路，不需要器件具有门极可关断能力，也不需要为换流附加元件。在换流时，只要把负的电网电压施加在欲关断的晶闸管上即可便其关断。

（3）负载换流

由负载供换流电压称为负载换流。凡是负载电流的相位超前于负载电压的场合（如电容性负载和同步电动机），均可实现负载换流。

图 3-3（a）为负载换流方式的并联谐振式逆变电路。负载为阻-感串联后和电容并联，附加电容的目的是使整个负载工作在接近并联谐振而略呈容性的状态。电路的工作波形如图 3-3（b）所示。直流侧串入大电感使直流输出电流平直，工作过程可认为 i_d 基本没有脉动。4 个桥臂开关的切换仅使电流流通路径改变，所以负载电流基本呈矩形波。因为负载工作在对基波电流接近并联

谐振的状态，故对基波的阻抗很大而对谐波的阻抗很小，因此负载电压 u_o 波形接近正弦波。

在 t_1 前，VT_1、VT_4 导通，VT_2、VT_3 关断，u_o、i_o 均为正。此时 VT_2、VT_3 承受正压；在 t_1 时触发 VT_2、VT_3 使其开通，负载电压 u_o 通过 VT_2、VT_3 分别反向加在 VT_1、VT_4 上，使其关断，负载电流就从 VT_1、VT_4 分别转移到 VT_2、VT_3 上。触发 VT_2、VT_3 的 t_1 时，必须在 u_o 过零前并留有足够的裕量，才能使应关断的元件被旋加足够的反压时间，使其可靠关断，保证换流顺利完成，实现换相。从 VT_2、VT_3 向 VT_1、VT_4 换相的过程和上述情况类似。

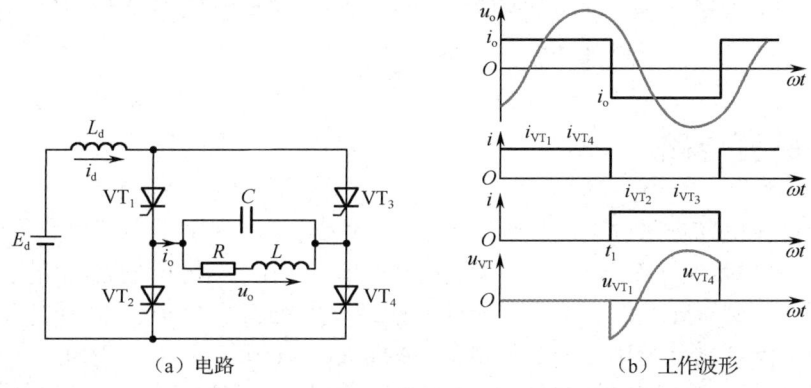

（a）电路　　　　　　　　（b）工作波形

图 3-3　负载换流方式的并联谐振式逆变电路及其工作波形

（4）强迫换流

设置附加的换流电路，给欲关断的晶闸管强迫施加反向电压或反向电流的换流方式，称强迫换流（Forced Commutation），强迫换流通常利用附加电容上所储存的能量来实现，因此也称为电容换流。

强迫换流分为电压换流、电流换流。

如图 3-4 换流电路内电容直接提供换流电压，当晶闸管 VT 处于通态时，预先给电容充电。当 S 合上时，就可使 VT 被施加反压而关断，称为直接耦合式强迫换流，也叫电压换流。

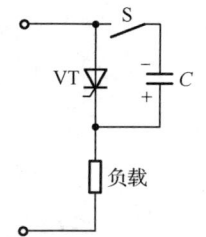

图 3-4　直接耦合式强迫换流原理图

通过换流电路内的电容和电感的耦合来提供换流电压或换流电流则称为电感耦合式强迫换流，也称为电流换流。图 3-5（a）中晶闸管在 LC 振荡第一个半周期内关断，图 3-5（b）中晶闸管在 LC 振荡第二个半周期内关断，注意两图中电容所充的电压极性不同。在图 3-5（a）中，接通 S 后，由于 LC 振荡电流与晶闸管中电流反向，所以迅速抑制晶闸管中的电流，直到正向电流减至零后再流经二极管。而图 3-5（b）中正好相反，由于 LC 振荡电流与晶闸管中电流同向，所以先于负载电流叠加流过晶闸管，直到正向电流减至零后再流经二极管。在这两种情况下，晶闸管都是在正向电流减至零且二极管开始流过电流时关断，二极管上的管压降就是加在晶闸管上的反向电压，也叫电流换流。强迫换流可使输出频率不受电源频率的限制，但需附加换流电路，同时还要增加晶闸管的电压、电流定额，对晶闸管的动态特性要求也高。

换流方式总结如下。

（1）器件换流只适用于全控型器件，其余三种方式主要是针对晶闸管而言的。

（2）器件换流和电容换流都是因为器件或变流器自身的原因而实现换流的，属于自换流，采用自换相方式的逆变器称为自换流逆变器。电网换相和负载换相是借助外力（电网电压或负载电压）实现换流的，属于外部换流，采用外部换相方式的逆变器称为外部换流逆变器。

（3）如果电流不是从一个支路向另一个支路转移，而是在支路内部终止流通而变为零，则称为熄灭。

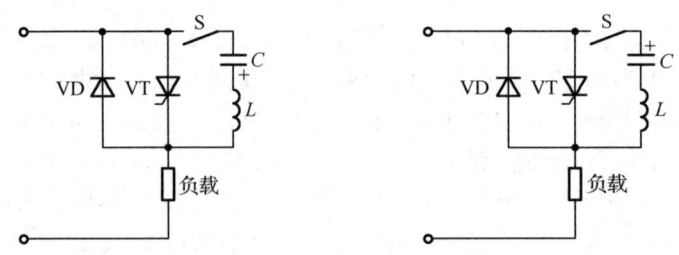

(a) LC振荡电流与晶闸管中电流反向　　　(b) LC振荡电流与晶闸管中电流同向

图 3-5　电感耦合式强迫换流原理图

3.2　电压型逆变电路

用于逆变的直流电通常是由电网提供的交流电整流而来。为了实现把"变压变频交流电供给无源负载",首先把交流电整流为直流电,经过中间滤波环节后,再把直流电逆变成变压变频的交流电,这一过程称为交直交变频。本章介绍的无源逆变就是交直交变频的后面部分。

根据直流侧电源性质分电压源型逆变电路(Voltage Source Inverter,VSI)和电流源型逆变电路(Current Source Inverter,CSI)。当中间直流环节采用大电容滤波时,直流电压波形比较平直,在理想情况下是一个内阻抗为零的恒压源,输出交流电压是矩形或阶梯波,这类变频装置也叫电压型变频器,图 3-6 所示为电压型交直交变频器的逆变电路部分,输入整流部分没有画出来。

当交直交变频器的中间直流环节采用大电感滤波时,直流电流波形比较平直,因而电源内阻抗很大,对负载来说基本上是一个恒流源,输出交流电流是矩形波或阶梯波,这类变频装置也叫电流型变频器,如图 3-7 所示。

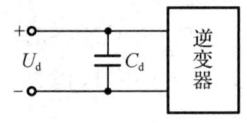　　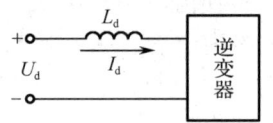

图 3-6　电压型逆变电路　　　　图 3-7　电流型逆变电路

电压型逆变电路有以下主要特点。

(1) 直流侧为电压源或并联有大电容,相当于电压源,直流侧电压基本无脉动,直回路呈现低阻抗。

(2) 由于直流电压源的钳位作用,交流侧输出电压为矩形波,并且与负载阻抗角无关。输出电流波型与负载阻抗有关。

(3) 当交流侧接电感负载时,需要提供无功功率,直流侧电容起缓冲无功能量的作用,由于电压型逆变电路直流侧电压极性不允许改变,回馈无功能量时,只能改变电流方向,所以逆变桥中各桥臂都并联了反馈二极管,这是为滞后的负载电流提供反馈到电源的通路所必需的。

3.2.1　单相电压型逆变电路

1. 半桥逆变电路

在直流侧接有两个相互串联的足够大的电容,两个电容的连接点便成为直流电源的中点,负载连接在直流电源中点和两个桥臂连接点之间。

单相半桥电压型逆变电路及其工作波形如图 3-8 所示。其工作原理为:设开关器件 V_1 和 V_2 的栅极信号在一个周期内各有半周正偏,半周反偏,且二者互补。输出电压 u_o 为矩形波,其幅值

为 $U_m=U_d/2$。电路带电感负载，t_2 时刻给 V_1 关断信号，给 V_2 开通信号，则 V_1 关断，但感性负载中的电流 i_o 不能立即改变方向，于是 VD_2 导通续流，当 t_3 时刻 i_o 降零时，V_{D2} 关断，V_2 导通，i_o 开始反向，由此得出如图所示的电流波形。V_1 或 V_2 导通时，i_o 和 u_o 同方向，直流侧向负载提供能量；VD_1 或 VD_2 导通时，i_o 和 u_o 反向，电感中贮能向直流侧反馈。VD_1、VD_2 称为反馈二极管，它又起着使负载电流连续的作用，又称续流二极管。

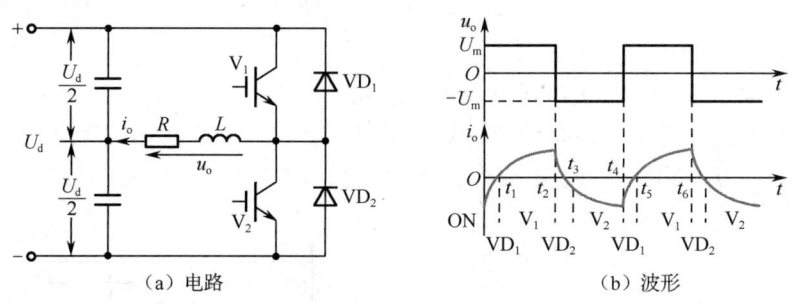

图 3-8 单相半桥电压型逆变电路及其工作波形

半桥逆变电路优点是简单，使用器件少；其缺点是输出交流电压的幅值 U_m 仅为 $U_d/2$，且直流侧需要两个电容器串联，工作时还要控制两个电容器电压的均衡；因此，半桥电路常用于几 kW 以下的小功率逆变电源。

2．全桥逆变电路

（1）工作原理

全桥逆变电路共四个桥臂，可看成两个半桥电路组合而成。两对桥臂交替导通情况下，要改变输出交流电压的有效值只能通过改变直流电压 U_d 实现。

U_d 矩形波 u_o 展开成傅里叶级数得

$$u_o = \frac{4U_d}{\pi}\left(\sin\omega t + \frac{1}{3}\sin 3\omega t + \frac{1}{5}\sin 5\omega t + \cdots\right) \quad (3-1)$$

其中基波的幅值 U_{o1m} 和基波有效值 U_{o1} 分别为

$$U_{o1m} = \frac{4U_d}{\pi} = 1.27U_d \quad (3-2)$$

$$U_{o1} = \frac{2\sqrt{2}U_d}{\pi} = 0.9U_d \quad (3-3)$$

例题：单相全桥电压型逆变电路输出电压 u_o 为一方波，已知 $U_d=110V$，逆变器频率 $f=100Hz$，负载 $R=10\Omega$，$L=0.02H$。求：

（1）输出电压有效值 U_o；

（2）输出电压基波分量有效值 U_{o1}；

（3）输出电流基波分量有效值 I_{o1}；

（4）输出电流中 5 次谐波电流有效值 I_{o5}。

解：$u_o(t) = \frac{4U_d}{\pi}\left(\sin\omega t + \frac{1}{3}\sin 3\omega t + \frac{1}{5}\sin 5\omega t + \cdots\right)$

输出电压有效值：$U_o = U_d = 110V$

输出电压基波分量：$U_{o1} = \frac{4U_d}{\pi\sqrt{2}} = 99V$

基波阻抗：$Z_{o1} = \sqrt{R^2 + (\omega L)^2} = \sqrt{10^2 + (2\pi\times 100\times 0.02)^2} = 18.59\Omega$

输出电流的基波分量：$I_{o1} = \dfrac{U_{o1}}{Z_{o1}} = \dfrac{99}{18.59} = 5.33\text{A}$

5 次谐波阻抗：$Z_{o5} = \sqrt{R^2 + (5\omega L)^2} = \sqrt{10^2 + (5\times 2\pi\times 100\times 0.02)^2} = 63.6\Omega$

输出电流的 5 次谐波有效值：$I_{o5} = \dfrac{U_{o5}}{Z_{o5}} = \dfrac{U_{o1}}{5Z_{o5}} = \dfrac{99/5}{63.6} = 0.31\text{A}$

（2）全桥逆变电路的移相调压方式

对于全桥逆变电路，u_o 为正负电压各为 180°的脉冲时（此控制脉冲 V_1、V_4 和 V_2、V_3 之间相差 180°），要改变输出交流电压的有效值，V_1、V_4 控制信号和 V_2、V_3 之间不是相差 180°，但同一桥臂上相差 180°。即采用移相调压方式，图 3-9 为单相全桥逆变电路的移相调压方式的电路及波形。

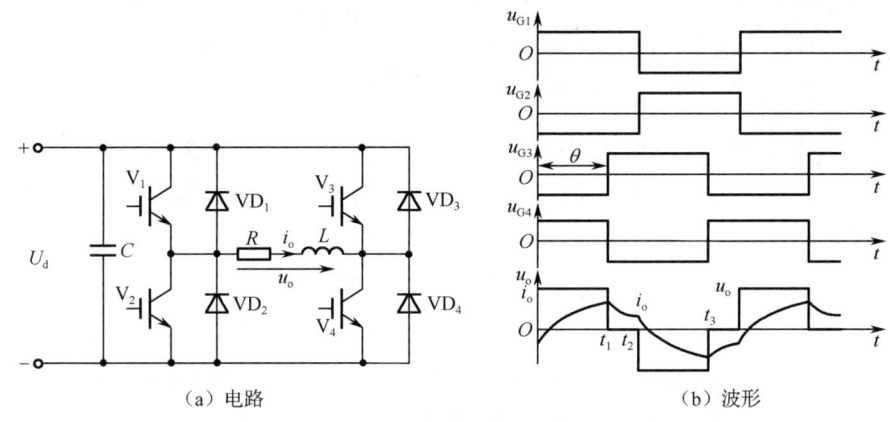

（a）电路　　　　　　　　　　　（b）波形

图 3-9　单相全桥逆变电路的移相调压方式

设定 t_1 时刻前 V_1 和 V_2 导通，输出电压 u_o 为 U_d，t_1 时刻 V_3 和 V_4 栅极信号反向，V_4 关断，而因负载电感中的电流 i_o 不能突变，V_3 不能立刻导通，VD_3 导通续流。因为 V_1 和 VD_3 同时导通，所以输出电压为零。到 t_2 时刻 V_1 和 V_2 栅极信号反向，V_1 关断，而 V_2 不能立刻导通，VD_2 导通续流，和 VD_3 构成电流通道，输出电压为 $-U_d$。到负载电流过零并开始反向时，VD_2 和 VD_3 关断，V_2 和 V_3 开始导通，u_o 仍为 $-U_d$。t_3 时刻 V_3 和 V_4 栅极信号再次反向，V_3 关断，而 V_4 不能立刻导通，VD_4 导通续流，u_o 再次为零。以后的过程和前面类似。这样，输出电压 u_o 正负脉冲宽度就各为 θ。改变 θ，就可以调节输出电压。

在纯电阻负载时，采用上述移相方法也可以得到相同结果，只是 $VD_1\sim VD_4$ 不再导通，不起续流作用。在 u_o 为零的期间，4 个桥臂均不导通，负载也没有电流。显然，上述移相调压方式并不适用于半桥逆变电路。不过在纯电阻负载时，仍可采用改变正负脉冲宽度的方法调节半桥逆变电路的输出电压，这时，上下两桥臂的栅极信号不再是各 180°正偏并且互补，而是正偏的宽度为 θ、反偏的宽度为 $360°-\theta$，二者相位为 180°。这时输出电压 u_o 也是正负脉冲的宽度各为 θ。

3. 电压型串联谐振逆变电路

大多数情况下一般工业负载都是含电感的电感混合型负载，为了使系统产生谐振，在负载中一般还要加入电容，这样负载就变成了一个电阻、电感和电容的混合性负载，可等效为一个 RLC 负载。

（1）电压型串联谐振逆变电路主要特点

① 逆变电路输出电压波形为方波；

② 当逆变频率在负载谐振频率附近时，可获得正弦的电流输出，不需要额外的低通滤波器消

除低次谐波，减小了系统体积和成本。

由于利用了负载的谐振特点，电路中的元器件尤其是开关器件要承受较大的电压或电流，对器件的可靠性要求较高。

（2）电路组成

电压型串联谐振逆变电路如图 3-10 所示。图中逆变主电路采用桥式结构，其中每一导电臂由普通晶闸管及反并联二极管组成。由于直流侧为电压源，故逆变器输出电压 u_o 为矩形波，与负载大小、性质无关，分解为基波与各奇次谐波之和。

由于负载为 RLC 串联，在谐振频率 f_o 附近负载呈低阻抗，因此 u_o 的基波电压在负载上产生很大的基波电流；而在其他频率时负载呈高阻抗，u_o 的谐波电压产生的谐波电流很小甚至可以忽略。所以当晶闸管的开关频率与谐振频率 f_o 接近时，负载中流过电流的是比较理想的正弦波。

（3）工作原理分析

负载电流有断续、临界及连续 3 种工作状态，下面仅讨论谐振电流 i_o 连续时的工作情况。

当 $t=t_0$ 时，触发晶闸管 VT_1、VT_4，负载电路产生振荡，负载电流方向为从 A 流向 B；上述过程持续到 $t=t_1$ 时刻，电容电压充电至最大值，此时负载电流结束正半波而降为零；

当 $t_1<t<t_2$ 时，电路继续振荡，电流反向，由于 VT_2、VT_3 还未导通，电容通过负载经反并联二极管 VD_1、VD_4 向电源放电，VT_1、VT_4 承受反压关断；

当 $t=t_2$ 时，触发 VT_2、VT_3，负载两端电压极性反向，VD_1、VD_4 关断，电流从 VT_2、VT_3 中流过；上述过程持续到 $t=t_3$ 时刻，电容电压反向充电至最大值，此时负载电流结束负半波而降为零；

当 $t>t_3$ 时，电流再次反向，电流通过 VD_2、VD_3 续流，VT_2、VT_3 承受反压关断。上述过程持续到晶闸管 VT_1、VT_4 的再次触发时刻，之后整个过程开始重复，主要电压电流波形图如图 3-11 所示。

注意：

每次换流结束以后，需要使相应晶闸管承受一段反压时间 t_q 才能保证可靠关断，因此二极管导通时间 t_r 应大于晶闸管关断时间 t_q。

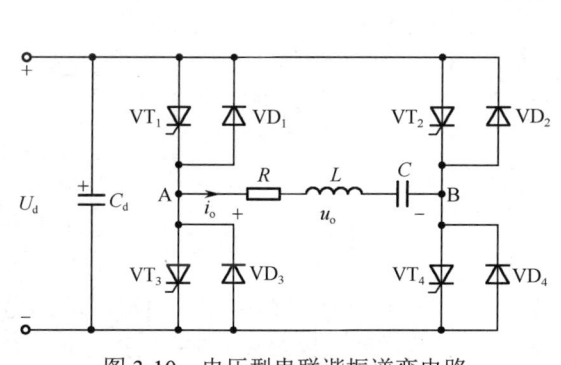

图 3-10 电压型串联谐振逆变电路

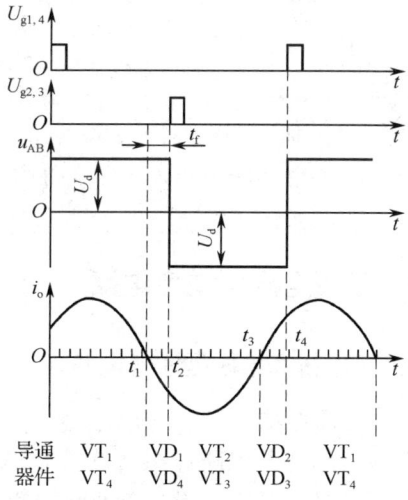

图 3-11 串联谐振式逆变电路的波形

（4）定量分析

输出电压为矩形波，展开成傅立叶级数：

$$U_o(t) = \frac{4U_d}{\pi}\left(\sin\omega t + \frac{1}{3}\sin 3\omega t + \frac{1}{5}\sin 5\omega t + \cdots\right) \quad (3\text{-}4)$$

基波有效值为

$$U_{o1} = \frac{4U_d}{\sqrt{2}\pi} \approx 0.9U_d \quad (3\text{-}5)$$

输出电流为

$$I_o = \frac{\pi I_d}{2\sqrt{2}\cos\varphi} \approx 1.11\frac{I_d}{\cos\varphi} \quad (3\text{-}6)$$

其中 I_d 为直流侧输入平均电流，I_o 为负载电流有效值，$\cos\varphi$ 为负载功率因数。

逆变器工作频率接近于负载谐振频率，电路对负载电流的基波分量呈低阻抗，对其它高次谐波呈现高阻抗。因此负载电流可看成由基波分量组成，波形接近于基波正弦波。

（5）电压型串联谐振逆变电路总结

电压型串联谐振逆变电路结构简单、功率因数高；串联逆变电路起动和关断较容易，但由于其工作条件的限制，对负载的适应性较差。当负载参数变动较大而使工作频率与负载谐振频率配合不当时，会影响功率输出或引起电容电压过高。因此，串联逆变器适用于负载性质变化不大，需要频繁起动和工作频率较高的场合。

4．带中心抽头变压器的逆变电路

带中心抽头变压器的逆变电路如图 3-12 所示，控制信号交替驱动两个 IGBT，经变压器耦合给负载加上矩形波交流电压。两个二极管的作用也是提供无功能量的反馈通道；U_d 和负载参数相同，变压器匝比为 1：1：1 时，u_o 和 i_o 波形及幅值与全桥逆变电路完全相同。与全桥电路相比较，带中心抽头变压器的电压型逆变电路总结如下。

优点：

（1）所用的开关器件少，比全桥电路少用一半开关器件；

（2）器件承受的电压为 $2U_d$，比全桥电路高一倍；

（3）必须有一个带中心抽头的变压器，输入直流侧和输出交流侧由于变压器的隔离而没有电的联系，变压器可以将输出电压变换到需要的数值，降低了对输入直流电压的要求。

缺点：

（1）变压器必须紧密耦合；

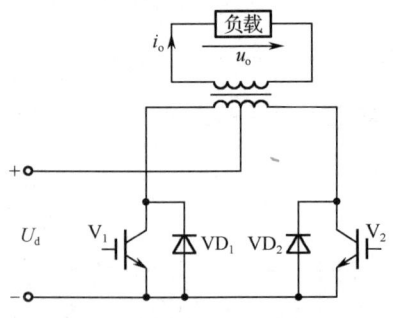

图 3-12 带中心抽头变压器的逆变电路

（2）原边每个绕组只在半个周期内工作，需要有较大的容量；

（3）变压器体积较大且笨重，仅适用于功率较小的场合。

3.2.2 三相电压型逆变电路

1．三相桥式电压型逆变电路

（1）电路组成

三个单相逆变电路可组合成一个三相逆变电路。但在三相逆变电路中，应用最广的还是三相桥式逆变电路。采用 IGBT 作为开关器件的三相桥式电压型逆变电路如图 3-13 所示，可以看成由三个半桥逆变电路组成。

三相桥式电压型逆变电路，基本工作方式是 180°导电方式。即开关管 $V_1 \sim V_6$ 依次导通，每个脉冲间隔 60°；同一相（即同一半桥）上下两臂交替导电，形成一个宽度为 180°（对应于 $\frac{T_0}{2}$

的矩形电压波,各相开始导电的角度差 120°;任一瞬间有三个桥臂同时导通;每个开关管在一个周期(T)内的导通时间为 180°;每次换流都是在同一相上下两臂之间进行,也称为纵向换流。

(2)工作波形

对于 U 相输出来说,当桥臂 1 导通时,$u_{UN'}=U_d/2$,当桥臂 4 导通时,$u_{UN'}=-U_d/2$,$u_{UN'}$ 的波形是幅值为 $U_d/2$ 的矩形波,V、W 两相的情况和 U 相类似。负载线电压 u_{UV}、u_{VW}、u_{WU} 可由下式求出

$$\left.\begin{array}{l}u_{UV}=u_{UN'}-u_{VN'}\\u_{VW}=u_{VN'}-u_{WN'}\\u_{WU}=u_{WN'}-u_{UN'}\end{array}\right\} \tag{3-7}$$

负载各相的相电压分别为

$$\left.\begin{array}{l}u_{UN}=u_{UN'}-u_{NN'}\\u_{VN}=u_{VN'}-u_{NN'}\\u_{WN}=u_{WN'}-u_{NN'}\end{array}\right\} \tag{3-8}$$

把上面各式相加并整理可求得

$$u_{NN'}=\frac{1}{3}(u_{UN'}+u_{VN'}+u_{WN'})-\frac{1}{3}(u_{UN}+u_{VN}+u_{WN}) \tag{3-9}$$

$u_{NN'}$ 的波形如图 3-14(e)所示,它也是矩形波,但其频率为 u_{uw} 频率的 3 倍,幅值为其 1/3。

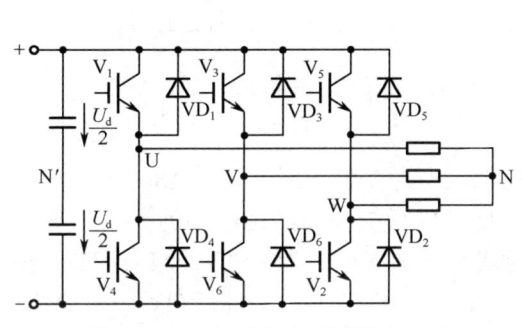

图 3-13 三相桥式电压型逆变电路

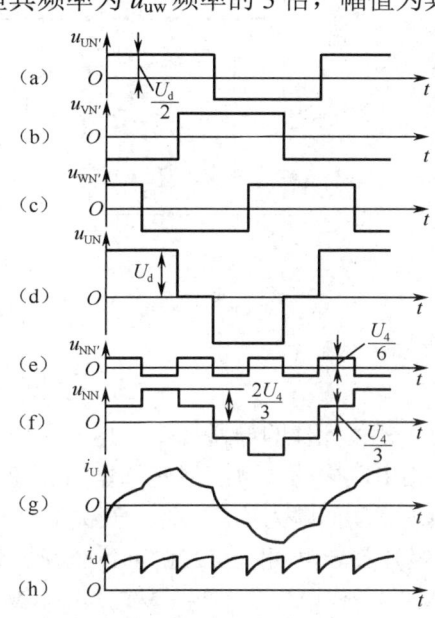

图 3-14 三相桥式电压型逆变电路的工作波形

设负载为三相对称负载,则有 $u_{UN}+u_{VN}+u_{WN}=0$,故可得

$$u_{NN'}=\frac{1}{3}(u_{UN'}+u_{VN'}+u_{WN'}) \tag{3-10}$$

图 3-14(f)给出了利用式(3-8)和式(3-9)求出的 u_{UN} 的波形,u_{VN}、u_{WN} 的波形形状和 u_{UN} 相同、$\phi<\pi/3$ 仅相位依次相差 120°。负载参数已知时,可以由 u_{UN} 的波形求出 U 相电流 i_U 的波形,图 3-14(g)给出的是电感负载下 $\phi<\pi/3$ 时 i_U 的波形。

桥臂 1 和桥臂 4 间的换流过程和半桥电路相似。上桥臂 1 中的 V_1 从通态转换到断态时,因负载流不能突变,下桥臂 4 中的 VD_4 先导通续流,待负载电流降到零,桥臂 4 中电流 V_4 才开始导通。负载阻抗角 ϕ 越大,VD_4 导通时间就越长。当 $u_{UN}>0$ 时,为桥臂 1 导电区间。若 $i_U<0$,则 VD_1 导通,若 $i_U>0$,则 V_1 导通;$u_{UN}<0$ 为桥臂 4 导电的区间,若 $i_U<0$,则 V_4 导通,若 $i_U>0$,则 VD_4 导通。

注意：因为桥臂 1 要续流只能通过 VD_1 导通续流，续流时 i_U 电流方向与 V_1 导通时 i_U 电流方向相反。

i_V、i_W 的波形和 i_U 形状相同，相位依次相差 120°。把桥臂 1、3、5 的电流加起来，就可得到直流侧电流 i_d 的波形，如图 3-6（h）所示，可以看出 i_d 每隔 60°脉动一次，而直流侧上的电压基本无脉动，因此逆变器从交流侧向直流侧传送的功率是脉动的，且脉动的情况和大体相同。这也是电压型逆变电路的一个特点。

下面以 180°导电型的晶闸管交直交电压型变频器为例，详细阐述电压型三相桥式逆变电路的工作原理、晶闸管的换流过程、波形分析及定量计算。

2．180°导电型的晶闸管交直交电压型变频器

（1）主电路组成

180°导电型的晶闸管交直交电压型变频器主电路由整流器、中间滤波电容和晶闸管逆变器三部分组成。图 3-15 为三相串联电感式电压型变频器部分主电路，图中 U_d 为单相或三相整流电路的输出电压，C_d 为滤波电容；$VT_1 \sim VT_6$ 为逆变器主晶闸管；$VD_1 \sim VD_6$ 为续流二极管；R_U、R_V、R_W 为衰减电阻；$L_1 \sim L_6$ 为换流电感；$C_1 \sim C_6$ 为换流电容；Z_U、Z_V、Z_W 为三相对称负载。6 个晶闸管按一定的规则通断，将 C_d 送来的直流电压 U_d 逆变成频率可调的交流电，调压靠前级的可控整流电路完成。

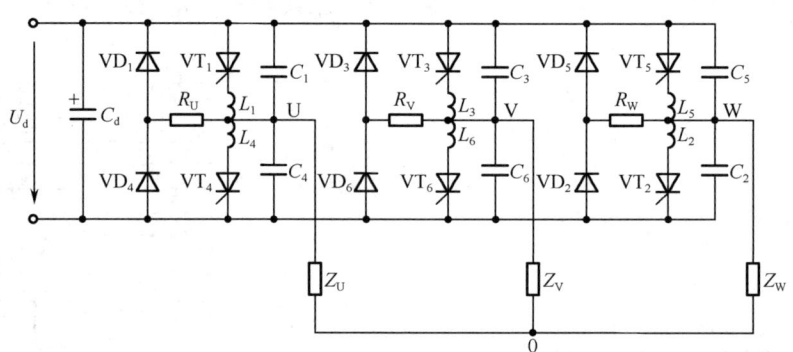

图 3-15 三相串联电感式电压型变频器逆变主电路

（2）开关元件的导通规律（180°电压型）

三相串联电感式电压型变频器的逆变器部分为电压型逆变器，通常采用 180°导电型，即各开关的触发驱动间隔为 60°，每个开关器件导通 180°电角度后被关断，由同相的另一个开关换流导通，每组开关导电间隔为 120°。各个开关管的导通状态与顺序分别为（VT_5、VT_6、VT_1）→（VT_6、VT_1、VT_2）→（VT_1、VT_2、VT_3）→（VT_2、VT_3、VT_4）→（VT_3、VT_4、VT_5）→（VT_4、VT_5、VT_6），可以得到 6 个开关器件在 360°区间里的导通情况，见表 3-1。

表 3-1 逆变器相电压和线电压计算值（180°电压型）

开关	区间					
	0°~60°	60°~120°	120°~180°	180°~240°	240°~300°	300°~360°
VT_1	导通	导通	导通	×	×	×
VT_2	×	导通	导通	导通	×	×
VT_3	×	×	导通	导通	导通	×
VT_4	×	×	×	导通	导通	导通
VT_5	导通	×	×	×	导通	导通
VT_6	导通	导通	×	×	×	导通

（3）每个 60°区间内的负载等效电路

根据表 3-1，可以作出每个 60°区间内负载连接的等效电路，如图 3-16 所示。

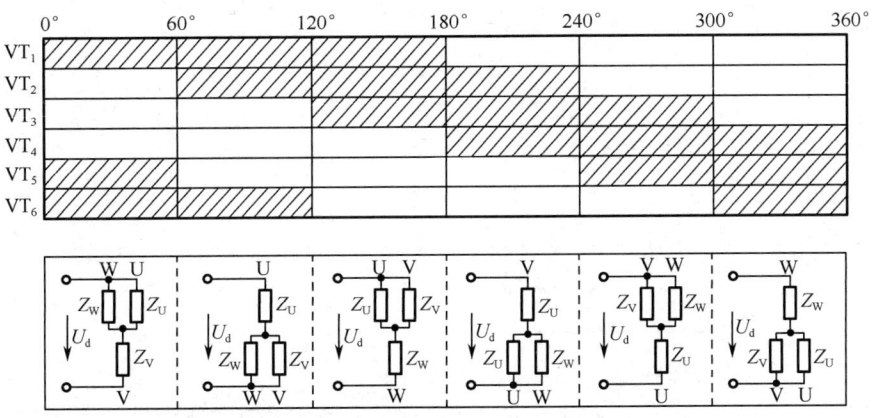

图 3-16　每个 60°区间内的负载等效电路

（4）输出相电压和输出线电压

利用图 3-16 中所建立的每个 60°区间内的负载等效电路，可以求出每个 60°区间内负载端输出的相电压和线电压（线电压等于相电压之差）。这里仅以 0°~60°、60°~120°区间为例作说明。

① 0°~60°区间内，输出相电压的计算方法为

$$\begin{cases} U_{U0} = U_d \dfrac{Z_U // Z_W}{(Z_U // Z_W) + Z_V} = \dfrac{1}{3} U_d \\ U_{V0} = -U_d \dfrac{Z_V}{(Z_U // Z_W) + Z_V} = -\dfrac{2}{3} U_d \\ U_{W0} = U_{U0} = \dfrac{1}{3} U_d \end{cases} \quad (3\text{-}11)$$

输出线电压的计算方法为

$$\begin{cases} U_{UV} = U_{U0} - U_{V0} = U_d \\ U_{VW} = U_{V0} - U_{W0} = -U_d \\ U_{WU} = U_{W0} - U_{U0} = 0 \end{cases} \quad (3\text{-}12)$$

② 60°~120°区间内，输出相电压的计算方法为

$$\begin{cases} U_{U0} = \dfrac{2}{3} U_d \\ U_{V0} = -\dfrac{1}{3} U_d \\ U_{W0} = -\dfrac{1}{3} U_d \end{cases} \quad (3\text{-}13)$$

输出线电压的计算方法为

$$\begin{cases} U_{UV} = U_d \\ U_{VW} = 0 \\ U_{WU} = -U_d \end{cases} \quad (3\text{-}14)$$

综合以上分析，可以将三相串联电感式电压型变频器的逆变器（180°电压型）的各相电压、线电压计算后，进行汇总，整理后逆变器的相电压和线电压计算值（180°电压型）如表 3-2 所示。

表 3-2　逆变器的相电压和线电压计算值（180°电压型）

区间		0°~60°	60°~120°	120°~180°	180°~240°	240°~300°	300°~360°
相电压	U_{U0}	$\frac{1}{3}U_d$	$\frac{2}{3}U_d$	$\frac{1}{3}U_d$	$-\frac{1}{3}U_d$	$-\frac{2}{3}U_d$	$-\frac{1}{3}U_d$
	U_{V0}	$-\frac{2}{3}U_d$	$-\frac{1}{3}U_d$	$\frac{1}{3}U_d$	$\frac{2}{3}U_d$	$\frac{1}{3}U_d$	$-\frac{1}{3}U_d$
	U_{W0}	$\frac{1}{3}U_d$	$-\frac{1}{3}U_d$	$-\frac{2}{3}U_d$	$-\frac{1}{3}U_d$	$\frac{1}{3}U_d$	$\frac{2}{3}U_d$
线电压	U_{UV}	U_d	U_d	0	$-U_d$	$-U_d$	0
	U_{VW}	$-U_d$	0	U_d	U_d	0	$-U_d$
	U_{WU}	0	$-U_d$	$-U_d$	0	U_d	U_d

（5）180°逆变器输出的相电压、线电压波形

按表 3-2 将各区间的电压连接起来后即可得到交直交电压型变频器输出的相电压波形和线电压波形，如图 3-17 所示。由图 3-17 可以看出，三个相电压是相位互差 120°的阶梯状交变电压波形，三个线电压为正、负半周各为 120°矩形电压波形。

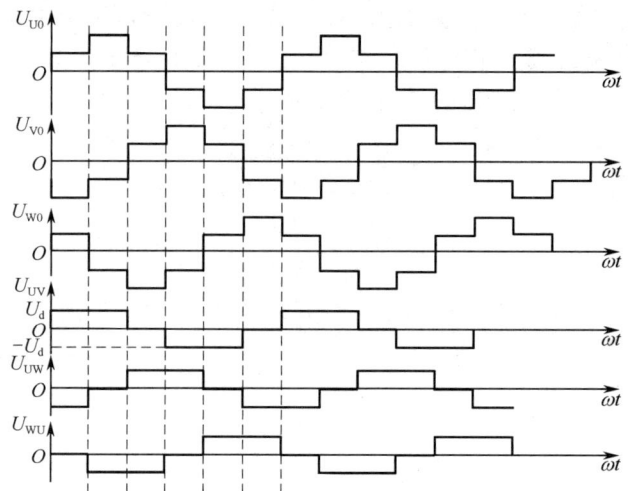

图 3-17　180°逆变器输出的相电压、线电压波形

图中相电压和线电压的有效值为

$$U_p = U_{U0} = U_{V0} = U_{W0} = \sqrt{\frac{1}{2\pi}\int_0^{2\pi} u_{U_o}^2 d\omega t}$$

$$= \sqrt{\frac{2}{2\pi}\left[\int_0^{\frac{\pi}{3}}\left(\frac{1}{3}U_d\right)^2 d\omega t + \int_{\frac{\pi}{3}}^{\frac{2\pi}{3}}\left(\frac{2}{3}U_d\right)^2 d\omega t + \int_{\frac{2\pi}{3}}^{\pi}\left(\frac{1}{3}U_d\right)^2 d\omega t\right]} \quad (3\text{-}15)$$

$$= \sqrt{\frac{2\times\frac{\pi}{3}}{2\pi}\left[\left(\frac{1}{3}U_d\right)^2 + \left(\frac{2}{3}U_d\right)^2 + \left(\frac{1}{3}U_d\right)^2\right]} = \frac{\sqrt{2}}{3}U_d$$

$$U_l = U_{UV} = U_{VW} = U_{WU} = \sqrt{\frac{1}{2\pi}\int_0^{2\pi} u_{UV}^2 d\omega t} = \sqrt{\frac{2}{2\pi}\int_0^{\frac{2\pi}{3}} U_d^2 d\omega t} = \sqrt{\frac{2}{3}}U_d \quad (3\text{-}16)$$

$$U_l = \sqrt{3}U_p \quad (3\text{-}17)$$

由式（3-17）可以看出，180°导电方式的电压型三相桥式逆变器的线电压为相电压的 $\sqrt{3}$ 倍，

其线电压、相电压之间的关系与正弦三相交流是相同的。

（6）定量分析

由图 3-6 可以看出，180°导电方式的电压型三相桥式逆变器的负载线电压为 120°交流矩形波波形，各相电压波形为六阶梯波，中点电压为 3 倍输出频率的方波。改变开关管触发脉冲的频率就可以改变逆变器输出电压的频率。

① 输出线电压

把输出线电压 u_{UV} 展开成傅里叶级数得

$$u_{UV} = \frac{2\sqrt{3}U_d}{\pi}\left(\sin\omega t - \frac{1}{5}\sin 5\omega t - \frac{1}{7}\sin 7\omega t + \frac{1}{11}\sin 11\omega t + \frac{1}{13}\sin 13\omega t - \cdots\right)$$
$$= \frac{2\sqrt{3}U_d}{\pi}\left[\sin\omega t + \sum_n \frac{1}{n}(-1)^k \sin n\omega t\right] \quad (3\text{-}18)$$

式中，$n = 6k \pm 1$，k 为自然数。从式（3-18）可以看出，180°导电方式的电压型三相桥式逆变器的线电压波形中不包含偶次和 3 次谐波，而只含有 5 次级 5 次以上的奇次谐波，且谐波幅值与谐波次数成反比。

输出线电压有效值 U_{UV} 为

$$U_{UV} = \sqrt{\frac{1}{2\pi}\int_0^{2\pi} u_{UV}^2 d\omega t} = 0.816U_d \quad (3\text{-}19)$$

其中基波幅值 U_{UV1m} 和基波有效值 U_{UV1} 分别为

$$U_{UV1m} = \frac{2\sqrt{3}U_d}{\pi} = 1.1U_d \quad (3\text{-}20)$$

$$U_{UV1} = \frac{U_{UV1m}}{\sqrt{2}} = \frac{\sqrt{6}}{\pi}U_d = 0.78U_d \quad (3\text{-}21)$$

② 输出相电压

由图 3-6 可以看出，180°导电方式的电压型三相桥式逆变器的相电压为交流六阶梯状波形，把输出 u_{UN} 展开成傅里叶级数得

$$u_{UN} = \frac{2U_d}{\pi}\left(\sin\omega t + \frac{1}{5}\sin 5\omega t + \frac{1}{7}\sin 7\omega t + \frac{1}{11}\sin 11\omega t + \frac{1}{13}\sin 13\omega t + \cdots\right)$$
$$= \frac{2U_d}{\pi}\left(\sin\omega t + \sum_n \frac{1}{n}\sin n\omega t\right) \quad (3\text{-}22)$$

式中，$n = 6k \pm 1$，k 为自然数。从式（3-22）可以看出，180°导电方式的电压型三相桥式逆变器的相电压波形中不包含偶次和 3 次谐波，而只含有 5 次级 5 次以上的奇次谐波，且谐波幅值与谐波次数成反比。

负载相电压有效值 U_{UN} 为

$$U_{UN} = \sqrt{\frac{1}{2\pi}\int_0^{2\pi} u_{UN}^2 d\omega t} = 0.471U_d \quad (3\text{-}23)$$

其中基波幅值 U_{UN1m} 和基波有效值 U_{UN1} 分别为

$$U_{UN1m} = \frac{2U_d}{\pi} = 0.637U_d \quad (3\text{-}24)$$

$$U_{UN1} = \frac{U_{UN1m}}{\sqrt{2}} = 0.45U_d \quad (3\text{-}25)$$

为了防止同一相上下两桥臂的开关器件同时导通而引起直流侧电源的短路，要采取"先断后通"的方法。

（7）180°导电型逆变器工作规律总结

① 每个脉冲间隔 60°区间内有 3 个开关导通，它们分属于逆变桥的共阴极组和共阳极组；

② 在 3 个导通元件中，若属于同一组的有 2 个元件，则元件所对应相的相电压为 $1/3U_d$，另 1 个元件所对应相的相电压为 $2/3U_d$；

③ 共阳极组元件所对应相的相电压为正，共阴极组元件所对应相的相电压为负；

④ 三个相电压相位互差 120°；相电压之和为 0；

⑤ 线电压等于相电压之差；三个线电压相位互差 120°；线电压之和为 0；线电压为 $\sqrt{3}$ 倍相电压。

（8）180°导电型逆变器中晶闸管的换流过程

交交变频器中晶闸管的换流同普通整流电路一样采用电网电压自然换流，而交直交变频器的逆变部分则无法采用电网电压换流，又由于逆变器的负载一般为三相异步电动机，属电感负载，也无法采用适用于容性负载的负载换流方式，故逆变器中晶闸管只能采用强迫换流方式。

为便于分析换流原理，特作如下假定：

假设逆变器所输出交流电的周期 T 远大于晶闸管的关断时间；在换流过程的短时间内，认为负载电流 I_L 不变；上、下两个换流电感 L_1 和 L_4、L_3 和 L_6、L_5 和 L_2 耦合紧密；晶闸管的触发时间近似认为等于零，反向关断电流也近似为零；忽略各晶闸管及二极管的正向压降。

从表 3-1 可以看出，VT_1 经 180°导电后换流至 VT_4，下面就以这个时刻为例说明其换流原理。

① 换流前的初始状态

换流之前，逆变器工作于 120°～180°区间，这时 VT_1、VT_2、VT_3 三个晶闸管导通，与负载形成初始的闭合回路，U 相负载电流 I_L 如图 3-18（a）中虚线箭头所示。稳态时 VT_1、L_1 上无压降，C_4 上充有电压 U_d，极性上正下负，VT_4 上承受正压。

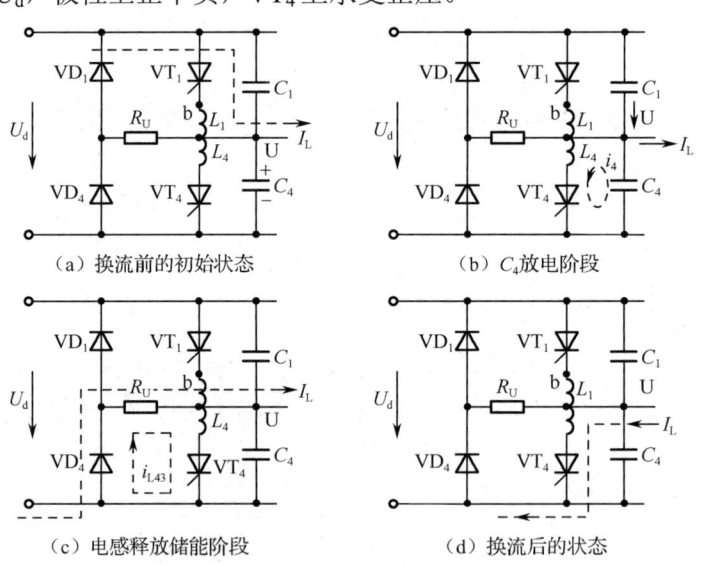

图 3-18 U 相电路的换流过程

② 触发 VT_4 后的 C_4 放电阶段

VT_1 导电 180°后触发 VT_4，电路主要有以下三个方面的变化。首先，由于 C_4 上原来充有电压 $U_{C4}=U_d$，VT_4 触发后立即导通，C_4 会通过 VT_4 释放能量。C_4 的放电回路为 $C_4(+) \rightarrow L_4 \rightarrow VT_4 \rightarrow C_4(-)$，设放电电流为 i_4 如图 3-18（b）所示。

另一方面，触发 VT_4 后，由于 i_4 放电回路使 L_4 两端感应电压立即变为 $u_{L4}=u_{C4}=U_d$，又由于 L_1 和 L_4 紧密耦合，故 L_1 上也必然感应出 $u_{L1}=U_d$，于是 b 点电位被抬高至 $2U_d$，VT_1 承受反压而关断。

再一方面，电容上的电压 u_{C4} 随着放电的进行而降低，换向电容 C_1 同时开始充电，为下次换流做好准备。这一阶段，负载 U 相电流 I_L 不变，它由 C_1 和 C_4 的充放电电流提供，I_L 的方向也如图 3-18（b）所示。当这一阶段结束时，u_{C4} 放电到零，电容 C_4 流向 L_4 的振荡放电电流 i_4 达到最大值 I_{4m}。各物理量的变化可表示为

电容 C_4 上的电压 u_{c4}：$U_d \downarrow \rightarrow 0$　　　　b 点电位：$2U_d \downarrow \rightarrow U_d \downarrow \rightarrow 0$

电容 C_1 上的电压 u_{c1}：$0 \uparrow \rightarrow U_d$　　　　VT_1 上电压：$-U_d \uparrow \rightarrow 0 \uparrow \rightarrow U_d$

由于 C_4 处于放电阶段，b 点电位由 $2U_d$ 连续降至零，可见 b 点电位必然要经历 U_d 这一时刻，而在这一时刻以前，VT_1 承受的是反偏压，这时刻之后又恢复正偏。因此，应保证 VT_1 承受反偏电压的时间大于 VT_1 元件的关断时间，以确保其可靠关断。

③ 电感释放储能阶段

当电容 C_4 放电完毕后，不能再提供给电感（包括 L_4 及 $L_{负载}$）能量了，于是电路中电感储能开始释放。

电感 L_4 上储能为 $\frac{1}{2}L_4 I_{4m}^2$，通过 $VT_4 \rightarrow VD_4 \rightarrow R_U \rightarrow L_4 \rightarrow VT_4$ 构成闭合回路放电，放电电流为 i_{L4} 如图 3-18（c）所示，电感能量在 R_U 中消耗掉。VD_4 是本段才开始导通的，由于在第 2 阶段中 C_4 上有正向电压，故 VD_4 上承受反压，在 C_4 放电结束之后，VD_4 才承受 u_{L4} 正压而导通。

负载电感中储能为 $\frac{1}{2}L_{负载} I_L^2$，负载放电回路为 $Z_U \rightarrow Z_V \rightarrow VT_3 \rightarrow U_d \rightarrow VD_4 \rightarrow R_U \rightarrow Z_U$，回路可参考图 3-18（c），该回路经过直流电源 U_d，可见换流时负载能量回馈电网。

当换流电感 L_4 及负载电感中的能量都释放完毕后，换流过程结束，接着 VT_4 导通，进入新的换流后状态。

④ 换流后的状态

VT_1 与 VT_4 换流后，逆变器进入 180°～240°区间，该区间 U 相负载电流如图 3-18（d）所示。值得注意的是，这种逆变器必须具有足够的脉冲宽度去触发晶闸管。原因是：如果负载电感较大，在第 3 阶段中 L_4 电感中的电能先释放完，而 $L_{负载}$ 中的储能后释放完，即 i_{L4} 先从 I_{L4m} 变到 0，VT_4 就会因放电电流到零而关断，待负载电流 i_L 从 I_L 变到零再反向为 $-I_L$ 时，VT_4 已先关断了，为了防止 VT_4 先关断而影响换流，触发脉冲应采用宽脉冲（一般取 120°）或脉冲列，以保证 VT_4 在负载电感量较大时再触发。

除了上述串联电感式逆变器，晶闸管交直交电压型逆变器还有串联二极管式、采用辅助晶闸管换流等典型接线形式，由于晶闸管元件没有自关断能力，这些逆变器都需要配置专门的换流元件来换流，装置的体积与重量大，输出波形与频率均受限制。

3.3　电流型逆变电路

直流电源为电流源的逆变电路称为电流型逆变电路。

电流型逆变电路有如下主要特点。

（1）直流侧串联有大电感，相当于直流电源，直流侧基本无脉动，直流回路呈现高阻抗。

（2）电路中开关器件的作用仅是改变直流电源的流通路径，因此交流输出的电流波形为矩形波，并且与负载阻抗角无关，而交流侧电压波形和相位则因负载阻抗不同而不同。

（3）当交流侧为电感负载时需要提供无功功率，直流侧电感起缓冲无功能量的作用。

电流型逆变电路中，采用半控型器件的电路仍应用较多，换流方式有负载换流、强迫换流。

3.3.1 单相电流型逆变电路

单相桥式电流型逆变器是一种并联谐振式逆变电路,其负载是补偿电容与电感线圈的并联,逆变器的开关频率工作于负载的谐振频率附近,因此称为并联谐振逆变器,其主电路结构如图3-19所示。该电路主要用于金属的熔炼、淬火等感应加热设备中。

(1) 电路分析

电路由四个桥臂构成,每个桥臂的晶闸管各串联一个电抗器L_T,L_T之间不存在互感,用来限制晶闸管开通时的di/dt。电路的换流方式为负载换流,开关器件可采用半控型的晶闸管。为了实现负载换流,要求负载电流的相位略超前于负载电压,即负载略呈容性,因此补偿电容应使负载过补偿。使桥臂1、4和桥臂2、3以1000~2500Hz 的中频轮流导通,由此在负载上得到中频交流电。

主电路开关器件采用自关断器件时,其反向不能承受高电压,则需在各开关器件支路串入二极管。

因为是电流型逆变器,故交流输出电流波形为矩形波,其中包含基波和各奇次谐波,且第n次谐波的幅值为基波幅值的$1/n$,n为谐波的次数。

并联谐振负载阻抗值随频率不同而变化,其幅频特性如图3-20所示。由于逆变器的工作频率与负载的谐振频率很接近,谐振负载对外加矩形波电流的基波(频率约为f_0)呈现高阻抗,对高次谐波(频率约为f_0奇数倍)呈低阻抗,甚至可看成短路,因此负载上获得的主要成分是基波电压,非常接近正弦波,而输出电流波形接近矩形波。

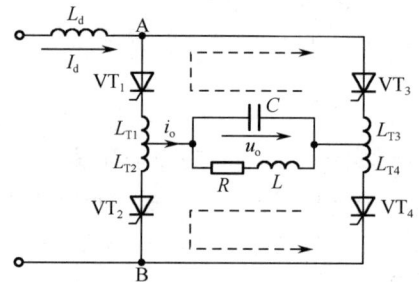
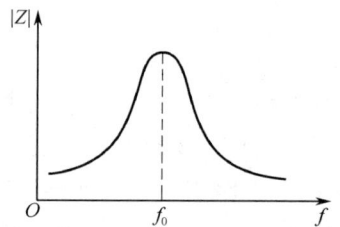

图3-19 单相桥式电流型(并联谐振式)逆变电路　　图3-20 并联谐振负载幅频特性

(2) 工作波形分析

在交流电流的一个周期内,有两个稳定导通阶段和两个换流阶段,图3-21是并联谐振式逆变电路工作波形。

$t_1 \sim t_2$:VT_1和VT_4稳定导通阶段,$i_o=I_d$,t_2时刻前在C上建立了左正右负的电压。

在t_2时刻触发VT_2和VT_3开通,开始进入换流阶段。由于换流电抗器L_T的作用,VT_1和VT_4不能立刻关断,其电流有一个减小过程,VT_2和VT_3的电流也有一个增大过程。4个晶闸管全部导通,负载电容电压经两个并联的放电回路同时放电。一个回路是经L_{T1}、VT_1、VT_3、L_{T3}回到电容C。另一个回路是经L_{T2}、VT_2、VT_4、L_{T4}回到电容C。

当$t=t_4$时,VT_1、VT_4电流减至零而关断,直流侧电流I_d全部从VT_1、VT_4转移到VT_2、VT_3,换流阶段结束。$t_\gamma = t_4-t_2$称为换流时间。因为负载电流$i_o= i_{VT1}-i_{VT2}$,所以i_o在t_3时刻,晶闸管需一段时间才能恢复到正向阻断能力,t_4时刻换流结束后还要使VT_1、VT_4承受一段反压时间t_β,$t_\beta=t_5-t_4$应大于晶闸管的关断时间t_q。为保证可靠换流应在u_o过零前$t_\delta = t_5-t_2$时刻触发VT_2、VT_3。t_δ为触发引前时间,得

$$t_\delta = t_\gamma + t_\beta \tag{3-26}$$

i_o超前于u_o的时间t_φ(负载的功率因数角)为

$$t_\varphi = \frac{t_\gamma}{2} + t_\beta \quad (3\text{-}27)$$

把 t_φ 表示为电角度 φ（弧度）可得

$$\varphi = \omega\left(\frac{t_\gamma}{2} + t_\beta\right) = \frac{\gamma}{2} + \beta \quad (3\text{-}28)$$

（3）定量分析

i_o 展开成傅里叶级数可得

$$i_o = \frac{4I_d}{\pi}\left(\sin\omega t + \frac{1}{3}\sin 3\omega t + \frac{1}{5}\sin 5\omega t + \cdots\right) \quad (3\text{-}29)$$

其基波电流有效值 I_{o1} 为

$$I_{o1} = \frac{4I_d}{\sqrt{2}\pi} = 0.9I_d \quad (3\text{-}30)$$

负载电压有效值 U_o 和直流电压 U_d 的关系

$$\begin{aligned}U_d &= \frac{1}{\pi}\int_{-\beta}^{\pi-(\gamma+\beta)} u_{AB} d\omega t \\ &= \frac{1}{\pi}\int_{-\beta}^{\pi-(\gamma+\beta)} \sqrt{2}U_o \sin\omega t d\omega t \\ &= \frac{\sqrt{2}U_o}{\pi}[\cos(\beta+\gamma) + \cos\beta] \\ &= \frac{2\sqrt{2}U_o}{\pi}\cos\left(\beta + \frac{\gamma}{2}\right)\cos\frac{\gamma}{2}\end{aligned} \quad (3\text{-}31)$$

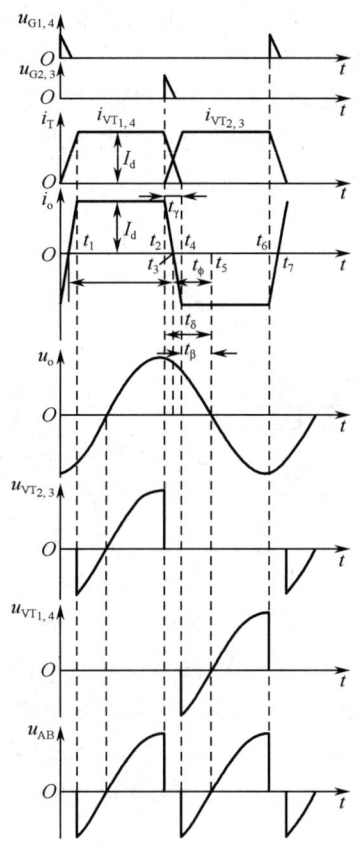

图 3-21 并联谐振式逆变电路工作波形

一般情况下 γ 值较小，可近似认为 $\cos(\gamma/2)\approx 1$，再考虑到式（3-31）可得

$$U_d = \frac{2\sqrt{2}}{\pi}U_o\cos\varphi \quad (3\text{-}32)$$

或者

$$U_o = \frac{\pi U_d}{2\sqrt{2}\cos\varphi} = 1.11\frac{U_d}{\cos\varphi} \quad (3\text{-}33)$$

上述讨论是在假设负载参数不变、逆变电路工作频率固定的条件下进行的。实际工作中，在中频加热和钢料熔化过程中，感应线圈的参数是随时间变化的，固定的工作频率无法保证晶闸管的反压时间 t_β 大于关断时间 t_q，可能导致逆变失败。为了保证电路正常工作，必须使工作频率能适应负载的变化而自动调整，这种控制方式称为自励方式，此时逆变电路的触发信号取自负载端，其工作频率受负载谐振频率的控制而比后者高一个适当值。与自励式相对应，固定工作频率的控制方式称为他励方式。自励方式存在系统未投入运行时，负载端无输出、无法取出信号问题，而解决这一问题的其中一种常用方法是先用他励方式，使系统开始工作后再转入自励方式。另一种方法是附加预充电起动电路，即预先给电容器充电，起动时将电容能量释放到负载上，形成衰减振荡，再检测出振荡信号实现自励。

3.3.2 三相电流型逆变电路

1. 三相桥式电流型逆变电路

在 180°导电型的三相桥式电压型逆变器中，开关器件的换流是在同一相中进行的。换流时，若需关断的开关器件没能及时关断,它就会和换流后同一相上的器件形成通路,使直流电源发生短路,带来换流安全问题;而三相桥式电流型逆变电路采用 120°导电方式,逆变电路中的开关器件换流是在同一组(上桥臂组或下桥臂组)内进行的,即每个时刻,上桥臂组的三个臂和下桥将组的三个臂都各有一个臂导通,为横向换流。所以 120°导电型的三相桥式电流型逆变器可以有效避免电源短路问题。

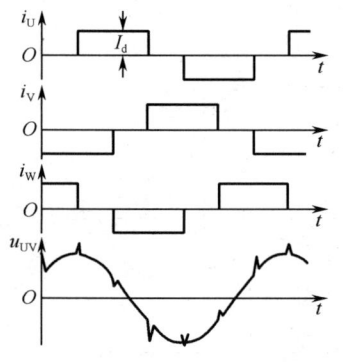

图 3-22 电流型三相桥式逆变电路的输出波形

与画电压型逆变电路波形时先画电压波形类似,画电流型逆变电路波形时,总是先画电流波形。因为输出交流电流波形和负载性质无关,是正负脉冲宽度各为 120°的矩形波。图 3-22 给出了逆变电路的三相输出交流电流波形及线电压 u_{UV} 的波形。输出电流波形和三相桥式可控整流电路在大电感负载下的交流输入电流波形形状相同。因此,它们的谐波分析表达式也相同。输出线电压波形和负载性质有关,图 3-22 中给出的波形大体为正弦波,但叠加了一些脉冲,这是由逆变器中的换流过程产生的。下面将详细说明三相全控型器件电流型逆变电路的工作原理。

(1)电路组成

三相全控型器件电流型逆变电路及输出电流波形如图 3-23 所示,主电路与单相电流型逆变电路相比较,也是多了一条桥臂。采用 120°导电方式,任意瞬间只有两个桥臂导通,导通顺序为 $VT_1 \rightarrow VT_2 \rightarrow VT_3 \rightarrow VT_4 \rightarrow VT_5 \rightarrow VT_6$,依次间隔 60°,每个桥臂导通 120°。这样每个时刻上桥臂组和下桥臂组中都各有一个臂导通。输出电流波形如图 3-23(b)所示,可以看出输出电流与负载性质无关,输出电压波形由负载性质决定。该电路常用于中小功率交流电动机调速系统中。

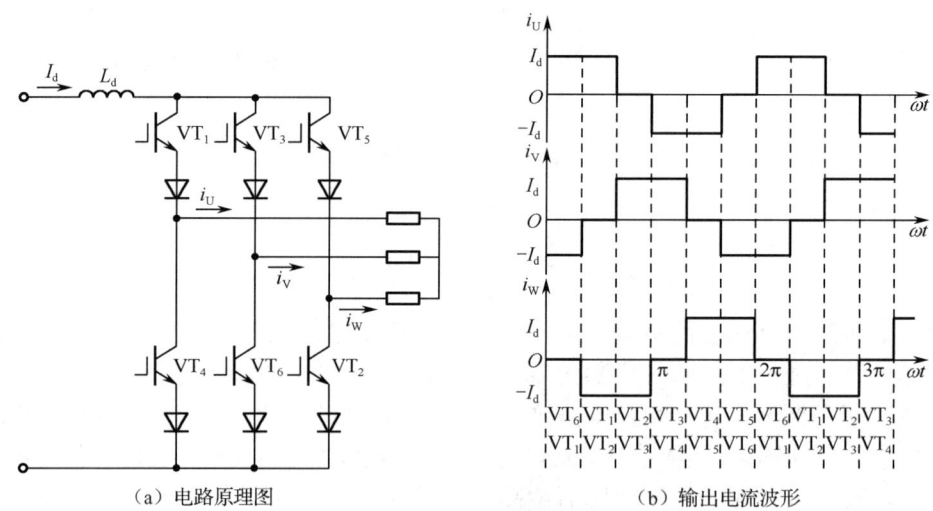

(a)电路原理图   (b)输出电流波形

图 3-23 三相全控型器件电流型逆变电路及输出电流波形

(2)开关器件导通规律

按照每个开关器件驱动触发间隔为 60°,触发导通后维持 120°才被关断的特征(120°导电型),可以得到 6 个开关器件在 360°区间里的导通情况,如表 3-3 所示。

表 3-3 逆变器中开关器件的导通情况(120°电压型)

晶闸管	区间					
	0°~60°	60°~120°	120°~180°	180°~240°	240°~300°	300°~360°
VT_1	导通	导通	×	×	×	×

续表

晶闸管	区间					
	0°~60°	60°~120°	120°~180°	180°~240°	240°~300°	300°~360°
VT_2	×	导通	导通	×	×	×
VT_3	×	×	导通	导通	×	×
VT_4	×	×	×	导通	导通	×
VT_5	×	×	×	×	导通	导通
VT_6	导通	×	×	×	×	导通

（3）输出的相电流和线电流

根据每 60°间隔中开关器件的导通情况，可以作出每个 60°区间内负载连接的等效电路，如图 3-24 所示。由此可求出输出的相电流和线电流。从表 3-3 和图 3-24 所示的等效电路可以很容易得到表 3-4 的逆变器相电流计算值。

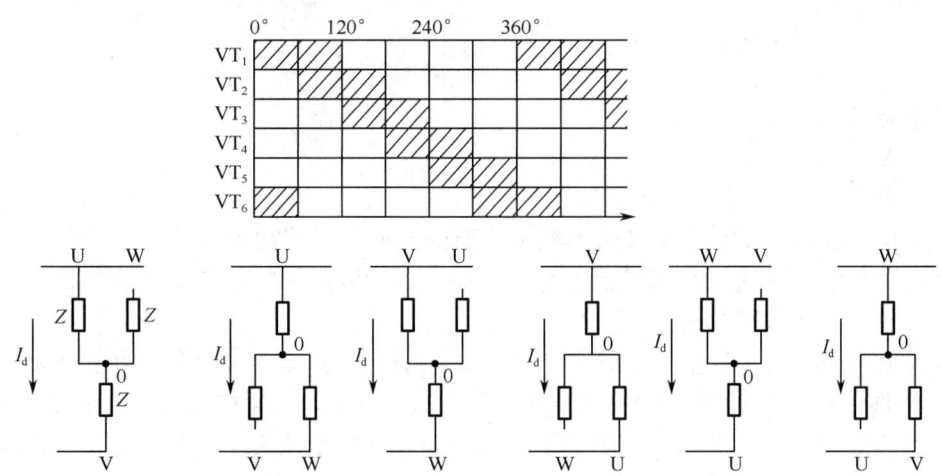

图 3-24 每个 60°区间内的负载等效电路

按表 3-4 将各区间的相电流连接起来后即可得到电流型变频器输出的相电流波形，如图 3-25 所示。3 个相电流是相位互差 120°电角度的矩形交变电流波形。

表 3-4 逆变器的相电流计算值（120°电流型）

相电流	区间					
	0°~60°	60°~120°	120°~180°	180°~240°	240°~300°	300°~360°
I_{U0}	I_d	I_d	0	$-I_d$	$-I_d$	0
I_{V0}	$-I_d$	0	I_d	I_d	0	$-I_d$
I_{W0}	0	$-I_d$	$-I_d$	0	I_d	I_d

在星形对称负载中，线电流等于相电流；若是三角形对称负载，其线电流与相电流关系的分析与正弦电路类似。

（4）定量分析

从图 3-25 所示的波形可知，输出电流波形和三相桥式可控整流电路在大电感负载下的交流输入电流（变压器二次电流）波形形状相同，也和电压型三相桥式逆变电路中输出线电压波形形状相同。仿照线电压的谐波分析表达式，可写出相电流波形的谐波分析表达式为

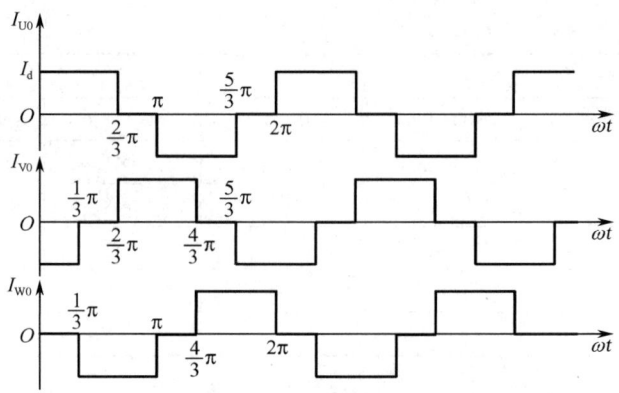

图 3-25　120°电流型逆变器输出的相电流波形

$$i_{U0}(t) = \frac{2\sqrt{3}}{\pi} I_d \left(\sin\omega t - \frac{1}{5}\sin 5\omega t - \frac{1}{7}\sin 7\omega t + \frac{1}{11}\sin 11\omega t + \frac{1}{13}\sin 13\omega t - \cdots \right)$$
$$= \frac{2\sqrt{3}}{\pi} I_d \left[\sin\omega t + \sum_{n=6k\pm 1}^{\infty} \frac{(-1)^k}{n}\sin n\omega t \right] \tag{3-34}$$

输出相电流的基波有效值为

$$I_{U1} = \frac{\sqrt{6}}{\pi} I_d = 0.78 I_d \tag{3-35}$$

从式（3-34）可知，120°导电方式电流型三相桥式逆变器的相电流波形中不包含偶次和 3 的倍数次谐波，而只含有 5 次及 5 次以上的奇次谐波，且谐波幅值与谐波次数成反比。

（5）120°导电型导电规律总结

每个脉冲间隔 60°内，有 2 个晶闸管器件导通，它们分属于逆变桥的共阴极组和共阳极组；在 2 个导通器件中，每个器件所对应相的相电流为 I_d。而不导通器件所对应相的电流为 0；共阳极组中器件所通过的相电流为正，共阴极组器件所通过的相电流为负；每个脉冲间隔 60°内的相电流之和为 0。

尽管目前随着全控型器件不断进步，晶闸管逆变电路的应用已越来越少，串联二极管式晶闸管逆变电路仍应用较多。这种电路主要用于中大功率交流电动机调速系统，下面将详细说明三相串联二极管式电流型变频器的工作原理。

2．120°导电型的晶闸管交直交电流型变频器

在 180°导电型电压型的晶闸管逆变器中，需要外接换流衰减电阻、换流电感和换流电容等强迫换流电路才能完成换流，使得逆变器体积增加、成本提高、换流损耗加大。而在 120°导电型的晶闸管交直交电流型变频器的逆变器中，不需要换流衰减电阻和换流电感等元件。因为三相变频器的负载通常是感应电动机，所以可以用感应电动机的定子电感来代替换流电路中的换流电感，并且省去衰减电阻。

（1）主电路的组成

三相串联二极管式电流型变频器的主电路如图 3-26 所示。图中 L_d 为整流与逆变两部分电路的中间滤波环节——直流平波电抗器，$VT_1 \sim VT_6$ 为主晶闸管，C_{13}、C_{35}、C_{51}、C_{46}、C_{62}、C_{24} 为换流电容，$VD_1 \sim VD_6$ 为隔离二极管。电动机的电感和换流电容组成换流电路。

图 3-26 中负载电动机采用上述简化后的各相等效电路作出。以 e_{1U}、e_{1V}、e_{1W} 分别表示各相基波电流感应电动势，L_{1U}、L_{1V}、L_{1W} 表示各相漏电感（为定子相漏感与折合到定子侧的转子相漏感之和），则

$$\begin{cases} u_U = L_{1U}\dfrac{di_U}{dt} + e_{1U} \\ u_V = L_{1V}\dfrac{di_V}{dt} + e_{1V} \\ u_W = L_{1W}\dfrac{di_W}{dt} + e_{1W} \end{cases} \quad (3\text{-}36)$$

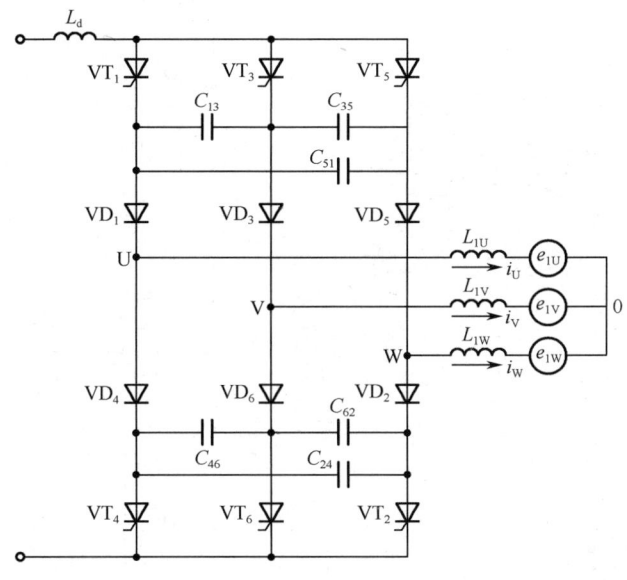

图 3-26 三相串联二极管式晶闸管逆变电路

（2）换流原理

串联二极管式电流型逆变器的换流过程以 0°电角度时 VT₅ 向 VT₁ 换流为例进行分析，它可分为以下几个阶段。

原始导通阶段，逆变器在 0°电角度之前工作于 300°～360°区间，晶闸管 VT₅、VT₆ 导通，负载电流 $I_L=I_d$ 流向为：VT₅→VD₅→W 相负载→0→V 相负载→VD₆→VT₆，电容 C_{35}、C_{51} 上均充有左负右正的电压 u_C，因为 C_{35}、C_{51} 的右端均为最高电位，C_{13} 上无充电电压。该区间电流流通情况如图 3-27（a）所示。

电容器恒流充电阶段，在 0°电角度处触发 VT₁，则 VT₁ 由于 C_{51} 与 VT₅ 回路所施加的正电压而立即导通，VT₁ 导通后又与 C_{51} 一起对 VT₅ 施加反压，于是 VT₅ 立即关断。这时负载电流 $I_L=I_d$ 不能突变，暂时保持恒定，流向变为：VT₁→C_{13} 与 C_{35} 串，再并 C_{51} 的等效支路→VD₅→W 相→0→V 相→VD₆→VT₆，使三个电容接受恒流充电，由于电流 I_d 很大，C_{51} 上电压将立即由左负右正转为左正右负，随着 C_{51} 上充电电压的不断反向升高，当 u_{51} 达到 $u_{51}=e_{1U}-e_{1W}$ 时，将使 VD₁ 导通，进入二极管换流阶段。恒流充电阶段电流流通路径如图 3-27（b）所示。

二极管换流阶段，VD₁ 导通后，等效电容支路立即通过 VD₁ 放电，放电具体路径为：C_{13} 串 C_{35}，再并 C_{51} 等效支路→VD₁→U 相→0→W 相→VD₅，此外，负载电流 $I_L=I_d$ 仍由恒流充电段的路径沿 W、V 相通过。本阶段中，U 相只流过放电电流 $i_U=i_{放}$，VD₅ 中流过的电流为（I_d-i_U），W 相电流 $i_W=(I_d-i_U)$，V 相电流同前一阶段。由于电容放电是振荡放电，由三个放电电容（3/2）C 与电机的两相电感（$2L_1$）组成振荡电路，于是放电电流为一个谐振电流，电流 $i_U=i_{放}$ 从零上升，而电容电压下降，当 $i_U=i_{放}$ 上升到 I_d 时，VD₅ 关断，这时 $i_U=I_d$，$i_W=I_d-i_U=0$，实质上电流从 W 相恰好换流至 U 相。该阶段的 $i_{放}$ 与 I_d 各自的电流流向如图 3-27（c）所示。

换流后，二极管换流阶段结束时，VD_5 已被切断，不再存在振荡回路，只有 I_d 流通，其流通回路为：$I_d \rightarrow VT_1 \rightarrow VD_1 \rightarrow U$ 相 $\rightarrow 0 \rightarrow V$ 相 $\rightarrow VD_6 \rightarrow VT_6$，进入 $0° \sim 60°$ 稳定运行区段，换流电容 C_{46} 充电极性为左正右负，C_{62} 极性为左负右正，为 VT_6 向 VT_2 换流作好准备，如图 3-27（d）所示。

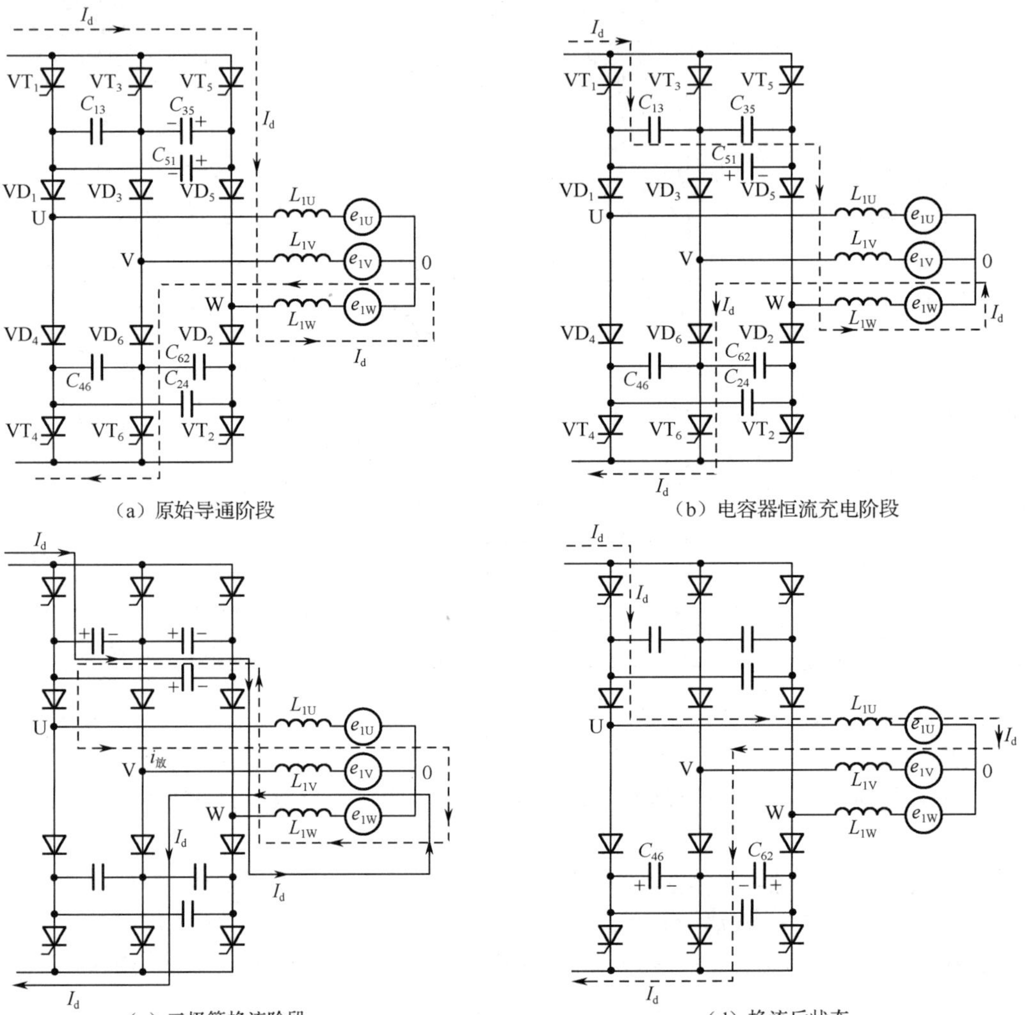

（a）原始导通阶段　　　　　　　　　　（b）电容器恒流充电阶段

（c）二极管换流阶段　　　　　　　　　（d）换流后状态

图 3-27　串联二极管式电流型逆变器的换流过程

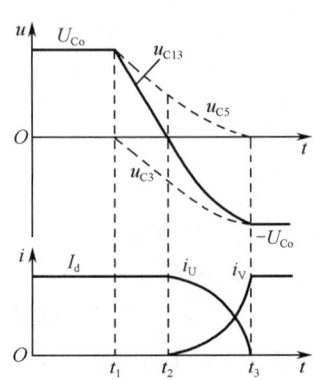

图 3-28　串联二极管晶闸管逆变电路换流过程波形

图 3-28 给出了电感负载时 u_{C13}、i_U 和 i_V 的波形图。u_{C1} 的波形和 u_{C13} 完全相同。u_{C3} 从零变到 $-U_{Co}$，u_{C5} 从 U_{Co} 变到零，变化幅度是 C_1 的一半。这些电压恰好符合相隔 $120°$ 后从 VT_3 到 VT_5 换流时的要求，为下次换流准备好了条件。

电流型三相桥式逆变器还可以驱动同步电动机，利用滞后于电流相位的反电动势可以实现换流。因为同步电动机是逆变器的负载，因此这种换流方式也属于负载换流。

用逆变器驱动同步电动机时，其工作特性和调速方式都与直流电动机相似，但没有换向器，因此被称为无换向器电动机。图 3-29 是无换向器电动机的基本电路，由三相可控整流电路为逆变电路提供直流电源。逆变电路采用 $120°$ 导电方式，利用电动机反电动势实现换流。例如从 VT_1 向 VT_3 换流时，因 V 相电压高于 U 相，VT_3 导通时 VT_1 就被关断，这和有源逆变电路的工作情况十分相似。图 3-29 中 BQ 是转子位置检测器，用来检测磁极位置以决定什么时候给哪个晶闸管发出触发脉冲。图 3-30 给出了在电动状态下电路的工作波形。

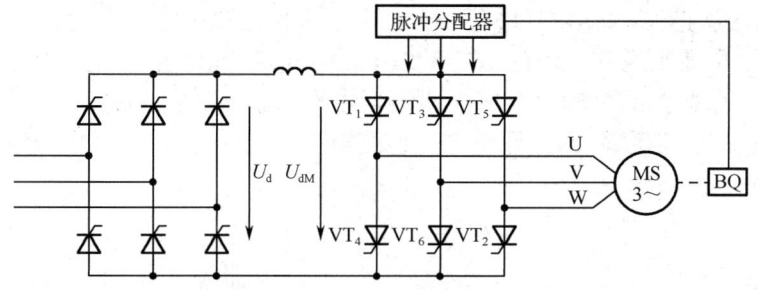

图 3-29 无换向器电动机的基本电路

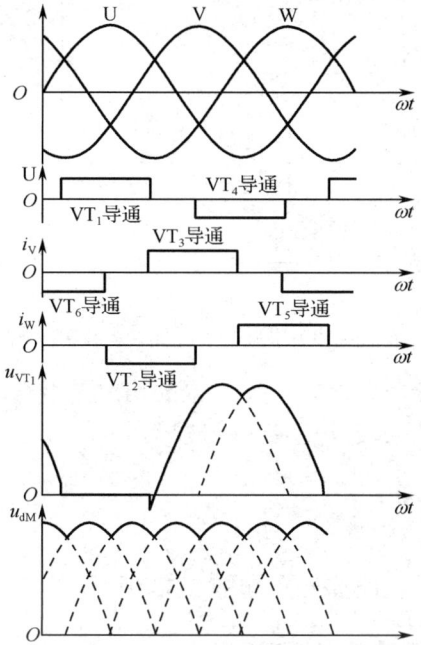

图 3-30 无换向器电动机电路工作波形

3.4 多重逆变电路和多电平逆变电路

电压型逆变电路的输出电压是矩形波，电流型逆变电路的输出电流是矩形波，矩形波中含有较多的谐波，会对负载产生不利影响。常常采用多重逆变电路把几个矩形波组合起来，使之成为接近正弦波的波形。也可以改变电路结构，构成多电平逆变电路，它能够输出较多的电平，从而使输出电压向正弦波靠近。本节以电压型逆变电路为例说明多重逆变电路的基本原理。

3.4.1 多重逆变电路

多重逆变电路分串联多重和并联多重两种方式，串联多重是把几个逆变电路的输出串联起来，电压型逆变电路用串联多重方式；并联多重是把几个逆变电路的输出并联起来，电流型逆变电路多用并联多重方式。本节以电压型逆变电路为例说明逆变电路多重化的基本原理。

1. 单相电压型二重逆变电路

单相电压型二重逆变电路原理图如图 3-31 所示，它由两个单相全桥逆变电路组成，二者输出

通过变压器 T_1 和 T_2 串联起来。单相电压型二重逆变电路的工作波形如图 3-32 所示。

两个单相逆变电路的输出电压 u_1 和 u_2 都是导通 180°的矩形波，其中包含所有的奇次谐波。现在只考查其中的 3 次谐波。如图 3-32 所示，把两个单相逆变电路导通的相位错开 $\varphi=60°$，则对于 u_1 和 u_2 中的 3 次谐波来说，它们就错开了 $3\times60°=180°$。通过变压器串联合成后，两者中所含 3 次谐波互相抵消，所得到的总输出电压中就不含 3 次谐波。从图 3-32 可以看出，u_o 的波形是导通 120°的矩形波，和三相桥式 180°导电方式逆变电路下的线电压输出波形相同。其中只含 $6k\pm1$（k=1,2,3…）次谐波，$3k$（k=1,2,3…）次谐波都被抵消了。

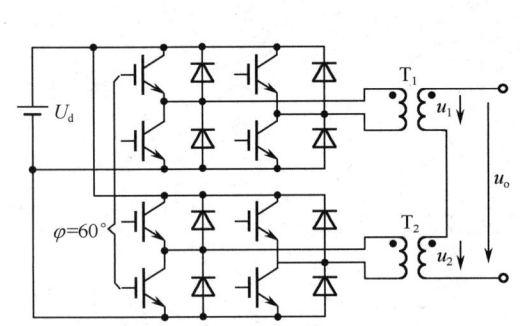
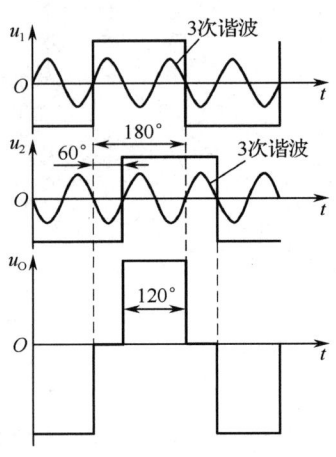

图 3-31　单相电压型二重逆变电路原理图　　　图 3-32　单相电压型二重逆变电路的工作波形

像上面这样，把若干个逆变电路的输出按一定的相位差组合起来，使它们所含的某些主要谐波分量相互抵消，就可以得到较为接近正弦波的波形。

2．三相电压型二重逆变电路

（1）主电路的组成

三相电压型二重逆变电路的电路原理图如图 3-33 所示。

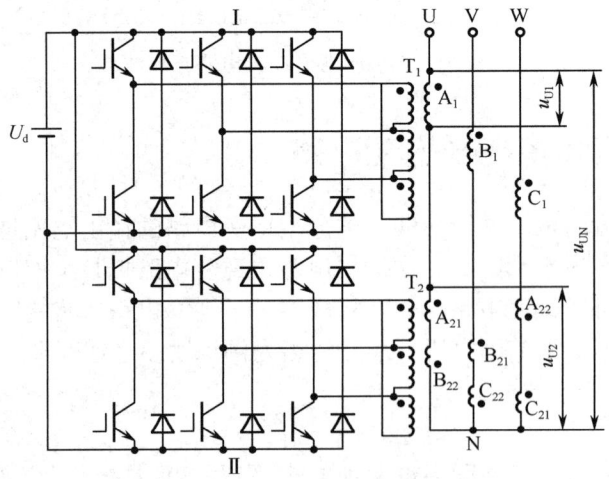

图 3-33　三相电压型二重逆变电路的电路原理图

该电路由两个三相桥式逆变电路构成，其输入直流电源公用，输出电压通过变压器 T_1 和 T_2 串联合成。

两个逆变电路均为 180°导通方式，这样它们各自的输出线电压都是 120°矩形波。工作时，使逆变桥Ⅱ的相位比逆变桥Ⅰ滞后30°。

变压器 T_1 和 T_2 在同一水平上画的绕组是绕在同一铁心柱上的。T_1 为 △/Y 连接，线电压比为 $1:\sqrt{3}$（一次和二次绕组匝数相等）。

变压器 T_2 一次侧也是三角形连接，但二次侧有两个绕组，采用曲折星形接法，即一相的绕组和另一相的绕组串联而构成星形，同时使其二次电压相对于一次电压而言，比 T_1 的接法超前 30°，以抵消逆变桥Ⅱ比逆变桥Ⅰ滞后的 30°。这样，u_{U2} 和 u_{U1} 的基波相位就相同。如果 T_2 和 T_1 一次侧匝数相同，为了使 u_{U2} 和 u_{U1} 基波幅值相同，T_2 和 T_1 二次侧间的匝数比就应为 $1:\sqrt{3}$。

（2）相量图与波形

T_1、T_2 二次侧基波电压合成情况的相量图如图 3-34 所示。图中 U_{A1}、U_{A21}、U_{B22} 分别是变压器绕组 A_1、A_{21}、B_{22} 上的基波电压相量。图 3-35 给出了 u_{U1}（u_{A1}）、u_{A21}、$-u_{B22}$、u_{U2} 和 u_{UN} 的波形。可以看出，u_{UN} 比 u_{U1} 更接近正弦波。

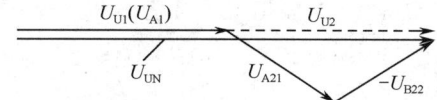

图 3-34　三相电压型二重逆变电路的二次侧基波电压合成相量图

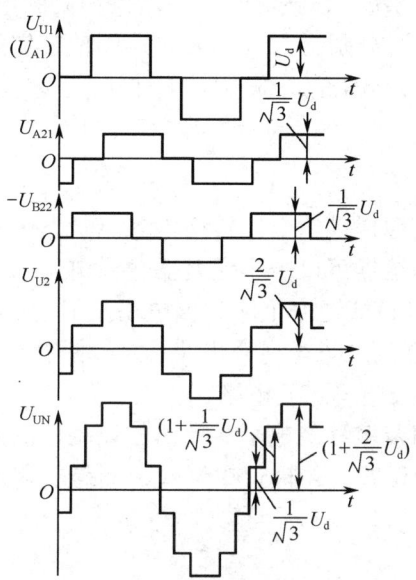

图 3-35　三相电压型二重逆变电路波形

（3）定量分析

把 u_{U1} 展开成傅里叶级数得

$$u_{U1}(t) = \frac{2\sqrt{3}}{\pi} U_d \left(\sin\omega t - \frac{1}{5}\sin 5\omega t - \frac{1}{7}\sin 7\omega t + \frac{1}{11}\sin 11\omega t + \frac{1}{13}\sin 13\omega t - \cdots \right)$$
$$= \frac{2\sqrt{3}}{\pi} U_d \left[\sin\omega t + \sum_{n=6k\pm 1}^{\infty} \frac{(-1)^k}{n} \sin n\omega t \right] \quad (3\text{-}37)$$

式中，$n = 6k\pm 1$，k 为自然数。

u_{U1} 的基波分量的有效值为

$$U_{U1}(t) = \frac{\sqrt{6}}{\pi} U_d = 0.78 U_d \quad (3\text{-}38)$$

u_{U1} 的 n 次谐波分量有效值为

$$U_{U1n} = \frac{\sqrt{6}}{n\pi} U_d \tag{3-39}$$

把由变压器合成后的输出相电压 u_{UN} 展开成傅里叶级数得

$$u_{UN}(t) = \frac{4\sqrt{3}}{\pi} U_d \left(\sin\omega t + \frac{1}{11}\sin 5\omega t + \frac{1}{13}\sin 7\omega t + \frac{1}{23}\sin 23\omega t + \frac{1}{25}\sin 25\omega t + \cdots \right) \tag{3-40}$$

u_{A21}、$-u_{B22}$ 的幅值是 u_{A1} 的 $1/\sqrt{3}$，而它们的相位分别落后和超前 u_{A1} 波形 30°，所以 u_{UN} 的基波分量有效值为

$$U_{UN1} = \frac{2\sqrt{6}}{\pi} U_d = 1.56 U_d \tag{3-41}$$

u_{UN} 的 n 次谐波分量有效值为

$$U_{UNn} = \frac{2\sqrt{6}}{n\pi} U_d = \frac{1}{n} U_{UN1} \tag{3-42}$$

式中，$n=12k\pm1$，k 为自然数。

很显然，u_{UN} 中已不再含有 5 次、7 次等谐波。并且直流侧电流每个周期脉动 12 次，为此把它称为 12 脉波逆变电路。一般情况下，按照与上述电路相同的电路结构来拓展电路，使 m 个三相桥逆变电路的相位按照顺序依次分别错开 $\pi/(3m)$，连同使它们的输出电压合成并抵消上述相位差的变压器，就可以构成脉波数为 $6m$ 的逆变电路。

3.4.2 多电平逆变电路

多电平变换技术是将单一电源提供的电压转换为多电平电压的技术。采用多电平变换技术的逆变器可以输出多电平交流电，这样可以减小逆变器输出电压的谐波含量，提高输出电压的质量和稳定性。例如，对于三相电压型桥式逆变电路和该电路波形，可以分析到电路的输出电压有 $U_d/2$ 和 $-U_d/2$ 两种电平，故称这种电路为二电平逆变电路。为了使输出波形更接近正弦，可通改变电路的形式，可以输出多种电平，如三电平、五电平、七电平等。近 30 年来，很多学者相继提出了具有实际意义的多电平逆变器电路及多种多电平逆变器的调制控制方法。当前的多电平逆变器的主要结构有：H 桥级联式、电容钳位式、二极管钳位式、飞跨电容嵌位式。

1．二极管钳位多电平逆变电路

（1）二极管中点钳位型三电平逆变电路

图 3-36 为二极管中点钳位型三电平逆变电路。该电路的每个桥臂由两个全控型器件串联构成，两个器件都反并联了二极管。两个串联器件的中点通过钳位二极管和直流侧电容的中点相连接。例如，U 相的上、下两桥臂分别通过钳位二极管 VD1 和 VD4 与 O′点相连接。下面以 U 相为例简要分析其工作情况。

当 VT_{11} 和 VT_{12}（或 VD_{11} 和 VD_{12}）导通，VT_{41} 和 VT_{42} 关断时，U 点和 O′点间电位差为 $U_d/2$；
当 VT_{41} 和 VT_{42}（或 VD_{41} 和 VD_{42}）导通，VT_{11} 和 VT_{12} 关断时，U 和 O′间电位差为 $-U_d/2$；
当 VT_{12} 和 VT_{41} 导通，VT_{11} 和 VT_{42} 关断时，U 和 O′间电位差为 0。实际上在最后一种情况下，VT_{12} 和 VT_{41} 不可能同时导通，哪一个导通取决于负载电流 i_U 的方向。按图 3-36 所规定的方向，$i_U>0$ 时，VT_{12} 和钳位二极管 VD_1 导通；$i_U<0$ 时，VT_{41} 和钳位二极管 VD4 导通。即通过钳位二极管 VD_1 或 VD_4 的导通把 U 点电位钳位在 O′点电位上；通过相电压之间的相减可得到线电压。两电平逆变电路的输出线电压共有 $\pm U_d$ 和 0 三种电平，而三电平逆变电路的输出线电压则有 $\pm U_d$、

$\pm U_d/2$ 和 0 五种电平。因此，通过适当的控制，三电平逆变电路输出电压谐波可大大少于两电平逆变电路。

三电平逆变电路还有一个突出的优点就是每个主开关器件关断时所承受的电压仅为直流侧电压的一半，因此，这种电路特别适合于高电压大容量的应用场合。用与三电平电路类似的方法，还可构成五电平、七电平等更多电平的电路。三电平及更多电平的逆变电路统称为多电平逆变电路。

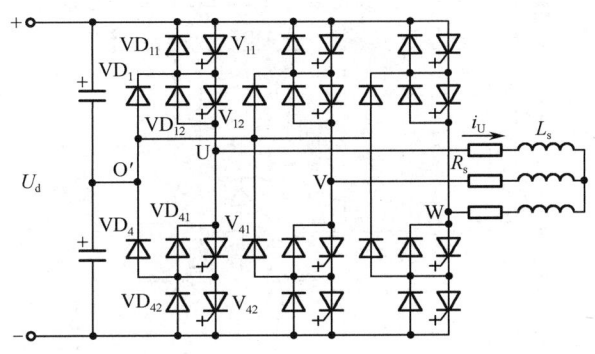

图 3-36　二极管中点钳位型三电平逆变电路

（2）二极管中点钳位型五电平逆变电路

把上面分析得到的二极管钳位式三电平逆变器拓扑结构扩展到五电平中去，可以得到二极管中点钳位型五电平逆变电路的拓扑结构，如图 3-37 所示。图 3-37 所示五电平逆变器每一相中主开关器件数与续流二极管数都为 8，钳位二极管数为 6，关断时平均每个开关器件承受的正电压为 $U_d/4$。现以五电平二极管钳位型五电平逆变电路其中一相 U 相为例，分析图 3-37 所示的五电平逆变器主电路工作情况。

给 U 相上桥臂连接的主开关器件 VT_1、VT_2、VT_3、VT_4 施加触发脉冲时，如负载电流为流入方向（相对于负载），则电流流过主开关器件 VT_1、VT_2、VT_3、VT_4，若忽略管压降，该相输出端电位等于 $U_d/2$；如负载电流为流出方向，电流流过续流二极管 VD_1、VD_2、VD_3、VD_4，该相输出端电位仍等于 $U_d/2$。

同理，给 VT_2、VT_3、VT_4、VT_5 导通触发脉冲时，输出端电位等于 $U_d/4$；给 VT_3、VT_4、VT_5、VT_6 导通触发脉冲时，输出端电位等于 0；给 VT_3、VT_4、VT_5、VT_6、VT_7 导通触发脉冲时，输出端电位等于 $-U_d/4$；给 U 相下桥臂连接的主开关器件 VT_5、VT_6、VT_7、VT_8 施加触发脉冲时，如负载电流为流入方向（相对于负载），则电流流过主开关器件 VT_5、VT_6、VT_7、VT_8，若忽略管压降，该相输出端电位等于 $-U_d/2$；如负载电流为流出方向，电流流过续流二极管 VD_4、VD_5、VD_6、VD_7，该相输出端电位仍等于 $-U_d/2$。

由上面分析可以得出，主开关器件控制脉冲是有严格要求的，以防止同一桥臂贯穿短路，即 VT_1 与 VT_5，VT_2 与 VT_6，VT_3 与 VT_7，VT_4 与 VT_7，VT_4 与 VT_8 的控制脉冲都要求是互反的，并且可以得到一相电位在由 P2 点电位跳到零电位时，要经过电位的过渡。即在控制过程中，每相电位只能向相邻电位过渡，不允许输出电位跳变。

2．飞跨电容型逆变电路

飞跨电容型逆变电路（图 3-38）由于要使用较多的电容，而且要控制电容上的电压，因此使用较少。如要构成更多电平的电路，则需要的电容数目会急剧增加。例如一个三相三电平飞跨电容型逆变电路的一相，此逆变器的直流侧采用了一种阶梯型结构，每一层的电容的电压都与下一层的电容的电压不同。为能够产生 M 电平的阶梯型输出电压，在直流侧需要 M-1 个电容。每相桥臂的结构必须相同，两层电容之间电压增加的大小决定输出波形中每阶电压电平高度。

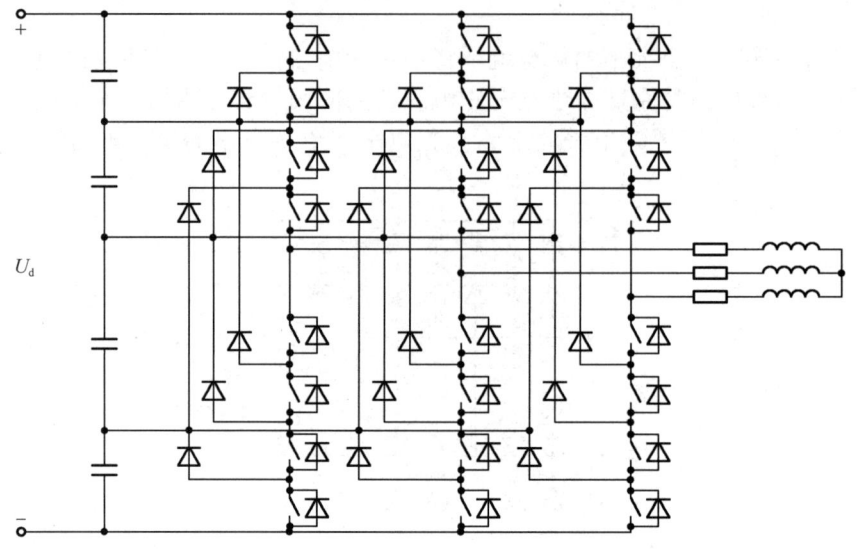

图 3-37　二极管中点钳位型五电平逆变电路

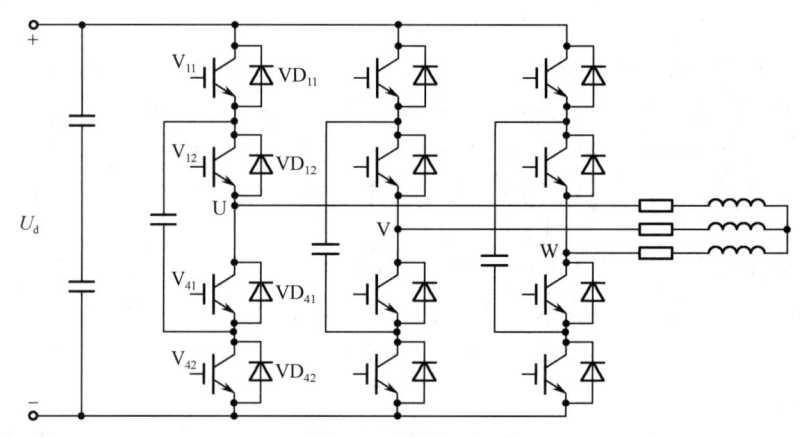

图 3-38　飞跨电容型逆变电路

飞跨电容型多电平逆变电路的优缺点如下。

（1）优点

电平数越多，输出电压谐波的含量越少；

逆变器电平数易扩展，电压合成方面，开关状态选择具有较大的灵活性；

由于电容的引进，可通过在同一个电平上不同开关组合，使直流侧电容电压保持平衡。

（2）缺点

随着电平数的增加，需要大量的钳位电容，增加了系统的成本；

用于纯无功负载时，可能存在飞跨电容电压不平衡的问题；

对有功功率变换，高频时逆变器的控制非常复杂，同时有很高的开关损耗。

3．单元串联多电平逆变电路

图 3-39 给出了三单元串联多电平逆变电路原理图。其中的"单元"实际上就是本章前面介绍过的单相电压型全桥逆变电路（又称 H 桥电路），图 3-39 给出了每个单元的电路图。可以看出，实际上单元串联的多电平逆变电路每一相是由多个单相电压型全桥逆变电路串联起来的串联多重

单相逆变电路，通过多个单元输出电压的叠加产生总的输出电压，同时通过不同单元输出电压之间错开一定的相位减小总输出电压的谐波。每个全桥逆变电路都有一个独立的直流电源，因此输出电压的串联可以不用变压器。三单元串联的逆变电路相电压可以产生±3U_d、±2U_d、±U_d和0共七种电平。如果每相采用更多单元串联，则可以输出更高的电压，其波形也更接近正弦波。

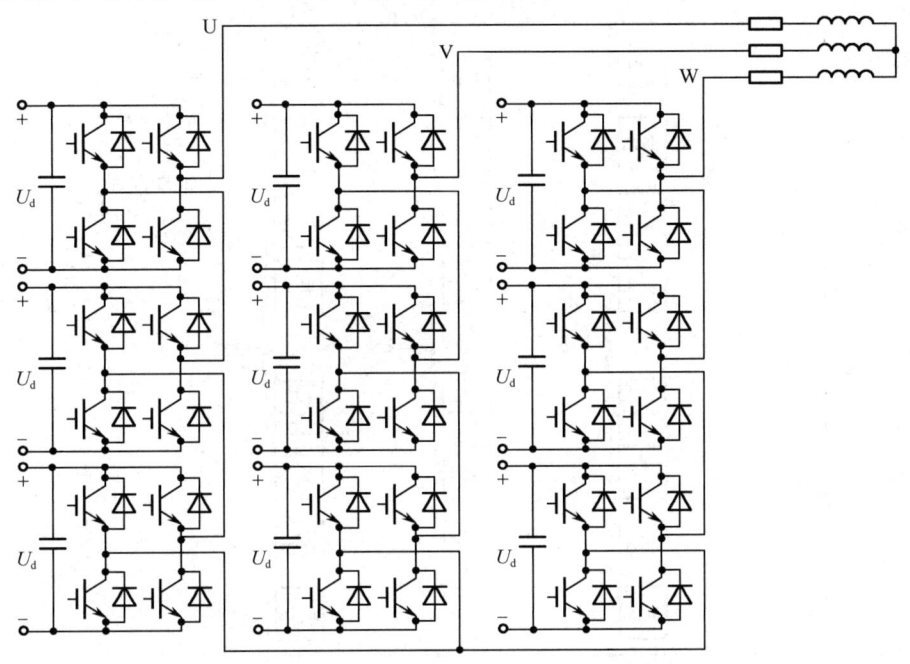

图 3-39 三单元串联多电平逆变电路

对于一个 M 电平的级联型逆变器，每一个桥臂需要(M-1)/2 个独立直流电压源和 2(M-1)个主开关器件。例如，三单元串联七电平逆变器拓扑单臂电路，由三个两电平 H 桥单元串联组成，每一个桥臂需要 3 个独立直流电压源和 12 个主开关器件。与二极管钳位式和飞跨电容式多电平逆变器相比较，单元串联多电平逆变电路拓扑不需要大量钳位二极管和飞跨电容，但是需要多个独立的直流电压源。这种拓扑可以方便地通过星形或三角形连接构成三相系统。比较分析，可以得到串联多电平逆变电路的优缺点如下。

（1）优点

无须大量钳位二极管和钳位电容，在三种多电平变换拓扑中，对于相同的电平数，所需器件最少，易于封装；

电平数越多，输出电压谐波的含量越少；

基于低压小容量逆变器级联的组成方式，技术成熟，易于模块化，较适于七或九电平及更高的电平应用场合。

（2）缺点

每个单元需要提供一个独立的直流电源，如图 3-40 所示，对其应用不太有利。随着电平数的增加，需要大量独立直流电源，增加了系统的成本。

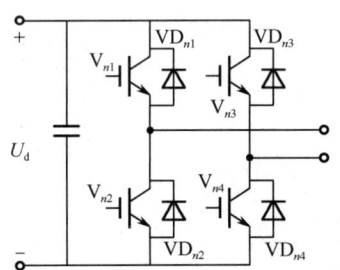

图 3-40 单元串联的基本功能单元

4．模块化多电平变流器

模块化多电平变流器（Modular Multi-level Converter，MMC）由多个结构相同的子模块级联构成，子模块的结构主要包括半 H 桥型、全 H 桥型、钳位双子模块，MMC 通过各个功率单元之间的级联实现多电平输出，两电平桥臂是构成功率单元的主要元件，每个功率单元的电容都处于悬浮状态。

模块化多电平变流器每一相交流输出端由上、下两个桥臂通过电感连接而成（图 3-41）。每个桥臂都由相同数量的直流-交流变流器单元串联起来，与前面的三单元串联多电平逆变电路类似。

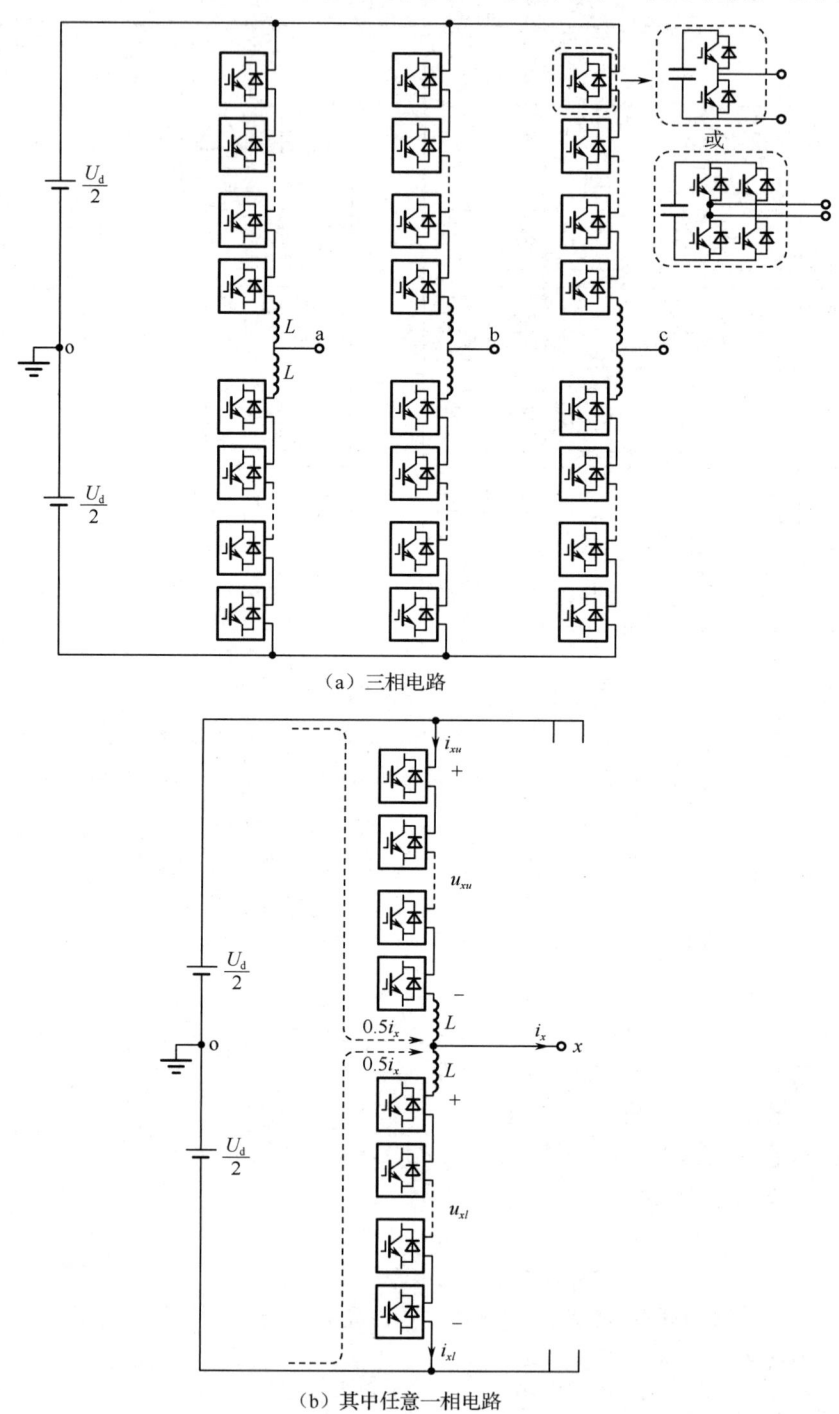

(a) 三相电路

(b) 其中任意一相电路

图 3-41 模块化多电平变流器原理图

每个单元的直流侧电容电压相等时，通过控制上、下桥臂各有多少个单元将其直流侧电容电压等效串联进交流侧，来控制上、下桥臂的交流侧总电压 u_{xu} 和 u_{xl} 的大小互补，维持上、下桥臂

交流侧电压总和 $U_d = u_{xu} + u_{x1}$ 不变，提供了总的直流端口。每相交流侧输出端相对于直流侧中点的输出电压 u_{xo} 由上、下两条支路并联提供。为了输出纯交流电压 u_{xo}，上、下桥臂的交流侧电压 u_{xu} 和 u_{x1} 除了产生需要的交流电压，还应该产生大小为 $U_d/2$、分别与直流侧上部电压源和下部电压源对消的直流偏置电压。

如图 3-42 所示，上、下桥臂交流侧电压都是有 $U_d/2$ 直流偏置的多电平交流电压，而交流侧总的输出电压则是接近正弦的没有直流偏置的纯交流电压。

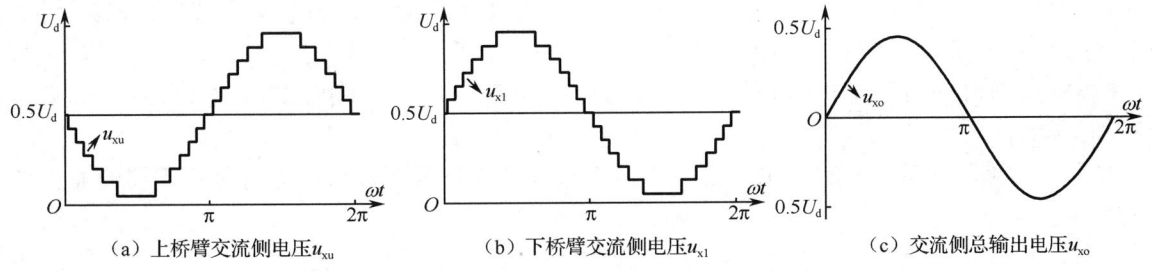

（a）上桥臂交流侧电压u_{xu}　　（b）下桥臂交流侧电压u_{x1}　　（c）交流侧总输出电压u_{xo}

图 3-42　模块化多电平变流器任意一相的电压波形

3.5　逆变电路的 PWM 控制技术

PWM 控制技术在逆变电路中应用最广，应用的逆变电路绝大部分是 PWM 型，PWM 控制技术正是由于在逆变电路中的应用，才确定了它在电力电子技术中的重要地位。PWM 控制就是对脉冲的宽度进行调制的技术，即对一系列脉冲的宽度进行调制，来等效获得所需要波形（含形状和幅值）。PWM 控制技术在逆变电路中的应用最为广泛，对逆变电路的影响也最为深刻，现在大量应用的逆变电路中，绝大部分都是 PWM 型逆变电路。目前，实际工程中主要采用的 PWM 技术是电压正弦 PWM（Sinusoidal PWM，SPWM），这是因为逆变器输出的波形更接近于正弦波形。SPWM 方案多种多样，归纳起来可分为电压正弦 PWM、电流正弦 PWM 和磁通正弦 PWM 三种基本类型，其中电压正弦 PWM 和电流正弦 PWM 是从电源角度出发的 SPWM，磁通正弦 PWM（也称为电压空间矢量 PWM）是从电动机角度出发的 SPWM 方法。

本节主要以逆变电路为控制对象介绍 SPWM 控制技术。

3.5.1　PWM 控制的基本原理

采样控制理论中有一个重要结论，即面积等效原理：冲量相等而形状不同的窄脉冲加在具有惯性的环节上时，其效果基本相同。冲量指窄脉冲的面积。

将图 3-43（a）、(b)、(c)、(d) 所示的脉冲作为输入，加在图 3-44（a）所示的 RL 电路上，设其电流 $i(t)$ 为电路的输出，图 3-44（b）给出了不同窄脉冲时 $i(t)$ 的响应波形。如果把各输出波形用傅里叶变换分析，则其低频段非常接近，仅在高频段略有差异。

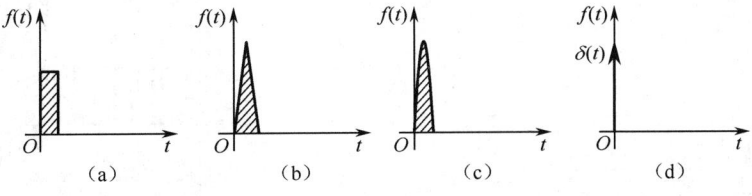

图 3-43　形状不同而冲量相等的各种窄脉冲

电压 SPWM 技术就是希望逆变器的输出平均电压是正弦波形，它通过调节脉冲宽度调节平均电压的大小，也就是用 PWM 波代替正弦半波。

把图 3-45（a）的正弦半波分成 N 等份，就可以把正弦半波看成是由 N 个彼此相连的脉冲序列所组成的波形。这些脉冲宽度相等，都等于 π/N，但幅值不等，且脉冲顶部不是水平直线，而是曲线，各脉冲的幅值按正弦规律变化。如果把上述脉冲序列利用相同数量的等幅而不等宽的矩形脉冲代替，使矩形脉冲的中点和相应正弦波部分的中点重合，且使矩形脉冲和相应的正弦波部分面积（冲量）相等，这就是 PWM 波形［图 3-45（b）］。对于正弦波的负半周，也可以用同样的方法得到 PWM 波形。脉冲的宽度按正弦规律变化而和正弦波等效的 PWM 波形，也称 SPWM 波形。

PWM 波形可分为等幅 PWM 波和不等幅 PWM 波两种，由直流电源产生的 PWM 波通常是等幅 PWM 波。

基于等效面积原理，PWM 波形还可以等效成其他所需要的波形，如等效所需要的非正弦交流波形等。

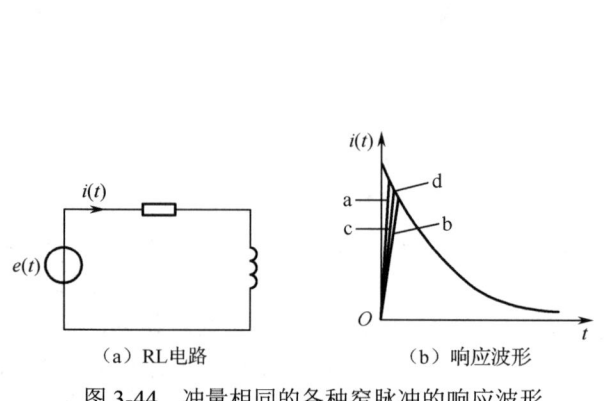

图 3-44 冲量相同的各种窄脉冲的响应波形

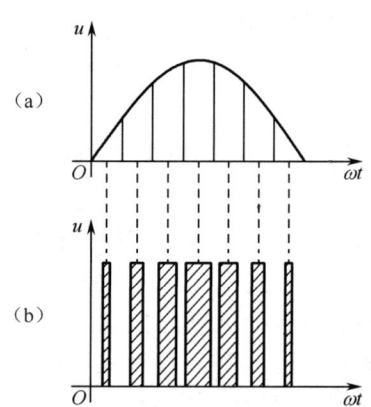

图 3-45 用 PWM 波代替正弦半波

3.5.2 单极性 PWM 控制方式

通过对信号的调制可以得到期望的 PWM 波形，通常采用三角波或锯齿波作为载波对所期望的信号进行调制。

如图 3-46、图 3-47 所示，调制信号 u_r 为正弦波，载波 u_c 在 u_r 的正半周为正极性的三角波，在 u_r 的负半周为负极性的三角波。在 u_r 的正半周，V_1 保持通态，V_2 保持断态。当 $u_r>u_c$ 时使 V_4 导通，V_3 关断，$u_o=U_d$；当 $u_r<u_c$ 时使 V_4 关断，V_3 导通，$u_o=0$；在 u_r 的负半周，V_1 保持断态，V_2 保持通态；当 $u_r<u_c$ 时使 V_3 导通，V_4 关断，$u_o=-U_d$；当 $u_r>u_c$ 时使 V_3 关断，V_4 导通，$u_o=0$。

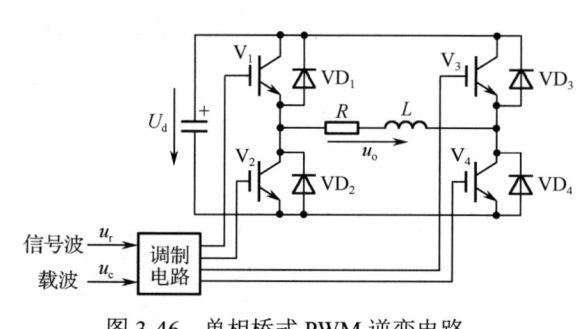

图 3-46 单相桥式 PWM 逆变电路

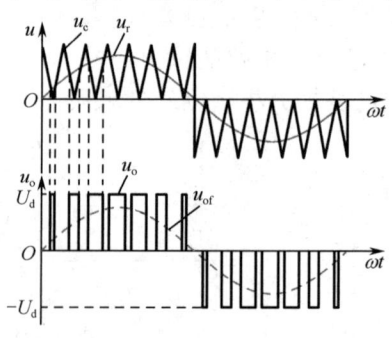

图 3-47 单极性 PWM 控制方式波形

3.5.3 双极性 PWM 控制方式

与单极性 PWM 控制方式相对的是双极性 PWM 控制方式。如图 3-48 在调制信号 u_r 和载波信号 u_c 的交点时刻控制各开关器件的通断。在 u_r 的半个周期内，三角波载波有正有负，所得的 PWM 波也有正有负，在 u_r 的一个周期内，输出的 PWM 波只有 $\pm U_d$ 两种电平。在 u_r 的正负半周，对各开关器件的控制规律相同。当 $u_r>u_c$ 时，V_1 和 V_4 导通，V_2 和 V_3 关断，这时如果 $i_o>0$，则 V_1 和 V_4 导通，如果 $i_o<0$，则 VD_1 和 VD_4 导通，不管哪种情况都是 $u_o=U_d$。当 $u_r<u_c$ 时，V_2 和 V_3 导通，V_1 和 V_4 关断，这时如果 $i_o<0$，则 V_2 和 V_3 导通，如果 $i_o>0$，则 VD_2 和 VD_3 导通，不管哪种情况都是 $u_o=-U_d$。

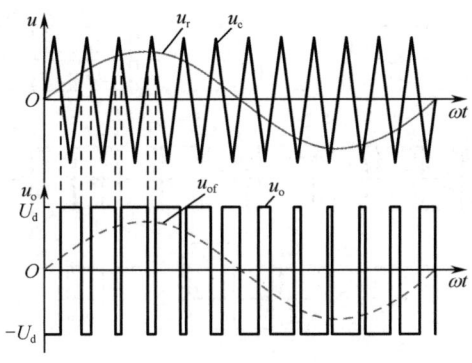

图 3-48 双极性 PWM 控制方式波形

3.5.4 三相桥式逆变电路的 PWM 控制

图 3-49 是三相桥式 PWM 型逆变电路，采用双极性控制方式。

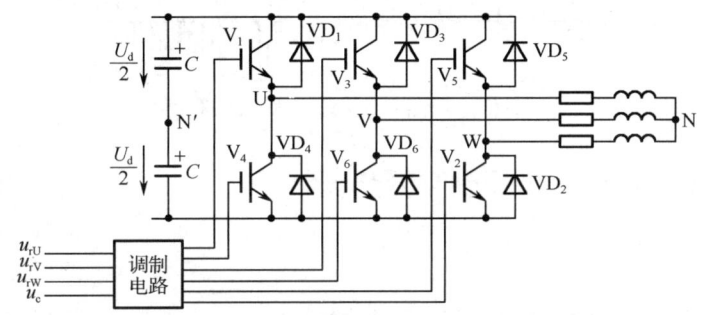

图 3-49 三相桥式 PWM 型逆变电路

电路工作过程（U 相为例）如下。

如图 3-50 所示，当 $u_{rU}>u_c$ 时，上桥臂 V_1 导通，下桥臂 V_4 关断，则 U 相相对于直流电源假想中点 N′ 的输出电压 $u_{UN'}=U_d/2$。当 $u_{rU}<u_c$ 时，V_4 导通，V_1 关断，则 $u_{UN'}=-U_d/2$。V_1 和 V_4 的驱动信号始终是互补的。当给 $V_1(V_4)$ 加导通信号时，可能是 $V_1(V_4)$ 导通，也可能是二极管 $VD_1(VD_4)$ 续流导通，这主要由电感负载中电流的方向决定。$u_{UN'}$、$u_{VN'}$ 和 $u_{WN'}$ 的 PWM 波形都只有 $\pm U_d/2$ 两种电平。

当臂 1 和 6 导通时，$u_{UV}=U_d$；当臂 3 和 4 导通时，$u_{UV}=-U_d$；
当臂 1 和 3 或臂 4 和 6 导通时，$u_{UV}=0$。

因此，输出线电压 PWM 波由 $\pm U_d$ 和 0 三种电平构成。
负载相电压 u_{UN} 可由下式求得

$$u_{UN} = u_{UN'} - \frac{u_{UN'} + u_{VN'} + u_{WN'}}{3} \tag{3-43}$$

负载相电压的 PWM 波由 $(\pm 2/3)U_d$、$(\pm 1/3)U_d$ 和 0 共 5 种电平组成。

为了防止上下两个臂直通而造成短路，在上下两臂通断切换时要留一小段上下臂都施加关断信号的死区时间。

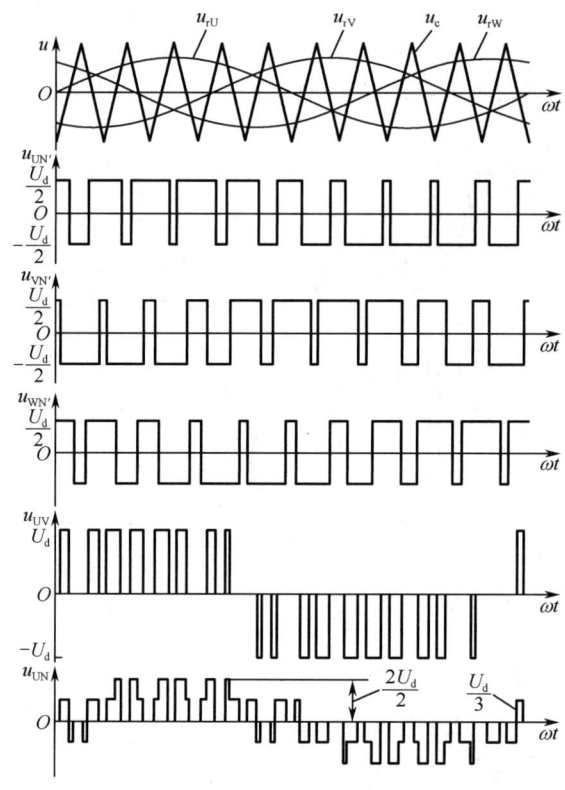

图 3-50 三相桥式 PWM 逆变电路波形

3.5.5 SPWM 逆变电路的同步调制和异步调制

1. 同步调制

载波比 N 等于常数，并在变频时使载波和信号波保持同步的方式成为同步调制。在基本同步调制方式中，信号波频率变化时载波比 N 不变，信号波一个周期内输出的脉冲数是固定的，脉冲相位也是固定的。当逆变电路输出频率较低时，同步调制的载波频率 f_c 也很低，谐波不容易消除。当 f_r 较高时，f_c 也较高，使开关器件难以承受，为克服上述困难，可以采用分段同步调制。

2. 异步调制

载波信号和调制信号不保持同步的调制方式为异步调制。在异步调制过程中，通带保持载波频率 f_c 不变，当 f_r 变化时载波比 N 也变化。PWM 波的脉冲个数不固定，相位也不固定。当 f_r 较大时 PWM 脉冲不对称性就变大。

采用异步调制方式是为了消除上述同步调制的缺点。在异步调制中，在变频器的整个变频范围内，载波比 N 不等于常数。一般在改变调制波频率 f_r 时保持三角载波频率 f_t 不变，因而提高了低频时的载波比。这样，输出电压半波内的矩形脉冲数可随输出频率的降低而增加，相应地可减少负载电动机的转矩脉动与噪声，改善系统的低频工作性能。但异步调制方式在改善低频工作性能的同时，又失去了同步调制的优点。当载波比 N 随着输出频率的降低而连续变化时，它不可能总是 3 的倍数，必将使输出电压波形及其相位都发生变化，难以保持三相输出的对称性，因而引起电动机工作不平稳。

3．分段同步调制

分段同步调制把 f_r 范围划分成若干个频段，每个频段内都保持载波比 N 为恒定，不同频段的载波比不同（见图 3-51）。在 f_r 高的频段采用较低的载波比，以使 f_c 不致过高，限制在功率开关器件允许的范围内。在 f_r 低的频段采用较高的载波比，以使 f_c 不致过低而对负载产生不利影响。为了防止 f_c 在切换点附近来回跳动，在各频率切换点采用了滞后切换的方法。有的装置在低频输出时采用异步调制方式，而在高频输出时切换到同步调制方式，这样可以把两者的优点结合起来，和分段同步方式的效果接近。

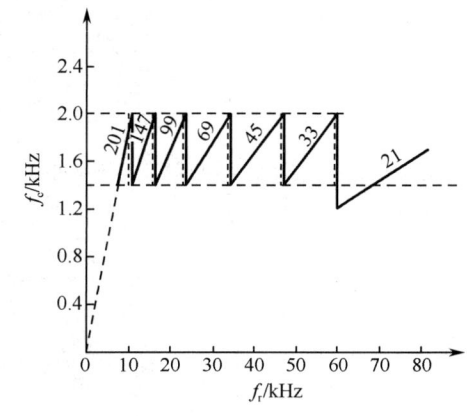

图 3-51　分段同步调制方式举例

3.5.6　SPWM 的实现方法

1．调制法

在 3.5.2 节和 3.5.3 节，主要介绍的就是调制法，把希望输出的波形作为调制信号，把接受调制的信号作为载波，通过信波的调制得到所期望的 PWM 波形。通常采用等腰三角波或锯齿波作为载波，其中等腰三角波应用最多。

2．特定谐波消去法

根据逆变电路的正弦波输出频率、幅值和半个周期内的脉冲数，将 PWM 波形中各脉冲的宽度和间隔准确计算出来，按照计算结果控制逆变电路中各开关器件的通断，就可以得到所需要的 PWM 波形，这种方法称之为计算法。计算法很烦琐，当需要输出的正弦波的频率、幅值或相位变化时，结果都要变化。

特定谐波消去法 PWM（Selected Harmonic Elimination PWM，SHEPWM）是计算法中一种较有代表性的方法，特定谐波消去法的输出 PWM 波形如图 3-52 所示。

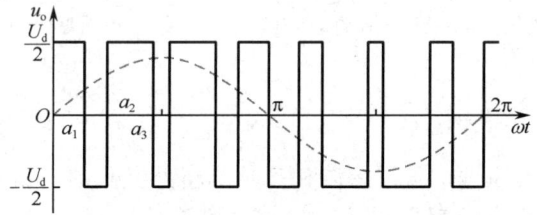

图 3-52　特定谐波消去法的输出 PWM 波形

图 3-52 是图 3-49 的三相桥式 PWM 逆变电路中 u_{UN}、的波形。图 3-52 中在输出电压的半个周期内，器件开通和关断各 3 次（不包括 0 和 π 时刻），共有 6 个开关时刻可以控制。实际上，为了减少谐波并简化控制，要尽量使波形具有对称性。首先，为了消除偶次谐波，应使波形正负两半周期镜对称，即

$$u(\omega t) = -u(\omega t + \pi) \tag{3-44}$$

其次，为消除谐波中的余弦项，简化计算过程，应使波形在正半周期内前后 1/4 周期以 $\pi/2$ 为轴对称。即

$$u(\omega t) = u(\pi - \omega t) \tag{3-45}$$

同时满足上两式波形称为四分之一周期对称波形。这种波形可用傅里叶级数表示为

$$u(\omega t) = \sum_{n=1}^{\infty} \alpha_n \sin n\omega t \tag{3-46}$$

式中，α_n 为

$$\alpha_n = \frac{4}{\pi} \int_0^{\frac{\pi}{2}} u(\omega t) \sin n\omega t \, d\omega t \tag{3-47}$$

因为图的波形是四分之一周期对称的，所以在一个周期内的 12 个开关时刻（不包括 0 和 π 时刻）中，能够独立控制的只有 α_1、α_2 和 α_3 共 3 个时刻。该波形的 α_n 为

$$\begin{aligned}\alpha_n &= \frac{4}{\pi}\left[\int_0^{\alpha_1} \frac{U_d}{2}\sin n\omega t \, d(\omega t) + \int_{\alpha_1}^{\alpha_2}\left(-\frac{U_d}{2}\sin n\omega t\right)d(\omega t)\right.\\&\left.+\int_{\alpha_2}^{\alpha_3}\frac{U_d}{2}\sin n\omega t \, d(\omega t) + \int_{\alpha_3}^{\frac{\pi}{2}}\left(-\frac{U_d}{2}\sin n\omega t\right)d(\omega t)\right]\\&=\frac{2U_d}{n\pi}(1 - 2\cos n\alpha_1 + 2\cos n\alpha_2 - 2\cos n\alpha_3)\end{aligned} \tag{3-48}$$

式中，$n=1,3,5,\cdots$。式中含有 α_1、α_2 和 α_3 三个可以控制的变量，根据需要确定基本波分量 α_1 的值，再令两个不同的 $\alpha_n=0$，就可以建立三个方程，联立可求得 α_1、α_2 和 α_3。这样，就可以消去两种特定频率的谐波。通常在三相对称电路的线电压中，相电压所含的 3 次谐波相互抵消，因此通常可以考虑消去 5 次和 7 次谐波。这样，可得如下联立方程

$$\begin{aligned}\alpha_1 &= \frac{2U_d}{\pi}(1 - 2\cos \alpha_1 + 2\cos \alpha_2 - 2\cos \alpha_3)\\\alpha_5 &= \frac{2U_d}{5\pi}(1 - 2\cos 5\alpha_1 + 2\cos 5\alpha_2 - 2\cos 5\alpha_3) = 0\\\alpha_7 &= \frac{2U_d}{7\pi}(1 - 2\cos 7\alpha_1 + 2\cos 7\alpha_2 - 2\cos 7\alpha_3) = 0\end{aligned} \tag{3-49}$$

对于给定的基波幅值 α_1 求解上述方程可得一组 α_1、α_2 和 α_3。基波幅值 α_1 改变时，α_1、α_2 和 α_3 也相应改变。

上面是输出电压的半周期内器件导通和关断各 3 次时的情况。一般来说，如果在输出电压半个周期内开关器件导通和关断各 k 次，考虑到 PWM 波四分之一周期对称，共有 k 个开关时刻可以控制。除用一个自由度来控制基波幅值外，可以消去 $k-1$ 个频率的特定谐波。当然，k 越大，开关时刻的计算也越复杂。

3. 规则采样法

按照 SPWM 控制的基本原理，在正弦波和三角的自然交点时刻控制功率开关器件的通断，这种生成 SPWM 波形的方法称为自然采样法。自然采样法是最基本的方法，所得到的 SPWM 波形很接近正弦波。但这种方法要求解复杂的超越方程，在采用微机控制技术时需花费大量时间，难以实时控制中在线计算，因而在工程实际应用不多。

规则采样法是一种应用较广的工程实用方法，其效果接近自然采样法，但计算量却比自然采样法小得多。图 3-53 为规则采样法说明图。取三角波两个正峰值之间为一个采样周期 T_C。在自然采样法中，每个脉冲的中点和三角波一周期的中点（即负峰点）重合。而规则采样法使两种重合，也就是使每个脉冲的中点都以相应的三角波中点为对称，这样就使计算大为简化。如图 3-53 所示，在三角波的负峰时刻 t_D 对正弦信号波采样而得到 D 点，过 D 点作一水平直线和三角波分别交 A 点和 B 点，在 A 点时刻 t_A 和 B 点时刻 t_B 控制开关器件的通断。可以看出，用这种规则采

样法得到的脉冲宽度 δ 和用自然采样法得到脉冲宽度非常接近。

设正弦调制信号波为

$$u_r = \alpha \sin \omega_r t \quad (3\text{-}50)$$

式中，α 为调制度，$0 \leq \alpha < 1$；ω_r 为正弦信号波角频率。从图中可得如下关系式

$$\frac{1 + \alpha \sin \omega_r T_D}{\delta/2} = \frac{2}{T_C/2} \quad (3\text{-}51)$$

因此可得

$$\delta = \frac{T_C}{2}(1 + \alpha \sin \omega_r t_D) \quad (3\text{-}52)$$

在三角波的一周期内，脉冲两边的间隙宽度 δ' 为

$$\delta' = \frac{1}{2}(T_C - \delta) = \frac{T_C}{4}(1 + \alpha \sin \omega_r t_D) \quad (3\text{-}53)$$

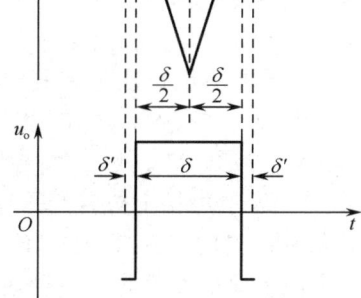

图 3-53 规则采样法

对于三相桥式逆变电路来说，应该形成三相 SPWM 波形，通常三角波载波是公用的，三相正弦调制波的相位依次相差 120°。设在同一个三角内三相的脉冲宽度分别为 δ_U、δ_V 和 δ_W，脉冲两边分别为 δ_U'、δ_V' 和 δ_W'，由于在同一时刻三相正弦调制电压之和为零，故可得：

$$\delta_U + \delta_V + \delta_W = \frac{3T_C}{2} \quad (3\text{-}54)$$

同样，可得

$$\delta_U' + \delta_V' + \delta_W' = \frac{3T_C}{4} \quad (3\text{-}55)$$

利用式可以简化生成三相 SPWM 波形时的计算。

3.5.7 PWM 逆变电路的谐波分析

PWM 逆变电路可以使输出电压、电流接近正弦波，但由于使用载波对正弦信号波调制，也产生和载波有关的谐波分量，这些谐波分量的频率和幅值是衡量 PWM 逆变电路性能的重要指标之一。这里主要分析常用的双极性 SPWM 波形。同步调制可以看成异步调制的特殊情况，因此只分析异步调制方式。分析方法是以载波周期为基础，再利用贝塞尔函数可以推导出 PWM 波的傅里叶级数表达式。这种分析过程相当复杂，而其结论却是很简单而直观的。

在实际电路中，由于采样时刻的误差以及为避免同一相上下桥臂直通而设置的死区的影响，谐波的分布情况将更为复杂，谐波含量比理想条件下要多一些，甚至还会出现少量的低次谐波。SPWM 波形中所含的谐波主要是角频率为 ω_c、$2\omega_c$ 及其附近的谐波，一般情况下 $\omega_c \gg \omega_r$，是很容易滤除的。当调制信号波不是正弦波，而是其他波形时，其谐波由两部分组成，一部分是对信号波本身进行谐波分析所得的结果，另一部分是由于信号波对载波的调制而产生的谐波。

3.5.8 提高直流电压利用率和减少开关次数

提高直流电压利用率、减少开关次数在 PWM 型逆变电路中是很重要的。直流电压利用率是指逆变电路所能输出的交流电压基波最大幅值 U_{1m} 和直流电压 U_d 之比，提高直流电压利用率可以提高逆变器的输出能力。减少功率器件的开关次数可以降低开关损耗。正弦波调制的三相 PWM 逆变电路的直流电压利用率很低。在调制度 α 为最大值时，输出相电压的基波幅值为 $U_d/2$，输出线电压的基波幅值为 $(\sqrt{3}/2)U_d$，即直流电压利用率仅为 0.866。

实际电路工作时，考虑到功率器件的导通和关断都需要时间，如不采取其他措施，调制度不可能达到 1，实际能得到的直流电压利用率比 0.866 还要低。

3.5.9 空间矢量 SVPWM 控制

空间矢量 SVPWM 控制技术广泛运用于变频器中，驱动交流电动机时，使电动机的磁链成为圆形的旋转磁场，从而使电机产生恒定的电磁转矩。本节将介绍在变频器中使用十分广泛的空间矢量 SVPWM 控制技术。

对于基本的电压型逆变器，采用 180°导通方式，如图 3-54 所示，则对三相开关的导通情况进行组合，共有 8 种工作状态，即 V_6、V_1、V_2 导通，V_1、V_2、V_3 导通，V_2、V_3、V_4 导通，V_3、V_4、V_5 导通，V_4、V_5、V_6 导通，V_5、V_6、V_1 导通，以及 V_1、V_3、V_5 导通和 V_2、V_4、V_6 导通。用"1"表示每相上桥臂开关导通，用"0"表示下桥臂开关导通，则上述 8 种工作状态可依次表示为 100、110、010、011、001、101 以及 111 和 000。前 6 种状态有输出电压，属有效工作状态，后两种全部是上管通或下管通，没有输出电压，称之为零工作状态，故对于这种基本的逆变器，称为 6 拍逆变器。

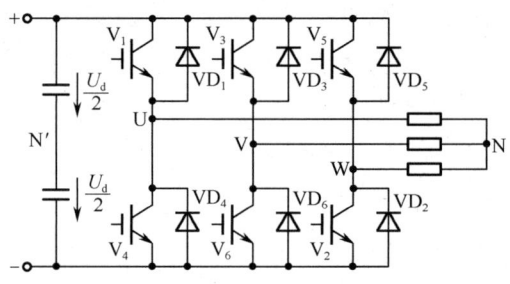

图 3-54 三相电压型桥式逆变电路

对于 6 拍逆变器，在每个工作周期中，6 种有效工作状态各出现一次，每一种状态持续 60°，在一个周期中 6 个电压矢量共转过 360°，形成一个封闭的正六边形，如图 3-55 所示。对于 111 和 000 这两个"零工作状态"，在这里表现为位于原点的零矢量，坐落在正六边形的中心点。

采用 PWM 控制，就可以使交流电动机的磁通尽量接近圆形，工作频率越高，磁通就越接近圆形，需要的电压矢量不是 6 个基本电压矢量时，可以用两个基本矢量和零矢量的组合实现。如图 3-56，所要的矢量为 u_s，用基本矢量 u_1 和 u_2 的线形组合实现，u_1 和 u_2 的作用时间一般小于开关周期 T_0 的 60°，不足的时间可用"零矢量"补齐。

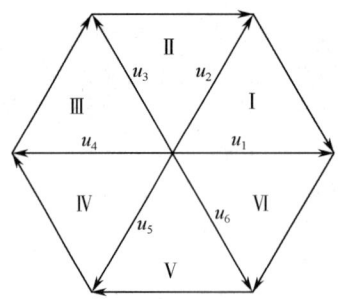

图 3-55 SVPWM 空间电压矢量图

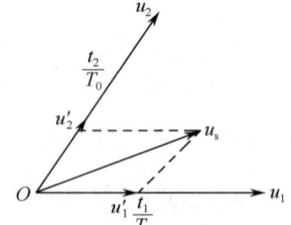

图 3-56 空间电压矢量合成图

3.6 PWM 跟踪控制技术

跟踪控制方式是把希望输出的电流或电压波形作为指令信号，把实际电流或电压波形作为反馈信号，通过两者的瞬时值比较决定逆变电路各功率开关器件的通断，使实际的输出跟踪指令信号变化。跟踪控制方式中常用的有滞环比较方式和三角波比较方式。

3.6.1 滞环比较方式

滞环比较方式：电流跟踪控制应用最多。

图 3-57 给出了采用滞环比较方式的 PWM 电流跟踪控制单相半桥式逆变电路原理图。图 3-58 给出了其输出电流波形。如图 3-58 所示，把指令电流 i^* 和实际输出电流 i 的偏差 i^*-i 作为带有滞环特性的比较器的输入，通过其输出来控制功率器件 V_1 和 V_2 的通断。

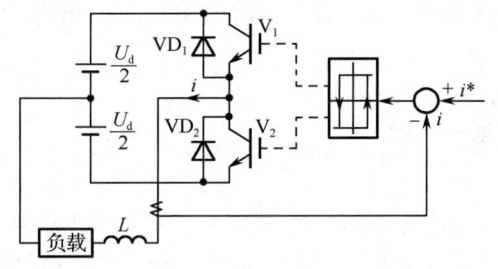
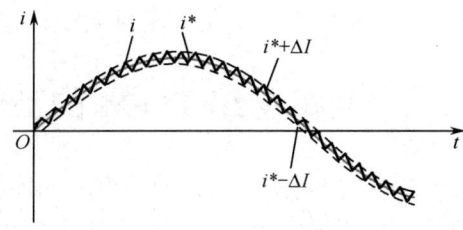

图 3-57 滞环比较方式电流跟踪控制　　　　图 3-58 滞环比较方式的指令电流与输出电流波形

当 V_1（或 VD_1）导通时，i 增大。当 V_2（或 VD_2）导通时，I 减小。通过环宽为 $2\Delta I$ 的滞环比较器的控制，I 就在 $i^*+\Delta I$ 和 $i^*-\Delta I$ 的范围内，呈锯齿状跟踪指令电流 i^*。环宽过宽时，开关频率低，跟踪误差大；环宽过窄时，跟踪误差小，但开关频率过高，开关损耗增大。L 大时，i 的变化率小，跟踪慢；L 小时，i 的变化率大，开关频率过高。

3.6.2 三角波比较方式

图 3-59 为采用三角波比较的电流跟踪型 PWM 逆变电路原理图，这里是通过闭环的方式进行调制的。

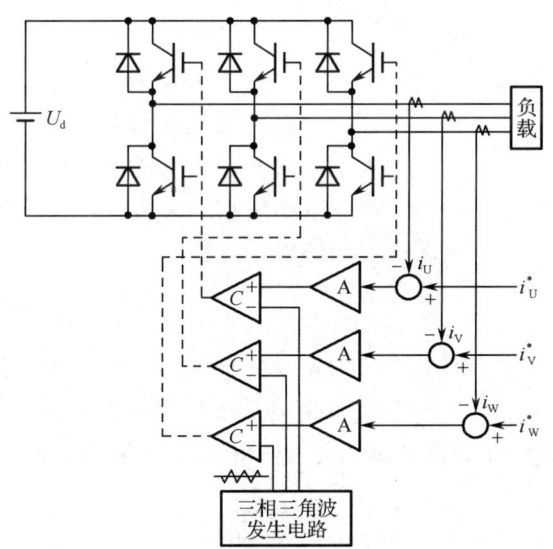

图 3-59 三角波比较方式电流跟踪型 PWM 逆变电路

从图中可以看出，把指令电流 i^*_U、i^*_V 和 i^*_W 和逆变电路实际输出的电流 i_U、i_V、i_W 进行比较，求出偏差电流，通过放大器 A 放大后，再去和三角波进行比较，产生 PWM 波形。放大器 A 通常具有比例积分特性或比例特性，其系数直接影响着逆变电路的电流跟踪特性。

这种调制方法的特点是开关频率固定，等于载波频率，高频滤波器设计方便。

为改善输出电压波形，三角波载波常用三相三角波信号。和滞环比较控制方式相比，这种控制方式输出电流所含的谐波少。

除以上两种方式外，PWM 跟踪控制还有一种定时比较方式。这种方式不用滞环比较器，而是设置一个固定的时钟。以固定的采样周期对指令信号和被控制变量进行采样，并根据二者偏差的极性来控制变流电路开关器件的通断，使被控制量跟踪指令信号。以单相半桥逆变电路为例，在时钟信号到来的采样时刻，如果 $i<i^*$，V_1 导通，V_2 关断，使 i 增大。如果 $i>i^*$，V_1 关断，V_2 导通，使 i 减小。每个采样时刻的控制作用都使实际电流与指令电流的误差减小。

定时比较方式的特点是器件的最高开关频率为时钟频率的 1/2。和滞环比较方式相比，电流控制误差没有一定的环宽，控制的精度要低一些。

3.7 电压空间相量 SVPWM 的工作原理

电压 SPWM 控制的目的是使逆变器的输出电压接近正弦波；电流跟踪控制 SPWM 的目的是使输出电流按正弦规律变化，它比电压正弦进了一步。然而，根据电机学知识，感应电动机输入正弦电流的最终目的是想在空间产生圆形旋转磁场。如果能够直接按照跟踪圆形旋转磁场来控制 PWM 的逆变电压，其控制效果一定会更好，这样的模式叫做"磁链跟踪控制 SVPWM"，SVPWM 就是基于跟踪圆形旋转磁场这一原理的 PWM 方法。

为了弄清楚 SVPWM 的原理，首先分析感应电动机的圆形旋转磁场与电动机定子三相电压的关系。在图 3-60 中，U、V、W 分别表示在空间静止不动的电动机定子三相绕组的轴线，它们在空间互差 120°，三相定子相电压 U_{U0}，U_{V0}，U_{W0} 分别加在三相绕组上。定义三个电压空间相量 $\dot{U}_{U0}$、$\dot{U}_{V0}$ 和 $\dot{U}_{W0}$，它们的方向始终在各相的轴线上，而大小则随时间按正弦规律作脉动式变化，时间相位互差 120°，与电机原理中三相脉动磁势相加产生的合成旋转磁势相仿，可以证明，三相电压空间相量相加的合成空间相量 $\dot{U}_{SP}$ 是一个旋转的空间相量，它的幅值不变，是每相电压值的 3/2 倍；当频率不变时，它以电源角频率 ω_s 为电气角速度作恒速同步旋转。用公式表示，则有

$$\dot{U}_{SP} = \dot{U}_{U0} + \dot{U}_{V0} + \dot{U}_{W0} \qquad (3-56)$$

同理，可以定义电流和磁链的空间相量 $\dot{I}$ 和 $\dot{\psi}$。

异步电动机的三相对称绕组由三相对称正弦电压供电时，对每一相都可以写出它的电压方程。三相合起来，可用合成空间相量表示定子的电压方程

$$\dot{U}_1 = R_1 \dot{I}_1 + \frac{d\dot{\psi}_1}{dt} \qquad (3-57)$$

式中，$\dot{U}_1$ 为定子三相电压合成空间相量；$\dot{I}_1$ 为定子三相电流合成空间相量；$\dot{\psi}_1$ 为定子三相磁链合成空间相量。

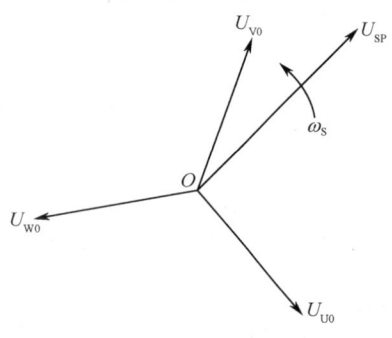

图 3-60 电压空间相量

当转速较高时，可忽略定子电阻压降，则定子电压与磁链的近似关系为

$$\dot{U}_1 \approx \frac{d\dot{\psi}_1}{dt} \qquad (3-58)$$

或

$$\psi_1 \approx \int U_1 dt \qquad (3-59)$$

从电机学知识知道，当电动机由三相对称正弦交流电供电时，电动机产生的是圆形的空间旋转磁场，磁链的空间旋转相量可以表示为

$$\dot{\psi}_1 = \psi_m e^{j\omega_s t} \qquad (3-60)$$

式中 ψ_m 为 $\dot{\psi}_1$ 的幅值，ω_s 为其旋转角速度。它是一个半径为 ψ_m，旋转角速度为 ω_s 的运动轨迹。

由式（3-58）和式（3-60）可得

$$\dot{U}_1 = \frac{\mathrm{d}}{\mathrm{d}t}(\psi_m e^{j\omega_s t}) = j\omega_s \psi_m e^{j\omega_s t} = \omega_s \psi_m e^{j(\omega_s t + \pi/2)}$$

$$= \omega_s e^{j\pi/2} \cdot \psi_m e^{j\omega_s t} = \omega_s e^{j\pi/2} \cdot \dot{\psi}_1 \tag{3-61}$$

由式（3-61）可见，当磁链幅值 ψ_m 一定时，$\dot{U}_1$ 的大小与 ω_s 成正比，其方向为磁链圆形轨迹的切线方向。当磁链相量在空间旋转一周时，电压相量也连续按磁链圆的切线方向运动 2π 弧度，其轨迹与磁链圆重合，如图 3-61 所示。这样，电动机旋转磁场的形状问题就可转化为电压空间相量运动轨迹的形状问题。也就是说，由三相对称正弦电压供电产生的定子磁链空间矢量是一个磁链幅值恒定的圆形轨迹。

在三相桥式六拍逆变器供电情况下，感应电动机的定子输入电压和三相对称正弦电压有所不同，下面的分析表明，六阶梯波逆变器供电方式下电机中形成的是步进磁场而非圆形旋转磁场，它包含很多的低次谐波，将导致电动机运行性能变坏。

图 3-62 给出了三相桥式六拍逆变器供电给异步电动机的原理图。为了简单起见，六个功率开关器件都用开关符号表示。为使电机对称工作，必须三相同时供电，即在任一时刻一定有处于不同桥臂下的三个功率开关器件同时导通，而相应桥臂的另三个功率开关器件则处于关断状态。这样从逆变器的拓扑结构看，功率器件共有：VT_1、VT_6、VT_2 导通；VT_1、VT_3、VT_2 导通；VT_4、VT_3、VT_2 导通；VT_4、VT_3、VT_5 导通；VT_4、VT_6、VT_5 导通；VT_1、VT_6、VT_5 导通；VT_1、VT_3、VT_5 导通，VT_4、VT_6、VT_2 导通等八种工作状态。

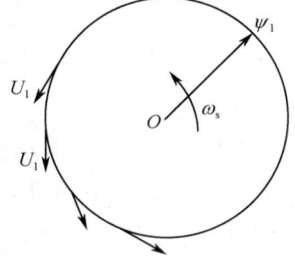
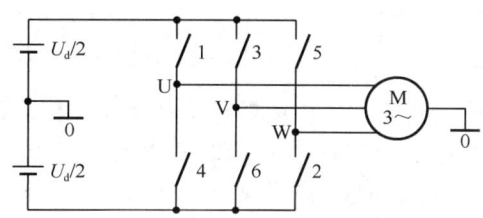

图 3-61 旋转磁场与电压空间相量运动轨迹的关系　　图 3-62 三相桥式六拍逆变器供电给异步电动机原理图

如把上桥臂器件导通用"1"表示，下桥臂器件导通用"0"表示，并依 U、V、W 相序依次排列，则上述八种工作状态可相应表示为 100、110、010、011、001、101 与 111、000 八组数字。八种工作状态见表 3-5。

表 3-5　逆变器的 8 种工作状态

| 导通的开关管 | 工作状态（数字量） | | | 相量 |
（按 UVW 相序排列）	S_U	S_V	S_W	
VT_1、VT_6、VT_2	1	0	0	V_1
VT_1、VT_3、VT_2	1	1	0	V_2
VT_4、VT_3、VT_2	0	1	0	V_3
VT_4、VT_3、VT_5	0	1	1	V_4
VT_4、VT_6、VT_5	0	0	1	V_5
VT_1、VT_6、VT_5	1	0	1	V_6
VT_1、VT_3、VT_5	1	1	1	V_7
VT_4、VT_6、VT_2	0	0	0	V_8

从逆变器的正常工作看，前六个工作状态是有效的，后两个工作状态是无意义的。逆变器每工作一个周期，六个有效工作状态各出现一次。逆变器每隔 $2\pi/6=\pi/3$ 转角就改变一次工作状态，而在这 $\pi/3$ 转角内则保持不变。

对于每一个工作状态，逆变器供给交流电动机的三相电压都可用一个空间相量表示。由于逆变器直流侧输入电压恒定，且三相对称工作，所以三相相电压的幅值相等，在空间相位上互差 $\pi/3$。因此在任一工作状态下电压空间相量的大小都一样，仅是相位不同而已。如以 V_1、V_2、…、V_6 依次表示 100、110、…、101 六个有效工作状态的电压空间相量，它们的关系如图 3-43 所示。如果把六个空间相量首尾相接地画在一起，恰好形成一个封闭的正六边形，见图 3-63（b），或者让六个相量都从原点出发，则形成一个正六角星，见图 3-63（c）。至于 111 和 000 两个无意义的状态，可分别冠以 V_7 和 V_8，称作零相量。它们的大小为零，也无相位，可认为坐落在正六边形的中心点或六角星的原点上。

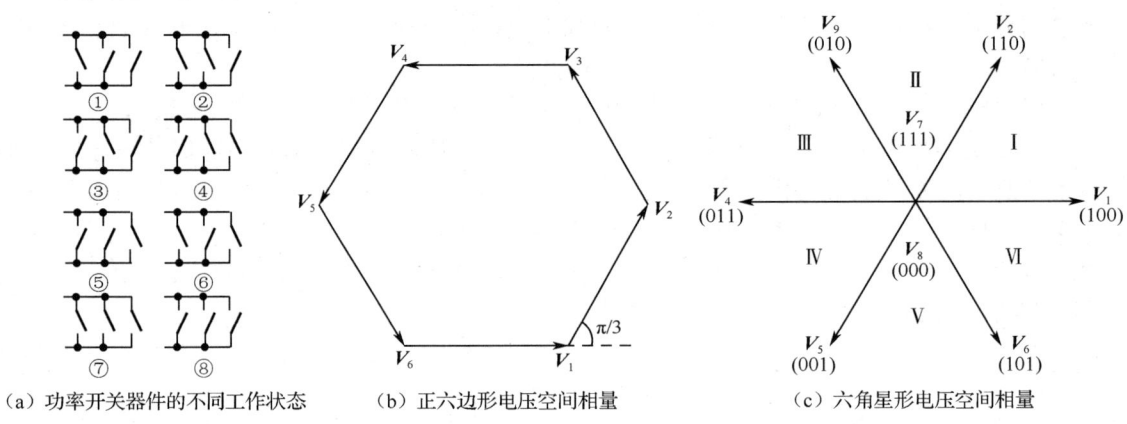

(a) 功率开关器件的不同工作状态　　(b) 正六边形电压空间相量　　(c) 六角星形电压空间相量

图 3-63　PWM 逆变器供电时三相电动机的电压空间相量

设逆变器的工作周期从 100 状态开始，其电压空间相量 V_1 位于水平线上，它所存在的时间对应的电角度为 $\pi/3$。在这段时间以后，工作状态转为 110，电动机的电压空间相量为 V_2，它在空间上与 V_1 相差 $\pi/3$。随着逆变器工作状态不断切换，电动机电压空间相量的相位跟着变化。到一个周期结束，V_6 的顶端恰好与 V_1 的尾端衔接，一个周期的 6 个电压空间相量共转过 2π 弧度，形成一个封闭的正六边形。

如前所述，电压空间相量运动形成的正六边形轨迹可以看成电动机定子磁链矢量端点的运动轨迹，也就是说由单脉波逆变器供电的异步电动机只产生正六边形旋转磁场，而非圆形磁场，这显然不利于电动机的匀速旋转。

希望获得逼近圆形的旋转磁场，就必须使逆变电路在一个周期中具有更多的开关状态切换，形成更多的空间相量。

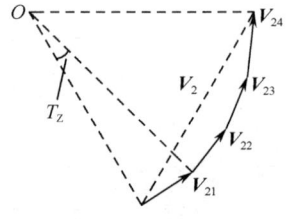

图 3-64　SVPWM 控制下的电压空间相量轨迹

逆变器的电压空间相量虽然只有 V_1~V_8 共 8 个，但可以利用它们的线性组合，以获得更多的新的电压空间相量，构成一组幅值相同相位不同的电压空间相量，从而形成尽可能逼近圆形的旋转磁场。如图 3-64 所示，图中空间相量 V_2 采用 V_{21}、V_{22}、V_{23}、V_{24} 来代替，每个空间相量的作用时间为 T_Z。这样，在一个周期内逆变器的开关状态就要超过 6 个，而有些开关状态会多次重复出现。所以在一周期内逆变器的输出相电压将不再是单脉波，而是一系列等幅不等宽的脉冲波，这就形成了电压空间相量控制的 PWM 逆变器。

将图 3-64 画成放射式结构，如图 3-65（a）所示。由图可以看出，矢量 V_{21}、V_{22} 的方向介于

· 204 ·

V_1 和 V_2 之间，可以由基本矢量 V_1 和 V_2 的线性组合生成；而矢量 V_{23} 和 V_{24} 则可以由基本矢量 V_2 和 V_3 线性组合生成。

下面以生成 V_{21} 为例来说明 SVPWM 控制的实现。图 3-65（b）表示了由基本相量 V_1 和 V_2 构成新的电压相量 V_{21} 的线性组合。假定希望新相量的幅值为 U_{21}，运行时间为 T_Z。由图可得

$$(t_1/T_Z)V_1+(t_2/T_Z)V_2=V_{21} \tag{3-62}$$

式中，t_1、t_2 分别为基本相量 V_1 和 V_2 的作用时间。

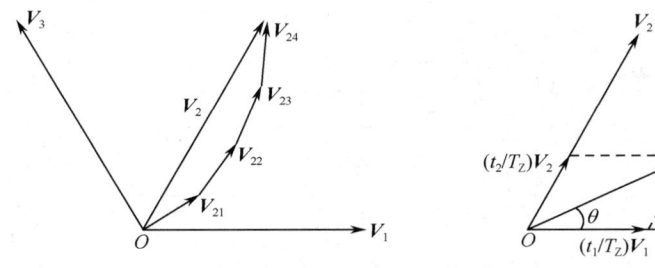

(a) 用 $V_{21}\sim V_{24}$ 来代替空间矢量 V_2 　　(b) 由基本矢量 V_1 和 V_2 的线性组合构成 V_{21}

图 3-65　电压空间相量的线性组合

由前述可知，相量 V_1 和 V_2 的幅值均为 U_d。把上式变换到直角坐标系上来表示，得

$$t_1 U_d \cos 0° + t_2 U_d \cos 60° = T_Z U_{21} \cos\theta \tag{3-63}$$

$$t_1 U_d \sin 0° + t_2 U_d \sin 60° = T_Z U_{21} \sin\theta \tag{3-64}$$

在这里，令 $U_{21} = \dfrac{\sqrt{3}}{2} m U_d$，$m$ 为调制度，$0<m<1$。求解上式，得

$$t_1 = T_Z m \sin(60° - \theta) \tag{3-65}$$

$$t_2 = T_Z m \sin\theta \tag{3-66}$$

式中，θ 的取值范围为 0～60°。由式（3-65）、式（3-66）得到的 t_1 和 t_2 之和恒短于 T_Z，不足的部分将由零矢量 V_7 和 V_8 的作用时间 t_7 和 t_8 来填补，即

$$T_Z=t_1+t_2+t_7+t_8 \tag{3-67}$$

按照不同的比例取 t_7 和 t_8 的值，对电路有不同的影响，一般取

$$t_7 = t_8 = \frac{1}{2}(T_Z - t_1 - t_2) \tag{3-68}$$

实际上，每一个合成空间相量构成 PWM 输出电压波形中的一个脉冲。例如电压相量 V_{21} 中包含 V_1、V_2 和零矢量三种状态，把零矢量再分配给 V_7 和 V_8，这样，电压相量 V_{21} 由 V_1、V_2、V_7 和 V_8 构成，其开关状态为 100、110、111 和 000。为使波形对称，把每个状态的作用时间都一分为二，且将 V_7 置于中间，V_8 置于两边，因而形成电压空间相量的作用序列为 81277218，其中 8 表示 V_8 的作用，1 表示 V_1 的作用，……。这样，在小区间 T_Z 内，逆变器三相的开关状态序列为 000、100、110、111、111、110、100、000，如图 3-66（a）所示，图中同时表示了在 V_{21} 这一区间 T_Z 内逆变器输出的另外两相电压波形，每相电压都是一个脉冲。

同样，相量 V_{22} 中也包含 V_1、V_2 和零相量三种状态，其电压空间相量作用序列也为 81277218，只是每一小段的时间长短与前面的不同。同理，相量 V_{23}、V_{24} 中包含 V_2、V_3 和零相量三种状态，形成的电压空间相量作用序列为 83277238，波形如图 3-66（b）所示，也是每一小段的时间长短各不相同。由图 3-66 还可以看出，不同的合成相量之间以零相量 V_8 相连，没有开关切换现象。

电压空间相量控制方法有以下特点。

（1）每个小区间均以零电压相量开始与结束；

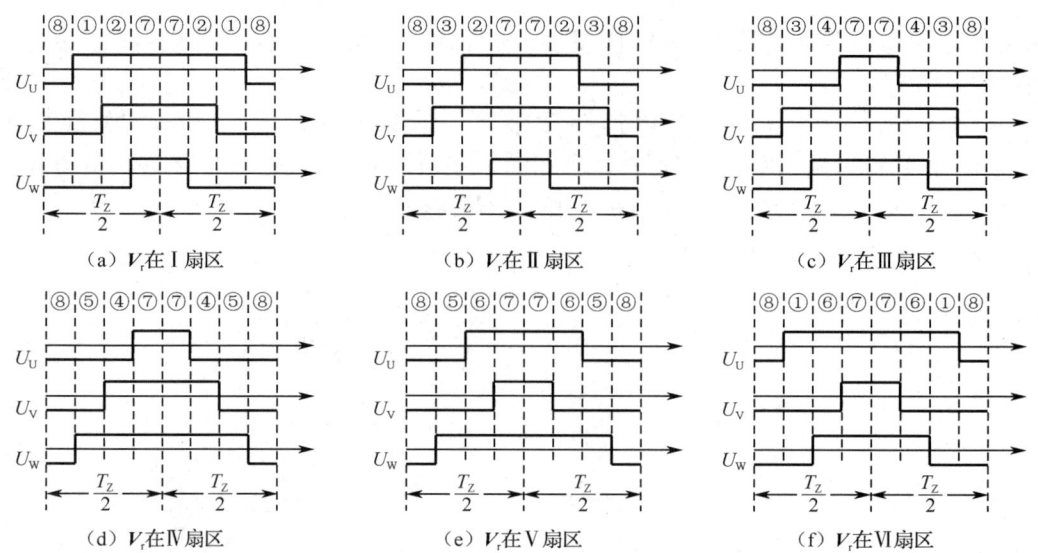

图 3-66 6个扇区电压空间相量的工作序列与逆变器输出 PWM 电压波形（V_r 为合成相量）

（2）在每个小区间内虽有多次开关状态切换，但每次切换都只牵涉到一个功率开关器件，因而开关损耗较小；

（3）利用电压空间相量直接生成三相 PWM 波，计算简便；

（4）电机旋转磁场逼近圆形的程度取决于小区间时间 T_Z 的长短。T_Z 越小，旋转磁场越接近圆形。但 T_Z 的减小也受到所用开关器件允许开关频率的限制；

（5）逆变器输出线电压基波最大幅值为直流侧电压，这比一般的 SPWM 逆变器输出电压高 15%。

最后，应该指出，上述的电压空间相量控制方法并不是唯一的，还有三段逼近式方法、比较判断式方法等。

本章小结

（1）换流方式分为外部换流和自换流两大类，外部换流包括电网换流和负载换流两种，自换流包括器件换流和强迫换流两种。

（2）逆变电路可按换流方式、输出相数、直流电源的性质或用途等分类。

（3）本章主要采用按直流侧电源性质分类的方法，分为电压型和电流型两类。

电压型和电流型的概念用于其他电路，会对这些电路有更深刻的认识。

（4）负载为大电感的整流电路可看为电流型整流电路。

电容滤波的整流电路可看成为电压型整流电路。

（5）整流电路可以工作于逆变状态，逆变电路也可以工作于整流状态，取决于变流电路的交流测与直流侧之间的能量传递关系是否是双向的，以及变流电路是否能实现双向能量传递。

（6）多重化和多电平可以在扩展变流器容量的同时通过相位交错等措施提升电压、电流质量。

多重化和多电平结构可以应用于各种类型的电力电子电路。第 5 章中还会接触到直流-直流变流电路的多重化。

多重化一般指整个电路结构是由多个相同的电路串联或并联而成的。多电平一般指局部电路的结构。

习题及思考题

3.1 逆变电路中换流方式有哪些？各有什么特点？
3.2 什么是电压型和电流型逆变电路？各有何特点？
3.3 电压型逆变电路中的反馈二极管的作用是什么？
3.4 为什么在电流型逆变电路的可控器件上要串联二极管？
3.5 试阐述图 3-9 电压型全桥逆变电路工作原理，并分析该电路如何实现移相调压。
3.6 电压型串联谐振式逆变电路可以利用负载进行换相，为保证换相应满足什么条件？
3.7 请尝试说明三相电流型逆变电路输出线电压波形上电压毛刺的原因。
3.8 请说明整流电路、逆变电路、变频电路三个概念的意义。
3.9 串联二极管式电流型逆变电路中，二极管起什么作用？阐述其换相过程。
3.10 逆变电路多重化的意义是什么？怎么实现多重化及其多重化使用场合？
3.11 如题 3.11 图所示的全桥逆变电路，如负载为 RLC 串联，$R=10\Omega$，$L=31.8mH$，$C=159\mu F$，逆变器频率 $f=100Hz$，$U_d=110V$、求：
(1) 基波电流的有效值；
(2) 负载电流的谐波系数。

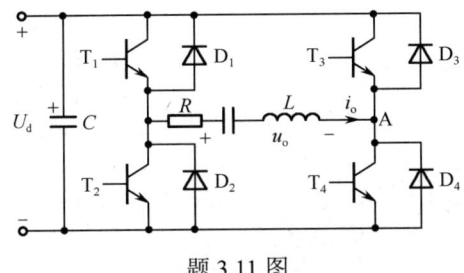

题 3.11 图

3.12 在图 3-9 所示的单相全桥逆变电路中，直流电源 $U_d=300V$，向 $R=5\Omega$，$L=0.02H$ 的电感负载供电。若输出波形为近似方波，占空比 $D=0.8$，工作频率为 60Hz，试确定负载电流波形，并分析谐波含量。计算时可略去换相的影响和逆变电路的损耗。试求对应于每种谐波的负载功率。
3.13 请阐述 PWM 的冲量等效原理。设正弦波（50Hz）半周期的脉冲数是 5，脉冲幅值是相应正弦波幅值的两倍，试按冲量等效原理计算各个脉冲的宽度。
3.14 三相桥式电压型逆变电路采用 180°导电方式，当其直流侧电压 $U_d=100V$ 时，
(1) 求输出相电压基波幅值和有效值；
(2) 求输出线电压基波幅值和有效值；
(3) 输出线电压中五次谐波的有效值。
3.15 全控型器件组成的电压型三相桥式逆变电路能否构成 120°导电型？为什么？
3.16 请阐述 SPWM 调制的基本原理。SPWM 波形的生成方法有哪两种？请指出它们各自的特点及应用场合。
3.17 PWM 逆变电路有哪些优点？其开关频率的高低有什么利弊？
3.18 单极性和双极性 PWM 调制有什么区别？
3.19 采用双极性调制控制时，三相桥式 PWM 逆变电路输出相电压（负载端口相对于电源中点的电压）和线电压各有几种电平？
3.20 简要说明特定谐波消去法 PWM 控制的基本原理。

3.21 在 PWM 控制中，何为同步调制？何为异步调制？为什么常采用分段同步调制？
3.22 什么是 PWM 控制的规则采样法？和自然采样法相比，规则采样法有什么优缺点？
3.23 单相和三相 PWM 逆变电路的输出波形中，主要含有哪些频率的谐波？
3.24 如何提高 PWM 逆变电路的直流电压利用率？
3.25 PWM 跟踪控制中，如何实现电流跟踪？滞环比较方式的电流跟踪控制有何特点？
3.26 PWM 整流电路与相控整流电路相比，其原理和性能有何差异？
3.27 请阐述单极性 SPWM 调制、双极性 SPWM 调制和单极性倍频 SPWM 调制的基本原理，绘制示意图，并分析它们有何不同。
3.28 基于 SPWM 控制的逆变器输出波形中的谐波与哪些因素有关？

拓展资源

第 4 章　直流-直流变换电路

直流-直流变换电路是将直流电变为另一个固定电压或可调电压的电路，也称为直流斩波电路。按照是否包含隔离环节可分为直接直流变换电路和间接直流变流电路，按照功能分类又可分为降压斩波电路、升压斩波电路、升降压斩波电路、复合斩波电路、多项多重斩波电路。

重点：掌握开关变换电路中电感、电容元件的基本特性——伏秒平衡特性（电感元件）、安秒平衡特性，这是分析直流变换电路的基础，掌握应用该特性进行定量分析的方法；降压斩波电路、升压斩波电路的结构与工作原理。

难点：多象限和多相多重 DC-DC 变换电路的结构特点和换流分析。

基本要求：掌握降压斩波电路、升压斩波电路、升降压斩波电路的结构与工作原理，了解复合斩波电路的结构与工作原理。

直流-直流变流电路被广泛应用于直流电动机调速、蓄电池充电、开关电源等方面，特别是直流供电的地铁车辆、工矿电力机车、城市无轨电车、高速电动车组以及由蓄电池供电的搬运车、叉车、电动汽车等。此外在 AC-DC 变换电路中，还可采用不可控整流加直流斩波调压方式替代晶闸管相控整流，以提高变流装置的功率因数，减少网侧电流谐波和提高系统动态响应速度。

4.1　非隔离的直流-直流变换电路（基本斩波电路）

直流斩波电路的种类包括 6 种基本斩波电路：降压斩波电路、升压斩波电路、升降压斩波电路、Cuk 斩波电路、Sepic 斩波电路和 Zeta 斩波电路，其中前两种是最基本的电路。

4.1.1　直流斩波电路分析基础知识

直流斩波电路数量关系分析的基础是电感电压的伏秒平衡特性和电容电流的安秒平衡特性。根据 DC-DC 变换器的理想条件，即每个开关周期 T（$T=T_{on}+T_{off}$）中，变换器中的电感电流、电容电压保持恒定，且无任何损耗。因而不难得出下面直流变换器中电感、电容的基本特性。

1. 电感电压的伏秒平衡特性

伏秒平衡：稳态条件下，电感两端电压在一个开关周期内的积分为零。这是因为稳态条件下，理想开关变换器中的电感电压必然周期性重复，由于每个开关周期中电感的储能为零，并且电感电流保持恒定，因此，每个开关周期中电感电压 u_L 的积分恒为零，即

$$u_L(t) = L\frac{di_L(t)}{dt} \tag{4-1}$$

$$\int_0^T u_L dt = \int_0^{t_{on}} u_L dt + \int_{t_{on}}^T u_L dt = 0 \tag{4-2}$$

其中

$$U_L = \frac{1}{T}\int_0^T L\frac{di_L(t)}{dt}dt = \frac{1}{T}\int_0^T L di_L(t) = \frac{L}{T}[i_L(T) - i_L(0)] \tag{4-3}$$

稳态条件下，电感电流在每一个开关周期内重复相同的波形（见图 4-1），因此相邻开关周期开始时刻的电感电流值相等。故式（4-3）中 $i_L(T)=i_L(0)$，所以电感两端电压在一个开关周期内的平均值 $U_L=0$。

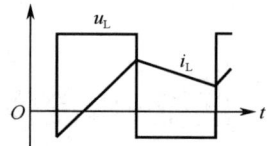

图 4-1 一个开关周期中电感的电压和电流

2. 电容电流的安秒平衡（电荷平衡）特性

安秒平衡（电荷平衡）：稳态条件下，流过电容的电流在一个开关周期内的积分为零。这是因为稳态条件下，理想开关变换器中的电容电流必然周期性重复，而每个开关周期中电容的储能为零，并且电容电压保持恒定，因此，每个开关周期中电容电流 i_C 的积分恒为零，即

$$\int_0^T i_C \mathrm{d}t = \int_0^{t_{on}} i_C \mathrm{d}t + \int_{t_{on}}^T i_C \mathrm{d}t = 0 \tag{4-4}$$

这一原理与前一个原理互为对偶。电容电流在一个开关周期内的平均值可以按下式计算

$$I_C = \frac{1}{T}\int_0^T i_C(t)\mathrm{d}t \tag{4-5}$$

$$i_C(t) = C\frac{\mathrm{d}u_C(t)}{\mathrm{d}t} \tag{4-6}$$

其中

$$\begin{aligned}I_C &= \frac{1}{T}\int_0^T C\frac{\mathrm{d}u_C(t)}{\mathrm{d}t}\mathrm{d}t \\ &= \frac{1}{T}\int_0^T C\,\mathrm{d}u_C(t) \\ &= \frac{C}{T}[u_C(T) - u_C(0)]\end{aligned} \tag{4-7}$$

稳态条件下，电容电压在每一个开关周期内重复相同的波形，因此相邻开关周期开始时刻的电容电压值相等。故式（4-7）中 $u_C(T)=u_C(0)$，所以电容电流在一个开关周期内的平均值 $I_c=0$。

3. 斩波电路的控制方式

（1）脉冲宽度调制（PWM）：T 不变，改变 T_{on}。特点：斩波电路的开关频率固定，因此输出谐波的频率也不变，滤除高次谐波的滤波电路设计比较容易。

（2）频率调制：T_{on} 不变（PFM），改变 T。特点：斩波回路和控制电路变得简单，但是由于输出电压波形的周期是变化的，因此输出谐波的频率也是变化的，这使得滤波器的设计比较困难，输出谐波干扰严重，一般很少采用。

（3）混合型：T_{on} 和 T 都可调，改变占空比。特点：可以大幅度改变输出电压平均值，但控制电路较复杂，也存在着由于频率变化所引起的设计滤波器较难的问题。

4.1.2 降压斩波电路（Buck 变换器）

1. 电路结构

降压斩波电路又称 Buck 变换器，是一种输出电压等于或小于输入电压的单管非隔离直流变换器，它的输出电压 u_o 的平均值 U_o 恒小于输入电压 U_s。主要用于开关电源以及需要直流降压的环节，图 4-2 为降压斩波电路的原理图及波形。

该电路使用一个全控型电力电子器件 V，图中为 IGBT，也可使用 GTR、P-MOSFET 等其他全控型器件，若采用晶闸管，需设置使晶闸管关断的辅助电路。图 4-2 中，为在 V 关断时给负载中电感电流提供通道，设置了续流二极管 VD。L 为滤波电感，R 为负载；U_s 为输入直流电压源，大小为 E，U_o 为输出直流平均电压。斩波电路主要用于电子电路的供电电源，也可拖动直流电动机或带蓄电池负载等，后两种情况下负载中均会出现反电动势，如图 4-2（c）中 E_M 所示。

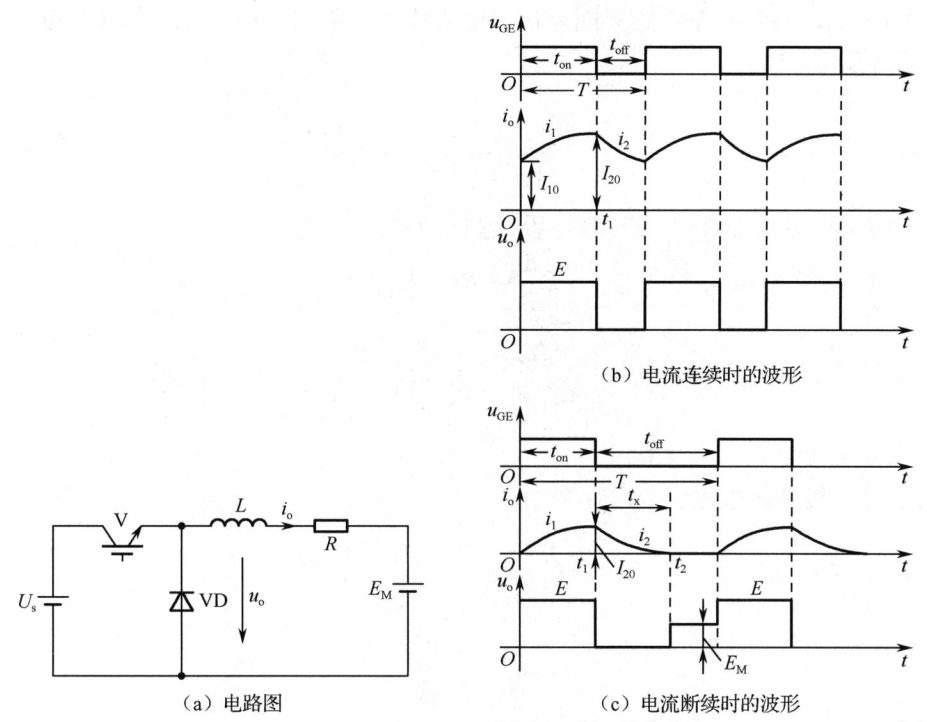

图 4-2 降压斩波电路的原理图及波形

2. 工作原理

根据电感电流是否连续，Buck 变换器有 3 种工作模式：电感电流连续模式（Continuous Conditions Mode，CCM）、电感电流断续模式（Discontinuous Conduction Mode，DCM）和临界状态。电感电流连续指输出滤波电感 L 的电流总大于零，电感电流断续指在开关管关断期间有一段时间流过电感的电流为零。在这两种工作方式之间有一个工作边界，称为电感电流临界连续状态，即在开关管关断期末，电感的电流刚好降为零。

Buck 变换器电感电流连续时的两种工作状态如图 4-3 所示。当电感 L 足够大时，电流连续。下面分析其工作情况。

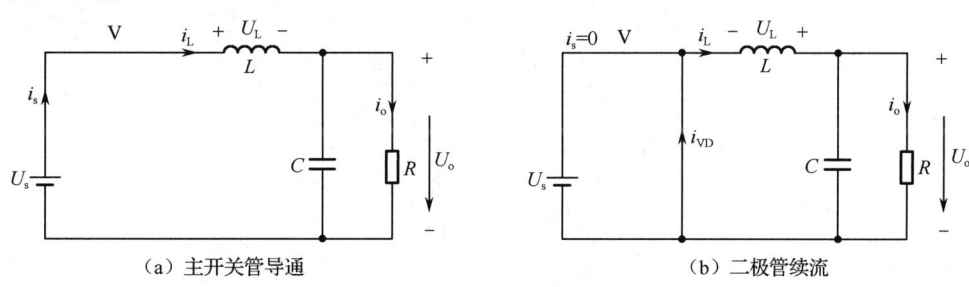

图 4-3 Buck 变换器电感电流连续时的两种工作状态

（1）在开关 V 导通 T_{on} 期间，等效电路如图 4-3（a）所示。二极管 VD 反偏关断，电源 U_s 通过电感 L 向负载 R 供电。电感 L 的储能也增加，导致在电感两端产生一个方向为左正右负的正向电压 $u_L=U_s-U_o$，所以在 V 导通期间电感电压 $u_L=U_s-U_o$。

（2）在开关 V 关断 T_{off} 期间，等效电路如图 4-3（b）所示。电感产生一个方向为左负右正的感应电动势，从而使续流二极管 VD 导通续流。电感 L 将上一过程所储存的能量进行释放，即电感上的能量逐步消耗在负载上。负载 R 两端的电压为 U_o，方向仍然保持上正下负。由于二极管 VD 续流，则 $u_L=U_o$，如此周而复始周期变化。电流连续时的工作波形图如图 4-2（b）所示。在 V 导通期间电感电压 $u_L=U_o$。

（3）电流连续的判断条件

基于分时段线性电路这一思想，按 V 处于通态和处于断态两个过程来分析，初始条件分电流连续和断续。

电流连续时得出：在 V 处于通态时，设负载电流为 i_1，有

$$L\frac{di_1}{dt} + Ri_1 + E_m = E \tag{4-8}$$

解上式得

$$i_1 = I_{10}e^{-\frac{t}{\tau}} + \frac{E-E_m}{R}(1-e^{-\frac{t}{\tau}}) \tag{4-9}$$

式中 I_{10} 此阶段电流初始值，$\tau = L/R$。

在 V 处于断态时，设负载电流为 i_2，有

$$L\frac{di_2}{dt} + Ri_2 + E_m = 0 \tag{4-10}$$

解上式得

$$i_2 = I_{20}e^{-\frac{t-t_{on}}{\tau}} - \frac{E_m}{R}(1-e^{-\frac{t-t_{on}}{\tau}}) \tag{4-11}$$

式中 I_{20} 此阶段电流初始值。当电流连续时，有

$$I_{10} = i_2(t) \tag{4-12}$$
$$I_{20} = i_1(t_1) \tag{4-13}$$

由式（4-9）和式（4-11）～式（4-13）可得

$$I_{10} = \left(\frac{e^{t_1/\tau}-1}{e^{T/\tau}-1}\right)\frac{E}{R} - \frac{E_m}{R} = \left(\frac{e^{\alpha\rho}-1}{e^{\rho}-1} - m\right)\frac{E}{R} \tag{4-14}$$

$$I_{20} = \left(\frac{1-e^{-t_1/\tau}}{1-e^{-T/\tau}}\right)\frac{E}{R} - \frac{E_m}{R} = \left(\frac{1-e^{-\alpha\rho}}{1-e^{-\rho}} - m\right)\frac{E}{R} \tag{4-15}$$

式中 $\tau = L/R$，$\rho = T/\tau$，$m = E_m/E$，I_{10} 和 I_{20} 分别是负载电流瞬时值的最小值和最大值。

电流断续时有 $I_{10}=0$，且 $T=T_{on}+T_x$ 时，$i_2=0$，T_x 为负载电流下降时间，$\alpha=T_{on}/T$ 为导通占空比，利用式（4-9）和式（4-11）可以得出

$$t_x = \tau \ln\left[\frac{1-(1-m)e^{-\alpha\rho}}{m}\right] \tag{4-16}$$

电流断续时，$T_x < T_{off}$，由此得出电流断续的条件为

$$m > \frac{e^{\alpha\rho}-1}{e^{\rho}-1} \tag{4-17}$$

输出电压平均值为

$$U_o = \frac{t_{on}E + (T-t_{on}-t_x)E_m}{T} = \left[\alpha + \left(1 - \frac{t_{on}+t_x}{T}\right)m\right]E \tag{4-18}$$

负载电流平均值为

$$I_{\mathrm{o}} = \frac{1}{T}\left(\int_0^{t_{\mathrm{on}}} i_1 \mathrm{d}t + \int_{t_{\mathrm{on}}}^{t_{\mathrm{on}}+t_{\mathrm{x}}} i_2 \mathrm{d}t\right) = \left(\alpha - \frac{t_{\mathrm{on}}+t_{\mathrm{x}}}{T}m\right)\frac{E}{R} = \frac{U_{\mathrm{o}} - E_{\mathrm{m}}}{R} \tag{4-19}$$

$T=0$ 时驱动 V 导通，电源 E 向负载供电，负载电压 $u_\mathrm{o}=E$，负载电流 i_o 按指数曲线上升。

$T=t_1$ 时控制 V 关断，二极管 VD 续流，负载电压 u_o 近似为零，负载电流呈指数曲线下降，通常串接较大电感 L 使负载电流连续且脉动小。

3．定量分析

（1）电流连续工作模式的数量关系

运用伏秒平衡原理分析输出数量关系。在稳态情况下，电感电压波形是周期性变化的。根据电感电压的伏秒平衡原理，电感电压在一个周期内的积分为 0，即

$$\int_0^T u_\mathrm{L} \mathrm{d}t = \int_0^{t_{\mathrm{on}}} u_\mathrm{L} \mathrm{d}t + \int_{t_{\mathrm{on}}}^T u_\mathrm{L} \mathrm{d}t = 0 \tag{4-20}$$

设输出电压 u_o 的平均值为 U_o，则在稳态时，式（4-20）可以写成

$$(U_\mathrm{s} - U_\mathrm{o})t_{\mathrm{on}} = U_\mathrm{o}(T - t_{\mathrm{on}}) \tag{4-21}$$

即电流连续时，负载电压的平均值为

$$U_\mathrm{o} = \frac{t_{\mathrm{on}}}{T} E = \frac{t_{\mathrm{on}}}{t_{\mathrm{on}} + t_{\mathrm{off}}} E = \alpha E \tag{4-22}$$

式中，T_{on} 为 V 处于通态的时间，T_{off} 为 V 处于断态的时间，T 为开关周期，α 为导通占空比，简称占空比或导通比。

电流连续时，负载电流平均值为

$$I_\mathrm{o} = \frac{U_\mathrm{o} - E_\mathrm{m}}{R} \tag{4-23}$$

电流断续时，负载电压 u_o 平均值会被抬高，一般不希望出现电流断续的情况。

从能量传递关系分析输出数量关系。降压斩波电路还可从能量传递关系简单推得，一个周期中，忽略电路中的损耗，则电源提供的能量与负载消耗的能量相等，即

$$EI_\mathrm{o}t_{\mathrm{on}} = RI_\mathrm{o}^2 T + E_\mathrm{m}I_\mathrm{o}T \tag{4-24}$$

则

$$I_\mathrm{o} = \frac{\alpha E - E_\mathrm{m}}{R} \tag{4-25}$$

假设电源电流平均值为 I_1，则有

$$I_1 = \frac{t_{\mathrm{on}}}{T} I_\mathrm{o} = \alpha I_\mathrm{o} \tag{4-26}$$

其值小于等于负载电流 I_o，由上式得

$$EI_1 = \alpha E I_\mathrm{o} = U_\mathrm{o} I_\mathrm{o} \tag{4-27}$$

即输出功率等于输入功率，可将降压斩波器看作直流降压变压器。

（2）电流临界工作模式的数量关系

图 4-4 给出了在电感电流临界连续的情况下 u_L 和 i_L 的波形。在临界连续的情况下，在断开间隔结束时电感电流 i_L 降为 0，电感电流的最大值为 I_{LM}，此时脉动电流值与 I_{LM} 相等，电感电流的平均值为 I_{LB}，输出电流的平均值为 I_{oB}。

由 T_{on} 期间的等效电路图可得

$$U_\mathrm{s} - U_\mathrm{o} = u_\mathrm{L} = L\frac{\mathrm{d}i_\mathrm{L}}{\mathrm{d}t} = L\frac{I_{\mathrm{LM}}}{t_{\mathrm{on}}} \tag{4-28}$$

在电流临界连续时电感电流的平均值为 I_{LB}，有

$$I_{LB} = \frac{1}{2}I_{LM} = \frac{t_{on}}{2L}(U_s - U_o) = \frac{DT}{2L}(U_s - U_o) = I_{oB} \tag{4-29}$$

在 U_s 不变时

$$\frac{t_{on}}{2L}(U_s - U_o) = \frac{DT}{2L}(U_s - U_o) = \frac{DT}{2L}(U_s - \alpha U_s) = \frac{TU_s}{2L}(1-\alpha)\alpha = I_{oB} \tag{4-30}$$

根据上式绘出图 4-5 的曲线图。中给出了临界电流与占空比的关系。

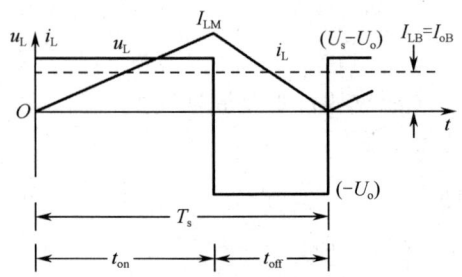

图 4-4 临界状态下电感电压和电感电流波形

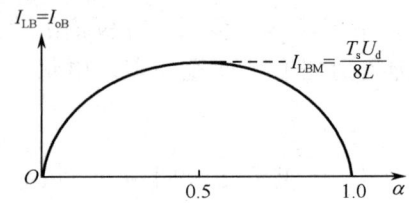

图 4-5 U_s 不变时 I_{LB} 与 α 的关系曲线

因此，在所给的条件下，如果输出电流平均值 I_o 比下式所给的 I_{oB} 小，则工作在电流断续模式下。在 $\alpha=0.5$ 时，临界电流最大。

（3）电流断续工作模式数量关系

在电流断续模式下，输出电压表达式分为两种不同情况。

① U_s 不变时的输出电压表达式

在电流临界连续模式在 $\alpha=0.5$ 时所需要的电感电流最大，有

$$I_{LBM} = \frac{TU_s}{8L} \tag{4-31}$$

则在 U_s 为常数时输出电压表达式为

$$\frac{U_o}{U_s} = \frac{\alpha^2}{\alpha^2 + \frac{1}{4}(I_o/I_{LBM})} \tag{4-32}$$

输入电压不变时，不同占空比 α 时，输出电压与电流比的关系如图 4-6 所示，也称为 Buck 变换器的外特性。

② U_o 不变时输出电压表达式

在电流临界连续模式在 $\alpha=0$ 时所需要的电感电流最大，为

$$I_{LBM} = \frac{TU_o}{2L} \tag{4-33}$$

则在 U_o 为常数时输出电压表达式为

$$\alpha = \frac{U_o}{U_s}\left(\frac{I_o/I_{LBM}}{1 - U_o/U_s}\right)^{\frac{1}{2}} \tag{4-34}$$

图 4-7 给出了保持输出电压不变的情况下，不同 U_o/U_s 时，占空比 α 与 I_o/I_{LBM} 的函数关系曲线，也称为 Buck 变换器的调节特性曲线。

（4）输出电压纹波

为了保证输出电压的稳定，常在输出负载端并联电容。在前面的分析中，假设输出电容足够大从而使 $u_o = U_o$。然而，实际输出电容值是有限的，因此输出电压是有纹波的。在 Buck 电流连续模式下的电压电流的波形如图 4-8 所示。

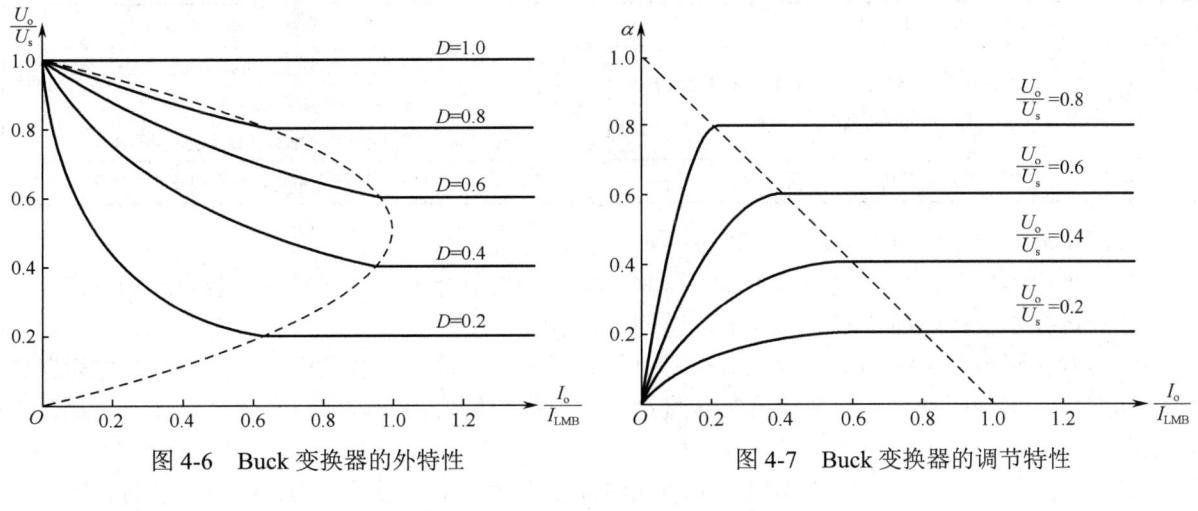

图 4-6 Buck 变换器的外特性　　　　　　　图 4-7 Buck 变换器的调节特性

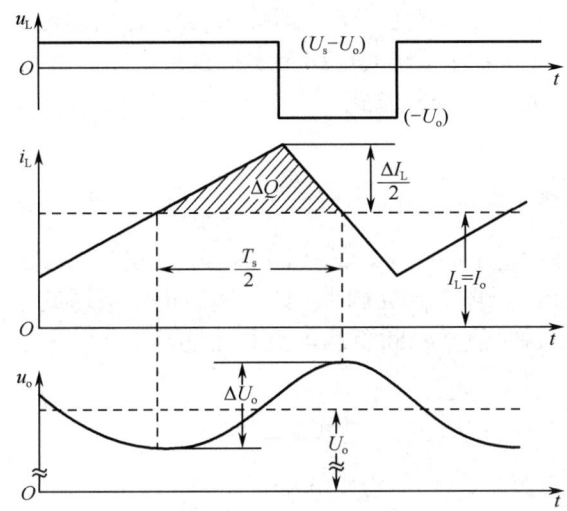

图 4-8 Buck 电流连续模式下的电压电流的波形

阴影部分的面积表示的是电荷增量 ΔQ，因此，电压纹波的峰-峰值 ΔU_o 为

$$\frac{\Delta U_o}{U_o}=\frac{1}{8}\frac{T^2(1-\alpha)}{LC}=\frac{\pi^2}{2}(1-\alpha)\left(\frac{f_c}{f_s}\right)^2 \tag{4-35}$$

上式表明：通过选择输出端低通滤波器的角频率 f_c，使 $f_c \ll f_s$，就可以抑制输出电压的纹波。当变换器工作在电流连续模式时，电压脉动与输出负载功率无关。对电流断续模式的情况也可做类似分析。

在开关模式的直流电源系统中，输出电压纹波的百分比通常小于 1%，因此，在前面的分析中假定 $u_o = U_o$ 是不会影响分析结果的。

4．降压斩波电路的典型应用

降压斩波电路的典型应用为直流斩波调速电路，与电阻调速电路相比有许多优点，表 4-1 对两种调速电路的工作原理和工作特点进行对比。

表 4-1 直流电动机调速方法的比较

	电阻调速电路	直流斩波调速电路
工作原理	闭合或断开电路中的机械开关电路中的电阻改变→改变电动机的端电压	使斩波电路的电子开关 V 周期性地快速导通和关断→负载两端得到一个脉冲电压→转速由平均电压值决定 注：只要 V 切换速度绝对高，电机转速不会受到影响。
工作特点	电阻会消耗电量功率，调速不经济	调速电路基本无损耗，改变变空比便可实现负载电压平均值 U_0

直流斩波调速电路可使电动机在以下几种情况运行。

（1）单象限电路：变换电路输出端电压和电流平均值只能维持一种极性（若负载为直流电动机，则只运行于正转电动状态，构成不可逆调速系统）。

（2）双象限电路：出端电压或电流平均值只有一个极性可变（若负载为直流电动机则可工作于电动和再生制动两种状态，前者电机从直流电源吸取电能，后者则将自身储能经变换电路反馈回电源）。

（3）四象限电路：出端电压和电流平均值的极性均为可变，当负载为直流电动机时，既可工作于正转和反转电动状态，也可工作于正反转再生制动状态，构成可逆调速系统。

【例 4-1】在图 4-2(a)的 Buck 降压斩波电路带电动机反电动势负载中，已知 U_S=200V，R=10Ω，L 值极大，E_M=30V。采用脉宽调制控制方式，当 T=50μs，T_{on}=20μs 时，计算输出电压平均值 U_0，输出电流平均值 I_0。

解：$U_0 = \dfrac{t_{on}}{T}E = \dfrac{20}{50} \times 200 = 80\text{V}$；$I_0 = \dfrac{U_0 - E_M}{R} = \dfrac{80 - 30}{10} = 5\text{A}$

【例 4-2】 在图 4-2（a）所示的降压斩波电路中，E=100V，L=1mH，R=0.5Ω，E_M=10V，采用脉宽调制控制方式，T=20μs，当 T_{on}=5μs 时，计算输出电压平均值 U_o，输出电流平均值 I_o，计算输出电流的最大和最小值瞬时值并判断负载电流是否连续。

解：由题目已知条件可得

$$m = \frac{E_M}{E} = \frac{10}{100} = 0.1$$

$$\tau = \frac{L}{R} = \frac{0.001}{0.5} = 0.002$$

当 T_{on}=5μs 时

$$\rho = \frac{T}{\tau} = 0.01$$

$$\alpha\rho = 0.0025$$

因为

$$\frac{e^{\alpha\rho} - 1}{e^{\rho} - 1} = \frac{e^{0.0025} - 1}{e^{0.01} - 1} = 0.249 > m$$

所以输出电流连续。

此时输出平均电压为

$$U_o = \frac{t_{on}}{T}E = \frac{100 \times 5}{20} = 25\text{V}$$

输出平均电流为

$$I_o = \frac{U_o - E_M}{R} = \frac{25 - 10}{0.5} = 30\text{A}$$

输出电流的最大和最小值瞬时值分别为

$$I_{max} = \left(\frac{1-e^{-\alpha\rho}}{1-e^{-\rho}} - m\right)\frac{E}{R} = \left(\frac{1-e^{-0.0025}}{1-e^{-0.01}} - 0.1\right)\frac{100}{0.5} = 30.19\text{A}$$

$$I_{min} = \left(\frac{e^{\alpha\rho}-1}{e^{\rho}-1} - m\right)\frac{E}{R} = \left(\frac{e^{0.0025}-1}{e^{0.01}-1} - 0.1\right)\frac{100}{0.5} = 29.81\text{A}$$

【例 4-3】 某 Buck 变换电路，斩波频率 40kHz，滤波元件参数为 L=0.8mH，C=330μF。若电源电压 U_S=16V，希望输出电压 U_o=9V，输出平均电流 I_o=1A，已知电感电流处于连续状态，试计算：

（1）电感上电流纹波 ΔI_L；
（2）输出电压纹波比 $\Delta U_o/U_o$；
（3）若输入电压、开关周期不变，占空比 α 改变为 0.1，要求电感电流连续、输出电压纹波小于 1%，计算滤波电感 L 和电容 C 的参数。

解：

$$T_S = \frac{1}{f_S} = \frac{1}{40\times 10^3} = 2.5\times 10^{-5}\text{S}$$

负载电阻为

$$R_L = \frac{U_o}{I_o} = \frac{9}{1} = 9\Omega$$

（1）电流连续，占空比为

$$\alpha = \frac{U_o}{U_S} = \frac{9}{16} = 0.563$$

$$\Delta I_L = \frac{U_o}{L}(1-\rho)T_S = \frac{9}{0.8\times 10^{-3}}\times(1-0.563)\times 2.5\times 10^{-5} = 0.123\text{A}$$

$$\alpha = \frac{U_o}{U_S} = \frac{9}{16} = 0.563$$

（2）输出电压纹波比为

$$\frac{\Delta U_o}{U_o} = \frac{1}{8LC}(1-\alpha)T_S^2 = \frac{1}{8\times(0.8\times 10^{-3})\times(330\times 10^{-6})}\times(1-0.563)\times(2.5\times 10^{-5})^2 = 0.0129\%$$

（3）由于占空比

$$\alpha = \alpha_1 = 0.1$$
$$\Delta I_L = 2I_o = 2U_o/R_L$$
$$I_o = U_0/R_L = 1.6/9 = 0.18\text{A}$$

要求电流连续，至少处于临界电流连续状态，临界电流连续时，则最小电感时

$$\Delta I_L = 2I_o = 2U_o/R_L$$

$$L = \frac{R_L}{2}(1-\alpha)T_S = \frac{9}{2}\times(1-0.1)\times 2.5\times 10^{-5} = 101\mu\text{H}$$

根据

$$\frac{\Delta U_o}{U_o} = \frac{1}{8LC}(1-\alpha)T_S^2 < 1\%$$

$$\frac{1}{8\times 101\times 10^{-6} C}(1-0.1)\times(2.5\times 10^{-5})^2 < 1\%$$

电容 C>70μF，选取电容 C 为 100μF，额定电压应取实际承受最大电压的 1.1～1.5 倍。

4.1.3 升压斩波电路（Boost 变换器）

1. 电路结构

升压斩波电路又称 Boost 变换器，Boost 变换器是 Buck 变换器的对偶拓扑结构，电路图和波形图如图 4-9 所示。L 为储能电感，V 为全控型电力电子开关器件，VD 为续流二极管。Boost 变换器是一种输出电压等于或高于输入电压的单管非隔离直流变换器。通过控制开关管 V 的占空比，可控制升压变换器的输出电压。Boost 变换器的两个工况如图 4-10 所示。

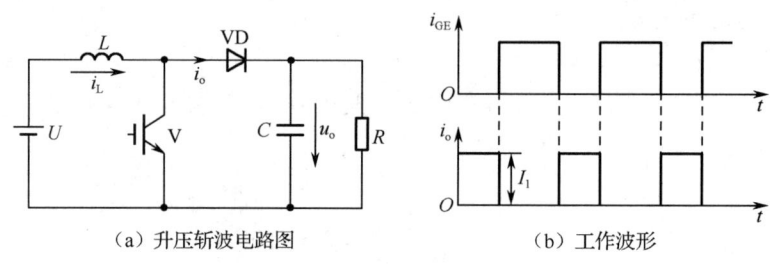

(a) 升压斩波电路图　　　　(b) 工作波形

图 4-9　升压斩波电路及其工作波形

2. 工作原理

与降压变换器相似，根据电感电流是否连续，升压变换器可以分为电流连续状态、断续状态及临界状态 3 种工作模式。

假设 L 和 C 值很大。V 处于通态时，电源向电感 L 充电，电流恒定 I_1，电容 C 向负载 R 供电，输出电压 U_o 恒定。V 处于断态时，电源和电感 L 同时向电容 C 充电，并向负载提供能量。

当控制开关 V 导通时，如图 4-10（a）所示，电源 U_s 向串接在回路中的电感 L 充电储能，电感电压 u_L 左正右负；而负载电压 U_o 上正下负，此时在 R 与 L 之间的续流二极管 VD 被反偏，VD 关断。另外，VD 关断时 C 向负载 R 放电，极性上正下负。由于正常工作时 C 已经被充电，且 C 容量很大，所以负载电压基本保持为一恒定值，记为 U_o。在一个开关周期 T 内，开关管 V 导通的时间为 T_{on}，此阶段电源电压 U_s 全部加到电感两端，所以电感 L 上的电压 $u_L=U_s$。

在控制开关 V 关断时，如图 4-10（b）所示，i_L 经二极管 VD 流向输出侧，储能电感 L 两端电动势极性变成左负右正，续流二极管 VD 转为正偏，储能电感 L 与电源 U_s 叠加共同向电容 C 充电、向负载 R 提供能量，负载 R 端电压 U_o 仍然是上正下负。如果 V 的关断时间为 T_{off}，则此段时间内电感 L 上的电压可以表示为 $-(U_o-U_s)$。

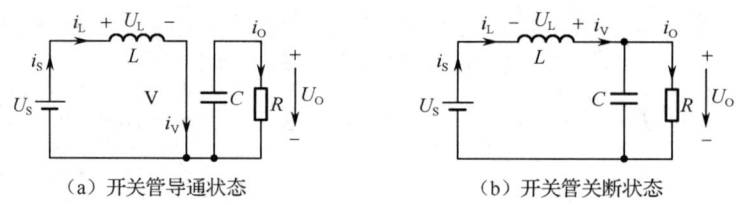

(a) 开关管导通状态　　　　(b) 开关管关断状态

图 4-10　升压斩波电路电感电流连续时的两种工作状态

3. 定量分析

（1）电流连续工作模式的数量关系

在稳态情况下，电感电压波形是周期性变化的。根据式（4-1）电感电压的伏秒平衡特性，可得当电路工作于稳态时，一个周期 T 中电感 L 积蓄的能量与释放的能量相等，即

$$EI_1 t_{on} = (U_o - E)I_1 t_{off} \qquad (4\text{-}36)$$

化简可得

$$U_o = \frac{t_{on}+t_{off}}{t_{off}}E = \frac{T}{t_{off}}E \tag{4-37}$$

上式中的 $T/t_{off} \geq 1$。将升压比的倒数记作 β，即 $\beta = \frac{t_{off}}{T}$，则 β 和导通占空比 α 有如下关系

$$\alpha + \beta = 1 \tag{4-38}$$

式（4-37）可表示为

$$U_o = \frac{1}{\beta}E = \frac{1}{1-\alpha}E \tag{4-39}$$

故负载上的输出电压 U_o 高于电路输入电压 E，该变换电路称为升压式斩波电路。输出电压高于电源电压，关键有两个原因：一是 L 储能之后具有使电压泵升的作用，二是电容 C 可将输出电压保持住。

如果忽略电路中的损耗，则由电源提供的能量仅由负载 R 消耗，即

$$EI_1 = U_o I_o \tag{4-40}$$

输出电流的平均值 I_o 为

$$I_o = \frac{U_o}{R} = \frac{1}{\beta}\frac{E}{R} \tag{4-41}$$

电源电流 I_1 为

$$I_1 = \frac{U_o}{E}I_o = \frac{1}{\beta^2}\frac{E}{R} \tag{4-42}$$

（2）电流临界工作模式的数量关系

如图 4-11 在开关管导通期间，有

$$U_s = u_L = L\frac{di_L}{dt} = L\frac{I_{LM}}{t_{on}} \tag{4-43}$$

在临界连续的情况下，在断开间隔结束时电感电流 i_L 降为 0。因此有

$$I_{LB} = \frac{1}{2}I_{LM} = \frac{U_s t_{on}}{2L} = \frac{TU_o}{2L}\alpha(1-\alpha) \tag{4-44}$$

$$I_{OB} = \frac{TU_o}{2L}\alpha(1-\alpha)^2 \tag{4-45}$$

由在临界连续情况下电感电流和输出电流表达式，给出了临界条件下电感电压电流波形，如图 4-12 所示。图 4-12 中在输出电压不变的条件下，如果输出电流平均值 I_o 比 I_{OB} 小，则工作在电流断续模式下 I_{LB}、I_{OB} 与 α 关系曲线。

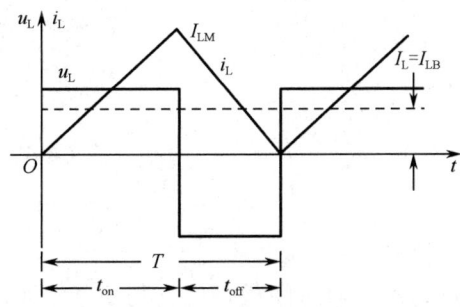

图 4-11　临界条件下电感电压电流波形

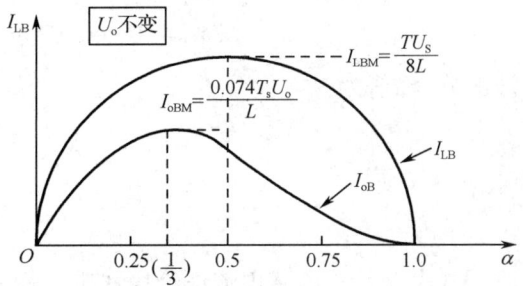

图 4-12　保持 U_o 不变时 I_{LB}、I_{OB} 与 α 关系曲线

（3）电流断续工作模式的数量关系

在大多数应用中 U_o 保持不变，U_s 改变时会导致 α 的改变，占空比 α 与负载电流在不同 U_o/U_s 时的函数关系如式（4-46）所示，I_o 为输出电流平均值，I_{oBM} 为临界状态下输出电流平均值的最大值。根据式（4-46）绘制出曲线，如图4-13所示。

$$\alpha = \left[\frac{4}{27} \frac{U_o}{U_s} \left(\frac{U_o}{U_s} - 1 \right) \frac{I_o}{I_{oBM}} \right]^{1/2} \tag{4-46}$$

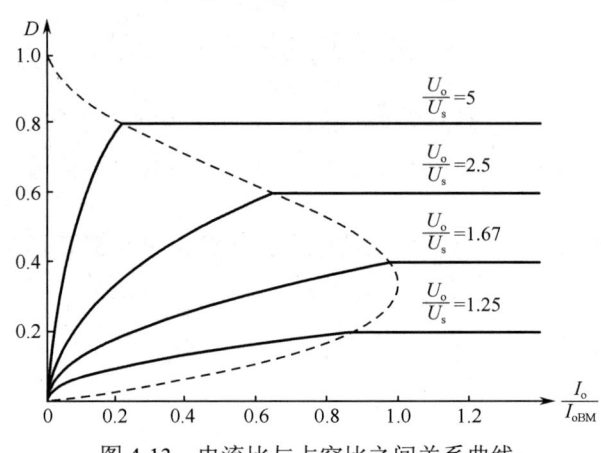

图4-13 电流比与占空比之间关系曲线

图中给出了不同 U_o/U_s 时，占空比 α 与负载电流 I_o/I_{oBM} 的函数关系曲线。虚线是电流连续和断续模式的界限。

（4）输出电压纹波

在前面的分析中，假设输出电容足够大，从而使 $u_o=U_o$。然而，在实际中，输出电容值是有限的，因此输出电压是有纹波的。在电流连续模式下的电压电流的波形如图4-14所示。

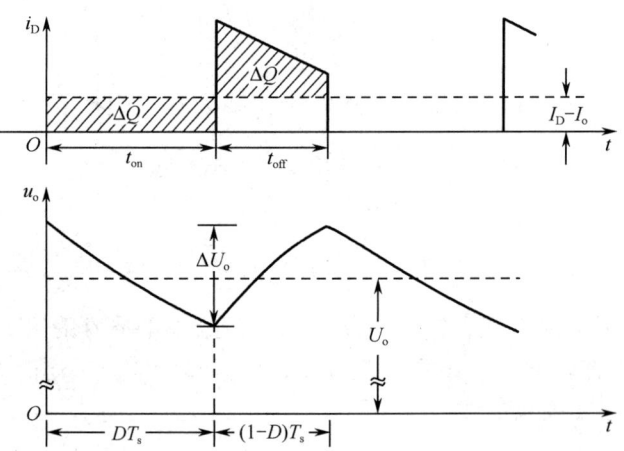

图4-14 Boost电路电流连续模式下的电压电流的波形

纹波的峰-峰值为

$$\Delta U_o = \frac{\Delta Q}{C} = \frac{I_o t_{on}}{C} = \frac{U_o t_{on}}{RC} \tag{4-47}$$

$$\frac{\Delta U_o}{U_o} = \frac{t_{on}}{RC} \tag{4-48}$$

上式表明：在电感电流连续模式下，输出电压脉动与开关管导通时间成正比，与负载电阻和滤波电容的乘积成反比。

【例 4-4】 在图 4-9（a）的 Boost 升压斩波电路中，已知 U_S=50V，负载电阻 R=20Ω，L 值和 C 值极大，采用脉宽调制控制方式，当 T=40μs，T_{on}=25μs 时，计算输出电压平均值 U_0，输出电流平均值 I_0。

解：

$$U_0 = \frac{T}{t_{off}}E = \frac{40}{40-25} \times 50 = 133\text{V}$$

$$I_0 = \frac{U_0}{R} = \frac{133}{20} = 6.67\text{A}$$

4．升压斩波电路的典型应用

升压斩波电路有许多典型应用，一是用于直流电动机传动，二是用作单相功率因数校正电路，三是用于其他交直流电源中。

当用于直流电动机传动时，通常是用于直流电动机再生制动时把电能回馈给直流电源，如图 4-15 所示。由于实际电路中电感 L 值不可能为无穷大，因此该电路和降压斩波电路一样，也有电动机电枢电流连续和断续两种工作状态。还需说明的是，此时电机的反电动势相当于一个电源，而此时的直流电源相当于一个负载。由于直流电源的电压基本是恒定的，因此不必并联电容器。对升压斩波电路分析如下。

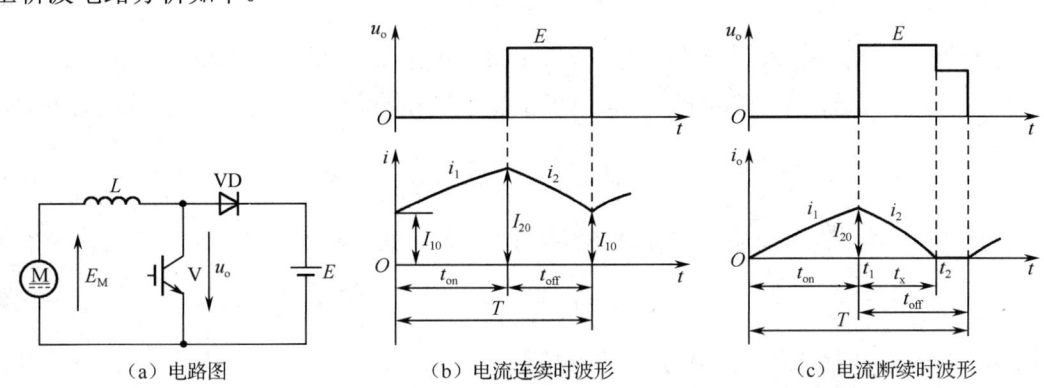

图 4-15　用于直流电动机回馈能量的升压斩波电路及其波形

当可控开关 V 处于通态时，设电动机电枢电流为 i_1，得下式

$$L\frac{\text{d}i_1}{\text{d}t} + Ri_1 = E_M \tag{4-49}$$

式中，R 为电动机电枢回路电阻与线路电阻之和。

设 i_1 的初值为 I_{10}，解式（4-49）得

$$i_1 = I_{10}\text{e}^{-\frac{t}{\tau}} + \frac{E_M}{R}\left(1 - \text{e}^{-\frac{t}{\tau}}\right) \tag{4-50}$$

V 处于断态时，设电动机电枢电流为 i_2，得

$$L\frac{\text{d}i_2}{\text{d}t} + Ri_2 = E_M - E \tag{4-51}$$

设 i_2 的初值为 I_{20}，解式（4-51）得

$$i_2 = I_{20}\text{e}^{\frac{t-t_{on}}{\tau}} - \frac{E - E_M}{R}\left(1 - \text{e}^{-\frac{t}{\tau}}\right) \tag{4-52}$$

在电流连续时，在 $t=t_{on}$ 时刻，$i_1=I_{20}$，在 $t=t_{off}$ 时刻，$i_2=I_{10}$，由此得

$$I_{20} = I_{10}e^{-\frac{t-t_{on}}{\tau}} - \frac{E_M}{R}\left(1-e^{-\frac{t_{on}}{\tau}}\right) \tag{4-53}$$

$$I_{10} = I_{20}e^{-\frac{t_{off}}{\tau}} - \frac{E-E_M}{R}\left(1-e^{-\frac{t_{off}}{\tau}}\right) \tag{4-54}$$

解得

$$I_{10} = \frac{E_M}{R} - \left(\frac{1-e^{-\frac{t_{off}}{\tau}}}{1-e^{-\frac{T}{\tau}}}\right)\frac{E}{R} = \left(m - \frac{1-e^{-\beta\rho}}{1-e^{-\rho}}\right)\frac{E}{R} \tag{4-55}$$

$$I_{20} = \frac{E_M}{R} - \left(\frac{e^{\frac{t_{on}}{\tau}}-e^{\frac{T}{\tau}}}{1-e^{-\frac{T}{\tau}}}\right)\frac{E}{R} = \left(m - \frac{e^{-\alpha\rho}-e^{-\rho}}{1-e^{-\rho}}\right)\frac{E}{R} \tag{4-56}$$

把式（4-55）、式（4-56）用泰勒级数线性近似，得

$$I_{10} = I_{20} = (m-\beta)\frac{E}{R} \tag{4-57}$$

该式表示了 L 值为无穷大时电枢电流的平均值 I_o，即

$$I_o = (m-\beta)\frac{E}{R} = \frac{E_M - \beta E}{R} \tag{4-58}$$

在 $t=0$ 时刻，$i_1=I_{10}=0$，令式（4-53）中 $I_{10}=0$ 即可求出 I_{20}，进而可写出 i_2 的表达式。另外，在 $t=t_2$ 时刻，$i_2=0$，可求得 i_2 持续的时间 t_x，即当电枢电流断续时，可求得 i_2 持续的时间 t_x，即

$$t_x = \tau \ln\frac{1-me^{-\frac{t_{on}}{\tau}}}{1-m} \tag{4-59}$$

当 $T_x<T_{off}$ 时，电路为电流断续工作状态，$T_x<T_{off}$ 是电流断续的条件，即

$$m < \frac{1-e^{-\beta\rho}}{1-e^{-\rho}} \tag{4-60}$$

根据式（4-60）可对电路的工作状态做出判断。

4.1.4 升降压斩波电路和 Cuk 斩波电路

1．升降压斩波电路

（1）电路结构

升降压变换电路（又称 Buck-Boost 变换器）的输出电压平均值可以大于或小于输入直流电压，输出电压与输入电压极性相反，其电路图和波形图如图 4-16 所示。它主要用于要求输出与输入电压反相，其值可大于或小于输入电压的直流稳压电源。

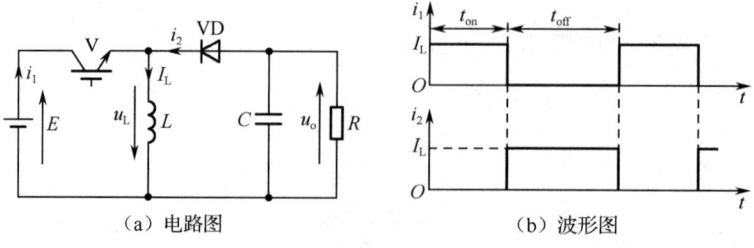

图 4-16 升降压斩波电路及其波形

（2）工作原理

导通时，电源 E 经 V 向 L 供电使其储能，此时电流为 i_1，同时 C 维持输出电压恒定并向负载 R 供电。关断时，L 的能量向负载释放，电流为 i_2，负载电压极性为上负下正，与电源电压极性相反，该电路也称作反极性斩波电路。

（3）定量分析

① 电流连续时的数量关系

稳态时，一个周期 T 内电感 L 两端电压 u_L 对时间的积分为零，即

$$\int_0^T u_L \mathrm{d}t = 0 \tag{4-61}$$

当 V 处于通态期间，$u_L = E$；而当 V 处于断态期间，$u_L = -u_o$。于是

$$E \cdot t_{\mathrm{on}} = U_o t_{\mathrm{off}} \tag{4-62}$$

所以输出电压为

$$U_o = \frac{t_{\mathrm{on}}}{t_{\mathrm{off}}} E = \frac{t_{\mathrm{on}}}{T - t_{\mathrm{on}}} E = \frac{\alpha}{1 - \alpha} E \tag{4-63}$$

改变导通比 α，输出电压既可以比电源电压高，也可以比电源电压低。当 $0 < \alpha < 1/2$ 时为降压，当 $1/2 < \alpha < 1$ 时为升压，因此将该电路称作升降压斩波电路。

电源电流 i_1 和负载电流 i_2 的平均值分别为 I_1 和 I_2，当电流脉动足够小时，有

$$\frac{I_1}{I_2} = \frac{t_{\mathrm{on}}}{t_{\mathrm{off}}} \tag{4-64}$$

由上式可得

$$I_2 = \frac{t_{\mathrm{off}}}{t_{\mathrm{on}}} I_1 = \frac{1 - \alpha}{\alpha} I_1 \tag{4-65}$$

如果 V、VD 为没有损耗的理想开关时，则输出功率和输入功率相等，即

$$EI_1 = U_o I_2 \tag{4-66}$$

② 电流临界时的数量关系

图 4-17 中给出了在电感电流临界连续的情况下 u_L 和 i_L 的波形。在临界连续的情况下，在断开间隔结束时电感电流 i_L 降为 0。

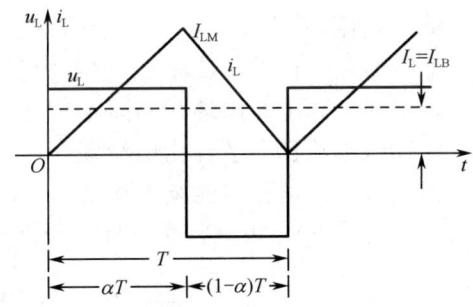

图 4-17 临界条件下电感电压与电感电流波形

由电感电流波形有

$$I_{\mathrm{LB}} = \frac{U_s}{2L} t_{\mathrm{on}} = \frac{T U_o}{2L} \alpha (1 - \alpha) \tag{4-67}$$

I_{LB} 为电感平均电流。

③ 电流断续时的数量关系

在 U_o 不变时占空比 α 与输出负载电流在不同电压变换率 U_o/U_s 时的函数关系

$$\alpha = \frac{U_o}{U_s}\sqrt{\frac{I_o}{I_{oBM}}} \tag{4-68}$$

图 4-18 给出了不同电压变换率 U_o/U_s 时，占空比 α 与 I_o/I_{oBM} 之间的函数关系曲线。虚线标出了连续和断续模式的界限。

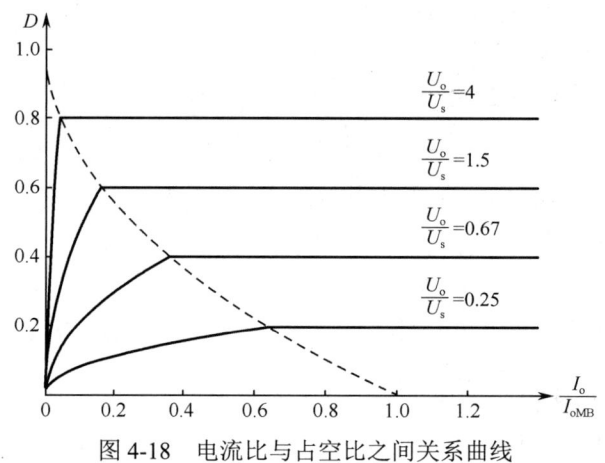

图 4-18 电流比与占空比之间关系曲线

2. Cuk 斩波电路

（1）电路结构

库克（Cuk）斩波电路属于升降压型直流变换电路。特点：输出电压极性与输入电压相反，出入端电流纹波小，输出直流电压平稳，降低了对外部滤波器的要求。L_1、L_2 为储能电感，C 为耦合电容。

Buck-Boost 斩波电路输入电流和输出电流都是脉动的，而 Cuk 斩波电路在输入和输出端均有电感，增加电感 L_1 和 L_2 的值，可使交流纹波电流的值为任意小，当然这在实际中比较难以实现。

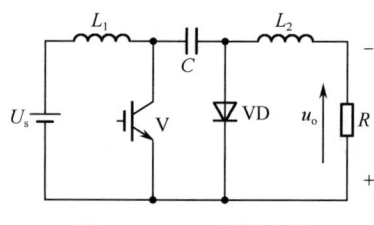

图 4-19 Cuk 斩波电路

这两个电感之间可以没有耦合，也可以有耦合，耦合电感可进一步减小电流脉动量，理论上可实现"零纹波"。这是 Cuk 斩波电路的主要特性。Cuk 斩波电路的输出电压可以高于、等于或低于输入电压，其大小主要取决于开关管 V 的占空比，这和 Buck-Boost 变换器是一样的。Cuk 斩波电路可以作为升降压式斩波电路的改进电路，其电路原理图如图 4-19 所示。Cuk 斩波电路的优点是直流输入电流和负载输出电流连续，脉动成分较小。

Cuk 斩波电路在开关管导通和关断时都进行着能量的存储和传递。如图 4-20 所示，无论开关管 V 是否导通，都存在两个环路。在下面的分析中将两个环路分别称为环路 1 和环路 2。

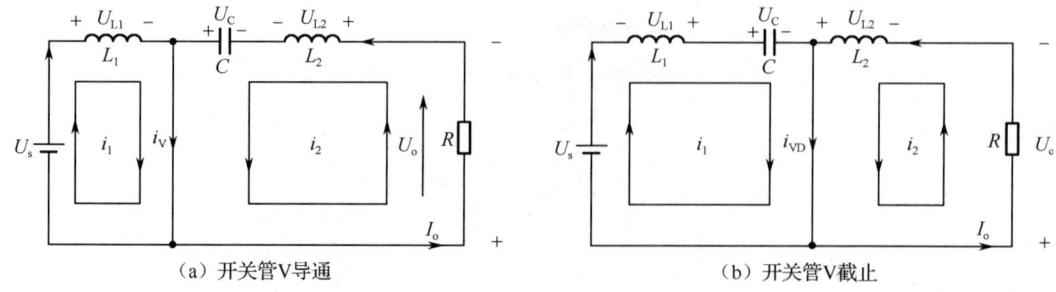

图 4-20 Cuk 斩波电路的工作状态

（2）工作原理

当控制开关 V 导通时，输入、输出闭合环路如图 4-20（a）所示，二极管 VD 反偏而关断，电源 U_s 经 $L_1 \to V$ 回路给 L_1 充电储能，输入环路电流为 i_1；C 通过 $C \to V \to R \to L_2$ 回路放电，放电电流 i_2 使 L_2 储能，并供电给负载。开关管 V 中流过输入、输出电流之和，即 $i_V = i_1 + i_2$。负载电压极性为下正上负。

当控制开关 V 关断时，VD 正偏而导通，输入、输出环路如图 4-20（b）所示，电源 U_s 和 L_1 的释能电流 i_1 通过 $L_1 \to C \to VD$ 回路向电容 C 充电，极性为左正右负；同时 L_2 的释能电流 i_2 通过 $L_2 \to VD \to R \to L_2$ 回路向负载 R 供电，电压的极性为下正上负，与电源电压极性相反。此时流过 VD 的电流为输入、输出电流之和，即 $i_{VD} = i_1 + i_2$。

由此可见，无论开关管 V 导通还是关断，斩波电路都从输入向输出传递功率。在 V 关断期间，电容 C 被充电，在 V 导通期间，C 向负载放电，可见 C 起传递能量的作用。

Cuk 斩波电路的工作状态同样可以划分为 3 种：连续导电状态、不连续导电状态及临界状态。不连续导电状态可以理解为流过二极管的电流断续。在一个开关周期中开关管 V 的关断时间内，若二极管电流总是大于零，则为电流连续；若二极管电流在一段时间内为零，则为电流断续工作；若二极管电流在 T 结束时刚降为零，则为临界连续工作方式。图 4-21 是 Cuk 斩波电路电流连续工作模式波形。分析连续导电状态下 Cuk 斩波电路的工作过程，所需假设条件与 Buck 变换器的假定相同，同时假设电容 C 容量很大，斩波电路稳定工作时，忽略电容 C 上的电压纹波，认为其电压基本恒定为 U_C。在稳态时，电感 L_1 和 L_2 上的电压平均值为 0，则在 U_s、L_1、C、L_2、U_o 的环路中，有如下关系式：

$$U_C = U_s + U_o \tag{4-69}$$

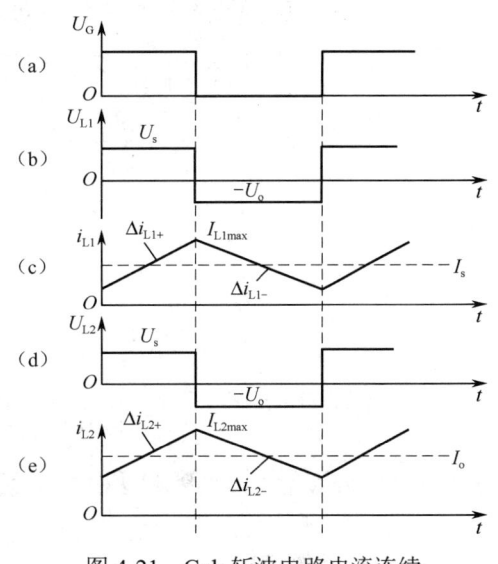

图 4-21 Cuk 斩波电路电流连续工作模式波形

（3）定量分析

开关管 V 导通时，工作状态如图 4-20（a）所示。电源电压 U_s 直接加在电感 L_1 上，则 $u_{L1} = U_s$；此时 L_2 上的电压是电容电压 U_C 与输出电压 U_o 之差，即 $u_{L2} = U_C - U_o$，根据式（4-69）可知，L_2 上的电压也为 $u_{L2} = U_s$。

开关管 V 关断，工作状态如图 4-20b 所示。二极管导通，电感 L_1 上电压 $u_{L1} = U_C - U_s$，极性反向，根据式（4-69），有 $u_{L1} = -U_o$。L_2、VD 和 U_o 构成环路 2，$u_{L2} = -U_o$。

根据电感两端电压 u_L 符合伏秒平衡特性，参考图 4-21 的 u_{L1} 或 u_{L2} 波形以及上面的分析。在控制开关 V 导通期间，有 $u_L = U_s$（$L = L_1$ 或 L_2）；而在 V 关断期间，$-u_L = U_o$。于是有

$$U_s t_{on} = U_o t_{off} \tag{4-70}$$

可得出输出电压 U_o 与电源电压 E 的关系为

$$U_o = \frac{t_{on}}{t_{off}} E = \frac{t_{on}}{T - t_{on}} E = \frac{\alpha}{1 - \alpha} E \tag{4-71}$$

可见分析结果与 Buck-Boost 变换器相同。当 $\alpha = 0.5$ 时，则 $U_o = U_s$；当 $\alpha < 0.5$ 时，则 $U_o < U_s$，为降压式变换器；当 $\alpha > 0.5$ 时，$U_o > U_s$，为升压式变换器。

由安秒平衡可知，C 的电流在一周期内的平均值应为零，即

$$\int_0^T i_C dt = 0 \tag{4-72}$$

由（4-72）得

$$I_2 t_{on} = I_1 t_{off} \tag{4-73}$$

从而可得

$$\frac{I_2}{I_1} = \frac{t_{off}}{t_{on}} = \frac{T - t_{on}}{t_{on}} = \frac{1-\alpha}{\alpha} \tag{4-74}$$

与升降压斩波电路相比，Cuk 斩波电路有一个明显的优点，其输入电源电流和输出负载电流都是连续的，且脉动很小，有利于对输入、输出进行滤波。缺点是要有足够大的储能电容 C。

【例 4-5】 有一开关频率为 50kHz 的 Cuk 变换电路，假设输出端电容足够大，使输出电压保持恒定，并且元件的功率损耗可忽略，若输入电压 U_d=10V，输出电压 U_o 调节为 5V 不变。试求：

（1）占空比；
（2）电容器 C_1 两端的电压 U_{C1}；
（3）开关管的导通时间和关断时间。

解：（1）因为 $U_o = -\dfrac{\alpha}{1-\alpha} U_d$

$$\alpha = \frac{U_o}{U_o - U_d} = \frac{-5}{-5-10} = \frac{1}{3} \quad (\text{注意} U_o = -5V)$$

（2）$U_{C1} = \dfrac{1}{1-\alpha} U_d = \dfrac{1}{1-\dfrac{1}{3}} \times 10 = 15V$

（3）$t_{on} = \alpha T = \dfrac{1}{3} \times \dfrac{1}{50 \times 10^3} = 6.67\mu s$

$t_{off} = (1-\alpha)T = \dfrac{2}{3} \times \dfrac{1}{50 \times 10^{-3}} = 13.34\mu s$

4.1.5 Sepic 斩波电路和 Zeta 斩波电路

1. Sepic 斩波电路

（1）电路结构

Sepic 斩波电路又称 Sepic 变换器，是正输出变换器，其输出电压极性和输入电压极性相同。其电路原理如图 4-22 所示。

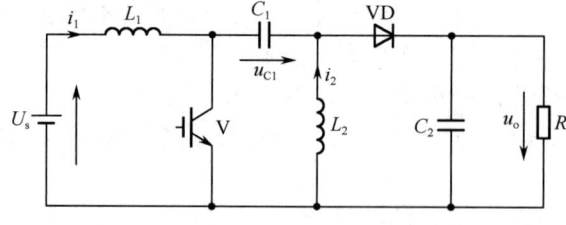

图 4-22 Sepic 斩波电路

与 Cuk 斩波电路类似，由于 C_1 的容量很大，稳态时 C_1 的电压 U_{C1} 基本保持恒定。假设电路已进入稳态，电容 C_1 已经储能，极性左正右负。这时，电路有两种工作模式，如图 4-23 所示。

（2）工作原理

V 导通时，$E \to L_1 \to V$ 回路和 $C_1 \to V \to L_2$ 回路同时导电，L_1 和 L_2 储能。V 关断时，$E \to L_1 \to C_1 \to VD \to$ 负载回路及 $L_2 \to VD \to$ 负载回路同时导电，此阶段 E 和 L_1 既向负载供电，又向 C_1 充电（C_1 贮存的能量在 V 处于通态时向 L_2 转移）。

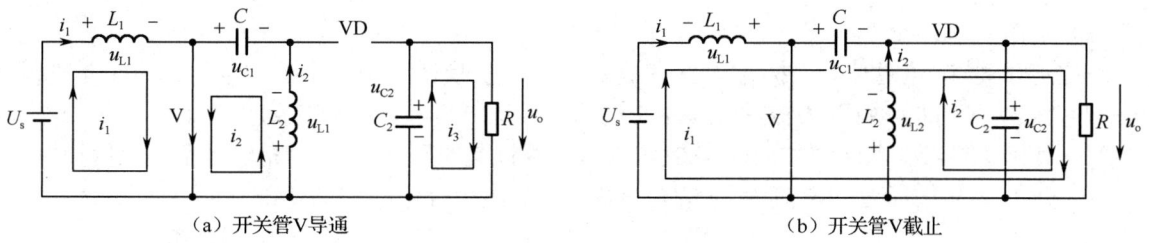

(a) 开关管V导通　　　　　　　　　　　　(b) 开关管V截止

图 4-23　Sepic 变换器的工作状态

当控制开关 V 导通时，二极管 VD 关断。此时，变换器有三个电流回路：第一个是电源 U_s 经 $L_1 \to V$ 回路给 L_1 充电储能，u_{L1} 的极性是左正右负，输入环路电流为 i_1；第二个是 $C_1 \to V \to L_2$ 回路，C_1 放电，L_2 储能，u_{L2} 的极性是下正上负，C_1 将能量转移到 L_2 上；第三个是 C_2 向负载 R 供电的回路。开关管 V 中流过的电流为 $i_V = i_1 + i_2$。负载电压极性为上正下负。输入、输出闭合环路如图 4-23（a）所示。

当控制开关 V 关断时，VD 导通。此时形成两个电流回路：第一个是电源 $U_s \to L_1 \to C_1 \to VD \to$ 负载的回路，U_s 和 L_1 储能同时向 C_1 和负载馈送，u_{L1} 的极性是左负右正，C_1 储能增加，极性左正右负，C_2 充电，L_1 储能减少；第二个是 $L_2 \to VD \to$ 负载的续流回路，L_2 释放储能到 C_2 和负载。输入、输出环路如图 4-23（b）所示，C_2 极性为上正下负；负载 R 电压的极性为上正下负，与电源电压极性相同。此时流过 VD 的电流为 $i_{V\alpha} = i_1 + i_2$。

（3）定量分析

开关管 V 导通时，工作状态如图 4-23（a）所示。在电流的第一回路中，电源电压 U_s 直接加在电感 L_1 上，则 $u_{L1} = U_s$；在电流的第二回路中，电容电压 U_{C1} 直接加在电感 L_2 上，则 $u_{C1} = u_{L2}$；在电流的第三回路中，$U_{C2} = U_o$。由于 C_2 容量很大，u_{C2} 电压变化不大，则 $U_{C2} = U_o$。

开关管 V 关断，工作状态如图 4-23（b）所示。在电流的第一回路中，电感 L_1 上的电压 $u_{L1} = U_{C1} + U_{C2} - U_s$；在电流的第二回路中，$-u_{L2} = U_{C2} = U_o$。根据电感两端电压 u_L 符合伏秒平衡特性，参考上面的分析得：在电感 L_1 上有

$$U_s \, t_{on} = (U_{C1} + U_{C2} - U_s) t_{off} \tag{4-75}$$

而在电感 L_2 上有

$$U_{C1} \, t_{on} = U_{C2} \, t_{off} \tag{4-76}$$

解得 $U_{C1} = U_s$，代入式（4-75）得输出电压表达式为

$$U_o = \frac{t_{on}}{t_{off}} E = \frac{t_{on}}{T - t_{on}} E = \frac{\alpha}{1 - \alpha} E \tag{4-77}$$

可见分析结果与 Buck-Boost 变换器相同。

2. Zeta 斩波电路

（1）电路结构

Zeta 斩波电路又称 Zeta 斩波器，也是正输出变换器，其输出电压极性和输入电压极性相同。其电路原理如图 4-24 所示。与 Cuk 斩波器相比，Zeta 斩波器是将 Cuk 斩波器的 L_1 与 V 对调，并改变 VD 的方向后形成的。由于 C_1 的容量很大，稳态时 C_1 的电压 u_{C1} 基本保持恒定。设电路已进入稳态，电容 C_1 已经储能，极性右正左负。这时，电路有导通和关断两种工作模式，其工作原理如下。

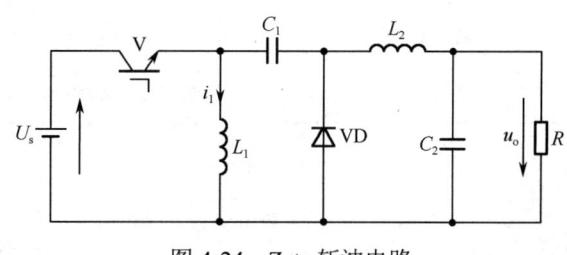

图 4-24　Zeta 斩波电路

（2）工作原理

当控制开关 V 导通时，二极管 VD 关断。此时，变换器有两个电流回路：第一个是电源 U_s→V→L_1 回路，在 U_s 作用下 L_1 储能，u_{L1} 的极性是上正下负，环路电流为 i_1；第二个是 U_s→V→C_1→L_2→负载回路，U_s 与 C_1 放电，L_2 储能，u_{L2} 的极性是左正右负，C_2 充电，负载电压极性为上正下负。开关管 V 中流过的电流为 $i_s=i_1+i_2$。输入、输出闭合环路如图 4-25（a）所示。

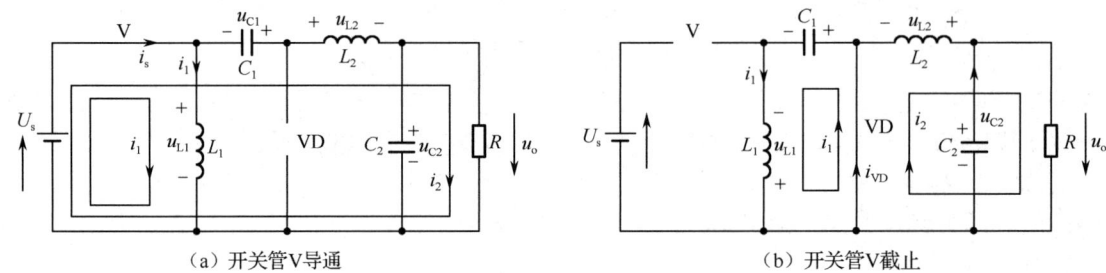

图 4-25　Zeta 斩波电路的工作状态

当控制开关 V 关断时，VD 导通。L_1 和 L_2 通过 VD 续流，形成两个续流回路。第一个回路由 L_1→VD→C_1 构成，电感 L_1 储能向 C_1 转移；u_{L1} 的极性是下正上负，C_1 储能增加，极性右正左负。第二个是 VD→L_2→负载的续流回路，L_2 和 C_2 的储能释放到负载。输入、输出环路如图 4-25（b）所示，C_2 极性为上正下负；负载 R 电压的极性为上正下负。此时流过 VD 的电流为 $i_{VD}=i_1+i_2$。

（3）基本数量关系

开关管 V 导通时，工作状态如图 4-25（a）所示。在电流的第一回路中，电源电压 U_s 直接加在电感 L_1 上，则 $u_{L1}=U_s$；在电流的第二回路中，有 $U_s+U_{C1}=u_{L2}+U_{C2}=u_{L2}+U_o$，则 $u_{L2}=U_s+U_{C1}-U_{C2}=U_s+U_{C1}-U_o$。

开关管 V 关断，工作状态如图 4-25（b）所示。在电流的第一回路中，电感 L_1 上的电压 $-u_{L1}=U_{C1}$；在电流的第二回路中，$-u_{L2}=U_{C2}=U_o$。

根据电感两端电压 u_L 符合伏秒平衡特性，参考上面的分析得：在电感 L_1 上有

$$U_s\, t_{on}=U_{C1}\, t_{off} \qquad (4\text{-}78)$$

在电感 L_2 上有

$$(U_s+U_{C1}-U_{C2})t_{on}=U_{C2}\, t_{off}=U_o t_{off} \qquad (4\text{-}79)$$

解得 $U_{C1}=U_{C2}$，代入式（4-63）得输出电压表达式为

$$U_o=\frac{t_{on}}{t_{off}}E=\frac{t_{on}}{T-t_{on}}E=\frac{\alpha}{1-\alpha}E \qquad (4\text{-}80)$$

两种电路具有相同的输入输出关系，与 Buck-Boost 变换器相同。输出相对于输入也是既可以升压又可以降压，且输出与输入电压极性相同。Sepic 电路中，电源电流连续但负载电流断续，有利于输入滤波，反之，Zeta 电路的电源电流断续而负载电流连续；两种电路输出电压为正极性的。各种不同的非隔离型斩波电路有各自不同的特点和应用场合，表 4-2 对它们进行了比较。表中 E 为斩波电路的直流输入电压值，U_o 为斩波电路的输出电压，α 为占空比。

表 4-2　各种非隔离型直流斩波电路的比较

电路	特点	输出电压公式	输出电压与输入电压极性关系	应用领域
降压型	只能降压不能升压，输出与输入同相，输入电流脉动大，输出电流脉动小，结构简单	$U_o=\alpha E$	同极性	直流电动机调速和开关稳压电源

续表

电路	特点	输出电压公式	输出电压与输入电压极性关系	应用领域
升压型	只能升压不能降压,输出与输入同相,输入电流脉动小,输出电流脉动大,不能空载工作,结构简单	$U_o=\dfrac{1}{1-\alpha}E$	同极性	开关稳压电源和功率因数校正(PFC)电路
升-降压型	能降压能升压,输出与输入反相,输入、输出电流脉动大,不能空载工作,结构简单	$U_o=\dfrac{\alpha}{1-\alpha}E$	反极性	反向型开关稳压电源
Cuk	能降压能升压,输出与输入反相,输入、输出电流脉动小,不能空载工作,结构复杂	$U_o=\dfrac{\alpha}{1-\alpha}E$	反极性	对输入、输出纹波要求高的反相型开关稳压电源
Sepic	能降压能升压,输出与输入同相,输入电流脉动小,输出电流脉动大,不能空载工作,结构复杂	$U_o=\dfrac{\alpha}{1-\alpha}E$	同极性	升压型功率因数校正电路
Zeta	能降压能升压,输出与输入同相,输入电流脉动大,输出电流脉动小,不能空载工作,结构复杂	$U_o=\dfrac{\alpha}{1-\alpha}E$	同极性	对输出纹波要求高的升降压型开关稳压电源

4.2 复合斩波电路和多相多重斩波电路

斩波电路常常用于直流电动机的拖动,完成四象限运行。复合斩波电路由降压斩波电路和升压斩波电路组合构成。为了减小入端电流的谐波含量,对于大容量直流变换电路(如应用于直流机车),可采用多相多重主电路结构。多相多重斩波电路由相同结构的基本斩波电路组合构成。

4.2.1 电流可逆二象限直流斩波电路

当斩波电路用于拖动直流电动机时,常要使电动机既可电动运行,又可再生制动,降压斩波电路能使电动机工作于第一象限,升压斩波电路能使电动机工作于第二象限。电流可逆斩波电路是将降压斩波电路与升压斩波电路组合,此电路电动机的电枢电流可正可负,但电压只能是一种极性,故其可工作于第一象限和第二象限。它适用于直流电动机的正转电动运行和正转回馈制动运行。

(1) 电路结构

半桥式电流可逆斩波电路及波形如图 4-26 所示。两个开关器件 V_1 和 V_2 串联组成半桥式电路的上下桥臂,两个二极管 VD_1 和 VD_2 与开关管反并联形成续流回路,R、L 包含了电动机的电枢电阻和电感。该电路中,V_1 和 VD_1 构成降压斩波电路,由电源向直流电动机供电,电动机为电动运行,工作于第一象限。V_2 和 VD_2 构成升压斩波电路,把直流电动机的动能转变为电能反馈到电源,电动机作再生制动运行,工作于第二象限。必须防止 V_1 和 V_2 同时导通而导致电源短路。

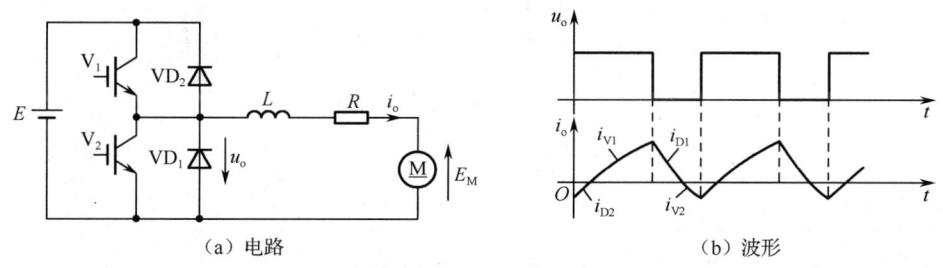

图 4-26 电流可逆斩波电路及波形

(2) 工作过程

该电路有 3 种运行方式。第 1 种工作方式:只作降压斩波器运行(电动状态);第 2 种工作方式只作升压斩波器运行（制动状态）；第 3 种工作方式：一个周期内交替作为降压斩波电路和升压斩波电路工作。在第 3 种工作方式下，当一种斩波电路电流断续而为零时，使另一个斩波电路工作，让电流反方向流过，这样电动机电枢回路总有电流流过。一个周期内，电流不断，响应很快。

① 电动状态

半桥式电流可逆斩波电路的电动状态如图 4-27 所示，在电动机电动工作时，给 V_1 以 PWM 驱动信号，V_1 处于开关交替状态，V_2 处于关断状态。在 V_1 导通时有电流自电源 $E \rightarrow VT_1 \rightarrow R \rightarrow L \rightarrow$ 电动机，电感 L 储能，V_1 关断后，电感 L 经 VD_1 续流释放能量，电流下降直至为零。这时使 V_2 导通，电动机的反电动势 E 会驱使电枢电流反向流过，并逐渐增大，L 存储能量电感储能经电动机和 VD_2 续流。在电动状态，V_2 和 VD_1 始终不导通，因此不考虑这两个器件，图 4-27 中所示电路与降压斩波电路相同，工作原理和波形也与降压斩波电路电动机负载时相同，$U_o = \alpha E$，调节占空比可以调节电动机转速。

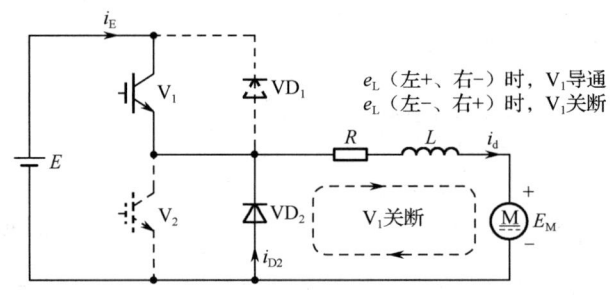

图 4-27　半桥式电流可逆斩波电路的电动状态

② 制动状态

半桥式电流可逆斩波电路的制动状态如图 4-28 所示，当电动机工作在电动状态时，电动机电动势 $E_M < E$，当电动机由电动转为制动时，就必须使负载侧电压 $U_o > E$，但是在制动时，随转速下降，E_M 只会减小，因此需要使用升压斩波电路提升电路负载侧电压，使负载侧电压 $U_o > E$，半桥式斩波电路中若给 V_2 以 PWM 驱信号，电动机反电动势将通过 $E_M \rightarrow L \rightarrow R$-$V_2$ 形成回路，电感电动势 e_L（左-、右+）即此刻电路工作在能耗制动状态；在 V_2 关断时，电动机反电动势 E_M 和电感电动势 e_L（左+、右-）串联相加，产生的电流经 VD_1 将电能输入电源 E，$E_{M+} \rightarrow L \rightarrow R \rightarrow VD_1 \rightarrow E_M$，即此刻电路工作在回馈制动状态。在制动时，$V_1$、$VD_1$ 始终在关断状态，因此不考虑这两个器件，下图与升压斩波器有相同结构，不同的是现在工作于发电状态的电动机是电源，而原来的电源 E 成了负载，电流自 E 的正极端注入，工作原理也与升压斩波电路相同，且 $U_o = E_M/(1-\alpha)$。调节 V_2 驱动脉冲的占空比 α 可以调节 U_o，控制制动电流。

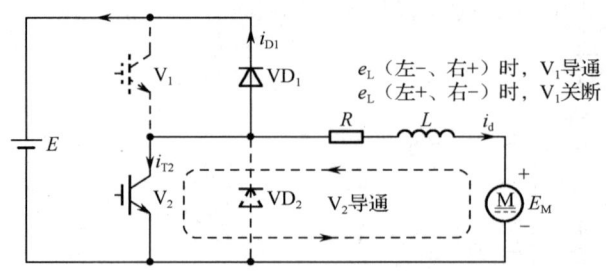

图 4-28　半桥式电流可逆斩波电路的制动状态

半桥式电流可逆斩波电路所用元器件少，控制方便，但是电动机只能以单方向进行电动和制动运行，改变转向要通过改变电动机励磁方向。如果要实现电动机的四象限运行，则需要采用全桥式 DC-DC 可逆斩波电路。

4.2.2 电压可逆二象限直流斩波电路

将降压斩波电路与升压斩波电路组合在一起，还可以构成电压可逆的二象限斩波电路，电路结构如图 4-29 所示。它适用于直流电动机的正转电动运行和反转回馈制动运行，即提升机负载。

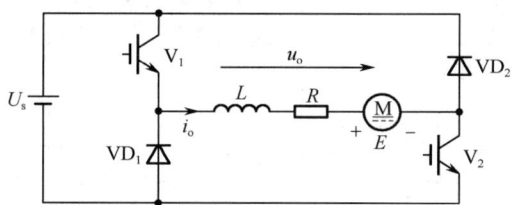

图 4-29 电压可逆二象限直流斩波电路

该电路也有 3 种运行方式。

1. 降压斩波运行：即 V_1、VD_1 构成降压斩波电路，由电源向电动机传输能量，电动机为电动，图 4-29 为电压可逆二象限直流斩波电路运行，工作于第 I 象限，此时 V_2 持续导通，VD_2 关断。

2. 升压斩波运行：当负载下降时，电动机反转，电枢电动势反向，右正左负，V_2、VD_2 构成升压斩波电路，由电动机向电源回馈能量，电动机为反转制动运行，工作于第 IV 象限，此时 V_1 关断，VD_2 导通。

3. 双组同时运行：当 V_1、V_2 同时导通时，输出电流 i_o 上升；当 V_1、V_2 同时关断时，VD_1、VD_2 同时导通，输出电流 i_o 下降。调节 V_1、V_2 的导通占空比 α，可以使电动机工作于不同的工作状态。当电动机反转制动时，占空比必须小于 0.5，当电动机正转时，占空比应大于 0.5。

4.2.3 桥式可逆（电压电流可逆四象限）直流斩波电路

1. 电路结构

桥式可逆（电压电流可逆四象限）直流斩波电路也称为 H 桥式直流斩波电路，桥式可逆斩波电路结构如图 4-30 所示。该电路有两个桥臂，每个桥臂由两个斩波控制开关 V 及与它们反并联的二极管组成。同一桥臂的两个开关管不能同时处于导通状态，否则就会造成直流电源短路。在 H 桥式直流斩波电路中，其输出电压 U_o 是极性可变、幅值可调的直流电，输出电流 i_o 的幅值和方向也是可变的。桥式可逆斩波电路将两个电流可逆斩波电路组合起来，分别向电动机提供正向和反向电压。因此，电动机可以在 4 个象限运行。

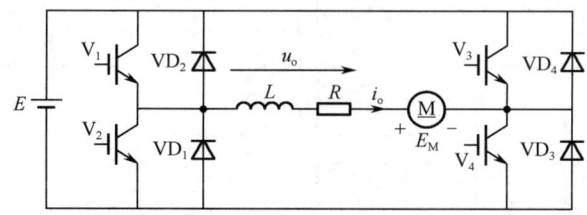

图 4-30 桥式可逆斩波电路

2. 桥式可逆斩波电路 3 种控制方式

桥式可逆斩波电路从控制方式上分为双极式调制、单极式调制和受限单极式调制 3 种。

（1）双极式调制：4 个开关器件 V_1 和 V_4、V_2 和 V_3 两两成对同时导通和关断，且工作于互补状态，即 V_1 和 V_4 导通时，V_2 和 V_3 关断，反之亦然。控制开关器件的通断时间（占空比）可以调节输出电压的大小，若 V_1 和 V_4 的导通时间大于 V_2 和 V_3 的导通时间，则输出电压平均值为正；

若 V_2 和 V_3 的导通时间大于 V_1 和 V_4 的导通时间，则输出电压平均值为负，可用于输出正、负电压。H 桥式 PWM 直流变换电路开关器件的驱动一般都采用 PWM 方式，由载波（三角波或锯齿波）与直流调制波信号比较产生驱动脉冲，由于载波频率较高（通常在数千赫兹以上），所以变换器输出电流一般连续，但 4 个开关器件都工作于 PWM 方式，开关损耗较大。V_1、V_4 和 V_2、V_3 分别成组作为互补 PWM 开关，双极性工作方式有控制正转和反转两种工作状态，工作波形如图 4-31 所示，输出直流电压 $U_o=(2\alpha-1)E$。

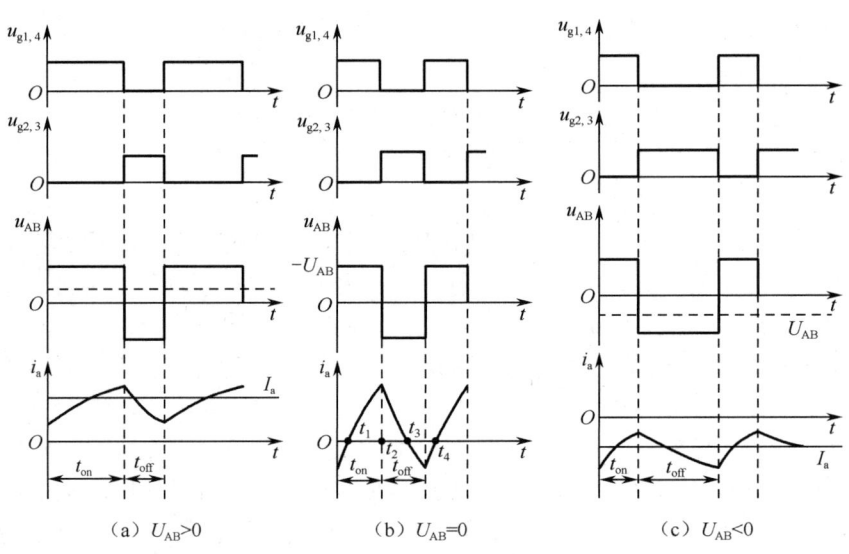

图 4-31 双极性 PWM 工作波形

（2）单极式调制：4 个开关器件中 V_1 和 V_2 工作于互补的 PWM 方式，而 V_3 和 V_4 则根据电动机的转向采取不同的驱动信号。电动机正转时，V_3 恒关断，V_4 恒导通；电动机反转时，V_3 恒导通，V_4 恒关断。由于减少了 V_3 和 V_4 的开关次数，开关损耗减少，这是单极式调制的优点。这种控制方式下，输出电压波形总是在一个方向变化，所以称为单极性 PWM，如图 4-32 所示，输出 $|U_o|=\alpha E$。

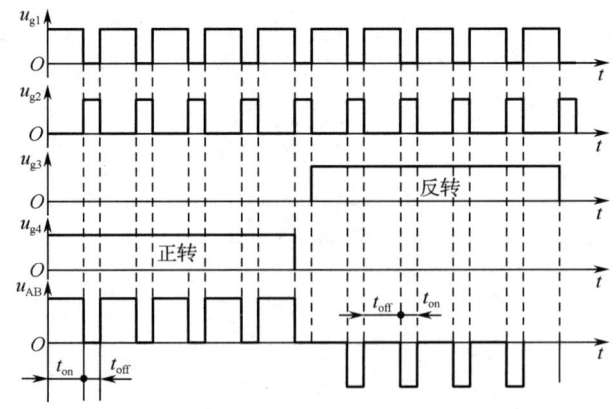

图 4-32 单极性 PWM 工作波形

（3）受限单极式调制：在单极式调制基础上，为进一步减小开关损耗和减少桥臂直通的可能性，在电动机要求正转时，只有 V_1 工作于 PWM 方式，V_4 始终处于导通状态，而 V_2 和 V_3 都关断；电动机反转时，只有 V_2 工作于 PWM 方式，V_3 始终处于导通状态，而 V_1 和 V_4 关断，这就是受限单极式调制。

H桥式直流-直流变换器的输出电流即使在负载较小时,也没有电流断续现象。

表4-3是H桥式PWM电路各种调制所对应的V1~V4通断情况和要求的驱动信号。

表4-3 双极式、单极式和受限单极式可逆PWM工作方式

控制方式	电动机转向	开关状况	
双极式	正转	V_1和V_4、V_2和V_3两两成对	
	反转	按照PWM方式同时导通和关断,工作于互补状态	
单极式	正转	V_3恒关断,V_4恒导通	V_1和V_2工作于互补的PWM方式
	反转	V_3恒导通,V_4恒关断	
受限单极式	正转	V_4始终处于导通状态而V_2和V_3都关断	V_1工作于PWM方式
	反转	V_3始终处于导通状态而V_1和V_4都关断	V_2工作于PWM方式

3. 工作过程

用全桥开关式直流电压变换电路驱动直流伺服电动机,电路原理如图4-33所示。在图中所示的全桥变换电路中,其输入是幅度不变的直流电压U_d,输出是幅度和极性均可控制的直流电压u_o。

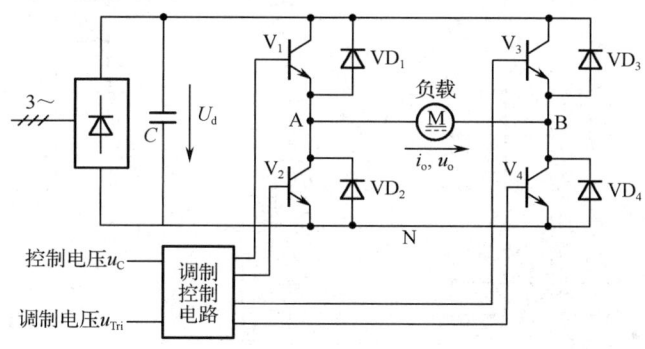

图4-33 全桥直流电压变换电路

(1)双极性电压开关PWM法

在双极性电压开关PWM法中,开关元件桥臂分为V_1、V_4和V_3、V_2两组,这两组开关中总有一组是导通的。由控制电压u_c与三角波电压u_{Tri}比较产生开关信号。当$u_c>u_{Tri}$时,V_1和V_4导通,而V_3和V_2关断;当$u_{Tri}>u_c$时,V_1和V_4关断,而V_3和V_2的基极即使加有正向驱动电压,却不一定能立即导通,如图4-34(e)所示,当电动机负载较重,负载电流平均值较大时,将有VD_2、VD_3续流,维持原有的电流方向,V_3和V_2的集射极之间分别与VD_3、VD_2并联而关断。当电动机轻载时,平均电流较小,在续流阶段,电流很快衰减到零。在这一阶段[如图4-34(a)所示的t_1区间,即$u_{Tri}>u_c$的区间],V_3、V_2集射极之间反压消失,V_3和V_2才能导通。输出电压U_o为

$$U_o = \frac{U_d}{U_{Tri}} u_c = m u_c \tag{4-81}$$

式中,$m=U_d/U_{Tri}$=常数。该式表明,在这种开关模式下的变换电路与单开关的直流电压变换电路是类似的,输出电压平均值输入控制信号u_c线性变化。

由图4-34(d)中输出电压u_o($u_o=u_{AN}-u_{BN}$)的波形可以看出,输出电压在$+U_d$和$-U_d$之间跳动,占空比α受u_c的大小和极性控制其值在0到1范围风变化。输出电压U_o则可在$-U_d$到$+U_d$之间连续变化。在一个周期内电枢两端的电压U_o正负相间,所以称为双极性PWM电路。当平均值为正时电动机为正转,反之电动机反转。

（2）单极性电压开关PWM法

电路的基本工作原理分析如下：

V_1和V_2的驱动脉冲$U_{b1}=-U_{b2}$，与双极性时相同。V_3和V_4的驱动信号与双极性时不同。如果电动机正转，U_{b3}恒为负，U_{b4}恒为正，使V_3关断，V_4常通。希望电动机反转时，U_{b3}恒为正，U_{b4}恒为负，使V_3常通，V_4关断。换句话说，V_3关断，V_4饱和导通，而V_1、V_2工作在交替开关状态，控制电动机正转；若V4关断，V3饱和导通，V_1、V_2工作在交替开关状态，控制电动机反转。很显然，在电动机正转时，电枢两端电压$U_{AB}=U_d$或$U_{AB}=0$，如图4-35（c）所示。

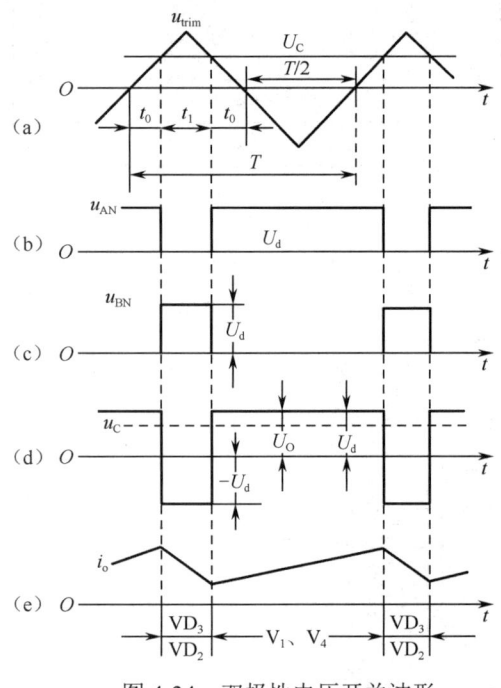

图4-34 双极性电压开关波形

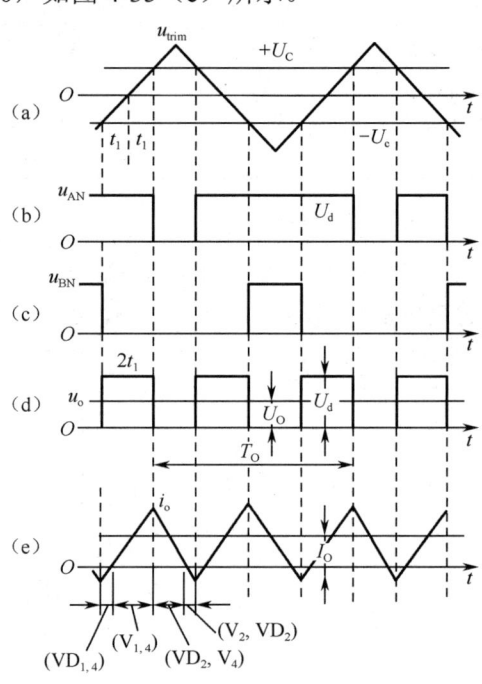

图4-35 单极性电压开关波形

在电动机反转时，电枢两端电压$U_{AB}=-U_d$或$U_{AB}=0$。其特点是：在正转或反转时，只可能分别存在一个极性的电压，故称为单极式变换器。

4.2.4 多相多重斩波电路

多相多重斩波电路是在电源和负载之间接入多个结构相同的基本斩波电路而构成的。对相同结构的基本斩波电路进行组合，可构成多重斩波电路。相数指一个控制周期中电源侧的电流脉波数。重数指负载电流脉波数。

图4-36中三相的三重降压斩波电路由3个降压斩波电路单元并联而成。

电路及波形分析：相当于由3个降压斩波电路单元并联而成，V_1、V_2、V_3依次导通，相位相差1/3周期，波形相同，总输出电流为三个斩波电路单元输出电流之和，其平均值为单元输出电流平均值的三倍，脉动频率也为三倍。三个单元电流的脉动幅值互相抵消，使总输出电流脉动幅值变得很小。多相多重斩这电路的总输出电流最大脉动率（即电流脉动畅值与电流平均值之比）与相数的二次方成反比减小，且输出电流脉动频率提高，因此和单相斩波电路相比，设输出电流最大脉动率一定时，所需平波电抗器的总重量大为减轻。

此时，电源电流为各可控开关的电流之和，其脉动频率为单个斩波电路时的3倍，谐波分量比单个斩波电路时显著减小。且电源电流的最大脉动率与单个斩波器时相比，也是与相数的二次方成反比减小。这使得由电源电流引起的干扰大大减小，若需滤波，只需接上简单的LC滤波器就起到良好的滤波效果。当上述电路电源公用而负载为 3 个独立负载时，则为三相一重斩波电路；而当电源为 3 个独立电源，向一个负载供电时，则为一相三重斩波电路。

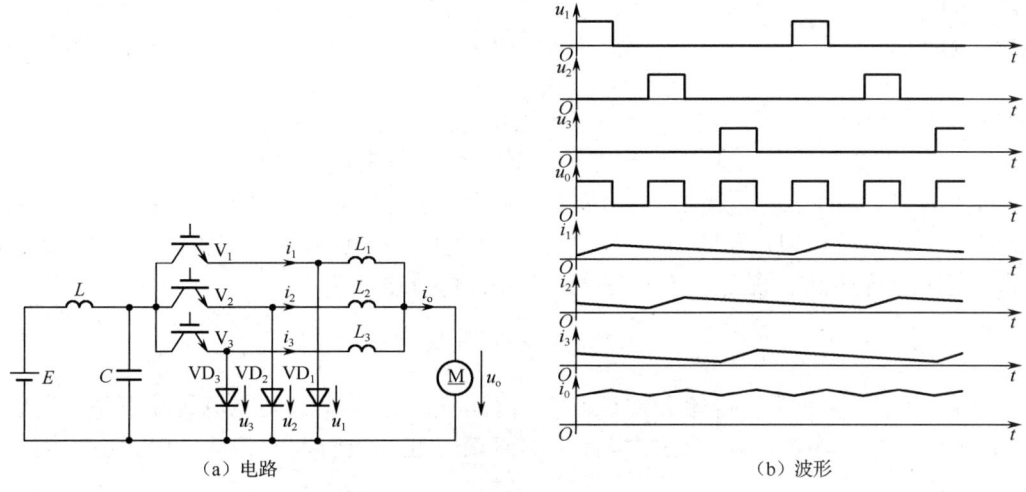

图 4-36　多相多重斩波电路及其波形

综上，当用多相多重斩波电路代替单个斩波电路时，多相多重斩波电路具有以下优点。总输出电流脉动率降低；如果多相多重斩波电路和单个斩波电路各电感量相同，总输出电流脉动幅值降低，电源侧的电流谐波分量显著减小；当要求总输出电流脉动率相同时，所需平波电抗器总重量大为减轻；多相多重斩波电路还具有备用功能，各斩波电路单元可互为备用，万一某个斩波单元发生故障，其余各单元可以继续运行，使得总体的可靠性提高。多相多重斩波电路的缺点是所需的器件较多，结构复杂。

4.3　隔离型直流变换电路

隔离型直流变换电路的结构如图 4-37 所示，同直流斩波电路相比，电路中增加了交流环节，因此也称为直-交-直电路。采用这种结构较为复杂的电路来完成直流-直流的变换有以下原因。

（1）输出端与输入端需要隔离。
（2）某些应用中需要相互隔离的多路输出。
（3）输出电压与输入电压的比例远小于 1 或远大于 1。
（4）交流环节采用较高的工作频率，可以减小变压器和滤波电感、滤波电容的体积和重量。

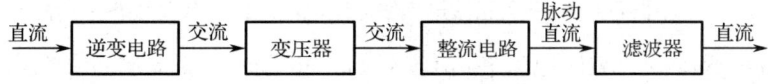

图 4-37　隔离型直流变换电路的结构

间接直流变流电路分为单端和双端电路两大类，在单端电路中，变压器中流过的是直流脉动电流，主要有正激电路和反激电路；双端电路中，变压器中的电流为正负对称的交流电流，主要有半桥、全桥和推挽电路。

4.3.1　正激电路

1. 电路结构

单端正激变换器由 Buck 变换器派生而来。在相应位置插入一个隔离变压器，即可得到图 4-38

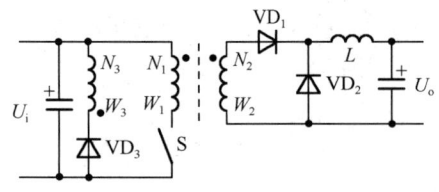

图 4-38 正激电路的原理图

所示的单端正激变换器，用开关 S 代表开关器件 V。

2．工作过程

正激电路也存在电感电流连续和电感电流断续两种工作模式。

（1）电感电流连续工作模式

$t_0 \sim t_1$ 时段：开关 S 导通，变压器绕组 N_1 上正下负，与其耦合的绕组 N_2 也是上正下负。因此 VD_1 处于通态，VD_2 为断态，电感 L 的电流逐渐增长。根据图 4-39 中的同名端表示，可以知道变压器二次侧也流过电流，VD_1 导通，VD_2 关断，电感电压为左正右负，变压器二次电流线性上升，电源能量经变压器传递到负载侧。在开关导通期间，电感电压为

$$u_L = \frac{N_2}{N_1} U_i - U_o \tag{4-82}$$

$t_1 \sim t_2$ 时段：开关 S 关断，电感 L 通过 VD_2 续流，VD_1 关断，L 的电流逐渐下降。变压器二次侧没有电流流过，负载电流经反并联二极管 VD_2 续流。在开关管断开期间，电感电压为负，电流线性下降。电感电压为

$$u_L = -U_o \tag{4-83}$$

在稳态时，电感电压符合伏秒平衡特性，在一个周期内积分为零，因此

$$\left(\frac{N_2}{N_1} U_i - U_o\right) t_{on} + (-U_o) t_{off} = 0 \tag{4-84}$$

电感电流连续时正激电路输出电压为

$$\frac{U_o}{U_i} = \frac{N_2}{N_1} \frac{t_{on}}{T_s} = \frac{N_2}{N_1} D \tag{4-85}$$

S 关断后变压器的激磁电流经 N_3 绕组和 VD_3 流回电源，所以 S 关断后承受的电压为

$$u_S = \left(1 + \frac{N_1}{N_3}\right) U_i \tag{4-86}$$

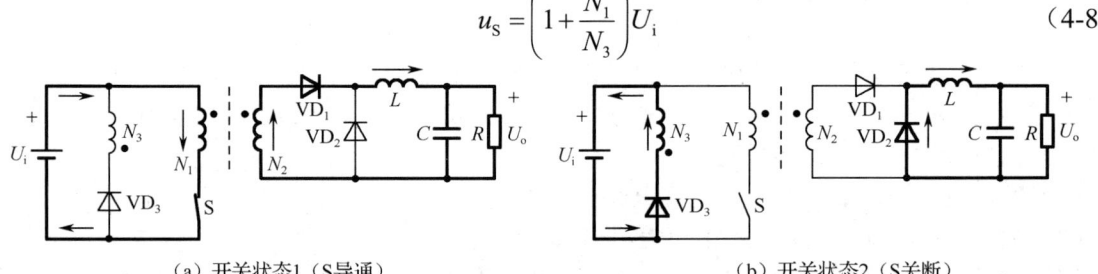

（a）开关状态1（S导通）　　　　　　　（b）开关状态2（S关断）

图 4-39 单开关正激电路在电感电流连续的开关状态

开关 S 开通后，变压器的激磁电流 i_{m1} 由零开始，随着时间的增加而线性增长，直到 S 关断。关断后到下一次再开通的一段时间内，必须设法使励磁电流降回零，否则下一个开关周期中，励磁电流将在本周期结束时的剩余值的基础上继续增加，并在以后的开关周期中依次累积起来，变得越来越大，从而导致变压器的励磁电感饱和。励磁电感饱和后，励磁电流更加迅速增长，最终损坏电路中的开关元件。因此，为防止变压器的激磁电感饱和，必须设法使激磁电流在 S 关断后到下一次再开通的一段时间内降回零，这一过程称为变压器的磁心复位。单开关正激电路在电感电流连续时的波形如图 4-40 所示。磁心复位过程各物理量的变化如图 4-41 所示。变压器的磁心复位时间为

$$t_{rst} = \frac{N_3}{N_1} t_{on} \tag{4-87}$$

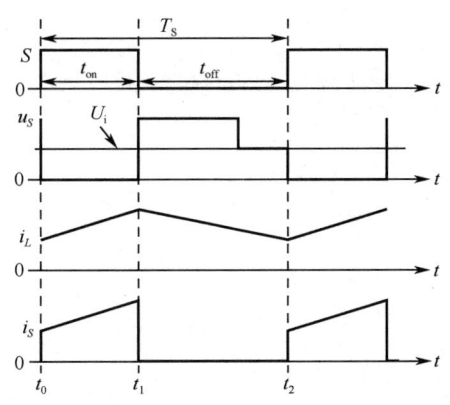

图 4-40 单开关正激电路在电感电流连续时的波形

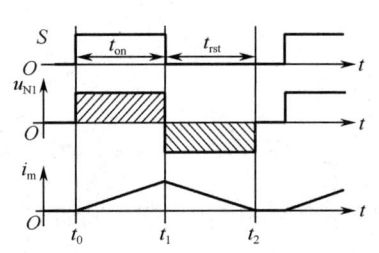
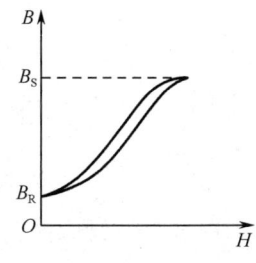

图 4-41 磁心复位过程

（2）电感电流断续工作模式

如果输出电感电流不连续，与降压斩波电路相似，输出电压 U_o 将高于式（4-84）的计算值，并随负载减小而升高，在负载为零的极限情况下有

$$U_o = \frac{N_2}{N_1} U_i \tag{4-88}$$

正激型电路的电压比关系和降压型电路非常相似，仅有的差别在于变压器的变比。正激电路的电压比可以看成是将输入电压 U_i 按变压器变比折算至变压器二次侧后根据降压型电路得到的。后面的半桥、全桥和推挽电路也是如此。

4.3.2 反激电路

1. 电路结构

反激电路（图 4-42 所示）可以看成是将升降压型电路中的电感换成相互耦合的电感 N_1 和 N_2 得到的，理想化波形如图 4-43 所示。反激型电路中的变压器在工作中总是经历着储能-放电的过程，这一点与正激电路以及后面要介绍的几种隔离型电路不同。变压器起着储能元件的作用，可以看作是一对相互耦合的电感。

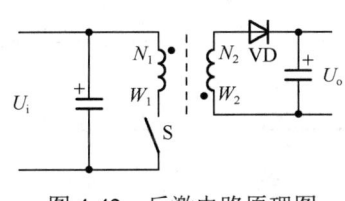

图 4-42 反激电路原理图

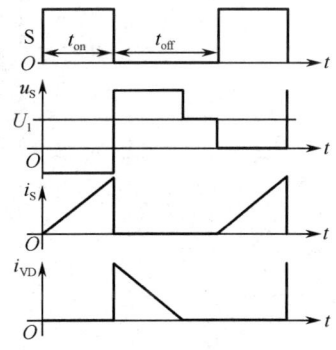

图 4-43 反激电路的理想化波形

2. 工作过程

反激电路也存在电感电流连续和电感电流断续两种工作模式。

（1）电流连续工作模式

$t_0 \sim t_1$ 时段：S 开通后，VD 处于断态，绕组 N_1 的电流线性增长，电感储能增加。电感电压为

$$u_L = U_i \tag{4-89}$$

$t_1 \sim t_2$ 时段：S 关断后，N_1 绕组的电流被切断，VD 导通，变压器中的磁场能量通过 N_2 绕组和二极管 VD 向输出端释放。电感电压为

$$u_L = -\frac{N_1}{N_2} U_o \tag{4-90}$$

S 关断后承受的电压为

$$u_S = U_i + \frac{N_1}{N_2} U_o \tag{4-91}$$

在稳态时，变压器一次侧绕组应用伏秒平衡特性，可以得出

$$\int_0^T u_L \mathrm{d}t = U_i t_{on} - \left(\frac{N_2}{N_1} U_o\right) t_{off} = 0 \tag{4-92}$$

电感电流连续时反激电路输出电压为

$$U_o = \frac{N_2}{N_1} \frac{t_{on}}{t_{off}} U_i = \frac{N_2}{N_1} \frac{\alpha}{1-\alpha} U_i \tag{4-93}$$

等效电路图如图 4-44 所示，主要电压、电流输出波形如图 4-45 所示。

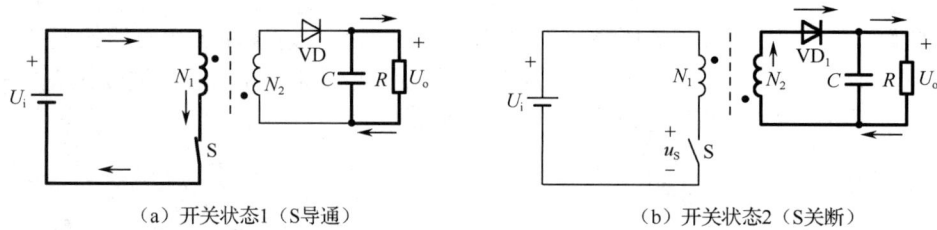

图 4-44 反激电路在电流连续时的开关状态

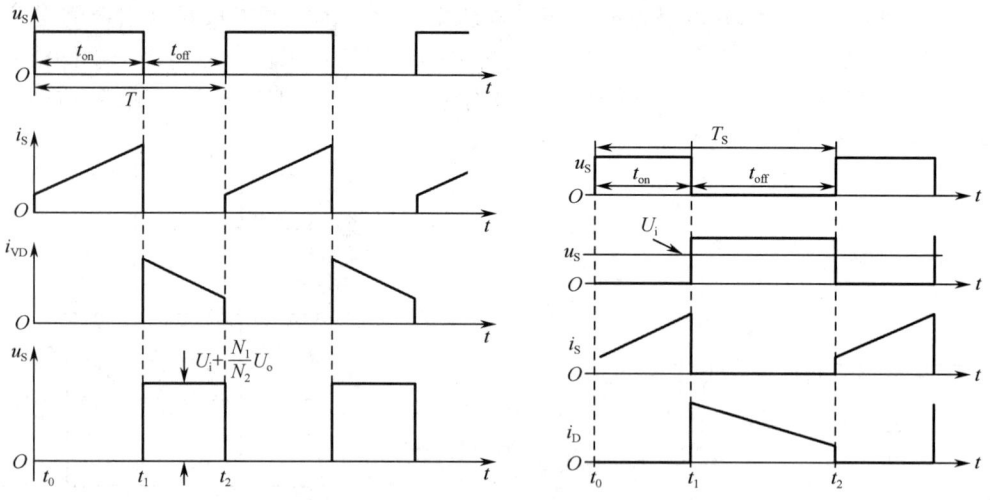

图 4-45 反激电路电流连续时主要电压、电流波形

（2）电流断续工作模式

反激电路工作于电流断续模式时，在一个开关周期经历开关导通、开关关断和电感电流为零 3 个开关状态。

$t_0 \sim t_1$ 时段：S 导通后，如图 4-46（a），二极管 VD 处于断态，N_1 绕组的电流线性增长，电感储能增加；有

$$U_i = L_1 \frac{\Delta I_1}{t_{on}} \tag{4-94}$$

式子中 L_1 为原边线圈的电感量；I_1 为通过原边线圈的电流。

$t_1 \sim t_2$ 时段：S 关断后，如图 4-46（b）所示，N_1 绕组的电流被切断，VD 导通，变压器中的磁场能量通过 N_2 绕组和二极管 VD 向输出端释放。t_2 时刻变压器中的磁场能量释放完毕，N_2 绕组电流下降到零，VD 关断。而在 S 关断时，若不考虑二极管 VD 导通压降的影响，有

$$U_o = -L_2 \frac{\Delta I_2}{t_{off}} \tag{4-95}$$

式子中 L_2 为副边线圈的电感量，I_2 为副边的电流。

$t_2 \sim t_3$ 时段：电路处于开关状态 3 如图 4-46（c），N_1 和 N_2 绕组电流均为零，电容 C 向负载释放能量。

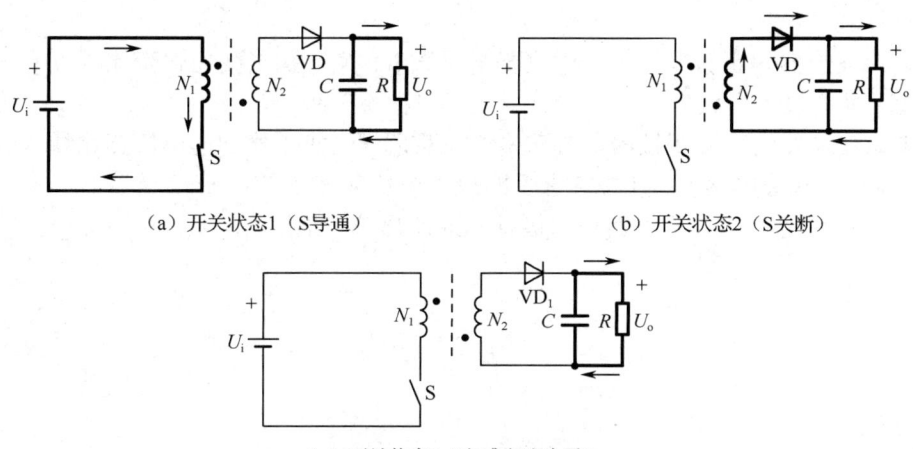

图 4-46 反激电路在电流断续时的开关状态

反激电路的结构最为简单，元件数少，因此成本较低，广泛适用于各种功率为数瓦～数百瓦的小功率开关电源。

反激电路电流断续时主要电压、电流波形如图 4-47 所示。

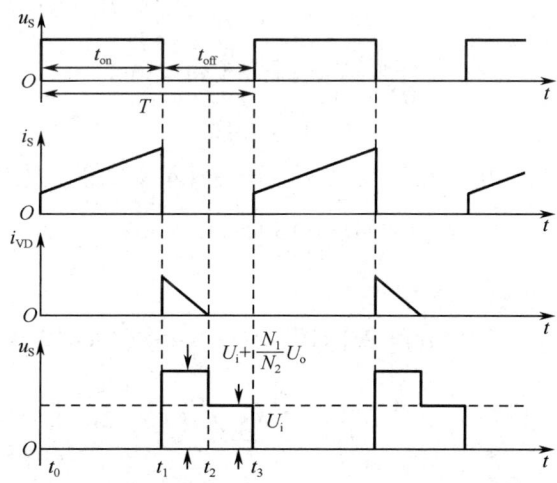

图 4-47 反激电路电流断续时主要电压、电流波形

反激电路电流断续工作时，输出电压将高于式并随负载减小而升高。在负载为零的极限情况

下将造成电路损坏，因此反激电路的负载不应该开路。反激电路工作于电流断续模式时，变压器磁芯的利用率较高、较合理，故通常在设计反激电路时应保证其工作于电流断续方式。由于在开关关断时磁能变电量传至负载，称反激电路。

$$U_\mathrm{o} = \frac{N_2}{N_1}\frac{t_\mathrm{on}}{t_\mathrm{off}}U_\mathrm{i} = \frac{N_2}{N_1}\frac{\alpha}{1-\alpha}U_\mathrm{i} \tag{4-96}$$

在各种家电、计算机设备、工业设备中广泛使用的小功率开关电源中基本都采用反激电路。该电路缺点是磁心磁场直流成分大，为防止磁心饱和，磁心磁路气隙较大，磁心体积较大。该电路变压器的工作点也仅处于磁化曲线平面的第Ⅰ象限，利用率低，而且开关元件承受的电流峰值较大，因此不适合用于较大功率的电源。

【例 4-7】 某变换器，输入直流电压 U_S=15V，开关频率 f_S=50kHz，导通占空比 α=0.45，输出电压为 30V 恒定，负载电流为 1A，忽略开关管与二极管的通态压降，要求变换器工作在电流连续状态，试计算：

（1）如果该变换器为正激变换器，钳位绕组匝数 $N_3=N_1$，那么变压器变比 N_2/N_1、最小滤波电感 L、开关管承受的最大电压为多少？

（2）如果该变换器为反激变换器，当开关管关断期间，变压器副边电流变化量 ΔI_2=2A 时，其变压器变比 N_2/N_1、原边电感 L、开关管承受的最大电压为多少？

解：（1）根据题意，忽略开关管与二极管的通态压降，有

$$\frac{U_\mathrm{o}}{U_\mathrm{S}} = \frac{N_2}{N_1}\alpha$$

$$\frac{N_2}{N_1} = 4.44$$

开关周期为

$$T_\mathrm{S} = 1/f_\mathrm{S} = 1/(50\times10^3) = 2.0\times10^{-5}\mathrm{s}$$
$$t_\mathrm{on} = T_\mathrm{S}\alpha = 2.0\times10^{-5}\times0.45 = 0.9\times10^{-5}\mathrm{s}$$

由于

$$L\frac{\Delta I_\mathrm{L}}{t_\mathrm{on}} = U_\mathrm{S}\frac{N_2}{N_1} - U_\mathrm{o}$$

ΔI_L=2A，则

$$L\frac{2\times1}{0.9\times10^{-5}} = 15\times4.44 - 30$$
$$L = 164.7\mathrm{\mu H}$$

开关管关断时，绕组 W_3 反电势钳位在 15V，开关管承受的最大电压 u_T 为

$$U_\mathrm{S} + \frac{N_1}{N_3}U_\mathrm{S} = 15 + 1\times15 = 30\mathrm{V}$$

（2）如果该变换电路为反激电路有

$$t_\mathrm{off} = T_\mathrm{S}(1-\alpha) = 2.0\times10^{-5}\times(1-0.45) = 1.1\times10^{-5}\mathrm{s}$$

根据

$$U_\mathrm{o} = \frac{N_2}{N_1}\frac{t_\mathrm{on}}{t_\mathrm{off}}U_\mathrm{S}$$

$$\frac{N_2}{N_1} = 2.44$$

由于 ΔI_2=2A，则

$$U_o = -L_2 \frac{\Delta I_2}{t_{\text{off}}} \quad L_2 = 165\mu\text{H} \quad L_1 = \left(\frac{N_1}{N_2}\right)^2 L_2 = 27.7\mu\text{H}$$

开关管承受的最大电压为

$$u_T = U_S + \frac{N_1}{N_2} U_O = 15 + \frac{1}{2.44} \times 30 = 27.3\text{V}$$

例 4-7 没有考虑开关管与二极管的通态压降。如果考虑通态压降各为 1V，则开关管开通时，一次绕组只承受了 15-1=14V 的电压。而输出相当于需要 30+1=31V 电压，经过二极管 1V 的压降，才能实际输出 30V。因此，可以将 U_o=31V，U_S=14V 代入前面的计算，但在计算开关管承受的最大电压时，应根据实际输入电压 15V 计算。

4.3.3 半桥变换电路

在正激、反激变换器中，变压器一次侧通过的是单向脉动电流，为防止变压器磁场饱和，需要加上必要的磁场复位电路或要求磁路上留有一定的气隙，磁性材料得不到充分利用；另外，主开关器件承受的电压高于电源电压，故对器件耐压要求较高。半桥式和全桥式隔离的变换器则可以克服这些缺点。这里仅讨论在降压变换器中插入桥式隔离变压器的变换器。

1. 电路结构

半桥式隔离的降压变换器如图 4-48 所示，C_1、C_2 为滤波电容，VD_1、VD_2 为整流二极管，LC 为输出滤波电路。变压器是具有中间抽头的变压器，原边绕组 W_1，匝数 N_1；副边绕组 W_{21} 和 W_{22} 匝数相等，均为 N_2。两个容量相等的电容构成一个桥臂，由于电容的容量大，故电容电压。

$$U_{C1} = U_{C2} = U_i/2 \tag{4-97}$$

开关构成另一个桥臂，均采用 PWM 控制方式，且交替导通。输出整流电路采用二极管全波整流电路。

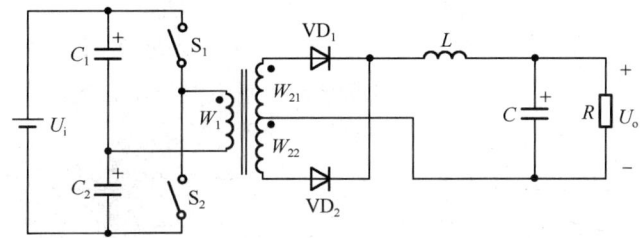

图 4-48 半桥式隔离的降压变换器原理图

2. 工作过程

半桥电路电感电流连续时，在一个开关周期有 4 个开关状态，等效电路图如图 4-49 所示，主要电压电流波形如图 4-50 所示。

（1）$t_0 \sim t_1$ 时段

S_1 导通，电容 C_1 加在 W_1 上。VD_1 导通，电感电流流经副边绕组 W_{21}、VD_1、C 及负载，电感电流线性上升。电感电压为

$$u_L = L \frac{\Delta I_L}{t_{\text{on}}} = U_i \frac{N_2}{2N_1} - U_o \tag{4-98}$$

（2）$t_1 \sim t_2$ 时段

开关都关断，原边绕组中的电流为零，电感通过二极管续流，根据变压器的磁势平衡方程，

绕组 W_{21} 和 W_{22} 中的电流大小相等、方向相反（忽略变压器的励磁电流），所以 VD_1 和 VD_2 都处于通态，每个二极管流过电感电流的一半，电感电流线性下降。

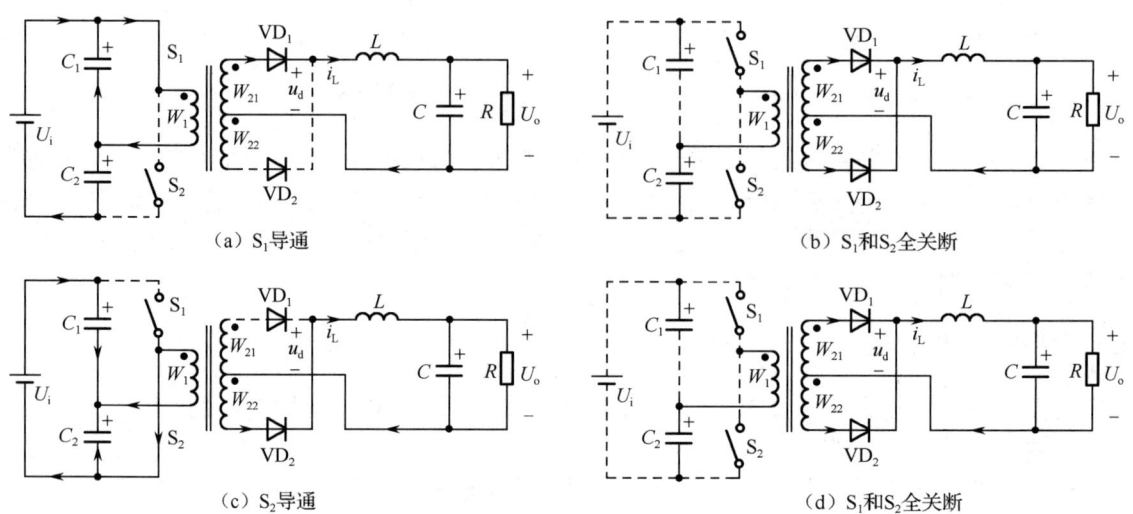

图 4-49　半桥电路电流连续时的开关状态

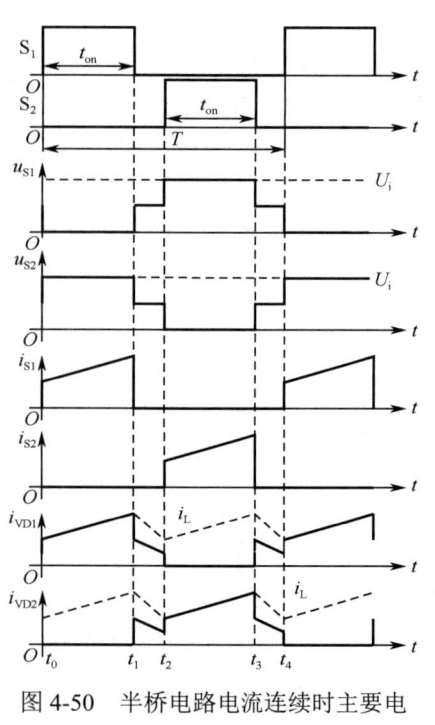

图 4-50　半桥电路电流连续时主要电压电流波形

（3）$t_2 \sim t_3$ 时段

S_2 导通，电容 C_2 加在 W_1 上。VD_2 导通，电感电流流经副边绕组 W_{22}、VD_2、C 及负载，电感电流线性上升。

（4）$t_3 \sim t_4$ 时段

开关都关断，原边绕组中的电流为零，电感通过二极管续流，每个二极管流过电感电流的一半，电感电流线性下降。

当滤波电感 L 的电流连续时，有

$$\frac{U_\mathrm{o}}{U_\mathrm{i}} = \frac{1}{2}\frac{N_2}{N_1}\frac{t_\mathrm{on}}{T/2} = \frac{N_2}{N_1}D \quad (4\text{-}99)$$

电感电流断续时，输出电压 U_o 将随负载电流减小而升高，在负载为零的极限情况时

$$U_\mathrm{o} = \frac{N_2}{N_1}\frac{U_\mathrm{i}}{2} \quad (4\text{-}100)$$

由于电容的隔直作用，半桥电路对由于两个开关导通时间不对称而造成的变压器一次侧电压的直流分量有自动平衡作用，因此不容易发生变压器的偏磁和直流磁饱和。为了避免上下两开关在换流的过程中发生短暂的同时导通而造成短路损坏开关，每个开关各自的占空比不能超过 50%，并应留有余量。半桥电路中变压器的利用率高，且没有偏磁的问题，可以广泛用于功率为数百瓦~数千瓦的电源中。与全桥电路相比，半桥电路开关元件数量少（但电流等级大），同样的功率下成本略低，可以用于对成本要求较苛刻的场合。

4.3.4　全桥变换电路

1. 电路结构

全桥式隔离的降压变换器如图 4-51 所示，C_1、C_2 为滤波电容，$VD_1 \sim VD_4$ 为整流二极管，LC

为输出滤波电路。原边绕组的匝数为 N_1；副边绕组匝数为 N_2。开关 S_1、S_2 和开关 S_3、S_4 分别构成一个桥臂开关，均采用 PWM 控制方式。互为对角的两个开关 S_1、S_4 和 S_2、S_3 同时导通，而同一桥臂上下两开关交替导通。输出整流电路采用二极管全桥整流电路。

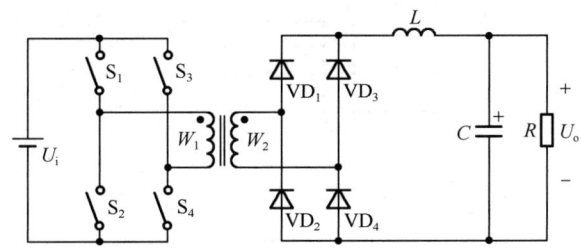

图 4-51 全桥式隔离的降压变换器原理图

2．工作过程

全桥电路电感电流连续时，一个开关周期内有 4 个开关状态，等效电路图如图 4-52 所示，电流连续时主要电压电流波形如图 4-53 所示。

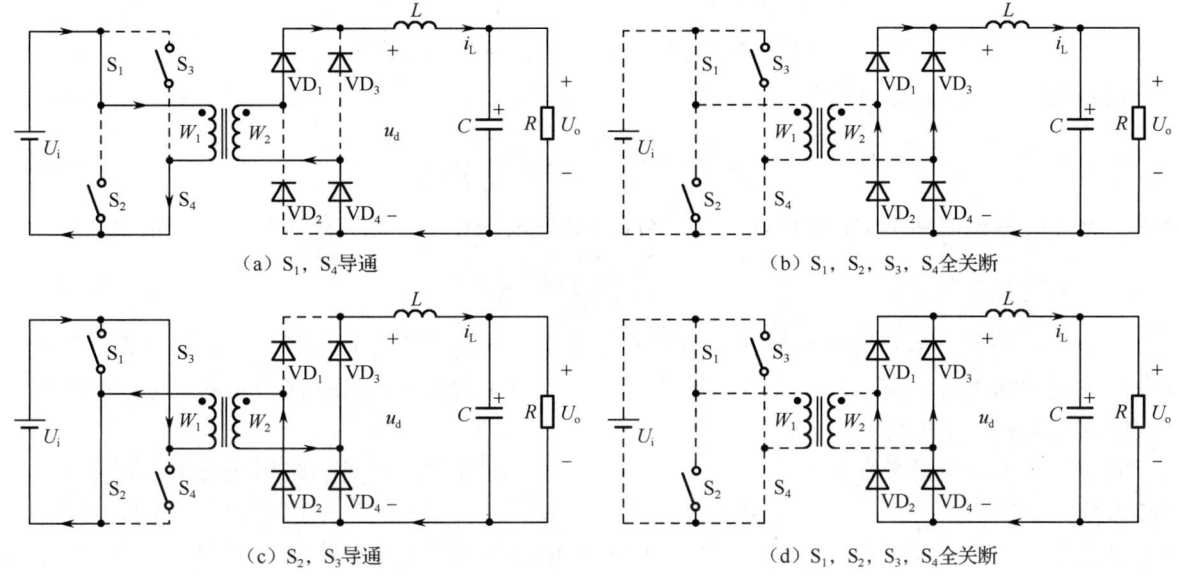

图 4-52 全桥电路电流连续时的开关状态

（1）$t_0 \sim t_1$ 时段

开关 S1、S4 导通，电压加在 W_1 上，电流经副边绕组 W_2、二极管 VD_1、VD_4、输出滤波电容及负载，电感电流线性上升。

（2）$t_1 \sim t_2$ 时段

开关都关断，原边绕组中的电流为零。电感通过二极管续流，每个二极管流过电感电流的一半，电感电流线性下降。

（3）$t_2 \sim t_3$ 时段

开关 S_2、S_3 导通，电压加在 W_1 上。电流经副边绕组 W_2、VD_2、VD_3、L、C 及负载，电感电流线性上升。

（4）$t_3 \sim t_4$ 时段

开关都关断，原边绕组中的电流为零。电感通过二极管续流，每个二极管流过电感电流的一半，电感电流线性下降，与 $t_1 \sim t_2$ 时段相同。

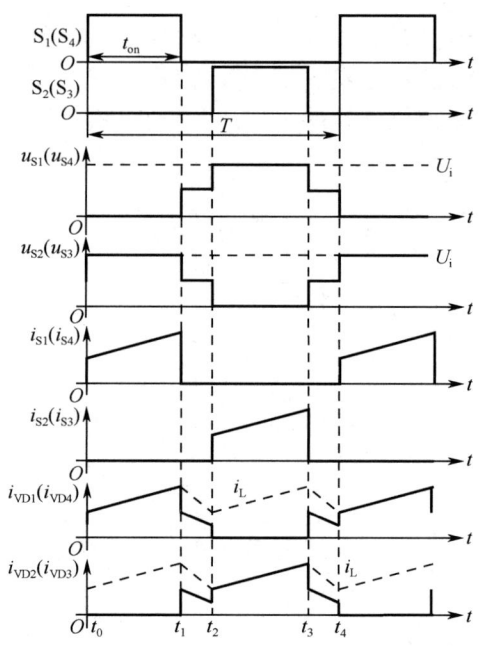

图 4-53 全桥电路电流连续时主要电压电流波形

当滤波电感 L 的电流连续时有

$$\frac{U_o}{U_i} = \frac{N_2}{N_1}\frac{t_{on}}{T/2} = 2\frac{N_2}{N_1}D \tag{4-101}$$

全桥电路在电感电流断续时，输出电压 U_o 将随负载电流减小而升高，在负载为零的极限情况下有

$$U_o = \frac{N_2}{N_1}U_i \tag{4-102}$$

若 S_1、S_4 与 S_2、S_3 的导通时间不对称，则交流电压中将含有直流分量，会在变压器一次侧电流中产生很大的直流分量，并可能造成磁路饱和，故应注意避免电压直流分量的产生。也可以在一次侧回路串联一个电容，以阻断直流电流。

为了避免上下两开关在换流的过程中发生短暂的同时导通而造成短路损坏开关，每个开关各自的占空比不能超过 50%，并应留有裕量。所有隔离型开关电路中，采用相同电压和电流容量的开关器件时，全桥电路可以达到最大功率，因此该电路常用于中大功率的电源中。特别是结构简单、效率高的移相全桥型软开关电路被广泛应用。目前，全桥电路被用于功率为数百瓦～数十千瓦的各种工业用电源中。

4.3.5 推挽电路

1. 电路结构

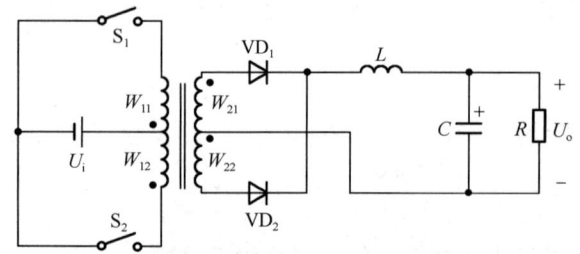

图 4-54 推挽电路的结构

变压器是具有中间抽头的变压器。原边绕组 W_{11} 和 W_{12} 匝数相等，均为 N_1；副边绕组 W_{21} 和 W_{22} 匝数相等，均为 N_2。绕组间同名端如图 4-54 所示。开关均采用 PWM 控制方式，且交替导通。输出整流电路采用由二极管构成的全波整流电路。

2. 工作过程

推挽电路电流连续时，在一个开关周期内经历 4 个开关状态。推挽电路中两个开关 S_1 和 S_2 交替导通，在绕组 N_1 和 N_2 两端分别形成相位相反的交流电压。改变占空比就可以改变输出电压 U_o。S_1 和 S_2 断态时承受的峰值电压均为 2 倍 U_i。等效电路图如图 4-55 所示，推挽电路电流连续时主要电压电流波形如图 4-56 所示。

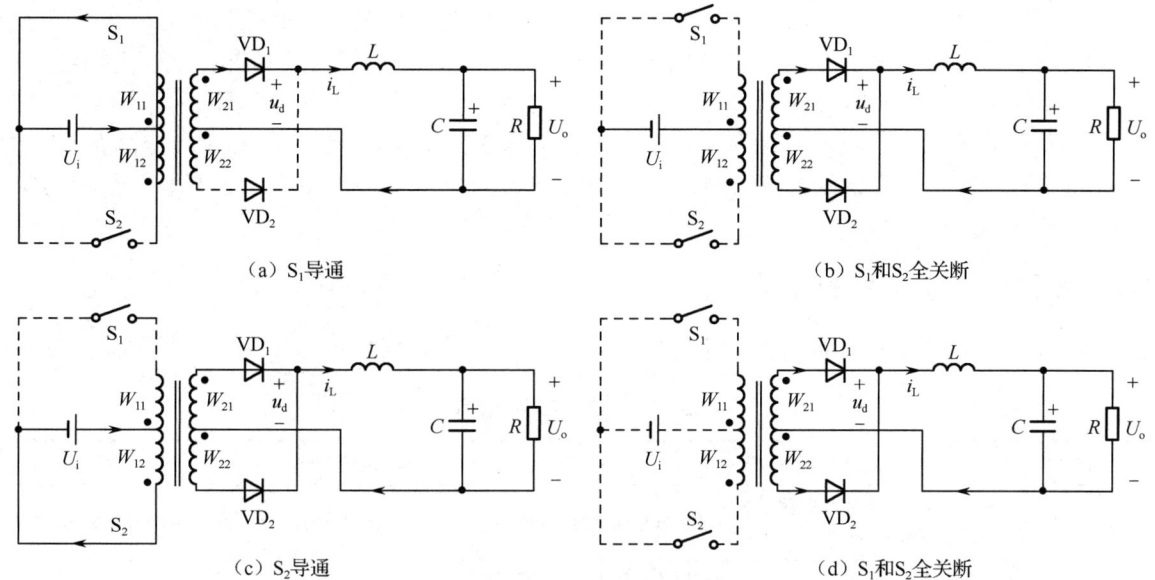

图 4-55 推挽电路在电流连续时的开关状态

（1）$t_0 \sim t_1$ 时段

S_1 受激励导通，电压加在 W_{11} 上。VD_1 正向偏置导通，电感电流经副边绕组 W_{21}、VD_1、L、C 及负载，电感电流线性上升。

（2）$t_1 \sim t_2$ 时段

开关都关断，原边绕组中的电流为零。电感通过两个二极管续流，每个二极管流过电感电流的一半，电感电流线性下降。

（3）$t_2 \sim t_3$ 时段

开关 S_2 受激励导通，电压加在 W_{12} 上，VD_2 导通，电感电流流经副边绕组 W_{22}、VD_2、L、C 及负载，电感电流线性上升。

（4）$t_3 \sim t_4$ 时段

开关都关断，原边绕组中的电流为零。电感通过两个二极管续流，每个二极管流过电感电流的一半，电感电流线性下降。

当输出电感电流连续时，推挽电路的输入输出电压关系为

$$U_o = \frac{N_2}{N_1} \frac{2t_{on}}{T} U_i = \frac{N_2}{N_1} D' U_i \qquad (4\text{-}103)$$

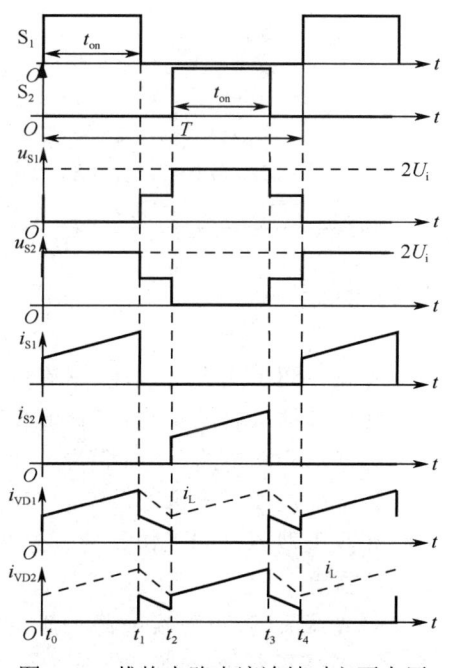

图 4-56 推挽电路电流连续时主要电压电流波形

当输出电感电流断续时,输出电压 U_o 将随负载电流减小而升高,在负载为零的极限情况下,推挽电路的输入输出电压关系为

$$U_o = \frac{N_2}{N_1} U_i \tag{4-104}$$

若 S_1 与 S_2 的导通时间不对称,则变压器一次绕组电压中将含有直流分量,会在变压器一次侧电流中产生很大的直流分量,并可能造成磁路饱和。与全桥电路不同的是,推挽电路无法在变压器原边串联隔直电容,因此必须注意变压器磁芯偏磁问题,只能靠精确控制信号和电路元件参数的匹配来避免直流分量的产生。如果 S_1 和 S_2 同时处于通态,就相当于变压器一次侧绕组短路。因此必须避免两个开关同时导通,每个开关各自的占空比不能超过 50%,并且要留有死区。推挽电路的一个突出优点是在输入回路中仅有 1 个开关的通态压降,而半桥电路和全桥电路都有 2 个,因此在同样的条件下产生的通态损耗较小,这对很多输入电压较低的电源十分有利,因此这类电源应用推挽电路比较合适。

4.3.6 不同隔离型电路的比较

不同隔离型电路的比较如表 4-4 所示。

表 4-4 不同隔离型电路的比较

电路	优点	缺点	功率范围	应用领域
正激	电路较简单,成本低,可靠性高,驱动电路简单	变压器单向激磁,利用率低	几百瓦~几千瓦	各种中、小功率电源
反激	电路非常简单,成本很低,可靠性高,驱动电路简单	难以达到较大功率,变压器单向激磁,利用率低	几瓦~几百瓦	小功率电子设备、计算机设备、消费电子设备电源
全桥	变压器双向励磁,容易达到大功率	结构复杂,成本高,有直通问题,可靠性低,需要复杂的多组隔离驱动电路	几百瓦~几百千瓦	大功率工业用电源、焊接电源、电解电源等
半桥	变压器双向励磁,没有变压器偏磁问题,开关较少,成本低	有直通问题,可靠性低,需要复杂的隔离驱动电路	几百瓦~几千瓦	各种工业用电源,计算机电源等
推挽	变压器双向励磁,变压器一次侧电流回路中只有一个开关,通态损耗较小,驱动简单。	有偏磁问题	几百瓦~几千瓦	低输入电压的电源

本章小结

本章介绍了两大类直流-直流变换:直接直流变流电路和间接直流变流电路。

其中包括 6 种直接直流-直流变换电路和 5 种间接直流-直流变换电路。直接直流变流电路包括 4 种基本斩波电路,其中降压型和升压型电路是最基本的直流-直流变换电路,对这两种电路的理解和掌握是学习本章的关键和核心,也是学习其他直流-直流变换电路的基础。重点掌握降压型电路和升压型电路的工作原理、这两种电路在不同工作模式下的输入输出关系、电路分析方法和工作特点等。

隔离直流-直流变换电路与非隔离直流-直流变换路的本质是相同的。但电路中插入隔离变压器不仅提高了变换电路工作安全可靠性,而且输入输出电压比更灵活,此外还可以同时获得几个不同数值的输出电压。直流-直流变换电路广泛应用于各种开关电源的设计中,是电力电子领域的一大热点。

间接直流变流电路可以分为单端和双端电路两大类。单端电路包括正激和反激；双端电路包括全桥、半桥和推挽。每类电路都可能有多种不同的拓扑形式或控制方法，本章仅介绍了其中最具代表性的拓扑形式和控制方法。双端电路的整流电路可以有多种形式，本章介绍了常用的全桥和全波两种，它们具有各自的特点和不同的应用场合。

习题及思考题

4.1 试比较 Buck 电路和 Boost 电路的异同。

4.2 试简述 Buck-Boost 电路和 Cuk 电路的异同。

4.3 试说明直流斩波器主要有哪几种电路结构？分析它们各有什么特点？

4.4 降压斩波电路中，E=200V，R=10Ω，L 值极大，E_M=50V，T=40μs，T_{on}=20μs，试计算输出电压平均值 U_o 和输出电流平均值 I_o。

4.5 降压斩波电路中，E=100V，R=0.5Ω，L=1mH，E_M=20V，T=20μs，T_{on}=10μs，试计算输出电压平均值 U_o 和输出电流平均值 I_o，计算输出电流最大值、最小值，并判断负载电流是否连续。当 T_{on}=5μS 时重新进行上述计算。

4.6 简述图 4-9（a）所示升压斩波电路的基本工作原理。

4.7 在图 4-9（a）所示的升压斩波电路中，已知 U_s=50V，L 值和 C 值极大，R=20Ω，采用脉宽调制控制方式，当 T=40μs，T_{on}=25μs 时，计算输出电压平均值 U_o，输出电流平均值 I_o。

4.8 试分别简述升降压斩波电路和 Cuk 斩波电路的基本原理，并比较其异同点。

4.9 有一个开关频率为 50kHz 的库克变换电路，假设输出端电容足够大，使输出电压保持恒定，并且元件的功率损耗可忽略，若输入电压 U_s=10V，输出电压 U_o 调节为 5V 不变。试求：

（1）占空比；

（2）电容器 C 两端的电压 U_c；

（3）开关管的导通时间和关断时间。

4.10 试绘制 Speic 斩波电路和 Zeta 斩波电路的原理图，并推导其输入输出关系。

4.11 分析图 4-26（a）所示的电流可逆斩波电路，并结合图 4-26（b）的波形，绘制出各个阶段电流流通的路径并标明电流方向。

4.12 对于图 4-30 所示的桥式可逆斩波电路，若需使电动机工作于反转电动状态，试分析此时电路的工作情况，并绘制相应的电流流通路径图，同时标明电流流向。

4.13 试分析反激式和正激式变换器的工作原理。

4.14 试分析全桥式变换器的工作原理。

4.15 有一个开关频率为 50kHz 的 Buck 变换电路工作在电感电流连续的情况下，L=0.05mH，输入电压 U_s=15V，输出电压 U_o=10V。

（1）求占空比 α 的大小；

（2）求电感中电流的峰-峰值 ΔI；

（3）若允许输出电压的纹波 $\Delta U_o/U_o$=5%，求滤波电容 C 的最小值。

4.16 图 4-9（a）所示的升压斩波电路工作在电感电流连续的情况下，器件 V 的开关频率为 100kHz，电路输入电压为直流 220V，当 R 两端的电压为 400V 时：

（1）求占空比的大小；

（2）当 R=40Ω 时，求维持电感电流连续时的临界电感值；

（3）若允许输出电压纹波系数为 0.01，求滤波电容 C 的最小值。

4.17 在 Boost 变换电路中，已知 U_s=50V，L 值和 C 值较大，R=20Ω，若采用脉宽调制方式，

当 $T=40\mu s$，$T_{on}=20\mu s$ 时，计算输出电压平均值 U_o 和输出电流平均值 I_o。

4.18 试分析正激变换电路和反激变换电路中开关管、二极管在工作中所承受的最大电压、流过的最大电流和平均电流。

4.19 试分析半桥、全桥、推挽变换电路中开关管、二极管在工作中所承受的最大电压、流过的最大电流和平均电流。

4.20 如图 4-42 所示的反激变换器，输入输出电压分别为 U_{in}、U_o。

（1）请绘制反激变换器的电路图，并推导连续工作方式（CCM）下 U_o/U_{in} 关系式，给出具体过程。

（2）当负载变化范围较小时反激变换器一般设计在 CCM 方式还是 DCM 方式？请阐述原因。

（3）变换器开环条件下完全空载能否正常工作，为什么？

4.21 如图 4-42 所示的反激变换器，已知输入电压为 300V，变压器匝比 $N_1:N_2=10:1$，输出电压稳定在 20V，请画出 CCM 和 DCM 两种工作方式下开关管 S 和二极管 VD 的电压和电流波形示意图，并计算二极管 VD 和开关管 S 承受的最大电压值。

4.22 如图 4-54 所示的推挽变换器。

（1）请推导推挽直-直变换器的输入输出关系。

（2）若开关频率为 100kHz，输入电压 48V，输出额定电流 100A，匝比 $N_1:N_2=4:1$，该电路能输出的最高电压为多少？

（3）该变压器工作在单向磁化还是双向磁化？是否存在直流偏磁现象，为什么？

（4）开关管的占空比能否大于 0.5，为什么？

拓展资源

第 5 章 交流-交流变换电路

交流-交流变换电路，简称交交变换电路，是把一种形式的交流电变换成另一种形式的交流电的电力电子变换装置，其变换的参数可以是交流电的相数、频率、幅值等。交流-交流变换技术主要包括交流调压技术、交流调功或无触点开关技术、直接交流变频技术等。交流-交流变换电路可以分为无直流环节的直接交交变换电路和有直流环节的间接交交变换电路。间接交交变换电路结构为交流→直流→交流，实际上是整流电路与逆变电路的组合，可归类到相关章节。本章仅介绍直接交交变换电路。

本章的主要内容及要求包括以下几点。
（1）掌握单相相控式交流调压电路的性质，结构和工作原理。
（2）掌握三相相控式交流调压电路的性质，结构和工作原理。
（3）掌握单相交流调功电路的性质，结构和工作原理。
（4）掌握单相相控式交流调压电路和单相交流调功电路的区别和联系。
（5）掌握单相输出交交变频电路的性质，结构和工作原理。
（6）了解三相输出交交变频电路的性质，结构和工作原理。
（7）了解交流电子开关的结构和工作原理。

5.1 交流调压电路

直接交流-交流变换电路又可分两种电路：交流电力控制电路和交交变频电路。具体来说，交流电力控制电路不改变电路频率，仅改变电路输出电压、电流或对电路进行通断控制；交交变频电路指将 50Hz 的工频交流电直接转换成其他频率的交流电的变换电路，它既能实现频率变换又可改变电路输出电压的大小。交流电力控制技术被广泛应用于交流电动机的调压调速、降压启动、调温、调光以及电气设备的交流无触点开关等，而交交变频技术主要应用于交流电动机的变频调速系统。

交流电力控制电路可继续细化分为交流调压电路和交流调功电路，其中交流调压电路如图 5-1 所示，二者可统称为交流开关控制技术或交流电力电子开关。

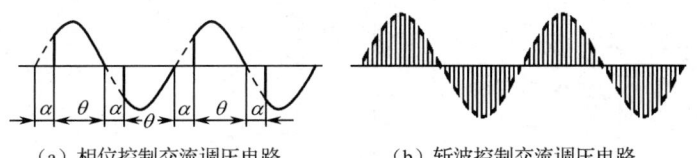

（a）相位控制交流调压电路　　　（b）斩波控制交流调压电路

图 5-1 不同控制方式的交流调压电路比较

交流调压电路只改变交流电压的大小，控制方式主要分为相位控制和斩波控制两类。

1. 相位控制：相位控制与可控整流电路的移相触发控制相同，分别在交流电源正、负半周，且在相同的移相控制角下，开通交流开关 S，以保证向负载提供正、负半周对称的交流电压波形，电路波形如图 5-1（a）所示，其中 α 和 θ 分别为触发角和导通角。相位控制方式简单，能连续调节输出电压的大小，但输出电压波形非正弦，低次谐波含量大。

2. 斩波控制：利用脉冲宽度调制技术，将交流电压波形斩控成脉冲序列，改变脉冲的占空比，即可调节输出电压的大小，电路波形如图 5-1（b）所示。斩波控制方式能连续调节输出电压的大小，波形中只含有高次谐波分量，基本克服了相位控制的缺点。由于斩波频率比较高，交流开关一般要采用高频自关断器件。

交流调功电路或无触点开关电路对交流电源实现通断控制，指在交流电压过零时刻开通或关断交流开关，使负载电路与交流电源接通几个周波、关断几个周波，通过改变导通、关断周波数的比值，实现调节输出电压大小的目的。这种控制方式由于输出电压断续，一般用于电炉调温、交流功率调节等。

由晶闸管组成的交流调压电路可以调节输出电压的有效值。与常规的调压变压器相比，交流调压电路的优点是：体积小、重量轻，控制灵活；缺点是：输出不是正弦波，谐波分量较大，功率因数较低。

具体电路中，通常将两个晶闸管反并联后串联在交流电路中，通过对晶闸管的控制就可以控制交流输出。交流调压电路广泛用于灯光控制（如调光台灯、舞台灯光）及异步电动机的软起动，也可用于异步电动机调速。交流调压电路可分单相交流调压电路和三相交流调压电路。

5.1.1 相控式单相交流调压电路

晶闸管交流调压电路中晶闸管的控制通常采用相位控制。它是使晶闸管在电源电压每一周期内选定的时刻将负载与电源接通，改变选定的导通时刻就可达到调压的目的。下面主要分析相位控制的交流调压电路，先阐述作为基础的单相交流调压电路。单相交流调压电路和整流电路一样，它的工作情况与它所带的负载性质有关，现分别予以讨论。

1．电阻负载

（1）电路结构

电阻负载的电路如图 5-2（a）所示，其电路结构为：两只反并联的晶闸管或一只双向晶闸管与负载电阻 R 串联组成主电路。

（2）工作原理

在 u_i 的正半周和负半周，分别对 VT_1 和 VT_2 的移相控制角 α 进行控制，就可以调节输出电压。

正半周 α 起始时刻（$\alpha=0$），均为电压过零时刻。在 $\omega t = \alpha$ 时，对 VT_1 施加触发脉冲，VT_1 正偏置而导通，负载电压波形与电源电压波形相同 [见图 5-2（b）]；在 $\omega t = \pi$ 时，电源电压过零，因为电阻负载，电流也为零，VT_1 自然关断。

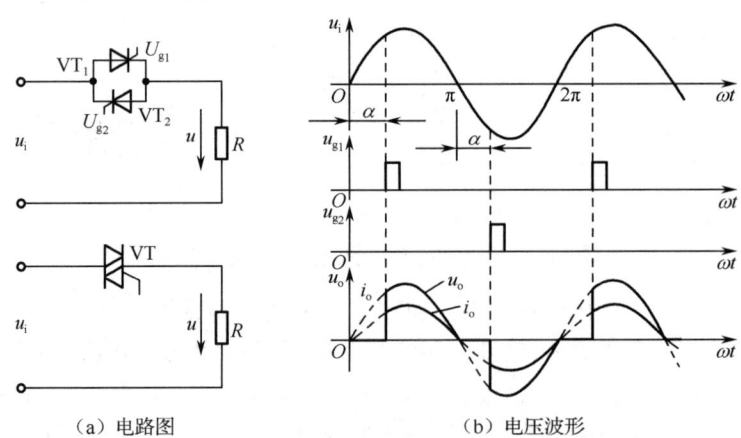

(a) 电路图　　　　　　　　(b) 电压波形

图 5-2　电阻负载时单相交流调压电路的主电路和输出电压波形

在负半周起始时刻（即 $\omega t = \pi + \alpha$）时，对 VT_2 施加触发脉冲，VT_2 正偏置而导通，负载电压波形与电源电压波形相同；在 $\omega t=2\pi$ 时，电源电压过零，VT_2 自然关断。

稳态时，正负半周的 α 相等，负载电压波形是电源电压波形的一部分，负载电流（电源电流）和负载电压的波形相似。

（3）定量分析

① 负载电压有效值 U_o 为

$$U_o = \sqrt{\frac{1}{\pi}\int_\alpha^\pi (\sqrt{2}U_i\sin\omega t)^2 \,d(\omega t)} = U_i\sqrt{\frac{1}{2\pi}\sin 2\alpha + \frac{\pi-\alpha}{\pi}} \quad (5\text{-}1)$$

② 负载电流有效值 I_o 为

$$I_o = \frac{U_o}{R} \quad (5\text{-}2)$$

③ 晶闸管电流有效值 I_T 为

$$I_T = \sqrt{\frac{1}{2\pi}\int_\alpha^\pi \left(\frac{\sqrt{2}U_i\sin\omega t}{R}\right)^2 d(\omega t)} = \frac{U_i}{R}\sqrt{\frac{1}{2}\left(1-\frac{\alpha}{\pi}+\frac{\sin 2\alpha}{2\pi}\right)} \quad (5\text{-}3)$$

④ 功率因数 λ 为

$$\lambda = \frac{P}{S} = \frac{U_o I_o}{U_i I_o} = \frac{U_o}{U_i} = \sqrt{\frac{1}{2\pi}\sin 2\alpha + \frac{\pi-\alpha}{\pi}} \quad (5\text{-}4)$$

其中，α 的移相范围为 $0\leq\alpha\leq\pi$，随着 α 的增大，u_o 逐渐降低，λ 逐渐降低。

【例 5-1】 两单向晶闸管反并联构成的单相交流调压电路，输入电压 U_{in}=220V，负载电阻 R=3Ω。当移相触发角 $\alpha=\pi/3$ 时，求：

① 输出电压有效值；
② 输出平均功率；
③ 晶闸管电流有效值；
④ 输入功率因数。

解：① 当 $\alpha=\pi/3$ 时，可求得输出电压有效值为

$$U_o = \sqrt{\frac{1}{\pi}\int_0^\pi (\sqrt{2}U_{in}\sin\omega t)^2 d\omega t} = U_{in}\sqrt{\frac{\sin 2\alpha}{2\pi}+\frac{\pi-\alpha}{\pi}}$$

$$= 220\times\sqrt{\frac{\sin 2\pi/3}{2\pi}+\frac{\pi-\pi/3}{\pi}} = 197\text{V}$$

输出电流有效值为

$$I_o = \frac{U_o}{R} = \frac{197}{3} = 66\text{A}$$

② 可得输出平均功率为

$$P = U_o I_o = 197\times 66 = 13002\text{W}$$

③ 晶闸管电流的有效值为

$$I_T = \sqrt{\frac{1}{2\pi}\int_0^\pi \left(\frac{\sqrt{2}U_{in}\sin\omega t}{R}\right)^2 d\omega t} = \frac{U_{in}}{R}\sqrt{\frac{1}{2}\left(1-\frac{\alpha}{\pi}+\frac{\sin 2\alpha}{2\pi}\right)} = \frac{I_o}{\sqrt{2}} = 46.7\text{A}$$

④ 输入功率因数为

$$\lambda = \frac{U_o I_o}{U_{in} I_o} = \frac{U_o}{U_{in}} = \frac{197}{220} = 0.9$$

（4）谐波分析

交流调压电路，驱动电阻负载时，其输出电压 u_o 为

$$u_o = \begin{cases} 0 & k\pi < \omega t < k\pi + \alpha \\ u_i = \sqrt{2}U_1 \sin(\omega t) & k\pi + \alpha < \omega t < k\pi + \pi \end{cases} \tag{5-5}$$

u_o 正、负半波对称，不含直流分量和偶次谐波，傅里叶级数表示

$$u_o = \sum_{n=1,3,5\cdots}^{\infty} (a_n \cos n\omega t + b_n \sin n\omega t) \tag{5-6}$$

其中 $a_n = \dfrac{2}{\pi}\int_0^{\pi} u_o(\omega t)\cos(n\omega t)\mathrm{d}(\omega t)$；$b_n = \dfrac{2}{\pi}\int_0^{\pi} u_o(\omega t)\sin(n\omega t)\mathrm{d}(\omega t)$

当 $n=1$ 时，得到基波电压系数为

$$a_1 = \frac{\sqrt{2}U_1}{2\pi}\cos(2\alpha - 1)$$

$$b_1 = \frac{\sqrt{2}U_1}{2\pi}[\sin 2\alpha + 2(\pi - \alpha)]$$

基波电压幅值为

$$U_{1m} = \sqrt{a_1^2 + b_1^2} = \frac{\sqrt{2}U_1}{\pi}\sqrt{(\pi-\alpha)^2 + (\pi-\alpha)\sin 2\alpha + (1-\cos 2\alpha)} \tag{5-7}$$

n 次谐波电压系数为

$$a_n = \frac{\sqrt{2}U_1}{2\pi}\left\{\frac{1}{n+1}[\cos(n+1)\alpha - 1] - \frac{1}{n-1}[\cos(n-1)\alpha - 1]\right\}$$

$$b_n = \frac{\sqrt{2}U_1}{2\pi}\left\{\frac{1}{n+1}[\sin(n+1)\alpha] - \frac{1}{n-1}\sin(n-1)\alpha\right\} \quad (n=3,5,7\cdots)$$

n 次谐波电压幅值：$U_{nm} = \sqrt{a_n^2 + b_n^2}$

基波和 n 次谐波电压有效值、电流有效值为

$$U_n = \frac{1}{\sqrt{2}}\sqrt{a_n^2 + b_n^2} \quad (n=1,3,5,7\cdots); \qquad I_n = \frac{U_n}{R} \tag{5-8}$$

电压基波和各次谐波的标幺值随 α 变化的曲线，其中基准电压为 $\alpha=0$ 时的基波电压有效值为 U_1。

因为单相交流调压电路驱动电阻负载，所以电流与电压波形相同，如图 5-3 所示，则电源电流谐波特点如下。

① 谐波次数越低，谐波幅值越大。

② 3 次谐波的最大值出现在 $\alpha=90°$ 时，幅值约占基波分量的 0.3 倍。

③ 5 次谐波的最大值出现在 $\alpha=60°$ 和 $\alpha=120°$ 的对称位置。

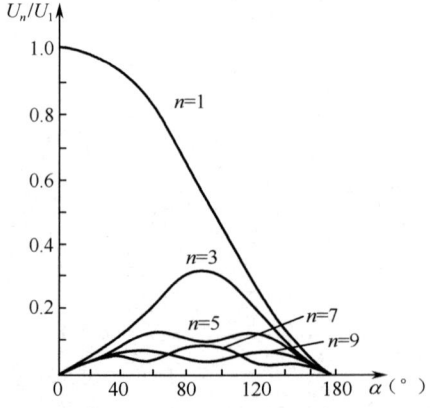

图 5-3 电阻负载时单相交流调压电路的电压谐波图

2. 电感负载

当负载为电感线圈、交流发动机或变压器绕组时，这种负载称为电感负载，负载阻抗角为 φ。当电源电压反向过零时，由于电感储能，电感产生感应电势阻止电流变化，其自感电势使晶闸管继续导通，此时晶闸管导通角 θ 的大小不仅与触发角 α 有关，而且与负载阻抗角 φ 有关。两只晶闸管门极的起始控制点分别定在电源电压每个半周的起始点，α 的最大移相范围是 $\varphi \leq \alpha \leq \pi$，正负半周有相同的 α 角。

（1）电路结构

电感负载的电路如图 5-4（a）所示，其电路结构为：两个反并联的晶闸管与负载电阻 R 和电感 L 串联组成主电路。

（2）工作过程

若晶闸管短接，稳态时负载电流为正弦波，相位滞后于 u_o 的角度为 φ，当用晶闸管控制时，只能进行滞后控制，使负载电流更为滞后，其电压波形图如图 5-4（b）所示。

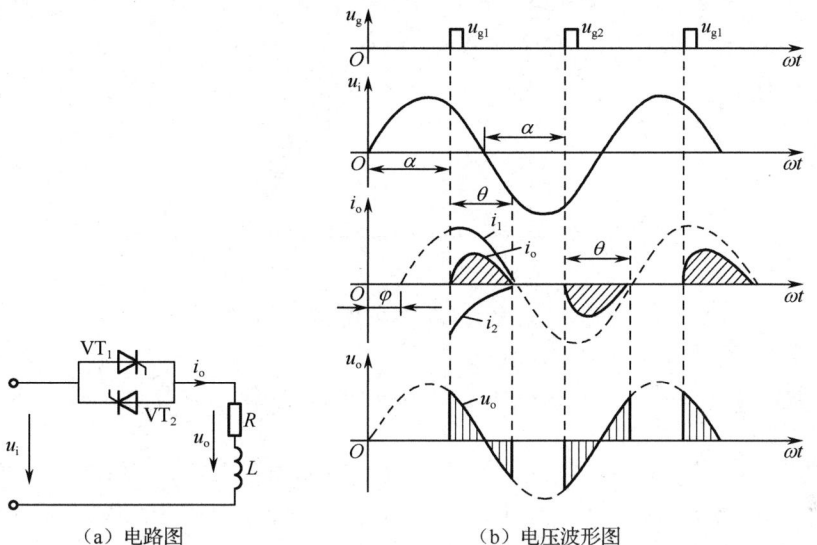

（a）电路图　　　　　　　　（b）电压波形图

图 5-4　电感负载时单相交流调压电路的主电路和输出电压波形

设负载的阻抗角为 $\varphi = \arctan(\omega L/R)$，稳态时 α 的移相范围应为 $\varphi \leq \alpha \leq \pi$。在 $\omega t = \alpha$ 时刻开通晶闸管 VT_1，负载电流满足如下微分方程及初始条件

$$L\frac{di_0}{dt} + Ri_0 = \sqrt{2}U_i \sin \omega t \tag{5-9}$$

$$i_0|_{\omega t = \alpha} = 0$$

解方程得出

$$i_0(t) = i_1(t) + i_2(t) = \frac{\sqrt{2}U_i}{Z}\sin(\omega t - \varphi) - \frac{\sqrt{2}U_i}{Z}e^{\frac{\alpha - \omega t}{\tan \varphi}}\sin(\alpha - \varphi) \quad (\alpha \leq \omega t \leq \alpha + \theta) \tag{5-10}$$

式中

$$Z = \sqrt{R^2 + (\omega L)^2}$$

θ 为晶闸管的导通角；负载电流 i_0 由两部分叠加，即稳态分量和暂态分量，分别表示为

$$i_1(t) = \frac{\sqrt{2}U_i}{Z}\sin(\omega t - \varphi) \tag{5-11}$$

$$i_2(t) = -\frac{\sqrt{2}U_i}{Z} e^{\frac{\alpha-\omega t}{\tan\varphi}} \sin(\alpha-\varphi) \tag{5-12}$$

利用边界条件：$\omega t = \alpha + \theta$ 时的 $i_0 = 0$，可求得晶闸管导通角 θ。
可得

$$\sin(\alpha+\theta-\varphi) = \sin(\alpha-\varphi)e^{\tan\varphi} \tag{5-13}$$

以 φ 为参变量，利用式（5-13）可以把 α 和 θ 的关系 $\theta = f(\alpha,\varphi)$ 用图 5-5 的一簇曲线来表示。通过关系曲线很容易得到晶闸管的导通角，当 $\alpha=\varphi$ 时，$\theta=\pi$；当 $\alpha>\varphi$ 时，$\theta<\pi$。例如，当 $\varphi=30°$，$\alpha=60°$ 时，查曲线，可得晶闸管的导通角 $\theta\approx 146°$。

根据 α、φ 大小关系，θ 角和电路运行状态不同，现分别加以说明。

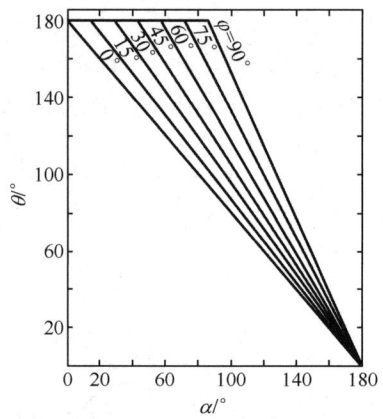

图 5-5 触发角 α、导通角 θ 和负载阻抗角 φ 的关系曲线图

① 当 $\alpha=\varphi$ 时，$i_2 = -\frac{\sqrt{2}U_i}{Z}\left[\sin(\alpha-\varphi)e^{\frac{\alpha-\omega t}{\tan\varphi}}\right] = 0$，此时负载电流暂态分量为 0，只有稳态分量，一开通就进入稳态。由式（5-13）可得：导通角 $\theta=\pi$，晶闸管 VT_1，VT_2 导通 180°，电流连续。调压电路直通，不起调压作用，$u_o = u_i$。电路运行情况如图 5-6（a）所示。

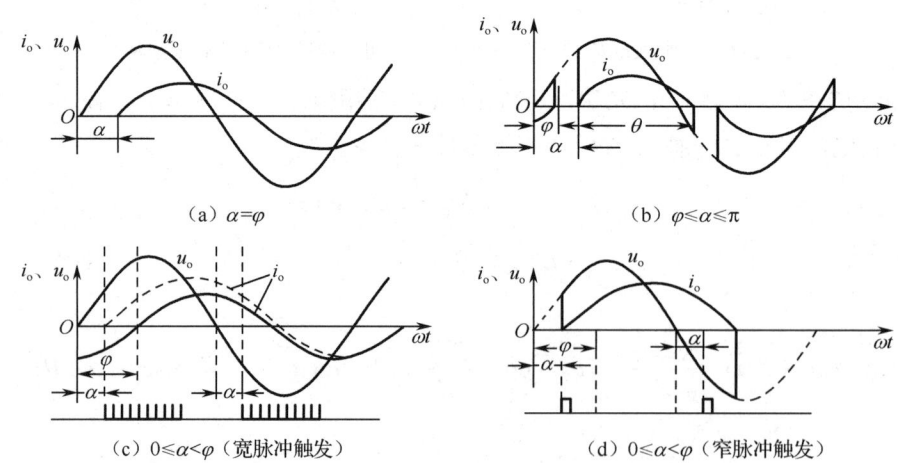

图 5-6 触发角 α 和负载阻抗角 φ 的不同关系情况下电路运行状态图

② 当 $\varphi\leq\alpha\leq\pi$ 时，电路运行情况如图 5-6（b）所示。
（a）当 $\alpha=\pi$ 时，$\theta=0$，$u_o=0$。
（b）当 α 从 π 逐步减少时，θ 逐步加大，直至接近 π。

(c) 负载电压有效值 U_o 也从 0 增大到接近电源电压有效值 U_i。
(d) 导通角小于 π，电流断续。

③ 当 $0 \leq \alpha < \varphi$（宽脉冲或脉冲序列触发）时，电路运行情况如图 5-6（c）所示。

(a) 当负载电流过零、VT_1 关断后，VT_2 的触发脉冲依然存在，VT_2 能接着导通，电流能一直保持连续。

(b) 稳态时，VT_1，VT_2 均导通 $180°$，输出电压 $u_o=u_i$ 为完整正弦波，调压器直通，不起调压作用，首次开通有直流分量。

④ 当 $0 \leq \alpha < \varphi$（窄脉冲触发）时，电路运行情况如图 5-6（d）所示。

(a) 触发 VT_1 时，VT_1 导通，VT_1 的导通时间超过 π。

(b) 电压过 0 后，触发 VT_2 时 VT_1 仍为导通，VT_2 不能开通。

(c) 当电流过零 VT_1 关断后，u_{g2} 消失，VT_2 仍不导通。下一个周期，VT_1 重复导通，VT_2 导通角小于 π。

(d) 单管导通，直流分量，交流负载有危害。

(e) 衰减过程中，VT_1 导通时间渐短，VT_2 的导通时间渐长。

(f) 当 α 继续减小使 $0 \leq \alpha < \varphi$ 时，即触发脉冲在 $0<\omega t<\varphi$ 的某一时刻触发 VT_1，暂态分量大于零，则 VT_1 的导通时间将超过 π。到 $\omega t=\pi+\alpha$ 时刻触发 VT_2 时，负载电流 i_o 尚未过零，VT_1 仍在导通，VT_2 不会立即导通。直到 i_o 过零后，如 VT_2 的触发脉冲有足够的宽度，VT_2 就会导通。因为 $\alpha<\varphi$，VT_2 提前导通，负载 L 被过充电，其放电时间也将延长，使得 VT_1 结束导电时刻大于 $\pi+\varphi$，并使 VT_2 推迟导通，VT_2 的导通角当然小于 π，如图 5-7 所示。一般情况下采用宽度为 $\pi-\alpha$ 的宽脉冲或脉冲序列触发。

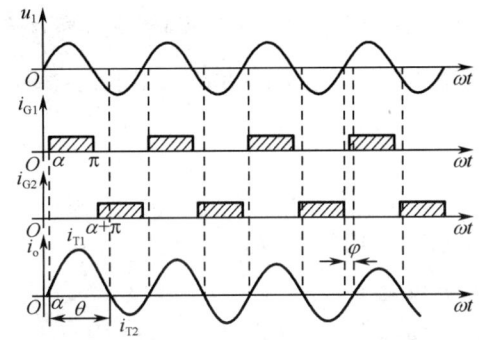

图 5-7　$\alpha<\varphi$（窄脉冲触发）时，电感负载交流调压电路工作波形

在这种情况下，RL 负载方程式和其所解得的 i_o 表达式仍是适用的，只是 ωt 的适用范围不再是 $\alpha \leq \omega t \leq \alpha+\theta$，而是扩展到 $\alpha \leq \omega t \leq \infty$，因为这种情况下 i_o 已不存在断流区，其过渡过程和带 RL 负载的单相交流电路在 $\omega t=\alpha(\alpha<\varphi)$ 时合闸所发生的过渡过程完全相同。可以看出，i_o 由两个分量组成，第一项为正弦稳态分量，第二项为指数衰减分量，如图 5-7 所示。

在指数分量的衰减过程中，VT_1 的导通时间逐渐缩短，VT_2 的导通时间逐渐延长。当指数分量衰减到零后，VT_1 和 VT_2 的导通时间都趋近到 π，其稳态的工作情况与 $\alpha=\varphi$ 时完全相同。

(3) 定量分析

① 负载电压有效值 U_o 为

$$U_o = \sqrt{\frac{1}{\pi}\int_\alpha^{\alpha+\theta}(\sqrt{2}U_i\sin\omega t)^2\,\mathrm{d}(\omega t)} = U_i\sqrt{\frac{\theta}{\pi}+\frac{1}{2\pi}[\sin 2\alpha - \sin(2\alpha+2\theta)]} \qquad (5-14)$$

② 晶闸管电流有效值 I_{VT} 为

$$I_{VT} = \sqrt{\frac{1}{2\pi}\int_{\alpha}^{\alpha+\theta}\left\{\frac{\sqrt{2}U_i}{Z}\left[\sin(\omega t - \varphi) - \sin(\alpha - \varphi)e^{\frac{\alpha-\omega t}{\tan\varphi}}\right]\right\}^2 d(\omega t)} = \frac{U_i}{\sqrt{2\pi}Z}\sqrt{\theta - \frac{\sin\theta\cos(2\alpha+\varphi+\theta)}{\cos\varphi}} \quad (5-15)$$

③ 负载电流有效值 I_o 为

$$I_o = \sqrt{2}I_{VT} \quad (5-16)$$

④ 晶闸管电流 I_{VT} 的标幺值 I_{VTN} 为

$$I_{VTN} = I_{VT}\frac{Z}{\sqrt{2}U_i} \quad (5-17)$$

上式中 Z 为阻抗，即

$$Z = \sqrt{R^2 + (\omega L)^2}$$

单相交流调压电路 φ 为参变量时 I_{VTN} 和 α 关系曲线如图 5-8 所示。

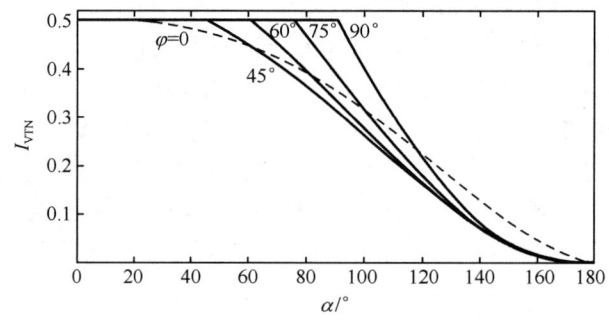

图 5-8　单相交流调压电路 φ 为参变量时 I_{VTN} 和 α 关系曲线

【例 5-2】　电阻阻值 $R=10\Omega$ 和电感量为 $L=20\text{mH}$ 串联的负载，由单相交流调压电路供电，$U_{in}=220\text{V}$，求：

① 控制角 α 有效控制范围；
② 负载电流的最大有效值 I_o；
③ 最大输出功率 P_o 及对应的输入功率因数 λ 。

解：① 由题可知，负载阻抗角为

$$\varphi = \arctan\left(\frac{\omega L}{R}\right) = \arctan\left(\frac{2\pi \times 50 \times 20 \times 10^{-3}}{10}\right) = 0.56 = 32°$$

则控制角 α 的有效控制范围为 $32° \leq \alpha \leq 180°$

② 负载电流的最大值发生在 $\alpha=\varphi$ 时，此时负载电流也是正弦波。

$$I_O = \frac{U_{in}}{\sqrt{R^2+(\omega L)^2}} = \frac{220}{\sqrt{100+(2\pi \times 50 \times 20 \times 10^{-3})^2}} = 18.63\text{A}$$

③ 其最大输出功率为

$$P_o = I_o^2 R = 18.63^2 \times 10 = 3471\text{W}$$

对应的输入功率因素为

$$\lambda = \frac{P_o}{U_i I_o} = 0.85$$

（4）谐波分析

在电阻电感负载下，根据电路输出波形，可以用上面电阻负载情况下的分析方法，只是公式复杂得多。电源电流的谐波特点有下面几点。

① 谐波次数与电阻负载时相同，只含 3，5，7，…奇次谐波；

② 谐波次数越低，谐波幅值越大；

③ 和电阻负载时相比，谐波电流含量要少些，而且 α 角相同时，随阻抗角 φ 的增大谐波含量有所减少。

5.1.2 斩控式单相交流调压电路

1. 电路结构

S_1 和 S_2 为双向开关，S_1 为主开关器件，S_2 为续流器件，采用 PWM 控制方式，S_1 和 S_2 的控制端信号时序为互补，电路图如图 5-9 所示，电路输出电压 u_o 的波形如图 5-10 所示。利用傅里叶级数分析，u_o 除包含基波分量 $D*U_{Nm}\sin\omega t$（D 为占空比，U_{Nm} 为输入电压峰值），还包含其他谐波，改变占空比即可改变基波幅值，从而实现调压的目的，具体调节占空比的方法可以参考直流斩波电路。

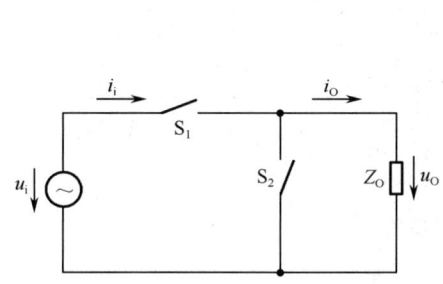

图 5-9 斩控式交流调压电路

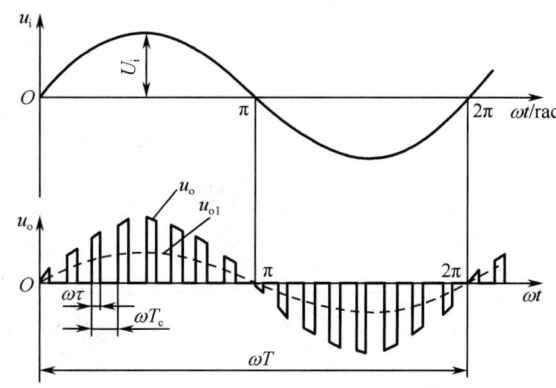

图 5-10 电阻负载斩控式交流调压电路波形

电路电压增益 A_V 定义为输出电压基波幅值 U_{01m} 与输入电压幅值 U_i 的比值，即

$$A_V = \frac{U_{01m}}{U_i} = D$$

采用 IGBT 作为开关元件的单相斩控式交流调压电路如图 5-11 所示，交流开关采用双器件型。IGBT 栅压时序分布随负载性质而变化，后续依次展示。由图 5-11 可见，在 u_i 的正半轴，u_{gVT2} 和 u_{gVT3} 恒为正值，而 $u_{gVT4} = 0$，u_{gVT1} 则为正脉冲列，重复周期为 T_c。

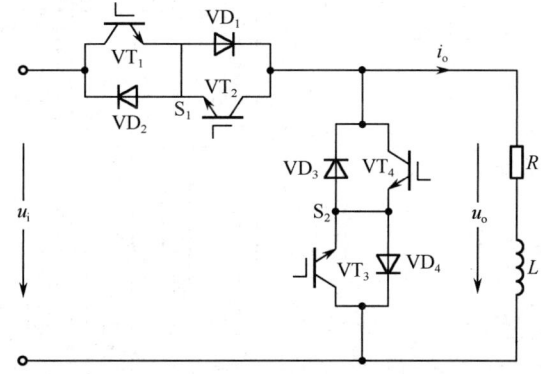

图 5-11 采用 IGBT 作为开关元件的单相斩控式交流调压电路

2. 基本原理

斩控交流调压电路和相控交流调压电路一样,它的工作情况与它所带的负载性质有关,现分别予以讨论。

(1) 电阻负载

输出电压 u_o 在一个电网周期 T 中的波形如图 5-12 所示,可见 u_o 的基波分量 u_{o1} 可表示为

$$u_{o1} = U_{01m}\sin\omega t = DU_{im}\sin\omega t \tag{5-18}$$

改变 u_{gVT1} 的脉宽 τ 即可改变基波幅值 DU_{im},从而实现调压目的。

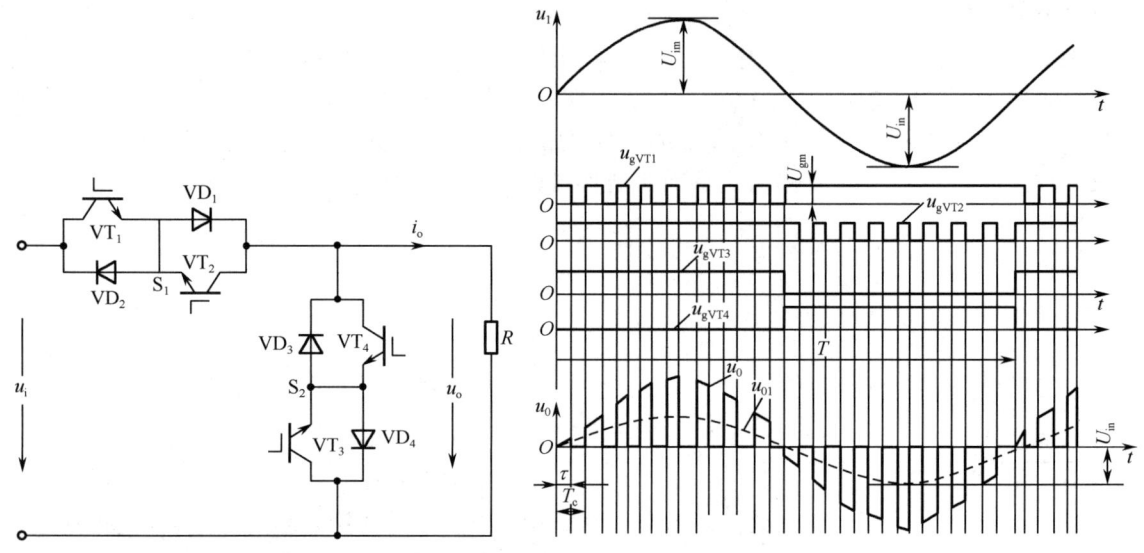

图 5-12 负载单相斩控式交流调压电路波形图

(2) 电感负载

设电路具有电感负载,基波阻抗角为 φ_1,此时输出电压 u_o 在一个电网周期 T 中的波形如图 5-13 所示。

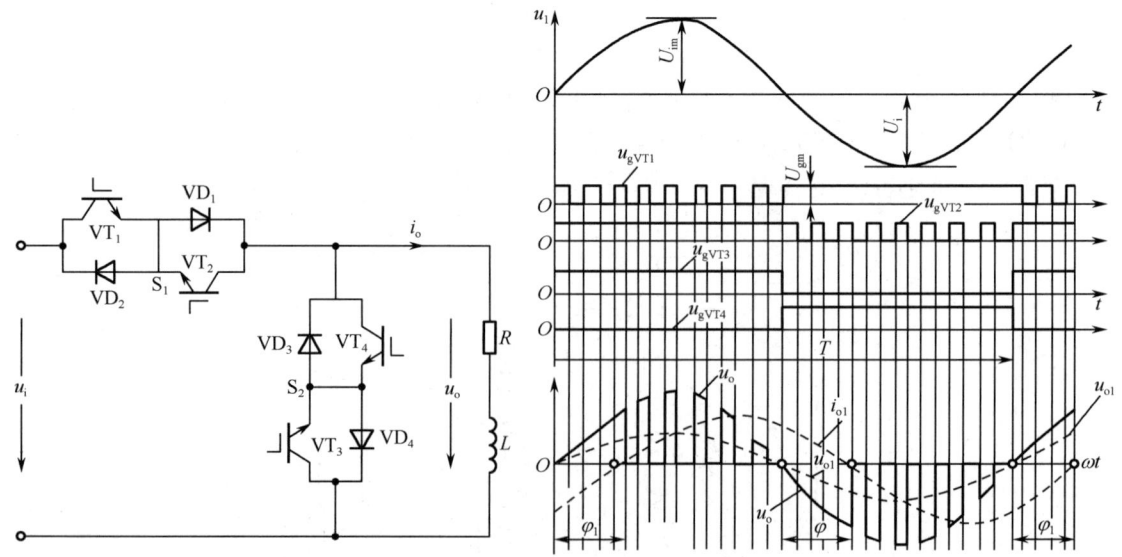

图 5-13 电感负载单相斩控式交流调压电路波形图

5.1.3 三相交流调压电路

若把三个单相调压电路接在对称的三相电源上,让其互差120°相位工作,则构成了三相交流调压电路。根据三相连接形式不同,三相交流调压电路具有多种形式,根据三相连接形式的不同,通常有星形连接方式和三角形连接方式,如图5-14、图5-15所示。

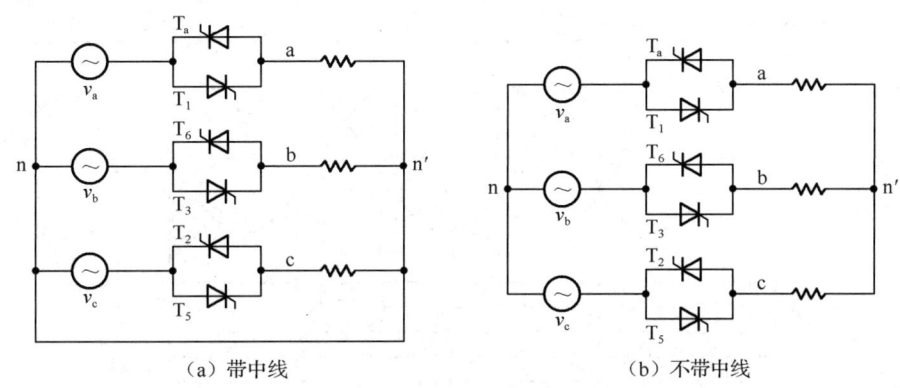

图5-14 星形连接相控式三相交流调压电路

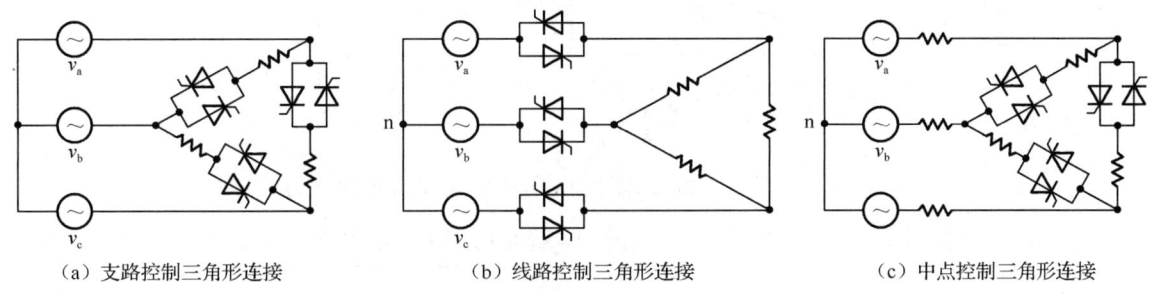

图5-15 三角形连接相控式三相交流调压电路

下面以三相三线电路为例,说明其工作原理,主要分析电阻负载时的情况,如图5-14(b)所示。任一相在导通时必须和另一相构成回路,因此和三相桥式全控整流电路一样,电流流通路径中有两个晶闸管,所以应采用双脉冲或宽脉冲触发。三相的触发脉冲应依次相差120°,同一相的两个反并联晶闸管触发脉冲应差180°。因此,和三相桥式全控整流电路一样,触发脉冲顺序也是$T_1 \sim T_6$依次相差60°。

如果把晶闸管换成二极管可以看出,相电流和相电压同相位,且相电压过零时二极管开始导通。因此把相电压过零点定为开通角α的起点。三相三线电路中,两相间导通时是靠线电压导通的,而线电压超前相电压30°,因此α角的移相范围是0°~150°。

1. 电阻负载

在任一时刻,可能是三相各有一个晶闸管导通,这时负载相压是电源相电压;也可能是两相中各有一个晶闸管导通,另一相不导通,这时导通相的负载相压是电源线电压的一半。根据任一时刻导通晶闸管的个数以及半个周波内电流是否连续,可将0°~150°的移相范围分为如下三段。

(1) 0°≤α<60°范围内,电路处于三个晶闸管导通与两个晶闸管导通的交替状态,每个晶闸管导通角度为180°-α。但α=0°时是一种特殊情况,一直是三个晶闸管导通,具体导通情况如表5-1所示,α=30°输出电压波形如图5-16所示。

表 5-1 α=30°时,晶闸管导通情况表

区间	$t_1 \sim t_2$	$t_2 \sim t_3$	$t_3 \sim t_4$	$t_4 \sim t_5$	$t_5 \sim t_6$	$t_6 \sim t_7$
晶闸管	T_5、T_6、T_1	T_6、T_1	T_6、T_1、T_2	T_1、T_2	T_1、T_2、T_3	T_2、T_3
区间	$t_7 \sim t_8$	$t_8 \sim t_9$	$t_9 \sim t_{10}$	$t_{10} \sim t_{11}$	$t_{11} \sim t_{12}$	$t_{12} \sim t_{13}$
晶闸管	T_2、T_3、T_4	T_3、T_4	T_3、T_4、T_5	T_4、T_5	T_4、T_5、T_6	T_5、T_6

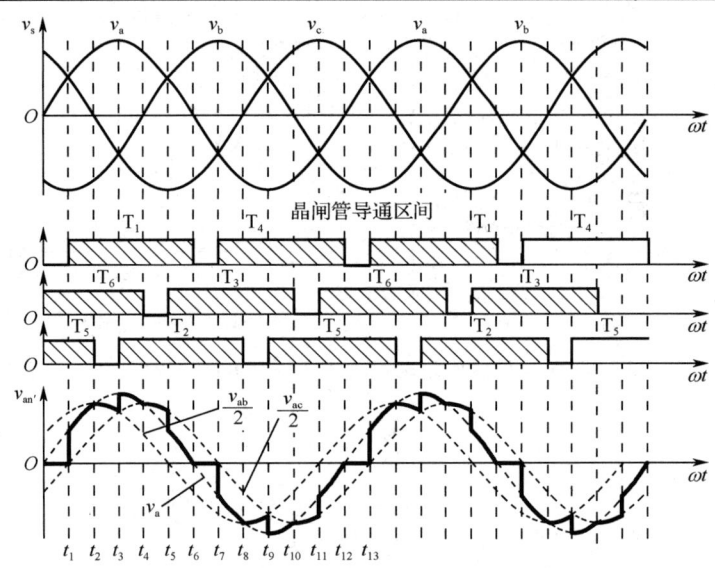

图 5-16 α=30°时,三相三线制三相交流调压电路 a 相输出电压波形

在 0°≤α<60°期间,晶闸管导通情况、输出电压波形与 α=30°相似。a 相输出电压有效值为

$$U_\mathrm{u} = \sqrt{\frac{1}{\pi}\left[\int_\alpha^{\frac{\pi}{3}} u_d^2 \mathrm{d}\omega t + \int_{\frac{\pi}{3}}^{\frac{\pi}{3}+\alpha}\left(\frac{1}{2}u_{ab}\right)^2 \mathrm{d}\omega t + \int_{\frac{\pi}{3}+\alpha}^{\frac{2\pi}{3}} u_a^2 \mathrm{d}\omega t + \int_{\frac{2\pi}{3}}^{\frac{2\pi}{3}+\alpha}\left(\frac{1}{2}u_{ac}\right)^2 \mathrm{d}\omega t + \int_{\frac{2\pi}{3}+\alpha}^{\pi} u_a^2 \mathrm{d}\omega t \right]} \quad (5\text{-}19)$$

(2) 60°≤α<90°范围内,任一时刻都是两个晶闸管导通,每个晶闸管的导通角度为 120°,输出电压波形如图 5-17 所示。

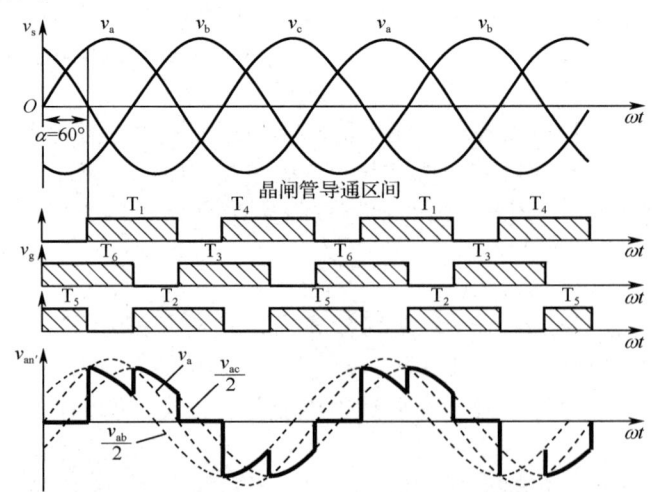

图 5-17 α=60°时,三相三线制三相交流调压电路 a 相输出电压波形

在 60°≤α<90°期间,晶闸管导通情况、输出电压波形介于 60°和 90°之间。a 相输出电压有效值为

$$U_\mathrm{u}=\sqrt{\frac{1}{\pi}\left[\int_{\alpha}^{\frac{\pi}{3}+\alpha}\left(\frac{1}{2}u_\mathrm{ab}\right)^2\mathrm{d}\omega t+\int_{\frac{\pi}{3}+\alpha}^{\frac{2\pi}{3}+\alpha}\left(\frac{1}{2}u_\mathrm{ac}\right)^2\mathrm{d}\omega t\right]} \qquad (5\text{-}20)$$

（3）90°≤α<150°范围内，电路处于两个晶闸管导通与无晶闸管导通的交替状态，每个晶闸管导通角度为 300°-2α，而且这个导通角度被分割为不连续的两部分，在半周波内形成两个断续的波头，各占 150°-α，输出电压波形如图 5-18 和图 5-19 所示。

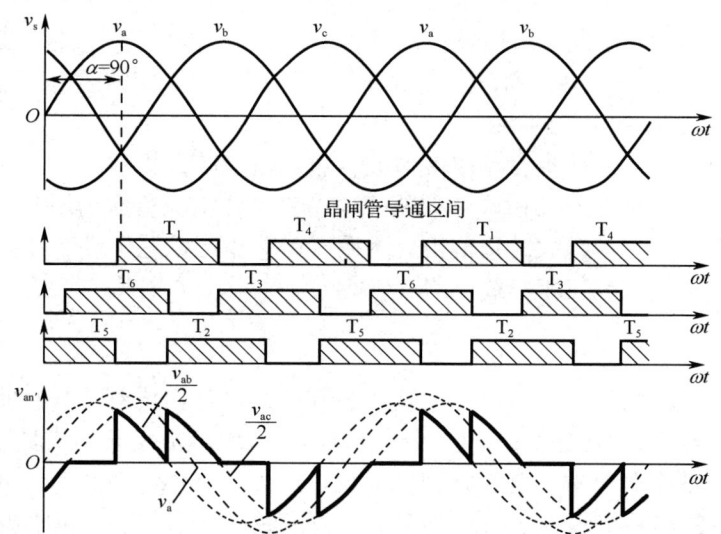

图 5-18　α= 90°时，三相三线制三相交流调压电路 a 相输出电压波形

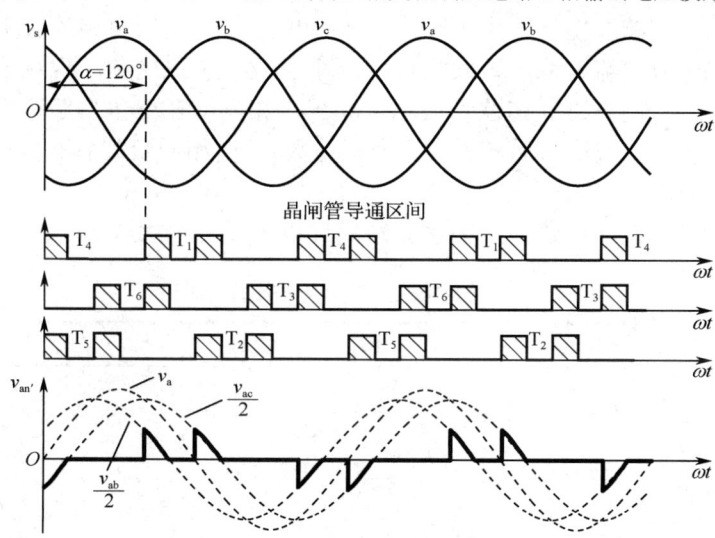

图 5-19　α= 120°时，三相三线制三相交流调压电路 a 相输出电压波形

在 90°≤α<150°期间，晶闸管导通情况、输出电压波形与α= 120°时相似。a 相输出电压有效值为：

$$U_\mathrm{u}=\sqrt{\frac{1}{\pi}\left[\int_{\alpha}^{\frac{5\pi}{6}}\left(\frac{1}{2}u_\mathrm{ab}\right)^2\mathrm{d}(\omega t)+\int_{\frac{\pi}{3}+\alpha}^{\frac{7\pi}{6}}\left(\frac{1}{2}u_\mathrm{ac}\right)^2\mathrm{d}(\omega t)\right]} \qquad (5\text{-}21)$$

在α≥150°以后，负载上没有交流电压输出。以 T_1 为例，当触发 T_1 和 T_6 时，$u_\mathrm{a}<u_\mathrm{b}$，$T_1$ 和 T_6 承受反压无法导通，从电源到负载都构不成通路，因此输出电压为零。

因为是电阻负载，所以负载电流（也即电源电流）波形与负载相电压波形一致。通过观察各晶闸管的触发脉冲和 a 相负载两端的电压波形，可以发现以下几点。
- $0°\leq\alpha\leq90°$ 时，电压波形连续。
- $\alpha=90°$ 时电压波形临界连续。
- $90°<\alpha<150°$ 时电压波形断续。

因此，每个阶段对触发脉冲的要求是不一样的。
- 当 $0°\leq\alpha\leq90°$ 时，要求触发脉冲的宽度为 $180°-\alpha$；
- 当 $90°<\alpha<150°$ 时，电压波形断续，为了保证在启动或电压（电流）断续后重新工作时回路中两个晶闸管均能可靠开通，触发脉冲的下降沿应在对应的线电压过零点时结束，即触发脉冲的宽度应为 $180°-\alpha+30°$。

从波形上可以看出，电流中也含有很多谐波。进行傅里叶分析后可知，其中所含谐波的次数为 $6k\pm1$（$k=1, 2, 3\cdots$），这和三相桥式全控整流电路交流侧电流所含谐波的次数完全相同，而且也是谐波的次数越低，其含量越大。和单相交流调压电路相比，这里没有 3 的整数倍次谐波，因为在三相对称时它们不能流过三相三线电路。

2．电感负载

在负载为电感负载的情况下，可参照电阻负载和前述单相电感负载时的分析方法，只是情况复杂得多，很难用数学表达式进行描述。$\alpha=\varphi$ 时，负载电流最大且为正弦波，相当于晶闸管全部被短接时的情况。从实验可知，当三相相控交流调压电路带电感负载时，同样要求触发脉冲为宽脉冲，而脉冲信号的移相范围为 $\varphi\leq\alpha<150°$。一般来说，电感大时，谐波电流的含量要小一些。

再简单对支路控制三角形连接电路加以说明，如图 5-15（a）所示。该电路由三个单相交流调压电路组成，分别在不同的线电压作用下工作。因此单相交流调压电路的分析方法和结论完全适用，输入线电流（即电源电流）为与该线相连的两个负载相电流之和。现对于支路控制三角形连接电路，进行谐波分析。该电路 3 倍次谐波相位和大小相同，在三角形回路中流动，而不出现在线电流中；线电流中所含谐波次数为 $6k\pm1$（k 为正整数）；在相同负载和 α 角时，线电流中谐波含量少于三相三线星型电路。

最后，对于三相交流调压电路的三种常见形式加以小结，如表 5-2 所示。

表 5-2　三种三相交流调压电路对比表

	带中线的星形连接	不带中线的星形连接	支路控制的三角形连接
电路拓扑结构	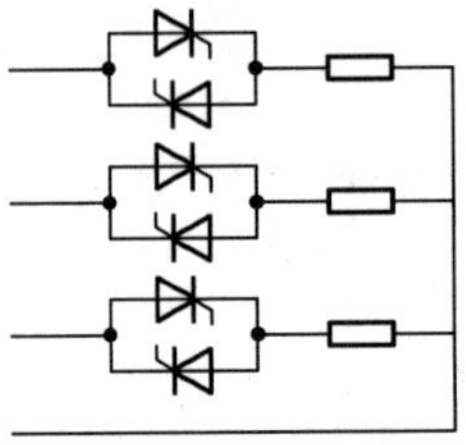	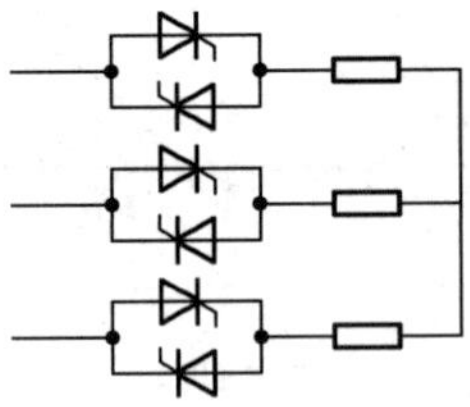	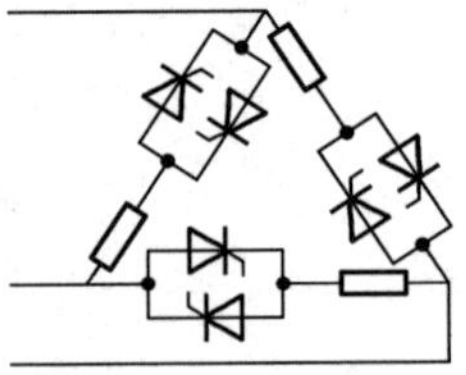
特征	（1）三个单相调压器组合；只需一个晶闸管导通。 （2）3 倍频谐波叠加，中线流过 3 次谐波大。 （3）$\alpha=90°$ 时，零线电流甚至和各相电流的有效值接近。	（1）波形正负对称，负载中及线路中都无三次谐波电流，得到广泛应用。 （2）无零线，必须保证两个晶闸管同时导通。	（1）又称内三角连接。带负载的单相交流调压电路跨接在线电压上。 （2）线电流三次谐波分量为 0。 （3）负载必须可拆开成单相的负载。

三相交流调压电路在实际中有很多应用，最为典型的代表是晶闸管控制电抗器（Thyristor Controlled Reactor，TCR），电路拓扑结构如图 5-20 所示。

该电路的特点是：α 移相范围为 90°～180°；控制 α 角可连续调节流过电抗器的电流，从而调节无功功率，如图 5-21 所示。如果配以固定电容器，就可在从容性到感性的范围内连续调节无功功率，称为静止无功补偿装置（Static Var Campensator，SVC），用来对无功功率进行动态补偿，以补偿电压波动或闪变。

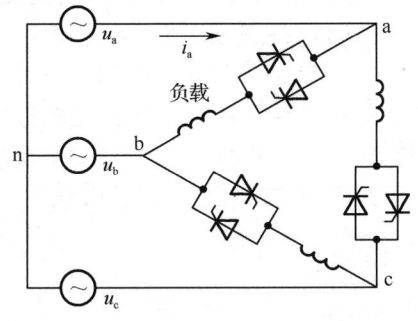

图 5-20　晶闸管控制电抗器（TCR）电路

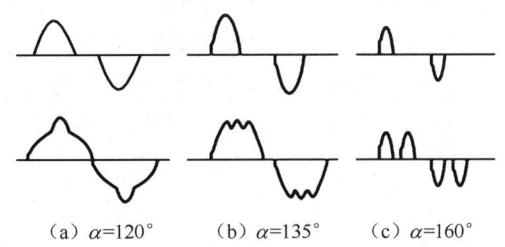

图 5-21　TCR 电路负载相电流和输入线电流波形

5.2　其他交流电力控制电路

5.2.1　交流调功电路

交流调功电路和交流调压电路形式完全一样，只是控制方式不同。交流调功电路不是在每个交流电源周期都通过触发延迟角 α 对输出电压波形进行控制，而是将负载与交流电源接通几个整周波，再断开几个整周波，通过改变接通周波数和断开周波数的比值来调节负载所消耗的平均功率，如图 5-22（a）所示，其中控制周期为 M 倍电源周期，晶闸管在前 N 个周期导通，后 M-N 个周期关断。

相控交流调压电路在每个电源周期都对输出电压波形进行控制，因此控制频率高，正弦波形出现缺角，包含较大的谐波。交流调功电路是将负载与交流电源接通几个周期，再断开几个周期，通过通断周波数的比值来调节负载所消耗的平均功率。且采用过零触发的通断控制方式，开关对外界的电磁干扰较小。

对于交流调功电路的谐波分析，主要有以下几个方面。

以电源周期为基准，电流中不含整数倍频率的谐波，但含有非整数倍频率的谐波；在电源频率附近，非整数倍频率谐波的含量较大；过零触发没有移相触发时的高次谐波（移相触发主要 3、5、7 次）干扰，其通断频率比电源频率低。电阻负载时电流频谱图如图 5-22（b）所示（通 2 个周波、断 1 个周波）。

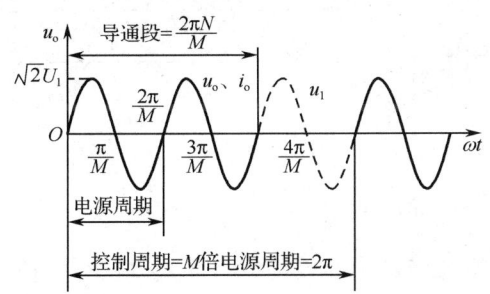

（a）　　　　　　　　　　　　　　　　（b）

图 5-22　交流调功电路典型波形和电流频谱图（M=3、N=2）

5.2.2 交流电力电子开关

把晶闸管反并联后串入交流电路中,代替电路中的机械开关,起接通和断开电路的作用,这就是交流电力电子开关或称无触点开关。晶闸管交流开关是将 2 个晶闸管反并联或 1 个双向晶闸管串入交流电路,起接通和断开电路的作用,也称固态继电器。它的优点是响应速度快、无触点、寿命长、可频繁控制通断。晶闸管交流开关总是在电流过零时关断,特别适用于操作频繁、可逆运行及有易燃气体、多粉尘的场合。与交流调功电路相比,晶闸管交流开关并不控制电路的平均输出功率。它通常没有明确的控制周期,只是根据需要控制电路的导通和关断,因此控制频度通常比交流调功电路低得多。采用晶闸管开关控制交流电路通断原理图如图 5-23 所示,图中虚线框内部分是一固态继电器,内部具有光电隔离。此晶闸管交流开关可用 TTL 电平直接驱动。

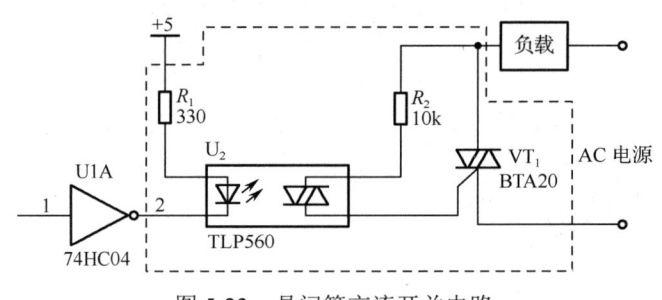

图 5-23 晶闸管交流开关电路

交流电力电子开关的另一个典型应用是晶闸管投切电容(Thyristor Switched Capacitor,TSC),它通过对无功功率加以控制,提高功率因数,稳定电网电压,改善供电质量,因此其性能优于机械开关投切的电容器。晶闸管投切电容是将晶闸管反并联后串入交流电路,在电源电压与电容电压相等时施加触发脉冲。

实际中常使用三相 TSC,可三角形连接,也可星形连接。反并联的晶闸管控制 C 并入电网或从电网断开,其中串联电感很小,用来抑制电容器投入电网时的冲击电流。为避免电容器组投切造成较大电流冲击,一般把电容器分成几组,可根据电网对无功的需求而改变投入电容器的容量,其结构和原理如图 5-24 所示。

晶闸管投切时间的选择是投入时刻交流电源电压和电容器预充电电压相等,防止冲击电流。在理想情况下,希望电容器预充电电压为电源电压峰值,这时电源电压的变化率为零,电容投入过程不但没有冲击电流,电流也没有阶跃变化,如图 5-25 所示。

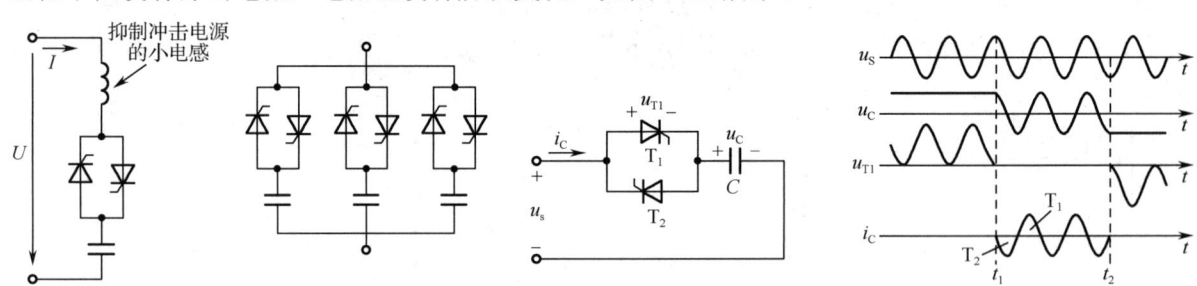

图 5-24 TSC 基本原理图　　　　　图 5-25 TSC 理想投切时刻原理说明

但是,由于二极管的作用,在电路不导通时 u_C 总会维持在电源电压峰值。而且二极管不可控,响应速度要慢一些,投切电容器的最大时间滞后为一个周波,如图 5-26 所示。

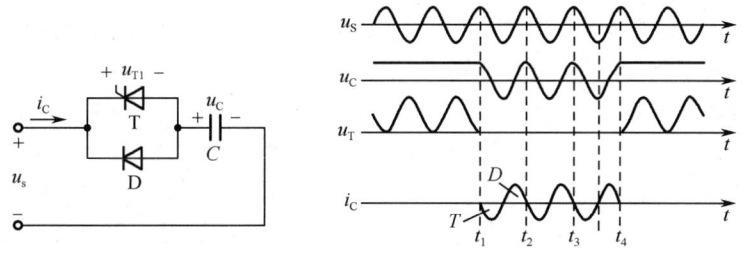

图 5-26 晶闸管和二极管反并联方式的 TSC 示意图

5.2.3 晶闸管交流开关应用举例

【例 5-3】 图 5-27 所示为采用光耦合器的交流开关电路。主电路由两只晶闸管 VT_1、VT_2 和两只二极管 VD_1、VD_2 组成。当控制信号未接通，即不需要主电路工作时，1、2 端没有信号，光电耦合器 B 中的光敏管关断，晶体管 VT 处于导通状态，晶闸管门极电路被晶体管 VT 旁路，因而 VT_1、VT_2 晶闸管处于关断状态，负载未接通。当 1、2 端接入控制信号，光电耦合器 B 中的光敏管导通，晶体管 VT 关断，晶闸管 VT_1、VT_2 控制极得到触发电压而导通，主回路被接通。电源电压正半波时，通路为 $U_+ \to VT_1 \to VD_2 \to RL \to V_-$。电源负半波时，通路为 $V_+ \to RL \to VT_2 \to VD_1 \to U_-$，负载上得到交流电压。因而只要控制光电耦合器的通断就能方便地控制主电路的通断。

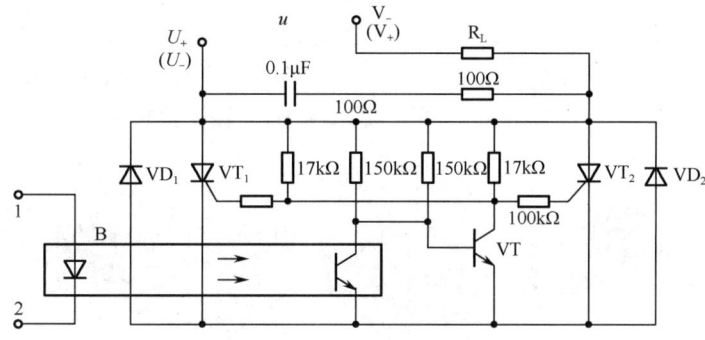

图 5-27 采用光耦合器的交流开关电路

【例 5-4】 图 5-28 所示为双向晶闸管控制三相自动控温电热炉的典型电路。当开关 Q 拨到"自动"位置时，炉温就能自动保持在给定温度。若炉温低于给定温度，温控仪 KT（调节式毫伏温度计）使常开触点 KT 闭合，双向晶闸管 VT_4 触发导通，继电器 KA 通电，使主电路中 $VT_1 \sim VT_3$ 管导通，负载电阻 RL 接入交流电源，炉子升温。若炉温到达给定温度，温控仪的常开触点 KT 断开，VT_4 关断，断电器 KA 断电，双向晶闸管 $VT_1 \sim VT_2$ 关断，电阻 RL 与电源断开，炉子降温，因此电炉在给定温度附近小范围内波动。

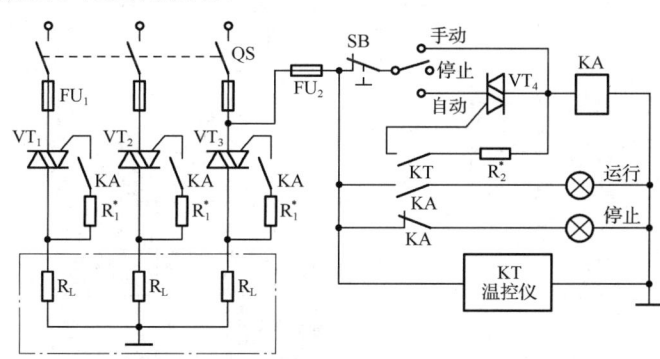

图 5-28 自动控温电热炉电路

下述例子是近几年来发展的一种固态开关，也称为固态继电器或固态接触器。

图 5-29（a）为采用光电三极管耦合器的外观封装示意图。

图 5-29（b）为采用光电三极管耦合器的"0"压固态开关内部电路。1、2 为输入端，相当于继电器或接触器的线圈；3、4 为输出端，相当于继电器或接触器的一对触点，与负载串联后接到交流电源上。输入端接上控制电压，使发光二极管 VD_2 发光。紧靠着的光敏管 V_1 阻值减小，使原来导通的晶体管 V_2 关断，原来阻断的晶闸管 VT_1 通过 R_4 被触发导通。输出交流电源通过负载、二极管 $VD_3 \sim VD_6$、VT_1 以及 R_5，在 R_5 上产生电压降作为双向晶闸管 VT_2 的触发信号，使 VT_2 导通，负载得电。由于 VT_2 的导通区域处于电源电压的"0"点附近，因而具有"0"电压开关功能。

图 5-29（c）所示为光电晶闸管耦合器的"0"电压开关。由输入端 1、2 输入信号，光电晶闸管耦合器 B 中的光控晶闸管导通，电流经 3→VD_4→B→VD_1→R_4→4 构成回路，借助 R_4 上的电压降向双向晶闸管 VT 的控制极提供电流，使 VT 导通。由 R_3、R_2 和 V_1 组成"0"电压开关功能电路。即当电源电压过"0"并升至一定幅值时，V_1 导通，光控晶闸管被关断。

图 5-29（d）所示为光电双向晶闸管耦合器非"0"电压开关。当输入端 1、2 输入信号时，光电双向晶闸管耦合器 B 导通，3→R_2→B→R_3→4 回路有电流通过，R_3 提供双向晶闸管 VT 的触发信号。这种电路相对于输入信号的任意相应交流电源均可同步接通，因而称为非"0"电压开关。

图 5-29（e）所示为非零电压固态交流开关，左边为交流开关控制端，右边为交流开关接线端，当有 U_{IN} 输入时，4N25 中的光敏三极管导通，迫使 V_1 关断，从而由 R_6 提供触发电流使普通晶闸管 VT_1 导通。VT_1 的导通使 VT_1 与桥路 $VD_1 \sim VD_4$ 组成的交流开关接通，在串接在回路中的电阻 R_7 上产生压降，从而又进一步触发大功率双向晶闸管 VT_2，形成固态交流开关的导通状态。非零压固态交流开关中只要 U_{IN} 幅值足够大，即可成为通态，无须考虑接线端电压是否在交流电压波形的过零点附近。

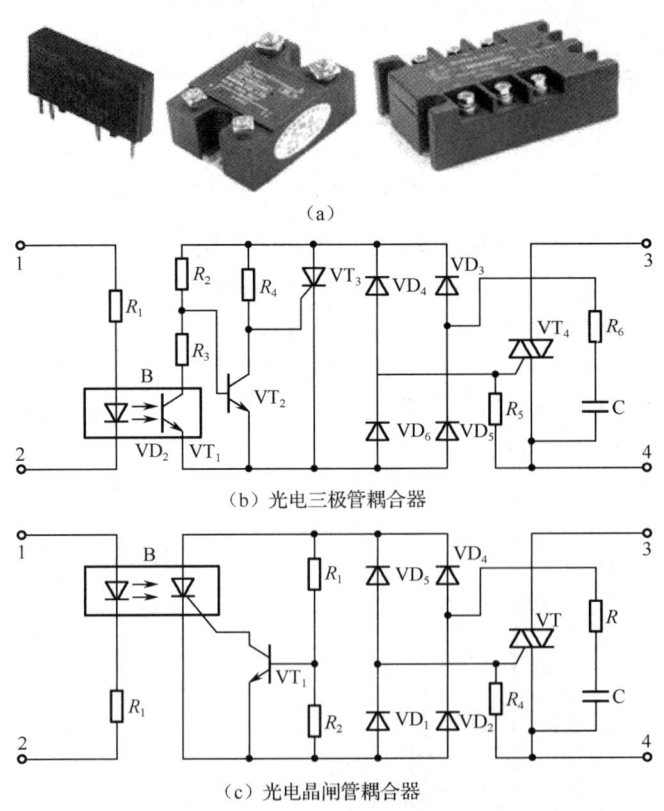

图 5-29　不同光电耦合器电路对比图

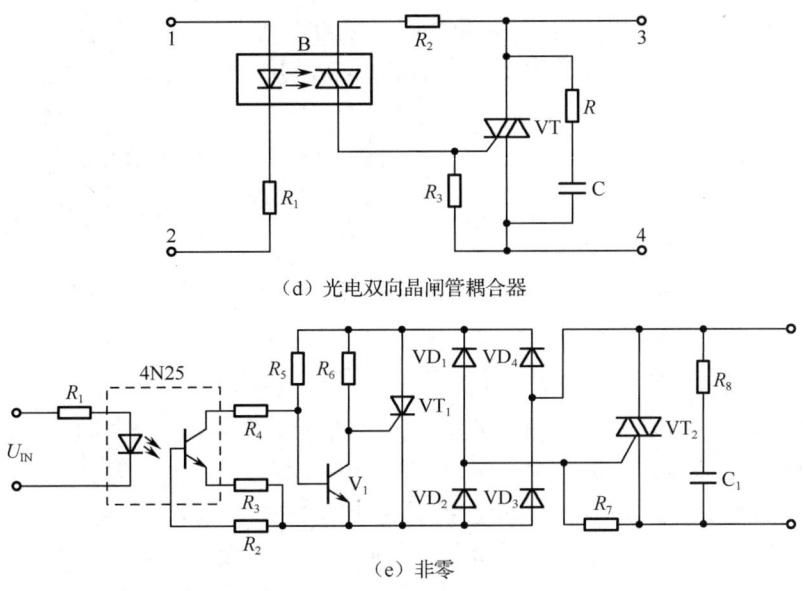

(d) 光电双向晶闸管耦合器

(e) 非零

图 5-29　不同光电耦合器电路对比图（续）

5.3　交交变频电路

交交变频电路，也称周波变流器，是把电网频率的交流电直接变换成可调频率的交流电的变流电路，没有中间直流环节，因此属于直接变频电路。交交变频器采用晶闸管作为主功率器件，在轧机、矿井卷扬机传动方面有很大需求。

晶闸管的最大优点是开关功率大（容量可达 5000V/5000A），适合于大容量交流电机调速系统。同时，大功率晶闸管的生产技术和应用技术相当成熟，通过与现代交流电机控制理论的数字化结合，大功率晶闸管具有较强的竞争力。但是，交交变频器也存在一些固有缺点：一方面，它的调整范围较小，当电源为 50Hz 时，最大输出频率不超过 20Hz；另一方面，功率因数低、谐波污染大，需要同时进行无功补偿和谐波治理。

5.3.1　单相交交变频电路

1．电路构成和基本工作原理

图 5-30 是单相交交变频电路原理图和输出电压波形。电路由相同的两组晶闸管整流电路反并联构成。将其中一组整流器称为正组整流器 P，另一组整流器称为反组整流器 N，和直流电动机可逆调速用的四象限变流电路完全相同。如果正组整流器工作，反组整流器被封锁，负载端得到输出电压为上正、下负；如果反组整流器工作，正组整流器被封锁，则输出端得到输出电压为上负、下正。这样，只要交替地以低于电源的频率切换正、反组整流器的工作状态，则在负载端就可以获得交变的输出电压。如果在一个周期内控制角 α 是固定不变的，则输出电压 u_o 波形为矩形波。改变两组变流器的切换频率，就可以改变输出频率 ω_0。改变变流电路工作时的控制角 α，就可以改变交流输出电压的幅值。此种方式控制简单，但矩形波中含有大量的谐波，对电机负载的工作很不利。

为使 u_o 波形接近正弦波，可按正弦规律对 α 角进行调制。在半个周期内让 P 组 α 角按正弦规律从 90°减到 0°或某个值，再增加到 90°，每个控制间隔内的平均输出电压就按正弦规律从零增至最高，再减到零；另外半个周期可对 N 组进行同样的控制。u_o 由若干段电源电压拼接而成，在 u_o 的一个周期内，包含的电源电压段数越多，其波形就越接近正弦波。

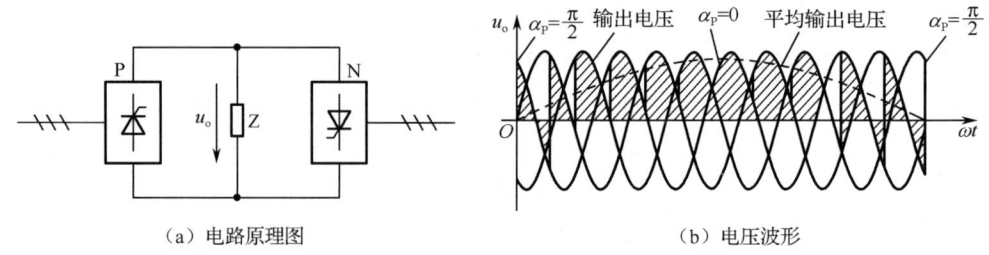

(a) 电路原理图　　　　　　　　　　(b) 电压波形

图 5-30　单相交交变频电路原理图和输出电压波形

在讨论单相交交变频电路时，需要考虑环流的两重性。即两组变流器之间流过环流，有可能避免出现电流的断续现象，并可消除电流死区，从而使变频电路的输出电压、电流特性得以改善。但是在两组变流电路之间设置环流电抗器，使设备成本增加。此外，在运行时有环流方式的输入功率比无环流方式略有增加，使效率有所降低。因此，交交直接变频器大都采用无环流运行方式。

(1) 无环流控制方式

正、反两组整流器切换时，不能简单将原来工作的整流器封锁，同时将原来封锁的整流器立即开通。因为已开通的晶闸管并不能在触发脉冲取消的那一瞬间立即关断，必须待晶闸管承受反压时才能关断。如果两组整流器切换是触发脉冲的封锁和开放同时进行，原先导通的整流器不能立即关断，而原来封锁的整流器已经开通，于是将出现两组整流器同时导通的现象，将会产生很大的短路电流，使晶闸管损坏。为了防止在负载电流反向时环流产生，将原来工作的整流器封锁后，必须留有一定的死区时间，再开通另一组整流器。这种两组整流器任何时刻只能有一组工作，在两组之间不存在环流，称为无环流控制方式。

无环流控制方式，通过设置死区时间提高运行的安全可靠性，但需要一套控制开通和封锁两组触发脉冲的逻辑切换电路，控制系统比较复杂。同时如果死区时间太短不能保证换流安全，死区时间太长又会影响输出电压的波形，因为在死区时间内，两组整流器都无输出，这就使输出电压的正弦畸变增大，谐波更大，这些都是无环流控制运行的缺点。

(2) 自然环流控制方式

如果在交交变频器工作的任何时刻，正、反两组都施加相控触发脉冲，则两组同时工作，且正、反组触发脉冲角之和为 180°，即某组处于整流状态时，另一组处于逆变状态，两组整流器输出电平平均值大小相等、方向相反，正、反组不会发生短路。但两组输出电压的瞬时值不会为零，这将在两组之间形成环流，这种控制方式被称为有环流控制方式，又称自然环流控制方式。

自然环流控制方式，当正、反组需要换流时，不需要逻辑切换电路，控制相对简单。但是环流使得晶闸管负担加重、损耗加大。为了减小环流，应当在两组变流器电路之间设置环流电抗器，使设备成本增加。环流电流只在两组变流器之间流动，环流电流的大小由正、反组瞬时电压差和环流电抗的电感确定。

2. 整流与逆变工作状态

交交变频电路的负载可以是电感性、电阻性或电容性。下面以使用较多的电感负载为例，说明组成变频电路的两组晶闸管可控整流电路的工作过程。

对于电感负载，输出电压超前于电流，图 5-31 给出了电感负载时交交变频电路的电路图和输出电压电流波形。

以电感负载为例，把电路等效成图 5-31 (a) 所示的正弦波交流电源和二极管的串联，二极管体现了交流电路的电流的单方向性。

设负载阻抗角为 φ,则输出电流滞后输出电压 φ 角,两组变流电路采取无环流工作方式,即一组变流电路工作时,封锁另一组变流电路的触发脉冲。

工作状态如图 5-31(b)所示。

$t_1 \sim t_3$ 期间:i_o 处于正半周,正组工作,反组被封锁。

$t_1 \sim t_2$ 阶段:u_o 和 i_o 均为正,正组整流,输出功率为正。

$t_2 \sim t_3$ 阶段:u_o 反向,i_o 仍为正,正组逆变,输出功率为负。

$t_3 \sim t_5$ 期间:i_o 处于负半周,反组工作,正组被封锁。

$t_3 \sim t_4$ 阶段:u_o 和 i_o 均为负,反组整流,输出功率为正。

$t_4 \sim t_5$ 阶段:u_o 反向,i_o 仍为负,反组逆变,输出功率为负。

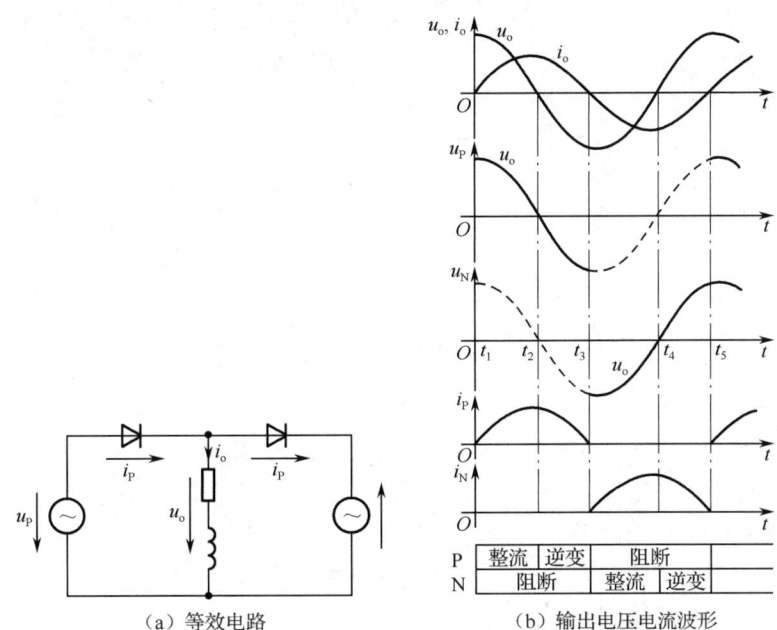

图 5-31 理想化交交变频电路的整流和逆变工作状态

所以,哪组变流电路工作由 i_o 方向决定,与 u_o 极性无关。变流电路工作在整流还是逆变状态,根据 u_o 方向与 i_o 方向是否相同来确定。

3. 变频器类型和工作原理

根据触发角 α 变化方式不同,有方波形交交变频器和正弦波交交变频器之分。

(1)方波形交交变频器

如果在正组或反组整流器工作期间,对应触发角为 α,则整流器输出电压 $u_o = U_{do}\cos\alpha$。由于整流器具有电流单向流通的特点,因此,当负载电流为正时,正组整流器工作,反组整流器封锁;当负载电流为负时,反组整流器工作,正组整流器封锁,以实现无环流控制。

改变正、反组整流器的切换频率,可以改变输出交流电的频率,而改变触发角 α 的大小即可调节方波的幅值,从而调节输出交流电压 u_o 的大小。其输出波形为幅值是整流电压平均值的方波。

方波形交交变频器的正、反两组整流器工作时保持晶闸管触发角恒定不变,其控制简单,但其输出波形为方波,低次谐波大,用于电动机调速系统时,会增大电动机损耗,降低运行效率。

(2)正弦波形交交变频器

正弦波形交交变频器的主电路与方波形的主电路相同,但正弦波形交交变频器的输出电压平均值按正弦规律变化,克服了方波形交交变频器输出波形谐波大的缺点。

考虑到无环流工作方式下负载电流过零的正反组切换死区时间,一个周期的波形可分为6段,如图5-32所示。第1段$i_o<0$,$u_o>0$,为反组逆变;第2段电流过零,为无环流切换死区;第3段$i_o>0$,$u_o>0$,为正组整流;第4段$i_o>0$,$u_o<0$,为正组逆变;第5段又是无环流切换死区;第6段$i_o<0$,$u_o<0$,为反组整流。

当输出电压和电流的相位差小于90°时,一周期内电网向负载提供能量的平均值为正,若负载为电动机,则电动机工作在电动状态;当二者相位差大于90°时,一个周期内电网向负载提供能量的平均值为负,即电网吸收能量,电动机工作在发电状态。

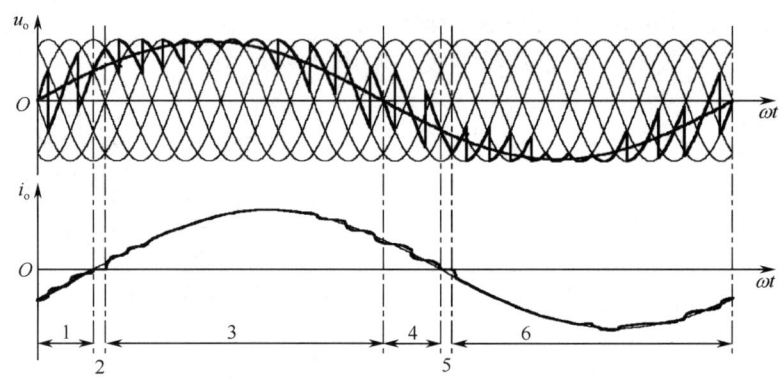

图5-32 单相交交变频电路输出电压和电流波形

4. 余弦交点法

要使输出电压接近正弦波,必须在一个控制周期内,α角按一定规律变化,使变流电路在每个控制间隔内的输出平均电压按正弦规律变化,最常采用"余弦波交点法"。

变流电路在每次控制间隔内输出电压的平均值为

$$\bar{u}_o = U_{d0}\cos\alpha \tag{5-22}$$

式中 U_{d0} 为 $\alpha=0$ 时整流电路的理想空载电压。

正、反组用三相桥式整流电路,则控制间隔为60°(3.33ms),在不同的控制间隔内控制角α不同,则输出平均电压值是变化的。

设要得到的正弦波输出电压为

$$u_o = U_{om}\sin\omega_o t \tag{5-23}$$

式中,U_{om}、ω_o分别为输出正弦波电压的幅值、角频率。

比较式(5-22)和式(5-23),应使

$$\cos\alpha = \frac{U_{om}}{U_{d0}}\sin\omega_o t = \gamma\sin\omega_o t \qquad \gamma = \frac{U_{om}}{U_{d0}}(0 \leq \gamma \leq 1) \tag{5-24}$$

式中,γ称为输出电压比。

因此

$$\alpha = \cos^{-1}(\gamma\sin\omega_o t) \tag{5-25}$$

如果在一个控制周期内,控制角为α,根据式(5-25)确定,则每个控制间隔输出电压平均值按正弦规律变化。若要改变变频器输出电压幅值,只要改变α即可。式(5-25)为余弦交点法求α角的基本公式。利用此公式,通过微处理器系统很方便地实现准确计算和控制。

使用模拟电路实现交交变频器的控制,常利用余弦交点图解法,如图5-33所示。

线电压u_{ab}、u_{ac}、u_{bc}、u_{ba}、u_{ca}、u_{cb}依次用$u_1 \sim u_6$表示,相邻两个线电压的交点对应于相电压

交点（自然换相点），亦即 $\alpha=0$；$u_1 \sim u_6$ 所对应的同步余弦信号分别用 $u_{s1} \sim u_{s6}$ 表示。$u_{s1} \sim u_{s6}$ 比对应的 $u_1 \sim u_6$ 超前 30°；$u_{s1} \sim u_{s6}$ 最大值和相应线电压 $\alpha=0$ 的时刻对应；以"O"点坐标系原点，则 $u_1(u_{ab})$ 对应的同步电压 u_{s1} 为

$$u_{s1} = U_{s1m} \cos \omega t$$

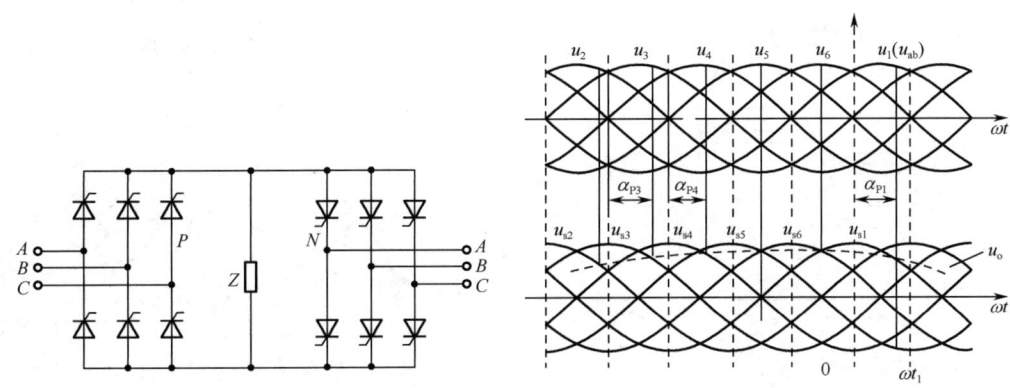

图 5-33 余弦交点法图解法

设期望的正弦波输出电压 u_o 与 u_{s1} 下降段的交点为 ωt_1，则

$$u_o(\omega_o t_1) = u_{s1}(\omega t_1) = U_{s1m} \cos \omega t_1$$

而在此 ωt_1 时刻，触发整流器中的晶闸管，设触发控制角为 α_{p1}。
若整流器为三相桥式整流，则输出电压平均值为

$$\overline{u_0} = U_{d0} \cos \omega t_1 = 2.34 U_2 \cos \omega t_1 = 2.34 U_2 \cos \alpha_{p1}$$

该值实际就是交交变频器在此刻的输出电压。

整流器中各晶闸管触发时刻由相应的同步电压 $u_{s1} \sim u_{s6}$ 的下降段与期望的正弦波输出电压 u_o 的交点来决定。每个控制周期，输出电压越高，控制角 α_{p1} 越小，则整流器输出电压越高。

5．输入、输出特性

（1）输出上限频率

交交变频电路输出电压不是平滑的正弦波，而是由若干段电源电压拼接而成的。输出频率增高时，输出电压一个周期所含电网电压段数减少，波形畸变严重。当采用 6 脉波三相桥式电路时，输出上限频率不高于电网频率的 1/3～1/2。电网频率为 50Hz 时，输出上限频率约为 20Hz。

（2）输入功率因数

由于控制方式为移相触发控制，输入电流相位滞后于输入电压，需要电网提供无功功率。在交交变频电路输出的一个周期内，α 角以 90°为中心变化，输出电压比 γ 越小，半周期内 α 的平均值越靠近 90°，其位移因数或输入功率因数越低。在不同的 γ 下，α 的变化规律反映了输入功率因数的变化，一个周期内的输出电压波形如图 5-34 所示。

负载功率因数越低，输入功率因数也越低；不论负载功率因数是滞后的还是超前的，输入的无功电流总是滞后的；输入电流相位滞后于输入电压，需要电网提供无功功率，如图 5-35 所示。

（3）输出电压谐波

交交变频电路输出电压的谐波频谱非常复杂，与输入频率 f_i、变流电路的脉波数、输出频率 f_o 有关。采用三相桥时，输出电压所含主要谐波的频率为 $6f_i \pm f_o$，$6f_i \pm 3f_o$，$6f_i \pm 5f_o$，…，$12f_i \pm f_o$，$12f_i \pm 3f_o$，$12f_i \pm 5f_o$，…，采用无环流控制方式时，由于电流方向改变时死区的影响，将增加 $5f_o$、$7f_o$ 等次谐波。

（4）输入电流谐波

输入电流波形与可控整流电路的输入波形类似，但其幅值和相位均按正弦规律被调制，其输

入电流的谐波频谱要复杂得多。三相桥式电路的交交变频电路输入电流谐波频率为

$$f_{in} = |(6k \pm 1)f_i \pm 2lf_0|; \quad f_{in} = f_i \pm 2kf_0; \quad k = 1,2,3\cdots; \quad l = 0,1,2\cdots$$

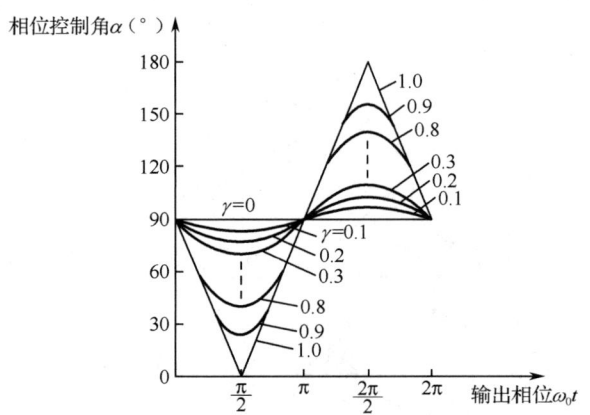

图 5-34 不同 γ 时 α 和 $\omega_0 t$ 变化的情况

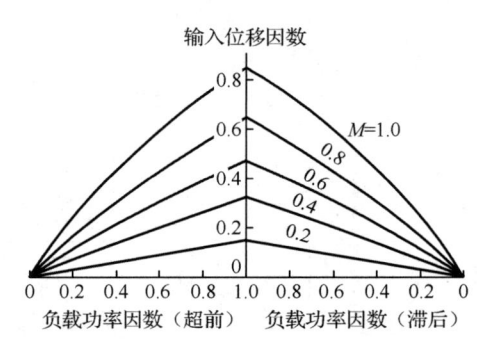

图 5-35 输入功率因数与负载功率因数间的关系

5.3.2 三相交交变频电路

交交直接变频电路主要用于三相交流供电的大功率交流电机调速系统,因此实用的交交直接变频器大多是三相输出的交交变频电路。三相输出交交变频电路由三组输出电压相位互差 120° 的单相交交变频电路,按一定的方式连接组成。因此,单相交交变频电路的许多分析和结论对于三相交交变频器也是适用的。

1. 电路连接方式

三相交交变频电路主要有两种接线方式如图 5-36 所示,公共交流母线连接方式如图 5-36(a)所示,输出星形连接方式如图 5-36(b)所示。

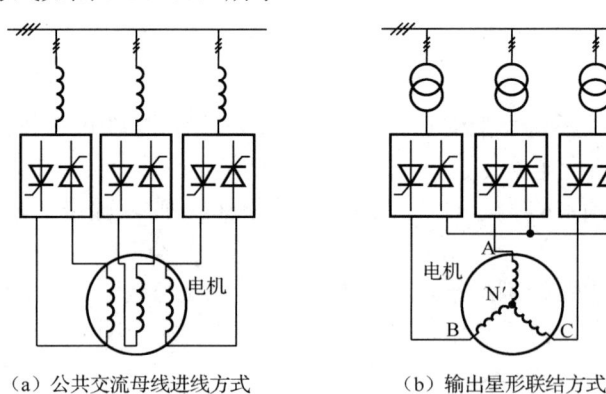

(a) 公共交流母线进线方式　　(b) 输出星形联结方式

图 5-36 三相交交变频电路接线图

(1) 公共交流母线连接方式

公共交流母线连接方式由三组彼此独立的,输出电压相位相互错开 120° 的单相交交变频电路组成。电源进线通过进线电抗器接在公共的交流母线上。电源进线端公用,故三相单相变频电路的输出端必须隔离,因此交流电动机的三个绕组必须拆开,同时引出六根线。公共交流母线连接方式主要用于中等容量的交流调速系统。

(2) 输出星形连接方式

输出星形连接方式中三组电路的输出端和电动机的三个绕组都是星形连接;电动机中点和变

频器中点接在一起,电动机只引三根线即可;三组单相变频器连接在一起,其电源进线必须隔离,所以分别用三个变压器供电;由于变频器输出中点不和负载中点相连接,所以在构成三相变频器的六组桥式电路中,至少要有不同相的两组桥中的四个晶闸管同时导通才能构成回路,形成电流;同一组桥内的两个晶闸管靠双脉冲保证同时导通。两组桥之间依靠足够的脉冲宽度来保证同时有触发脉冲。

2. 具体电路结构

三相桥式相控整流器组成的三相交交变频电路,采用公共交流母线进线方式,如图 5-37 所示。三相桥式相控整流器组成的三相交交变频电路,给电动机负载供电,采用输出星形连接方式,如图 5-38 所示,由于没有环流电抗器,所以采用无环流控制方式。

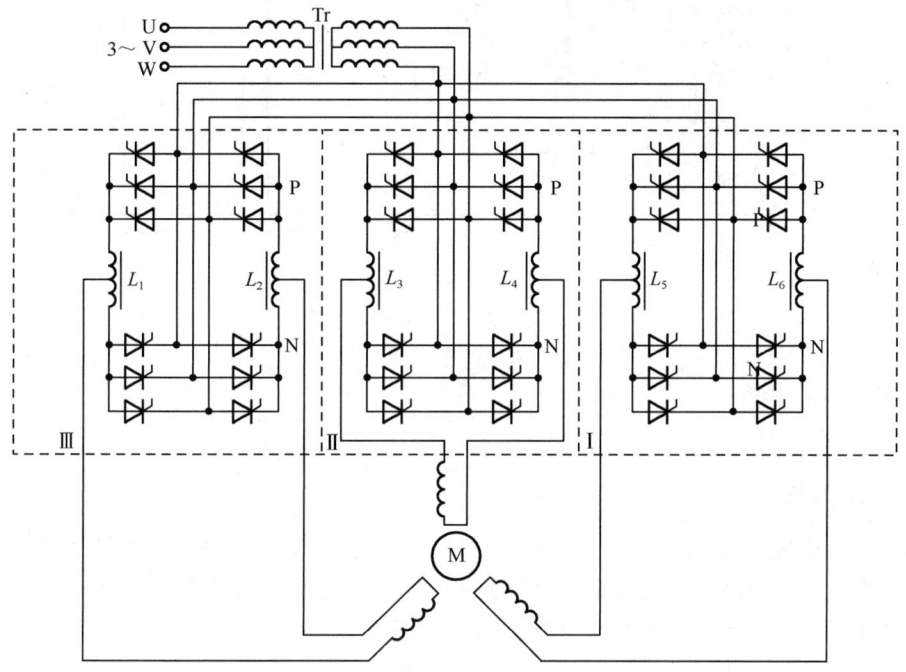

图 5-37 公共交流母线进线方式的三相交交变频电路

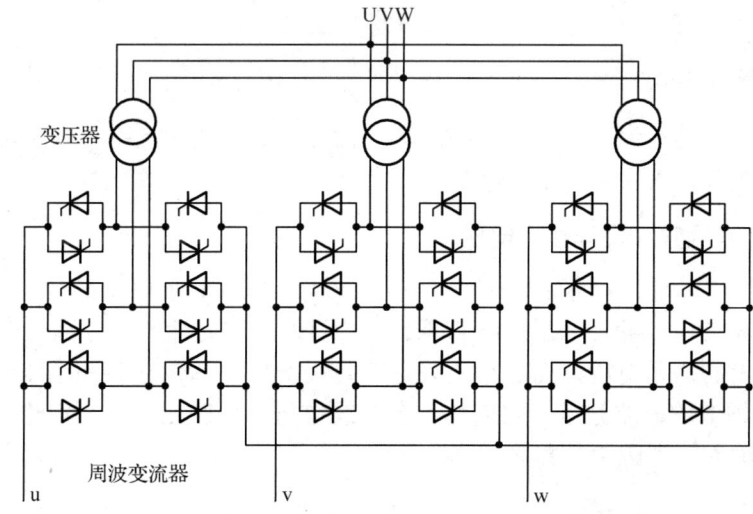

图 5-38 输出星形连接方式的三相交交变频电路

三相桥式整流电路构成的三相交交变频电路中，每相都是由两组反并联的三相桥式整流电路组成，无环流电抗器。每组变频电路输出电压的脉波数为 6，因此交流输出电压的谐波含量要小一些。

12 脉波整流电路构成的三相交交变频电路中，每相由四组三相桥式整流电路构成，其中整流器Ⅰ和Ⅱ串联成一个整流器 P，Ⅲ和Ⅳ串联成一个整流器 N。两个三相桥串联后的输出电压为 12 脉波，脉动更小，谐波更小，如图 5-39 所示。控制电路复杂，输出波形好，适用于高压大容量的交流电动机四象限变速电力传动。

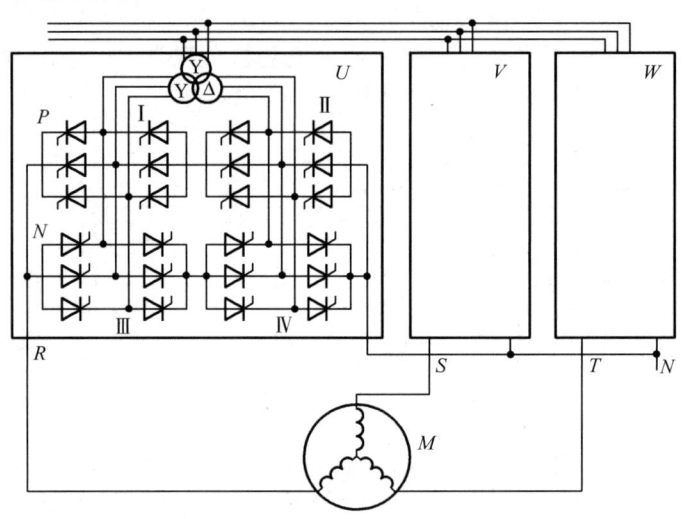

图 5-39 12 脉波整流电路构成的三相交交变频电路

3．输入输出特性

三相交交变频电路输出上限频率、输出电压谐波和单相交交变频电路是一致的，只是输入电流和输入功率因数有一些差别。三相交交变频电路总输入电流由三个单相的同一相输入电流合成得到，有些谐波因相位关系相互抵消，谐波种类有所减少，总谐波幅值也有所降低，谐波频率为：

$$f_{in} = |(6k \pm 1)f_i \pm 6lf_0|; \quad f_{in} = f_i \pm 6kf_0; \quad k = 1,2,3\cdots; \quad l = 0,1,2\cdots$$

当采用三相桥式整流电路时，输入谐波电流的主要频率为 $f_i \pm 6f_0$、$5f_i$、$5f_i \pm 6f_0$、$7f_i$、$7f_i \pm 6f_0$、$11f_i$、$11f_i \pm 6f_0$、$13f_i$、$13f_i \pm 6f_0$、$f_i \pm 12f_0$ 等。其中 $5f_i$ 次谐波的幅值最大。

三相总输入功率因数为
$$\lambda = \frac{P}{S} = \frac{P_a + P_b + P_c}{S}$$

三相电路总的有功功率为各相有功功率之和，而应由总输入电流有效值和输入电压有效值来计算视在功率，三相总输入功率因数要高于单相电路。

4．改善输入功率因数和提高输出电压

影响输入功率因数和输出电压的因素主要是 α 过大，尤其对于电动机负载，在低速运行时，变频器输出电压很低，各组桥式电路的 α 角都在 90°附近，因此输入功率因数很低。

又因为各相输出的是相电压，而加在负载上的是线电压。所以在各相电压中叠加同样的直流分量或 3 倍于输出频率的谐波分量，它们都不会在线电压中反映出来，因而也加不到负载上。利用这一特性来改善输入功率因数，提高输出电压。

（1）直流偏置法

给各相输出电压叠加上同样的直流分量，控制角 α 将减小，但变频器输出线电压并不改变，

从而可提高功率因数，此方法常用于长期低速运行电动机负载。

（2）交流偏置法

采用梯形波输出控制方式，如图 5-40 所示，使三组单相变频器的输出均为梯形波（也称准梯形波）。这时电路中的主要谐波成分是三次谐波，而在线电压中三次谐波相互抵消，因此线电压仍为正弦波。因为桥式电路较长时间工作在高输出电压区域（即梯形波的平顶区），α 角较小，因此输入功率因数可提高 15%左右。正弦波输出控制方式中，最大输出正弦波相电压的幅值为 U_{d0}。在同样幅值的情况下，梯形波中的基波幅值可提高 15%左右。由于梯形波控制相当于在相电压中加入三次交流谐波，故称交流偏置法。

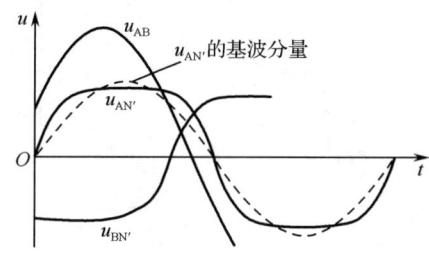

图 5-40 梯形波控制方式的理想输出电压波形

5.3.3 交交变频电路总结

交交变频电路是一种直接变频电路。与交直交变频电路比较，它的优点如下。（1）只用一次变流，效率较高。（2）可方便地实现四象限工作。（3）低频输出波形接近正弦波。同时它也具有鲜明的缺点。（1）接线复杂，如采用三相桥式电路的三相交交变频器至少要用 36 只晶闸管。（2）受电网频率和变流电路脉波数的限制，输出频率较低；输入功率因数较低。（3）输入电流谐波含量大，频谱复杂，二者具体比较结果如表 5-3 所示。因此，交交变频电路主要用于 500kW 或 1000kW 以上的大功率、低转速的交流调速电路中，目前已在轧机主传动装置、鼓风机、矿石破碎机、球磨机、卷扬机等场合获得了较多应用，既可用于异步电动机传动，也可用于同步电动机传动。

表 5-3 交交变频电路与交直交变频电路比较

	交交变频电路	交直交变频电路
换能形式	一次换能，效率高	两次换能，效率较低
换流方式	电网自然换流	强迫或负载换流，或自关断器件
器件数量	多	较少
输出频率范围	（1/3～1/2）电网频率	无限制
输入功率因数	较低	采用 PWM 控制时较高
适用场合	低速大功率交流电机传动系统	各种交流传动系统、UPS 等

5.4 矩阵变换器

矩阵变换器（Matrix Converter，MC）作为一种新型的交交变频电源，其电路拓扑形式早在 1976 年就被提出，1979 年意大利学者 M.Venturini 和 A.Alesina 在理论上论证了该电力电子变换技术的可行性，从此以后 MC 得到了广泛研究，也取得了丰富的成果。如图 5-41 所示为矩阵式变频电路的主电路拓扑。

在图 5-41 中，三相输入电压、三相输出电压、9 个开关器件组成 3×3 矩阵，因此，该电路被称为矩阵式变频电路或矩阵变换器。图中每个开关都是矩阵中的一个元素,采用双向可控开关,可以是任何一种开关单元,如图 5-42 所示。

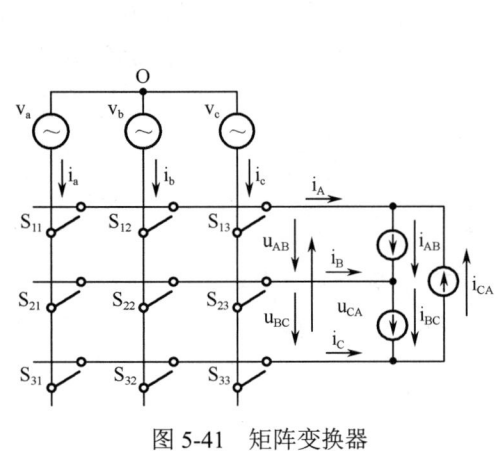

图 5-41　矩阵变换器

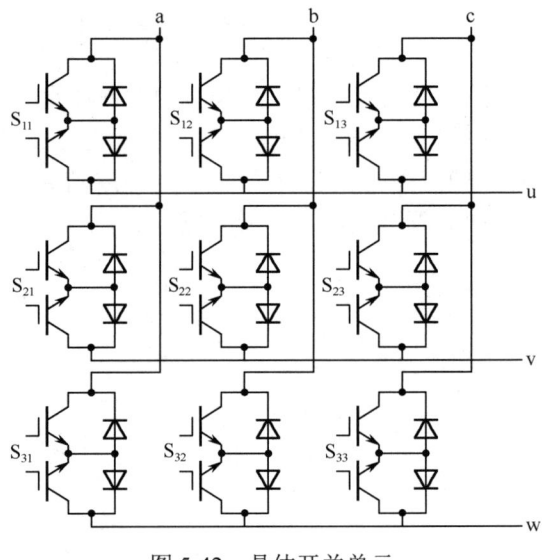

图 5-42　具体开关单元

矩阵式变频电路的优点是输出电压为正弦波,输出频率不受电网频率的限制,输入电流可控制为正弦波且和电压同相位,使功率因数为 1,也可控制为需要的功率因数,能量可双向流动,适用于交流电动机的四象限运行,不通过中间直流环节而直接实现变频,效率较高。

1. 基本工作原理

对交流电压某相 u_s(如 a 相电压 u_a)进行斩波控制,即进行 PWM 控制时,输出电压为

$$\begin{bmatrix} u_a \\ u_b \\ u_c \end{bmatrix} = \begin{bmatrix} U_{im}\cos\omega_i t \\ U_{im}\cos(\omega_i t - 2\pi/3) \\ U_{im}\cos(\omega_i t - 4\pi/3) \end{bmatrix} \qquad u_0 = \frac{t_{on}}{T_C}u_S = Du_S \qquad (5\text{-}26)$$

式中,T_C 为开关周期;t_{on} 为一个开关周期内开关导通的时间;D 为占空比。

在不同的开关周期中采用不同的 D,即 D 是时间的函数,可得到与交流相电压 u_a 频率和波形都不同的输出电压 u_0。

对图 5-41 中开关 S_{11},S_{12},S_{13} 斩波控制,为防止输入电源短路,任何时刻只能有一个开关接通,负载一般是电感负载,负载电流具有电流源性质,为使负载不开路,任一时刻必须有一个开关接通。则 u 相输出电压 u_U 和各相输入电压的关系为

$$u_U = D_{11}u_a + D_{12}u_b + D_{13}u_c \qquad (5\text{-}27)$$

式中 D_{11},D_{12},D_{13} 为一个开关周期内开关 S_{11},S_{12},S_{13} 的导通占空比。而且有

$$D_{11} + D_{12} + D_{13} = 1 \qquad (5\text{-}28)$$

按同样的方法,v 相和 w 相输出电压分别为

$$u_V = D_{21}u_a + D_{22}u_b + D_{23}u_c \qquad (5\text{-}29)$$

$$u_W = D_{31}u_a + D_{32}u_b + D_{33}u_c \qquad (5\text{-}30)$$

写成矩阵形式为

$$\boldsymbol{u}_0 = \boldsymbol{D}\boldsymbol{u}_i \begin{bmatrix} u_U \\ u_V \\ u_W \end{bmatrix} = \begin{bmatrix} D_{11} & D_{12} & D_{13} \\ D_{21} & D_{22} & D_{23} \\ D_{31} & D_{32} & D_{33} \end{bmatrix} \begin{bmatrix} u_a \\ u_b \\ u_c \end{bmatrix} \qquad (5\text{-}31)$$

缩写为

$$\boldsymbol{u}_0 = (u_U \quad u_V \quad u_W)^T \tag{5-32}$$

$$\boldsymbol{u}_i = (u_a \quad u_b \quad u_c)^T \qquad \boldsymbol{D} = \begin{bmatrix} D_{11} & D_{12} & D_{13} \\ D_{21} & D_{22} & D_{23} \\ D_{31} & D_{32} & D_{33} \end{bmatrix}$$

式中，$\boldsymbol{D}$ 称为调制矩阵，它是时间的函数。

考虑到输出负载不会开路，三相输入电流 i_a，i_b，i_c 由各相输出电流的叠加而成，其关系为

$$\begin{aligned} i_U &= D_{11}i_a + D_{21}i_b + D_{31}i_c \\ i_V &= D_{12}i_a + D_{22}i_b + D_{32}i_c \\ i_W &= D_{13}i_a + D_{23}i_b + D_{33}i_c \end{aligned} \tag{5-33}$$

写成矩阵形式为

$$\boldsymbol{i}_i = \begin{bmatrix} i_U \\ i_V \\ i_W \end{bmatrix} = \begin{bmatrix} D_{11} & D_{21} & D_{31} \\ D_{12} & D_{22} & D_{32} \\ D_{13} & D_{23} & D_{33} \end{bmatrix} \begin{bmatrix} i_a \\ i_b \\ i_c \end{bmatrix} = \boldsymbol{D}^T \boldsymbol{i}_0 \tag{5-34}$$

式（5-31）、（5-34）是矩阵式变频电路的基本输入-输出关系式。

对实际系统来说，输入电压和所需要的输入电流是已知的，设为

$$\begin{bmatrix} i_U \\ i_V \\ i_W \end{bmatrix} = \begin{bmatrix} I_{om}\cos(\omega_0 t - \varphi_0) \\ I_{om}\cos(\omega_0 t - 2\pi/3 - \varphi_0) \\ I_{om}\cos(\omega_0 t - 4\pi/3 - \varphi_0) \end{bmatrix} \tag{5-35}$$

式中，U_{im} 和 I_{om} 分别为输入电压和输出电流的幅值；ω_i 和 ω_o 分别为输入电压和输出电流的角频率；φ_0 为输出频率的负载阻抗角。

变频电路希望的输出电压和输入电流分别为

$$\begin{bmatrix} u_U \\ u_V \\ u_W \end{bmatrix} = \begin{bmatrix} U_{om}\cos\omega_0 t \\ U_{om}\cos(\omega_0 t - 2\pi/3) \\ U_{om}\cos(\omega_0 t - 4\pi/3) \end{bmatrix} \tag{5-36}$$

$$\begin{bmatrix} i_a \\ i_b \\ i_c \end{bmatrix} = \begin{bmatrix} I_{im}\cos(\omega_i t - \varphi_i) \\ I_{im}\cos(\omega_i t - 2\pi/3 - \varphi_i) \\ I_{im}\cos(\omega_i t - 4\pi/3 - \varphi_i) \end{bmatrix} \tag{5-37}$$

式中，U_{om} 和 I_{im} 分别为输出电压和输入电流的幅值；φ_i 为输入电流滞后于电压的相位角；当期望的输入功率因数为 1 时，$\varphi_i=0$，式（5-35）～式（5-37）代入式（5-31）和式（5-34），得

$$\begin{bmatrix} U_{om}\cos\omega_0 t \\ U_{om}\cos(\omega_0 t - 2\pi/3) \\ U_{om}\cos(\omega_0 t - 4\pi/3) \end{bmatrix} = \boldsymbol{D} \begin{bmatrix} U_{im}\cos\omega_i t \\ U_{im}\cos(\omega_i t - 2\pi/3) \\ U_{im}\cos(\omega_i t - 4\pi/3) \end{bmatrix} \tag{5-38}$$

$$\begin{bmatrix} I_{im}\cos\omega_i t \\ I_{im}\cos(\omega_i t - 2\pi/3) \\ I_{im}\cos(\omega_i t - 4\pi/3) \end{bmatrix} = \boldsymbol{D}^T \begin{bmatrix} I_{om}\cos(\omega_0 t - \varphi_0) \\ I_{om}\cos(\omega_0 t - 2\pi/3 - \varphi_0) \\ I_{om}\cos(\omega_0 t - 4\pi/3 - \varphi_0) \end{bmatrix} \tag{5-39}$$

如能求得满足式（5-38）和式（5-39）的调制矩阵 $\boldsymbol{D}$，就可得到希望的输出电压和输入电流。要使矩阵式变频电路能够很好地工作，需要解决的两个基本问题是：一是如何求理想的调制矩阵 $\boldsymbol{D}$；二是开关切换时，如何实现既无交叠，又无死区。

2. 控制策略

（1）直接变换法

直接变换法是通过对输入电压的连续斩波来合成输出电压的，它可以分为坐标变换法、谐波注入法、等效电导法和标量法，这些方法虽然各有一定的优越性，但都存在一定的问题，如具体实现复杂，软件运算量较大，限制了它们的应用范围。

（2）间接变换法

间接变换法是基于空间矢量变换的一种方法，将交交变换虚拟为交直变换和直交变换，这样便可采用目前流行的高频整流和高频逆变 PWM 波形合成技术，变换器的性能可以得到较大改善。而且，具体实现时整流和逆变是一步完成的，低次谐波得到了较好抑制，具有双 PWM（PWM 整流-PWM 逆变）变换器的效果。它是目前在矩阵式变换器中研究较为成熟的一种方法，比较有发展前途。

（3）滞环电流跟踪法

滞环电流跟踪法是将三相输出电流信号与实测的输出电流信号相比较，根据比较结果和当前的开关电源状态，决定开关动作。它具有容易理解、实现简单、响应快和鲁棒性好等优点，但也有滞环电流跟踪控制共同的缺点：开关频率不稳定、谐波随机分布、输入电流波形不够理想和存在较大的谐波分量等。

矩阵式变换电路尚未进入实用化的主要原因是：所用开关器件多，电路结构复杂，换流复杂。控制方法也还不成熟，变换复杂。输出、输入最大电压比只有 0.866，用于交流电机调速时，矩阵式变换电路输出电压偏低。

但矩阵式变换器允许频率单级变换，无须大容量的贮能元件，矩阵式变换电路可使输入电流正弦，输入功率因数达到 0.99 以上，并可自由调节，且与负载的功率因数无关。输出电压正弦，输出频率、电压可调，输出频率可高于、低于输入频率。特别是输入、输出特性好，无电力谐波，功率可双向流动，具有四象限运行能力的"绿色"变换器，加之体积小、效率高，符合模块化发展方向。

本章小结

本章对交流-交流变换电路进行详细介绍，特别对单相交流调压电路、三相交流调压电路、交流调功电路、交交变频电路和交流电力电子开关等问题进行全面的介绍。

主要内容如下：单相、三相相控式交流调压电路，交流调功电路的电路结构和工作原理，交流电子开关，单相、三相输出交交变频电路的工作原理。

重点：单相相控式交流调压电路，交流调功电路，单相输出交交变频电路。

难点：单相相控式交流调压电路，单相输出交交变频电路。

基本要求：掌握单相相控式交流调压电路，理解三相相控式交流调压电路，掌握交流调功电路，了解交流电子开关，掌握单相输出交交变频电路，了解三相输出交交变频电路。

习题及思考题

5.1 比较相控交流调压和斩控交流调压的优缺点。

5.2 请说明交流调压电路与交流调功电路的异同，及其所适用的负载场合。

5.3 晶闸管相控整流电路和晶闸管交流调压电路在控制上有何区别？

5.4 交流调压和交流调功电路有何区别？各适合于何种负载？

5.5 单相交流调压电路中，若触发角 α 小于负载功率因数角 φ，触发脉冲分别采用小于 5°的窄脉冲和大于 90°的宽脉冲，请分析该交流调压电路的输出电压波形。

5.6 单相晶闸管交流调压器，电源电压 220V，电感负载 $R=0.5\Omega$，$L=2mH$。求：
（1）控制角 α 的调节范围；
（2）最大电流的有效值；
（3）最大输出功率和这时电源侧的功率因数；

5.7 一个交流单相晶闸管调压器，用于控制从 220V 交流电源送至电阻为 0.5Ω、感抗为 0.5Ω 的串联负载电路的功率。试求：
（1）控制角范围；
（2）负载电流的最大有效值。

5.8 在单相交流调压电路中，电源电压为 $U=120V$，电阻负载 $R=10\Omega$，触发角为 $\alpha=90°$，试计算负载电压有效值 U_o，负载电流有效值 I_o，负载功率 P_o 和输入功率因数 p_f。

5.9 一电阻负载由单相交流调压电路供电，若 $\alpha=0$ 时输出最大功率，试求输出功率为 80%、50%时的触发角 α。

5.10 一个单相交流调压电路电感负载，交流电源电压为 220V，负载电阻 $R=0.5\Omega$，$L=2mH$，试求：
① 触发角 α 的变化范围；
② 负载电流最大有效值；
③ 最大输出功率及此时的电源输入功率因数；
④ 当 $\alpha=90°$ 时，晶闸管电流有效值、晶闸管导通角、电源侧的功率因数。

5.11 某调功电路，采用过零触发，$U_2=220V$，负载电阻 $R=1\Omega$，控制的设定周期 T_c 内，使晶闸管导通 0.3s，断开 0.2s，试计算送至负载上的功率与晶闸管全导通情况下的功率。

5.12 试分析三相负载星形连接方式下，电源中点与负载中点短接，电源中点与负载中点开路两种情况下调压电路的工作情况。

5.13 试分析斩控式交流调压电路带电感负载时的工作过程，并说明开关器件通断配合关系。

5.14 某调功电路，采用过零触发，$U_2=220V$，负载电阻 $R=1\Omega$，控制的设定周期 T_c 内，使晶闸管导通 0.3s，断开 0.2s，试计算送至负载上的功率与晶闸管全导通情况下的功率。

5.15 简述单相交交变频电路的工作原理。

5.16 交交变频电路的输出频率有何限制？

5.17 简述三相交交变频电路有哪两种接线方式及其有什么区别。

5.18 晶闸管控制电抗器（TCR）和晶闸管投切电容（TSC）的基本原理是什么？有何特点？

5.19 简述如何提高三相交交变频电路的功率因数。

5.20 交交变频电路的输出频率受什么因素制约？其最高频率是多少？

5.21 单相交交变频电路带电感负载，请分析正、反组变流器的运行状态及功率传输方向。

5.22 交交变频电路的特点及不足之处是什么？其主要用途是什么？

5.23 三相交交变频电路有哪两种接线方式，有什么区别？

5.24 三相交交变频电路采用梯形波输出控制方式有何优势？为什么？

5.25 三相交交变频电路中采用直流偏置或交流偏置有何优点？

5.26 试述矩阵式变频电路的基本工作原理。

拓展资源

第 6 章　软开关技术基础

现代电力电子技术的发展趋势是小型化、轻量化，同时对装置的效率和电磁兼容性也提出了更高的要求。电力电子装置高频化要求滤波器、变压器体积和重量减小，但电力电子装置小型化和轻量化使得开关损耗增加，电磁干扰增大。软开关技术可以很好地降低开关损耗和开关噪声，从而进一步提高开关频率，是一种新型电力电子开关技术。

本章主要内容及要求包括以下几点。
（1）了解研究软开关技术的目的；
（2）掌握软开关技术的基本概念；
（3）掌握软开关电路的分类；
（4）熟练进行典型的软开关电路分析。

本章基本要求为掌握硬开关与软开关的基本概念；掌握电力电子装置中提高开关频率的优点及带来的问题，以及软开关电路解决以上问题的原理；掌握软开关技术及软开关电路的分类，掌握零电压和零电流软开关电路的定义；了解零电压开关准谐振电路软开关电路的电路结构及工作原理。

6.1　软开关的基本概念

通常，滤波电感、电容和变压器在电力电子装置的体积和重量中占很大比例，采取有效措施减小这些器件的体积和重量是实现小型化、轻量化的主要途径。电力电子装置的滤波器是针对开关频率设计的，提高开关频率可以相应提高滤波器的关断频率，从而可以选用较小的电感和电容，使得滤波器的体积和重量减小。对于变压器，根据变压器知识，在电压和电流不变的条件下，变压器的绕组匝数与工作频率成反比，工作频率越高，绕组匝数越少，所需铁芯的窗口面积越小，从而可以选用较小的铁芯减少变压器的体积和重量。可见，实现电力电子装置小型化、轻量化最直接的途径是提高开关频率。

但在提高开关频率的同时，开关损耗也随之增加，电路效率下降，电磁干扰增大，所以简单提高开关频率是不行的。针对这些问题出现了软开关技术，它主要解决开关电路中的开关损耗和开关噪声问题，使开关频率可以大幅度提高。

6.1.1　硬开关与软开关

在对电力电子电路的分析中，总是将电路理想化，认为开关状态的转换是在瞬间完成的，忽略了开关过程对电路的影响。但实际电路中，开关器件是在高电压或大电流的条件下，由栅极（或基极）控制其导通或关断的，典型的硬开关降压型电路及波形如图 6-1 所示。可以看出，在开关过程中，开关器件的电压、电流均不为零，出现了电压和电流的交叠区。这些交叠区分别对应导通损耗 $P_{loss(on)}$ 和关断损耗 $P_{loss(off)}$，导通损耗与关断损耗的总和 P_{loss} 称为开关损耗。在上述开关过程中，不仅存在开关损耗，而且电压和电流的变化很快，会产生高的 du/dt 和 di/dt，并且电压、电流波形出现了明显过冲和振荡，这些都会导致开关噪声的产生。

这样的方法便于分析理想电路的工作原理，但必须认识到，实际电路中开关过程是客观存在的，一定条件下可能对电路的工作造成很大影响。

在很多电路中，开关元件在电压很高或电流很大条件下，在门极的控制下导通或关断，其电压和电流情况如图 6-2 所示。开关过程中电压、电流均不为零，出现了重叠，因此导致了开关损耗。而且电压和电流变换很快，波形出现了明显过冲，导致了开关噪声的产生，这样的开关被称为硬开关。

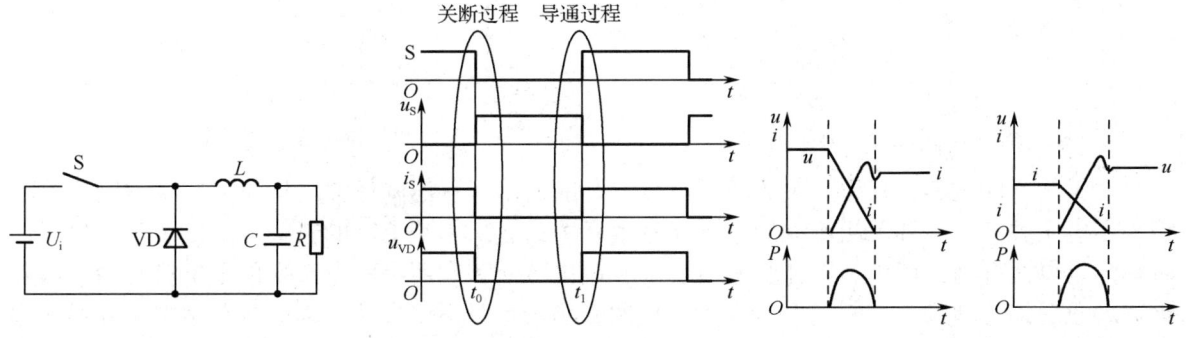

图 6-1　硬开关降压型电路及波形　　　　　图 6-2　硬开关过程中的电压和电流波形

在硬开关过程中会产生较大的开关损耗和开关噪声。开关损耗随着开关频率提高而增加，使电路效率下降，阻碍了开关频率提高；开关噪声给电路带来了严重的电磁干扰问题，影响周边电子设备正常工作。

20 世纪 80 年代，美国的科研人员李泽元（F.C.Lee）等人提出了软开关的概念。软开关技术简单来说，指通过在硬开关电路中增加很小的电感、电容等谐振元件，构成辅助换相网络，在开关过程前后引入谐振过程，使开关器件在导通前电压先降为零，或者在关断前电流先降为零，以实现开关器件的零电压开关（Zero Voltage Switching，ZVS）或零电流开关（Zero Current Switching，ZCS），以消除开关过程中电压、电流的交叠，降低电压、电流的变化率，从而大大减小甚至消除开关损耗和开关噪声。

降压型零电压开关准谐振电路及波形如图 6-3 所示。具有这样开关过程的开关称为软开关，其软开关过程中的电压和电流情况如图 6-4 所示。

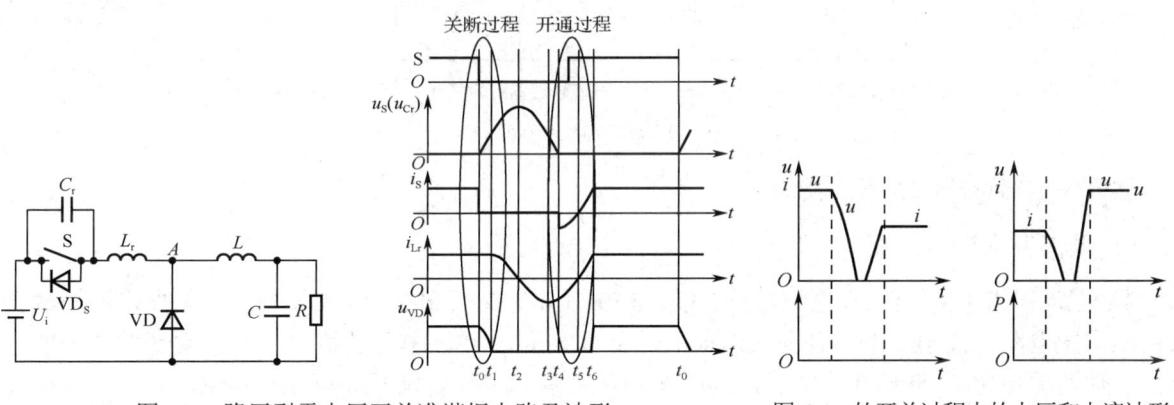

图 6-3　降压型零电压开关准谐振电路及波形　　　图 6-4　软开关过程中的电压和电流波形

6.1.2　零电压开关和零电流开关

在开关开通前使其两端电压为零，则开关开通时就不会产生损耗和噪声，这种开通方式称为零电压开通，如图 6-5 所示。在开关关断前使其电流为零，则开关关断时也不会产生损耗和噪声，这种关断方式称为零电流关断，如图 6-6 所示。在很多情况下，不再指出开通或关断，仅称零电压开通和零电流关断。零电压开通和零电流关断要靠电路中的谐振实现。

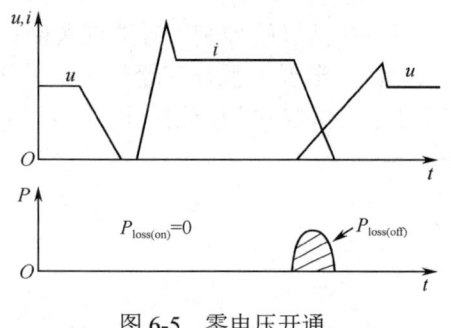

图 6-5 零电压开通

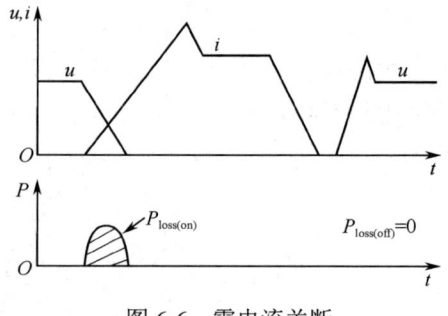

图 6-6 零电流关断

与开关并联的电容能延缓开关关断后电压上升的速率,从而降低关断损耗,有时称这种关断过程为零电压关断;与开关相串联的电感能延缓开关开通后电流上升的速率,降低了开通损耗,有时称为零电流开通。简单利用并联电容实现零电压关断和利用串联电感实现零电流开通一般会给电路造成总损耗增加、关断过电压增大等负面影响,是得不偿失的,因此常与零电压开通和零电流关断配合应用。

6.1.3 软开关电路的分类

根据电路中主要的开关器件是零电压开通还是零电流关断,可以将软开关电路分成零电压电路和零电流电路两大类。通常,一种软开关电路要么属于零电压电路,要么属于零电流电路。

在软开关技术的发展过程中,先后出现了准谐振电路、零开关 PWM 电路和零转换 PWM 电路。由于每一种软开关电路都可以用于直流-直流变换电路,构成软开关直流-直流变换电路。因此可引入开关单元的概念表示,不必再画出每一种具体电路,如图 6-7 所示为典型软开关单元电路图,其中图 6-7(a)为基本硬开关单元,图 6-7(b)、图 6-7(c)和图 6-7(d)分别对应降压、升压和升降压斩波器中的硬开关单元。

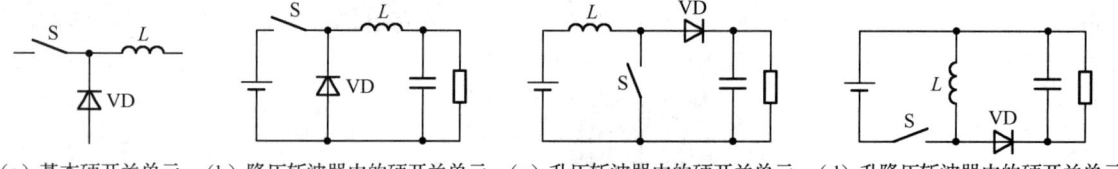

(a) 基本硬开关单元　(b) 降压斩波器中的硬开关单元　(c) 升压斩波器中的硬开关单元　(d) 升降压斩波器中的硬开关单元

图 6-7 典型硬开关单元

软开关电路可分为以下三类。

1. 准谐振电路

20 世纪 80 年代提出的准谐振电路(Quasi Resonant Converter,QRC)是软开关技术的一次飞跃。准谐振电路中提出了谐振开关(Resonant Switching,RS)单元的概念,即在硬开关单元的基础上增加谐振电感 L_r 和谐振电容 C_r,构造谐振开关单元来代替硬开关单元,实现软开关。根据硬开关单元与谐振电感和谐振电容的不同组合,准谐振电路可分为:

(1)零电压开关准谐振电路(ZVS QRC);
(2)零电流开关准谐振电路(ZCS QRC);
(3)零电压开关多谐振电路(ZVS MRC);
(4)用于逆变器的谐振直流环节电路 RDCL。

前三种准谐振电路的准谐振软开关单元如图 6-8 所示。由这些准谐振软开关单元替代硬开关单元,就可派生出一系列准谐振电路。

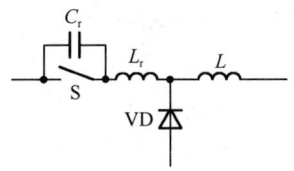 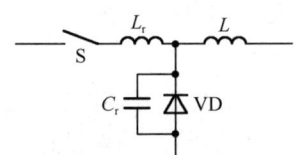 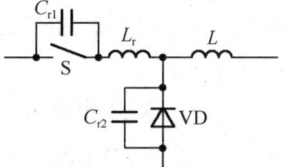

（a）零电压开关准谐振电路　　（b）零电流开关准谐振电路　　（c）零电压开关多谐振电路

图 6-8　准谐振软开关单元

由图 6-8（a）可见，零电压谐振开关单元中的谐振电容 C_r 和开关 S 是并联的。在 S 导通时，C_r 两端的电压为零；当 S 关断时，C_r 限制 S 上的电压上升率，实现 S 的零电压关断；当 S 开通时，L_r 和 C_r 谐振工作使 C_r 的电压自然回零，实现 S 的零电压开通。因此，加入谐振电感 L_r 和谐振电容 C_r 改变了开关 S 的电压波形，为 S 提供了零电压开关的条件。同样，由 6-8（b）可见，零电流谐振开关中的谐振电感 L_r 和开关 S 是串联的。在 S 开通之前，L_r 上的电流为零，当 S 开通时，L_r 限制了 S 中电流的上升率，实现 S 的零电流开通；当 S 关断时，L_r 和 C_r 谐振工作使 L_r 的电流自然回零，实现 S 的零电流关断。因此，加入谐振电感 L_r 和谐振电容 C_r，改变了开关 S 的电流波形，为 S 提供了零电流开关的条件。

2. 零开关 PWM 电路

谐振的引入使得电路的开关损耗和开关噪声都大大下降，但也带来一些负面问题：谐振电压峰值很高，要求器件的耐压必须提高；谐振电流的有效值很大，电路中存在大量的无功功率的交换，造成电路导通损耗加大；谐振周期随输入电压、负载变化而改变，因此准谐振电路只能采用脉冲频率调制 PFM 方式控制，变频的开关频率造成变压器、电感等磁性元件设计不能最优化，给电路设计带来困难。

针对准谐振电路需要采用调频控制方式以及电路设计较为困难的缺点，20 世纪 80 年代末，研究人员提出了恒频控制的零开关 PWM 变换（Zero Switching PWM Converter，ZS PWM）技术。采用这种技术的零开关 PWM 电路，同时具有 PWM 控制和准谐振电路的优点：在开关器件开通和关断时，开关器件工作在零电压开关或零电流开关方式；其余时间，开关器件工作在 PWM 状态。

零开关 PWM 电路的核心部分仍是零开关 PWM 开关单元，包括零电压开关 PWM（Zero Voltage Switching PWM Converter，ZVS PWM）开关单元和零电流开关 PWM（Zero Current Switching PWM Converter，ZCS PWM）开关单元。因此零开关 PWM 电路可分为：

（1）零电压开关 PWM 电路；
（2）零电流开关 PWM 电路。

零开关 PWM 开关单元如图 6-9 所示。由这些零开关 PWM 开关单元替代硬开关单元，就可派生出一系列零开关 PWM 电路。

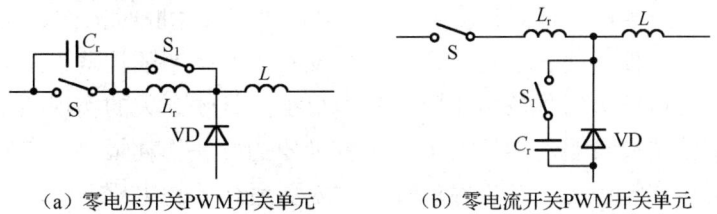

（a）零电压开关PWM开关单元　　（b）零电流开关PWM开关单元

图 6-9　零开关 PWM 电路

由图 6-9 可见，在零电压谐振开关单元内的谐振电感上并联一个辅助开关 S_1，就可以得到 ZVS

PWM 开关单元。在零电流谐振开关单元内的谐振电容 C_r 上串联一个辅助开关 S_1,就可以得到 ZCS PWM 开关单元。

利用谐振电感 L_r 和谐振电容 C_r 在主开关 S 开通和关断瞬间时产生谐振,为 S 创造零开关条件。同时,定时控制辅助开关 S_1 的开通和关断,周期性消除 L_r 和 C_r 的谐振,保证 S 在非开通和关断期间实现 PWM 控制。因此零开关 PWM 电路与准谐振电路相比较,既能实现零开关控制,又能实现 PWM 控制,并且谐振工作时间要比开关周期短很多。

除此之外,零开关 PWM 电路还有很多明显的优势:电压和电流基本上是方波,只是上升沿和下降沿较缓,开关器件承受的电压明显降低。

3．零转换 PWM 电路

如图 6-8 和图 6-9 所示,准谐振开关单元和零开关 PWM 开关单元的谐振电感均是与主开关 S 串联,并参与功率的传输,这使得软开关的实现是以增加开关器件的电压电流应力作为代价的;并且软开关的实现条件受输入电压和负载变化影响较大,轻载时可能会失去实现软开关的条件。

针对这些问题,20 世纪 90 年代初,李泽元等人又提出了另一类软开关电路——零转换 PWM 电路。这是软开关技术的又一次飞跃。零转换 PWM 电路的核心部分仍是零转换 PWM 开关单元,包括零电压转换 PWM（Zero Voltage Transition PWM Converter,ZVT PWM）开关单元和零电流转换 PWM（Zero Current Transition PWM Converter,ZCT PWM）开关单元。因此零转换 PWM 电路可分为:

（1）零电压转换 PWM 电路;
（2）零电流转换 PWM 电路。

零转换 PWM 开关单元如图 6-10 所示。由这些零转换 PWM 开关单元替代硬开关单元,就可派生出一系列零转换 PWM 电路。

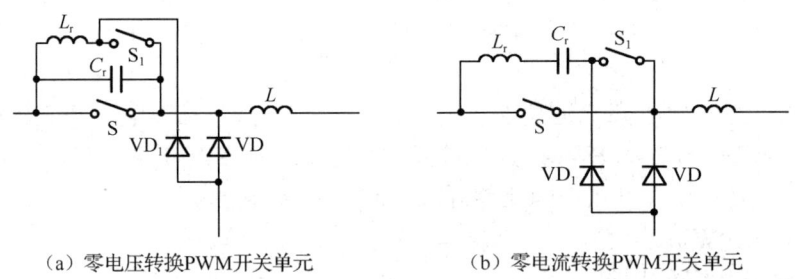

(a) 零电压转换PWM开关单元　　　　(b) 零电流转换PWM开关单元

图 6-10　零开关 PWM 电路

零转换 PWM 电路仍采用辅助开关控制谐振的开始时刻。保留了零开关 PWM 电路的优点:实现恒频控制的零电压或零电流通断,且辅助电路只在主开关通断时工作;在损耗较小的基础上,零转换 PWM 电路谐振电路与主开关相并联,不再参与主要功率的传输,从而解决了由于串联谐振电感引起的问题,使得开关器件的电压电流应力很小,且软开关的实现不受输入电压和负载变化的影响。分析和实验结果表明,零转换 PWM 变换器的开关损耗最小,在实现软开关的同时又不增加开关器件的电压电流应力,较以往软开关技术更适合于高电压、大功率的变换电路,是电力电子装置向高频化、轻型化改良的首选软开关技术。

6.2 典型的软开关电路

6.2.1 零电压开关准谐振电路

1. 电路结构

以降压型零电压开关准谐振变换电路为例，说明准谐振变换器一个开关周期的工作过程。电路原理如图 6-11 所示，输入电源、主开关 S、续流二极管 VD、输出滤波电感 L 和滤波电容 C 构成降压型电路，VD_S 为开关 S 的反并联二极管。谐振电感 L_r、谐振电容 C_r 和开关 S 构成准谐振开关单元，电路工作时的理想化波形如图 6-12 所示。在分析过程中，假设电感 L 和电容 C 都很大，可以等效为电流源和电压源，并忽略电路中的损耗。

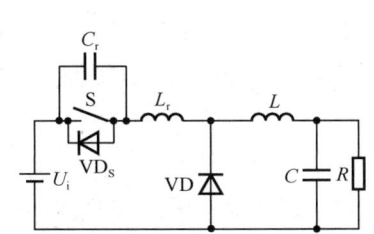

图 6-11 零电压开关准谐振电路原理

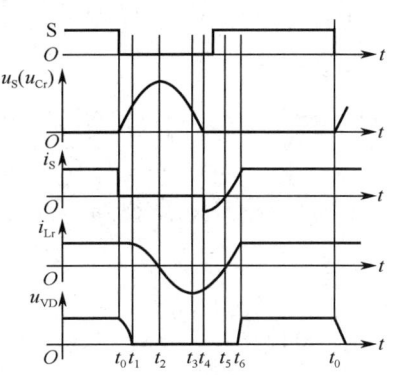

图 6-12 零电压开关准谐振电路的理想化波形

2. 工作过程

选择开关 S 的关断时刻为分析的起点。

$t_0 \sim t_1$ 时段：如图 6-13 所示，t_0 之前，S 导通，VD 为断态，$u_{Cr}=0$，$i_{Lr}=I_L$。t_0 时刻 S 关断，C_r 使 S 关断后电压上升减缓，因此 S 的关断损耗减小；S 关断后，VD 尚未导通；L_r+L 向 C_r 充电，L 等效为电流源，u_{Cr} 线性上升，同时 VD 两端电压 u_{VD} 逐渐下降，直到 t_1 时刻，$u_{VD}=0$，VD 导通，这一时段 u_{Cr} 的上升率为

$$\frac{du_{Cr}}{dt} = \frac{I_L}{C_r}$$

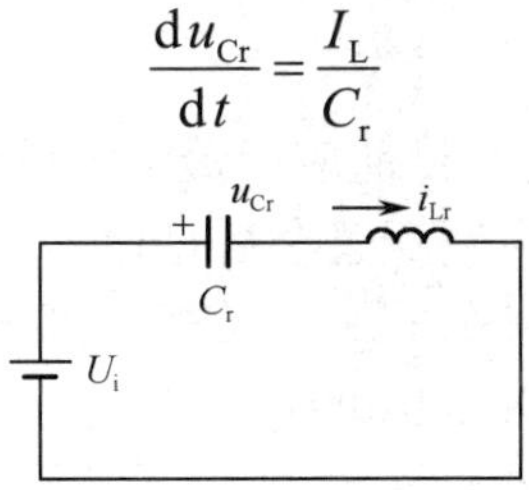

图 6-13 零电压开关准谐振电路在 $t_0 \sim t_1$ 时段等效电路

$t_1 \sim t_2$ 时段：t_1 时刻 VD 导通，L 通过 VD 续流，C_r、L_r、U_i 形成谐振回路；谐振过程中，L_r 对 C_r 充电，u_{Cr} 不断上升，i_{Lr} 不断下降，直到 t_2 时刻，i_{Lr} 下降到零，u_{Cr} 达到谐振峰值。

$t_2 \sim t_3$ 时段：t_2 时刻后，C_r 向 L_r 放电，i_{Lr} 改变方向，u_{Cr} 不断下降，直到 t_3 时刻，$u_{Cr}=U_i$，这时，$u_{Lr}=0$，i_{Lr} 达到反向谐振峰值。

$t_3 \sim t_4$ 时段：t_3 时刻以后，L_r 向 C_r 反向充电，u_{Cr} 继续下降，直到 t_4 时刻 $u_{Cr}=0$。t_1 到 t_4 时段电

路谐振过程的方程为

$$L_r \frac{di_{Lr}}{dt} + u_{Cr} = U_i$$
$$C_r \frac{du_{Cr}}{dt} = i_{Lr} \tag{6-1}$$
$$u_{Cr}|_{t=t_1} = U_i, \quad i_{Lr}|_{t=t_1} = I_L, \quad t \in [t_1, t_4]$$

$t_4 \sim t_5$ 时段：u_{Cr} 被箝位于零，$u_{Lr}=U_i$，i_{Lr} 线性衰减，直到 t_5 时刻，$i_{Lr}=0$。由于这一时段 S 两端电压为零，所以必须在这一时段使开关 S 开通，才不会产生开通损耗。

$t_5 \sim t_6$ 时段：S 为通态，i_{Lr} 线性上升，直到 t_6 时刻，$i_{Lr}=I_L$，VD 关断。

$t_4 \sim t_6$ 时段：电流 i_{Lr} 的变化率为

$$\frac{di_{Lr}}{dt} = \frac{U_i}{L_r} \tag{6-2}$$

$t_6 \sim t_0$ 时段：S 为通态，VD 为断态。

3. 定量分析

通过求解式（6-1），可得到 u_{Cr}，即开关 S 两端的电压 u_s 的表达式

$$u_{Cr}(t) = \sqrt{L_r/C_r} I_L \sin \omega_r (t-t_1) + U_i, \quad \omega_r = 1/\sqrt{L_r C_r} \quad (t \in [t_1, t_4]) \tag{6-3}$$

求其在 $[t_1, t_4]$ 上的最大值就得到 u_{Cr} 的谐振峰值表达式，也就是开关 S 承受的峰值电压为

$$U_p = \sqrt{\frac{L_r}{C_r}} I_L + U_i \tag{6-4}$$

从式（6-3）可以看出，如果正弦项的幅值小于 U_i，u_{Cr} 就不可能谐振到零，开关 S 也就不可能实现零电压开通，因此

$$\sqrt{\frac{L_r}{C_r}} I_L \geq U_i \tag{6-5}$$

就是零电压开关准谐振电路实现软开关的条件。综合式（6-4）和式（6-5）可知：谐振电压峰值将高于输入电压的 2 倍，开关 S 的耐压必须相应提高。这样会增加电路成本，降低可靠性，这是零电压开关准谐振电路的一大缺点。

6.2.2 移相全桥型零电压开关 PWM 电路

1. 电路结构

移相全桥型零电压开关 PWM 电路是目前应用最广泛的软开关电路之一。其电路原理如图 6-14 所示。它的特点是：电路结构简单，同硬开关全桥型电路相比，并没有增加辅助开关器件等，而是仅仅增加了一个谐振电感，就使电路中 4 个开关器件都在零电压的条件下开通，这得益于其独特的控制方法。电路的理想化波形如图 6-15 所示。

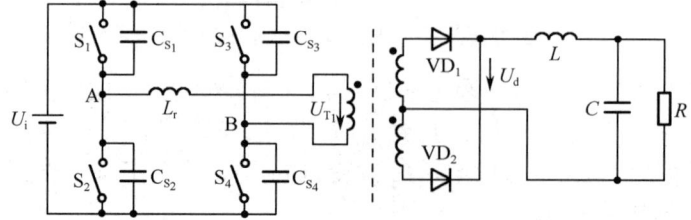

图 6-14 移相全桥型零电压开关 PWM 电路原理图

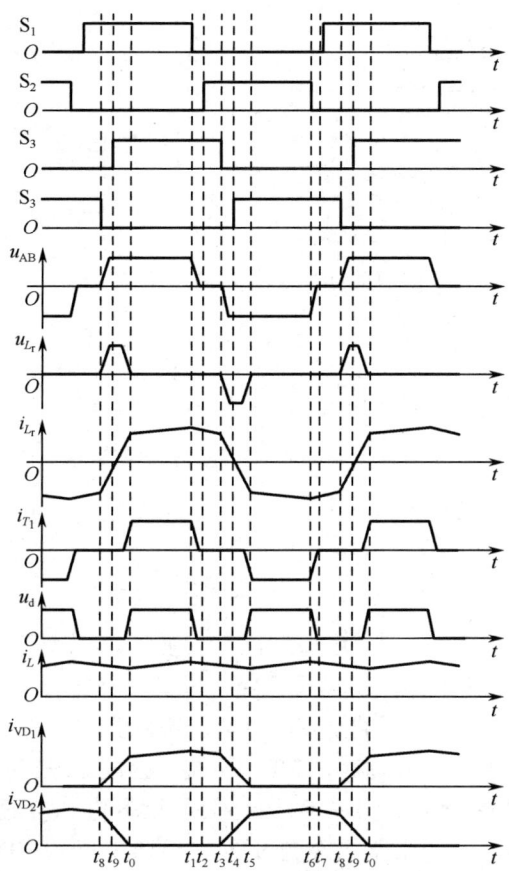

图 6-15 移相全桥型零电压开关 PWM 电路理想化波形

移相全桥开关 PWM 电路的控制方式有以下几个特点。

(1) 在一个开关周期 T 内,每一个开关处于通态和断态的时间是不固定的。导通的时间略小于 $T/2$,而关断时间略大于 $T/2$。

(2) 同一个半桥中,上、下两个开关不能同时处于通态,每一个开关关断到另一个开关开通都要经过一定的死区时间。

(3) 比较互为对角的两对开关 S_1,S_4 和 S_2,S_3 开关函数的波形,S_1 的波形比 S_4 超前 $0 \sim T/2$,而 S_2 的波形比 S_3 超前 $0 \sim T/2$,因此称 S_1 和 S_2 为滞后的桥臂。

2. 工作原理

在一个开关周期内,移相全桥零电压开关 PWM 电路的工作过程可分为 10 个时段描述,但 $t_0 \sim t_5$ 和 $t_5 \sim t_0$ 这两个时段工作过程完全对称,因此只用分析半个开关周期 $t_0 \sim t_5$ 时段即可。在分析中,假设开关都是理想的,并忽略电路中的损耗。

(1) $t_0 \sim t_1$ 时段:在这一时段,开关 S_1,S_4 都处于通态,直到 t_1 时刻,S_1 关断。

(2) $t_1 \sim t_2$ 时段:如图 6-16 所示,开关 S_1 关断后,电容 C_{s_1}、C_{s_2} 与电感 L_r、L 构成谐振回路,其中二次电感 L 折算到一次回路参与谐振。谐振开始时,$u_A(t_1)=U_i$,在谐振过程中,u_A 不断下降,直到 $u_A=0$,开关 S_2 的反并联二极管 VD_{S2} 导通,电流 i_{Lr} 通过 VD_{S2} 续流。

(3) $t_2 \sim t_3$ 时段: 如图 6-17 所示,开关 S_2 开通,由于此时其反并联二极管 VD_{S2} 正处于导通状态,S_2 开通时电压为零,其开通过程为零电压开通。S_2 开通后,电路状态也不会改变,继续保持到 t_3 时刻,S_4 关断。

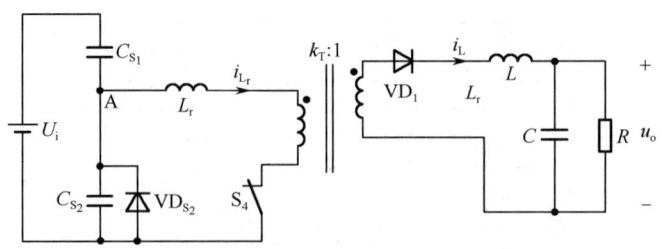

图 6-16 $t_1 \sim t_2$ 时段等效电路电路

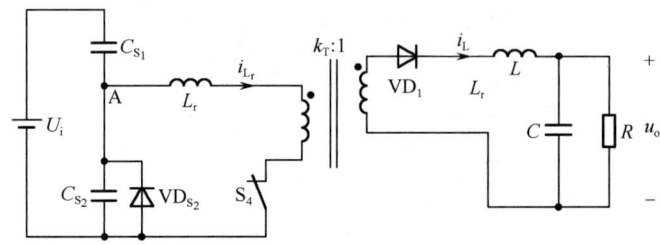

图 6-17 $t_2 \sim t_3$ 时段等效电路电路

（4）$t_3 \sim t_4$ 时段：如图 6-18 所示，开关 S_4 关断后，变压器二次侧整流二极管 VD_1 和 VD_2 同时导通，变压器一次和二次电压均为零，相当于短路，因此变压器一次侧 C_{s_3}、C_{s_4} 与 L_r 构成谐振回路。谐振过程中，谐振电感的电流不断减小，B 点电压不断上升，直到 S_3 的反并联二极管 VD_{s_3} 导通。维持到 t_4 时刻开关 S_3 开通。S_3 开通时，VD_{s_3} 导通，因此 S_3 是在零电压条件下开通。

（5）$t_4 \sim t_5$ 时段：如图 6-19 所示，开关 S_3 开通后，谐振电感电流下降到零后便反向，并不断增大，直到 t_5 时刻，$i_{Lr} = I_L/k_T$，变压器二次侧 VD_1 的导通转移到 VD_2 导通。

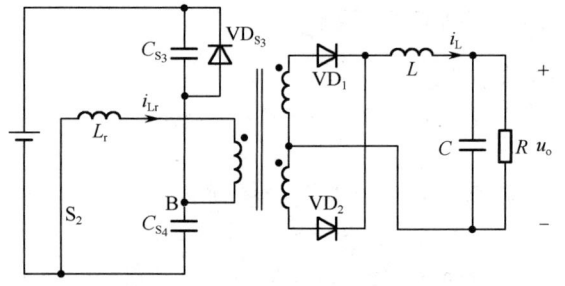

图 6-18 $t_3 \sim t_4$ 时段等效电路电路

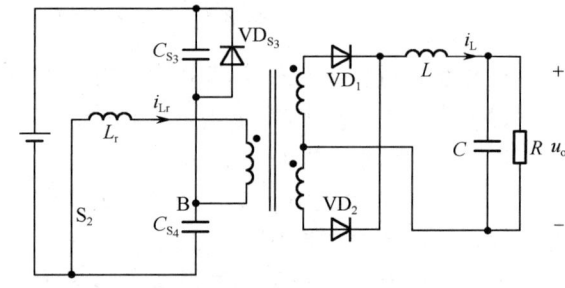

图 6-19 $t_4 \sim t_5$ 时段等效电路电路

（6）$t_0 \sim t_5$：正好完成了开关周期的一半，另一半开关周期完全对称。

6.2.3 零电压转换 PWM 电路

1. 电路结构

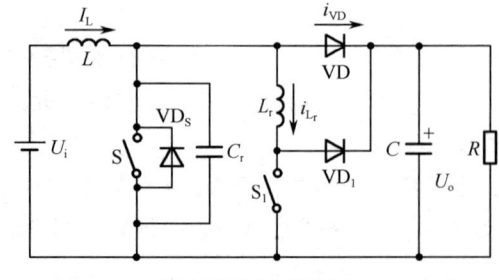

图 6-20 升压型零电压转换 PWM 电路

以升压型零电压转换电路为例，讨论零电压转换电路在一个开关周期内的工作过程。图 6-20 为升压型零电压转换 PWM 电路原理图。输入电源、主开关 S、升压二极管 VD、升压电感 L 和滤波电容 C 构成升压型电路。VD_S 是 S 的反并联二极管。辅助开关 S_1、辅助二极管 VD_1、谐振电感、谐振电容构成辅助谐振电路与主开关 S 并联，构成零电压转换 PWM 开关单元。

2. 工作原理

在一个开关周期内，电路的工作过程可分为 7 个时段，为了分析电路的静态特性，假定所有元件都是理想的。同时电感 L 足够大，在一个开关周期中，L 上电流基本保持不变，即电路的输入电流保持不变，可等效为恒流源。并且滤波电容也足够大，在一个开关周期中，C 两端电压保持不变，即电路的输出电压保持不变，可等效为恒压源。

图 6-21 为零电压转换 PWM 分段等效电路图及波形图，选择辅助开关的开通时刻为起点。

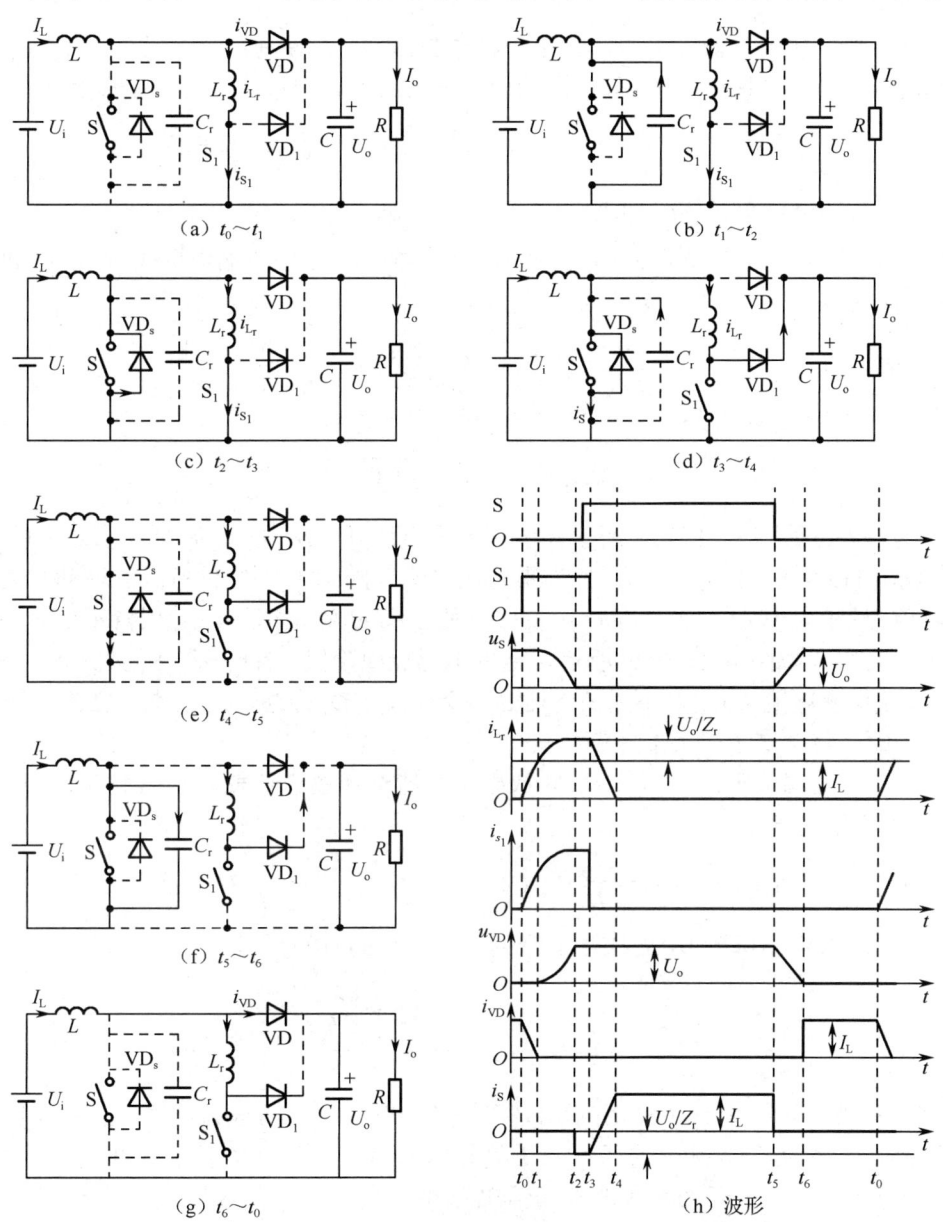

图 6-21 零电压转换 PWM 分段等效电路及波形

（1）$t_0 \sim t_1$ 时段：如图 6-21（a）所示，谐振电感 L_r 充电，S_1 和 VD 换流。t_0 以前，S、S_1 关断，VD 导通。在 t_0 时刻，S_1 导通，L_r 正向充电，电流 i_{Lr} 从 0 开始线性上升，变化规律为

$$i_{Lr}(t) = \frac{U_o(t-t_0)}{L_r}$$

因此，辅助开关 S_1 的开通过程为零电流开通。由于 i_{Lr} 从 0 逐渐上升，升压二极管 VD 上电流 I_L 开始下降，其变化规律为

$$i_{VD}(t) = I_L - \frac{U_o(t-t_0)}{L_r}$$

到 t_1 时刻，i_{Lr} 上升到 I_L，i_{VD} 下降到 0，S_1 和 VD 换流过程结束，VD 零电流关断。持续时间为

$$\Delta t_1 = t_1 - t_0 = \frac{L_r I_L}{U_o}$$

（2）$t_1 \sim t_2$ 时段：如图 6-21（b）所示，L_r、C_r 谐振阶段。t_1 时刻，VD 关断，L_r 和 C_r 开始谐振，i_{Lr} 由 I_L 继续谐振上升，谐振电容电压 u_{cr} 由输出电压 U_o 谐振下降。i_{Lr} 和 u_{cr} 的变化规律为

$$i_{Lr}(t) = I_L + \frac{U_o}{Z_r}\sin\omega(t-t_1) \qquad u_{Cr}(t) = U_o\cos\omega(t-t_1)$$

其中特征阻抗和谐振角频率分别为 $Z_r = \sqrt{L_r/C_r}$，$\omega = 1/\sqrt{L_r C_r}$。

t_2 时刻，u_{cr} 下降到 0，主开关 S 的反并联二极管导通，将 S 两端电压箝位为 0，即 $u_s=0$，此时谐振电感电流为

$$i_{Lr}(t_2) = I_L + \frac{U_o}{Z_r}$$

持续的时间为 1/4 谐振周期，为

$$\Delta t_2 = t_2 - t_1 = \frac{\pi}{2}\sqrt{L_r C_r}$$

（3）$t_2 \sim t_3$ 时段：如图 6-21（c）所示，主开关零电压开通阶段。t_2 时刻，VD_s 导通，S 端电压箝位于 0，在该时段给 S 加驱动信号，S 为零电压导通。因此主开关 S 滞后于辅助开关 S_1 导通时刻，滞后时间应该稍大于 $\Delta t_1 + \Delta t_2$。同时，该时间段 L_r 和 C_r 停止谐振，i_{Lr} 保持不变。

（4）$t_3 \sim t_4$ 时段：如图 6-21（d）所示，谐振电感放电阶段。t_3 时刻，S_1 关断。由于关断时，其上电流为谐振电感电流 $i_{Lr}(t_2)$，不为 0；且 S_1 关断后，VD_1 导通，S_1 的电压立刻被箝位为 U_o，因此 S_1 为硬关断，将会产生较大的关断损耗。

S_1 关断后，L_r 两端电压为 $-U_o$，L_r 反向放电，其能量释放给负载。i_{Lr} 线性下降，主开关电流 i_s 线性上升，其变化规律分别为

$$i_{Lr}(t) = i_{Lr}(t_2) - \frac{U_o}{L_r}(t-t_3) \qquad i_S(t) = -\frac{U_o}{Z_r} + \frac{U_o}{L_r}(t-t_3)$$

到 t_4 时刻，i_{Lr} 线性下降到 0，i_s 线性上升到 I_L。持续的时间为

$$\Delta t_4 = t_4 - t_3 = \frac{\left(I_L + \dfrac{U_o}{Z_r}\right)L_r}{U_o}$$

（5）$t_4 \sim t_5$ 时段：如图 6-21（e）所示，该阶段为 PWM 工作阶段。t_4 时刻，i_{Lr} 线性下降到 0，VD_1 关断。该时段，S 始终导通，升压电感 L 通过 S 储能，$i_s = I_L$，负载由 C 供电。此时段电路的工作情况和升压电路中开关开通时段的工作情况一样。

（6）$t_5 \sim t_6$ 时段：如图 6-21（f）所示，谐振电容充电，主开关零电压关断。t_5 时刻，关断 S。谐振电容 C_r 通过升压电感 L 恒流充电，谐振电容电压 u_{Cr}，即主开关电压 u_s 从 0 开始线性上升，其变化规律为

$$u_S = u_{Cr}(t) = \frac{I_L}{C}(t-t_5)$$

可见，主开关 S 的关断过程为零电压关断。到 t_6 时刻 u_{cr} 充电上升到 U_o，VD 导通。持续的时

间为

$$\Delta t_6 = t_6 - t_5 = \frac{U_o}{I_L} C_r$$

（7）$t_6 \sim t_0$ 时段：如图 6-21（g）所示，该阶段为 PWM 工作阶段。该时段，S 和 S_1 均处于关断状态，VD 导通。输入电压和电感 L 通过 VD 给滤波电容和负载供电。t_0 时刻，触发开通辅助开关，开始下一个开关周期。

通过分析图 6-21 可知，为了实现电路的 PWM 控制，在设计参数时，应使 $t_0 \sim t_4$、$t_5 \sim t_6$ 相对于 $t_4 \sim t_5$、$t_6 \sim t_0$ 的时间很短，这样谐振元件的工作对电路的 PWM 特性影响就很小。

6.2.4 谐振直流环

谐振直流环电路应用于交流-直流-交流变换电路的中间直流环节（DC-Link）。通过在直流环节中引入谐振，使电路中的整流或逆变环节工作在软开关的条件下。图 6-22 所示为用于电压型逆变器的谐振直流环的电路，它用一个辅助开关 S 就可以使逆变桥中所有的开关工作在零电压开通的条件下。由于电压型逆变器的负载通常为感性，而且在谐振过程中逆变电路的开关状态是不变的，因此可以将电路等效为图 6-23 所示，其理想化波形如图 6-24 所示。

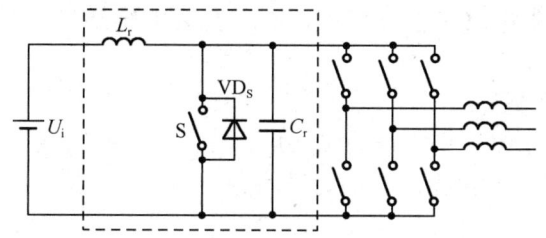

图 6-22 电压型逆变器的谐振直流环电路

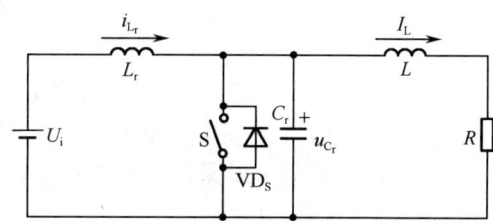

图 6-23 电压型逆变器的谐振直流环等效电路

现以开关 S 关断时刻为起点，分时段分析电路的工作过程。

（1）$t_0 \sim t_1$ 时段：t_0 时刻之前，谐振电感 L_r 的电流 i_{Lr} 大于负载电流 I_L，开关 S 处于通态。t_0 时刻 S 关断，电路中发生谐振。因为 $i_{Lr} > I_L$，因此 i_{Lr} 对 C_r 充电，u_{Cr} 不断升高直到 t_1 时刻，$u_{Cr} = U_i$。

（2）$t_1 \sim t_2$ 时段：由于 $u_{Cr} = U_i$，L_r 两端电压差为零，因此谐振电流 i_{Lr} 达到峰值。t_1 时刻后，i_{Lr} 继续向 C_r 充电并不断减小，u_{Cr} 继续升高，t_2 时刻，u_{Cr} 达到谐振峰值。

（3）$t_2 \sim t_3$ 时段：u_{Cr} 向 L_r 放电，i_{Lr} 继续降低到零后改变方向，C_r 继续向 L_r 放电，i_{Lr} 反向增加，直到 t_3 时刻，$u_{Cr} = U_i$。

（4）$t_3 \sim t_4$ 时段：t_3 时刻，i_{Lr} 达到反向谐振峰值，开始衰减，u_{Cr} 继续下降，t_4 时刻，$u_{Cr} = 0$，S 的反并联二极管 VD_S 导通，u_{Cr} 被箝位于零。

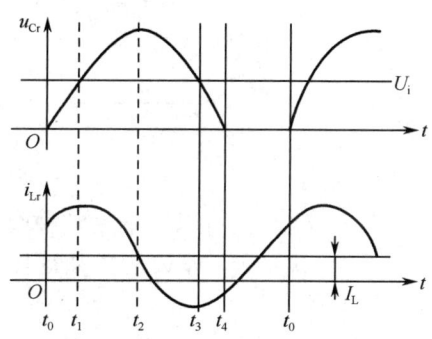

图 6-24 电压型逆变器的谐振直流环理想化波形

（5）$t_4 \sim t_5$ 时段：t_4 时刻，$u_{Cr} = 0$，S 的反并联二极管 VD_S 导通，u_{Cr} 被箝位于零。t_5 时刻，$i_{Lr} = I_L$，$i_D = 0$，在 $t_4 \sim t_5$ 时段区间给逆变桥开关施加驱动信号，就可以使开关在零电压下导通，开关实际接通在 t_5。

同零电压开关准谐振电路相似，谐振直流环电路中电压的谐振峰值很高，增加了对开关器件的耐压要求。

本章小结

本章的重点如下。

(1) 软开关技术通过在电路中引入谐振改善了开关的开关条件,大大降低了硬开关电路存在的开关损耗和开关噪声问题。

(2) 软开关技术总体来说可以分为零电压和零电流两类。按照其出现的先后,可以将其分为准谐振、零开关 PWM 和零转换 PWM 三大类。每一类都包含基本拓扑和众多派生拓扑。

(3) 零电压开关准谐振电路、零电压开关 PWM 电路和零电压转换 PWM 电路分别是三类软开关电路的代表;谐振直流环电路是软开关技术在逆变电路中的典型应用。

习题及思考题

6.1 软开关对电力电子装置的意义是什么?

6.2 什么是软开关和硬开关?硬开关在高频运行状态时会出现什么情况?

6.3 电力电子高频化的意义是什么?为什么提供电路工作频率可以减小滤波电感及变压器的体积与重量?

6.4 零开关,即零电压开通和零电流关断的含义是什么?

6.5 请比较准谐振变换器与零电压转换(ZVT)PWM 变换器的优缺点。

6.6 试分析题 6.3 图两个电路在工作原理上的差别,并指出它们的异同点。

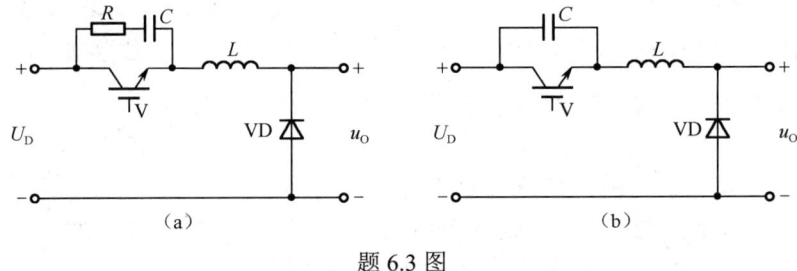

题 6.3 图

6.7 软开关可以归纳为几种类型?说明各种类型的典型拓扑及其特点。

6.8 软开关 PWM 的含义是什么?

拓展资源

第7章 电力电子技术的应用

电力电子技术既是电类专业的专业基础,又是一门工程技术,已广泛应用于与电能相关的各个领域,如工业生产、交通运输、电力系统、新能源系统、信息技术、电子电器等,本章针对不同的应用领域,介绍典型的应用实例,以便更好理解和综合运用相应的各知识点。

7.1 电力电子技术在一般工业生产中的应用

工业中大量应用各种交直流电动机。直流电动机具有良好的调速性能,为其供电的可控直流电源和直流斩波电源都是电力电子装置。随着电力电子技术的进步,交流电机的变频调速控制得到了快速发展,并逐渐取代了直流电动机,占据了主导地位。冶金工业中的高频或中频感应加热电源、淬火电源及直流电弧炉电源等场合也大量应用电力电子技术,感应加热技术可以提升冶金加工工艺水平,具有加热均匀、热效率高、加热速度快、节能环保、安全可靠等优势。

7.1.1 直流调速系统

直流电动机因具有良好的调速性能,在诸多需要频繁变速驱动工业场合获得广泛应用,为其供电的电源大多为晶闸管构成的可控直流电源。晶闸管可控变流电路带直流电动机可以实现电机转速的自由调节,这便是直流电机调速系统。下面将分析晶闸管可控变流电路带直流电机的两种运行状态。

1. 工作于整流状态

晶闸管可控整流电路带直流电动机负载时,为保证整流输出的电流在较大范围内连续,均配置平波电抗器。尽管直流电机运行时存在反电势,但因电抗器的存在,其工作过程分析仍可按照感性负载进行分析,如三相半波可控整流电路带直流电动机负载时电路工作波形如图7-1所示。

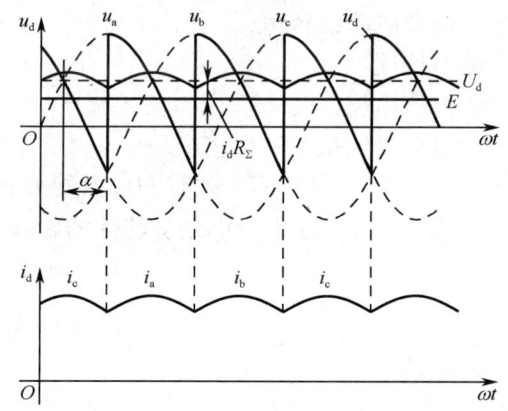

图 7-1 三相半波可控整流电路带直流电动机负载时电路工作波形

电动机稳态时,虽然 U_d 波形脉动较大,但由于电动机转子及轴联负载有较大的机械惯量,故电机转速和反电动势基本无脉动。此时整流电路输出电压平均值由电动机反电势及回路中阻抗压降所平衡,整流电压的交流分量全部降落在平波电抗器上。

回路阻抗压降包括变压器电阻（折算到二次侧）压降 $I_d R_B$、电机电枢电阻压降 $I_d R_a$、变压器漏感影响所产生的压降 $\frac{3X_B}{2\pi} I_d$、晶闸管本身的管压降 ΔU。

整流电路直流电压的平衡方程为

$$U_d = E_M + I_d\left(R_B + R_a + \frac{3X_B}{2\pi}\right) + \Delta U = E_M + I_d R_\Sigma + \Delta U \tag{7-1}$$

式中 $R_\Sigma = R_B + R_a + \frac{3X_B}{2\pi}$ 为电动机电枢回路总电阻。

在电动机负载电路中，电流 I_d 由负载转矩决定。当电动机的负载较轻时，对应的负载电流较小，容易出现电流断续现象，这时整流电路输出的电压和电流波形与电流连续时有差别，因此晶闸管电动机系统有两种工作状态：电流较大时的电流连续工作状态和电流较小时的电流断续工作状态。

（1）电流连续时电动机的机械特性

从电力拖动的角度来看，电动机的机械特性是表示其性能的一个重要方面，有生产工艺要求的转速静差度（即机械特性）决定。

电机的反电势与电机运行转速的关系为

$$E = C_e \Phi n \tag{7-2}$$

式中，C_e 为有电动机结构决定的电动势常数；Φ 为电动机磁场每对磁极下的磁通量，单位为 Wb；n 为电动机的转速，单位为 r/min。

可根据整流电路直流电压的平衡方程式（7-1），得到不同触发延迟角 α 时 E_M 与 I_d 的关系。因为三相半波整流电路输出直流电压 $U_d = 1.17 U_2 \cos\alpha$，因此反电动势特性方程为

$$E_M = 1.17 U_2 \cos\alpha + I_d R_\Sigma - \Delta U \tag{7-3}$$

转速与电流的机械特性关系式为

$$n = \frac{1.17 U_2 \cos\alpha}{C_e \Phi} - \frac{I_d R_\Sigma + \Delta U}{C_e \Phi} \tag{7-4}$$

不同触发角 α 时电机转速 n 与电机电流 I_d 之间的关系，如图 7-2 所示。

由图 7-2 可见，直流电机机械特性是一组由触发角 α 控制的下垂平行直线，其斜率由回路电阻确定。调节触发角，即可平滑调节电动机转速。

（2）电流断续时电动机的机械特性

由于整流电压是一个脉动的直流电压，当电动机的负载减小时，平波电抗器中的电感储能减小，致使电流不再连续，此时，电动机的机械特性也呈现出非线性。

根据式（7-3），当 $\alpha = 60°$ 时，$I_d = 0$，忽略 ΔU，此时的反电动势 $E_0' = 1.17 U_2 \cos 60° = 0.585 U_2$，即电流连续时的理想空载反电动势，如图 7-3 中反电动势特性的虚线与纵轴的相交点。

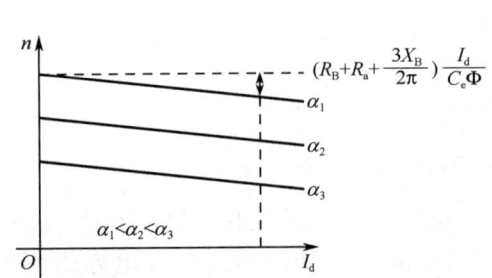

图 7-2　三相半波整流电路带电机负载电流连续时的机械特性

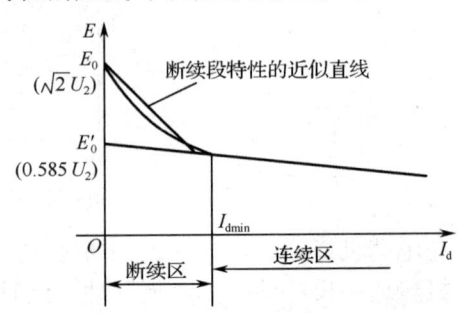

图 7-3　电流断续时电动势的特性曲线

实际上，当 I_d 减小至某一定值 I_{dmin} 以后，电流变为断续，这个 E_0' 是不存在的，真正的理想空载点 E_0 远大于此值，因为 $\alpha=60°$ 时晶闸管触发导通时的相电压瞬时值为 $\sqrt{2}U_2$，它大于 E_0'，因此必然产生电流，这说明 E_0' 并不是空载点。只有当反电动势 E 等于触发导通后相电压的最大值 $\sqrt{2}U_2$ 时，电流才等于零，因此图 7-3 中的 $\sqrt{2}U_2$ 才是实际的理想空载点。同样可分析得出，在电流断续情况下，只要 $\alpha\leqslant 60°$，电动机的实际空载反电动势都是 $\sqrt{2}U_2$。当 $\alpha>60°$ 以后，空载反电动势将由 $\sqrt{2}U_2\cos(\alpha-\pi/3)$ 决定。可见，当电流断续时，电动机的理想空载转速抬高，这是电流断续时电动机机械特性的第一个特点。观察图 7-3 可知此时机械特性的第二个特点是，在电流断续区内电动机的机械特性变软，即负载电流变化很小也可引起很大的转速变化。

根据上述分析，可得不同 α 时的反电动势特性曲线如图 7-4 所示。触发角 α 大的反电动势特性，其电流断续区的范围要比 α 小的电流断续区大。这是因为 α 越大，整流电路电源电压给晶闸管施加的负电压时间越长，电流要维持连续，必须要求平波电抗器储存足够的磁场能量，在电抗器 L 确定时，只有较大的负载电流 I_d 才可以维持输出电流连续。随着 α 的增加，进入断续区的电流值加大。这是电流断续时电动机机械特性的第三个特点。

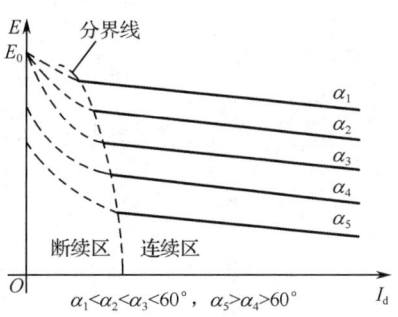

图 7-4 电流断续时不同 α 时的反电动势特性曲线

电动机电流断续时，电动机的机械特性无法用线性方程表示，可以通过联立并求解微分方程的方式获得电机电流 I_d、电机转速 n 与触发角 α、晶闸管导通角 θ、电机电枢回路的功率因数角 φ 之间的函数关系，如参数方程为

$$n=\frac{\sqrt{2}U_2}{C_e\Phi}\frac{\sin\left(\frac{\pi}{6}+\alpha+\theta-\varphi\right)-\sin\left(\frac{\pi}{6}+\alpha-\varphi\right)e^{-\theta\cot\varphi}}{1-e^{-\theta\cot\varphi}} \tag{7-5}$$

$$I_d=\frac{3\sqrt{2}U_2}{2\pi Z\cos\varphi}\left[\cos\left(\frac{\pi}{6}+\alpha\right)-\cos\left(\frac{\pi}{6}+\alpha+\theta\right)-\frac{C_e\Phi\theta n}{\sqrt{2}U_2}\right] \tag{7-6}$$

一般只要主电路电感足够大，可以只考虑电流连续段，完全按线性处理，当低速轻载时，断续作用显著，可改用另一段较陡的特性近似处理。

整流电路为三相半波时，在最小负载电流为 I_{dmin} 时，为保证电流连续所需的主回路电感量 L（单位为 mH）为

$$L=1.46\frac{U_2}{I_{dmin}} \tag{7-7}$$

对于三相桥式全控整流电路带电动机负载的系统，有

$$L=0.693\frac{U_2}{I_{dmin}} \tag{7-8}$$

电感 L 应该包含整流变压器漏电感、电枢电感、平波电抗器电感三部分，但因前面两个电感的数值较小，可以忽略，仅考虑平波电抗器的大小；I_{dmin} 一般取电动机额定电流的 5%~10%，也可选择为电动机的空载电流，其机械特性可按照电流连续情况进行分析；同等条件下，三相桥式全控整流电路带电机负载时，为保证电机电流连续，回路所需要的平波电抗器感值减小一半左右，所需平波电抗器电感量可以成比例减小，这是采用多相整流电路的一个优点。

2．工作于有源逆变状态时

（1）电流连续时电动机的机械特性

主回路电流连续时的机械特性由电压平衡方程式 $U_d-E_M=I_d R_\Sigma$ 决定。

逆变时，E_M 反接，可得

$$E_M = -(U_{d0}\cos\beta + I_d R_\Sigma) \tag{7-9}$$

因为 $E_M = C'_e n$，可求得电动机的机械特性方程式为

$$n = -\frac{1}{C'_e n}(U_{d0}\cos\beta + I_d R_\Sigma) \tag{7-10}$$

式中负号表示逆变时电动机的转向与整流时相反。对应不同的逆变角时，可得到一组彼此平行的机械特性曲线族，如图 7-5 所示。调节 β 就可以连续调整电机的运行转速，β 越小，电机转速越高。

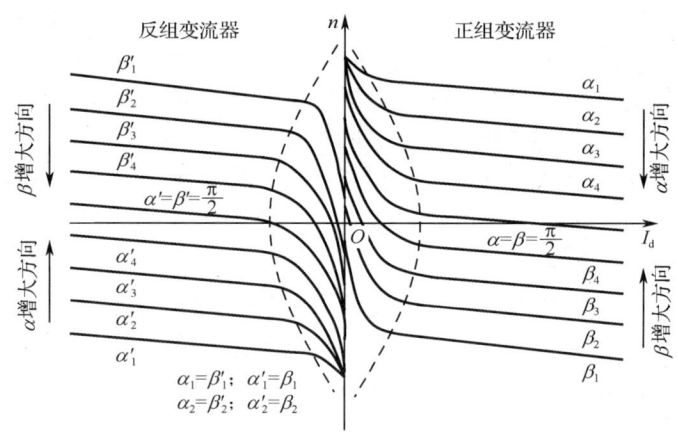

图 7-5 电动机在四个象限运行时的机械特性

（2）电流断续时电动机的机械特性

电流断续时电动机的机械特性方程可沿用整流时电流断续的机械特性表达式，只要令 $\alpha = \pi - \beta$，便可得 E_M、n 与 I_d 的表达式，求出三相半波电路工作于逆变状态且电流断续时的机械特性，即

$$E_M = \sqrt{2}U_2\cos\phi \frac{\sin\left(\frac{7\pi}{6} - \beta + \theta - \phi\right) - \sin\left(\frac{7\pi}{6} - \beta - \phi\right)e^{-\theta\cot\phi}}{1 - e^{-\theta\cot\phi}} \tag{7-11}$$

$$n = \frac{E_M}{C'_e} = \frac{\sqrt{2}U_2\cos\phi}{C'_e} \times \frac{\sin\left(\frac{7\pi}{6} - \beta + \theta - \phi\right) - \sin\left(\frac{7\pi}{6} - \beta - \phi\right)e^{-\theta\cot\phi}}{e^{-\theta\cot\phi}} \tag{7-12}$$

$$I_d = \frac{3\sqrt{2}U_2}{2\pi Z\cos\phi}\left[\cos\left(\frac{7\pi}{6} - \beta\right) - \cos\left(\frac{7\pi}{6} - \beta + \theta\right) - \frac{C'_e}{\sqrt{2}U_2}\theta n\right] \tag{7-13}$$

当电流断续时，电动机的机械特性不仅和逆变角有关，而且和电路参数、导通角等有关系。取定某 β 值，根据不同的导通角 θ，就可求得对应的转速和电流，绘出逆变电流断续时电动机的机械特性，即图 7-5 中第四象限虚线以左的部分。观察图 7-5 可见，逆变电流断续时，电动机的机械特性与整流时十分相似，也是理想空载转速上翘，机械特性变软，机械特性呈现非线性特性，说明变流器逆变状态时的机械特性是整流状态特性的延续。

当触发角从零逐步增加到 90°，再继续增加进入有源逆变，β 逐渐减小，电动机机械特性逐渐由第一象限往下平移，进入第四象限。假定电动机由另一组变流器供电，提供反向电流，则电机可以运行在第二、三象限。电机运行在第Ⅲ象限时，电动机反向电动运行；电动机运行在第二象限时，电动机正向发电运行。因此，图 7-5 所示特性表示电动机在两个反向并联变流器供电情

况下的运行特性，两组变流器输出的电流方向相反，电动机可以实现第四象限运行。在图 7-5 中标注为正组和反组变流器所对应的象限，正组负责第一、四象限，反组负责第二、三象限。

（3）直流可逆电力拖动系统

图 7-6 为两组变流器的反并联可逆线路。图 7-6（a）是以三相半波有环流接线为例，图 7-6（b）是以三相全控桥的无环流接线为例阐明其工作原理的。与双反星形电路时相似，环流指只在两组变流器之间流动而不经过负载的电流。电动机正向运行时都是由一组变流器供电的；反向运行时，电动机则由两组变流器供电。根据对环流的不同处理方法，反并联可逆电路又可分为几种不同的控制方案，如配合控制有环流（即 $\alpha=\beta$ 工作制）、可控环流、逻辑控制无环流和错位控制无环流等。不论采用哪一种反并联供电电路，都可使电动机在四个象限内运行。如果在任何时间内，两组变流器中只有一组投入工作，则可根据电动机所需的运转状态决定哪一组变流器工作及其相应的工作状态（整流或逆变）。图 7-6（c）绘出了对应电动机四象限运行时两组变流器（简称正组桥、反组桥）的工作情况。

第一象限：正转，电动机作电动运行，正组桥工作在整流状态，$\alpha_1<\pi/2$，$E_M<U_{d\alpha}$（下标中 α 表示整流，下标 1 表示正组桥，下标 2 表示反组桥）。

第二象限：正转，电动机作发电运行，反组桥工作在逆变状态，$\alpha_2>\pi/2$，$E_M>U_{d\beta}$（下标中 β 表示逆变）。

第三象限：反转，电动机作电动运行，反组桥工作在整流状态，$\alpha_2<\pi/2$，$E_M<U_{d\alpha}$。

第四象限：反转，电动机作发电运行，正组桥工作在逆变状态，$\alpha_1>\pi/2$，$E_M>U_{d\beta}$。

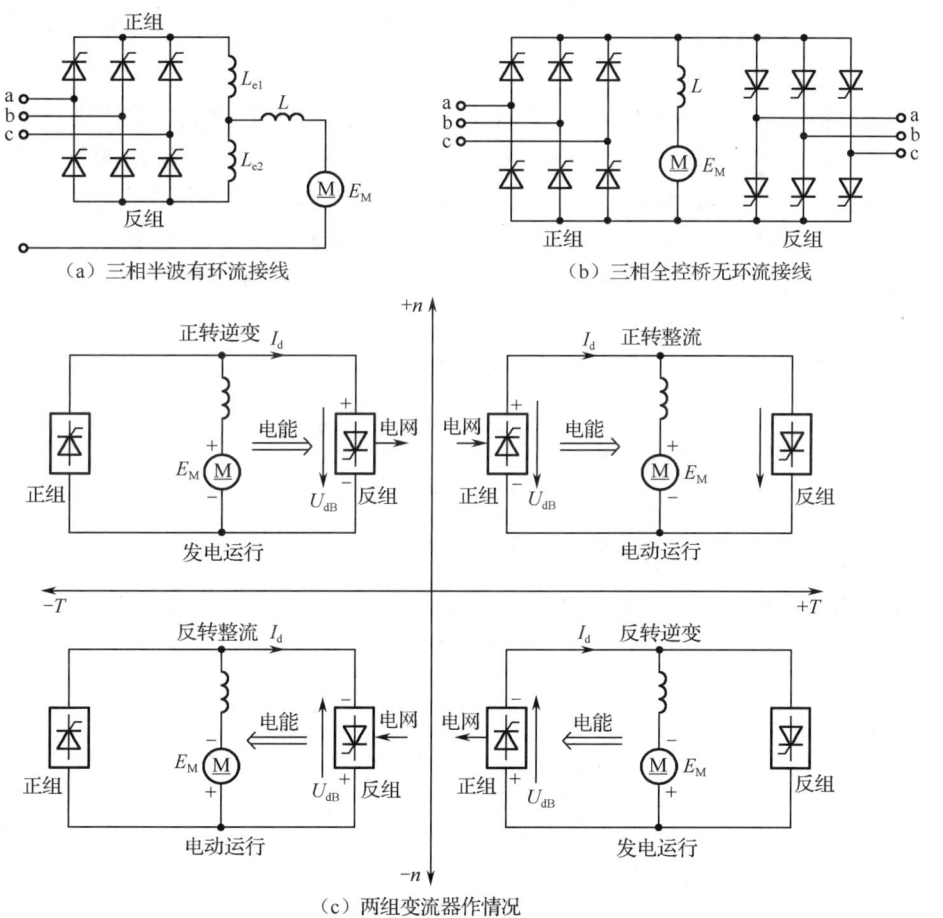

图 7-6 两组变流器的反并联可逆线路

直流可逆拖动系统，除了能方便地实现正反向运转，还能实现回馈制动，把电动机轴上的机械能（包括惯性能、位势能）变为电能回送到电网中去，此时电动机的电磁转矩变成自动转矩。

由正转到反转的过程如下。

从 1 组桥切换到 2 组桥工作，并要求 2 组桥在逆变状态下工作，电动机进入第二象限（之前运行在第一象限）作正转发电运行，电磁转矩变成制动转矩，电动机轴上的机械能经 2 组桥逆变为交流电能回馈电网。

改变 2 组桥的逆变角 β，使之由小变大直至 $\beta=\pi/2$（$n=0$），如继续增大 β，即 $\alpha<\pi/2$，2 组桥将转入整流状态下工作，电动机开始反转进入第三象限的电动运行。

电动机从反转到正转，其过程则由第三象限经第四象限最终运行在第一象限上。

7.1.2 交流调速系统

以前，调速传动的主流方式是晶闸管直流电动机传动系统。但是直流电动机本身存在一些固有的缺点：①受使用环境条件的制约；②需要定期维护；③最高速度和容量受限制等。与直流调速传动系统相对应的是交流调速传动系统，交流调速传动系统除了克服直流调速传动系统的缺点，还具有交流电动机结构简单、可靠性高、节能、高精度、快速响应等优点。在交流调速传动的各种方式中，变频调速是应用最广的一种方式。

1. 交直交变频器

交直交变频器由 AC-DC、DC-AC 两类基本变流电路组合形成，最主要的优点是输出频率不再受输入电源频率的制约。

当负载电动机需要频繁快速制动时，通常要求具有处理再生反馈电力的能力。图 7-7 所示是不能处理再生反馈电力的电压型间接交流变流电路。该电路中整流部分采用的是不可控整流，它和电容器之间的直流电压和直流电流极性不变，只能由电源向直流电路输送功率，而不能由直流电路向电源反馈电力。图 7-7 中逆变电路的能量是可以双向流动的，若负载能量反馈到中间直流电路，将导致电容电压升高，称为泵升电压。由于该能量无法反馈回交流电源，则电容只能承担少量的反馈能量，否则泵升电压过高会危及整个电路的安全。

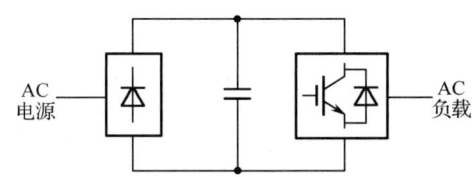

图 7-7 不能再生反馈的电压型间接交流变流电路

为使上述电路具备处理再生反馈电力的能力，可采用的几种方法分别如图 7-8～图 7-10 所示。

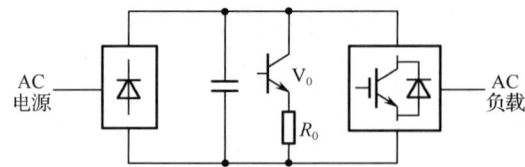

图 7-8 带有泵升电压限制电路的电压型间接交流变流电路

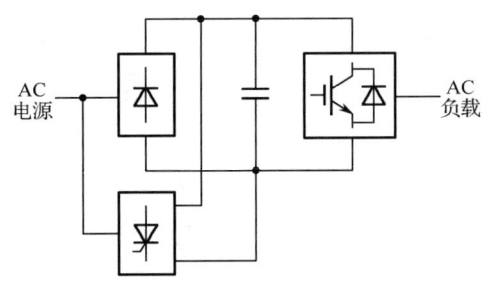

图 7-9 利用可控变流器实现再生反馈的电压型间接交流变流电路

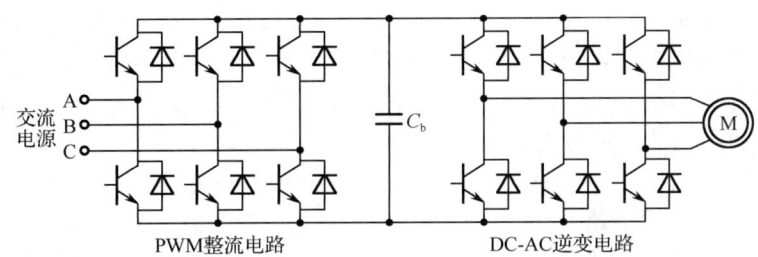

图 7-10 整流和逆变均为 PWM 控制的电压型间接交流变流电路

图 7-8 所示电路是在图 7-7 所示电路的基础上,在中间直流电容两端并联一个由电力晶体管 V_0 和能耗电阻 R_0 组成的泵升电压限制电路的电压型间接交流变流电路。当泵升电压超过一定数值时,使 V_0 导通,把从负载反馈的能量消耗在 R_0 上。这种电路可应用于对电动机制动时间有一定要求的调速系统中。

当交流电动机负载频繁快速加减速时,上述泵升电压限制电路中消耗的能量较多,能耗电阻 R_0 也需要较大的功率。这种情况下,希望在制动时把电动机的动能反馈回电网,而不是消耗在电阻上。这时,如图 7-9 所示,需增加一套变流电路,使其工作于有源逆变状态,以实现电动机的再生制动。当负载回馈能量时,中间直流电压上升,使不可控整流电路停止工作,可控变流器工作于有源逆变状态,中间直流电压极性不变,而电流反向,通过可控变流器将电能反馈回电网。

图 7-10 是整流电路和逆变电路都采用 PWM 控制的间接交流变流电路,可简称双 PWM 电路。整流电路和逆变电路的构成可以完全相同,交流电源通过交流电抗器和整流电路连接。通过对整流电路进行 PWM 控制,可以使输入电流为正弦波并且与电源电压同相位,因而输入功率因数为 1,并且中间直流电路的电压可以调节。电动机可以工作在电动运行状态,也可以工作在再生制动状态。此外,改变输出交流电压的相序即可使电动机正转或反转。因此,电动机可实现四象限运行。该电路输入输出电流均为正弦波,输入功率因数高,且可实现电动机四象限运行,是一种性能比较理想的变频电路。但由于整流、逆变部分均为 PWM 控制,需要采用全控型器件,控制较复杂,成本也较高。

以上所述的是几种电压型间接交流变流电路的基本原理,下面介绍电流型间接交流变流电路。

图 7-11 给出了采用可控整流的电流型间接交流变流电路,图中用实线表示的是由电源向负载输送功率时中间直流电压极性、电流方向、负载电压极性及功率流向等。当电动机制动时,中间直流电路的极性不能改变,要实现再生制动,只需要调节可控整流电路的触发角,使中间直流电压反极性即可,如图中虚线所示。与电压型相比较,整流部分只用一套可控变流电路,而不像图 7-9 那样,为实现负载能量反馈而采用两套变流电路,系统整体结构相对简单。

图 7-12 给出了实现基于上述原理的电路图。为适用于较大容量的场合,将主电路中的器件换为 GTO,逆变电路输出端的电容 C 是为吸收 GTO 关断时产生的过电压而设置的,它也可以对输出的 PWM 电流波形起滤波作用。

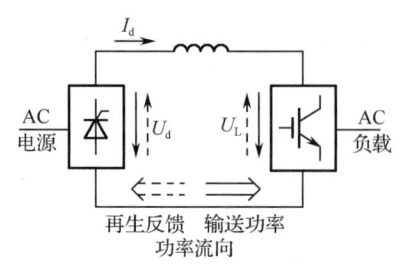
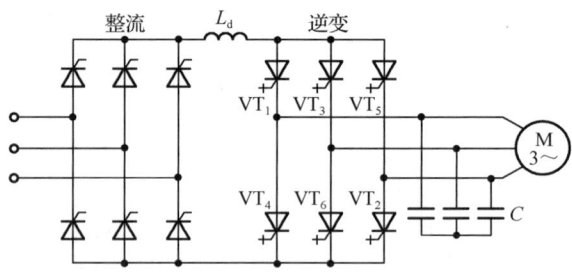

图 7-11　采用可控整流的电流型间接交流变流电路　　　图 7-12　电流型交直交 PWM 变频电路

电流型间接交流变流电路也可采用双 PWM 电路，如图 7-13 所示。为了吸收换流时的过电压，在交流电源侧和交流负载侧都设置了电容器。电当向异步电动机供电时，电动机既可工作在电动状态，又可工作在再生制动状态，且可正反转，即可四象限运行。同时通过对整流电路的 PWM 控制可使输入电流为正弦波，并使输入功率因数为 1。

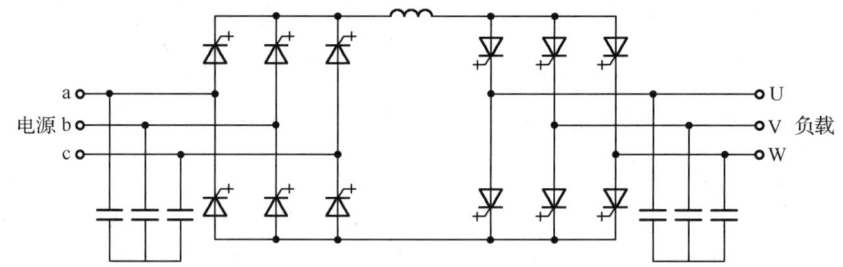

图 7-13　整流和逆变均为 PWM 控制的电流型间接交流变流电路

2．交流电动机变频调速的控制方式

对于笼型异步电动机的定子频率控制方式，有恒压频比控制、转差频率控制、矢量控制、直接转矩控制等。

（1）恒压频比控制

异步电动机的转速主要由电源频率和极对数决定。改变电源（定子）频率，就可以进行电动机的调速，即使进行宽范围的调速运行，也能获得足够的转矩。为了不使电动机因频率变化导致磁饱和而造成励磁电流增大，引起功率因数和效率的降低，需对变频器的电压和频率的比率进行控制，使该比率保持恒定，即恒压频控制，以维持气隙磁通为额定值。

恒压频比控制是比较简单的控制方式。该方式被用于转速开环的交流调速系统，可满足一般平滑调速的要求，但其静、动态性能均有限，适用于生产机械对调速系统的静、动态性能要求不高的场合。

图 7-14 给出了使用 PWM 控制交直交变频器恒压频比控制方式的例子。为实现电动机的正反转，给定信号可正可负，但电动机的转向由变频器输出三相电压的相序决定，而频率和电压给定信号不需要反映极性，从而采用绝对值变换器，输出绝对值信号。该信号经频率控制环节处理后得出电压和频率的指令信号，经 PWM 生成环节形成控制逆变器的 PWM 信号，经过驱动电路控制逆变器开关器件的通断，使变频器输出所需频率、相序、大小的交流电压，控制交流电动机的转速和转向。

（2）转差频率控制

转差频率控制为转速闭环的控制方式，可提高调速系统的动态性能。异步电动机转差频率控制系统如图 7-15 所示。

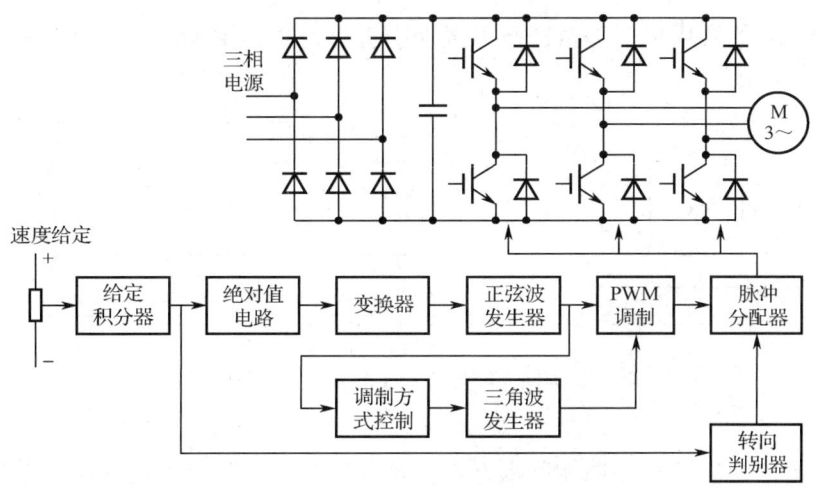

图 7-14 采用恒压频比控制的变频调速系统

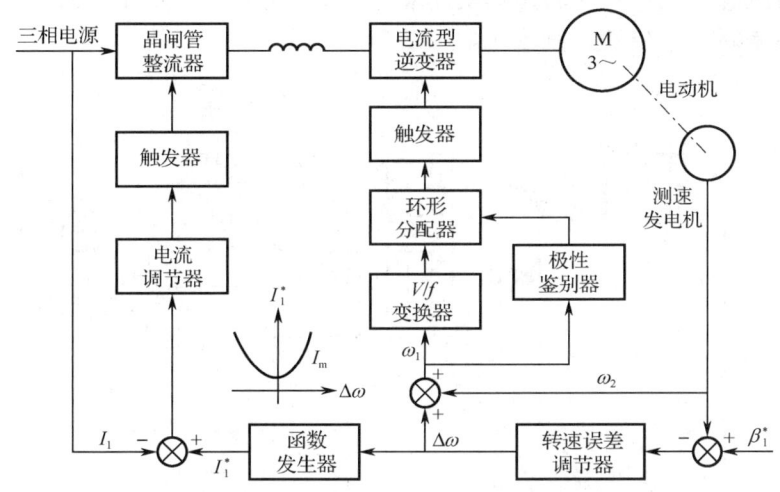

图 7-15 异步电机转差频率控制系统

由异步电动机的稳态模型可知,当稳态气隙磁通恒定时,电磁转矩近似与转差角频率 ω_s 成正比,因此,控制 ω_s 就相当于控制转矩。采用转速闭环的转差频率控制,使定子频率 $\omega_1 = \omega_r + \omega_s$,则 ω_1 随实际转速 ω_r 增加或减小,得到平滑而稳定的调速,保证了较高的调速范围和动态性能。这种方法是基于异步电机的稳态数学模型进行控制,在动态运行过程中,系统未必能保证电机的气隙磁通一直处于恒定,且转速检测反馈的偏差、干扰也会直接传输到频率控制信号上来,致使该系统的控制不能达到期望的效果,动态性能受到影响。

(3) 矢量控制

异步电动机的数学模型是高阶、非线性、强耦合的多变量系统。前述转差频率控制方式的动态性能不理想,关键在于采用了电动机的稳态数学模型,调节器参数的设计也只是沿用单变量控制系统的概念而没有考虑非线性、多变量的本质。

矢量控制是基于异步电动机按转子磁场定向的动态数学模型,将定子电流分解成励磁电流分量和与此垂直的转矩电流分量,参照直流电动机调速系统的控制方法,分别独立对这两个电流分量进行控制,如图 7-16 所示。

矢量控制方式需要通过矢量变换实现转矩和磁链的解耦,其控制性能指标达到甚至超过直流电动机调速系统,可以与直流电机的电枢电流控制方式相媲美。随着 DSP 等微处理器芯片的快速发展和矢量控制算法的实用化,矢量控制方式在交直交变频器供电的交流电动机调速系统中,必将得到更加广泛的应用。

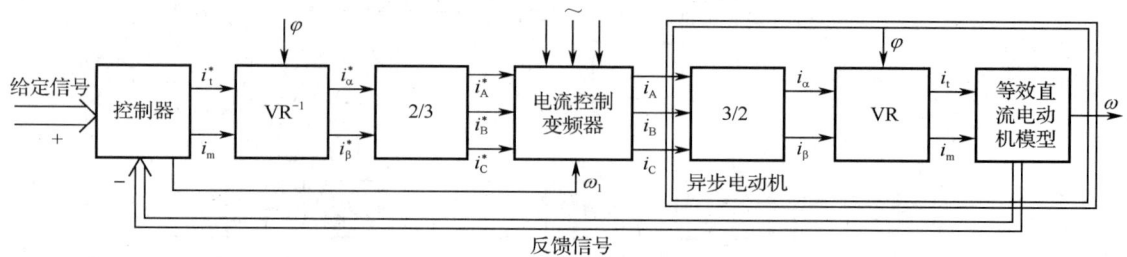

图 7-16 异步电动机矢量控制系统

(4) 直接转矩控制

矢量控制方式的稳态、动态性能都很好,但是控制复杂。直接转矩控制是继矢量控制之后发展起来的另一种高性能的交流电动机变压变频调速控制方法,在它的转速环内,利用转矩反馈直接控制电机的电磁转矩,可以得到转矩的快速动态响应,并且控制要相对简单许多。

按定子磁链控制的直接转矩控制系统如图 7-17 所示。

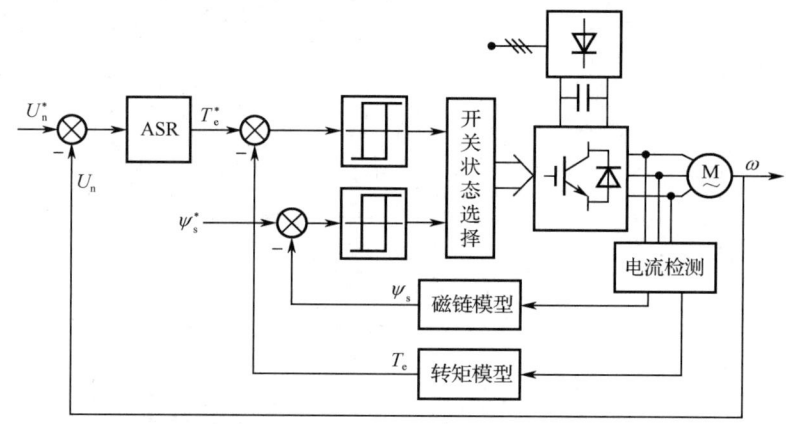

图 7-17 按定子磁链控制的直接转矩控制系统

在电梯控制系统中,电梯的曳引电机驱动方式有采用交流调压调速拖动方式、变频变压拖动方式等,而在现今许多电梯的曳引驱动中,使用最多的驱动方式当属永磁同步电动机的变压变频驱动方式。图 7-18 为采用永磁同步电动机变频调速的电梯控制电路实例。

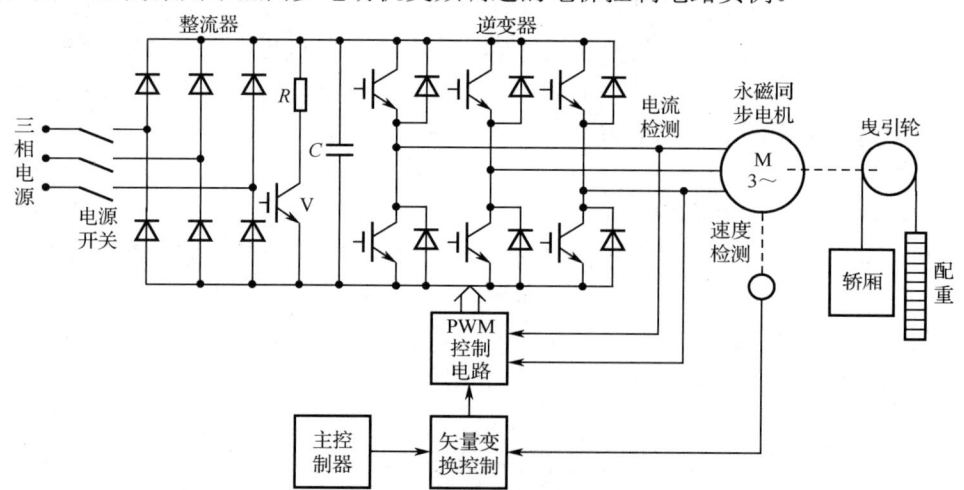

图 7-18 采用永磁同步电动机变频调速的电梯控制电路

图 7-18 中，主控制器根据使用者的指令要求确定电机运行速度轨迹，给矢量变换控制器传送曳引电机速度的控制信号，并和速度反馈信号构成电机转速的闭环控制。经过矢量变换控制器运算，给出曳引电机三相电流给定信号，由强制电流控制环使电机三相电流跟随指令电流变化，曳引电机电磁力矩在当前速度情况下与负载转矩平衡，电机运行在指定转速。

7.1.3 中频感应加热电源

感应加热是利用电磁感应原理在金属工件或器具上产生涡流效应对其加热的技术。与传统电阻炉、火焰炉等直接加热技术相比，感应加热具有加热均匀、热效率高、加热速度快、节能环保、安全可靠等优点，已经广泛应用于冶金熔炼、机械制造、化工石油等场合，也融入日常生活中。

图 7-19 给出了感应加热系统的基本原理图。在一个圆柱形金属导体外围绕过一组线圈，当线圈中通过交流电流时，线圈内就会产生一个交变磁场，该交变磁场的磁通将穿过圆柱形金属导体，在金属导体内产生感应电势和电流。根据楞次定律，导体内感应电流方向企图阻止交变磁通变化。由于导体中存在电阻，感应电流将在导体内产生功率损耗并转化成热量 i^2Rt，这就是感应加热原理。

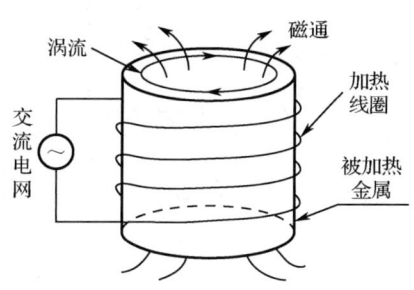

图 7-19 感应加热原理

感应加热将电能直接传输至导体内部，转化成热能使金属导体加热。根据感应加热电源输出频率的高低，一般划分为中低频（20kHz 以下）、超音频（20kHz～100kHz）、高频（100kHz～1MHz）以及超高频（1MHz 以上）四个频段。

感应加热电源的负载由被加热体与加热线圈共同组成，可等效为一个电感和电阻的串联。由于电源工作时线圈电感上产生大量无功功率，导致输出的功率因数很低。因此，常在负载侧添加补偿电容，构成谐振回路，对无功分量进行补偿。根据补偿电容安装位置的不同，感应加热电源逆变环节的拓扑结构包括电压型串联谐振式和电流型并联谐振式两类。由于串联谐振电路在谐振状态下等效阻抗最小，故一般采用电压型逆变器与之相匹配。反之，若负载谐振回路采用并联谐振式，则需要采用电流型逆变器。图 7-20 和图 7-21 分别给出了串联谐振式和并联谐振式逆变电路的拓扑及其理想输出电压电流波形。相比之下，串联谐振式拓扑应用更为广泛。

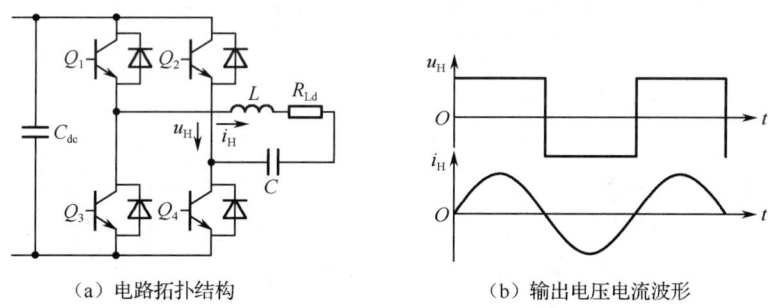

图 7-20 串联谐振式逆变结构

图 7-22 给出了一种串联谐振式感应加热电源的完整拓扑结构，主要由整流、滤波、斩波和逆变等部分构成。前级整流可以采用不控整流、相控整流或者 PWM 整流，其中 PWM 整流技术具有输入功率因数可调、输出电压可控等优点。感应加热电源在实际工作中，为了保证逆变器始终能够工作在接近单位功率因数的准谐振或者谐振状态，以实现逆变器的零电流或零电压开关，必须要对其输出频率进行调节。同时，也需要对逆变器输出功率进行调节，以维持理想的加热温度。

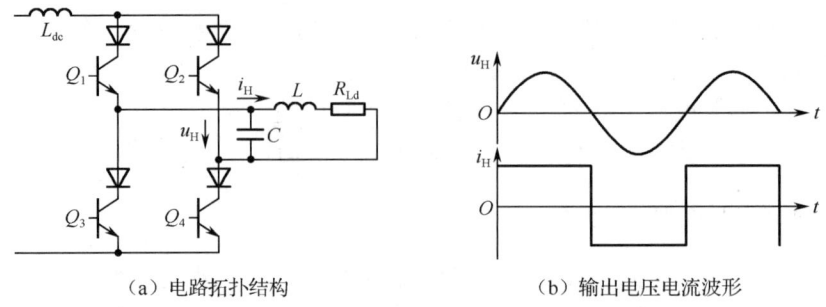

(a) 电路拓扑结构　　　　　　　(b) 输出电压电流波形

图 7-21　并联谐振式逆变结构

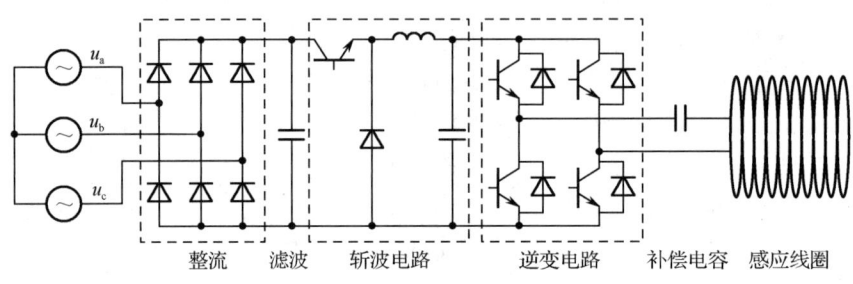

　　整流　滤波　斩波电路　　逆变电路　　补偿电容 感应线圈

图 7-22　串联谐振式感应加热电源拓扑结构

采用电磁感应加热原理，电磁灶的电路结构如图 7-23 所示。交流电经过整流、滤波、逆变器变换成频率为 25～40kHz 的高频交流电，供给感应线圈。流过感应线圈中的高频交流电产生高频交变磁场，置于线圈上的金属器皿感应出高频交流电流，以试图阻止高频交变磁场的变化。在金属器皿中的高频交流电流使器皿加热，从而给器皿中的食物加热。

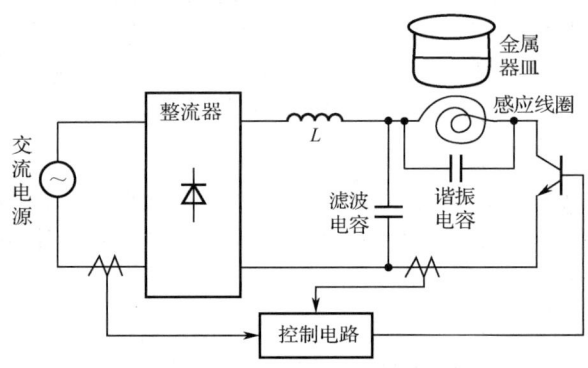

图 7-23　电磁灶电路原理

中频感应加热出现于 20 世纪 70 年代，采用晶闸管逆变器实施控制。随着 GTR、MOSFET、IGBT 等高频电力电子器件的出现，现在已经覆盖各种频率和容量的中高频感应加热装置。如由晶闸管实现的中频感应加热炉，其输出频率为 1～10kHz，功率可达 5000kW；由 IGBT 构成的中频感应加热炉，其输出频率为 10～100kHz，功率可达 600kW；由 MOSFET 构成的中高频感应加热炉，其输出频率为 100～500kHz，功率可达 600kW。这些中高频感应加热炉分别可用于金属表面热处理、金属熔炼、淬火、焊接等场合。

中频感应加热炉按照逆变器电路的结构可分为电压型和电流型两种，图 7-24 为电流型晶闸管逆变电路的感应加热炉。

三相交流电源经过晶闸管整流电路、大电感滤波成为具有电流源性质的直流电，加至单相晶闸管逆变器。逆变器将输入直流电转变成中频交流电供给感应线圈。由于感应线圈（包括线圈内要处理的工件）的负载功率因数很低，在感应线圈两端并联了补偿电容器。工作过程中，逆变器的输出工作频率必须跟踪感应线圈与并联电容所构成谐振电路的谐振频率。

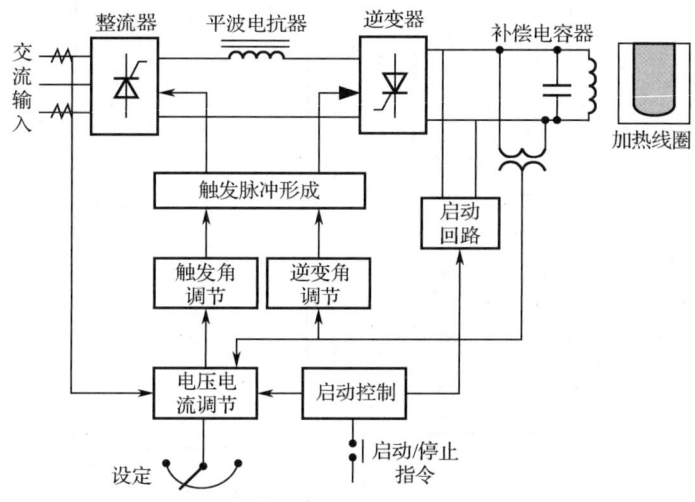

图 7-24 电流型晶闸管中频感应加热炉示意图

由于逆变电路开关晶闸管不具备自关断能力，需要让逆变器输出频率略高于谐振回路的谐振频率，使谐振回路呈容性，以给逆变电路中晶闸管提供负载换流的条件（具体工作原理可见无源逆变电路章节）。其输出功率的调节可以通过相控整流电路实现。

7.2 电力电子技术在电力系统中的应用

电力电子技术在电力系统中有着非常重要的应用，有效推动了电力系统的发展与变革。高压直流输电、轻型直流输电以及柔性交流输电等输电领域，需要依靠电力电子装置才能得以实现。而静止无功发生器（SVG）、有源电力滤波器（APF）等电力电子装置的大规模应用，显著提升了无功补偿和谐波已知的灵活性，改善了供配电质量。

7.2.1 高压直流输电

高压直流输电（High Voltage DC Transmission，HVDC）是电力电子技术在电力系统中最早开始应用的领域。高压直流输电指将三相交流电通过晶闸管相控整流器或者 PWM 整流器转换成直流电，然后通过直流输电线路送至受电端并通过 DC-AC 逆变器重新转换成交流电的输电方式。相对高压交流输电来说，高压直流输电具有输电容量更大、距离更远等优点，是解决大容量、远距离送电和实现非同步运行交流电网互联的一个重要手段。

目前，电能的远距离传输主要采用的是高压交流传输方式，电压等级有 110kV、220kV、500kV，并开始试验 1000kV 高压交流电力传输。相对于高压交流电流传输，高压直流输电具有显著的优势，如传输线可以减少，电晕损耗低等。此外，直流输电还能改善电力系统的稳定性、抑制系统振荡、对链连的两个系统之间无须同步等。图 7-25 为两个交流系统之间的直流输电结构，其电能可以双向流动。

高压直流输电的核心设备是换流器，它影响着系统的性能、成本、运行方式以及运行损耗。根据所使用功率半导体器件的不同，换流器分为晶闸管换流器和全控器件换流器。晶闸管换流器是目前直流输电工程的主流产品，在绝大部分直流输电工程中得到了使用。由于晶闸管是半控型器件，只能控制导通而不能控制关断，必须依赖电网提供换相电压来完成晶闸管的关断，故晶闸管换流器也称为电网换相换流器（Line Commutated Converter，LCC）。采用晶闸管的 HVDC 也被称为 LCC-HVDC。

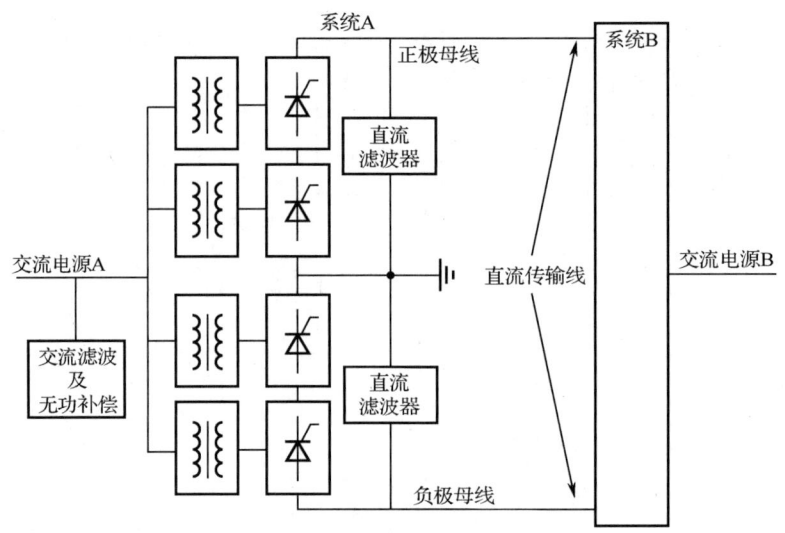

图 7-25 高压直流输电系统结构

图 7-26 给出了 LCC-HVDC 系统的典型结构，主要由送端换流站、受端换流站、直流输电线、换流变压器、平波电抗器、交流滤波器、无功补偿装置及控制保护设备等组成。电能由发电厂中的交流发电机提供，由变压器（这里称之为换流变压器）将电压升高后送到晶闸管整流器。由晶闸管整流器将高压交流变为高压直流，经直流输电线路输送到电能的接收端。在受端电能又经过晶闸管逆变器由直流变回交流，再经变压器降压后配送到各个用户。这里的整流器和逆变器一般都称为换流器。为了能承受高电压，换流器中每个晶闸管符号实际上往往都代表多个晶闸管器件串联。

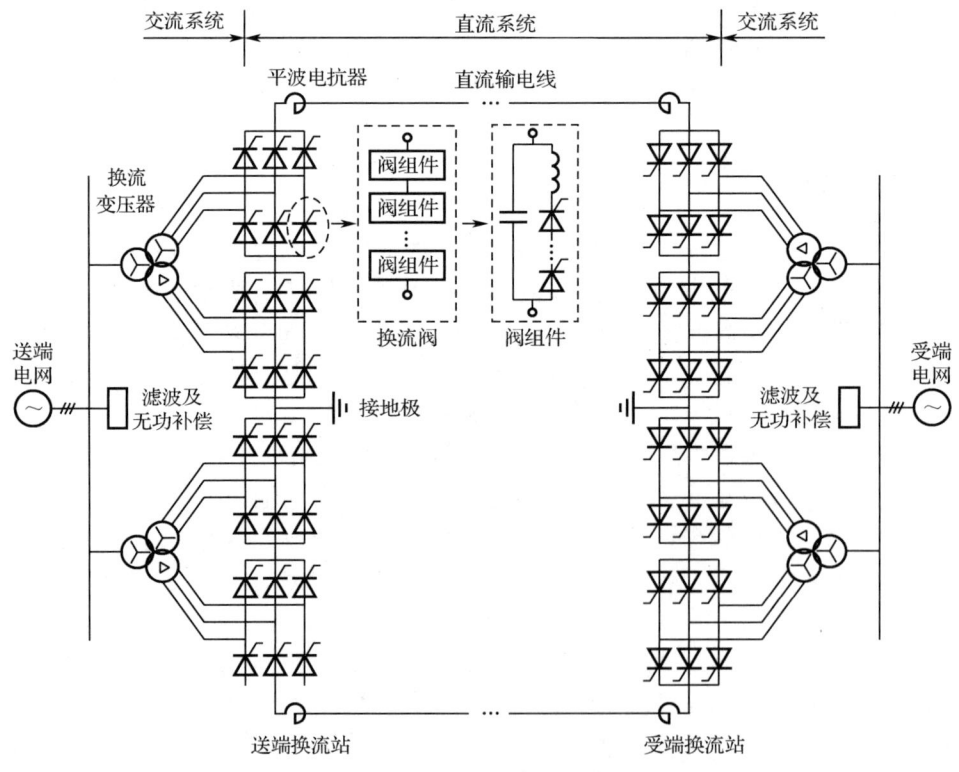

图 7-26 LCC-HVDC 系统结构图

由于 HVDC 换流器容量很大，为减少对交流电网的谐波污染，大多采用多脉波整流（多重化）技术，其典型拓扑为 12 脉波整流器（在 HVDC 场合也称为 12 脉波换流器）。在图 7-26 中，HVDC 系统无论送端换流站还是受端换流站，均由两组 12 脉波换流器在直流侧串联而成。而每个 12 脉波换流器又是由两个 6 脉波换流器在直流侧串联，在交流侧分别通过 Y-Y 和 △-Y 换流变压器并联组成。此结构为双极高压直流输电线路，双极指其输电线路两端的每端都由两个额定电压相等的换流器串联连接，具有两根传输导线，分别为正极和负极，每端两个换流器的串联连接点接地。这样线路的两极相当于各自独立运行，正常时以相同的电流工作，接地点之间电流为两极电流之差，正常时地中仅有很小的不平衡电流流过。当一极停止运行时，另一极以大地作回路还可以带一半的负载，这样就提高了运行的可靠性，也有利于分期建设和运行维护。单极高压直流输电系统只用一根传输导线（一般为负极），以大地或海水作为回路。

随着大功率全控型电力电子器件（如 IGBT、IGCT）的成熟，基于电压源型换流器的柔性直流输电（Voltage Source Converter based HVDC，VSC-HVDC）技术已开始广泛应用于新能源并网及远距离输电等领域。VSC-HVDC 也称为轻型高压直流输电，其最重要的特点是采用了可关断功率半导体器件和高频调制技术。因此，柔性直流输电除拥有传统高压直流输电技术可以控制有功或无功功率、输电距离基本不受限制、实现异步系统互联和减轻环境影响的优点外，还具备许多特有的优点，如：①没有无功补偿问题；②不存在换相失败问题；③可以为无源系统供电；④可同时独立调节有功功率和无功功率；⑤波含量低；⑥适合构成多端直流系统等。当然，VSC-HVDC 也存在设备成本高、容量相对较小、损耗相对偏高等不足。图 7-27 给出了 VSC-HVDC 的基本结构图。其中，换流阀通常由多个 IGBT 等全控型器件串联而成，以提高耐压能力。

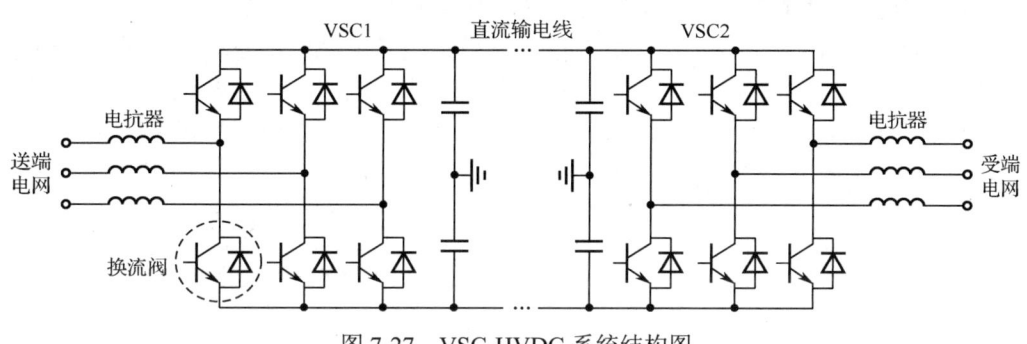

图 7-27 VSC-HVDC 系统结构图

7.2.2 静止无功补偿

在电力系统中，对无功功率的控制是非常重要的，通过对无功功率的控制，可以提高功率因数，稳定电网电压，改善供电质量。

无功补偿电容器是传统的无功补偿装置，其阻抗是固定的，不能跟随负荷无功需求的变化而变化，也就是不能实现对无功功率的动态补偿。而随着电力系统的发展，对无功功率进行快速动态补偿的需求越来越大。传统的无功功率动态补偿装置是同步调相机，20 世纪 70 年代以来，同步调相机开始逐渐被静止无功补偿装置（Statie Var Compensator，SVC）所取代。

静止无功补偿装置由电力电子器件与储能元件构成，其特点在于能快速调节容性和感性无功功率，实现动态补偿。因此，它常用于防止电网中部分冲击性负荷引起的电压波动、重负荷突然投切造成的无功功率强烈变化。无功功率的控制通常有晶闸管投切电容器、晶闸管控制电抗器、静止无功发生器三种形式。

1. 晶闸管投切电容器

交流电力电容器的投入与切断是控制无功功率的一种重要手段。与用机械开关投切电容器的方式相比,晶闸管投切电容器(TSC)是一种性能优良的无功补偿方式。

TSC 基本原理如图 7-28,可以看出 TSC 的基本原理实际上是用交流电力电子开关来投入或者切除电容器的,两个反并联的晶闸管起着把电容 C 并入电网或从电网断开的作用。

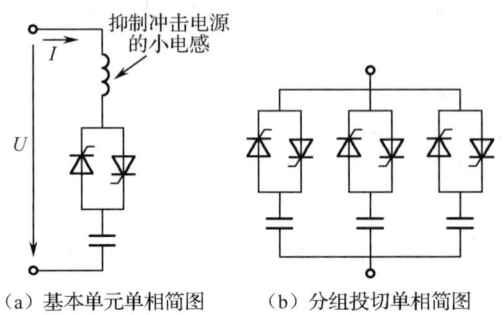

(a) 基本单元单相简图　　(b) 分组投切单相简图

图 7-28　TSC 基本原理图

图 7-28(a)是基本电路单元,两个反并联的晶闸管起着把电容 C 并入电网或从电网断开的作用,串联的电感很小,只是用来抑制电容器投入电网时可能出现的冲击电流,在简化电路图中常不画出。在实际工程中,为避免容量较大的电容器组同时投入或切断会对电网造成较大的冲击,一般把电容器分成几组,如图 7-28(b)所示。这样,可以根据电网对无功的需求而改变投入电容器的容量,TSC 实际上就成为断续可调的动态无功功率补偿器。

TSC 运行时选择晶闸管投入时刻的原则是,该时刻交流电源电压应和电容器预先充电的电压相等。这样,电容器电压不会产生跃变,也就不会产生冲击电流。一般来说,理想情况下,在投入时刻 i_C 为零,电源电压的变化按正弦规律上升,电容投入过程不但没有冲击电流,电流也没有阶跃变化。TSC 理想投切时刻的工作波形如图 7-29 所示。

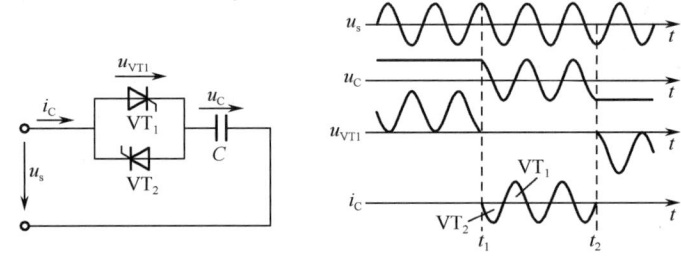

图 7-29　TSC 理想投切时刻工作波形

图 7-29 中,导通开始前,电容器的端电压 u_C 已由上次导通时段最后导通的晶闸管 VT_1 充电至电源电压 u_s 的正峰值。本次导通开始时刻取 u_s 和 u_C 相等的时刻 t_1,给 VT_2 触发脉冲使之开通,电容电流 i_C 开始流通。以后每半个周波轮流触发 VT_1 和 VT_2,电路继续导通。需要切除这条电容支路时,如在 t_2 时刻 i_C 已降为零,VT_2 关断,这时撤除触发脉冲,VT_1 就不会导通,u_C 保持在 VT_2 导通结束时的电源电压负峰值,为下一次投入电容器做了准备。

TSC 电路也可以采用如图 7-30 所示的晶闸管和二极管反并联的方式。这时由于二极管的作用,在电路不导通时 u_C 总会维持在电源电压峰值。这种电路二极管不可控,响应速度要慢一些,投切电容器的最大时间滞后为一个周波,但成本稍低。

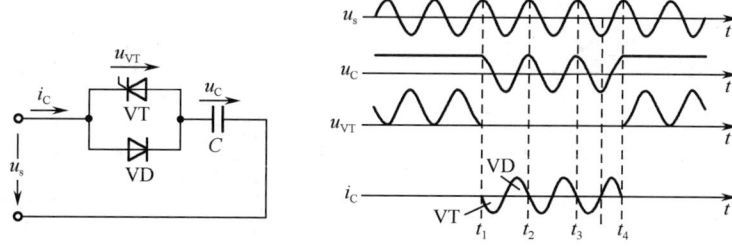

图 7-30 晶闸管和二极管反并联方式的 TSC

2．晶闸管控制电抗器

晶闸管控制电抗器（TCR）电路是晶闸管交流调压电路带电感负载、支路控制三角形连接方式的晶闸管三相交流调压电路。其电路如图 7-31 所示。

图 7-31 中的电抗器中所含电阻很小，可以近似看成纯电感负载，电感电流的基波分量为无功电流，因此触发角 α 的移相范围为 90°～180°。当 α = 90°时，晶闸管完全导通，即导通角为 180°，与晶闸管串联的电感相当于直接接到电网上，这时其吸收的基波电流和无功电流最大。当触发角 α 在 90°～180°之间变化时，晶闸管导通角小于 180°，触发角越大，晶闸管的导通角就越小。增大触发角就是减小电感电流的基波分量，减小其吸收的无功功率。因此，整个 TCR 就像一个连续可调的电感，可以快速、平滑地调节其吸收的感性无功功率。

图 7-32（a）、（b）、（c）给出了 α 分别为 120°、135°和 150°时 TCR 电路的负载相电流和输入线电流的波形。

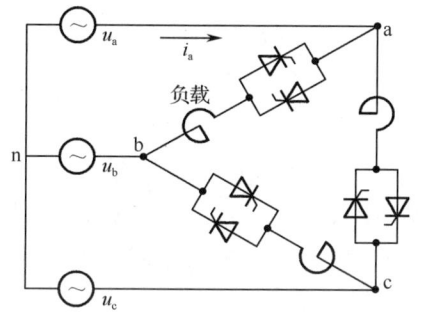

图 7-31 晶闸管控制电抗器（TCR）电路

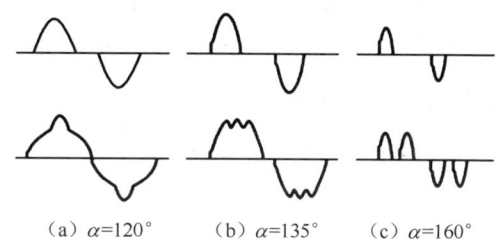

（a）α=120°　（b）α=135°　（c）α=160°

图 7-32 TCR 电路负载相电流和输入线电流波形

在电力系统中，可能需要感性无功功率，也可能需要容性无功功率。为了满足电力系统的需要，在实际应用时，可以在 TCR 的两端并联固定的电容器组。这样可以使整个装置的补偿范围扩大，既可以吸收感性无功功率，也可以吸收容性无功功率。另外，补偿装置的电容 C 串接电抗器 L_F 又构成滤波器，可以吸收 TCR 工作时产生的谐波。对于三相 TCR，为了避免 3 次谐波进入电网，一般采用三角形连接。

3．静止无功发生器

静止无功发生器（SVG）指由自换相的电力电子桥式变流器来进行动态无功补偿的装置，属于柔性交流输电系统（FACTS）的重要装置。

SVG 一般采用 IGBT 等全控型电力电子器件组成自换相变流器，通过调节交流侧输出电压的相位和幅值或者直接控制其交流侧电流，使其吸收或者发出满足要求的无功功率，实现动态无功补偿的目的。SVG 有电压型和电流型两种结构。由于运行效率的原因，实际投入应用的 SVG 产品基本都采用电压型结构。图 7-33（a）和（b）分别给出单相和三相电压型 SVG 的基本电路。

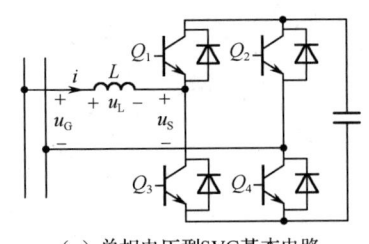
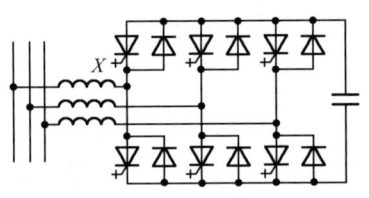

(a) 单相电压型SVG基本电路　　　　　(b) 三相电压型SVG基本电路

图 7-33　电压型 SVG 电路基本结构

图 7-34 为单相 SVG 等效电路图及工作原理示意图。其工作原理可以用如图 7-34（a）所示的单相等效电路来说明。由于 SVG 正常工作时，就是通过电力半导体开关的通断将直流侧电压转换成交流侧与电网同频率的输出电压，就像一个电压型逆变器，只不过其交流侧输出接的不是无源负载，而是电网。因此，当仅考虑基波频率时，SVG 可以等效地被视为幅值和相位均可以控制的一个与电网同频率的交流电压源。

设电网电压和 SVG 输出的交流电压分别用相量 $\dot{U}_G$ 和 $\dot{U}_S$ 表示，则连接电抗 X 上的电压 $\dot{U}_L$ 即为 $\dot{U}_G$ 和 $\dot{U}_S$ 的相量差，通过控制 SVG 的输出电流 $\dot{I}$，使其超前或者滞后电网电压 90°，从而改变连接电抗上的电压，控制 SVG 从电网吸收电流的相位和幅值，控制 SVG 所承担的无功功率的性质和大小。

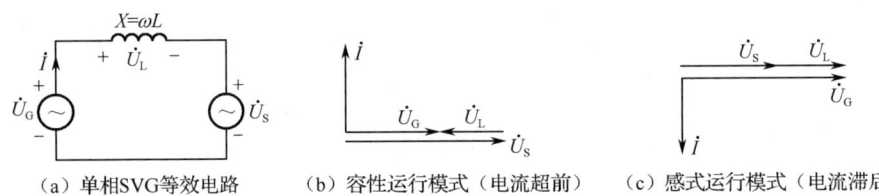

(a) 单相SVG等效电路　　　(b) 容性运行模式（电流超前）　　　(c) 感式运行模式（电流滞后）

图 7-34　单相 SVG 等效电路图及工作原理图

可以看出，当电网电压下降时，SVG 可以调整其变流器交流侧电压的幅值和相位，以使其所能提供的最大无功电流维持不变，仅受电力半导体器件的电流容量限制。由于 SVG 主要提供无功功率，其输出的平均功率接近零，故直流侧无须安装直流电源，只需要一组电容器，通过闭环控制使电压维持稳定。

SVC 所能提供的最大电流分别受电抗器和电容器的阻抗特性限制，随着电压的降低而减小。而 SVG 的运行范围比传统 SVC 大，调节速度更快，而且在采取多重化或 PWM 技术等措施可大大减少补偿电流中谐波的含量。SVG 使用的电抗器和电容元件远比 SVC 中使用的电抗器和电容要小，这将大大缩小装置的体积和成本。

7.3　电力电子技术在交通运输中的应用

目前，轨道交通已基本实现电气化牵引，电动汽车则被认为是今后汽车发展的主要方向，现代飞机正向多电和全电方向发展。电力电子技术在电气化交通运输领域有极其重要的地位，不仅提升了运载工具的综合性能，还有效地实现绿色低碳发展和节能减排。

7.3.1　电力机车牵引

图 7-35 为 CRH 系列动车组的 CHR2 型电力机车牵引传动主电路结构简图。

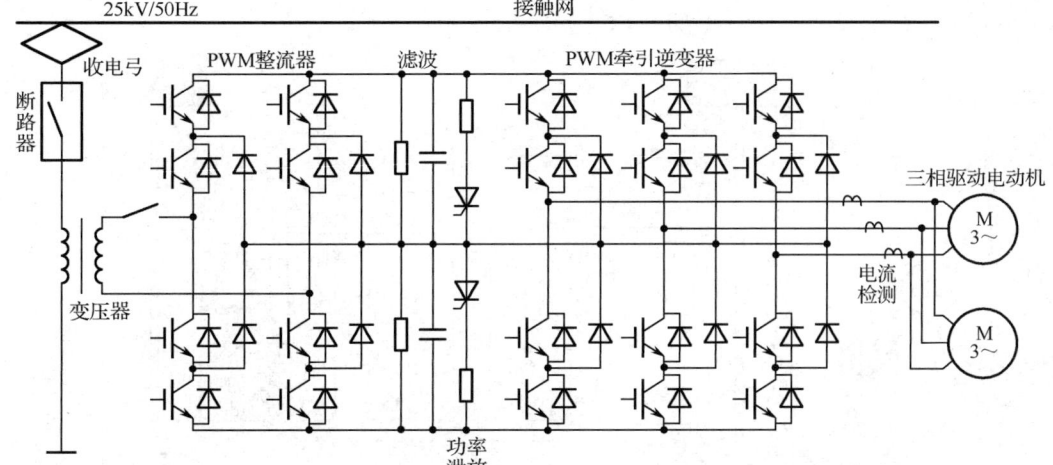

图 7-35 CHR2 型电力机车牵引传动主电路结构简图

图中，25kV 的工频交流电通过收电弓从接触网引入电力机车，施加在变压器的一次侧。工频交流电经过变压器降压，二次侧输出 1500V 的交流电压。通过 PWM 整流电路、滤波环节获得不超过 3000V 的直流电压。经过 PWM 逆变电路获得 0~2800V，频率从 0~200Hz 的交流电流，供给三相牵引电动机。逆变器采用的 IGBT 参数为 3.3kV/1200A。牵引电机的额定电压为 2000V，额定电流为 106A，额定转速为 4140r/min，额定频率为 140Hz，额定功率为 300kW，电机最高转速为 6120r/min。

CRH 系列动车组电力传动系统中在直流中间电路上设置由电阻和半导体开关构成的过电压保护电路。脉冲整流器通过 PWM 控制把电源输入侧的基波功率因数控制接近于 1，以减小对接触网电源的影响，提高电能的利用率。逆变器在牵引运行时输入直流中间电压，将其变换成三相电压、频率可变的交流电力，向并联的四台异步牵引电动机提供电力，对电动机的转速、转矩进行控制再生制动时，逆变器变为整流器方式工作，将异步电动机（此时工作在发电机状态）输出的三相交流电整流为直流电，向直流中间电路输出直流电能。牵引变流器采用三电平结构，可进行精密的电压控制。主电路的功率开关采用 IGBT 或 IPM 高性能元器件，能减小交流电压波形的失真，降低牵引电动机的电磁噪声和转矩波动。

CRH 系列动车组都采用四象限变流器，VVVF 控制。变流器电路结构不同，CRH2 采用三电平脉冲变流器，CRH3、CRH5 采用两电平脉冲变流器。CRH2 型动车组沿用日本技术习惯，在中间直流环节不设置谐振电路，而是通过逆变器的软件控制，调节逆变器频率，使逆变器输出电压正负周期的电压时间乘积趋于相等，来消除二次谐波电压的影响，大幅度抑制牵引电动机电流脉动现象和转矩脉动现象。CRH3 型动车组继承了欧洲技术特征，设置了二次谐波吸收回路，通过 LC 串联谐振电路消除二次谐波，电感为 0.603mH，电容为 4.42mF。CRH5 没有设置二次谐波吸收回路，通过增大直流侧支撑电容的电容值，达到减少二次谐波电压的目的。中间支撑电容器由四个 1mF、三个 1.67mF 的电容器并联，实际容量为 9.01mF。

7.3.2 电动汽车驱动与充电

电动汽车指用电动机驱动车辆行驶的一类汽车，具有低排放、环保节能等特点。电动汽车包括纯电动汽车、燃料电池汽车和混合动力汽车三类。在电动汽车中，蓄电池、燃料电池等提供的直流电能，通过逆变装置变换成交流电，控制交流电机实现转速调节，实施电动汽车的速度控制。其中电池的充电、放电控制，汽车中的诸多电机的驱动，也依赖于电力电子装置实现。

图 7-36 给出了一种纯电动汽车动力系统基本结构图。

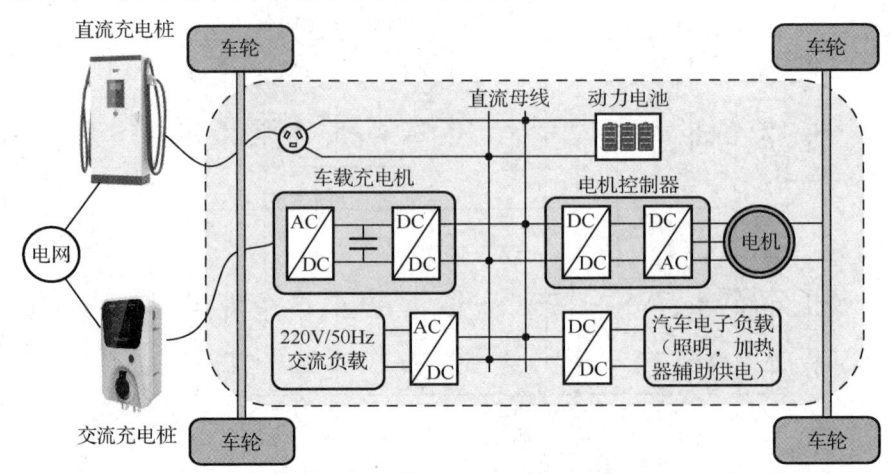

图 7-36　纯电动汽车动力系统基本结构图

电动汽车整车动力系统由电池组、电动机以及电动机控制器三个主要部分组成，其中电动机控制器负责将电源提供的直流电通过电力电子装置转换成交流电供电动机使用。电机控制器可以实现能量的双向流动，在汽车行驶或加速过程中，动力电池的能量经过逆变器的控制驱动电动机转动，再经过变速单元实现车辆驱动；而在车辆制动或减速时，电动机工作于发电状态，将能量通过逆变器回馈给动力电池。

充电装置是电动汽车的重要基础支撑系统。根据安装位置的不同，电动汽车的充电装置可分为车载充电机和非车载充电桩。车载充电机安装在汽车内部，额定功率相对较小，充电速度较慢。车载充电机大多是单相交流输入，可以接入家庭电网或者交流充电桩进行充电。交流充电桩没有充电功能，只起到电能计量和通断控制的作用，必须连接车载充电机才能为电动汽车充电。非车载的直流充电桩额定功率较大，输入电源为三相交流电，输出为直流电，直接接入电动汽车的直流母线，为动力电池充电。直流充电桩自身具备充电控制和管理功能，可直接为电池组充电。

由上述分析可知，无论是车载充电机还是直流充电桩，其基本功能就是实现交流到直流的变换，并具备电池的充放电管理能力。图 7-37 给出了一种典型的单相车载充电机主电路结构图。

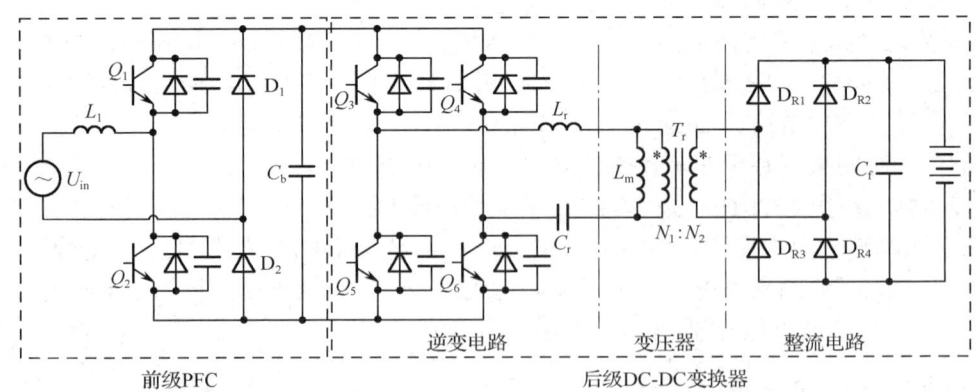

图 7-37　一种典型的单相车载充电机主电路结构图

图 7-38 给出了一种混合动力电动汽车系统结构图。

该系统的动力（电力）来源于车载电池及混合动力发动机所带动的发电机。控制器根据人为指令（制动踏板、加速踏板）控制逆变器，使电动机按照要求进行运行。电动机通过变速器与驱动桥连接，实现电动汽车的驱动运行。车载电池通过充电器实施充电，控制器监控电池的充电状况。电动汽车使用时，优先使用车载电池实施驱动。当电池电能不足时，由发动机拖动发电机发电，为电动汽车提供电能。

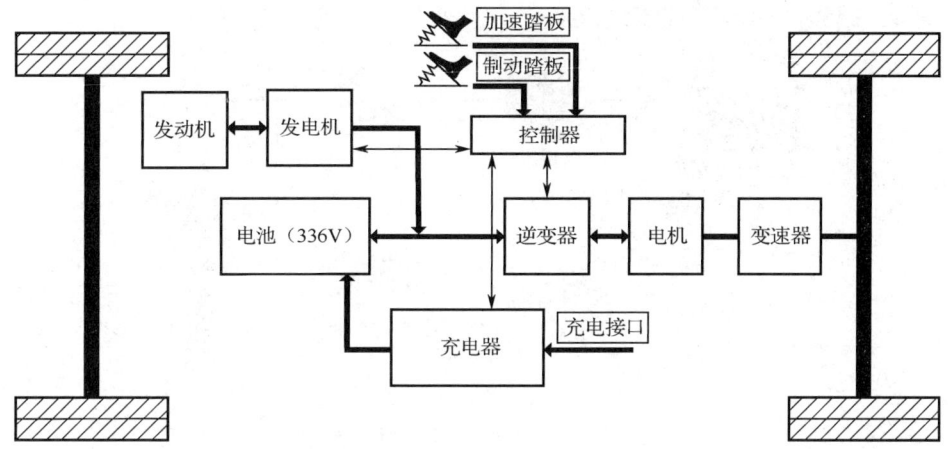

图 7-38 混合动力电动汽车系统结构图

7.4 电力电子技术在新能源发电中的应用

能源危机后，各种新能源、可再生能源及新型发电方式越来越被世人所重视。可再生能源的类型很多，如太阳能、风能、生物质能、海洋潮汐能等。可再生能源已经形成了一个新兴产业。与其它发电方式比较，可再生能源发电不排放任何有害物质，也不存在移民问题。因此，发展和利用绿色能源是改善生态环境和电力结构的重要措施。

光伏和风力发电等新能源发电被认为是应对能源危机和环境污染的有效途径，燃料电池也受到广泛关注。太阳能、风能发电受环境条件的制约，发出的电能质量较差，通常需要利用电力电子技术进行能量的储存和缓冲，改善电能质量。电力电子装置作为新能源发电装置与电网的接口，将新能源发电系统所发出的电能传输至电网。并且，通过电力电子装置的灵活控制，可以更加高效、高质量地实现对能源的变换和利用。

7.4.1 光伏发电

光伏发电系统有独立型光伏发电系统与光伏并网发电系统。

1．独立型光伏发电系统

独立型光伏发电系统指未与公共电网相连接的太阳能光伏发电系统，其输出功率提供给本地负载（交流负载或直流负载）的发电系统。其主要应用于远离公共电网的无电地区和一些特殊场所，如为公共电网难以覆盖的边远偏僻农村、海岛和牧区提供照明、看电视、听广播等基本生活用电，也可为通信中继站、气象站和边防哨所等特殊处所提供电源。独立型光伏发电系统如图 7-39 所示。

独立型光伏发电系统的主要结构由太阳能电池组件（或方阵）、蓄电池（组）、光伏控制器、逆变器（在有需要输出交流电的情况下使用）以及一些测试、监控、防护等附属设施构成。太阳能电池方阵吸收太阳光并将其转化成电能后，在防反充二极管的控制下为蓄电池组充电。直流或交流负载通过开关与控制器连接。控制器负责保护蓄电池，防止出现过充或过放电状态，即在蓄电池达到一定的放电深度时，控制器将自动切断负载，当蓄电池达到过充电状态时，控制器将自动切断充电电路。有的控制器能够显示独立光伏发电系统的充放电状态，并能贮存必要的数据，甚至还具有遥测、遥信和遥控的功能。在交流光伏发电系统中，DC-AC逆变器将蓄电池组提供的直流电变成能满足交流负载需要的交流电。

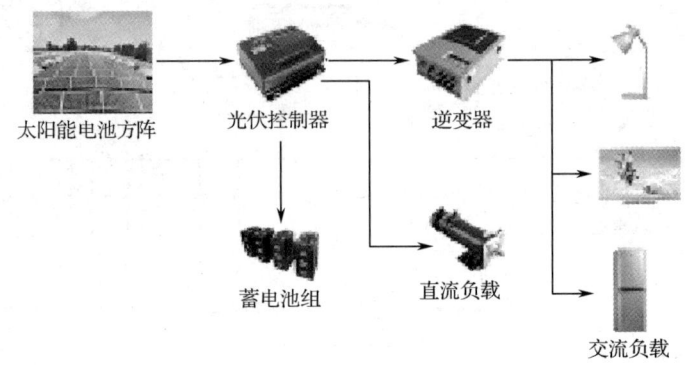

图 7-39　独立型光伏发电系统

2.　光伏并网发电系统

光伏并网发电系统就是将光伏电池组件产生的直流电经过并网逆变器转换成符合大电网要求的交流电接入公共电网。这样的系统既可以是小系统（如住宅屋顶系统），也可以是大型与电网连接的系统，电网交互逆变器必须与电网的电压和频率同步。

根据功率等级、安装方式和应用场合等的不同，光伏发电系统可以分为集中式（如图 7-40）和组串式（如图 7-41）两种不同结构形式。

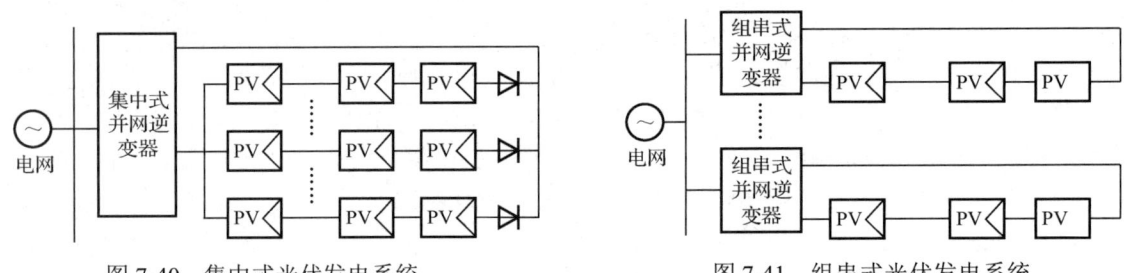

图 7-40　集中式光伏发电系统　　　　　图 7-41　组串式光伏发电系统

集中式光伏发电系统一般用于日照均匀的厂房、荒漠电站、地面电站等大型光伏发电系统中，其系统总功率大，容量一般在 50kW 以上，有些单机容量甚至超过兆瓦。这种系统需要将大量的光伏组件先串联到较高的电压等级，再通过二极管并联到一定的容量后通过一台集中式逆变器接入并网。集中式并网逆变器因功率等级较大，功率器件通常采用 IGBT，其主要的优点是电能只经过一级电路变换、效率高，但存在系统抗局部阴影能力差、单个光伏阵列利用率低、维护困难等问题。

太阳能电池阵列输出电压为直流，需要通过逆变器变换成交流电方可并网，将电能传输至电网。并网时，太阳能电池阵列的逆变输出有功率因数、谐波、电隔离等方面的要求。图 7-42 给出了一种太阳能电池阵列的单相并网电路原理。

太阳能电池阵列输出的直流电先通过逆变器变换成高频交流电，经过高频变压器输出，经过整流滤波电路，再经过逆变器变换成与电网电压同频、同相的交流电，实现并网，将太阳能电池产生的电能传输至交流电网。因为希望并网后流入电网的电流为正弦波，且与电网电压同频同相，以电网电压作为注入电网电流指令值，其幅值要根据最大功率点跟踪确定。PWM 逆变器控制并网电流，以跟踪电流指令信号变化。在大功率应用场合，并网逆变器均采用三相 PWM 逆变器，并采用电流控制。

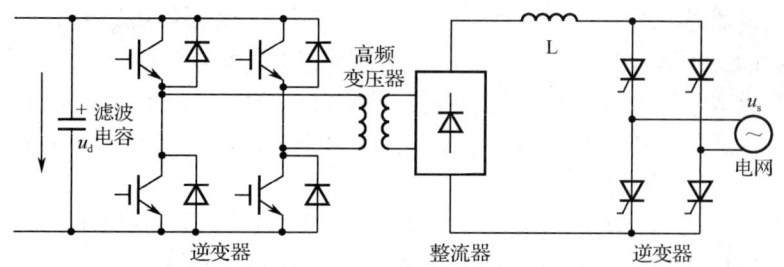

图 7-42　太阳能电池阵列的单相并网电路原理

组串式光伏发电系统基于模块化概念的设计，多片光伏电池组件根据逆变器额定输入电压要求串联成一个组串，通过组串式逆变器接入电网，通常用于光伏建筑或者屋顶电站等中小功率光伏发电系统。组串式逆变器功率容量一般不超过 50kW，功率开关管可采用 MOS-FET 或 IGBT，主功率拓扑通常采用 DC-DC 与 DC-AC 串联的两极功率结构，前级 DC-DC 完成升压变换以及光伏电池的最大功率点跟踪（Maximum Power Point Tracking，MPPT）控制，后级 DC-AC 逆变器则负责中间直流母线电压的控制以及并网逆变。图 7-43 给出了两级式光伏并网逆变电路的结构示意图。

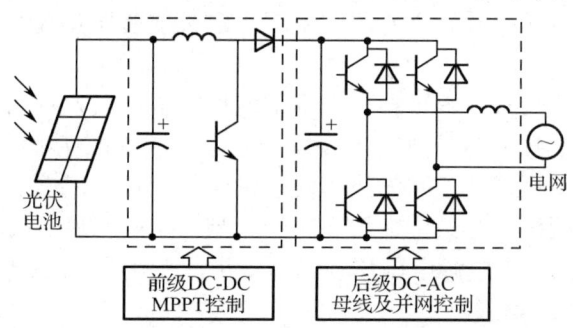

图 7-43　两极式光伏并网逆变电路

与电网连接的光伏发电系统常用于交互式逆变器，不仅可以调节光伏阵列的输出，还可以确保光伏发电系统输出与电网同步。该系统允许用户利用太阳能给自身负载供电，多余能量可回馈电网。与电网连接的光伏发电系统可成为公共电网系统的一部分，光伏发电系统与公用电网结合后可形成双向功率流。公用电网可吸收多余的光伏发电功率，在夜间和光伏发电功率不够时向住宅供电。与电网连接的系统可分为与电网连接光伏发电系统的屋顶应用、公用级的大系统。光伏发电系统可以是集中的，也可以是分布的。与电网连接的 PV 系统需要在电网供电故障时可独立运行，独立运行时，光伏发电系统需要与电网断开。

与电网连接的光伏发电系统中，功率调节器是光伏发电阵列与电网之间的关键连接。它是将太阳能电池产生的直流转换为公用级交流的接口。逆变器需要产生高质量的正弦输出，必须与电网频率和电压保持同步，还必须在最高功率点跟踪器的帮助下从太阳能电池中获取最大功率，逆变器的输入部分改变输入电压，直到 I-V 曲线上的最大功率点为止。逆变器必须监视电网的所有相位，逆变器输出必须能够跟随电压和频率变化。自换相逆变器采用脉冲宽度调制（PWM）控制的开关模式逆变器，可用于光伏发电系统与电网的连接，现在大多数逆变器都是自换相正弦波逆变器。

7.4.2　风力发电

风能是一种洁净无污染的可再生能源，且资源丰富，太阳辐射到地球的光能大约有 2% 转变为风能。全球的风能资源约为 2.74×10^9 MW，其中可利用的风能为 2×10^7 MW，相当于全球目前每年耗煤能量的 1000 倍以上。

风力发电，就是通过风轮（也称为风力机）将空气中的动能转变成机械能，再将机械能转化为电能的过程。目前，中大型风力发电机组主要采用三对片水平，为了追求更高的风能利用率和发电率，降低发电成本，风力发电机单机容量不断增大。2018 年，单台风力发电机组的额定容量已经达到 10MW。我国是风能资源大国，也是风力发电装机大国。自 2008 年以来，我国风电机组装机总容量一直保持全球领先地位。

目前风力发电可分为两种方式：独立运行的小型风力发电装置和并网运行的大型风力发电装置。独立运行的小型风力发电装置风电机组功率小，风速适应范围广，生产技术成熟，适合家庭和边远地区的小型用电负荷点，考虑到风的不连续性，通常需要配置蓄电池；并网型大型风力发电装置是风力发电规模化利用的主要方式，最大的功率已经达到 6MW。

风力发电系统主要包括桨叶、变速箱、发电机、电力电子变流器等，将产生的电能送到公用电网。风力发电机组有多种不同类型，根据风力机转速能否变化，可以将风力发电机组分为恒速恒频机组和变速恒频机组。恒速恒频机组的风力发电机转速不随风速的波动而变化，始终维持恒转速运转，从而输出恒定频率的交流电，这种方式中小容量风机普遍采用，具有简单可靠的优点，但是对风能的利用不充分；变速恒频机组的风力发电机转速随风速的波动作变速运行，但仍输出恒定频率的交流电，这种方式可提高风能的利用率，但必须增加实现恒频输出的电力电子设备，大型风机采用。

在风力发电系统中，风轮机有水平轴和垂直轴两种类型，风力发电机有直流、同步、异步发电机三种类型，系统可分为独立型、风力-柴油混合型、与电网连接型三种。风力-柴油混合型系统在世界许多边远地区都受到重视。因为边远地区供电的特点是惯性小，阻尼小和无功功率支持少。这种弱电力系统易受网络运行条件突然变化的影响，电网明显的功率波动将导致对用户供电质量的下降，表现为供电系统中电源电压和频率的变化，风力-柴油混合型系统可以在不牺牲峰值功率跟踪能力的前提下使波动变缓。

系统采用同步发电机结构时，允许同步发电机以可变速度运行，因此产生可变电压和频率的功率，同步发电机可通过外部供电的励磁电流完成控制过程。为获得并网所需的恒频交流，先将风能通过风轮机和同步发电机转换成电能，发电机输出电能经桥式整流器变换成直流后，再经逆变器变换成电网频率的交流，如图 7-44 所示。

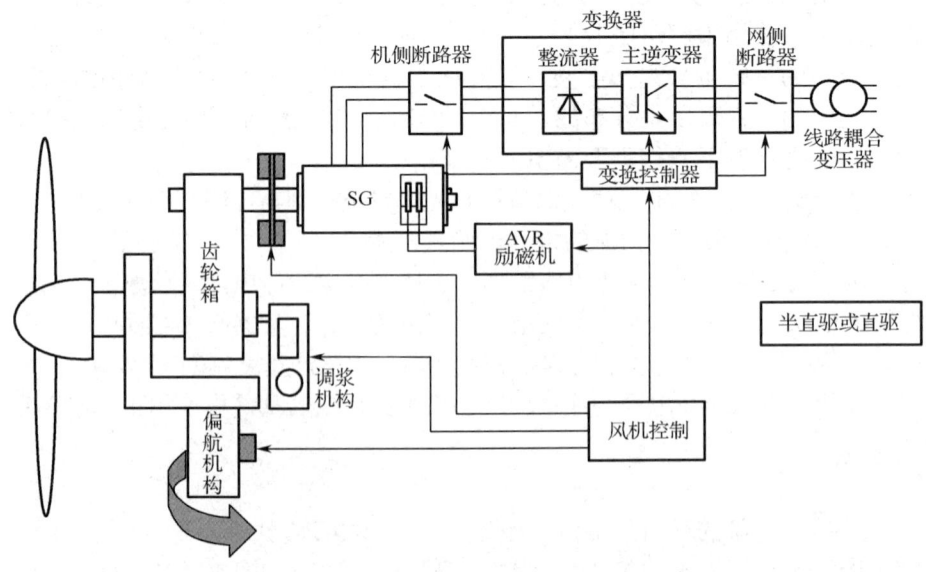

图 7-44 采用同步发电机的风力发电系统结构

这种结构的优点是技术简单、成熟，缺点是成本较高，不仅需要对同步发电机进行维护，而且需要功率转换系统来对产生的所有能量进行转换（与绕线式转子异步发电机系统不同）。因此，采用同步发电机的风力发电系统结构可用于小功率发电系统，在大、中容量发电系统中难以推广。

7.5 电力电子技术在信息技术领域的应用

随着信息技术快速发展，人们对信息数据的处理速度、存储容量等要求越来越高。信息数据的发送、存储、访问等各环节均需要用到电能，且形式多样。这些环节的电能变换过程均为电力电子装置实现，如电能无线传输、不间断供电电源（UPS）、大型数据中心供电系统、通信电源、服务器电源等。

7.5.1 电能无线传输

无线电能传输系统依据传输介质或传输方式的不同分成磁感应耦合式、磁耦合消振式、微波辐射式、激发式、超声波式等类型。

1. 磁感应耦合式

从电网输入的工频交流电流经过整流逆变后转换成高频交变电流，并输入到可分离变压器的原边绕组，在高频电磁场的感应耦合作用下，电能传输到可分离变压器副绕组，得到的高频交变电流经电流调理电路转换成负载所需的工作电流，以达到为负载供电的目的。磁感应耦合式无线电能传输系统如图 7-45 所示。

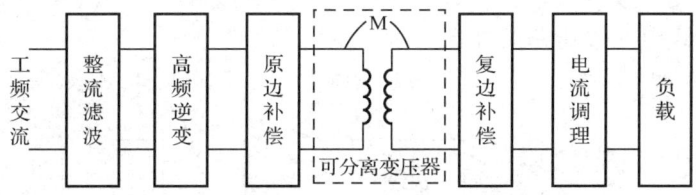

图 7-45　磁感应耦合式无线电能传输系统

2. 磁耦合谐振式

利用两个具有相同谐振频率且具有高品质因数的电磁系统，当发射线圈以某一特定频率工作时，在与之相距一定距离的接收线圈通过分布式电容与电感的耦合作用，产生电磁耦合谐振，高频电磁能量在两线圈之间发生大比例的交换，当接收线圈上接有负载时，负载会将一部分能量吸收，从而实现电能的无线传输。磁耦合谐振式无线电能传输系统如图 7-46 所示。

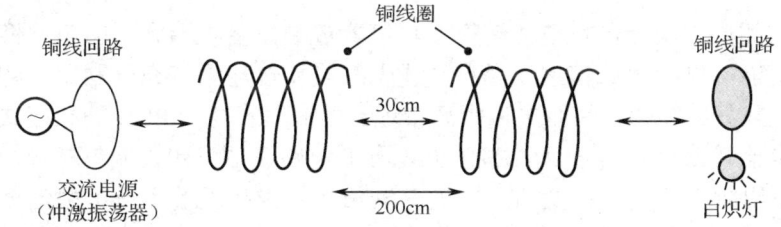

图 7-46　磁耦合谐振式无线电能传输系统

磁耦合谐振式无线电能传输（Magnetically-Coupled Resonant Wireless Power Transfer，MCR-WPT）利用谐振原理，使得其在中等距离（传输距离一般为传输线圈直径的几倍）传输时，仍能得到较高的效率和较大的传输功率,并且电能传输不受空间非磁性障碍物的影响。相比于感应式,该方法传输距离较远;相比于辐射式,该方法对电磁环境的影响较小,且传输功率较大;正是由于这些优点,MCR-WPT 得到越来越多的研究与应用。

3. 微波辐射式

微波功率发生器将直流电能转换成微波能量,并由发射天线聚焦后向整流天线高效发射,微波能量经自由空间传输到整流天线,并经整流天线的整流滤波电路转换为直流功率后,向负载供电。微波辐射式无线电能传输系统如图 7-47 所示。

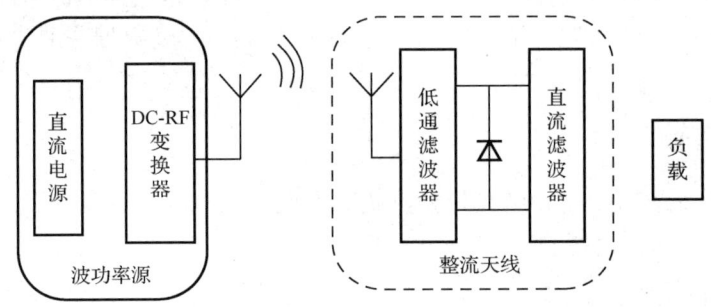

图 7-47 微波辐射式无线电能传输系统

4. 激光式

激光发射模块发出特定波长的激光,激光束通过光学发射天线进行集中、准直整形处理后发射,并通过自由空间到达接收端,且经过光学接收天线接收聚焦到光电转换模块上完成激光-电能的转换。激光式无线电能传输系统如图 7-48 所示。

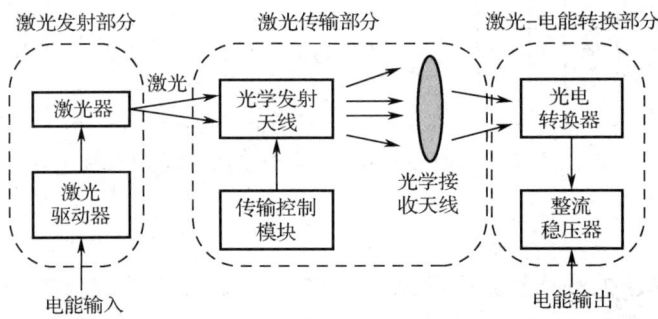

图 7-48 激光式无线电能传输系统

5. 超声波式

利用发射端的超声波换能器将电能转换成超声能量,在接收端利用超声波换能器将接收到的超声能量转换成电能,供给负载使用。超声波式无线电能传输系统充分利用了超声波在空气中自由传输时聚焦性能较好的特点,因而传输距离较远。最常见的基于 PCB 的感应式能量传输系统莫过于手机无线充电器,图 7-49 所示为非接触充电器的电路简图。初级端包括一个桥式整流器和一个与初级 PCB 绕组相连的高频逆变器。与逆变器拓扑结构相连的半桥串联谐振电路是为了吸收 PCB 绕组的漏感,同时也是 LC 谐振回路的一部分。传统的降压变压器应用于开关和 LC 谐振回路之间,使回路电流降到需要的数值。

次级端包括一个由次级 PCB 绕组供电的整流器,一个同步开关转换器和控制电路,这些器件都装在充电器的背部。初级部分单元是在一个开环条件下运行的,并且需要监测和控制充电电流的所有功能都集成在次级端的电池上。所以，初级端单元和次级端单元在功能上是完全独立的，因此也就消除了初、次级单元之间的额外信息交换的需要。

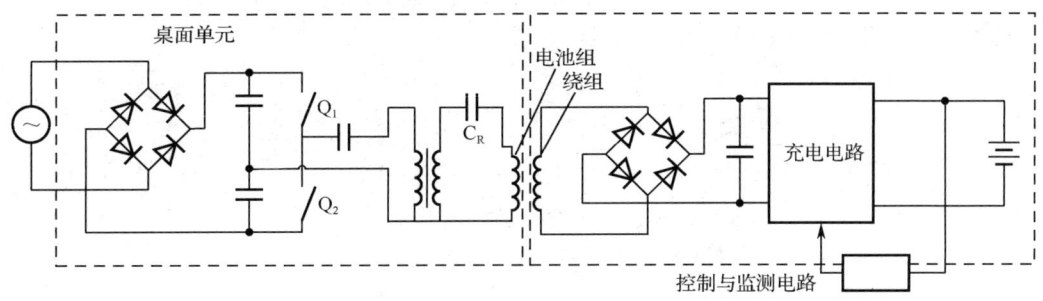

图 7-49 非接触充电器的电路简图

7.5.2 数据中心供电系统

近年来，互联网领域发展迅速，各类新兴网络业务，如云计算、大数据、人工智能、电子商务、网络视频等迅猛增长，网络数据量急剧增加，对数据中心的带宽和存储容量提出了越来越高的要求，大型数据中心不断投入建设，其规模及单机架功耗也在不断增长。如谷歌在美国俄勒冈州兴建的达拉斯数据中心由四个大型机房构成，占地 30 英亩，存放有大约 15 万台服务器，满载运行时数据中心峰值功耗高达到 10^3MW。

数据中心供电系统是一个典型的电力电子装置集成系统，包含 AC-DC 整流器、DC-DC 变换器以及 DC-AC 逆变器。早期的数据供电系统主要采用相控式稳压电源，但随着 MOSFET 和 IGBT 等全控型器件的成熟，逐渐被高频开关电源取代。目前，数据中心供电系统主要有三种架构：交流供电架构、48V 直流供电架构和高压直流供电架构。

1. 交流供电架构

典型的交流供电系统架构如图 7-50 所示。

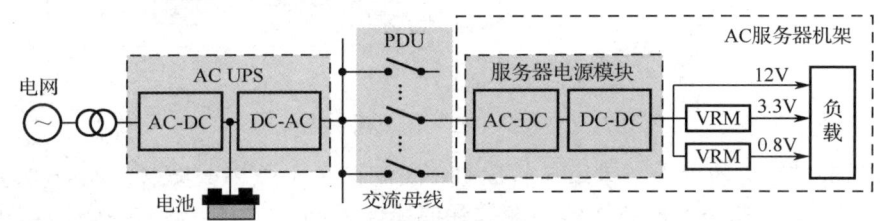

图 7-50 数据中心交流供电架构

交流电网电压首先要经过一级交流不间断供电电源（AC UPS）。AC UPS 需要经过两次电压转换，先将电网的交流电压整流得到中间直流电压，直流电压上挂接储能装置（一般为电池组），用于电网掉电时的不间断供电。中间直流电压再经过一级逆变器，输出交流电压。该交流电压通过功率分配单元（Power Distri-bution Unit，PDU）进行分配后连接到 AC 服务器机架电源。服务器电源经过一级功率因数校正（Power Factor Correction，PFC）电路将交流电压转换成直流电压（400V 左右），再通过 DC-DC 变换器将电压降低到 48V 或 12V，给主板供电。主板上的 CPU 或管理芯片需要再经过电压调节模块（Voltage Regulator Module，VRM）得到所需要的工作电压。由于电能转换环节较多，这种系统架构的能量转换效率通常在 80% 以下。

2. 48V 直流供电架构

相比于交流母线架构，直流母线架构具有更少的电能转换次数和更高的工作效率，最典型的是 48V 直流供电架构，如图 7-51 所示。

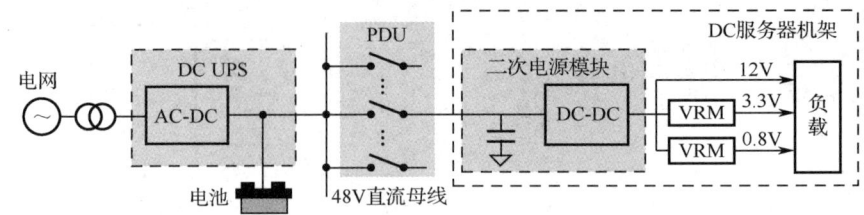

图 7-51　数据中心 48V 直流供电架构

交流电压经过 AC-DC 转换后得到 48V 低压直流母线，储能设备直接挂在该低压母线上，低压母线经过 PDU 分配到对应的服务器机架。之后，48V 电压再经过二次电源模块转换，得到 12V 电压给主板等负载供电。这种结构较传统的交流母线架构，节省了两级交直流电能变换，故整体效率更高。另外，母线电压低，安全性好，且真正实现了不间断供电。但由于母线电压等级低，随着功率的增加，母线电流显著增大，会带来较大的导通损耗，故一般适用于中小功率的场合。

3. 高压直流供电架构

高压直流母线架构比上述两种供电架构具有更高的效率。电网侧的交流电压经过一级 PFC 电路整流后，得到高压直流母线电压，直流母线上连接储能设备。高压母线经过 PDU 分配到服务器机架，然后再经过高输入输出变比的二次电源模块转换成负载需要的低压直流。图 7-52 给出了高压直流供电架构的示意图。

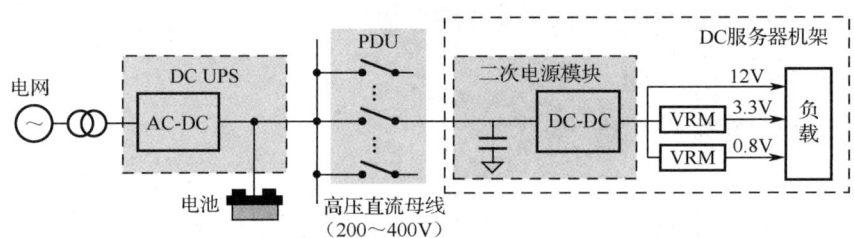

图 7-52　数据中心高压直流供电架构

根据上述分析可知，数据中心供电系统用到了大量的电力电子变换器。如前级 AC-DC 一般采用具有 PFC 功能的电路，根据功率等级和性能要求的不同，可以选择不同的拓扑结构。小功率单相输入时，可采用 Boost PFC、交错并联 Boost PFC、无桥 PFC、图腾柱 PFC 等，三相输入时可以采用三相桥式 PWM 整流电路或 Vienna 三电平整流电路。由于三相输入时 Boost 型 PFC 的输出电压较高，还需要集成一级 DC-DC 变换电路实现电压变换，或者采用降压型 PFC 电路。目前，高压直流母线的电压等级暂无统一标准。例如，国内采用的是 240V 或 336V 的直流电压，而欧美各国目前采用较多的是 380～400V 的直流电压。

二次电源模块实现高压直流电压到低压直流的转换。因为服务器设备中所用集成电路的种类繁多，其输出电压也各不相同，包括 12V、5V、3.3V 或更低的直流电压。二次电源模块的分类方法有多种，根据输入输出是否电气隔离可以分成隔离式和非隔离式；根据输出路数多少可以分为单路输出和多路输出；根据主电路拓扑结构的不同又可以分为反激电路、正激电路、推挽电路和全桥电路等。目前，移相全桥变换器或者谐振变换器可以实现功率开关管的软开关工作，开关损耗低，是使用较为普遍的拓扑。二次电源模块输出给主板后，还需要经过主板上的 VRM 进一步降压，常用的 VRM 拓扑有同步整流 Buck 电路、有源箝位耦合电感 Buck 电路、推挽正激电路等。

7.5.3 不间断供电电源

银行结算中心、航空管理系统、公路铁路交通调度、购票系统、大型计算中心等场合都需要有可靠、不间断的供电支持。不间断供电电源（Uninterruptible Power Supply，UPS），是当交流输入电源（习惯称为市电）发生异常或断电时，还能继续向负载供电，并能保证供电质量，使负载供电不受影响的装置。

UPS 的基本工作原理是，当公共电网正常时，由公共电网供电，当公共电网异常乃至停电时，由蓄电池向逆变器供电，因此从负载侧看，供电不受公共电网停电的影响；在公共电网正常时，负载也可以由逆变器供电，此时负载得到的交流电压比公共电网电压质量高，即使公共电网发生质量问题（如电压波动、频率波动、波形畸变和瞬时停电等），也能获得正常的恒压恒频的正弦波交流输出，并且具有稳压、稳频的性能，因此也称为稳压稳频电源。

UPS 有后备式、在线式、在线互动式三种。

1. 后备式 UPS

后备式 UPS 的结构如图 7-53 所示。UPS 的逆变器并联连接在市电与负载之间，通常作为备用电源使用，其单机输出功率通常在 0.25～2kVA。在公共电网电压正常时，电网直接向负载供电，逆变器停机，同时充电器向蓄电池组进行浮充电。当公共电网出现故障而停电时，逆变器启动，将蓄电池的直流电逆变成交流电向负载供电。

后备式 UPS 具有结构简单、价格低廉等优点。但是，由于后备式 UPS 在市电正常时由电网直接向负载供电，因此对电网的畸变和干扰无抑制作用。同时，在市电断电时，继电器将逆变器切换至负载时间偏长，通常会有数毫秒的供电间断。因此，后备式 UPS 电源主要应用于某些不是非常重要的负载，如家用计算机、小型服务器等。

2. 在线式 UPS

在线式 UPS 结构如图 7-54 所示。在线式 UPS 在公共电网正常时，市电通过整流器、逆变器向负载供电，为负载提供稳定的正弦波电源，同时向蓄电池充电。公共电网出现故障时，蓄电池直流电通过逆变器逆变成交流电向负载供电。如果逆变器出现故障，可通过旁路开关（一般采用双向晶闸管）切换到公共电网，由市电直接供电，UPS 从回路中切除。由于该 UPS 在市电正常时由整流、逆变、滤波后向负载供电，电网的波形畸变及干扰不会影响负载，其产品具备性能好、电压稳定度与频率稳定度高、功能强等优点，且具备热备份和并联冗余功能。

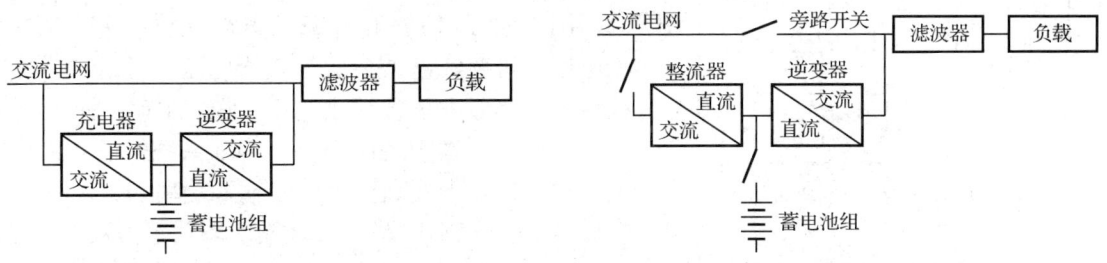

图 7-53 后备式 UPS 电源结构图　　　　图 7-54 在线式 UPS 结构图

公共电网出现故障时由于由蓄电池提供电能，供电时间取决于蓄电池容量和负载的大小，有很大的局限性，为了保证长时间不间断供电，可采用柴油发电机（简称油机）作为后备电源，如图 7-55 所示，蓄电池只需作为市电与油机之间的过渡，容量可以比较小。UPS 中的整流器需要承担两方面的任务,一方面是为后续逆变器提供直流电源,另一方面是为蓄电池充电。

3. 在线互动式 UPS

在线互动式 UPS 结构如图 7-56 所示。UPS 在公共电网正常时,由电网向负载供电,同时 UPS 对电网电压进行有源补偿,以保证供电质量。此时变换器 1 通过串联变压器产生一个电压,补偿公共电网输入电压的变化,保证输出电压的稳定。当公共电网电压大于 UPS 指定输出电压时,变换器 1 工作于整流工作状态,变换器 2 工作于逆变状态。当公共电网电压小于 UPS 指定输出电压时,变换器 1 工作于逆变工作状态,变换器 2 工作于整流状态。当公共电网停电时,变换器 1 不工作,变换器 2 工作于逆变方式向负载供电,保证负载供电的连续性。在线互动式 UPS 是一种补偿式供电电源,具有有源功率变换部分容量小,供电效率较高,网侧输入谐波小,功率因数高,但抗电网扰动的能力稍差。

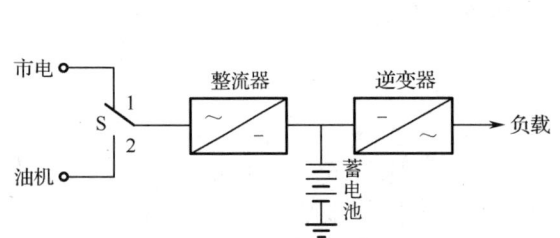

图 7-55 用柴油发电机作为后备电源的 UPS

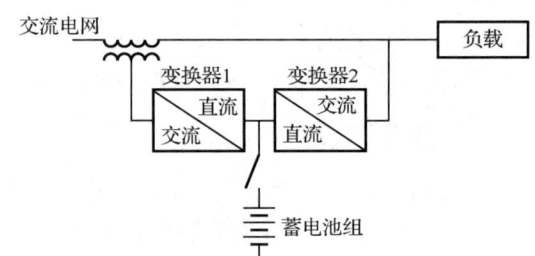

图 7-56 在线互动式 UPS 结构图

7.6 电力电子技术在电子电气产品中的应用

在日常生活或生产工作中,会用到大量的电子电气产品,如照明设备、笔记本计算机、智能手机,以及各类家用电器和自动化设备等。本节将以 LED 电源和电源适配器为例进行详述。

7.6.1 LED 照明

目前,全球照明消耗的电力大约占总发电量的 20%以上,日常生活、现代工业、交通运输和城市景观照明等方方面面都离不开各种照明设备的使用。发光二极管(Light Emitt Diode,LED)作为新一代电光源,具有无污染、高可靠、长寿命、节能高效等优势,已被广泛用于照明领域,逐渐取代了白炽灯、荧光灯和高压钠灯等传统用电光源。

图 7-57 为 LED 恒流驱动电路基本原理示意图。交流电压经过整流滤波后成为直流电压,经过 DC-DC 高频逆变、高频变压器输出,给 LED 驱动发光,其阳极电流由检测反馈至控制电路,闭环系统保证 LED 驱动电流的恒定。为提高整流电路输入功率因数,驱动电路中设置 PFC 控制电路,实现输入端功率因数的矫正。

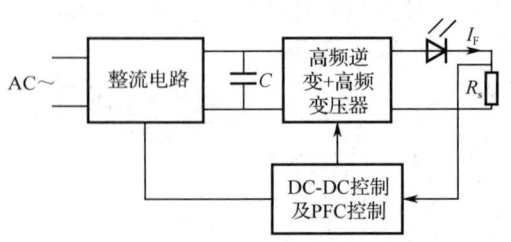

图 7-57 LED 恒流驱动电路示意图

7.6.2 电源适配器

电源适配器是将 220V/50Hz 或 110V/60Hz 的交流电压转换成电子电器产品所需的低压直流电压,广泛用于家用电器、电子产品、检测仪器、医疗器械、自动化流水线等不同场合。

根据电源是否在电子电器产品内部,可以将适配电源划分为"内部电源"和"外部电源"两类。对于家用电器、台式计算机、服务器、医疗器械等大设备，电源适配器一般在设备内部。而像手机、平板计算机、笔记本等对体积重量要求非常严苛的便携式电子产品，通常采用外部电源适配器。

根据 IEC 61000-3-2 标准规定，当电子电器产品的额定输出功率超过 75W 时，必须满足一定的谐波电流抑制要求；而当额定输出功率不大于 75W 时，则可以不受该标准的约束。因此，对于额定功率在 75W 以下的电源适配器，可以不需要功率因数校正功能，只需要将交流电压通过二极管不控整流，转换为直流电压再经过一级 DC-DC 变换即可，如 45W、65W 的笔记本计算机适配器、智能手机和平板计算机充电器等。当额定输出功率大于 75W 时，则需要功率因数校正功能，以满足谐波电流抑制要求，实现这一功能的 AC-DC 电源适配器可以是两级式结构，也可以是单级式结构。

图 7-58 给出了单级式 AC-DC 电源适配器的结构，广泛用于 75W 以下的各类电源适配器，仅靠一级变换电路就实现了输入功率因数校正和输出电压调节的功能，结构上比两级式简单，功率器件数量也少。该结构也用于 75W 以上同时需要实现输入功率因数校正和输出电压控制的场合。

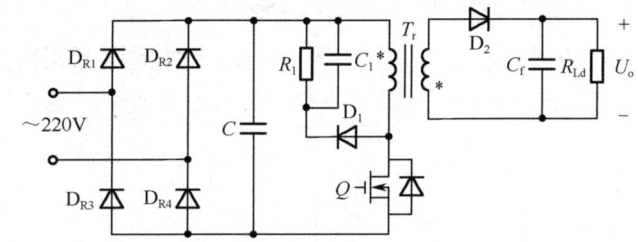

图 7-58 单级式 AC-DC 电源适配器

由于电源适配器通常需要满足全电压范围（85~265Vac）输入，较宽的输入电压范围使得变换器的优化设计困难，无源器件的体积和重量不易减小，效率上反而会低于两级式结构。因此实际产品中，功率超过 75W 之后更多会采用两级式结构。两级式结构由前级 PFC 和后级 DC-DC 组成，前后级功能相互独立，可以分开进行优化设计。

图 7-59 为典型的两级式结构，前级为 Boost PFC 电路，后级为半桥 LLC 谐振变换器。对于低压大电流输出场合，为了减小副边整流二极管的损耗，提高变换效率，常采用同步整流技术，即将二极管用 MOSFET 代替。

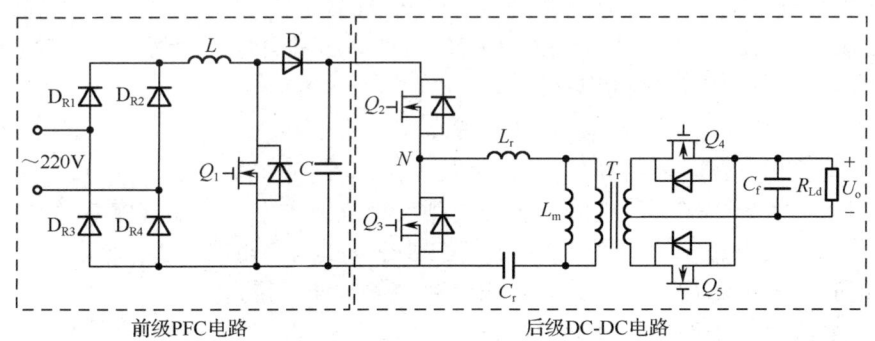

图 7-59 两级式电源适配器

7.6.3 焊机电源

电焊机是用电能产生热量加热金属而实现焊接的电气设备，电焊机的具体输出电压电流特性与焊接过程有关，典型的输出电压、电流分别为 50V、500A。

按照焊接加热原理的不同分为电弧焊机和电阻焊机两大类型。电弧焊机是通过产生电弧使金属融化而实现焊接；电阻焊机是使焊接金属通过大电流，利用工件表面接触电阻产生发热而融化实现焊接。目前基于电力电子变换器采用间接直流变换结构的各种直流焊接电源由于其优良的特性而得到了广泛的应用，这种焊接电源中由于存在高频逆变环节，又常被称为逆变焊机电源。

弧焊电源的基本结构如图 7-60 所示。工频市电电压首先经过射频干扰（RFI）滤波器滤波后被整流为直流，再经 DC-AC 逆变器变换为高频交流电，经变压器降压隔离后再经过整流和滤波得到平滑的直流电。逆变电路使用的开关器件通常为全控型电力半导体器件，开关频率一般为几千赫兹到几十千赫兹，电路结构为半桥、全桥等形式，弧焊电源的输出电压一般只有几十伏，因此输出整流电路通常采用全波电路以降低电路的损耗。

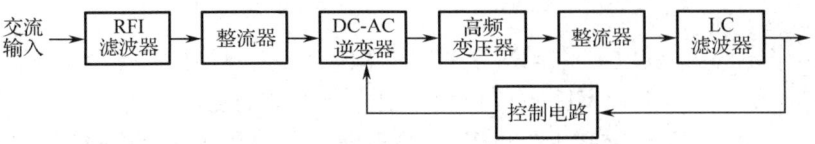

图 7-60 弧焊电源的基本结构图

采用间接直流变换结构的焊接电源与传统的基于电磁元件的电源相比，由于采用了高频的中间交流环节，大大降低了电源的体积和重量，同时提高了电源效率、输入功率因数，输出控制性能也得到改善。

习题及思考题

7.1 什么是晶闸管直流电动机系统？
7.2 什么是晶闸管直流电动机四象限运行系统？
7.3 晶闸管直流电动机系统工作于整流状态的机械特性有什么特点？
7.4 什么是变频调速系统的恒压频比控制？
7.5 请简述变频调速的基本原理。为什么变频调速的过程中需要调节电压大小？
7.6 请简述感应加热的基本原理。
7.7 感应加热电源为什么既要调频又要调功？
7.8 与高压交流输电相比，高压直流输电有哪些优势？
7.9 请对比分析 LCC-HVDC 和 VSC-HVDC 两种高压直流输电的特点和差异。
7.10 什么是无源和有源功率因数校正？
7.11 无功补偿的方法有哪些？各有什么特点。
7.12 请绘制单相 SVG 等效电路，并分析其工作原理。
7.13 典型多电飞机变频交流电源系统都用到了哪些电力电子变换装置？
7.14 什么是 UPS？试说明如图 7-56 所示 UPS 系统的工作原理？
7.15 不间断供电电源按其结构划分为哪三种？各有什么特点。
7.16 什么是线性电源？何为开关电源？
7.17 请分析单级式与两级式光伏并网逆变器的特点与基本工作原理。
7.18 请简述双馈风力发电机组与全功率变换风力发电机组的构成与基本原理。
7.19 数据中心供电系统主要有哪几种架构？请绘制它们的基本结构图。
7.20 LED 最常用的调光方式有哪两种？请阐述两者的基本原理与特点。

习题及参考答案

符号说明

参 考 文 献

[1] 周渊深. 电力电子技术与 MATLAB 仿真[M]. 2 版. 北京：中国电力出版社，2014.

[2] 周渊深，宋永英，吴迪. 电力电子技术[M]. 3 版. 北京：机械工业出版社，2016.

[3] 王兆安，刘进军. 电力电子技术[M]. 5 版. 北京：机械工业出版社，2018.

[4] 刘进军，王兆安. 电力电子技术 [M]. 6 版. 北京：机械工业出版社，2022.

[5] 阮新波. 电力电子技术[M]. 北京：机械工业出版社，2021.

[6] 浣喜明，姚为正. 电力电子技术[M]. 5 版. 北京：高等教育出版社，2019.

[7] 吴新开. 电力电子技术及应用[M]. 北京：机械工业出版社，2023.

[8] 张静之，刘建华. 电力电子技术[M]. 3 版. 北京：机械工业出版社，2021.

[9] 陈荣. 电力电子技术[M]. 北京：机械工业出版社，2021.

[10] 周晓燕，张民. 电力电子技术[M]. 北京：机械工业出版社，2023.

[11] 周渊深. 电力电子技术[M]. 4 版. 北京：机械工业出版社，2021.

[12] 包尔恒. 电力电子技术[M]. 北京：机械工业出版社，2018.

[13] 王勇. 电力电子技术[M]. 北京：高等教育出版社，2020.

[14] 周渊深. 电力电子技术与基于 MATLAB 的电气控制系统图形化仿真技术[M]. 2 版. 北京：中国电力出版社，2017.

[15] 高峰，丁广乾，方旌扬. 电力电子技术基础[M]. 北京：机械工业出版社，2023.

[16] 祝倩倩，王亚华. 新能源汽车电力电子技术[M]. 北京：机械工业出版社，2023.

[17] 赵艳. 新能源汽车电力电子技术[M]. 北京：机械工业出版社，2023.

[18] 高锋阳. 电力电子技术[M]. 北京：机械工业出版社，2015.

[19] 黄家善，王成安. 电力电子技术[M]. 2 版. 北京：机械工业出版社，2011.

[20] 贾晨曦，王学林. 电力电子技术项目化教程 [M]. 北京：机械工业出版社，2020.

[21] 王云亮. 电力电子技术[M]. 5 版. 北京：电子工业出版社，2021.

[22] 南余荣. 电力电子技术[M]. 2 版. 北京：电子工业出版社，2021.

[23] 邵黎明，张涛. 电力电子技术[M]. 3 版. 北京：电子工业出版社，2018.

[24] 王瑜. 新能源汽车电力电子技术[M]. 北京：高等教育出版社，2020.